トマス・アクィナス『ヨブ記註解』

トマス・アクィナス
『ヨブ記註解』

保井亮人訳

知泉書館

凡　例

一，翻訳の底本として，Sancti Thomae De Aquino Opera Omnia Iussu Leonis XIII P. M. Edita, Tomus XXVI, Expositio Super Iob Ad Litteram, Cura Et Studio Fratrum Praedicatorum, Romae, Ad Sanctae Sabinae, 1965 を使用した。

一，現代語訳として，Anthony Damico (trans.), Thomas Aquinas The Literal Exposition on Job, A Scriptural Commentary Concerning Providence, The American Academy of Religion, Classics in Religious Studies vol. 7, Scholars Press, Atlanta, 1989 を参照した。

一，翻訳の基本方針として，可能なかぎり逐語訳に徹したが，必要がある場合は意訳した。意味の相違がないかぎりラテン語の未来形を日本語の現在形に訳するなど，冗長さを避け自然な日本語になるように工夫した。

一，ラテン語の類似性に基づいて議論が為されている場合など，必要に応じてラテン語を訳文の後に示した。読者の理解を助けるため，訳者の判断によって，原文にはない補足を〔〕において行った。

一，聖句に関しては，それが註解された『ヨブ記』のテキストであれ，註解の中で引用されているものであれ，レオニーナ版のテキストに依拠して訳出した。トマスの使用した聖書は中世におけるウルガタ聖書であり，現行のものと異なっているため，邦訳聖書はもちろん，現行のウルガタ聖書に基づいても訳すことができないからである。

一，註解の中で引用される古典文献に関しても，ほぼ同じような状況であることから，レオニーナ版のテキストに依拠して訳出した。

一，トマスによって使用された聖書における『ヨブ記』のテキストの区分は，現行のウルガタ聖書の区分とは必ずしも一

致しない。われわれは5章,14章,37章において,『ヨブ記註解』における区分を尊重した。
一,訳注は,学問的な要請から,レオニーナ版の校訂者がトマスの接近を確認した典拠のみに限った。
一,訳注におけるアリストテレスの作品に関して,われわれはベッカー版のページ数と行数を括弧に入れて示した。
一,訳注における教父の作品に関して,われわれは『ミーニュ・ギリシャ・ラテン教父集』への参照を,PG, PL の略号によって指示した。
一,ミーニュのうちに含まれていない,トマスによって使用された中世における翻訳への参照は,現代の版によって為された。テキストが印刷されていない事例において,参照は写本について為され,ページと柱が示された。

目　次

凡　例 ………………………………………… v
序　文 ………………………………………… 3
第 1 章 ……………………………………… 7
第 2 章 ……………………………………… 41
第 3 章 ……………………………………… 52
第 4 章 ……………………………………… 74
第 5 章 ……………………………………… 97
第 6 章 ……………………………………… 113
第 7 章 ……………………………………… 127
第 8 章 ……………………………………… 148
第 9 章 ……………………………………… 161
第 10 章 …………………………………… 190
第 11 章 …………………………………… 211
第 12 章 …………………………………… 224
第 13 章 …………………………………… 239
第 14 章 …………………………………… 259
第 15 章 …………………………………… 273
第 16 章 …………………………………… 288
第 17 章 …………………………………… 301
第 18 章 …………………………………… 311
第 19 章 …………………………………… 321
第 20 章 …………………………………… 337
第 21 章 …………………………………… 350
第 22 章 …………………………………… 365
第 23 章 …………………………………… 379

第 24 章	390
第 25 章	403
第 26 章	407
第 27 章	416
第 28 章	427
第 29 章	441
第 30 章	451
第 31 章	463
第 32 章	481
第 33 章	491
第 34 章	506
第 35 章	524
第 36 章	531
第 37 章	545
第 38 章	561
第 39 章	588
第 40 章	604
第 41 章	631
第 42 章	648
解　説	657
訳者あとがき	679
索　引	681

トマス・アクィナス『ヨブ記註解』

序　　文

　自然的に生じるものにおいては，不完全なものから完全なものへと徐々に発展していくが，人間の真理の認識においても事態は同様である．すなわち，人は初めはわずかな真理しか所有していないとしても，後にいわば一歩一歩進んでより完全な真理へと到達するのである．このことから，多くの人々は初めから真理に関する不完全な認識のために誤りに陥った．彼らのうちのある者は神の摂理を否定してすべてを運命と偶然に帰した．より前の時代の者の見解によれば，世界は偶然によって造られ，自然的に生じるものは偶然に帰せられるが，これは質料因のみを措定する古代の自然哲学者の立場において看取されるものである[1]．デモクリトス[2]やエンペドクレス[3]のような，より後の時代の者は大部分の事柄を偶然に帰した．しかし，さらに後の哲学者は[4]，慎重により明敏な仕方で真理を考察して，明白な証拠と理由によって自然物が摂理によって導かれていることを示した．というのも，天や星の運行や自然の他の働きにおけるこれほど確実な運動は，これらすべてのものがある卓越した知性によって秩序づけられ統帥されているのでなければ決して見出されえないからである．

　それゆえ，自然物はそこに現れる明らかな秩序のために

---

1)　アリストテレス『形而上学』1 巻 4 章（983b7），トマス『対異教徒大全』2 巻 39 章参照．
2)　トマス『自然学註解』2 巻 7 章（196a24）参照．
3)　アリストテレス『自然学』2 巻 7 章（196a20）参照．
4)　クレアンテス，クリュシッポス，ゼノンを指す．キケロ『神々の本性について』2 巻 5-8 章参照．

偶然によってではなく摂理によって導かれているという見解が多くの者によって確証されたが，人間の行為については多くの者に疑いが生じた。すなわち，人間的な事柄は偶然によって生じるのか，それともより上級の何らかの摂理や秩序によって支配されているのかという疑問である。この疑いを最も強固なものにするのは，人間的な事柄においてはいかなる確実な秩序も見出されないという事実である[5]。というのも，常に善人に善が，悪人に悪が起こるのでもなく，常に善人に悪が，悪人に善が起こるのでもなく，善人と悪人に無差別に善と悪が起こるからである。それゆえ，このことは最も人々の心を動かして，人間的な事柄が神の摂理によって支配されていないと主張させる。ある者によれば[6]，人間的な事柄は，それが人間の配慮や思慮によって支配されていなければ，偶然に生じるのであり，またある者は[7]，人間的な出来事を天の運命に帰した。

　しかし，この見解は人類にとって最も有害である。というのも，神の摂理が取り除かれれば，人間のもとにはいかなる神への崇敬も真なる恐れも残らず，ここから徳に対する大きな怠慢と悪徳に対する強い傾向性が生じてくることは，いかなる者にも明らかだからである。なぜなら，神に対する恐れと愛ほどに人間を悪から引き離し善へと促すものは他にないからである。ここから，他の者を教えるために神の霊によって知恵を得た人々の第一の主要な仕事は，この見解を人々の心から取り除くこととなる。それゆえ，律法と預言者の後に，人間を教化するために神の霊によって思慮深く書かれた聖文学のうちの第一のものとして，

---

[5]　マイモニデス『迷える者への導き』3巻16章参照。
[6]　キケロ『予言について』2巻7章，トマス『対異教徒大全』3巻94章，アウグスティヌス『神の国』5巻9章（PL 41, 149），キケロ『運命について』17章参照。
[7]　アウグスティヌス『神の国』5巻1章（PL 41, 141）参照。

『ヨブ記』が置かれているのであり，そのすべての意図は，蓋然的な論拠によって人間的な事柄が神の摂理によって支配されていることを示すことである。

しかし，この書においてはその意図を実現するために，自然物が神の摂理によって統帥されているという前提から出発している。しかるに，人間的な事柄に対する神の摂理を特に攻撃するのは，義人が苦しみを受けることである。時として悪人に善が起こることは，一見すると不合理で摂理に反するように思われるかもしれないが，神の憐れみにその理由を求めることができる。しかし，義人が理由なくして苦しめられることは，摂理の基礎を完全に破壊するものであると思われる。それゆえ，摂理の問題を解決するために，いわばある種の状況説明として，すべての徳において完全でヨブと呼ばれていたある男の度重なる重い受苦が提示されている。

このヨブは実在する者ではないという人々がいた[8]。彼らによると，ちょうどしばしば人々がある主題について議論するために何らかの事実を作るように，ヨブは摂理に関する議論のためのある種の題材として作りだされた比喩的存在である。事情がこのようであろうとなかろうと，この書の意図に関して大きな相違はないが，真理そのものに関して事情の真偽は重要である。というのも，すでに述べられた見解は聖書の権威に反すると思われるからである。なぜなら，神の口から「たとえ，その中に，かの三人の人物，ノア，ダニエル，ヨブがいたとしても，彼らはその正しさによって自分自身の命を救いうるだけだ」（エゼ14・14）と言われているからである。しかるに，ノアとダニエルは実在した人物である。それゆえ，第三の人物として挙げられたヨブについてもその実在を疑うべきではない。さ

---

8) マイモニデス『迷える者への導き』3巻22章参照。

らに,「忍耐した人たちは幸せだと,わたしたちは思う。あなたがたは,ヨブの忍耐について聞き,主が最後にどのようにしてくださったかを知っている」(ヤコ 5・11) と言われている。それゆえ,このようにしてヨブは実在した人物であると信じるべきである。

　ヨブがいつの時代に存在したか,いかなる両親に由来するか,さらに,この書の著者は誰か,すなわちヨブ自身があたかも他人について語るように自分自身について書き記したのか,それとも他の者がヨブについてこれらのことを書いたのかというようなことは,現在の意図に属することではない。われわれは,為しうるかぎり,神の助けを信頼して,「幸いなるヨブ」でもって始められるこの書を文字的意味にしたがって簡潔に註解したいと思う。というのも,ヨブの神秘については,教皇聖グレゴリウスが非常に精妙にかつ明瞭にわれわれに明らかにしているので[9],それ以上のいかなるものをも付け加える必要はないと思われるからである。

---

9)　『道徳論』(PL 75, 509)。

第 1 章

¹ ウツの地にヨブという名の男がいた。無垢で正しく，神を恐れ，悪を避けていた。² 彼に七人の息子と三人の娘が生まれた。³ 彼の財産は羊七千匹，らくだ三千頭，牛五百くびき，雌ろば五百頭であり，使用人も非常に多かった。彼は東のすべての国のうちで偉大な者であった。⁴ 彼の息子たちはそれぞれ順番に，自分の家で宴会の用意をし，三人の姉妹を招いて食事をすることにしていた。⁵ この宴会の日々が一巡りするごとに，ヨブは息子たちを呼び寄せて聖別し，朝早くから起きて，彼らの数に相当するいけにえをささげた。ヨブは言った。「わたしの息子たちが罪を犯し，心の中で神を呪ったかもしれない」。ヨブはいつもこのようにした。(1・1-5)

「ウツの地に男がいた」等々。すでに述べられたように[1]，この書の意図の全体は，いかにして人間的な事柄が神の摂理によって支配されているかを示すことにあるので，いわばすべての議論の基礎として，ある種の歴史があらかじめ論じられ，ある義人の度重なる受苦が語られている。というのも，義人の受苦は人間的な事柄から神の摂理を排除する最大のものであると思われるからである。それゆえ，第一に，この男の人物像が記述される。性別に関して，「男がいた」と言われている。というのも，男という性は苦しみに耐えることに関してより強力だからである。さらに，祖国に関して，「ウツの地に」と言われているが，

---

1) 序文参照。

これは東方にあった。名に関して,「ヨブという名の」と言われている。この二つのことはこれから語られることが比喩ではなく事実であることを示唆するために置かれていると思われる。

後に導入される逆境がこの男の罪のために彼に起こったと信じられることのないように,続いて彼の徳が記述され,罪を免れていたことが示される。しかるに,人間は三つの仕方で罪を犯すことを知るべきである[2]。すなわち,ある罪は,殺人,姦淫,盗み,他のこれに類するものなどのように,隣人に対して犯される。また,ある罪は,偽証,瀆神,冒瀆,これに類するもののように,神に対して犯される。さらに,ある罪は自分自身に対して犯されるものであり,これは「姦淫する者は,自分の体に対して罪を犯している」(Ⅰコリ6・18)と言われていることによっている。また,人は隣人に対して二つの仕方,すなわち隠された仕方においては欺きによって,明らかな仕方においては暴力によって罪を犯す。ヨブは欺きによって人を騙すことがなかったので,「無垢であった」と言われている。というのも,無垢であることは本来的に欺きに対立するからである。また,ヨブはいかなる者にも暴力を働かなかったので,「正しい人(rectus)であった」と続けられている。というのも,正直さ(rectitudo)は本来的に等しさのうちに成立する正義に属するからであり,このことは「義人の行く道はまっすぐである」(イザ26・7)と言われていることによっている。ヨブが神に対して罪を犯すことがなかったことは,「神を恐れていた」と付加されていることから明らかであり,ここにおいて神に対する崇敬が示され

---

[2] フーゴー『命題大全』3巻16章(PL 176, 113),ロンバルドゥス『命題集』2巻42区分4章,トマス『神学大全』2-1部72問4項参照。

ている。さらに，ヨブが自分自身に対して罪を犯すことがなかったことは，「悪を避けていた」と付加されていることにおいて示されている。というのも，ヨブは隣人や神に対する害のためだけでなく，自分自身のためにもまた悪を憎んでいたからである。

　ヨブの人物像と徳が述べられたので，続いてその繁栄が示される。その結果，先行する繁栄から続く逆境がより過酷なものとして理解されると同時に，以下のこともまた示される。すなわち，何らかの特別な理由のために時として義人が逆境によって圧迫されるということが起こるが，神の最初の意図によっては，霊的善だけでなく時間的善をも含めた善が常に義人に与えられる。それゆえ，人はもし無垢の状態にとどまっていたならば，いかなる混乱にも遭わないように[3]，初めから造られているということである。自分自身の善き状態の後に，時間的な繁栄の最初の部分は，そばにいる人々，とりわけある意味で両親の所有物である子供において見られる[4]。それゆえ，「彼に七人の息子と三人の娘が生まれた」と言われているとき，第一に子供の豊富さに関するヨブの繁栄が記述されている。女より男の子供の数の方が多いと言われているのは適切である。というのも，両親は娘よりも息子の方を愛するのが常だからである。それは，一つに，より完全なものがより望まれるが，男の女に対する関係は完全なものの不完全なものに対するそれに等しいからである[5]。また，一つに，女よりも男の方が仕事の助者としてより適格だからである。

---

[3]　アウグスティヌス『神の国』14 巻 10 章（PL 41, 417），トマス『神学大全』1 部 97 問 2 項参照。
[4]　アリストテレス『ニコマコス倫理学』8 巻 12 章（1161b18），トマス『神学大全』2-2 部 57 問 4 項参照。
[5]　アリストテレス『動物発生論』2 巻 3 章（737a27），トマス『命題集註解』2 巻 18 区分 1 問 1 項反対異論 1 参照。

次いで，財産の豊富さ，特に動物に関するヨブの繁栄が示される。というのも，人類の初めの頃は人の数が少なかったため，土地の所有は動物の所有ほど貴重なものではなかったからである。このことは，とりわけ地域の広大さのために今日に至るまでほとんど住民のいなかった東方において当てはまる。動物のうちで第一に置かれているのは，最も人間の食料と衣服に利用されるところの羊であり，「羊七千匹」と言われている。第二に置かれているのは，最も荷物の輸送に利用されるところのらくだであり，「らくだ三千頭」と続けられている。第三に置かれているのは，耕作に利用されるところの牛であり，「牛五百くびき」と続けられている。第四に置かれているのは，人間が乗る動物であり，「雌ろば五百頭」と続けられている。雌ろばから騾馬が生まれるが[6]，これを昔の人は乗るために最も利用した。これら四種類の動物の下に，同じ用途に利用される他のすべてのものが包含されている。たとえば，羊の下に食料と衣服に必要なすべてのものが含まれており，残りの動物についても同様である。多くの財産を所有している人間はそれらを管理する多くの使用人を必要とするので，「使用人も非常に多かった」と適切に続けられている。続いて，長期間，広範囲にわたって広められた名誉と名声に関して，ヨブの繁栄が語られている。このことが，「彼は東のすべての国のうちで偉大な者であった」，すなわち誉れ高く有名な者であったと言われていることの意味である。

　ヨブ自身についてのより大きな賞賛のために，続いてヨブの家庭の訓育が述べられる。それは豊かさが生むのを常とするかの悪徳を免れていた。というのも，財産の豊かさ

---

　6) イシドルス『語源』12 巻 1 章（PL 82, 433C）参照。

はしばしば不和を生むからである[7]。それゆえ，アブラハムとロトは財産の豊かさから生じる争いを避けるために一緒に住むことができなかった（創 13・6）。さらに，多くのものを所有する人間は，所有しているものを度を越えて愛するかぎりで，しばしばそれらのものを貪欲に利用しようとする。それゆえ，「太陽の下に，もう一つの悪があって，人間をしばしば支配しているのをわたしは見た。ある人に神は富，財産，名誉を与え，その人の望むところは何ひとつ欠けていなかった。しかし神は，彼がそれを享受する能力を与えなかった」（コヘ 6・1）と言われている。幸いなるヨブの家庭はこれらの悪を免れていた。そこには協調，さらに快く均整のとれた倹約があったが，これは「息子たちはそれぞれ順番に，自分の家で宴会の用意をした」と言われているときに示されている。この愛と協調は，兄弟の間に存在したのみならず，多くの場合富が生む傲慢のゆえに兄弟によってしばしば軽蔑される姉妹にまで及んでいた。それゆえ，「三人の姉妹も招いて食事をすることにしていた」と続けられている。また，このことにおいて同時に示されているのは，娘の純潔について持たれる安心である。もしそうでなければ，娘は放っておかれるべきでなく，家に閉じ込められるべきであり，これは「自らを濫用する機会を与えないように，わがままな娘は厳しく監視せよ」（シラ 26・13）という賢者の言葉によっている。

　ヨブの家庭において倹約と協調が優勢であったように，ヨブ自身においても，富がしばしば破壊するか減少させる純粋性に対する聖なる気遣いが支配的であった。このことは，「愛する者よ，お前は肥えると足でけった」（申 32・15）と言われ，さらに後に「造り主なる神を捨てた」等々

---

[7] 『欄外註解』「ヨブ記」1 章 4 節，グレゴリウス『道徳論』1 巻 7 章（PL 75, 531D）参照。

と続けられていることによっている。ヨブは自らの純粋性について非常に気遣っていたので，自らを汚す可能性のあるものをことごとく遠ざけていた。というのも，上で，「神を恐れ，悪を避けていた」（1・1）と言われているからである。しかし，ヨブは息子たちの純粋性についても最大限に気遣っていた。たとえ彼らが宴会を開くのをその年齢のために許していたとしても。というのも，若者においては許されるが，重要な人物においては非難されることがあるからである。宴会において人は，あるいは愚かな喜び，あるいは無秩序な多弁，あるいは度を越えた食料の摂取によって，ほとんど必ずといってよいほど罪を犯すので，ヨブは宴会を禁じていない息子たちのために純粋性を回復する方法を示した。それゆえ，「この宴会の日々が一巡りするごとに，ヨブは息子たちを呼び寄せて聖別した」と言われている。宴会が一巡りするというのは，七人の息子がいてそれぞれが順番に宴会を行うのだから，これらの者が七日間毎日宴会を行うということである。それが一巡りすると，すなわち七日間が終わると，宴会は最初に戻る。注意すべきは，たとえヨブが息子たちに宴会を許していたとしても，自分自身はその威厳を保って宴会に加わらなかったということである。それゆえ，「息子たちを呼び寄せて」と言われており，ヨブ自身が彼らのもとへ行ったとは言われていない。ヨブを介した息子たちの聖別の方法は二つの仕方で理解できる。一つは有益な助言によって彼らを教化することであり，その結果，彼らは宴会で犯した罪を悔い改める。もう一つはそれによってこのような罪が償われる何らかの儀式を執り行うことである。それはちょうど律法が与えられる以前にすら[8]，初穂や十分の一税などの捧げ物が存在したのと同様である。

---

[8] トマス『神学大全』2-1 部 103 問 1 項参照。

宴会において，時として人はすでに述べられた仕方によって不純な罪に陥るというだけでなく，より重大な罪に陥り神を軽蔑するまでに至る。それは，ちょうど「民は座って飲み食いし，立っては戯れた」（出 32・6），すなわち姦淫し，偶像を崇拝したと言われているように，ふしだらのために理性は沈められ神の崇敬から引き離されるからである。それゆえ，ヨブは軽い罪のために息子たちを聖化することで助けるだけでなく，重い罪に対しても息子たちが神と和解できるように救済策を為そうと努めた。それゆえ，「朝早くから起きて，彼らの数に相当するいけにえをささげた」と続けられている。これらの言葉においてヨブの完全な献身が示されている。すなわち，時間に関しては，「朝早くから起きて」と言われているが，これは「朝早くからわたしはあなたを助ける」（詩 5・5）等々という言葉によっている。奉献の方法に関しては，神の誉れのために全焼のいけにえを捧げたのであり，なだめの供え物や罪のための供え物などのように，いけにえのいかなる部分も奉献者やその者のために奉献されるところの者の使用に残されることはなかったのである。というのも，いけにえ（holocaustum）とは完全に焼かれたという意味だからである[9]。また，数に関しては，息子のそれぞれに対していけにえを捧げたのであり，というのも，それぞれの罪はそれにふさわしい謝罪によって償われるべきだからである。

いけにえを捧げる理由が付加されている。「ヨブは言った」，すなわち心のうちで，息子たちの罪について確信はしていないが疑いながら，業あるいは言葉によって「わたしの息子たちが罪を犯し，心の中で神を呪った（benedicere）かもしれない」と。このことは二つの仕方で理解できる。一つの仕方においては，すべての言葉が連続的なものとし

---

9) 同上，3 部 22 問 2 項，『欄外註解』「レビ記」1 章 17 節参照。

て理解される。すなわち，たとえ神を祝福する（benedicere）ことは善きことであるにしても，人が罪を犯すことについて神を祝福することは罪のうちに休息しようという意志を表示する。これは非難されることであり，『ゼカリヤ書』においてある者たちに対して次のように言われている。「屠るための羊を飼え。それを所有する者は，それを屠って苦しむことなく，売るときは，『主はほめたたえられよ。わたしは金持ちになった』と言う」（ゼカ 11・4）。他の仕方においては，すべての言葉は別々に理解され，「祝福した」と言われていることによって，「呪った」ということが理解される。というのも，冒瀆の罪は，敬虔な者の口が神を固有の名で呼ぶことを恐れて，その反対のものによって神を表示するほど恐ろしいものだからである。冒瀆の罪のためにいけにえが捧げられていることは適切である。というのも，神に対して犯された罪は神を讃えることによって償われるからである。

　神の礼拝は，もしそれが稀に存在するならば人々によって敬虔に執り行われるが，もし頻繁に存在するならば嫌悪の対象となる。これは怠慢の罪であり[10]，というのもそれらの人々は霊的な労苦について悲しんでいるからである。ヨブはこの悪徳に陥っていなかった。というのも，「ヨブはいつもこのようにした」と続けられ，神の礼拝において忍耐によって献身を保ったことが示されているからである。

　[6] ある日，主の前に立つために神の子らがやって来たとき，彼らのうちにサタンもいた。[7] 主はサタンに言われた。「お前はどこから来た」。サタンは答えた。「地上を巡回しておりました。ほうぼうを歩きまわっていました」。[8] 主

---

10) 同上，2-2 部 35 問 1 項参照。

はサタンに言われた。「お前はわたしの僕ヨブに気づいたか。地上に彼ほどの者はいまい。無垢で正しく，神を恐れ，悪を避けている」。⁹ サタンは答えて言った。「ヨブが，利益もないのに神を恐れるでしょうか。¹⁰ あなたは彼とその一族，全財産を全方向にわたって守っておられるではありませんか。彼の手の業をすべて祝福なさいます。彼の財産は地において増えました。¹¹ しかし，少しあなたの手を伸ばして彼の所有しているすべてのものに触れてごらんなさい。面と向かってあなたを呪うにちがいありません」。¹² それゆえ，主はサタンに言われた。「見よ，彼の所有するすべてのものはお前の手のうちにある。ただし，彼には手を出すな」。(1・6-12)

「ある日，神の子らがやって来たとき」等々。幸いなるヨブの繁栄が列挙された後に，その逆境が述べられているが，第一にその原因が導入されている。義人の逆境が神の摂理なくして起こり，このことによって人間的な事柄が神の摂理に従属していないと思われることのないように，神がいかにして人間的な事柄について配慮しそれを管理しているかがあらかじめ述べられている。しかし，このことは霊的な事柄を物体的事物の比喩の下に伝えるという聖書の慣習にしたがって，象徴的かつ神秘的に提示されている。この聖書の慣習は，「わたしは，高くにある御座に主が座しておられるのを見た」(イザ6・1)と言われていることにおいて，また『エゼキエル書』の冒頭において，さらに他の多くの箇所から明らかである。霊的な事柄が物体的事物の比喩の下に提示されているとしても，霊的な事柄に関して可感的な比喩によって示されていることは，霊的意味ではなく文字的意味に属する[11]。というのも，本来的な使用によっても比喩的な仕方によっても，言葉によって第一

---

11) 同上，1部1問10項異論解答3参照。

に意図されているところのものが文字的意味と言われるからである。

　知るべきことに，神の摂理は下級のものが上級のものによって支配されるような仕方で事物を統帥する。生成消滅する物体が天体の運動に従属しているように[12]，死すべき肉体に結びつけられている下級の理性的霊，すなわち魂は，上級の非物体的霊によって支配される[13]。これに関して教会の伝統は以下のものである。すなわち，非物体的な諸霊において，あるものは善きものであり，それらは創造された当時の純粋性を保ち，神の意志から決して離れずに神の栄光を享受している。この諸霊は聖書において，あるときには神的な事柄を人間に伝えることから天使，すなわち使者と呼ばれ[14]，あるときには栄光の分有によって神に似せられるところから神の子と呼ばれる。しかし，あるものは悪しき霊である。しかるに，すべての本性の創造主かつ最高善である神はただ善のみの原因であるから，悪しき霊は本性や創造によるものではなく，自らの罪によって悪しきものとなったのである。このような霊は聖書においては悪霊と呼ばれ，その頭は悪魔，すなわち下方に落ちる者であり[15]，サタン，すなわち対立する者である[16]。この両方の霊は人間をして何かを為すように，すなわち善き霊は善へと，悪しき霊は悪へと動かす。ちょうど人間が上で述べられた霊を通じて神によって動かされるように，人間によって為された事柄もまた，聖書においては同じ霊を媒介として神の裁きに関係づけられる。それゆえ，人間が為

---

12) トマス『真理論』5問9項，『神学大全』1部115問3項参照。
13) トマス『神学大全』1部111問1項参照。
14) イシドルス『語源』7巻5章（PL 82, 272A）参照。
15) 同上，8巻11章（PL 82, 316A）参照。
16) 同上。

した善と悪が神の裁きに従属していることを示すために，「ある日，主の前に立つために神の子らがやって来たとき，彼らのうちにサタンもいた」と言われている。

　知るべきことに，ここで神の子と言われている天使が主のそばにいたと言われているのは二つの仕方によってである[17]。ある仕方においては，神が天使によって見られているかぎりにおいてであり，ちょうど「幾千人が御前に仕え，幾万人が御前に立った」（ダニ7・10）と言われている場合がそれに該当する。他の仕方においては，天使自身とその働きが神によって見られているかぎりにおいてである。というのも，何らかの主人の前に立つ者は彼を見ると同時に彼によって見られるからである。それゆえ，第一の仕方において神のそばにいるということは，見神を享受している至福なる天使にのみ適合する。しかも，すべての至福なる天使ではなく，その中でもより上級の天使，すなわちディオニシウスの見解によれば[18]，よりいっそう内的に見神を享受し，外的な奉仕へと出て行かない天使に適合する。それゆえ，すでに挙げられた『ダニエル書』の権威において，そばにいる天使は奉仕する天使から区別されているのである。第二の仕方においてそばにいることは，すべての善き天使のみならず，悪しき天使にも，また人間にも適合する。というのも，彼らによって為されることはすべて神の目と裁きに従属しているからであり，このことのゆえに「主の前に立つために神の子らがやって来たとき，彼らのうちにサタンもいた」と言われているのである。たとえ善き天使と悪しき天使によって引き起こされることが連続的に神の目と裁きに従属しており，このようにして常に

---

　17)　グレゴリウス『道徳論』2巻4章（PL 75, 557B）参照。
　18)　『天上階層論』13章2節（PG 3, 300; Dion. 945），トマス『命題集註解』2巻10区分2項，トマス『神学大全』1部112問2項参照。

神の子はそばに立ち，サタンも彼らのうちにいたとしても，聖書の慣習にしたがって「ある日」と言われている。聖書においては，時間を超えている事柄を時として時間によって，すなわち時間において語られるある事柄によって示す習わしがある。これはちょうど『創世記』の冒頭において，たとえ神が語ることは永遠的であるとしても，神によって語られたことが時間のうちに生じたことよりして，神が第一，あるいは第二の日にあることを語ったと言われているときに見られるのと同様である。このようにして，当該の場合においても，今示されている事実が特定の時に生じたことよりして，この事実を引き起こしたものが，「ある日」，主の前に立っていたと言われているのである。たとえそれらのものが主の前に立つのを止めることはないとしても。

さらに考察されるべきことに，善き天使によって為されたことと悪しき天使によって為されたことは異なった仕方で神の裁きに関係づけられる。すなわち，善き天使は自らの為すことを神に関係づけようとするので，ここから彼らについて，「主の前に立つために」神の子らがやって来たと言われており，彼らは固有の運動と意図によってすべてのことを神の裁きに従属させようとする。対して，悪しき天使は自らの為すことを神に関係づけようとはせず，為すことがすべて神の裁きに従属するということを嫌がるのであり，ここからサタンについて，「主の前に立つためにやって来た」ではなく，「彼らのうちにサタンもいた」とだけ言われているのである。「彼らのうちに」と言われているのは，一つに本性の等しさのためであり，一つに悪は〔神の〕主要な意図に由来するものではなく，いわば付帯的な仕方で善に到来するものであることを示すためである。

しかるに，善き天使によって為されることと悪しき天使

によって為されることの間には相違がある。すなわち，善き天使は神の命令と意志によって動かされること以外のいかなるものをも働かない。というのも，彼らはすべてにおいて神の意志に従っているからである。対して，悪しき天使はその意志によって神から離反する。それゆえ，彼らが働くものはその意図に関するかぎり神からは疎遠なものとして存在する。また，われわれは自らが為したことではなく，われわれなしに生じたことについて尋ねるのが常であるので，主は神の子からではなく，ただサタンからあることを尋ね求めたと言われている。そして，このことが「主はサタンに言われた。『お前はどこから来た』」と言われていることの意味である。注目すべきことに，主はサタンに，「お前は何をしているのか」，あるいは「お前はどこにいる」ではなく，「お前はどこから来た」と言っている。というのも，悪霊によって執り成される事実そのものは，あるいは彼らを通じて悪しき者が罰せられ，あるいは善き者が鍛錬されるかぎりで，時として神の意志から生じるものだからである。しかし，悪霊の意図は常に悪しきものであり，神からは疎遠である。それゆえ，主はサタンに「お前はどこから来た」と聞いたのであり，なぜならそこからサタンのすべての働きが生じるサタンの意図は，神から疎遠だからである。

　知るべきことに，語るという行為は二つの仕方で解釈できる。すなわち，あるときには心の概念に関係づけられるものとして，あるときにはそれによってこのような概念が他の者に伝えられる表示に関係づけられるものとしてである。それゆえ，第一の仕方においては，神の語りは永遠的であり神の言葉である御子を生むことに他ならない。第二の仕方においては，神は時間的にあることを語るが，それは語る対象にふさわしく様々な仕方によってである。すなわち，身体的感覚を有している人間に対しては，時として

神は何らかの従属する被造物において形成された物体的な音声によって語るのであり，キリストの洗礼と変容において，「これはわたしの愛する子」（マタ 3・17, 17・5）という声が聞こえた場合がこれに該当する。また，神は時として幻を通じて語るのであり，預言者において度々読まれる場合がこれに該当する[19]。さらに，神は時として可知的な表現によって語るのであり，神がサタンに語ったことはこのような仕方で理解すべきである。神はこのようにしてサタンが為すことが神によって見られていることを彼に理解させたのである。

サタンが神に答えることは，神がサタンに語ることが彼に知を提供することであるかのように，ある事柄の知を神に伝えることではなく，自らのすべてのことが神の目には露わであることを自覚することであった。このような仕方で，「サタンは答えた。『地上を巡回しておりました。ほうほうを歩きまわっていました』」と言われている。それゆえ，「お前はどこから来た」と主がサタンに語ることによって，神は悪魔の意図と行いを吟味している。また，「地上を巡回しておりました。ほうほうを歩きまわっていました」と答えることによって，サタンはいわば自らの行いの性質を神に伝えている。この両者のやりとりから，悪魔によって生じるすべてのことが神の摂理の下にあることが示されている。サタンの巡回によって，欺くことのできる人々を探すというその狡猾さが示されており，それは「あなたがたの敵である悪魔が，ほえたける獅子のように，誰かを食い尽くそうと探し回っている」（Ⅰペト 5・8）と言われていることによっている。ちょうどまっすぐに進むことによって単一な義が示されるように，巡回することに

---

[19] 例えば，『エレミヤ書』1 章 13 節，『ゼカリヤ書』6 章 1 節。トマス『真理論』12 問 7 項参照。

よって狡猾さが示されることは適切である。というのも，正しさは両極端を避ける中道に存するからである[20]。それゆえ，義人の行いはその根源である意志と意図された目的から離れることがないので，義人に正直さが帰せられることは適切である。しかし，狡猾な者においては，見せかけているところのものと意図しているところのものが異なり，その業から示されるところのものは，意志にも目的にも一致しないかぎりで，両極端から出てくるものである。それゆえ，「不敬虔な者は回り道をする」(詩 11・9) と言われているように，狡猾な者が巡回すると言われていることは正しい。知るべきことであるが，たとえ悪魔は善人と悪人とを問わずすべての者に対してその狡猾さを用いようとしているとしても，その狡猾さによる成果を得られるのはただ悪人においてのみである。ここで悪人が地と名付けられているのは正しい。というのも，人間は霊的本性と地上的な肉から構成されているので，人間の悪は次のことのうちに成り立つからである。すなわち，理性的精神にしたがってそれへと秩序づけられている霊的善を見捨てて，地上的な肉にしたがって自らに適合する地上的な善に固執する場合がそれである。それゆえ，悪人は地上的な本性に従うかぎりで正当にも地と呼ばれるのである。ここからして，サタンはこのような地を巡回しているだけでなく，歩き回っているのであり，というのも悪人においてその悪意の働きを満たすことができるからである。歩き回ることにおいて，サタンの働きの成就が示されているが，それはちょうど反対に義人について，神がそのうちを歩き回っていると言われるのと同様である。「わたしは彼らの間に住み，巡り歩く」(Ⅱコリ 6・16)。

　さらに，このことから他のことを理解することができ

---

20) プラトン『パルメニデス』137E 参照。

る。生ける者の境位には三つのものがある。ある者は，天使やすべての至福者たちのように，地を超えて，すなわち天において存在する。ある者は，死すべき肉において生きている人間のように，地において存在する。ある者は，悪霊やすべての断罪された者たちのように，地下に存在する[21]。第一の者たちをサタンは巡回しないし，歩き回ることもない。というのも，天上に住まう者にはいかなる悪意も存在しないからであり，それはちょうど天体においていかなる本性の悪も見出されないのと同様である[22]。地下に住まう者たちの間をサタンは歩き回るが，巡回することはない。というのも，彼らは完全にサタンの悪意に従属しているからであり，彼らを欺くためにサタンがその狡猾さを使用する必要はないからである。しかし，地において存在する者たちをサタンは巡回し，歩き回る。というのも，サタンはその狡猾さによって彼らを欺こうと努めるからであり，彼らのうちのある者を自らの悪意へと引き寄せるからである。すでに述べられたように，これらの者は最も地と呼ばれるのにふさわしい存在である。

　地によって地上的な人間が示されていることは，主が地上に住んでいるヨブを地上から引き離された存在と見なしていることから十分明らかになる。すなわち，サタンが「地上を巡回しておりました。ほうぼうを歩きまわっていました」と言ったとき，「主はサタンに言われた。『お前はわたしの僕ヨブに気づいたか。地上に彼ほどの者はいまい』」と続けられている。というのも，もし神の奴隷であるヨブが地上以外のところに存在すると理解するのでなければ，地を巡回し歩き回っていたと言う者がヨブに気づい

---

21) トマス『命題集註解』4巻44区分3問2項小問3参照。
22) アヴィケンナ『形而上学』9巻6章（f. 106ra），トマス『真理論』5問4項参照。

たかどうかを問われるのは無益であると思われるからである。「わたしの僕」と言われていることにおいて，ヨブが地から引き離されていたことが明らかに示されている。以下がその説明である。人間は精神において神に固執し，肉において地上的な事物に結ばれているかぎりで，いわば神と地上的事物の中間にあるものとして造られた。しかるに，二つのものの中間物は一方の極から遠ざかれば遠ざかるほど，他方の極に近づく。それゆえ，人間は神に固執すればするほど地から遠ざかる。さらに，奴隷は自己を原因としない者のことであるから[23]，神の奴隷であることは精神において神に固執することである。すなわち，精神において神に固執する者が，恐れではなく愛の奴隷として，自分自身を神へと秩序づけるのである。

注目すべきことに，地上的な愛情は，遠くから，それによって精神が神に結ばれる霊的な愛情を何らかの仕方で模倣しているが，その類似性にはいかなる仕方においても到達することができない。というのも，地上的な愛は神の愛に遠く及ばず，愛はすべての愛情の根源であるところから，すべての愛情もまたそうだからである。それゆえ，「お前はわたしの僕ヨブに気づいたか」と言われた後に，「地上に彼ほどの者はいまい」と続けられていることは適切である。というのも，いかなる地上的なものも霊的なものに匹敵しえないからである。しかし，このことは他の仕方で理解できる。各聖人において，何らかの特殊な使用に関して，ある徳の卓越性が存在する。それゆえ，教会においては信仰を告白したそれぞれの者について，「気高き律法を守る者に似た者はいない」と讃えられている。ただし，すべてのものが最も完全な卓越性にしたがって存在し

---

23) トマス『神学大全』2-2部19問4項，アリストテレス『形而上学』1巻3章（982b26）参照。

ているキリストの場合はそこから除かれる。地上に住まういかなる者もヨブに似ていないということは，このような仕方で理解することができるのであり，ヨブは何らかの徳の使用に関して卓越していたのである。いかなる事実において，ヨブが神の奴隷であり，彼に似た者が地上にいないと言われているかは，「無垢で正しく，神を恐れ，悪を避けている」と付加されているときに示されている。これに関しては上で解釈されたので，ここでは省略する。

　考察すべきは，神が義人の生を善へと秩序づけているだけでなく，他の者たちに見られるようにしているということである。しかし，義人の生を見る者はそれに対してみな同じ態度をとるのではない。すなわち，善人は義人の生を範例として有しそこから成長するが，悪人は，もし矯正されてその範例によって善人となるのでなければ，あるいは嫉妬によって苦しめられ，あるいは誤った判断によって義人の生を転倒させようとするかぎりで，聖人の生を見て転落するのである。これは「救われる者においても，滅びる者においても，わたしたちは神に対するキリストの良い香りである。滅びる者においては死から死に至らせる香り，救われる者においては命から命に至らせる香りである」（Ⅱコリ2・15）と言われていることによっている。このようにして，神は聖人の生が考察されることを欲するが，それは救済へと前進するために選ばれた者によってのみならず，断罪を強化するために不正な者によってでもある。というのも，聖人の生から不敬虔な者の転倒性が断罪されるべきものとして示されるからであり，これは「死せる義人が生ける不敬虔な者を断罪する」（知4・16）と言われていることによっている。それゆえ，主はサタンに「お前はわたしの僕ヨブに気づいたか」等々と言っているが，これはあたかも次のように言わんとするかのようである。お前は地を巡回し歩き回ったが，ヨブのみを考察し，その徳に

ついて驚くべきではなかったか。

　転倒した人間——その頭はサタンであり、サタンはここで彼らの役割を演じている——には次のような習慣が属するのが常である。すなわち、彼らは聖人の生を非難することができないので、聖人が正しい意図から行為したのではないと言ってその生を中傷するのであり、それは「彼は、善を悪に変えようとねらっており、選ばれた者にも非難を浴びせる」（シラ11・33）と言われていることによっている。このことは、「サタンは答えて言った。『ヨブが、利益もないのに神を恐れるでしょうか』」と続けられていることから明らかであり、これはあたかも次のように言わんとするかのようである。ヨブが善を行っていることは否定できないが、彼はこれを正しい意図から、すなわちあなたに対する高潔な愛のためにではなく、あなたから得られる時間的なもののために行っている。それゆえ、わたしは「ヨブが、利益もないのに神を恐れるでしょうか」と言ったのである。というのも、そこからわれわれが意図するものを得られないことを為すときに、われわれはそれを無益に為していると言われるからである。ヨブはあなたから得られる時間的なもののためにあなたに仕えているのであり、それゆえ、あなたに仕えあなたを恐れることは無益なことではない。

　さらに、サタンはヨブが時間的な繁栄を得たことを二つの点に関して示している。第一はヨブが悪から免れていることに関してである。というのも、ヨブは神によってあらゆる逆境から守られていたからであり、このことが「あなたは守っておられるではありませんか」と言われていることの意味である。すなわち、ちょうど防壁を築くように、人格に関して「彼を」、子と家族に関して「その一族を」、財産に関して「全財産を」神は守ってきたのである。「全方向にわたって」と付加されているが、これによってヨブ

が完全に悪から守られていることが示される。というのも、全方向にわたって守られているものは、いかなる部分からも攻撃を加えられないからである。第二に、サタンはヨブの繁栄を善の豊かさに関して示しており、このことが「彼の手の業をすべて祝福なさいます」と言われていることの意味である。神は語ることによってすべてを生じさせることができるので、神の祝福は事物に善性を与えることである。それゆえ、神がある者の業を祝福すると言われるのは、然るべき目的に到達するようにその業を善へと導くかぎりにおいてである。さらに、ある善は人間の業や意図と関係なしに到来するので、「彼の財産は地において増えました」と付加されている。このようにして、サタンは幸いなるヨブの業を地上的善に対する意図から為されたものとして非難する。それゆえ、明らかなことに、われわれの働く善は、あたかも褒賞に対するかのように、地上的な繁栄に関係づけられているのではない。さもなければ、たとえ人が時間的な繁栄のために神に仕えるとしても、それは転倒した意図ではないことになる。また同様にして、反対に時間的な逆境は罪に対する固有の罰ではない。まさにこのことをこの書の全体は問題にしている。

　サタンが示そうとしていることは、以上のこととは反対に、ヨブが獲得した地上的な繁栄のために神に仕えているということである。というのも、もし地上的な繁栄が失われたときにヨブが神を恐れるのをやめるとすれば、ヨブは自らが享受していた地上的な繁栄のために神を恐れていたことが明らかとなるからである。それゆえ、「しかし、少しあなたの手を伸ばして彼の所有しているすべてのものに触れてごらんなさい」と続けられているが、これは財産を奪うことによってという意味であり、「面と向かってあなたを呪うにちがいありません」と言われているが、これは明白な仕方で呪うだろうという意味である。注目すべきこ

とに，真の義人の心もまた大きな逆境によって時として動揺するが，見せかけの義人は小さな逆境によっても，いかなる徳の根も持たない者のように混乱する。それゆえ，サタンはヨブが真の義人ではなく見せかけの義人であることを示そうとして，もしヨブがわずかでも逆境によって触れられれば，神に対して不平を言う，すなわち神を冒瀆するだろうと言った。明瞭に「面と向かってあなたを呪うにちがいありません」と言われているが，これによって示されていることは，ヨブが順境においてもその心において，時間的なものを神への愛に優先させることによってある仕方で神を冒瀆していたが，繁栄が取り除かれると，面と向かって，すなわち明らかに冒瀆するだろうということである。「面と向かって（in faciem）あなたを呪う（benedicere）にちがいありません」と言われていることは他の仕方によっても理解できる。すなわち，それは祝福する（benedicere）という語を本来的な意味に解することによってであり，意味は以下のようになる。もしあなたが地上的な繁栄を取り除くことによってわずかでも彼に触れたならば，そこからわたしに明らかになることは，ヨブは以前から真心によってあなたを祝福していたのではなく，見せかけ（in facie）において，すなわち人に見られるためにそうしていたということである。

　また，すでに述べられたように，神は聖人の徳を善人悪人を問わずすべての者に知らせようと欲するので，聖人の善き行いをすべての者が見るだけでなく，その正しい意図もまたすべての者に明らかに示されることを好む。それゆえ，神は，ヨブから時間的な繁栄が奪われ，その結果それでもなお神の恐れを保ち続ける彼において，彼が時間的なもののためにではなく，正しい意図から神を恐れていたことが明らかになることを欲した。しかるに，知るべきことに，神は悪人を罰するのに善き天使と悪しき天使をもって

するが，善人を逆境に陥れるのはただ悪しき天使によってのみである。それゆえ，神は幸いなるヨブに逆境を与えることがサタンによってのみ行われるように欲した。このことから，「それゆえ，主はサタンに言われた。『見よ，彼の所有するすべてのものはお前の手のうちにある』」，すなわちお前の権力に引き渡すと続けられており，さらに，「ただし，彼には手を出すな」と言われている。ここから明らかな仕方で理解されることに，サタンが義人を害することができるのは，彼が欲するかぎりにおいてではなく，神によって許されているかぎりにおいてである。さらに考察すべきことに，主はサタンにヨブを害するように命じているのではなく，ただ彼に能力のみを与えている。というのも，「害する意志はすべての悪しき者に自分自身よりして内在しているが，能力は神にのみ由来する」[24]からである。

したがって，すでに述べられたことから明らかなように，幸いなるヨブの逆境の原因は彼の徳がすべての者に明らかにされるということにあった。それゆえ，トビアについてもまた言われている。「主が彼を試練に遭わせることを許したのは，ちょうど聖なるヨブと同じように，後の時代の人々にその忍耐の範例が与えられるためである」（トビ2・12）。主がサタンの言葉によってヨブを苦しめることを許すように導かれたと信じないように注意すべきである。そうではなく，主は永遠の計画によって，すべての不敬虔な者の中傷に対して，ヨブの徳を明らかにすべくこのことを秩序づけたのである。それゆえ，中傷が先に述べられ，神の許しが後続している。

サタンは主のもとから出て行った。[13] ある日，ヨブの息

---

[24] 『標準的註解』「創世記」3章1節，アウグスティヌス『創世記逐語註解』11巻3章（PL 34, 431）参照。

子，娘が，長兄の家で宴会を開いていたとき，[14]使者がヨブのもとに来て言った。「牛が畑を耕し，その傍らでろばが草を食べておりますと，[15]シェバ人が襲いかかり，すべてのものを略奪していきました。牧童たちは剣にかけられ，わたしひとりだけあなたに告げるために逃れてまいりました」。[16]彼がまだ話しているうちに，別の者が来て言った。「神の火が天から降り，羊と牧童たちに触れ焼き尽くしてしまいました。わたしひとりだけあなたに告げるために逃れてまいりました」。[17]彼がまだ話しているうちに，他の者が来て言った。「カルデア人が三部隊に分かれてらくだの群れを襲い，奪っていきました。牧童たちは剣にかけられ，わたしひとりだけあなたに告げるために逃れてまいりました」。[18]彼がまだ話しているうちに，見よ，他の者が入って来て言った。「御長男のお宅で，御子息，御息女の皆様が宴会を開いておられました。[19]突然，荒野から激しい風が襲い，家の四方に吹きつけ，家は倒れ，あなたの子供たちを押しつぶし，彼らは死んでしまわれました。わたしひとりだけあなたに告げるために逃れてまいりました」。(1・12-19)

「サタンは主のもとから出て行った」等々。幸いなるヨブの逆境の原因が述べられたので，続いてこのような逆境がいかにして彼に到来したかが示される。すべての逆境はサタンによって引き起こされたので，第一に彼について「サタンは主のもとから出て行った」と言われており，これはあたかも自らに許された力を行使せんとするかのごとくである。明瞭に「主のもとから出て行った」と言われているが，それというのもサタンはある者を害する力を与えられたかぎりにおいて主の面前にいた——このことは神の理性的な意志に由来する——からである。しかし，サタンは自らに与えられた力を行使するかぎりにおいて，主のもとから出て行くのであり，それというのもそれによって許

可する者の意図から退くからである。このことはすでに述べられたことから明らかである。というのも，神がサタンにヨブを害することを許したのは彼の徳を明らかにするためであるが，サタンはこの目的のために彼を苦しめたのではなく，彼を不忍耐と神の冒瀆へ促すためにそうしたからである。同時にこのことにおいて，上でわれわれが述べたことの真理性が明らかとなる。サタンは神のそばに立っている神の子たちの中にいたが，それは神のそばにいるということが神の裁きと審判に従属していると解されることにしたがってであり，神のそばにいるということが神を見ていると解されることにしたがってではない。それゆえ，ここでもまた，サタンは「自らの面前から神を追い出した」ではなく，「主のもとから出て行った」と言われているのであり，これはあたかも次のように言われているかのようである。サタンはたとえ摂理の秩序から逃れることはできないとしても，神の摂理の意図から退いた。

　逆境が語られる順序は，繁栄が語られた順序の反対のように見える。すなわち，繁栄を語ることにおいては，ヨブという人間自身から始めて，その後に子孫について述べ，次いで家畜，それも第一に羊について言及した後に他の動物について述べるといった仕方で，より重大なものからより価値の低いものへと進んだが，このことは理に適っている。というのも，人間においてかなえられない永遠性が子孫において求められ，子孫を維持するために財産が必要だからである。しかし，逆境は順序を反対にして提示されている。すなわち，第一に財産の喪失，第二に子孫の圧迫，第三にヨブ自身の苦しみが語られているが，これは逆境を強化するためである。というのも，より大きな逆境によって圧迫された者はより小さな逆境については何も感じないが，より小さな逆境の後にもより大きな逆境は人を圧迫するからである。ヨブが個々の逆境から自らの苦しみを感じ

て，よりいっそう不忍耐へと促されるように，サタンはより小さな逆境から始めて，徐々により大きな逆境に進むことによって彼を苦しめたのである。

　知るべきことに，突然到来するものによって人の心はよりいっそう動揺する。というのも，あらかじめ思い巡らされた逆境はよりいっそう容易に耐えられるからである。それゆえ，ヨブをよりいっそう動揺させるために，逆境についてほとんど考えることのない喜びの頂点にある時に，サタンはヨブに逆境を導入し，現在の喜びそのものから逆境がよりいっそう重大なものとして現れるようにした。というのも，「あるものはその反対のものが隣に置かれたときよりいっそう際立つ」[25]からである。それゆえ，「ある日，ヨブの息子，娘が，長兄の家で宴会を開いていたとき」と言われ，喜びのしるしとして特殊的に置かれているが，これは「そもそも酒は酩酊のためではなく楽しみのために造られた」（シラ 31・35）と言われていることによっている。「長兄の家で」という言葉はより大きな厳粛さのために置かれている。というのも，宴会は長兄の家においてよりいっそう厳粛に行われるからである。「使者がヨブのもとに来て言った」。「牛が畑を耕していた」と言われているが，これは収穫の記憶から損害がより耐えられないように見えるようにするためである。「その傍らでろばが草を食べていた」と言われているが，これは，敵が同時に多くのものを奪うことができる時に敵が襲来したことをヨブが考察するかぎりで，苦しみを増し加えるために置かれている。「シェバ人が襲いかかった」と言われているが，これは遠くからやって来た敵であり，彼らが奪ったものを取り返すことは容易ではない。「すべてのものを略奪していった」と言われているが，もし何かを残していたら，それが

25）　アリストテレス『弁論術』3 巻 17 章（1418b4）参照。

必要な使用と子孫に関して十分であるかもしれないからである。「牧童たちは剣にかけられた」と言われているが，これは義人にとっては重大なことであった。「わたしひとりだけあなたに告げるために逃れてまいりました」と言われているが，これはあたかも次のように言わんとするかのようである。わたしだけが逃げのびたのは神の摂理によって起こったことであり，それはあなたがこれほどの損害の知らせを受けとることができるためであり，あたかも神があなたを悲しみによって苦しめようと意図しているかのごとくである。

　この逆境が知らされた後に，ただちに別の逆境が伝えられているが，それは時間的な間隔が生じた場合，時として人は自らの心に帰り忍耐への準備をすることによって，後続する逆境をより容易に耐えられるからである。それゆえ，「彼がまだ話しているうちに，別の者が来て言った」と続けられている。神によって遣わされた「神の火が天から降った」と言われているが，これはあたかも人間によってのみならず神によっても迫害されていることを彼の精神に刻み込んで，より容易に神に反抗するようにするためである。「羊と牧童たちに触れ焼き尽くしてしまいました」と言われているが，これはあたかも火が触れただけですべてのものが焼き尽くされる——これは火の自然本性的な力を超えている——ことを神が配慮したかのごとくである。「わたしひとりだけあなたに告げるために逃れてまいりました」。さらに，「彼がまだ話しているうちに，他の者が来て言った」。「カルデア人」，彼らは狂暴で強力であり，彼らの力を示すために「三部隊に分かれていた」と言われているが，これによって復讐することも損害を回復することも期待できないことが示されている。その損害について，「らくだの群れを襲った」等々と付加されている。子孫の圧迫がこれに続けられる。「彼がまだ話しているうち

に，見よ，他の者が入って来て言った。『御長男のお宅で，御子息，御息女の皆様が宴会を開いておられました』」。このことから，彼らの死はより悲しいものとなる。というのも，ヨブは彼らが何らかの罪に陥った状態で死んだのではないかと疑うことができるからである。なぜなら，ヨブは，彼らが宴会において何らかの罪に陥ったのではないかと恐れるがゆえに，彼らを聖別し，各人に対していけにえを捧げていたからである。彼らが悔悛し，自らの魂を気遣っていたと信じられることのないように，「突然，荒れ野から激しい風が襲い，家の四方に吹きつけた」と続けられている。このことは，慣習にはずれて家の全体を同時に倒した風の激しさを示すために言われている。これによって，このことが神の意志から生じたことが示されており，このようにしてヨブは，敬虔な精神において仕えていた神によって苦しめられるかぎりで，よりいっそう容易に神に反抗するように促されるのである。より大きな悲しみを増し加えるために，子孫を失うという損失が付加されている。「家は倒れ，あなたの子供たちを押しつぶし，彼らは死んでしまわれました」，すなわちすべての子孫は死んだということであり，このことは子供たちのうちで生き残った者において後継の希望が残ることのないように言われている。このことがよりいっそう悲しいものと見なされるように，すべての子供たちが死んだ後に，悲しみを増し加えるために，召使いのある者が逃げのびて来た。「わたしひとりだけあなたに告げるために逃れてまいりました」。

　考察すべきことに，すでに述べられたすべての逆境はサタンによって引き起こされたものであるので，神の許しによって悪霊は大気をかき乱し，風を起こし，火を天から降らせることができると認めなければならない。たとえ物体

的な質料が，形相を受けとることに関して[26]，善き天使にも悪しき天使にも従わずただ創造主である神にのみ従うとしても，場所的運動に関しては[27]，物体的な本性は霊的本性に従うように造られている。このことの証拠は人間において明らかである。というのも，肢体は意志によって規定された業を行うのに，ただ意志の命令によってのみ動かされるからである。それゆえ，ただ場所的な運動によってのみ生じうるものに関しては，それを善き霊のみならず悪しき霊もまた，神によって禁止されないかぎり，その自然本性的な力によって為すことができる。風，雨，その他のこれに類する大気の混乱は，地と水から生じた水蒸気の運動からのみ生じうる。それゆえ，このようなものを引き起こすためには悪霊の自然本性的な力で十分なのである。しかし，時として神の力によって，彼らが自然本性的な力で引き起こすことのできるすべてのことを生じさせないということが起こる。しかるに，これらのことは「国々の空しい神々の中に雨を降らしうるものがあるでしょうか」（エレ14・22）と言われていることに対立しない。というのも，自然法則によって雨が降る――これは自然的な原因をそのことへと秩序づける神にのみ属する――ことと，神によって降雨へと秩序づけられた自然的な原因を時として雨のために道具として使用したり，時として秩序を外れて風を起こすこととは互いに異なっているからである。

[20] そのとき，ヨブは立ち上がり，自らの衣を裂き，髪をそり落とし，地にひれ伏して拝みながら，[21] 言った。「わたしは裸で母の胎を出た。裸でそこに帰ろう。主は与え，主は奪う。こうなることは主の気に入ることであった。主

---

26) トマス『神学大全』1部110問2項参照。
27) 同上，1部110問3項参照。

の御名はほめたたえられよ。」²² これらすべてのことにおいて，ヨブはその唇によって罪を犯さず，神に対して愚かなことを語らなかった。（1・20-22）

　「そのとき，ヨブは立ち上がった」等々。幸いなるヨブの逆境が列挙された後に，ここでは逆境において示された彼の忍耐について論じられる。ここで述べられていることを明らかにするために知るべきは，物体的な善と魂の情念に関して，古代の哲学者たちの間では様々な見解があったということである[28]。ストア派によれば，いかなる外的な善も人間の善ではなく，それらの喪失のために賢者が悲しむことはありえない。対してペリパトス派によれば，外的な善はたしかに人間の善の一つであるが，それは主要な善ではなく，人間の主要な善である精神の善にいわば道具的に秩序づけられたものである。このことのゆえに，彼らは賢者が外的な善の喪失において適度に悲しむことを認めたのであり，適度にとはすなわち理性が悲しみによって飲まれて正しさから逸脱してしまうことのない程度にという意味である。この見解はより真理に近いものであり，教会の教えとも一致する。ちょうどアウグスティヌスが『神の国』において明らかにしているとおりである[29]。

　それゆえ，この見解に従っていたヨブは，たしかに逆境において悲しみを示したが，それは理性に従属した適度な悲しみであった。それゆえ，「そのとき，ヨブは立ち上がり，自らの衣を裂いた」と言われているが，このことは悲しみのしるしを表す人々の慣習であった[30]。「そのとき」と言われていることに注目すべきである。それはすなわち，息子たちの死を聞いた後にという意味であり，ヨブは彼ら

---

28) アウグスティヌス『神の国』9巻4章（PL 41, 258），トマス『神学大全』2-1部59問2項参照。
29) 14巻9章（PL 41, 413）。
30) 『創世記』37章34節，『列王記上』21章27節参照。

について財産の喪失について以上に悲しんだと考えられる。というのも，死んだ友人について悲しまないことは頑なで無感覚な心に属することであり，適度な悲しみを持つことは有徳な人間に属することだからである。これは使徒が「兄弟たち，すでに眠りについた人たちについては，希望を持たないほかの人々のように嘆き悲しまないために，ぜひ次のことを知っておいてほしい」（Ⅰテサ4・13）と言っていることによっている。幸いなるヨブは適度に悲しんでいたので，彼の精神の状態は外的な行為によって明らかにされている。たとえ悲しんでいる人間は身を横たえるのが常であるにしても，ヨブは確固とした理性を有していたので，「ヨブは立ち上がった」と言われていることは適切である。ヨブはたしかに悲しみを蒙っていたが，それは理性を混乱させるところまで至っていなかったので，彼は外的なものにおいて二つのことに関して悲しみのしるしを示した。一つは身体の本性の外部に存在するものに関して「自らの衣を裂いた」と言われており，もう一つは身体の本性から出てくるものに関して「髪をそり落とした」と言われている。このことは髪を有している人々の間では悲しみのしるしであると見なされていた[31]。それゆえ，この二つの悲しみのしるしはすでに述べられた逆境に対応している。というのも，衣を裂くことは財産の喪失に，髪をそり落とすことは息子たちの喪失に対応しているからである。しかるに，謙遜に神に従うとき，人間精神は確固なものとして存在する。すべてのものは自らにとってよりいっそう完全な原理に従属すればするほど，よりいっそう大きな高貴さにおいて存在する。それはたとえば空気が光に，質料が形相に従属するときに見られるものである。それゆえ，幸いなるヨブの精神が悲しみによって打ち倒されず，その

---

31) グレゴリウス『道徳論』2巻16章（PL 75, 570A）参照。

正直さに固執していたことは、彼が神に謙遜に従属していたことから明らかである。というのも、謙遜と献身のしるしを明らかにするために、「地にひれ伏して拝みながら、言った」と続けられているからである。

ヨブは行いによってのみならず言葉によってもまた、自らの精神の状態を明らかにしている。すなわち、彼はたとえ悲しみを蒙っていたとしても、悲しみに屈するべきではないことを理性的に明らかにしている。それは第一に本性の条件から為されており、それゆえ次のように言われている。「わたしは裸で母の胎を出た」、すなわち「母の」とは万物の共通の母である地のという意味である[32]。「裸でそこに帰ろう」、すなわち地へという意味である。このような意味で、「大きな労苦が人間に創造された。重い軛がアダムの子孫にのしかかっている。母の胎を出たその日から、万物の母なる地に埋葬されるその日まで」(シラ40・1)と言われている。あるいは、他の仕方で理解できる。「母の胎から」と言われていることは、文字通り彼を生んだ女の胎からという意味に解される。また、「裸でそこに帰ろう」と言われていることは、「そこに」という語が単なる関係を示すものとして置かれていると理解できる。すなわち、それは再び母の胎のうちに帰るということではなく、ある意味において母の胎のうちに存在したときの状態に帰るという意味である。ある意味においてとは、人間的な交際から疎遠な者として存在するかぎりでということである。それゆえ、このように言うことによってヨブが理性的に示していることは、人間は外的な善の喪失のために悲しみによって飲まれてしまうべきではないということである。というのも、外的な善は人間にとって本性に内属するものではなく、付帯的に到来するものだからである。この

---

[32] グレゴリウス『道徳論』2巻17章 (PL 75, 570C) 参照。

ことから明らかなことは，人間がそれらの外的な善なくしてこの世に到来し，それらなくしてこの世から去るということである。それゆえ，たとえ付帯的な善が取り去られても，もし本質的な善が残っているならば，人間はたとえ悲しみに触れられるとしても，それによって打ち負かされてしまうべきではない。

　第二に，ヨブは同じことを神の働きから示している。「主は与え，主は奪う」。ここで第一に考察すべきは，これが人間的な事柄に関する神の摂理についての真なる見解だということである。「主は与える」と言われていることにおいてヨブが告白しているのは，世の繁栄が人間に到来するのは，偶然によるのでもなく，星の運命によるのでもなく，ただ人間の努力によるのでもなく，神の配剤によるということである。対して，「主は奪う」と言われていることにおいて告白されているのは，世の逆境もまた神の摂理の判断によって人間に到来するということである。このことによって明らかとなるのは，人間はたとえ時間的善を奪われたとしても，神について正当に不平を言うことはできないということである。というのも，無償で与えた神は，終わりのときに，あるいは途上で与えることができるからである。それゆえ，たとえ神が途上にある人間から時間的なものを奪ったからといって，人間は不平を言うことはできない。

　第三に，ヨブは同じことを神の意志に気に入ることから示して言っている。「こうなることは主の気に入ることであった」。しかるに，友人には同じことを欲し，同じことを欲しないことが属する[33]。それゆえ，もしある人から時間的善を奪うことが神の善意から生じるとすれば，もしそ

---

33) サルスティウス『カティリナ戦記』20章，トマス『神学大全』2-2部29問3項参照。

の者が神を愛しているなら，自らの意志を神の意志に一致させるべきである。その結果，このような理由で，人は悲しみに飲まれるべきではない。

それゆえ，この三つの理由は然るべき順序で置かれている。というのも，第一の理由において，時間的善は人間にとって外的であることが，第二の理由において，時間的善は神によって人間に与えられ，また奪われることが，第三の理由において，このことが神の意志に気に入ることにしたがって起こることが述べられているからである。それゆえ，第一の理由から，人間は時間的善の喪失のために悲しみに飲まれるべきではないことが，第二の理由から，それについて不平を言うことができないことが，第三の理由から，むしろそれについて喜ぶべきことが結論づけられる。人が逆境を蒙ることは，もしそこから何らかの善が引き出されるのでなければ，神に気に入るものではないであろう。それゆえ，逆境は，たとえそれ自体苦く悲しみを生むものであるとしても，それゆえに神に気に入られる有用性を考察することで，喜ぶべきものとなるのである。それはちょうど使徒たちについて，「使徒たちは喜びながら出て行った」（使5・41）等々と言われているのと同様である。すなわち，人は苦い薬を飲むときに，たとえ感覚的には混乱していても，理性においては健康に対する期待のために喜ぶのである。喜びは感謝の行為を生むので，ヨブはこの第三の理由を感謝の行為で締めくくって言っている。「主の御名はほめたたえられよ」。主の御名が人間によってほめたたえられるのは，人間が神の善性についての知を有するかぎりにおいてである。すなわち，神がすべてのことを善き仕方で計らい，いかなるものをも不正な仕方で扱うことがないということがその知である。

それゆえ，次のような仕方でヨブの純粋性についての議論が結ばれる。「これらすべてのことにおいて，ヨブは自

らの唇によって罪を犯すことがなかった」,すなわち言葉によって不忍耐の運動を表現することがなかった。「神に対して愚かなことを語らなかった」,すなわち神の摂理について冒瀆しなかった。というのも,愚かなことは本来的に神的なものについての認識である知恵に対立するからである[34]。

---

34) アウグスティヌス『三位一体論』14 巻 1 章(PL 42, 1037), トマス『神学大全』2-2 部 45 問 1 項異論 2 参照。

第 2 章

^{1} ある日,神の子らが主の前に来て立っていたとき,彼らのうちへサタンも来て,主の前に進み出た。^{2} 主はサタンに言われた。「お前はどこから来た」。サタンは答えて言った。「地上を巡回しておりました。ほうぼうを歩きまわっていました」。^{3} 主はサタンに言われた。「お前はわたしの僕ヨブに気づいたか。地上に彼ほどの者はいまい。無垢で正しく,神を恐れ,悪を避けており,依然として無垢を保っている。お前はわたしを唆して彼を苦しめようとしたが,それは無駄に終わった」。^{4} サタンは主に答えて言った。「皮のためには皮を,と申します。まして人間は自らの命のためには所有しているすべてのものを差し出すものです。^{5} さもなければ,手を伸ばして彼の骨と肉に触れてごらんなさい。あなたは彼が面と向かってあなたを呪うところを見るでしょう」。^{6} それゆえ,主はサタンに言われた。「それでは,彼をお前のいいようにするがよい。ただし,命だけは奪うな」。(2・1-6)

「ある日」等々。人間の善として,魂の善,身体の善,外的事物の善の三つがあるが[1],それらは互いに次のような仕方で秩序づけられている。すなわち,身体は魂のために,外的事物は身体と魂のために存在する。それゆえ,人が魂の善を外的善の繁栄のために秩序づけることが転倒した意図によるものであるのと同様,人が魂の善を身体の救

---

1) アリストテレス『ニコマコス倫理学』1 巻 12 章(1098b12),トマス『神学大全』2-2 部 152 問 2 項参照。

済のために秩序づけることもまた転倒した意図による。ヨブが魂の善である徳の働きにおいて卓越していたことは，すべての者に明瞭に示されたので，主もまた上でサタンに「お前はわたしの僕ヨブに気づいたか」（1・8）等々と言っている。しかし，サタンはヨブが時間的善のために徳の働きを行っていたとして中傷した。それはちょうどサタンがその頭である悪人が善人の意図について破壊的に判断するのと同様である。ところが，この中傷はヨブが外的善の喪失の後にも徳において留まり続けたことによって退けられた。というのも，この事実はヨブの意図が外的善へと逸らされていなかったことを十分に示しているからである。それゆえ，ヨブの徳を完全に明らかにするために残されているのは，彼が自分の身体の救済のためにもその意図を曲げなかったことを示すことである。それゆえ，このことを明らかにするために神の裁きが導入され，「ある日，神の子らが主の前に来て立っていたとき，彼らのうちへサタンも来て，主の前に進み出た。主はサタンに言われた。『お前はどこから来た』」と言われている。これらの言葉については上で解釈されたので長くとどまることはできないが，以下のことにのみ注意されたい。ちょうど『創世記』の冒頭において，造られた事物の様々な種類に応じて別々の日が置かれているように，ここでもまた異なった事実のゆえに異なった日が導入されている。続いて問われたサタンがいかに答えたかが示されている。「サタンは答えて言った。『地上を巡回しておりました。ほうぼうを歩きまわっていました』」。このこともまた上で解釈された。

　主は再び上と同じようにサタンにヨブの徳を提示して言っている。「主はサタンに言われた。『お前はわたしの僕ヨブに気づいたか。地上に彼ほどの者はいまい。無垢で正しく，神を恐れ，悪を避けている』」。しかし，以前は明らかにされていなかった幸いなるヨブのある徳，すなわ

ち逆境における忍耐がすでに明らかにされたので，ここでは「依然として」と付加されており，それはすなわち時間的善の喪失の後にも「無垢を保っている」という意味である。ここから，さらに主はサタンの疑いが中傷的なものであり，その意図が無駄に終わったことを示して，「お前はわたしを唆して彼を苦しめようとしたが，それは無駄に終わった」と続けている。「わたしを唆して彼を苦しめようとした」と言われていることから，次のことを理解してはならない。すなわち，ちょうど人間たちのもとでよく見られるように，神が何者かによって以前は欲しなかったことを意志するように促されると考えてはならない。というのも，「神は人間のように偽ることはない。人の子のように変わることはない」（民23・19）と言われているからである。しかし，ここで聖書は神について人間的な仕方で比喩的に語っている。というのも，人間はある者のために何かを為すように欲するとき，その者によって動かされると言われるからである。しかし，神は自らの為すとおりに為すことを欲するが，これはある目的のためである。すなわち，神はいかなる精神の動揺もなしに，永遠よりして精神のうちにそのために行為が為される目的を有している。それゆえ，主はヨブの徳の真理性を明らかにし，その結果，悪意を持つ者のすべての中傷を排除するために，永遠よりしてヨブを時間的に苦しめることを計画していた。それゆえ，このことを意味するために，ここで「お前はわたしを唆して彼を苦しめようとした」と言われている。「わたしは彼を苦しめたが，それは無駄に終わった」と言われていることは，神の意図に関してではなく，サタンの意図に関して理解すべきである。というのも，サタンがヨブの逆境を求めたのは，そこから彼を不忍耐と冒瀆へと導くことを意図するものであったが，これは達成されなかった。しかし，神が逆境を許したのは彼の徳を明らかにするためであ

り，これは実現した。それゆえ，このようにして，ヨブが苦しめられたことは，サタンの意図に関しては無駄に終わったが，神の意図に関してはそうではなかった。

叱責されたサタンは休むことなく引き続き中傷し，次のことを示そうとした。ヨブの働いたすべての善，さらに逆境を忍耐強く耐えたこと自体もまた，神への愛のためではなく，自らの身体の救済のために為したことである。それゆえ，「サタンは主に答えて言った。『皮のためには皮を，と申します。まして人間は自らの命のためには所有しているすべてのものを差し出すものです』」と続けられている。考察すべきことに，ヨブは二つの仕方で苦しめられた。すなわち，財産の喪失と，子孫の喪失がそれである。それゆえ，サタンは，ヨブが両方の苦しみを忍耐強く耐えたのは自らの身体の救済のためであること，またこのことは偉大な徳に属するものではなく，人間的でよく見られるものであることを示そうと意図する。そしてこのことが，「人間は」，すなわち有徳でない者は誰でも，容易に「皮のために皮を」，すなわち自らの肉のために他人の肉を差し出すと言われていることの意味である。というのも，有徳でない人間は，自分自身よりも，どれほど近しい者であっても他人が身体的に苦しめられることを許容するからである。同様に，人は皆，自らの命を守るために所有している外的なものをすべて与える。というのも，外的な善は，生命を維持するために求められるものであり，それによって人間の生が快適に保たれる食料や衣服や他のこれに類するもののように補助的なものとして存在するからである。

誰かがサタンに，「ヨブが子孫と財産の喪失を忍耐強く耐えたのは自らの皮と命を失うことを恐れたためであることはどこから証明できるのか」と問う可能性があるので，サタンはあたかもこの質問に答えるかのように，「さもなければ」と付加しており，これはもしこの単純な言葉を信

じられないならばという意味である。「手を伸ばして彼の骨と肉に触れてごらんなさい」, それはあなたの力を行使して, 彼の身体を苦しめてみなさい, すなわち表面的に——肉に触れることによってこのことが示されている——だけでなく, 深みに至る——骨に触れることによってこのことが示されている——まで, 彼の内奥にまで苦しみが到達するように苦しめてみなさいという意味である。「あなたは見るでしょう」, すなわちすべての者によって明らかに見られるだろう。「彼が面と向かってあなたを呪うところを」。これは上で解釈された。

それゆえ, 主は, ちょうど上でヨブが神に従っていたのは外的な善のゆえではないことを示したように, さらにまたそれは身体の救済のためでもないことを示そうとして, 「それゆえ, 主はサタンに言われた」と続けられている。「それでは, 彼をお前のいいようにするがよい。ただし, 命だけは奪うな」, これはすなわち, わたしは彼の身体を苦しめる権能をお前に与える, しかし命を彼から取り去ってはならないという意味である。というのも, 神は自らの奴隷を完全にサタンの意志に差し出すのではなく, 適切な尺度にしたがってそうするからであり, これは「真実な方である神は, あなたがたを耐えられないような試練に遭わせることはなさらない」（Ⅰコリ10・13）と言われていることによっている。

[7] それゆえ, サタンは主の前から出て行った。サタンはヨブを打ち, 足の裏から彼の頭までひどい皮膚病にかからせた。[8] ヨブは糞の中に座り, 素焼きのかけらで膿をかきむしった。[9] 彼の妻は言った。「どこまでも無垢でいるのですか。神を呪って, 死ぬ方がましでしょう」。[10] ヨブは彼女に言った。「あなたは愚かな女の一人のように語った。もしわたしたちが主の手から善を受けとったのなら,

どうしてわたしたちは悪を受けとらないだろうか」。これらすべてのことにおいて，ヨブはその唇によって罪を犯さなかった。[11] さて，ヨブの三人の友人であるテマン人エリファズ，シュア人ビルダド，ナアマ人ツォファルは，ヨブに起こったすべての悪を聞くと，それぞれの国からやって来た。というのも，彼らは，一緒に行って彼を訪れ慰めようと話し合ったからである。[12] 彼らが遠くからその目を上げると，ヨブはそれと見分けられないほどの姿になっていたので，叫びながら嘆き，衣を裂き，天に向かって塵を振りまき，頭にかぶった。[13] 彼らは七日七晩，ヨブと共に地面に座っていたが，その激しい苦痛を見ると，話しかけることもできなかった。(2・7-13)

「それゆえ，サタンは出て行った」等々。権能を与えられたサタンはそれを行使するために出て行った。それゆえ，「サタンは主の前から出て行き，ヨブを打った」。恥ずべきにして忌むべき打撃によってであったため，「皮膚病」と言われている。治癒しえない苦痛を伴うものであったため，「ひどい」と言われている。また，全体的なものであったため，「足の裏から彼の頭まで」と言われている。

しかるに，病人の苦しみは外的に与えられる薬や享楽によって和らげられるのが常であるが，ヨブはこのようなものを持たなかったので，「素焼きのかけらで膿をかきむしった」と続けられている。このことにおいて示されているのは，苦痛を和らげる薬や享楽は彼には与えられなかったということである。「糞の中に座っていた」と言われているときに示されているのは，ヨブが場所の快適さによっても，敷き藁の柔らかさによっても，何らかの甘美な香りによっても元気づけられることはなく，むしろそれらの反対のものを使用していたということである。このことは二つの仕方で起こる。あるいは，主によって打たれたヨブが，憐れみをより容易に受け取るために，自分自身でも進

んで自らを苦しめて謙遜していたからである。またあるいは，ヨブは所有していたものをすべて失ったので，自らに適切な治療を施すことができなかったからである。主が上で言っていることよりして，後者の可能性の方が高いと考えられる。また，サタンが自らに与えられた力より以下の害を与えたとは思われない。

　さらに，人間の苦しみは慰めの言葉によって和らげられるのが常であるが，苦しんでいるヨブにかけられた言葉は辛辣なものであり，それはより近しい人物からのものであったので，よりいっそう彼をいらだたせるものであった。それゆえ，「彼の妻は言った」と続けられている。悪魔は彼女のみを残しておいたが，それは彼女によって義人の精神を打つためであり，それはちょうど女によって最初の人間を打ち倒したのと同様である[2]。第一に，彼女は嘲りの言葉からはじめて，「どこまでも無垢でいるのですか」と言っているが，これはあたかも次のように言わんとするかのようである。あなたはこれほどの罰を受けてなぜ無垢でいることが無益なことであると学ばないのですか。これはちょうど，ある人々によって，「神に仕える者はむなしい。たとえわれわれがその掟を守っても何の益があろうか」（マラ3・14）と言われているのと同様である。第二に，彼女は転倒した忠告の言葉を語って，「神を呪えばよいでしょう」と言っているが，これはあたかも次のように言わんとするかのようである。神を祝福しているあなたに逆境が到来したのだから，神を呪えば繁栄を得るにちがいありません。最後に，彼女は絶望の言葉で結んで，「死ぬ方がましでしょう」と言っているが，これはあたかも次のように言わんとするかのようである。あなたは自らを死者と見なしなさい，というのも，無垢に留まっているかぎり

2）『創世記』3章1節参照。

あなたに残されているのは死ぬことだけなのですから。あるいは、他の仕方で、「神を祝福しなさい、そうすれば死ぬでしょう」と解することができる。すなわちそれは、これほど神を敬ってもこのように逆境によって苦しめられるのだから、なお神を祝福し続ければ、死を期待することしかできないでしょうという意味である。

聖なる人間は自らの不遇を忍耐強く耐えるが、神に対する侮辱には耐えることができないので、「ヨブは彼女に言った。『あなたは愚かな女の一人のように語った』」と続けられている。ヨブが妻を愚かな者として非難しているのは正しい。というのも、愚かさは神の知恵に反して語るからである。ヨブは妻が愚かに語ったことを示して、「もしわたしたちが神の手から善を受けとったのなら、どうしてわたしたちは悪を受けとらないだろうか」と言い、人間の完全な知恵を教えている。すなわち、時間的で物質的な善は霊的で永遠的な善のためにのみ愛されるべきであるので、もしより主要なものとして後者の善が保たれているならば、人は前者の善を奪われたからといって落胆したり、それらにおいて豊かであるからといって高慢になるべきではない。それゆえ、ヨブがわれわれに教えていることは、もし時間的善が神によってわれわれに与えられたならば、傲慢に陥らないようにそれを利用し、その反対の悪を落胆しないように耐えるほどの魂の堅固さを持つべきだということであり、このことは使徒が、「貧しく暮らすすべも、豊かに暮らすすべも知っている」（フィリ4・12）、その後に、「わたしを強めてくださる方において、わたしにはすべてが可能である」（フィリ4・13）と言っていることによっている。それから、「これらすべてのことにおいて、ヨブはその唇によって罪を犯さなかった」と言われているとき、ヨブが無垢を保っていたことが結論づけられている。

悪魔は妻によってのみならず，友人によってもまた幸いなるヨブの精神を動揺させようと努めた。友人はヨブを慰めるためにやって来たのだが，叱責の言葉を発したのであり，彼らについて「さて，ヨブの三人の友人であるテマン人エリファズ，シュア人ビルダド，ナアマ人ツォファルは，ヨブに起こったすべての悪を聞くと，それぞれの国からやって来た」と言われている。また，この書のすべての議論はほとんどこの友人たちとの間で行われるのであるから，考察されるべきは，これらの三人がある点においてはヨブと同じ意見であり——ここから彼らはヨブの友人と言われている——，ある点においては三人の間では一致しながらヨブの見解とは異なっている——ここから，彼らは一緒に数え上げられるがヨブからは区別されている——ということである。彼らがヨブと一致している点は，自然物のみならず人間的な事柄もまた神の摂理に従属しているという見解であり，異なっている点は，人間がその働く善のために神によって地上的繁栄でもって報いを受け，その働く悪のために時間的逆境でもって神によって罰せられる——あたかも時間的な善が徳の報いであり，時間的な悪が罪に対する固有の罰であるというように——と彼らが考えていることである。彼らはいずれもこの見解を自分自身の仕方によって守ろうと努めるが，それは自らの才覚によるものであり，それゆえ，「それぞれの国からやって来た」と言われている。しかし，ヨブはこの見解には属さず，人間の善き業はこの世の生の後，将来の霊的報いに秩序づけられており，同様に罪は将来の罰によって罰せられるべきだと信じていた。

　すでに述べられたヨブの友人たちがヨブを慰めるためにやって来たことは，「というのも，彼らは，一緒に行って彼を訪れ慰めようと話し合ったからである」と言われていることから示されている。ここにおいて，彼らは自らを真

の友人として示している。というのも、彼らは艱難においても友人を見捨てないからであり、「悲しみと不幸において友は見分けられる」（シラ 12・9）と言われている。第一に友人の訪問そのものが慰めであった。というのも、友人を見、食事を共にすることは最も楽しいことだからである[3]。さらに、彼らはヨブに対する同情を示すことによって行為でもって彼を慰めている。それらの同情のしるしに先立って、「彼らが遠くからその目を上げると、ヨブはそれと見分けられないほどの姿になっていた」と言われているとき、同情へと駆り立てる事情が述べられている。というのも、顔は皮膚病によって、所有物と残りの装飾品はそれらの喪失によって変わっていたからである。「遠くから」と言われていることは、人間が離れたところから判別できる距離として理解すべきである。友人のこの変化は彼らを悲しみと同情へと駆り立てて、彼らはそれをしるしによって示した。それゆえ、大きな悲しみのために、「叫びながら嘆き、衣を裂き、天に向かって塵を振りまき、頭にかぶった」。これは謙遜と落胆のしるしであり、彼らは友人の落胆を自分自身のそれと見なしているかのようであった。「天に向かって」と付加されているが、これはあたかも彼らがこの謙遜によって天上的な憐れみを請い求めようとするかのようであった。考察すべきことに、友人の同情は慰めとなるものであるが[4]、それには理由がある。すなわち、あるいはいわばある種の重荷である逆境が多くの者によって担われたときにより軽いものとなるからであり、あるいはあらゆる悲しみが享楽と混ぜ合わされることによって和らげられるからであるが、後者の方が真理に近

---

 3) アリストテレス『ニコマコス倫理学』9 巻 13, 14 章（1171a35, 1171b32）参照。

 4) アリストテレス『ニコマコス倫理学』9 巻 13 章（1171a28）、トマス『神学大全』2-1 部 38 問 3 項参照。

い。友人の情愛に触れることは最も楽しい経験であり，とりわけ逆境における同情ほど甘美なものはない。それゆえ，それは慰めを与えるのである。

　彼らは同情を示すことによってのみならず，ヨブと交わることによっても彼を慰める。それゆえ，「彼らは七日七晩，ヨブと共に地面に座っていた」と続けられている。これは彼らが連続して座っていたというようにではなく，適切な時間において座っていたと理解すべきである。というのも，大きな悲しみは長い慰めを必要とするからである。彼らは最も慰めとなる第三のもの，すなわち言葉を発しなかった。それゆえ，「話しかけることもできなかった」と続けられている。「その激しい苦痛を見ると」と付加されているとき，沈黙の理由が示されている。この理由は苦しんでいるヨブの状態よりも慰める友人たちの見解にしたがって理解されるべきである。というのも，悲しみに飲まれた人間の精神は，慰めの言葉を受け入れないからであり，それは詩人が，「精神を欠いている者以外の誰が，子を失った母親が泣くのを禁じるだろうか」[5]と言っているとおりである。しかし，ヨブは悲しみのために慰めを受け入れることができないという状態にはなかった。むしろ彼は理性によって自分自身を慰めていたのであり，このことは上で引用された彼の言葉から明らかである。

---

5) オウィディウス『恋愛治療』127。

第3章

---

¹これらのことの後で,ヨブは自らの口を開き,自分の生まれた日を呪って,²言った。わたしの生まれた日は消えうせよ。人間が懐胎されたと言われた夜も。⁴その日は闇となれ。神が上から求めることもなく,人々に思い出されることもなく,光もこれを輝かすな。⁵闇と死の陰がその日を暗くするがよい。密雲がその上に立ちこめ,苦さによって覆われるように。⁶暗い嵐がその夜を所有し,その夜は年の日々に加えられず,月の一日に数えられることのないように。⁷その夜は,孤独で,賞賛にふさわしくない。⁸日に呪いをかける者,レビヤタンを呼び起こす用意のある者が,その日を呪うがよい。⁹星々はその闇によって光を失い,待ち望んでも光は射さず,昇ってくる曙を見ることもないように。¹⁰その夜が,わたしをみごもった腹の戸を閉ざさず,わたしの目から悪を取り除いてくれなかったから。(3・1-10)

「これらのことの後で,ヨブは自らの口を開いた」等々。上で述べられたように,魂の情念に関して,古代においては二つの見解があった。ストア派の人々は,賢者は悲しみに陥らないと言った。ペリパトス派の人々は,賢者は確かに悲しむが,理性にしたがって適度に悲しむと言った。後者の見解が真理に一致する。というのも,理性は自然本性の条件を取り除くことができないからである。しかるに,可感的本性にとって,自らに適合するものを喜び,有害なものを悲しむことは自然的である。それゆえ,理性はこのことを取り除くことができないので,悲しみによって理性

がその正しさから逸脱してしまうことのないように，適度に悲しむことがふさわしい。また，この見解は聖書にも一致するものであり，というのもすべての徳と知恵の充満を有するキリストにおいてもまた，悲しみが見出されるからである[1]。

　このようにして，ヨブはすでに述べられた逆境から確かに悲しみを感じていたが——そうでなければ，彼のうちには忍耐の徳が見出されなかったであろう——，理性は悲しみのためにその正しさから逸脱することなく，むしろ悲しみを支配していた。このことを示すために，「これらのことの後で，ヨブは自らの口を開いた」と言われている。「これらのことの後で」とは，七日間の沈黙の後にという意味であり，このことから，続く彼の言葉が悲しみによって混乱させられていない理性から発せられたものであることが明らかとなる。もしそれらの言葉が精神の混乱から発せられたものであるならば，彼はいまだ悲しみの力が強力であったときにそれらを発したであろう。というのも，いかなる悲しみも時の経過によって和らげられるが[2]，初めのうちはよりいっそう強力に感じられるからである。それゆえ，混乱した精神によって語られたと判断されないように，彼は長い間沈黙していたと思われる。このことは，「自らの口を開いた」と言われていることによって示されている。というのも，人が情念の衝動から語るときには，口を開くのではなく，情念によって語ることへと駆り立てられるからである。実際，われわれが自らの行為の主人であるのは，情念ではなくただ理性のみによるのである。しかるに，ヨブは蒙った悲しみを語ることによって示してい

---

1) 『マタイ福音書』26 章 33 節，『マルコ福音書』14 章 34 節参照。

2) トマス『神学大全』2-1 部 42 問 5 項参照。

る。というのも、賢者の間では彼らの感じた情念の運動を理性によって語ることが常であったからであり、それはキリストが「わたしの魂は死ぬばかりに悲しい」(マタ26・38) と語り、使徒もまた「わたしは自らが望む善を行わず、かえって憎む悪を行っている」(ロマ7・15) と語っているときに見られるものである。このようにして、ボエティウスもまた『哲学の慰め』の冒頭において[3]、悲しみを開陳し、いかにしてそれを理性によって和らげたかを示している。同様にして、ヨブもまた語ることによって自らの悲しみを明らかにしている。

「自分の生まれた日を呪った」と続けられているが、これは使徒によって「呪うのではなく祝福しなさい」(ロマ12・14) と言われていることに反するように思われる。しかし、呪うことは多くの仕方で語られることを知るべきである。しかるに、呪うこと (maledicere) は悪を語ること (malum dicere) 以外の何ものでもないから、人は悪を語るたびに、呪うと言われるのである。ある者がある者に悪を語るのは、第一に悪を生ぜしめる発言によってであり、それはちょうど神の語りが語られたものの原因であり、ある者を断罪する裁判官の判決が断罪される者の罰の原因であるのと同様である。このような仕方で、「お前の業のゆえに、土は呪われるものとなった」(創3・17) という主の言葉は理解できる。また、同様にして、ノアは「カナンは呪われよ。奴隷として兄弟たちに仕えよ」(創9・25) と言っている。さらに、同様にして、ヨシュアはアコルを呪った (ヨシュ7・25)。ある者が悪を語るのは、第二に悪を祈り求めることによってであり、ちょうど「ペリシテ人は自らのやり方によってダビデを呪った」(サム上17・43) と言われている場合がそれに該当する。ある者が悪を語る

---

[3] PL 63, 581。

のは，第三に現在，過去，未来を問わず，また真実か否かを問わず，端的に悪を言明することによってである。それゆえ，使徒が禁じているのは，ある者がある者に悪を祈り求めたり，ある者を誤って中傷する場合に見られるような呪いであって，裁判官が罪人を断罪したり，あるいは現在の事柄を明らかにし，あるいは過去の事柄を思い起こし，あるいは将来の事柄をあらかじめ述べることによって，誠実な人間がある事柄の悪を秩序立てて示す場合に見られる悪の語りではない。それゆえ，ヨブが自らの生まれた日を呪ったことは，その日が悪しきものであったことを告げたこととして理解すべきである。それは神によってヨブが造られたその本性にしたがってではなく，時間において為されたことによってその時の善し悪しが語られる聖書の慣習にしたがってであり，これは「時をよく用いなさい。今は悪い時代である」（エフェ 5・16）と言われていることによっている。それゆえ，ヨブが生きていた時に悪が起こったことを述べるかぎりで，彼は自らの生まれた日を呪ったのである。

ヨブがどのようにして呪ったかが続けて述べられている。「ヨブは言った。わたしの生まれた日は消えうせよ。人間が懐胎されたと言われた夜も」。知るべきことに，存在することと生きることはたとえそれ自体としては欲求されるべきものであるとしても，不幸のうちに存在することと生きることは避けるべきである[4]。というのも，たとえ時として人は不幸のうちに存在することを何らかの目的のために進んで耐えるとしても，何らかの善き目的へと秩序づけられていない不幸な生を選ぶ人間は決していないからであり，これは「生まれなかった方が，その者のためによ

---

4) アリストテレス『ニコマコス倫理学』9 巻 2 章（1170a20），トマス『命題集註解』4 巻 44 区分 3 問 1 項小問 2 異論解答 3 参照。

かった」（マタ 26・24）と主が言っていることによっている。しかるに，何らかの不幸から期待される善を捉えることができるのはただ理性のみであり，感覚的な能力はそれを感知できないが，それはちょうど味覚は薬の苦さを感知するが，健康という目的において喜ぶのはただ理性のみであるのと同様である。それゆえ，もし人が自らの味覚によって蒙ったものを表現しようとすれば，たとえ理性が目的に照らして薬は善であると判断するとしても，薬は悪であると述べる。このようにして，幸いなるヨブが耐え忍んだ不幸は，確かに理性に対しては何らかの点で有益であるように見えるとしても，悲しみによって苦しめられている魂の下級の部分は逆境を完全に拒絶する。それゆえ，このような逆境において生きることは，それ自体もまた彼にとって憎むべきものであった。しかるに，われわれにとってあるものが憎むべきものであるとき，それによってそのものに到達するすべてのものが忌むべきものとなる。それゆえ，ヨブは魂の下級の部分にしたがって，それを通じて蒙ったものを今や表現しようと意図して，自らをこのような生へと導いた出生と懐胎，すなわち出生の日と懐胎の夜を憎んだのである。このことは，何らかのことが，時間において為された事柄によって，あるいは善としてあるいは悪として，時間に帰せられる語りの方法によっている。このようにして，ヨブは魂の感覚的な部分にしたがって逆境の下にある生を拒絶したので，自らが決して生まれず孕まれることもなかったことを欲した。そして，このことが「わたしの生まれた日は消えうせよ」と言われていることの意味であり，これはあたかも「わたしは決して生まれたくなかった」と言わんとするかのようである。また，「人間が懐胎されたと言われた夜も」と言われているが，これはあたかも「願わくば懐胎されたくなかった」と言わんとするかのようである。この順序は適切である。というの

も，出生が取り除かれても懐胎は排除されないが，懐胎が取り除かれれば出生は排除されるからである。さらに，懐胎が夜に，出生が昼に帰せられていることは適切である。というのも，天文学者によれば，より主要な星である太陽が地の上に昇っている日中の出生はより誉められるべきものだからであり，夜の懐胎はよりいっそう頻繁に起こるからである。「わたしの生まれた日は呪われよ。母がわたしを生んだ日は祝福されてはならない」（エレ 20・14）と言われているとき，同じような語り方が用いられている。

出生の日と懐胎の夜に対する呪いが置かれた後，両者に対する呪いが別々にさらに続けられる。第一に，出生の日の呪いについて，「その日は闇となれ」と言われている。しかるに，以下のことを考察すべきである。ちょうどヒエロニムスが『ヨブ記註解』の序文で言っているように[5]，「『わたしの生まれた日は消えうせよ』というヨブの言葉から，『ヨブ記』の終わりの少し前で『それゆえ，わたしは悔い改めます』と言われているところまでは，六歩格詩であり，長短短格と長長格が用いられている」。ここから明らかとなるのは，『ヨブ記』がすでに述べられた箇所から詩の方法によって記述されているということであり，それゆえ，この書の全体を通じて詩人が用いるのを常とする比喩と色調が用いられているということである。しかるに，詩人はより激しく読者を動かすために，同じ意味に関して様々な詩行を導入するのが常であるので，ここでヨブもまた自らの生まれた日を呪うために，われわれがすでに述べた仕方で，それによってある日が憎むべきものとなる事柄を導入している。

日の尊厳はその明るさであり，それは明るさによって夜から区別されるからである。それゆえ，この尊厳を排除す

---

5) PL 28, 1140。

るために,「その日は闇となれ」と言われている。しかし,この文章は表面的に理解するかぎり無意味であるように思われる。というのも,出生の日は過ぎ去りもはや存在しないからである。しかるに,過ぎ去ったものは変化しない。それゆえ,過ぎ去った日がいかにして闇に変化することができるだろうか。しかし,知るべきことに,ある事柄についての判断を表現するために,希望という仕方で何らかのことが語られる場合がある。それゆえ,このような仕方で,今「その日は闇となれ」と言われているのであり,これはあたかも次のように言わんとするかのようである。わたしが蒙っている不幸の闇に一致するように,わたしの生まれた日は闇となるべきである。「光は快く,目によって太陽を見るのは楽しい」(コヘ 11・7)と言われているように,光を見ることは快いものであるから,聖書においては闇によって悲しみが表示されるのが常であり,これは「人は闇の中で食べ,多くの気遣い,悩み,悲しみのうちにある」(コヘ 5・16)と言われていることによっている。

　ある日が明るいと言われるのは多くの仕方によっている。第一はある日を祝福すべきものとして創設する神の聖化によるものであり,ちょうど「安息日を聖別することを忘れるな」(出 20・8)と言われている場合がこれに該当する。それゆえ,ヨブはこの明るさをすでに述べられた日から取り除くために,「神が上から求めることのないように」と言っているが,これはあたかも,「神が人間にこの日を祝福せよと要求することのないように」と言わんとするかのようである。というのも,ある日は神によって祝福すべきものとして規定されるからである。それはその日に人間に対して為された何らかの輝かしい恩恵のためであり,ちょうど旧約聖書において,創造の恩恵のために安息

日が[6]，エジプトからの解放の恩恵のために過越祭が置かれている場合に見られる[7]。また，このことは新約聖書において祝われる祝祭においても明らかである。それゆえ，このことによってヨブが示そうとしたのは，自らの出生が輝かしい神の恩恵の一つに数えられるべきではないということであり，というのも，自らが喜びよりもむしろ不幸のために生まれたとヨブには思われたからである。第二にある日が明るいと言われるのは，人間の想起によってである。ちょうどヘロデ[8]やファラオ[9]が自らの生まれた日を祝ったように，人々は自らにとって偉大なことや喜ばしきことが起こった日を祝うのが常である。それゆえ，ヨブはこの明るさをすでに述べられた日から取り除こうとして，「人々に思い出されることもないように」と言っている。というのも，すでに述べられた出来事から明らかなように，ヨブの生きている時に何か喜ばしきことではなくむしろ悲しいことが起こったからである。第三にある日が明るいと言われるのは，物体的な光によってであり，この明るさは多くの仕方で取り去られる。第一に，日食において明らかなように，地を照らす太陽の光線が取り除かれることによってである。このことに関して，「光もこれを輝かすな」と言われている。第二に，雲や太陽の光線を遮るこれに類するものが置かれることによってであり，このことに関して，「闇が暗くするがよい」と言われている。第三に，人が死んだり視力を失ったときに，彼から日の明るさが取り去られると言われるように，見る力の欠陥によってであ

---

6) 『出エジプト記』20 章 11 節，トマス『神学大全』2-2 部 122 問 4 項参照。
7) 『出エジプト記』13 章 3 節，トマス『神学大全』2-1 部 102 問 2 項異論 1 参照。
8) 『マタイ福音書』14 章 6 節参照。
9) 『創世記』40 章 20 節参照。

り，このことに関して，「死の陰が暗くするがよい」と言われている。

　さらに，すでに述べられた暗くされる方法が二つの仕方で説明される。第一は，順序に関してであり，「密雲がその上に立ちこめる」と言われている。というのも，日が密雲によって覆われるのは，以前は光り輝いていた日に対して，突然に思いもかけず闇が導入されるときだからである。これに似たことがヨブ自身の生においても起こったのである。第二は，闇の種類に関してであり，「苦さによって覆われるように」と言われている。このことによって理解されるのは，暗くされることについて述べられたすべてのことが，悲しみの闇に関係づけられるべきだということである。というのも，ヨブは，比喩的に語ったことを後続する何らかの言明によって説明するという慣習を守っているからである。それゆえ，これらすべてのことによってヨブが言わんとしたのは，自らの生まれた日は喜びではなく悲しみの日であると判断されるべきだということに他ならず，というのも，その出生によってこれほど大きな逆境の下にある生に到達することになったからである。

　ヨブは自らの生まれた日を呪った後に，続けて同じ語り方によって自らが懐胎された夜を呪っている。第一に，夜がよりいっそう恐ろしくなるものをその夜に帰している。夜は闇によってそれ自体恐るべきものであるので，夜の闇が増大すればするほど夜は恐ろしくなる。そして，このことは夜に大きな嵐が生じるときに起こるので，「暗い嵐がその夜を所有するように」と言われているが，これはあたかも次のように言わんとするかのようである。これほど大きな逆境の嵐によって包まれたわたしの生に一致するものとなるために，かの夜が暗い嵐によって所有されることは適切であった。

　次いで，ヨブは懐胎の夜から夜の善に属すると思われる

ものを取り除く。第一は人々の評判に関してである。人間は時間において為されたことによって時間を区別するが，夜においてふさわしい記憶が生じることはほとんどあるいはまったくないので，夜が人々の記憶に刻まれるのはそれ自体によってではなく，それと結びついた日中によってである。それゆえ，ヨブはこの善をすでに述べられた夜から取り除いて，「その夜は年の日々に加えられず，月の一日に数えられることのないように」と言っているが，これはあたかも次のように言わんとするかのようである。かの夜はふさわしい記憶ではない。というのも，かの夜においては輝かしいことは何も起こらず，むしろ悲しむべきことが起こったからである。さらに，人々の記憶に残っている夜の中で，あるものはただ記憶されるべきであるだけでなく，祝福され祝われるべきものであって，そのとき人々は祝祭を催すために集まるが，ヨブはこのことを取り除いて，「その夜は孤独であるように」と言っている。このようにしてある夜に人々が集まることは，その夜の誉れと祝福において，その夜に起こった何らかの祝われるべき出来事のために生じる。それはちょうど信徒たちが主の復活の夜に集まるのと同様である。それゆえ，「賞賛にふさわしくない」と付加されている。というのも，ある夜はその夜に起こった何らかの偉大な出来事のために賞賛にふさわしいものとなるからである。

　それゆえ，このことからヨブが示そうと意図したのは，自らの懐胎が何か偉大なものではなく，善ではなく自らの蒙っている逆境の悪へと秩序づけられたものであったということに他ならない。それゆえ，「日に呪いをかける者，レビヤタンを呼び起こす用意のある者がその日を呪うがよい」と続けられている。このことは文字的には二つの仕方で解釈できる。ある仕方によっては，レビヤタンによってある大きな魚が表示されているのであり，これは『ヨブ

記』の最後において、その魚について、「お前はレビヤタンを鉤にかけて引き上げることができるか」（40・25）と言われていることに一致していると思われる。このことにしたがえば以下のことが理解できる。このような大きな魚を捕らえようとする者は夜の闇においてそれらに襲いかかった。それゆえ、彼らは太陽が昇り始めると日を呪ったのであり、というのも、このことによって彼らの仕事と意図が妨げられるからである。他の仕方によっては、レビヤタンによって古代の竜[10]、すなわち悪魔が表示されていると理解できるが、これは「その日、主は厳しく、大きく、強い剣をもって曲がりくねる蛇レビヤタンを殺す」（イザ27・1）と言われていることによっている。それゆえ、レビヤタンを呼び起こす用意のある者とは、悪魔の誘惑を満たそうとして悪事にふける者のことであり、彼らは日を呪う。というのも、「悪を行う者は皆、光を憎む」（ヨハ3・20）と言われており、また以下において、「姦淫者の目は霽を待つ」（24・15）、さらに後に、「もし突然曙光が射し込めば、それを死の陰と見なす」（24・17）と言われているからである。それゆえ、このように解釈するなら、ヨブはちょうど「賞賛にふさわしくない」と言うことによって、すでに述べられた夜を善人にとって憎むべきものとして示そうとしたように、「その日を呪うがよい」等々と付加することによって、その夜が悪人にとっても憎むべきものであることを示そうとしたのである。というのも、善人も悪人も逆境を恐れるからである。

　次いで、ヨブはすでに述べられた夜から本性的に夜の善に属すると思われるものを排除する。そのうちの一つは、夜が星々によって飾られるということであり、このことを取り除くために、「星々はその闇によって光を失う」と

10）『ヨハネの黙示録』12章9節参照。

言っている。他のものは昼に対する希望を有するということであり，このことを取り除くために，「待ち望んでも光は射さない」と言っており，これはあたかも次のように言わんとするかのようである。たとえ夜に昼の光を期待することが自然であるとしても，かの夜は昼の光によって中断されない永遠の闇を有するのである。確かに夜の闇は昼の光によって完全に排除されるが，曙光の薄明によっても減少させられる。ヨブはすでに述べられた夜について，その闇が昼によって排除されないだけでなく，曙光によっても減少させられないことを祈って，「昇ってくる曙を見ることもないように」と言っている。

　すでに述べられたこと，すなわち夜に昼や曙が後続しないことは不可能であると思われるので，ヨブはいかなる意味でこのように述べたかを示して，「その夜が，わたしをみごもった腹の戸を閉ざさなかったから」と付加している。しかるに，人間の生命は母の胎のうちに隠されているので，それは夜の闇に比せられる。しかし，これは出生によって明らかとなるので，このことは明るい日中に例えられる。それゆえ，ヨブがかの夜は後続する昼も曙光も持たないと言ったのは，自らの懐胎が出生や，少年時代――これは曙光によって理解される――や，青年時代――これは昼の完全な光によって示されている――に決して到達しないことを望んでいることを示すためであった。「その夜が腹の戸を閉ざさなかったから」等々と言われているのは，夜そのものが胎を閉ざす，すなわち出生を妨げるということではなく，夜にこのことが行われるからである。というのも，懐胎が出生へと至ることのないように妨げられるのは，懐胎そのものにおいて為されることだからである。存在することと生きることはすべての者にとって望ましいことであるので，人が生を恐れることもまた不合理であると思われるので，ヨブはいかなる理由からそのように語った

かを示して、「わたしの目から悪を取り除いてくれなかったから」と付加しているが、これはあたかも次のように言わんとするかのようである。わたしは生そのものをそれ自体のために恐れているのではなく、わたしが蒙っている悪のために恐れている。というのも、たとえ生はそれ自体として望ましいものであるとしても、不幸に陥った生はそうではないからである。ここで考察すべきことに、ヨブは上で比喩的に語ったすべてのことをこの最後の文章によって説明したと思われる。このことは彼の他の言明においてもまた見られるものである。

[11] なぜ、わたしは母の胎にいるうちに死んでしまわなかったのか。生まれてすぐに息絶えなかったのか。[12] なぜ、膝によって抱かれ、乳房によって乳を与えられたのか。[13] それさえなければ、今は黙して伏し、憩いを得て眠りについていたであろうに。[14] 孤独を作りだした地の王や参議らと共に、[15] 金を蓄え館を銀で満たした諸侯と共に。[16] なぜわたしは、隠された流産の子、懐胎されながら光を見ない子とならなかったのか。[17] そこでは、不敬虔な者も暴れ回ることをやめ、力において弱った者も憩いを得、[18] かつて捕われていた者も共にやすらぎ、追い使う者の声を聞くこともない。[19] そこには小さい者も大きい者も共にいて、奴隷も主人から自由になる。(3・11-19)

「なぜ、わたしは母の胎にいるうちに死んでしまわなかったのか」。ヨブは出生の日と懐胎の夜を呪って、自らが自らの生の始まりを嫌っていることを示した後に、今や自らが生を保っていることをも嫌っていることを示しているが、このことから彼の生が彼にとって重荷であることがより明らかにされている。しかるに、生には二つの状態がある。一つは隠されたものであり、懐胎された者が胎のうちで生きる場合である。もう一つは明らかとなったもので

あり，胎から生まれた者が生きる場合である。第一の状態に関して，「なぜ，わたしは母の胎にいるうちに死んでしまわなかったのか」と言われ，第二の状態に関して，「生まれてすぐに息絶えなかったのか」と言われているが，この第二の状態について最初に述べられる。知るべきことに，外的な生は二つの仕方で取り去られる。あるときは，到来する何らかの害によってであり，あるいはそれは病気のような内側からのものであり，あるいは剣やこれに類するもののような外側からのものである。「生まれてすぐに息絶えなかったのか」と言われていることは，このことに関係づけることができる。またあるときは，必要な援助の除去によってであり，あるいはそれは寝床や蔽いや他のこれに類する補助手段のような外的なものであり，このことに関して，「なぜ，膝によって抱かれたのか」と言われている。あるいは食料のような内的なものであり，このことに関して，「なぜ，乳房によって乳を与えられたのか」と言われている。というのも，生まれた者の生は，生まれて間もない頃，このような援助を必要とするからである。

　人が「なぜこのことが起こったのか」と言うとき，このことが起こったことは無益であることが理解されるので，続いてヨブは自らが生において保たれていることは無益であり，むしろ有害であることを示す。ヨブはこのことを第一に今自らが蒙っている悪に関して示して，「今は黙して伏していたであろうに」と言っている。死を眠りと言っているのは復活の希望のためであるが，復活については後ほど詳細に語られる[11]。ヨブは沈黙によって自らが蒙っている逆境からの休息を理解しているが，これはあたかも次のように言わんとするかのようである。もしわたしが生まれた後ただちに死んだならば，このような悪によって苦しめ

11）『ヨブ記』14章13節，19章25節参照。

られずにすんだであろうに。第二に，ヨブは以前所有していた善に関して，生において保たれることが無益であることを述べる。人はヨブに対して，もしあなたが生において保たれていなかったら，かつて所有していた善を所有することもできなかったと言うことができる。しかし，ヨブはあたかもこれに答えるように，かの善のために生において保たれることが希望されるべきではないことを示している。というのも，その全生涯を通じて大きく繁栄していた者たちもまた，この終局，すなわち死によって生を閉じられるからである。それゆえ，このことが「憩いを得て眠りについていたであろうに」と言われていることの意味であり，それはすなわち死において生の騒乱から免れて，「地の王や参議らと共に」休息していたであろうにということである。知るべきことに，地位を与えられた人々，非常に繁栄している人々の意図は，あるいは快楽を享受することか，あるいは富を集めることに向かう。前者については，「彼らは孤独を作りだした」と言われているが，これは文字的には彼らが狩猟や他の楽しみのために孤独になることを欲したためである。後者については，「金を蓄え館を銀で満たした諸侯と共に」と言われているが，これはあたかも次のように言わんとするかのようである。たとえわたしが生まれてすぐに死んだとしても，わたしは多くの点で繁栄していた者たちが死の後に持つものよりも少なく持つということはない。しかるに考察すべきことに，休息することは自存するものにのみ属するのであるから[12]，これらの言葉から理解されることは，人間が魂にしたがって死の後にも存続するということである。もし誰かが，今語られているこのような王や諸侯はおそらく休息するのではなく地獄の罰を受ける，あるいはまた功徳を積むという観点から

---

12) アリストテレス『自然学』8巻15章（261b12）参照。

ヨブ自身にとっても生は有益であったと反論するならば，上で述べられたように，次のように答えなければならない。ヨブは今，物体的なものや現在の善ないし悪にだけ感知しうる魂の感覚的部分にしたがって語り，自らの感情を表現しているのである。

　それゆえ，このようにしてヨブは生まれた後に生において保たれることが自らの望みではなかったことを示した後，続いて「なぜ，わたしは母の胎にいるうちに死んでしまわなかったのか」という言葉を説明して，胎において保たれ出生へと至ることもまた自らの望みではなかったことを示している。考察すべきことに，ある人々はただそれのみが不死である理性的魂を注がれる前に胎のうちで死ぬが，これに関して，「なぜわたしは，隠された流産の子とならなかったのか」と言われている。このような流産からは何も永遠的なものは残らない。対して，ある人々は理性的魂を注がれた後に死ぬのであり，彼らは死の後にも魂にしたがって存続するが，この世の光を見ることはないのであり，これに関して，「なぜわたしは，懐胎されながら光を見ない子とならなかったのか」と言われており，すなわち現在の生の光をという意味である。この世の生の悪を蒙ることがないことから，上で述べたような死がわたしの望みであることを示して言っている。「そこでは」，すなわち懐胎されたが光を見なかった者たちが置かれている状態においては，「不敬虔な者も暴れ回ることをやめる」，すなわち他の者を苦しめることをやめる。このことはヨブが罪の悪に染まっていないことを示唆している。また，「そこでは」，すなわち死の状態においては，「力において弱った者」，すなわち戦うことによって疲れ果てた戦士たちは，「憩いを得る」，すなわちこのような労苦から自由になる。というのも，述べられたように，ここでは現在の生の悪からの休息についてのみ言及されているからである。ここで

いう疲労とは，人がその力によって働くことで蒙るすべての労苦における疲労を示している。「かつて捕われていた者も」，そこでは，「共にやすらぐ」，すなわち以前の苦しみなしに彼らを捕えていた人々と共にやすらぐ。またそこでは，強制奉公や奴隷制度によって圧迫されていた人々も「追い使う者の声を聞かない」が，これは「ああ，虐げる者は滅び，その取り立ては終わった」（イザ 14・4）と言われていることによっている。ヨブはこのことが真であることを示して，「そこには小さい者も大きい者も共にいる」と付加している。というのも，小ささと大きさはこの世の生においては地上的繁栄の不均等性に基づいているが，地上的繁栄が取り除かれればすべての者は本性にしたがって等しい者となるからである。それゆえ，「小さい者と大きい者」とは，この世の生において地上的繁栄の大きさにしたがって互いに異なっている人々と理解すべきである。しかし，知るべきことに，霊的善にしたがった大きさと小ささの差異はそこでもなお残るが，すでに述べられたように，このことについてはここでは語られていない。また，そこでは，「奴隷も主人から自由になる」のであり，それゆえ，支配やそれに類するものが見られることはない。

[20] なぜ，憐れな者に光を与え，魂の苦さのうちにある者を生かしておかれるのか。[21] あたかも宝を掘り起こす者のように，彼らは死を待っているが，死は来ない。[22] 墓を見出すことさえできれば，激しく喜ぶだろうに。[23] 道が隠されている者に対して，神は彼を闇で取り囲む。[24] わたしは食べる前に嘆き，湧き出る水のように呻く。[25] 恐れていたことが起こった，危惧していたことが襲いかかった。[26] わたしは偽り隠したのか。黙って，何もしなかったのではないか。しかし，神の憤りがわたしに到来した。（3・20-26）

「なぜ，憐れな者に光を与えるのか」。ヨブは自らの生を多くの仕方で嫌悪した後に，今や全人類の生を共通な仕方で嫌悪する。それは繁栄している者に関してと同様逆境を蒙っている者に関してであるが，より明らかなものから始めて，最初に後者について論じている。知るべきことに，生きている者において二つの主要な事柄がある。すなわち，生きることと知ることである。知ること自体は確かに最も楽しく最も高貴なことであるとしても，人間を苦しめるものを知ることは一種の罰であり，それゆえ，「なぜ，憐れな者に光を与えるのか」と言われており，これはあたかも次のように言わんとするかのようである。不幸のうちに置かれている人間にとって，認識の光を有することは何の役に立つのか。というのも，それによって考察されるのは自らを苦しめている悪についてだからである。しかるに，生きることは魂によって高貴なことであるので，もし魂が苦悩のうちにあれば，生きること自体もまた苦いものとなる。それゆえ，「なぜ，魂の苦さのうちにある者を生かしておかれるのか」と言われている。ヨブは不幸な者によってその反対のものが望まれていることよりして，生命が無益に与えられていることを示して言っている。「彼ら」すなわち，苦悩のうちにある者は，「死を待っているが，死は来ない」，すなわちできるだけ早く死を望んでいる。彼らが死を恐れることなくむしろ欲していることを示すために，ヨブは「あたかも宝を掘り起こす者のように」と付加している。すなわち，掘ることによって宝を見つけ出すことへと大きな願望によって駆り立てられている者のようにという意味である。また，願望が満たされると喜びが生じるので，「墓を見出すことさえできれば，激しく喜ぶだろうに」と付加されている。すなわち，それによって墓を見出すところの死に自らが到達したことを知れば喜ぶ

だろうという意味である。ある者によれば[13]，このことは宝を掘り起こす者に関係づけられる。というのも，古代の墓においては宝が見出されるのが常であったので，彼らは墓を見出したときに喜んだからである。しかし，最初の解釈の方が適切である。

　生が不幸な者に与えられることは無益なことであるとしても，繁栄している者に与えられることは有益であると言う者に対して，ヨブはこの見解を取り除くために，「道が隠されている者に対して」と付加している。すなわち，そのような者になぜ光と生が与えられたのかという意味である。人の道が隠されていると言われるのは，現在の繁栄の状態がどこに到達するかを知らないからである。というのも，「笑いに苦しみが混ぜ合わせられ，喜びが終わると悲しみが支配する」（箴14・13），また「人はその道を定めえない」（エレ10・23），さらに「人間は自らの生において何が役に立つかさえ知らないのだから，自らより偉大なものを求める必要があるだろうか。彼が将来どうなるかを教えてくれる者は太陽の下にはいないのだ」（コヘ6・12）と言われているからである。ヨブはいかにして人間の道が隠されているかを説明して，「神は彼を闇で取り囲む」と付加しているが，このことは多くの仕方で明らかにされる。第一に過去と未来に関してであり，これは「人間には多くの苦しみがあるが，それは彼が過去と未来のことをいかなる通知によっても知ることができないからである」（コヘ8・6）と言われていることによっている。第二に近くにあるもの，すなわち人間に関してであり，これは「人間のうちにある霊以外に，いったい誰が，人間に属することを知るだろうか」（Ⅰコリ2・11）と言われていることによっている。第三に人間以上のもの，すなわち神に関

---

[13]　グレゴリウス『道徳論』5巻6章（PL 75, 684D）参照。

してであり，これは「近寄り難い光の中に住まわれる方，いかなる人間も見たことがなく，見ることのできない方である」（Ⅰテモ6・16），また「自らの隠れ場に闇を置いた」（詩17・12）と言われていることによっている。第四に人間以下のものに関してであり，これは「物事はすべて難しい。人間がそれを言葉によって説明することはできない」（コヘ1・8）と言われていることによっている。神が人間を闇で取り囲むと言われるのは，神が人間にすでに述べられたことを認識できないような知性を与えたからである。

　それゆえ，不幸と苦悩のゆえに人間の生が困難であることを示したヨブは，一般的に述べたことを自らに適用して，「わたしは食べる前に嘆く」と言って自らの苦悩を表現している。というのも，ちょうど笑いが喜びのしるしであるように，嘆息は魂の苦悩のしるしだからである。それゆえ，ヨブは嘆息の様子から自らの苦悩の様子を示している。それゆえ，「わたしは食べる前に嘆く」と言われているように，彼の嘆息は時宜を得て始まり，「湧き出る水のように呻く」と言われているように，連続的で大きなものだった。というのも，ちょうど嘆息が適度な悲しみのしるしであるように，呻きはほとんど耐えることのできない激しい悲しみのしるしだからである。この呻きは水のうなりに比せられている。水が容易に流動し音を立てるように，大きな苦しみを蒙った人間もまた自らの不幸のわずかな記憶から呻きへと促される。「湧き出る水のように」と付加されているのは，自らの苦悩の連続性を示すためである。というのも，湧き出る水は連続的に流動し音を立てるからである。

　魂の苦悩は不幸から生じるので，ヨブは魂の苦悩の後に自らの不幸について付加して，「恐れていたことが起こった」と言っている。注目すべきことに，苦悩へと促す人間の不幸は二つのことのうちに成り立つと思われる。すなわ

ち，事物あるいは人間に対する損害と侮辱である。それゆえ，第一の点に関して，「恐れていたことが起こった」と言われているが，これは恐れていたことがわたしに到来したということであり，損害と罰の大きさが表現されている。しかるに，「良いときに悪いときのことを忘れるな」（シラ 11・27）と言われているように，人は賢明であればあるほど，繁栄の状態においても逆境の時に自らに起こりうることを考慮する。それゆえ，非常に賢明であったヨブは恐れていたことが自らに起こったかぎりで大きな不幸を蒙ったのである。第二の点，すなわち侮辱に関して，「危惧していた（verebar）ことが襲いかかった」と言われている。というのも，哲学者によれば[14]，廉恥心（verecundia）は侮辱に対する恐れだからである。それゆえ，このことによってヨブが示しているのは，大きな誉れから多くの非難と侮辱に陥ったということである。

　人は自らの罪によって不幸と苦悩を蒙るのが常であるが，ヨブはこの可能性を否定して，「わたしは偽り隠したのか」と言っている。知るべきことに，人が神によって罰せられるのに二つの罪がある。一つは自らに為された不正に対して度を超えて復讐へと赴く場合であり，これは「わたしに悪を為す者に対してわたしが仕返しをしたのなら，敵によって空しく殺されても当然である」（詩 7・5）と言われていることによっている。ヨブはこのことを自らから取り除いて，「わたしは偽り隠したのか」と言っている。すなわち，わたしに為された不正に対して復讐することでそれを隠したのかという意味である。もう一つは自分自身が先に他の者を攻撃する場合であり，それはあるいは言葉によるが，ヨブはこの可能性を否定して，「黙っていたで

---

14) アリストテレス『ニコマコス倫理学』4 巻 17 章（1128b11），トマス『神学大全』2-2 部 144 問 2 項異論 1 参照。

はないか」と言っている。これはあたかも，わたしはいかなる者に対しても中傷的で不正な言葉を発しなかったと言わんとするかのようである。また，それはあるいは行為によるが，ヨブはこの可能性をも否定して，「何もしなかったではないか」と言っている。「不敬虔な者は巻き上がる海のようで，静かにしていることができない」（イザ 57・20）。たとえわたしは無垢であったとしても，「神の憤り」，すなわち神による罰が「わたしに到来した」。というのも，神における怒りは魂の動揺ではなく処罰と解されるからである[15]。ここから知られるのは，この世の逆境が神の命令なしには到来しないということである。

　もし人がこのヨブの嘆きにおいて述べられていることを集約しようと欲するなら，そこには三つのものが含まれていることを知るべきである。第一に，ヨブは自らの生を重荷と感じていることを示している。第二に，「食べる前に」等々と言われているところから，蒙っている不幸の大きさが述べられている。第三に，「わたしは偽り隠したのか」と言われているとき，ヨブは自らの無垢を示している。

---

15) アウグスティヌス『神の国』15 巻 25 章（PL 41, 472），トマス『神学大全』1 部 19 問 11 項参照。

** 第 4 章**

---

¹テマン人エリファズは答えて言った。²われわれがあなたに語り始めると、おそらくあなたを疲れさせるだろうが、誰が抱かれた言葉を保持できようか。³見よ、あなたは多くの人々を教え、力を失った手を強めてきた。⁴あなたの言葉はよろめく人々を支え、震える膝に力を与えたものだった。⁵今や、あなたの上に災難がふりかかると、あなたは弱ってしまう。それがあなたに触れると、動揺する。⁶あなたの恐れ、剛毅、忍耐、道の完成はどこにあるのか。(4・1-6)

「テマン人エリファズは答えた」等々。ヨブを慰めるためにやって来た友人たちは、以前はヨブの苦しみの大きさのために沈黙していたが、ヨブが話し始めると、語るための勇気を取り戻した。最初にテマン人エリファズが語ったが、彼はヨブの言葉をそれが語られた魂において理解していなかった。というのも、ヨブが蒙っていると言う現在の生に対する嫌悪を絶望として、苦悩の大きさを不忍耐として、無垢であるという告白を傲慢として理解していたからである。

それゆえ、第一に、エリファズはヨブの不忍耐を非難して語り始めるが、それはあたかも自らに発せられた言葉に対して憤る不忍耐の人間に対するかのようであった。それゆえ、「われわれがあなたに語り始めると、おそらくあなたを疲れさせるだろうが」と言っている。ここで十分表現されているのは不忍耐で怒った者の慣習であり、そのような者は言葉を最後まで聞くことに耐えられず、言葉の冒頭

においてただちに反発するのである。軽率な判断として非難されないように,「おそらく」と付加している。というのも,推測や疑いにおいて,言葉や行為はより善い仕方で解釈されなければならないからである[1]。しかし,エリファズ自身が不忍耐についてヨブを非難しているかぎり,自分自身も不忍耐と愚かさの責めを負っていることを示して,「誰が抱かれた言葉を保持できようか」と言っているが,このことは「犬の太腿に突き刺さった矢のように,言葉は愚か者の心の中に食い込んでいく」(シラ 19・12)と言われていることによっている。しかし,義人もまた神に対する熱意から,時として,神の誉れのために言うべきだと考えていることを押し止めておくことができないのであり,それは「主の言葉を思い出すまい,主の名において語るまいと思っても,主の言葉はわたしの心の中,骨の中に閉じ込められて,火のように燃え上がり,わたしはもはや耐えることができなかった」(エレ 20・9)と言われていることによっている。

　明らかな仕方でヨブの不忍耐を示すために,エリファズはさらに続ける。エリファズは二つのもの,すなわち先行する教えと先行する生からヨブの不忍耐を強調する。先行する教えからというのは,もし他人を教導しているところのものを自らが守らなければ,それは人間にとって恥ずべきことだからであり,これは「彼らは言うだけで実行しない」(マタ 23・3)と言われていることによっている。しかし,ヨブは以前,様々な人々に適合する様々な仕方によって,多くの者を不忍耐から引き離してきた。ある者は逆境を徳のために用いることを知らないかぎりで無知から

---

1) 『標準的註解』「ローマの信徒への手紙」14 章 3 節,ロンバルドゥス『註解』「ローマの信徒への手紙」14 章 3 節,トマス『神学大全』2-2 部 60 問 4 項反対異論参照。

不忍耐によって罪を犯すが，この者に関して，「見よ，あなたは多くの人々を教えた」と言われている。また，ある者は最初のうちは逆境において有徳的に振る舞うが，それが長く続くといわば正しい行為によって疲れ果てて罪を犯すが，この者に関して，「力を失った手を強めてきた」と言われており，それはすなわち善き教導によってという意味である。さらに，ある者は逆境においてそれが神の判断に由来するものであるかどうかを疑うのであり，この者に関して，「あなたの言葉はよろめく人々を支えた」と言われている。加えて，ある者は小さな逆境を耐えはするが，大きな逆境が襲いかかると，いわば大きな重さによって押しつぶされて罪を犯すのであり，この者に関して，「震える膝に力を与えたものだった」と言われており，これはすなわちあなたの言葉によってという意味である。というのも，大きな重量を担っている人間の膝は震えるからである。主は人がすでに述べられた事態を乗り越えるために励まして，「弱った手に力を込め，よろめく膝を強くせよ」（イザ35・3）と言っている。

　エリファズはヨブが自ら教えたところを行わなかったことを示そうとして，「今や，あなたの上に災難がふりかかると，あなたは弱ってしまう」と付加している。それはすなわち，あなたが有しているように見え，他の者に勧めていた精神の堅固さから脱落したという意味である。このことはヨブが外的な事物に関して蒙った逆境に関係づけられるべきである。さらに，「それがあなたに触れると，動揺する」と言われているが，これはあなたが有しているように見えた精神の平静さを失うという意味である。このことはヨブが耐えていた身体の苦しみに関係づけられるべきである。それゆえ，サタンは上で「手を伸ばして彼の骨と肉に触れてごらんなさい」（2・5）と言っているのである。このようにして，ヨブは先行する教えを後続する忍耐

によって確証しなかったとして非難されているのであり，というのも，このことは「人の教えは忍耐によって知られる」（箴 19・11）と言われていることに反しているからである。

エリファズはヨブの先行する生からも後続する不忍耐を強調する。というのも，ちょうど「金や銀は火の中で試されるが，人間は屈辱のかまどにおいて神に受け入れられる」（シラ 2・5）と言われているように，これほど早く艱難において気力を失うことは真の徳には属さないと思われるからである。しかるに，人は多くの徳によって艱難において罪を犯さないように守られる。第一は，神への崇敬によってであり，人はそれによって自らが蒙っている悪が神の摂理に由来するものであると考える。ちょうどヨブが「こうなることは主の気に入ることであった」（1・21）と言っている場合に見られるように。エリファズはこのことをヨブから排除しようとして，それによってあなたが神を敬っているように見えたところの「あなたの恐れはどこにあるのか」と言っている。第二に，人は魂の堅固さによって守られるが，それには二つの段階がある。ある人々は逆境によって少しも悩まされないほどに堅固な魂を所有しており，このことは剛毅に属すると思われるので，「あなたの剛毅はどこにあるのか」と言われている。しかし，ここで言われる剛毅は[2]，人を恐れさせないように守るものではなく，悲しみによって打ち倒されないようにするものとして解釈される。またある人々は，逆境から大きな悲しみを蒙りながら，善く整えられた理性によってそれに飲まれることがないが，このことは忍耐に属するように思われ

---

2) アリストテレス『ニコマコス倫理学』3 巻 18 章（1117a29），トマス『神学大全』2-2 部 136 問 4 項異論解答 2 参照。

る[3]。その結果，哲学者たちが指摘するように[4]，忍耐と剛毅との間の差異は，禁欲と純潔との間の差異に等しい。それゆえ，「あなたの忍耐はどこにあるのか」と付加されている。第三に，ある人々は高潔な行為に対する愛によって，恥ずべき仕方で振る舞うことを恐れることによって，罪を犯すことから守られる。彼らは逆境においてたとえ内的には混乱していたとしても，言葉によってであれ，行為によってであれ，何らかの不品行を犯してしまうことはない。このことのゆえに，「あなたの道の完成はどこにあるのか」と言われている。道によって，いわばある種の道のようなものとしてそれによって目的へと至る行為が理解される。あるいは，道を考案された思慮として理解できるのであり，人はそれを通じて逆境を避けうることを確信するか，容易に耐えるのである。

[7] どうか思い出してほしい。かつて無垢な者の誰が滅んだのか，あるいは正しい者がいつ絶たれたのか。[8] むしろわたしは，不正を為し，憎しみを蒔きそれを収穫する者が，[9] 神の息によって滅び，神の怒りの霊によって焼き尽くされたことを見た。[10] 獅子の咆哮，雌獅子の声，獅子の子らの歯は粉砕された。[11] 獲物がないために虎が滅び，獅子の子らはちりぢりにされた。（4・7-11）

「どうか思い出してほしい」等々。エリファズは，ヨブが「わたしは食べる前に嘆く」と言ったことに機会を得て，彼を不忍耐のかどで非難した後に，今や，ヨブが自らを無垢であると言っていることによって，彼を傲慢のかどで非難しようとする。エリファズは，ヨブが無垢でないこ

---

[3] アリストテレス『トピカ』4巻5章（125b22），トマス『神学大全』2-1部59問2項異論1参照。
[4] アリストテレス『ニコマコス倫理学』7巻9章（1152a1），トマス『命題集註解』3巻34区分1問5項参照。

とを示すために，彼の逆境から証明を得て，「どうか思い出してほしい。かつて無垢な者の誰が滅んだのか，あるいは正しい者がいつ絶たれたのか」と言っている。ここで考察すべきは，この見解が，すでに述べられたように，エリファズと他の二人の友人の見解であったということである。すなわち，この世の逆境はただ罪に対する罰として，反対に繁栄は義に対する報いとして人間に到来する。それゆえ，この見解にしたがえば，無垢な人間が時間的に滅び，正しい人間，すなわち有徳な義人が時間的な栄光を奪われて絶たれることはエリファズにとって不適切なことであった。というのも，彼は時間的な栄光が義の報いであると信じていたからである。エリファズはこの見解が真であると強く信じていたので，ヨブもまたこれに異議を唱えることはできないと考えていた。しかし，エリファズはヨブがその混乱した精神によっていつか認識した真理をいわば忘れていると見なしていたので，「思い出してほしい」と言ったのである。

　それゆえ，エリファズは無垢で正しい者に逆境は起こらないことを述べた後に，続いていかなる者に逆境が到来するかを付加して，「むしろわたしは，不正を為し，憎しみを蒔きそれを収穫する者が，神の息によって滅び，神の怒りの霊によって焼き尽くされたことを見た」と言っている。「わたしは見た」と言われていることにおいて，エリファズが自らこのことを経験によって証明したということが理解される。「不正を為す者」によって，明らかな仕方で主として他人を害するために不正を働く者が理解される。「憎しみを蒔きそれを収穫する者」によって，欺きによって他人を害する者が理解される。というのも，この者は他人を苦しめるために策略をめぐらすかぎりで憎しみを蒔き，自らの悪意を結果へと導くかぎりで大きな成果として憎しみを収穫するからである。エリファズはこの比喩を

罰に関しても続ける。すなわち，畑は熱風によって干上がり焼尽するのが常であるので，「わたしはあなたたちのために風が襲いかからないようにし，あなたたちの土地の作物が荒らされないようにする」（マラ3・11）と言われているが，このことが「彼らは神の息によって滅ぶ」と言われていることの意味である。むしろ不正に対する復讐へと進む神の裁きそのものがいわばある種の風であり，神の罰そのものが霊，すなわち神の怒りの風と言われている。「彼らは滅ぶ」と言われているのみならず，「彼らは焼き尽くされる」とも言われているのは，彼らが自分自身において罰せられるのみならず，彼らの子孫と家族全体もまた滅びるからであり，その結果彼らからは何も残らないことになる。このことにおいて，エリファズはヨブに言及していると思われるのであり，というのも，ヨブは自らの身体において苦しめられたのみならず，子孫と家族と財産を失ったからである。

　しかし，親の罪のために子孫と家族が罰せられることはエリファズの見解に反するように思われる。というのも，エリファズが弁護しようとしているのは，この世における逆境は罪に対する罰であるという見解だからである。エリファズはこの反論に答えるように，「獅子の咆哮，雌獅子の声，獅子の子らの歯は粉砕された」と続けている。ここで第一に考察すべきは，人間は理性によって他の動物よりも卓越しているので，もし理性を無視して獣的な情念に従った場合，獣に似たものになるということである。また，人間がその情念を模倣している獣の名がその人間には適合するのであり，すなわち「知性を欠いている馬や騾馬のようになってはならない」（詩31・9）と言われているように，欲情の情念に従属している者は馬や騾馬に比せられるのである。また，人間は狂暴さや怒りのゆえに獅子や熊と名付けられるのであり，これは次の言葉によってい

る。「獅子がほえ，熊が飢える。不敬虔な首長が弱い民を支配する」(箴 28・15)，「その子獅子は若獅子に成長し，獲物を取ることを覚え，人々を餌食とした」(エゼ 19・3)。このようにして，エリファズは狂暴な人間を獅子に比して，「獅子の咆哮」と言っている。というのも，咆哮は獅子の狂暴さのしるしだからである。しかるに，妻の促しによって夫に狂暴さが増し加えられるということがしばしば起こる。このようにして，夫が狂暴な仕方で為した罪はその妻にも帰せられるのであり，それはちょうどヘロデの妻がヘロデにヨハネの首をはねるように促した場合において明らかである[5]。このことのゆえに，「雌獅子の声」と言われている。しかるに，時としてある僭主が狂暴な仕方で獲得したものをその子らが贅沢に使用し，父の略奪物について喜んでいる場合がある。これは「獅子は子獅子のために獲物を引き裂く」(ナホ 2・13) と言われていることによっている。それゆえ，彼らもまた罪を免れていないのであり，このことから「獅子の子らの歯は粉砕された」と続けられている。このようにして，エリファズはすでに述べられた反論に答えたように思われる。すなわち，夫の罪のために妻と子らが罰せられることは正しいことであり，というのも，彼らもまた罪に関与していたからである。エリファズがこれらすべてのことを述べたのは，ヨブとその家族の略奪を明らかにするためであった。

　しかし，ヨブの妻は罰せられていないので，述べられたことはヨブには適合しないように思われる。それゆえ，エリファズはこのことを排除しようとして，「獲物がないために虎が滅んだ」と付加している。というのも，略奪を生業とする者はそれを禁止されることが自らにとっての罰であると考えるからである。考察すべきことに，女性が雌獅

---

[5] 『マタイ福音書』14 章 8 節参照。

子に比せられていたのは怒りの狂暴さのためであるが，虎に比せられているのは怒りへと至る迅速さのためである。というのも，「女の怒りを超える怒りはない」(シラ 25・23)，さらに，「女の悪意に比すれば，すべての悪意は小さなものである」(シラ 25・26)と言われているからである。また，ヨブの子らは完全に滅んだので，「獅子の子らはちりぢりにされた」と付加されている。

　[12] かつて，わたしに隠された言葉が語られた。わたしの耳はそのささやきの脈管をかすかに聞いた。[13] 夜の幻の恐怖において，眠りが人を包むころ，[14] 恐れとおののきが臨み，わたしの骨はことごとく震えた。[15] 霊がわたしの前を移動し，身の毛がよだった。[16] 何ものかが立っていたが，その顔を見分けることはできなかった。目の前にひとつの形があり，わたしは快い風のような声を聞いた。[17]「人が神より正しくありえようか。その造り主より清くありえようか。[18] 見よ，神に仕える者たちは不安定で，神はその天使においてすら邪悪さを見出す。[19] まして，泥の家に住み地に基を置くこれらの者は，虫に食われるように消え去る。[20] 朝から夕暮れまでに倒され，知る者もないままに，永久に滅び去る。[21] 残りの者は彼らから引き離されて死んでいくが，彼らは知恵において滅びない」(4・12-21)

　「かつて，わたしに隠された言葉が語られた」等々。逆境が人間に到来するのはただその人間の罪のためであると主張するエリファズは，このことからヨブとその家族が罪に従属していたとして非難しようとするが，ヨブとその家族において明らかに見られるところはその反対であるように見えるので，ヨブもその家族も罪を免れていなかったことを示そうとする。しかし，ヨブの権威とその名声のために，自分の言葉は脆弱であるとエリファズには思われたので，より大きな権威に訴えて，自らが述べようとすること

を啓示から学んだことを示している。そして，啓示の崇高さを示すために，その不分明さについて言及している。というのも，事柄はより崇高なものであればあるほど，よりいっそう人間的な見地からは捉えられないからである。それゆえ，使徒は，「彼は神の楽園にまで引き上げられ，人が語ることを許されていない，秘密の言葉を聞いた」（Ⅱコリ12・4）と言っているが，エリファズもまたここでこの手法を用いて，真実であるか作り話であるかは別として，「かつて，わたしに隠された言葉が語られた」と言っている。

　考察すべきことに，ある真理は，たとえその崇高さのゆえに人間には隠されているとしても，ある人々には明らかな仕方で，ある人々には隠された仕方で啓示される。自慢のそしりを逃れるために，エリファズはこの真理が隠された仕方で自らに啓示されたと言っている。それゆえ，「わたしの耳はそのささやきの脈管をかすかに聞いた」と付加されている。ここで啓示において起こるのが常である隠蔽の三つの方法が示されている。第一は，可知的な真理が実在しない幻を通じてある者に啓示される場合であり，これは「もしあなたたちのうちに主の預言者がいれば，わたしは夢によってあるいは幻において彼に語る。わたしの僕モーセはそうではない。口から口へ，わたしは彼と語り合う。彼はあらわに，謎によらずに神を見る」（民12・6）と言われていることによっている。それゆえ，モーセはこの隠された言葉を明らかな声によって聞き，他の者はささやきによって聞いた。隠蔽の第二の方法は，実在しない幻そのものにおいて，ある時には，ちょうど「見よ，おとめが身ごもるだろう」（イザ7・14）と言われているように，明白な仕方で真理を含んでいる何らかの言葉が発せられ，またある時には，「エッサイの根から若枝が萌えいで花が咲く」等々と言われているように，ある種の比喩的な語り

方によって何らかの言葉が発せられる場合である。それゆえ，イザヤは「見よ，おとめが身ごもるだろう」という言葉を聞いたことにおいて，ささやきそのものを感知したのであり，「エッサイの根から若枝が萌えいでる」という言葉を聞いたことにおいて，ささやきの脈管を感知したのである。というのも，比喩的な語りはいわば真理そのものから類似性によって引かれるある種の脈管のようなものだからである。第三の方法は，ちょうどモーセについて，「主は人がその友に対して語るように，顔と顔を合わせてモーセに語られた」（出 33・11）と言われているように，ある時には人が頻繁にして持続的な神の啓示を持つ場合であり，ある時には瞬間的で移行的な神の啓示を持つ場合である。それゆえ，「かすかに」と言われていることにおいて，瞬間的な啓示の方法が示されている。というのも，われわれがかすかに聞くところのものは，すばやく通り過ぎるようにしてわれわれに到来するからである。

　このようにして，幻の崇高さが示された後に，啓示の状況が続いて述べられているが，第一に時について，「夜の幻の恐怖において，眠りが人を包むころ」と言われている。というのも，夜という時はその静けさのゆえに啓示を感知するのによりいっそう適しているからである。昼においては，人々の騒がしさと感覚の忙しさから精神はある種の喧騒を蒙り，隠された言葉のささやきを感知することができないのである。

　第二に感知する者の状態について，「恐れが臨んだ」と続けられている。というのも，人間は不慣れなものを恐れるのが常であるので，不慣れな啓示が到来すると，最初のうちは恐れを蒙るからである。この恐れの大きさを示すために，「おののきが臨んだ」と付加されている。というのも，身体のおののきは大きな恐れのしるしだからである。このおののきを強調するために，「わたしの骨はこと

ごとく震えた」と付加されているが，これはあたかも，おののきは表面的なものではなく骨を揺り動かすほど強力なものであったと言わんとするかのようである。似たような仕方で，「わたしはこの壮大な幻を眺めていたが，力が抜けていき，姿は変わり果てて打ちのめされ，気力を失ってしまった」（ダニ10・8）と言われている。続いて「霊がわたしの前を移動し，身の毛がよだった」と言われていることにおいて，この恐れの原因が示されている。というのも，より大きな力を前にしてより小さな力が呆然となることは理に適っているからである。しかるに，霊の力が肉の力よりも大きいことは明らかであるので，たとえ霊の現前によって身の毛がよだったとしても，驚くべきことではない。身の毛がよだつことは突然の恐怖から生じることであり，特に霊の現前が何らかの普通ではない身体的なしるしによって感知されるときに起こる。というのも，不慣れなものは驚嘆と恐れを導入するのが常であるから。エリファズが自ら蒙ったと述べるこの恐怖に，上で，「夜の幻の恐怖において」と言われている時の状況は適合している。というのも，夜において事物は視覚によって見分けられないので，いかなる些細な変化も人を動揺させて，何かより大きなものが存在すると思わせるのが常だからである。そして，このことが，「吹く風の音，葉の茂る枝に飛び交う鳥の心地よい歌声，これらが彼らを恐怖に陥れた」（知17・18）と言われていることの意味である。

　第三に，「何ものかが立っていたが，その顔を見分けることはできなかった。目の前にひとつの形があった」と言われているとき，啓示する人物について言及されているが，ここで幻の確実性に属するところのものが三つ挙げられている。知るべきことに，ある時には人間の体液の過度

の混乱のために[6]，表象が完全に抑圧されてまったく夢が生じないか，あるいは発熱している者においてよく見られるように，混乱した不安定な夢が生じる。このような夢はほとんどあるいはまったく霊性を有しないので，それにはいかなる意味も含まれていない。しかし，体液が落ち着いたときには，静かで秩序だった夢が生じるのであり，これは魂の知的な部分の力においてよりいっそう霊的にして真なるものである。それゆえ，「何ものかが立っていた」と言われており，このことによって幻の安定性が示されている。さらに考察すべきことに，落ち着いた夢はしばしば先行する思念の痕跡であるため[7]，人はしばしば交わるのを常としている人々を夢において見るのである。このような夢の原因は何らかの上級の本性ではなくわれわれ自身であるので，それは大きな意味を持たない。それゆえ，エリファズはこの可能性を否定して，「その顔を見分けることはできなかった」と述べ，これによって自らの見た幻の起源は以前見たものではなく何らかの隠された原因であることを示している。第三に考察すべきことに，何らかの上級の原因から生じるこのような幻は，ある時には眠っている者に，ある時には目を覚ましている者に起こるが，眠っている者よりも目を覚ましている者に生じた幻の方がより真にして確実であると言われる。というのも，目を覚ましているときに理性はよりいっそう自由であり，眠っているときには取るに足らない夢や馴染みの夢から霊的な啓示を判別することはほとんどできないからである。それゆえ，エリファズは，この啓示が眠っている者ではなく目を覚ましている者に起こったことを示すために，「目の前にひとつ

---

6) アリストテレス『夢について』3章（461a15），トマス『神学大全』1部84問8項異論解答2参照。
7) アリストテレス『夢占いについて』1章（463a23）参照。

の形があった」と付加することによって，自らが覚醒した目によってこのことを見たことを示唆している。このことは，上で「眠りが人を包むころ」と言われているときにもまた示されているのであり，啓示を受けたときエリファズは眠っていなかったのである。

次いでエリファズは，自らに為された啓示の様子を語って，「わたしは快い風のような声を聞いた」と言っている。ここで考察すべきことに，このような現象はある時には善き霊によって，ある時には悪しき霊によって生じるが，いずれの仕方によっても最初のうちは不慣れな幻のために人は恐れを蒙る。しかし，幻が善き霊から生じるとき，恐れは慰めに終わるのであり，それはちょうどダニエルを力づけた天使（ダニ 10・18）やザカリアとマリアを力づけた天使ガブリエル（ルカ 1）について明らかなとおりである。しかし，悪しき霊は人間を混乱したままにしておく。それゆえ，「わたしは快い風のような声を聞いた」と言われていることによって，蒙った恐れを落ち着かせるある種の慰めが示されており，このことによって幻が善き霊に由来するものであり，しばしば虚偽の幻を示す悪しき霊——これは「わたしは行って，彼のすべての預言者たちの口において偽りを言う霊となります」（王上 22・22）と言われていることによっている——によるものではないことが示されている。エリヤに生じた幻もまたこのような仕方で読まれるべきである。「地震の後に静かにささやく声が聞こえた。そこに主がおられた」（王上 19・12）。しかし知るべきことに，善き霊より生じる幻においてもまた時として大きな地震や恐ろしい声が聞かれることがある。それはちょうど，「わたしは見た，見よ，北の方から激しい風が到来した」（エゼ 1・4）と言われ，さらに後に，「翼の羽ばたく音をわたしは聞いたが，それは大水の音のようであった」（エゼ 1・24）と続けられ，「わたしは後ろの方でラッパの

ように響く大声を聞いた」（黙1・10）と言われているのと同様である。これらの言明はこのような啓示に含まれている脅しや何らかの重大な危険を示すために置かれているが，ここでは何らかの慰めが示されなければならなかったので，快い風に似た語る者の声が導入されている。

　最後に，「人が神より正しくありえようか」と言われているとき，エリファズが自らに啓示されたと主張する言葉が置かれているが，これは上で触れられた彼の見解，すなわちこの世において逆境が人に到来するのはただ罪によってのみであることを確証するために導入されている。それゆえ，いかなる者も自分は罪を免れていると主張して，逆境を蒙ることに関して自己を除外することができないように，エリファズは三つの理由を導入している。そのうちの一つは人間を神と比較することから採られるものであり，結果的に不可能へと導くものである。すなわち，もし人間が罪なくして神によって罰せられるとすれば，人間が神より正しいことが帰結する。というのも，各人にそれぞれのところのものを返すことが義の業であるので[8]，もし神が罰を課せられるべきではない無垢な人間に罰を与え，かつ神によって罰を受けた人間がいかなる人間にも罪なくして罰を与えないとすれば――ただし彼が無垢な人間である場合に限られるが――，そこから帰結することは，神によって罰せられた人間が神より正しく，神に比して人間が義とされるということであり，その結果，人間が義において神に優るということである。しかし，ある者にとってこのことが不適切であると思われない場合があるかもしれないので，エリファズはより明白な他の不適切な事柄を導入して，「人がその造り主より清くありえようか」と言ってい

　8）　アンブロシウス『義務について』1巻24章（PL 16, 62A）参照。

る。しかるに，いかなるものも固有の原因から有する自らの本性において保たれていることにしたがって純粋性を有する。それゆえ，いかなる結果の純粋性もその原因に依存しているのであるから，純粋性において自らの原因を超えることはできないのである。したがって，人もまたその造り主である神より清いことはありえない。

　「見よ，神に仕える者たちは不安定で，神はその天使においてすら邪悪さを見出す」と言われているとき，第二の理由が述べられているが，これは人間より偉大な天使との比較によるものである。この文章はカトリックの信仰の教えによれば明白である。カトリックの信仰が教えるのは，すべての天使は善き者として造られたが，それらのうちのある者は固有の罪によって正直さの状態から落下し，ある者はより大きな栄光へ到達したということである。天使が正直さの状態から落下したことは二つのことからして驚くべきであると思われるが，一つは天使の観想的な力に関するものであり，もう一つは活動的な力に関するものである。というのも，観想的な力よりして，天使においては安定性が存在すべきであると思われるからである。しかるに，明らかなことに，可変性の原因は可能態であり，不可変性の原因は現実態である。存在と非存在に対する関係が可能態の概念には含まれているが，可能態は現実態によって完成されればされるほど，より堅固に一において存立する。対して，それ自体として現実態にあるものは全く不動である。知るべきことに，ちょうど可能態が現実態に対するように質料は形相に関係しているが，意志の善に対する関係も同様である。それゆえ，善そのものである神は決して変化しないが，その他の本性の意志は善そのものではないので，神に対して可能態が現実態に対するように関係している。ここよりして，それらの本性はよりいっそう神に結びつけばつくほど，それだけ善において確立されるので

ある。それゆえ，その他の被造物の中でも，天使は神をより精妙に観想する者としてよりいっそう強力かつ近接的に神に結びついていると思われるので，その他の被造物の中でもよりいっそう安定したものであると考えられるが，完全に安定したものではない。ここから，なおさらより下級の被造物である人間は，神を礼拝する，すなわち神に仕えることによってどれほど神に結びついているように見えようとも，安定していると判断されることはできないのである。対して，活動的力に関して，邪悪さは天使においてはまったくかあるいはほとんど存在しえないように思われる。というのも，基準は第一の正しさに近くなればなるほど，よりいっそう歪みを持たなくなるからである。第一の正しさを自らのうちに有する神は，その摂理によってすべてのものを導きながら，下級の被造物を上級の被造物によって秩序づける。それゆえ，神によって他のものを導くために遣わされた天使と呼ばれる上級の被造物において，邪悪さはほとんどあるいはまったく存在しないように思われる。したがって，エリファズが述べるように，これらの天使のうちに邪悪さが見出されるかぎり，どれほど偉大に見えようともすべての人間のうちには邪悪さが見出されると信じるべきである。これらの言葉から人は，被造的なすべての霊は不安定であり邪悪さへと導かれうると主張したオリゲネスの誤りに陥らないように注意すべきである[9]。というのも，ある人々は恩恵によって神の本質を直観しながら神に不動な仕方で結びつくことを得たからである[10]。このことにしたがえば，たとえ天使より下級の本性に属す

---

9) 『諸原理について』1巻6章（PG 11, 169C），アウグスティヌス『神の国』21巻17章（PL 41, 731），トマス『真理論』24問10項，トマス『悪について』16問5項参照。
10) すなわち，天使と至福者たち。トマス『真理論』24問8項参照。

るとはいえある人間たちにも，この世においてすら大罪の邪悪さを免れていることが恩恵によって認められるのである[11]。

　次いで人間の条件から採られた第三の理由が置かれているが，これにはすでに述べられた理由の結論が深く関わっている。それゆえ，二つの理由から一つの理由が形成されるのであり，「まして，泥の家に住むこれらの者」と言われている。しかるに，その身体が地上的な質料から造られていることが人間の条件であるが，「まして，泥の家に住む者」と言われているときこのことが示されている。人間の身体が土のようなものであると言われるのは，それがより重い元素である地と水から構成されている——このことは身体の運動から明らかである[12]——からであり，それゆえ，「神は土の塵で人を形づくった」（創 2・7）と言われている。この土からできた身体が魂の家であると言われるのは，人間の魂が，身体を動かすものであるかぎりにおいて，ある意味で身体のうちに存在するからであり，それはちょうど人間が家のうちに存在したり，船乗りが船のうちに存在するのと同様である。このことによってある人々は次のように言った[13]。魂が身体と合一しているのはただ付帯的にであって，それはちょうど人間が衣服と，また船乗りが船と結びつけられているのと同様である。しかし，エリファズはこの見解を排除するために，「地に基を置く者」と付加している。ここから理解されることに，人間の魂が身体と合一しているのは形相が質料と合一しているよ

　11）　すなわち，乙女マリアと使徒たち。トマス『真理論』24 問 9 項反対異論参照。
　12）　トマス『命題集註解』2 巻 1 区分 2 問 5 項異論解答 4 参照。
　13）　ネメシウス『人間本性について』3 章（PG 40, 593B），トマス『命題集註解』3 巻 22 区分 1 問 1 項，トマス『霊的被造物について』2 項，アリストテレス『霊魂論』2 巻 2 章（413a9）参照。

うなものである。というのも、質料が形相の基礎であると言われるのは、ちょうど家を建てる場合の土台のようなものとして、質料が生成における第一の部分だからである。エリファズがこのような語り方を用いるのは、魂に属するところのものを人間に帰するためであって、人間は身体をまとった魂に他ならないと言う者が措定するように、魂が人間であるからではない。そうではなく、魂は人間の主要な部分なのである。ある者によって魂が人間であると言われるのは、それぞれのものはそのうちに存する主要なものから名づけられるのが常だからである[14]。ところで、人間の弱さについて述べられたこれら二つのことは、上で天使の卓越性について述べられたことに対応している。すなわち、「泥の家に住む者」と言われていることは、「神に仕える者」、すなわち神に結びつきそのうちで霊的に住まう者に対応していると思われる。また、「地に基を置く者」と言われていることは、「その天使において」と言われていることに対応している。というのも、「神はその御使いを霊として造った」（詩103・4）と言われているように、天使はその本性において非物体的だからである。

エリファズはすでに述べられた人間の条件からその悲惨な結末を述べて、「虫に食われるように消え去る」と言っている。このことは、表面的な理解においては、地に基を置く人間が必然的に蒙る肉体的な死について言われたものであると理解できる。このことにしたがって二つの死が示されている。すなわち、「虫に食われるように消え去る」と言われていることにおいて、自然的な死が理解される。というのも、ちょうど虫が衣服から生じて衣服をかじるように、自然的な死もまた身体の内的な原因から

---

14) アリストテレス『霊魂論』2巻9章（416b23）、トマス『神学大全』1部115問2項参照。

起こるからである。さらに,「朝から夕暮れまでに倒される（succidentur）」と続けられていることにおいて，暴力的な死が理解される。というのも,木が切り倒されること（succisio）は外的な原因から起こるからである。十分明瞭に,「朝から夕暮れまでに」と言われている。というのも,自然的な死は何らかの自然的なしるしによってあらかじめ知ることができるが,暴力的な死は様々な偶然に従属しているためまったくもって不確実だからである。それゆえ,人が朝から夕暮れまで生きているかどうかを知ることはできないのである。しかしながら,このことはテキストの意図ではないことを知らなければならない。というのも,エリファズは上で,「神はその天使においてすら邪悪さを見出す」と言って罪の欠陥について述べているので,結論をすでに述べられたことに対応させるために,ここで言われていることもまた罪に関係づけられるべきである。しかるに,罪によって人間における義の生は二つの仕方で破壊される。一つは内的な腐敗によってであり,このことは「虫に食われるように消え去る」と言われているときに示されている。ちょうど衣服がそこから生じる虫によって食い荒らされるように[15]，人間の義もまた,愛の腐敗や悪しき思念やこれに類するもののような人間の内部に存在するものから破壊される。もう一つは外的な誘惑によってであり,このことは「朝から夕暮れまでに倒される」と言われているときに示されている。考察すべきことに,内的な誘惑は突然にではなく徐々に人間を打ち倒すのであり,それは人が怠慢によって自分自身の内部にある罪の発端を抑圧しないかぎりにおいてである。このことは「小さなことを軽んじる者は,次第に落ちぶれる」（シラ 19・1）と言われていることによっており,ちょうど虫が払い落とされ

---

15) グレゴリウス『道徳論』5 巻 38 章（PL 75, 718C）参照。

ない衣服が虫によって食い荒らされるのと同様である。対して，外的な誘惑はしばしば人間を突然に打ち倒すのであり，それはダビデが女を見ただけで姦淫へと突き進んだことや[16]，多くの者が拷問において信仰を否定したことにおいて見られるとおりである。

　人間はいかなる仕方で罪によって倒れたとしても，自らの罪を認識し悔い改めるならば，憐れみを得ることができる。しかし，「誰が罪を知るのか」（詩 18・13）と言われているように，すべての罪を認識できる者はいないので，そこから帰結することは，罪を認識しない多くの人々は自らに罪から解放する救済策を提供することができないということである。そして，このことが次のように言われていることの意味である。「知る者もないままに」，すなわち罪の過失を知ることのないままに，「永久に滅び去る」，すなわち罪から決して解放されずに多くの者は滅びる。しかし，たとえ罪を完全に認識していなくとも，罪に対する救済策を自らに提供できる者も存在する——ちょうどダビデが「主よ，隠れた罪からどうかわたしを清めてください」（詩 18・13）と言っているように——ので，「残りの者は彼らから引き離される」と言われているが，これは永久に滅び去る者の数に加えられない，彼らとの交わりから引き離されるものが存在するという意味である。彼らは「死んでゆく」が，というのも，たとえ人間は罪を悔い改めようとも死の必然性からは解放されないからである。しかし，彼らのうちにある知恵は滅びないのであり，このことが「彼らは知恵において滅びない」と言われていることの意味である。あるいは[17]，「残りの者は死んでゆくが，彼らは知恵において滅びない」と言われていることは，直前に言

---

16) 『サムエル記下』11 章 2 節参照。
17) グレゴリウス『道徳論』5 巻 42 章（PL 75, 722A）参照。

われたことではなく,上で「永久に滅び去る」と言われたことに対応しており,それは知恵なくして死んでゆくという意味である。あるいは,「残りの者」とは,滅びゆく親たちによって残された子供たちと理解できるのであり,彼らは親の罪を模倣していたので,知恵なくして死ぬことによって親から取り去られる。それゆえ,エリファズがこれらすべてのことから言わんとすることは,人間の条件はこれほど弱く罪に陥りやすいものであるから,人間が自らの罪を認識していないかぎり,彼も彼の子孫も滅びに至るということである。ヨブの場合もこれと同様に,たとえ自分自身を罪人として認識していなくとも,何らかの罪のために彼とその子孫は滅んだと信じられるべきである。

¹ 呼んでみよ,あなたに答える者がいるかどうか。聖なる者に訴えてみるがよい。(5・1)

このようにして,エリファズは自らに為された啓示を説明した後,ヨブがこの啓示を信じない場合があると考えて,「呼んでみよ,あなたに答える者がいるかどうか」[18]と続けているが,これはあたかも次のように言わんとするかのようである。もしあなたがわたしにこのことが啓示されたことを信じないならば,あなた自身が神を呼び,神からこの疑いについての解答を聞けばよい。もし自分の功績によって神から解答を得ることができないと思うなら,「聖なる者に訴えてみるがよい」。あなたは彼を仲介にしてこの事柄の真理を神から知ることができる。注目すべきは,「聖なる者に」と言われていることである。というのも,隠されたことを探究することは,いかなる仕方によっても,不純な霊によってではなく,ただ神とその聖人

---

18) 現行のウルガタ版 (Vulgata Sixto-Clementina) においては,この聖句から第 5 章が始まっている。

たちによって為されなければならないからである。このことは，次の言葉によっている。「というのも，人々はあなたたちに言うからである。『自らの魔法においてつぶやく占い師や予言者に伺いを立てよ。民は，生者や死者のために，自らの神から洞察を求めるべきではない』と」（イザ8・19）。

第 5 章

―――――――

² 怒りは愚かな者を殺し、妬みは卑小な者を滅ぼす。³ 愚か者が根を張るのを見て、わたしは直ちにその美しさを呪った。⁴ その子らは安全な境遇から遠ざけられ、捜し出す者もなく門で打ち砕かれるがよい。⁵ 彼らの収穫は、飢えた人が食い尽くし、力ある者が奪い、その富は、渇いた人が飲み尽くせばよい。⁶ 地において原因なくして生じるものはない。土からは、苦しみは生じない。⁷ 人間は労苦するために、鳥は飛ぶために生まれる。(5・2-7)

「怒りは愚かな者を殺す」。エリファズが自らに為されたと述べる啓示において、「地に基を置く」人間は、「虫に食われるように消え去る」(4・19) と言われていたが、エリファズはこのことを人間の様々な条件から示そうとする。というのも、何らかの罪に対する傾向性を欠く人間の条件は存在しないからである。しかるに、人間の条件に二つのものがある。ある人々は偉大で高慢な魂を有しており、彼らは容易に怒る。というのも、怒りは先行する危害に由来する復讐心だからである[1]。しかるに、人はよりいっそう高慢になればなるほど、よりいっそう小さな原因によって

―――――――

1) アリストテレス『霊魂論』1 巻 2 章 (403a30)、トマス『神学大全』1 部 20 問 1 項異論解答 2、アリストテレス『弁論術』2 巻 2 章 (1378a31)、トマス『神学大全』2-1 部 46 問 1 項、アウグスティヌス『告白』2 巻 6 章 (PL 32, 681)、トマス『神学大全』2-1 部 46 問 2 項反対異論、ダマスケヌス『正統信仰論』2 巻 16 章 (PG 94, 932D; Bt 122)、トマス『命題集註解』3 巻 15 区分 2 問 2 項小問 2 異論 3 参照。

自らが攻撃されたと思い，容易に怒る。このことが「怒りは愚かな者を殺す」と言われていることの意味である。傲慢で高ぶった者が愚かであると言われているが，それは人間が主として傲慢によって理性の限度を超え出るのに対し，「謙遜のあるところに知恵がある」（箴 11・2）と言われているように，謙遜は知恵の道を用意するからである。また，愚かさが怒りに適合するのは以下の理由によってである。哲学者が教えるように[2]，怒る者は危害に対して復讐を意図するかぎりで理性を使用するが，復讐において理性の限度を超え出るかぎり，転倒した仕方でそれを用いる。しかるに，理性の転倒性は愚かさに他ならない。これに対して，ある人々は臆病であり，彼らは妬みへの傾向性を有するので，「妬みは卑小な者を滅ぼす」と続けられている。このように言われていることは理に適っている。というのも，妬みとは，ある者の繁栄を自らの繁栄の妨げと見なすかぎりで，かの者の繁栄についての悲しみに他ならないが[3]，人が繁栄している他の者と同じように自らも繁栄することができないと考えるのは，魂の卑小さに属するからである。このようにして，人間が，いかなる条件の下にあっても，何らかの罪に対する傾向性を有することは明らかであると思われる。というのも，他の罪についてこれに似たような例を挙げるのは容易だからである。

　それゆえ，エリファズは上で述べたすべてのことによって，この世における逆境は罪に対する報いとしてのみ人間に到来することを証明しようとしている。このことに対して，二つの反論が存在するように思われる。一つは多くの義人が逆境の下にあるように見えることであるが，この反

　2）　アリストテレス『ニコマコス倫理学』7 巻 6 章（1149a25），トマス『神学大全』2-1 部 46 問 4 項異論解答 3 参照。
　3）　ダマスケヌス『正統信仰論』2 巻 14 章（PG 94, 932B; Bt 121），トマス『神学大全』2-2 部 36 問 1 項反対異論参照。

論は人間が容易に罪に陥ることから解消されると思われる。第二の反論は悪人がこの世で栄えていることであるが，続いてエリファズは彼らの繁栄が悪に帰することによってこれに解答しようとする。それゆえ，次のように言われている。「わたしは愚か者が根を張るのを見た」，すなわち財産を誇りこの世の繁栄に根を張っているように思われる人間を見たが，わたしはその繁栄を認めず，むしろ「直ちにその美しさを呪った」。ここで考察すべきは，木の比喩の下に人間について語られていることである。その木の根は堅固で枝と果実において美しさを有している。それゆえ，エリファズは財産に根づいた人間の繁栄を木の美しさに比し，その美しさを呪った，すなわちそれを悪しき有害なものとして公言したが，それは「太陽の下に別の大きな不幸があるのをわたしは見た。保存されている富がその主人を害している」（コヘ 5・12）と言われていることによっている。さらに，エリファズは「直ちに」と付加することによって，自らがこの文章を述べることを決してためらわなかったことを示している。

次いで，エリファズは，愚かな者の繁栄からいかなる悪が到来するかを，第一に子孫に関して示している。裕福で権力のある者がその子らを訓育なしに育てることがしばしば起こるが，これは愚かな者に固有なことであり，それによってその子らは多くの危険に陥る。時として，彼らは自らに対して引き起こされた憎しみによって裁判なしに殺される。あるいは，彼らは，無秩序に快楽を追求することを用心しないかぎりで，自ら生命を失う。このことに関して，「その子らは安全な境遇から遠ざけられる」と言われている。また，時として，他人に策略や不正を為すかぎりで，彼らは裁判官に引き渡され断罪される。このことに関して，「門で打ち砕かれる」と言われており，すなわち裁判官の判決によってという意味である。というのも，裁判

官はかつて門において座していたからである[4]。また，愚かな人間は繁栄しているときにためらうことなく人を攻撃するので，逆境において助力者を見出すことがない。それゆえ，「捜し出す者もない」と付加されている。

しかし，わたしがこの世で繁栄を享受しているかぎり，自らの子に何が起ころうがそれについて関心はないと言う者がいるかもしれない。それゆえ，エリファズは第二に愚かな者自身とその財産に到来する悪を述べて，「彼らの収穫は，飢えた人が食い尽くす」と言っている。というのも，豊富な財産を有する愚かな人間はしばしば貧しき者を圧迫するからである。貧しき者は面倒なことに耐えられず，いわばある種の必然性によって豊かな者の善を奪うように強いられるのである。また，このように贅沢に生きている人間は生の享楽によって魂の力を失い弱くなるのが常であるので，勇敢な貧しき者によって容易に破壊される。それゆえ，「力ある者がその収穫を奪う」と続けられており，それはいかなる抵抗もできずに奪われるという意味である。そして，収穫について述べられていることが一般的に理解されるように，「その富は，渇いた人が飲み尽くせばよい」と付加されているが，これは貪欲な人間が飲み尽くすという意味である。

このようにして，すでに述べられた反論が取り除かれたので，エリファズは最後に，この世における逆境が人間に到来するのはただ罪によってのみであるという主要な意図を証明するための理由を導入する。すなわち，地において生じるものは何であれ，固有で特定の原因から到来する。それゆえ，もしこの世において逆境がある者に到来するとすれば，このことは特定の原因を有するはずである。そし

---

[4] 『ヨブ記』29 章 7 節，『申命記』16 章 18 節，『箴言』22 章 22 節，『詩篇』68 章 13 節参照。

て，この原因は罪以外には考えられない。それゆえ，このことが「地において原因なくして生じるものはない」と言われていることの意味である。というのも，われわれは，すべての結果が特定の原因より生じるものであることを知っているからである。このことから，エリファズはあたかも結論づけるかのように「土からは，苦しみは生じない」と付加しているが，これは比喩的な語り方である。ある種の草は種なしに生じるが，それについては土が自然発生的に生ぜしめたと言われる[5]。それゆえ，あたかも種なくして生じる草のように，固有の原因なくして起こることは何であれ，ある種の類似性によって比喩的な仕方で，土から生じると言うことができる。しかし，苦しみ，すなわち逆境は土からは生じない，すなわち原因なくして生じない。「地において原因なくして生じるものはない」と言われていることは，すべてのものが固有の働きにふさわしい自然本性的な態勢を有していることから主として明らかとなる。というのも，このことから示されるように，事物の自然本性的な態勢は，原因なしにではなく特定の目的のために存在するからであり，それゆえ「人間は労苦するために，鳥は飛ぶために生まれる」と言われている。というのも，明らかなことに，鳥の自然本性が要求する固有の運動は飛翔であるから，鳥は生まれつき飛翔にふさわしい道具，すなわち羽や翼を持たなければならなかったからである。対して，人間は理性を有し，それによって固有の労働を通じて自らに必要なすべての助けを得ることができるので，自然本性が他の動物に与えたすべての助けなしに，すなわち，身を覆うもの，武器，他のこれに類するものなしにそもそも造られた。というのも，人間は理性の力によって自ら働くことでこれらのものを自らに用意できるからで

5）『レビ記』25章5節参照。

ある。

　⁸ それゆえ，わたしなら，主に嘆願し，神にわたしの問題を任せるだろう。⁹ 偉大で計り難い業を，数なくして不思議な業を成し遂げられる方に。¹⁰ 神は地の面に雨を降らせ，世界に水を送ってくださる。¹¹ 卑しめられている者を高く上げ，嘆く者を安全な境遇に引き上げてくださる。¹² 悪意ある者の企てを砕いて，彼らの手の業が成功することを許されない。¹³ 神は知恵ある者を彼らの狡猾さにおいて捕え，歪んだ者の思慮を散らす。¹⁴ 彼らは日中において闇に出会い，昼も夜であるかのように手探りする。¹⁵ さらに，神は貧しい人を彼らの口の剣から，暴力をふるう者の手から救い出してくださる。¹⁶ だからこそ，弱い者にも希望がある。不正はその口を閉ざすであろう。（5・8-16）

　「それゆえ，わたしなら，主に嘆願するだろう」等々。エリファズは地において生じるすべてのことが特定の原因を有することを提示し，このことを自然物が目的のために態勢づけられているように見えることから証明したが，このこと，すなわち自然物が目的のために存在することは，世界が神の摂理によって導かれ，すべてのことが偶然によるものではないことを示すための最も強力な論拠であるので，エリファズはすでに述べられたことから直ちに神の摂理の支配を結論づける。しかるに，知るべきことに，神の摂理が取り除かれれば，祈りの結実も，摂理の支配を認める者にとって必ず想定されるべき人間的な事柄に関する神の認識も取り去られる。それゆえ，エリファズは結論づけて言っている。地において生じるすべてのものは目的のために存在し，摂理の支配を認めることは必然的であるので，「それゆえ，わたしなら，主に嘆願するだろう」。これはあたかも人間的な事柄を秩序づける神によって祈りは結実すると言わんとするかのようである。さらに，「神にわ

たしの問題を任せるだろう」と言われているが，これは人間の言動と思いを知っている神に任せようという意味である。エリファズはこのことを確証するために，最も神の摂理を示す事柄を付加している。

知るべきことに，摂理を否定する者は世界の事物において起こるすべてのことが自然的な原因の必然性，すなわち熱さや寒さ，重さや軽さ，これに類する他のものの必然性に由来すると主張する[6]。神の摂理が最も強力に明らかにされるのは，その根拠がこのような自然的な原理に還元されえないものによってであり，そのうちの一つはこの世界の物体の特定の大きさである。すなわち，何らかの自然的な原理から，太陽や月や地がこのような大きさで，より大きくもより小さくもないのかということの理由は特定できない。それゆえ，このような量の配分は何らかの知性の秩序づけに由来すると言わなければならない。エリファズは「神は偉大な業を為した」と言うとき，このことを示唆しており，それは神が事物を特定の大きさに秩序づけたという意味である。さらに，もしすべてのものが自然的な原理の必然性に由来するとすれば，自然的な原理はわれわれに知られているのであるから，われわれはこの世に存在するすべてのものを探究する道を有していることになる。しかし，われわれがいかなる探究によってもその認識に到達しえないものがこの世には存在する。たとえば，霊的実体，星々の距離，他のこれに類するものがそれである。それゆえ，すべてのものは自然的な原理の必然性から生じるのではなく，事物は何らかの上級の知性によって造られたことが明らかであるので，このことのゆえに「神は計り難い業を為した」と付加されている。また，われわれが見てい

---

6) トマス『真理論』5問2項，トマス『対異教徒大全』3巻64章参照。

るもので，その根拠を特定することのできないものが存在する。たとえば，星々が天のある部分においてはこのような形にしたがって配置されているが，他の部分においてはまた別の形にしたがって存在している場合がある。それゆえ，このことは自然的な原理からではなく，何らかの上級の知性に由来するものであることが明らかであるので，このことのゆえに「神は不思議な業を為した」と付加されている。計り難い業と不思議な業との差異は以下のところにある。計り難い業はそれ自体が隠されていて探究されえないもののことであるが，不思議な業はそれ自体が明らかでありながらもその原因を探究することのできないもののことである。

　知るべきことに，ある者によれば[7]，事物の配置はある種の数の秩序にしたがって神から生じる。すなわち，第一の単純な一からは第一の一なる結果のみが生じるが，その結果のうちには複合と多性が含まれており，その結果からさらにより少なく単純なものである二や三が生じ，それらを通じて徐々に事物のすべての多性が生じる。この立場にしたがえば，宇宙の全配置は，神の知性による秩序づけではなく，ある種の自然的必然性に由来することになる。それゆえ，エリファズはこの見解を排除するために，「神は数なくして業を為した」と付加している。それは，あるいは数的秩序の必然性なくして事物が存在へと産出されたからであり，あるいは神から直接数えきれないものがわれわれに産出された——このことは主に数多くの星々が存在する第一の天において明らかである——からである。このようにして，エリファズは事物の産出が自然の必然性ではなく神に由来することを示している。

7）　アヴィケンナ『形而上学』9巻4章（f. 104vb），トマス『能力論』3問16項参照。

続いて、エリファズは生じた事物の成り行きが神の摂理によって統帥されていることを示しているが、第一に自然物において述べている。すなわち、自然物は人間や他の動物の使用に適合せしめられているように思われる。たとえ元素の自然的な秩序がそれとは異なるものを要求しているように見えるとしても。というのも、もし人が元素における重さと軽さを考慮したならば、自然本性的に地は水の下に、水は空気の下に、空気は火の下に存在することが明らかだからである[8]。しかし、地のある部分は水に覆われずに直接空気に接していることが見出される。というのも、さもなければ呼吸する生き物は地において生活することができないからである。さらに、水によって覆われていない地が、その乾燥によって作物が実らず人の住めないところにならないように、神によって二つの仕方で潤いを与えられる。一つは地面に降り注ぐ雨によってであり、このことに関して「神は地の面に雨を降らせる」と言われている。もう一つは地を潤す泉や河川によってであり、それらの根源は、雨は高所にあるのに対して、地下にある。このことに関して「世界に水を送ってくださる」と言われている。

　次いでエリファズは、摂理の働きを人間的な事柄においても示そうとする。もし人間的な事柄がその状況が要求すると思われるところにしたがって生起するならば、そこに神の摂理の痕跡はまったくあるいはほとんど見られない。しかし、人間的な事柄がそれとは異なった仕方で生起したならば、上級の原因を考慮することのない愚かな者はこのことを偶然や運命に帰する。これらの者の見解を代表して、「太陽の下、わたしは見た。競争が足の速い者に、戦

---

　8) アリストテレス『自然学』4巻8章 (213a1)、『天体論』4巻5章 (312a25)、トマス『能力論』4問1項異論解答4, 20、『神学大全』1部69問1項異論解答4参照。

いが強い者に，パンが賢者に，富が博士に，好意が職人に必ずしも属しないことを。しかし時と機会はすべての者に臨む」（コヘ 9・11）と言われている。これに対し，エリファズはこのことをより高き原因，すなわち神の摂理に帰する。第一に低いところから高いところに上げられる圧迫された者について，「神は卑しめられている者を高く上げる」と言われている。これは打ち倒された者が悲しみから喜びへと移行するという意味であり，このことに関して「嘆く者を安全な境遇に引き上げてくださる」と言われている。第二に圧迫する者についてであるが，これらの者には二種類ある。ある者は力によって明らかな仕方で他人を圧迫するが，これらの者に関して，「悪意ある者の企てを砕いて，彼らの手の業が成功することを許されない」と言われている。というのも，彼らは業の遂行そのものにおいて，悪しき思念が実らないように神によって妨げられるからである。また，ある者は策略によって欺くのであり，これらの者に関して，「神は知恵ある者を彼らの狡猾さにおいて捕える」と言われているが，これは狡猾な仕方で考え出した策が彼らの意図とは反対の結果に至るという意味である。さらに，「神は歪んだ者の思慮を散らす」と言われているが，これは彼らによって知恵ある仕方で考え出されたと思われることが何かしらの妨げによって現実化されないという意味である。しかし，時として，狡猾な仕方で考え出された策が実行において妨げられるだけでなく，思案する際により良きものを見分けることができないように，彼らの精神もまた暗くされる。それゆえ，「彼らは日中において闇に出会う」と言われているが，それというのも，彼らは明らかな事柄においても何を為すべきかをまったく知らないからである。さらに，「彼らは昼も夜であるかのように手探りする」と言われているが，それというのも，彼らはいかなる仕方においても疑わしくないものについ

て，不明瞭な事柄においてのように疑うからである。

　これらのことが神の摂理から到来したと思われるように，エリファズはすでに述べられたことから生じる有用性を付加している。悪意を抱く者の策略が妨げられるかぎりで，貧しき者は彼らの欺きから解放される。このことが「神は貧しい人を彼らの口の剣から救い出してくださる」と続けられていることの意味である。というのも，悪において狡猾な者は甘言や作り話で他人を誘惑するのが常だからであり，その言葉は人を害することにおいて剣に比せられるが，それは「彼らの言葉は鋭い剣である」（詩56・5）と言われていることによっている。また，力ある悪しき者の働きは神によって妨げられるので，貧しき人が救われることは明らかであり，それゆえ，「暴力をふるう者の手から救い出してくださる」と続けられている。このことから二つのことが帰結する。一つは自分自身よりしては無力である人々が人間的な事柄について気遣う神の力を信じうるということであり，それゆえ，「だからこそ，弱い人にも希望がある」と続けられている。もう一つは力ある不正な人々が完全に悪意を発揮しないように自分自身を抑制するということであり，それゆえ，「不正はその口を閉ざすであろう」と続けられており，これは不正な者が他人の破滅へと自らのすべてを注ぐことのないようにという意味である。

　[17] 主によって懲らしめられる人間は幸いである。それゆえ，主の叱責を拒んではならない。[18] 彼は傷つけても，包み，打っても，その御手で癒やしてくださる。[19] 六度苦難が襲っても，あなたを救い，七度襲っても，悪があなたに触れないようにしてくださる。[20] 飢饉の時には死から，戦いの時には剣から助け出してくださる。[21] あなたは，舌の鞭からも守られている。災いが襲っても，恐れることはな

い。²²飢饉や荒廃を笑っていられる。地の獣に恐怖を抱くこともない。²³野の石とは契約を結び，野の獣とは和解する。²⁴あなたは知るだろう，あなたの天幕は安全で，妻を見て罪を犯さないことを。²⁵あなたは知るだろう，あなたの子孫は増え，一族は野の草のように茂ることを。²⁶麦が実って収穫されるように，あなたは繁栄のうちに墓に入ることだろう。²⁷見よ，これがわれわれの探究したところ。これを聞いて，精神において考察するがよい。(5・17-27)

「主によって懲らしめられる人間は幸いである」等々。上で述べられたように，エリファズは幸いなるヨブを不忍耐の罪と自らを無垢であると主張したことから傲慢の罪で非難したが，今や彼から絶望の罪を獲得しようとする。というのも，エリファズはヨブが自らの生を嫌悪した言葉は絶望に由来すると信じていたからである。それゆえ，知るべきことに，エリファズは上で神の摂理が自然物のみならず人間的な事柄についても働くことを主張したが，そのことからすべての逆境は神の判断によって人間に到来することをあたかも既知のこととして受けとっている。しかし，逆境は矯正されえない者には最終的な断罪のために，逆境によって生が修正される者には懲らしめのために導入されるが，エリファズは「主によって懲らしめられる人間は幸いである」と言って，後者の人々が幸いであると主張している。たとえ人間による懲らしめが有益であるとしても，人間はそれにしたがって懲らしめが有益である加減を完全に知ることができないし，悪を取り除き善を与える力もない。むしろ全知全能の神による懲らしめこそが有益で幸いであると考えるべきである。エリファズはこの文章から自らの意図を結論づけて，「主の叱責を拒んではならない」と言っているが，これはあたかも次のように言わんとするかのようである。たとえあなたがこの逆境をあなたの罪のために神から蒙っているとしても，このことはあなたを矯

正するための主によるある種の懲らしめであると理解すべきである。それゆえ，あなたはこの逆境をそのために自らの生を憎むほどに拒むべきではない。

　エリファズはすでに述べたことの理由を付加して言っている。「彼は傷つけても」，すなわち重い逆境によって傷つけても，「包む」，すなわち悪を取り除き善を与えることによって包む。また，「打っても」，すなわちより軽い逆境によって打っても，「その御手で」，すなわちその働きで，「癒やしてくださる」，すなわち解放してくださる。それゆえ，エリファズが主から懲らしめを受ける者を幸いであると主張するとき，それは彼の信じていない将来の生のためではなく現在の生のためであり，そこにおいて人は懲らしめの後に神から悪からの解放と善の満ち溢れを獲得するのである。したがって，エリファズは続いて悪からの解放について付加して言っている。「六度苦難が襲っても，あなたを救い，七度襲っても，悪があなたに触れないようにしてくださる」。というのも，七日間によって全時間が表されるので，七という数字によって全体が示されるのが常だからである[9]。その結果，意味は以下のようになる。主によって懲らしめられる者が矯正の後に逆境によって害されることはまったくない。エリファズの見解にしたがえば，人は罪から浄化されればされるほど，この世において逆境を蒙ることが少なくなるので，「七度襲っても，悪があなたに触れないようにしてくださる」と言われているが，これはあたかも次のように言わんとするかのようである。人間が矯正される前に逆境から解放されることはない。しかし，解放され始めるときにはまだ逆境に触れられているが，解放する神のお陰で圧迫されることはない。完全に解

---

　9)　アウグスティヌス『福音書記者の一致』2巻4章（PL 34, 1077），トマス『神学大全』3部31問3項異論解答3参照。

放された後には逆境が人間に触れることはない。この見解は精神に関しては真理である。というのも，精神はその目的を地上的な事物に置いているかぎりで世の逆境によって圧迫されるが，地上的な事物から自らの愛を呼び戻し神を愛し始めるとき，確かに逆境において悲しみはするが圧迫されることはないからである。なぜなら，そのとき精神は自らの希望を世のうちに有していないからである。さらに，人が完全に世を軽蔑するとき，世の逆境が彼に触れることはほとんどない。しかし，上で述べた見解は身体に関しては真理ではなく，エリファズの考えたような事態とはならない。というのも，最も完全な人間も時としてきわめて重い逆境を蒙るからであり，それは「われわれはあなたゆえに，絶えることなく殺される者となった」（詩43・22）と言われていることによっており，このことは使徒たちについても当てはまる[10]。

　エリファズは七つの艱難に触れたので，続いてそれらを列挙する。知るべきことに，逆境は時としてある人間の個別的な危険について言われる。このことは一つに彼の身体的な生命に対するものであるが，身体的生命はある時には必要なものの欠如によって奪われる。このことに関して，「飢饉の時には死から助け出してくださる」と言われているが，これはあたかも次のように言わんとするかのようである。あなたは主の懲らしめとして確かに飢饉を蒙るが，このことから死に至ることはない。というのも，神があなたを解放するからである。これが第一の艱難である。また，身体的生命はある時には危害を加える者の暴力によって奪われる。このことに関して，「戦いの時には剣から助け出してくださる」と言われているが，これはすなわち剣の力からという意味であり，あたかも次のように言わんと

10）『ローマの信徒への手紙』8章36節参照。

するかのようである。あなたに戦いが到来するであろうが，あなたは剣の力に陥ることはない。これが第二の艱難である。身体的の生命は自然的な死によっても奪われるが，自然的な死はこれらの艱難のうちに数えられていない。というのも，人間本性がこのことを要求するからである。個別的な危険はさらに一つに市民的生に属する人間の名声に対するものであり，このことに関して，「あなたは，舌の鞭からも守られている」と言われている。ひどく中傷する者の誹謗が舌の鞭と言われているが，人が中傷する者から守られるのは，中傷されうる自らの行いが誹謗する者に隠されている場合である。これが第三の艱難である。また，逆境は時として一般的な危険に由来するのであり，それは人間と事物に及ぶ。人間に及ぶのは，敵の軍隊が祖国に到来し，それによって一般的に死や捕囚を恐れる場合であり，これに関して，「災いが襲っても，恐れることはない」と言われているが，これはあたかも次のように言わんとするかのようである。あなたの祖国を敵が侵略しようともあなたは恐れないだろう。これが第四の艱難である。一般的な危険が事物に及ぶというのは，あるいは飢饉のように地の不毛性によってであり，あるいは敵による収穫の略奪によってであり，これら二つのことに関して，「飢饉や荒廃を笑っていられる」と言われているが，これはそのような時でもあなたを喜ばせる豊富な事物を有するであろうという意味である。これが第五，第六の艱難である。逆境は時として，一般的であれ個別的であれ，獰猛な動物の攻撃に由来するので，これに関して，「地の獣に恐怖を抱くこともない」と言われているが，これが第七の艱難であり，このことにおいても悪に触れないとされる。

　エリファズは悪からの解放の後に，善における繁栄を述べる。第一に地の肥沃さに関して，「野の石とは契約を結ぶ」と言われているが，これは「あなたは岩から野蜜を得

る」（申32・13）等々と言われているように，石の多い不毛な土地があなたに作物を供給するという意味である。第二に獣に関して，「野の獣とは和解する」と言われているが，これは野の獣はあなたを攻撃しないという意味である。しかし，これら二つのことは他の仕方でも解釈できるのであり，石によって粗雑な人間が，獣によって狂暴な人間が理解される。第三に家族に関して，「あなたは自らの天幕が安全であることを知るだろう」と言われているが，これはあなたの家族が互いに平和を持つだろうという意味である。第四に特殊的に妻について，「あなたは妻を見て罪を犯さないだろう」と言われているが，これはあたかも次のように言わんとするかのようである。あなたは高潔で平和な妻を持ち，罪なくして彼女と交際することができる。第五に子孫に関して，「あなたの子孫は増え，一族は野の草のように茂る」と言われているが，これはあなたが多くの子と孫を持つであろうという意味である。第六に平和で静かな死に関して，「あなたは繁栄のうちに墓に入ることだろう」と言われているが，これはあたかもいかなる事物も奪われることなく善き繁栄においてという意味である。「麦が実って収穫されるように」とは，あなたに時機を逸した突然の死が襲いかかることなしにという意味である。最後にエリファズは上で述べたことを承認して，「見よ，これがわれわれの探究したところ」と言っている。エリファズはヨブがこのようなことを十分に考えることのできないほどに悲しみに飲まれていると考えていたので，彼に注意を促して，「これを聞いて，精神において考察するがよい」と言っている。

第 6 章

---

¹ ヨブは答えて言った。² どうか神の怒りを引き起こしたわたしの罪とわたしが蒙っている災いを秤にかけてほしい。³ そうすれば災いの方が海辺の砂のようにより重いことが分かるだろう。それゆえ，わたしの言葉は悲しみに満ちている。⁴ 主の矢に射抜かれ，その憤りはわたしの霊を飲み干す。神はわたしに対して脅迫の陣を敷かれた。⁵ 青草があるのに野ろばが鳴くだろうか。十分な飼葉を前にして牛がうなるだろうか。⁶ 味のない物を塩もつけずに食べられようか。死をもたらす物を味わうことができようか。⁷ 以前わたしの魂が触れることを拒んだものが，今や苦悩のためにわたしの糧となった。⁸ 神よ，わたしの願いをかなえ，望みのとおりにしてください。⁹ わたしを苦しめることを始めた神よ，どうかわたしを打ち砕き，御手を解き，滅ぼしてください。¹⁰ わたしの慰めとなるのは，わたしを苦しめる神が容赦しないことである。わたしは聖なる方の仰せに背きたくない。¹¹ 耐えるためにどんな力がわたしにあるというのか。忍耐すればどんな終わりが待っているのか。¹² わたしに岩のような力があるというのか。わたしの肉が青銅のようだというのか。(6・1-12)

「ヨブは答えて言った」。上で述べられたことから明らかなように，エリファズはヨブの嘆きにおいて三つのことに注目している。第一は絶望であり，というのもヨブは自らが存在しないようになることを欲しているようにエリファズには思われたからである。第二は不忍耐ないし度を超えた悲しみであり，というのもヨブは嘆息と呻きを発してい

たからである。第三は高慢であり，というのもヨブは自らを無垢であると主張していたからである。上のエリファズのすべての議論はこれら三つの点に関するものであるが，エリファズはその議論において，ヨブが罪に従属し，それゆえ逆境を蒙ったことを示すために，とりわけ弱さという人間の条件を提示した。というのも，その弱さのゆえにいかなる人間も自らが罪を免れていると推測することはできないからである。それゆえ，ヨブはここから自らの回答を始める。確かに，どれほど義人に見えようとも，弱さという人間の条件からしていかなる人間も罪を免れることはできない。しかし，義人において存在するのは重大な大罪ではなく，怠慢や人の目を忍ぶことに由来する軽い小罪である。もしエリファズが主張するように，この世の生の逆境が罪に対する固有の罰であるとすれば，そこから帰結することは，人間が重大な罪のために重い逆境を，軽い罪のために軽い逆境を蒙るということであり，この考えにしたがえば，義人は決して重い逆境を蒙らないことになるが，これは明らかに偽である。それゆえ，ヨブはこの論拠をエリファズの議論に対して提示して，「どうか神の怒りを引き起こしたわたしの罪とわたしが蒙っている災いを秤にかけてほしい」と言っているが，これはあたかも次のように言わんとするかのようである。わたしは自らのうちにいかなる罪もないとは言えないが，わたしのうちに存在するのが大罪ではなく小罪であることを確信している。それゆえ，もしわたしがこのような罪のために怒りすなわち罰を神から得たならば，等しさに基づいて一方が他方に対応するように，災いと罪が義の秤にかけられなければならないだろう。しかし，逆境の方がはるかに大きいように思われる。このことが「そうすれば災いの方が海辺の砂のようにより重いことが分かるだろう」と付加されていることの意味である。すなわち，もしこの世における逆境が罪に応じての

み到来するというエリファズの見解が真であるとすれば，〔ヨブの場合，〕災いの方が比較できないほどに重いように思われる。実際，ヨブの罪がそれらの者の罪に比すればあたかも無であるような多くの罪人が，ある種の軽い逆境を蒙っているように見えるのである。

　ヨブはここからさらに進んで，言葉によって表現した悲しみについて弁明して，「それゆえ，わたしの言葉は悲しみに満ちている」と言っている。逆境の大きさによって悲しみが引き起こされたために，結論としてこのように言われている。さらに，ヨブは悲しみの原因を二つ挙げている。というのも，悲しみは時として人がすでに蒙った事柄から，また時として蒙ることを恐れている事柄から生じるからである。それゆえ，ヨブは第一に自らの悲しみの原因をすでに蒙った事柄から述べて，「わたしは主の矢に射抜かれた」と言っている。ヨブはここにおいて自らが突然苦しめられたことを示している。というのも，矢は遠くから突然やって来るからである。さらに，ヨブは打撃の大きさを示すために，「その憤りはわたしの霊を飲み干す」と付加しているが，これはその憤りがわたしに休息を許さず，わたしのうちにある力と慰めのすべてを完全に抑圧するという意味である。次いで，ヨブは悲しみの原因を蒙ることを恐れている事柄から示して，「神はわたしに対して脅迫の陣を敷かれた」と言っている。というのも，苦しんでいる者はより良き状態に対する希望によって慰められるのを常とするが，人は苦しみの後に，同じような苦しみか，あるいはそれより大きな苦しみを恐れるので，ヨブにはいかなる慰めも残されていないと思われたからである。

　人は次のように言うかもしれない。あなたは確かに悲しみの原因を有していたが，そこから悲しみを言葉によって表現することへと進むべきではなかったと。このことに対して，ヨブは他の動物において見出されることから解答し

ようとする。人間は感覚的な本性において他の動物と類似しているので，感覚的な本性から出てくるものは，他の動物と同じように，人間のうちに本性的に内在する。しかし，本性的なものを完全に避けることはできない。さらに，他の動物においては，心の苦しみを口によって表すことが見出される。ヨブはこのことを示して，「青草があるのに野ろばが鳴くだろうか。十分な飼葉を前にして牛がうなるだろうか」と言っているが，これはあたかも「否」と答えんとするかのようである。必要な食料がないときに，野ろばは鳴き，牛はうなる。ここから明らかなのは，内的な苦しみを声によって表現することは動物にとって自然本性的だということである[1]。

　さらに，人は次のように言うかもしれない。抱かれた悲しみを声によって表すことが自然本性的であるとしても，ストア派の言うように，いかなる原因によってであれ悲しみを心に抱くことは賢者には属さないと。しかし，ヨブはこのことが感覚的な本性に反することを示そうとする。というのも，感覚は有害なものや不適切なものを必ず避けるからである。それゆえ，「味のない物を塩もつけずに食べられようか」と言われているが，これはあたかも「否」と答えんとするかのようである。というのも，このような味のない物は味覚の喜びに一致しないからである。同様に，喜ぶことのできないものを人間の心は進んで受け入れられない。まして苦くて有害なものは言うまでもない。それゆえ，「死をもたらす物を味わうことができようか」と付加されており，これはあたかも「否」と答えんとするかのようである。ちょうどこのことが外的感覚において不可能であるように，人が内的感覚によって有害なものとして捉え

1）　アリストテレス『政治学』1巻1章（1253a10），トマス『神学大全』2-1部35問8項参照。

たものを悲しみなしに受け入れることは不可能である。

　しかし，賢者は，たとえ悲しみを蒙ったとしても，その理性は悲しみによって飲まれることはないので，ヨブは続いて以下のことを示している。ヨブはたとえ悲しみを蒙っていたとしても，悲しみによって何らかの悪徳へと導かれることのないように，自らを悲しみに対して守る大きな気遣いや恐れを有していた。悲しみによって何らかの悪徳に陥ることを避けるために，ヨブは死をあらかじめ希望していたのであり，このことを表現するために，「以前わたしの魂が触れることを拒んだものが，今や苦悩のためにわたしの糧となった」と言っているが，これはあたかも次のように言わんとするかのようである。わたしの魂が以前恐れていたものをわたしは今や喜んで欲している。さらに，ヨブはこれが何であるかを示して，「神よ，わたしの願いをかなえてください」と言っている。そして，自らがこの願いを言葉の上だけでなく，心の底から望んでいることを示して，「望みのとおりにしてください」と付加している。また，この願いが何であるかを示して，「わたしを苦しめることを始めた神よ，どうかわたしを打ち砕いてください」と言っているが，これはすなわち死によってという意味であり，このことが「御手を解き，滅ぼしてください」と付加されていることの意味である。神の手と言われているのは，それによってヨブを苦しめている神の力のことであり，その手は，苦しめることを中断するかぎりで神の意志と憐れみによってある意味において縛られていると思われるが，神の打撃が殺害という終局に至るかぎりである意味において解かれるのである。

　ヨブは以前触れることを拒んでいたものが自らの糧になったと述べたので，このこと，すなわち自らにとって恐るべきものであった死が今や甘美なものとなったことをいかに理解すべきかを示して，「わたしの慰めとなるのは，

わたしを苦しめる神が容赦しないことである」と言っているが，これは神がその手を緩めずわたしを死へと導くことが慰めであるという意味である。さらに，なぜこのことを望むかを示して，「わたしは聖なる方の仰せに背きたくない」と付加しているが，聖なる方の仰せとはそれによってわたしを苦しめた神の判断という意味である[2]。というのも，ヨブは度重なる苦しみによって不忍耐へと陥り，理性が悲しみを抑制できなくなることを恐れていたからである。しかるに，不忍耐の本質は人間の理性が悲しみに打ち負かされて神の判断に背くようになることに存する。しかし，もし人が魂の感覚的部分にしたがって悲しみを蒙ったとしても，理性が神の意志に自らを一致させるならば，それは不忍耐という欠陥ではない。このようなわけで，エリファズが「今や，あなたの上に災難がふりかかると，あなたは弱ってしまう」(4・5) と言ってヨブを非難したのは無駄であった。というのも，ヨブは悲しんでいても打ち負かされてはいなかったからである。

　次いで，ヨブは，聖なる方の仰せに背くようになることを恐れている理由を自らの弱さからして述べる。しかるに，このような恐れは二つの原因から取り除かれる。第一は，ちょうど恩恵によって堅固にされた自由意志を有する人々におけるように，いかなる仕方によっても打ち負かされない理性の力が自らのうちに存在する場合である。ヨブはこの力を自分のうちに感じ取ることができなかったので，「耐えるためにどんな力がわたしにあるというのか」と言っているが，この力はいかなる艱難をも耐える力である。第二は，艱難や悲しみをある短い期間耐えなければならない場合である。ヨブはこのことを取り除くために，「忍耐すればどんな終わりが待っているのか」と言ってい

---

[2] 『欄外註解』「ヨブ記」6章10節参照。

るが，これはあたかも次のように言わんとするかのようである。わたしの艱難にどのような終わりが置かれているのか。わたしがその終わりを期待して忍耐を守ることを企てることのできる終わりは何なのか。さらに，ヨブはこれらのことを説明して，「わたしに岩のような力があるというのか」と付加している。というのも，岩の力は感覚なしに存在するからである。しかし，人間の力は有害なものについての感覚とともに存在するので，「わたしの肉が青銅のようだというのか」と付加されているが，これはわたしの肉が感覚なしに存在するのかという意味である[3]。というのも，死すべき人間の理性がどれほど強力であっても，肉の側から悲しみの感覚を蒙ることは必然的だからである。このことによって，幸いなるヨブにおける悲しみを非難したエリファズの叱責は排除される。というのも，たとえ幸いなるヨブに精神の強さがあったとしても，そのそばには肉の側から，悲しみに由来する苦しみの感覚が存在したからである。さらに，同時にこのことによって，賢者は悲しまないと主張するストア派の見解——エリファズはこの見解に属していたように思われる——が論破される。幸いなるヨブが守ろうとしたのは，賢者は確かに悲しむが，不適切なことへ陥ることのないように理性によって努力するということであり，このことはペリパトス派の見解でもある。

[13] 見よ，わたしのうちにはもはや助けとなるものはない。わたしが必要とする者もわたしのもとから去った。[14] 自らの友人から憐れみを取り去る者は，主への恐れを見捨てることになる。[15] わたしの兄弟は，急速に谷を流れる川のように，わたしを無視する。[16] 彼らは霜を恐れるが，雪が彼

---

3) グレゴリウス『道徳論』7巻22章（PL 75, 779B）参照。

らを襲う。[17] 彼らは散らされれば消え去り，熱せられればその場所から溶けてなくなる。[18] 彼らの足取りは曲がりくねっており，空しく歩きまわって滅ぶ。[19] テマの道，シェバの旅路を考えてみよ。しばらく期待してみよ。[20] 彼らはわたしが希望をかけたために混乱し，わたしのところまで来てうろたえる。[21] 今や，あなたたちは来たが，わたしの災いを見て，恐れている。[22] わたしが言ったことがあろうか。「頼む，わたしのために，あなたたちの財産を割いてわたしに与え，[23] 敵の手からわたしを解放し，暴虐な者の手からわたしを引き抜いてくれ」と。[24] 教えてくれれば黙ろう。わたしが無知であるなら教えてくれ。[25] 率直な話をどうして誹謗するのか。あなたたちの中でわたしを非難できる者はいない。[26] あなたたちは非難するためだけに議論を用意したのか。あなたたちの言葉は風のようだ。[27] あなたたちは孤児を攻撃し，友を転倒させようとしている。[28] だが，始めた議論を完成しようとしてくれ。耳を傾け，わたしが嘘をついているかどうかを考察してくれ。[29] 頼むから，敵意なしに答えてくれ。正しいことを語ることによって判断してくれ。[30] そうすれば，あなたたちはわたしの舌に不正がないことを見出すだろう。また，わたしの喉から愚かな言葉は出てこないだろう（6・13-30）

「見よ，わたしのうちにはもはや助けとなるものはない」等々。ヨブは，先に述べたことにおいて，自らが理性的な仕方で苦しみを感じ苦しみの言葉を発したが，蒙った逆境のために苦しみに飲まれていたわけではないことを示した。しかし，時として人間は，何らかの逆境を蒙っていたとしても，自分自身や他人の助けや慰めによって，逆境から苦しみをほとんどあるいはまったく感じないほどに逆境に対して守られることがあるので，幸いなるヨブは自らにはこのような助けがなかったことを示して，自らが理性的に苦しみの言葉を発したことがより明らかとなることを欲

した。第一に，自分自身の側からすでに述べられた助けを欠いていたことを示して，「見よ，わたしのうちにはもはや助けとなるものはない」と言っている。たとえヨブの何らかの善が奪われたとしても，もし失われた善を取り戻し蒙った不正に復讐することへと自らを奮い立たせることができたならば，ヨブはいかなる悲しみもなくこのことに耐えることができただろう。しかし，ヨブはすべての財産，子孫，自らの身体の健康を失っていたので，上に述べたようなことを行うことは不可能であった。

さらに，われわれには自分自身によってはできなくても友人を通じて可能となる多くのことがあるので，ヨブは第二に自らが友人の助けを欠いていたことを示して，「わたしが必要とする者も」，すなわち家族や召使いも，「わたしのもとから去った」と言っている。また，このことによって彼らには罪が帰せられることを示して，「自らの友人から憐れみを取り去る者は」，すなわち友人が不幸な時に憐れまない者は，「主への恐れを見捨てることになる」，すなわち神に対して抱かれるべき崇敬を見捨てることになると付加している。というのも，隣人は神のために，神において愛されるべきだからである。「目に見える兄弟を愛さない者が，どのようにして目に見えない神を愛することができようか」（Ⅰヨハ4・20）。

次いで，ヨブは血族からも見捨てられていたことを示して，「わたしの兄弟は」，すなわち同族の者は，「わたしを無視する」と言っている。ここでヨブは一緒に道を行く者たちの比喩において語っている。それはまるで一人が穴に落ちても，他の者たちは彼を見捨てて先に進むかのようである。もし兄弟がある時にヨブに援助を与えた後に，彼を援助することに対する倦怠や絶望のために彼を見捨てたならば，彼らは何らかの仕方で弁護されうる。それゆえ，彼らが弁護されえないことを示すために，ヨブは自らが直ち

に突然彼らによって見捨てられたとして,「急速に谷を流れる川のように」と言っている。ヨブはこのように為した彼らが罰を受けずにいられると信じられることのないように,「彼らは霜を恐れるが,雪が彼らを襲う」と付加しているが,これはあたかも次のように言わんとするかのようである。より小さな危険に対する恐れのために義と憐れみから退く者はより大きな危険へと陥る。それゆえ,ヨブに同情することを拒み彼を無視した兄弟たちもまた,固有の損害において悲しみを蒙るであろう。さらに,ヨブは彼らの危険が救済策なしに起こることを示して,次のように言っている。「彼らは散らされれば消え去り」,すなわち何らかの危険が到来したときには彼らは完全に滅び,「熱せられればその場所から溶けてなくなる」。ヨブは先に言及された雪の比喩において語っている。雪は凍結によって非常に硬くなっているときには温められてもすぐに溶けてしまうことはないが,凍結していないときには太陽の光線によって直ちに溶かされ流れ去る。それゆえ,このことが「熱せられればその場所から溶けてなくなる」と言われていることの意味であり,すなわちあたかもある種の熱のような逆境の衝撃によって,彼らのすべての繁栄は直ちに取り去られるということである。ヨブはその原因を示して,「彼らの足取りは曲がりくねっている」と付加している。しかるに,曲がりくねっているものは,ある種の歪みによって自分自身のところへ帰って来る。それゆえ,同族の者や友人において自分自身の有用性のみを求める者の足取りが曲がりくねっていると言われる。このことのために,そのような者は友人が繁栄しているときは友情を偽って示すが,逆境に陥ると見捨てるのである。しかし,人を欺くような仕方で自らの有用性を求める人間は,しばしばその希望が叶わないので,「空しく歩きまわる」と付加されている。というのも,人が空しく歩きまわると言われる

のは，歩く目的から逸脱するときだからである。さらに，彼らの希望が叶わないだけでなく，その反対のことが彼らに起こるので，「滅ぶ」，すなわち完全に破壊されると続けられている。

　このようにして，ヨブは自分自身においても，家族においても，同族の者においても助けを有しなかった。続いて，他の友人たちにおいても助けを有しなかったことを示して，「テマの道，シェバの旅路を考えてみよ」と言っている。エリファズがテマからやって来たことから明らかなように，とりわけこの地方にヨブの友人がいたと思われるからである。「しばらく期待してみよ」とは，わたしに助けを与えるためにこの道を通って誰かがやって来るかどうか考察してみよという意味である。しかし，あなたがたはわたしに助けが与えられることを見ないであろう。というのも，彼らはわたしのところへ来て「混乱する」からであり，なぜなら，わたしが彼らに今こそ助けを求めるべき時であると考えて「希望をかけた」からである。しかるに，助けを求められることを拒む人間は，自らに助けを求めることが理に適っている人々が訪れるのを見て混乱する。彼らのうちのある者は「わたしのところまで来てうろたえる」。というのも，彼らはわたしに助けを与えるべきであると知りながらそうしないからである。他の者について事態がこのようであることは驚くに値しない。というのも，より知恵のある者と思われるあなたたちですら，わたしに助けを与えないからである。それゆえ，「今や，あなたたちは来たが，わたしの災いを見て，恐れている」と続けられている。すなわち，あなたたちはわたしに助けを与えるべきではないかと恐れているが，恐れる必要はない。というのも，わたしはいかなる点においてもあなたたちの助けを求めないからである。わたしはあなたたちから金銭面での援助を頼まない。このことが，「わたしが言ったことが

あろうか。『頼む，わたしのために，あなたたちの財産を割いてわたしに与えてくれ』と」と言われていることの意味である。さらに，わたしはあなたたちから戦いにおける敵に対する援助を求めない。このことが，「わたしが言ったことがあろうか。『敵の手からわたしを解放し，暴虐な者の手からわたしを引き抜いてくれ』と」と続けられていることの意味である。また，わたしはあなたたちから教えの援助も求めない。このことが，「教えてくれれば黙ろう」と言われていることの意味であり，これは観想的な知においてということである。また，「わたしが無知であるなら教えてくれ」，これは実践的な知においてということである。あなたたちはわたしに助けを与えないだけでなく，さらにあなたたちの間にいるわたしを言葉によって苦しめる。このことが，「率直な話をどうして誹謗するのか」と続けられていることの意味であるが，わたしはそれを最初にわたしの嘆きにおいて発したが，述べられたように，エリファズはこれを非難したように思われる。この誹謗が弁護されえないことを示すために，ヨブは非難する者が正当化されうるすべての可能性を排除する。第一は，より大きな権威を有する者が他の者を罪のために非難する場合である。ヨブはこの可能性を排除するために，「あなたたちの中でわたしを非難できる者はいない」と言っている。第二は，人がある者に対して彼を苦しめるためではなく彼の有用性のために辛辣な言葉を発する場合である。このことが次のように言われていることの意味である。「あなたたちは非難するためだけに」，すなわち有用性のためではなく，「議論を用意したのか」，すなわち軽率に語ったと思われないように熱心に議論を構成したのか。第三は，人がある者に対して発した言葉を有効な論拠によって堅固にする場合である。ヨブはこのことを排除して，「あなたたちの言葉は風のようだ」と言っているが，これはあたかも次のよう

に言わんとするかのようである。あなたたちの言葉は空しくいかなる理性の強力さも持たない。第四は、人がそれによってより悪くなるのではなく、より善くなると見なされる状態や頃合いにおいて、人がある者を非難する場合である。しかし、もし人がある者を、彼が混乱しており怒りに陥りやすい時に非難しようとするならば、それは彼の矯正ではなく転倒を欲しているように思われる。それゆえ、「あなたたちは孤児を攻撃し、友を転倒させようとしている」と言われている。ヨブは自分自身のことを孤児と呼んでいるが、それはすべての助けなしに悲しみのうちに置かれているからである。

ヨブがこのように言ったのは、あたかも自らの見解の真理性と自らの根拠の正しさに自信が持てないかのように、彼らとの論争を恐れてのことであると思われることのないように、「だが、始めた議論を完成しようとしてくれ」と付加している。その結果、互いの議論から真理が輝き出るのである。それゆえ、「耳を傾け、わたしが嘘をついているかどうかを考察してくれ」と付加している。というのも、議論によって真理を発見することにおける第一の妨害は、人が敵対者の言うことを聞こうとしないことだからである。第二の妨害は、聞いたことに対して騒々しく侮辱するような仕方で答えることである。ヨブはこのことを取り除くために、「頼むから、敵意なしに答えてくれ」と言っている。というのも、アンブロシウスが言うように[4]、「敵意は自信に満ちた叫びを伴う真理への攻撃」だからである。第三の妨害は、論争的な議論や詭弁的な議論において

---

4) スコラ学者は共通してこの文章をアンブロシウスに帰している。トマス『神学大全』2-2部38問1項、『標準的註解』「ローマの信徒への手紙」1章29節、ロンバルドゥス『註解』「ローマの信徒への手紙」1章29節(PL 191, 1335C)参照。

見られるように[5]，人が議論において真理ではなく勝利や栄光を求めることである。「正しいことを語ることによって判断してくれ」，すなわちあなたたちに真と思われることを認め，偽と思われることを否定してくれ。もしあなたたちがこのようにするなら，「わたしの舌に不正がないことを見出すだろう」，すなわちあなたたちは隣人に与えるべき義に反する何かを見出さないだろう。「また，わたしの喉から愚かな言葉は出てこないだろう」，すなわちあなたたちは人がそれによって神について正しく考えるところの知恵に反する何かを見出さないだろう。というのも，ヨブは神的な事柄と人間的な事柄について弁護し，真理を証明することを意図していたからである。

---

[5] アリストテレス『詭弁論駁論』1 巻 11 章（171b18）参照。

第7章

---

¹ 地上における人間の生は兵役のようなもの。その日々はまるで日雇い労働者の日々のよう。² ちょうど奴隷が木陰を求め，日雇い労働者がその仕事の終わりを待ち望むように，³ わたしもまた空しい年月を過ごし，労苦に満ちた夜を数えた。⁴ わたしは横たわればいつ起き上れるのかと言い，再び夕暮れを待ち望み，暗くなるまで苦しみ続ける。(7・1-4)

「地上における人間の生は兵役のようなもの」等々。エリファズは上で，幸いなるヨブを絶望から引き離そうとして，もし主の懲らしめを拒絶することがなければ，ある種の地上的な幸せを彼に約束した。それゆえ，幸いなるヨブは自らの悲しみの合理的な理由を示した後に，地上的な幸せの約束というすでに述べられたエリファズの慰めが不適切であることをさらに示そうとする。ヨブは第一に現在の生の条件から，その後に自らに固有な条件からこのことを示している。

しかるに，現在の生の条件に関して人々の見解は様々であった。ある人々はこの世の生において究極的な幸せが存在するとしたが，エリファズの見解はこれに従っていると思われる。人間が善と悪に対する最終的な報いを期待するところに人間の究極目的は存在するので，もし，エリファズが主張したように，この世の生において人間がその善行のために神によって報いられその悪行のために罰せられるとすれば，そこから帰結すると思われることは，この世の生において人間の究極目的が存在するということである。

しかし，ヨブはこの見解を拒絶しようとし，次のことを示そうとする。人間の現在の生はそれ自体のうちに究極目的を持たず，それは究極目的に対して，ちょうど運動が休息に，道が終局に対する関係にある。それゆえ，ヨブは現在の生を何らかの目的に向かう人々の状態，すなわち戦うことによって勝利へと向かう兵士の状態に比している。このことが，「地上における人間の生は兵役のようなもの」と言われていることの意味であり，これはあたかも次のように言わんとするかのようである。われわれが地上において生きる現在の生は，ちょうど勝利ではなく兵役の状態のようなものである。さらに，ヨブは現在の生を日雇い労働者の状態に比して，「その日々はまるで日雇い労働者の日々のよう」と付加しているが，その日々とはこの地上において生きる人間の日々という意味である。しかるに，ヨブが現在の生をこれら二つの状態に比したのは，現在の生において人間を煩わす二つの事柄のためであり，すなわち人間は妨害となるものや有害なものに抵抗するかぎりで兵役に，目的のために有益なことを為すかぎりで日雇い労働者に比せられている。両者の例から現在の生が神の摂理に従属していることが理解される。というのも，兵士は指揮官のもとで戦い，日雇い労働者は主人から報酬を期待するからである。さらに，この二つの例において，エリファズが弁護した見解の虚偽性が十分明らかとなる。というのも，軍隊の指揮官は強力な兵士たちを危険や労苦から引き離すことはせず，兵役の特質が要求するところにしたがって，時として彼らをより大きな労苦や危険にさらすが，勝利が獲得された後にはよりいっそう強力な者として彼らを讃えるからである。このようにして，家長もまたより優れた日雇い労働者により大きな仕事を委託するが，報酬の時には彼らにより大きな贈り物を与えるからである。それゆえ，神の摂理もまた善き者から逆境や現在の生の労苦を取り除

くことはせず，終わりの時には彼らにより大きな報いを与えるのである。

　それゆえ，これらの言葉によってエリファズの見解は全体として破壊されるので，ヨブはこれらの言葉の確証を意図し，これらの言葉を有効な論拠によって明らかにしようとする。いかなるものも究極目的が獲得されれば休息することは明らかであるので，人間の意志が究極目的を獲得したときには，必ずそのうちに安らい，さらに他のものを欲求すべく動かされることはない。しかし，われわれは現在の生においてこれとは反対の事態を経験している。というのも，常に人間はあたかも現在に満足していないかのように未来を求めるからである。それゆえ，明らかなことに，この世の生において究極目的は存在せず，ちょうど兵役が勝利に日雇い労働者の日々が報酬に秩序づけられているように，この世の生は他の目的に秩序づけられている。しかるに，知るべきことに，人が現在の生において現前しているものに満足せず，将来の事柄を欲求するのには二つの理由がある。一つは，現在の生の苦しみのためであり，このことのゆえにヨブは木陰を欲する奴隷の例を挙げて，「ちょうど奴隷が木陰を求めるように」と言っているが，これは暑さに苦しむ奴隷が休息できる木陰を求めるようにという意味である。また一つは，この世においては所有されえない完全にして究極的な善の欠落のためであり，このことのゆえにヨブは日雇い労働者の例を挙げて，「日雇い労働者がその仕事の終わりを待ち望むように」と言っているが，それは完全な善が人間の終局だからである[1]。「わたしもまた空しい年月を過ごした」，すなわちわたしは過ぎ去った年月のうちに究極的な完成を得られなかったので，それを

---

1)　アリストテレス『ニコマコス倫理学』1巻9章（1097a29），トマス『神学大全』2-1部3問2項異論解答2参照。

空しいものと見なした。さらに,「労苦に満ちた夜を数えた」, すなわち苦しみに対する休息であるはずの夜が, わたしには, 目的の獲得を妨げるものとしてまるで苦しみに満ちたもののように思われた。

　ヨブがいかにして空しい年月と労苦に満ちた夜を過ごしたかを説明して,「わたしは横たわれば」, すなわち夜眠りにつくときが来れば,「いつ起き上れるのかと言う」, すなわち昼を待ち望んだと続けられている。ヨブは「再び」, すなわち昼になれば,「夕暮れを待ち望み」, このようにして常に願望によって将来を目指した。このことは地上に生きるすべての人間に共通のことであるが, 人間はより大きくまたより小さく喜びや悲しみに働きかけられるかぎりで, このことをより大きくまたより少なく感じるのである。というのも, 喜んでいる者はより少なく将来を欲し, 悲しんでいる者はより多く将来を欲するからである。それゆえ, 将来を欲するこの欲求がヨブ自身のうちで強力であったことを示すために,「暗くなるまで苦しみ続ける」と付加されている。すなわち, この苦しみのために現在の時間はわたしにとって不快なものであり, 将来をよりいっそう欲求するという意味である。

　[5] わたしの肉は膿と塵に覆われ, わたしの皮膚は乾き裂けている。[6] わたしの日々は機織りによって糸が切られるよりも早く過ぎ, いかなる希望もなく消え去った。[7] 忘れないでください。わたしの生は風にすぎないことを。わたしの目は二度と善を見ないでしょう。[8] 人間の目もわたしを見失い, あなたが目を注がれてもわたしはもういないでしょう。[9] ちょうど雲が消え去り移行するように, 陰府に下る者が上ってくることはないだろう。[10] 再びその家に帰ることはなく, 住みかもまた彼を見分けないだろう。(7・5-10)

「わたしの肉は膿に覆われている」等々。幸いなるヨブは上で，地上的な生における幸せの約束よりするエリファズの慰めが不適切なものであることを，地上に生きる人間の生の一般的な条件から示した。今や同じ慰めが不適切なものであることを自らの固有の条件から示そうとする。ヨブは自らが地上的繁栄を期待することを妨げる二つのことを提示する。第一は，彼が蒙っている身体の病である。というのも，重い病気にかかっている人間に彼をこの世の生において幸福たらしめるようなことは何も起こりえないからである。それゆえ，「わたしの肉は膿に覆われている」と言われているが，これはあたかも次のように言わんとするかのようである。ちょうど身体が衣服に覆われるように，わたしの身体は四方八方から傷の膿で覆われている。傷は初めのうちに癒やされると健康へと至りうるので，ヨブは自らの傷が放っておかれたことを示して，「わたしの肉は塵に覆われている」と言っている。というのも，すでに述べられたように，ヨブは文字通り糞の中に座っていたので，傷が然るべき方法によって治療されることはなかったからである。しかし，たとえ傷が放っておかれても，自然本性が強力であれば時として健康が期待できる。だが，ヨブにおいて自然本性の力は衰えていたので，「わたしの皮膚は乾き裂けている」と言われているが，これはあるいは老年のために，あるいは病気のために自然本性的な潤いが尽きていたという意味である[2]。それゆえ，ヨブがこの世の生においてこれ以上幸福を期待できる余地はないと思われる。第二に，ヨブの生の大部分の時間はすでに過ぎ去っていたので，もはやわずかな時間しか残されておらず，その時間において大きな幸福を期待することはできな

---

2) トマス『命題集註解』2巻30区分2問1項，トマス『神学大全』1部119問1項異論3参照。

いからである。このことのゆえに,「わたしの日々は機織りによって糸が切られるよりも早く過ぎ去った」と言われている。人間の生はある意味において機織りに似ている。ちょうど織物を織る者が糸に糸を加えて織物を完成させ,織物が完成すれば糸を切るように,人間の生もまた日に日が加えられることで完成され,完成されれば生は取り去られる。しかし,人間の日々が織物の糸が切られるよりも早く過ぎ去ると言われているのは,機織りの作業において職人は時として休むが,人間の生の時間は休むことなく連続的に流れていくからである。

　しかし,人は次のように言うかもしれない。たとえヨブの生の時間の大部分が過ぎ去っていたとしても,彼は過去の生の状況へ戻ることを期待することができると。というのも,ある人々によれば[3],死後,多くの年月が過ぎ去った後に,人間は以前過ごしていたのと同じ生活へと戻るからである。例えば,プラトンは将来の時にアテネで講義し,以前為していたのと同じことを行うのであり,そのようにして,人間はたとえその生の時間の大部分が過ぎ去っていたとしても,地上的な生において幸福を回復することを期待できるのである。それゆえ,ヨブはこの可能性を取り除くために,「わたしの日々はいかなる希望もなく消え去った」と言っているのであり,これは過ぎ去った日々へ戻るいかなる希望もなく消え去ったという意味である。さらに,このことを証明するために,神に向かって語って――「地上における人間の生は兵役のようなもの」と言われている箇所から,ヨブは自らの話を神に向けて語っているように見える――,「忘れないでください。わたしの生は風にすぎないことを」と言っているが,これはわたしの

---

　3)　すなわち,古代の異教徒たち。アウグスティヌス『神の国』12巻13章（PL 41, 361）,トマス『対異教徒大全』4巻82章参照。

生は風に似ているという意味である。というのも，ちょうど風は通り過ぎれば戻って来ないように，人間の生もまた過ぎ去れば戻ることはないからである。このことが，「わたしの目は二度と善を見ないでしょう」と言われていることの意味であり，すなわちわたしはかつて所有していたが，今や失ってしまった地上的な生における善を見ないだろうということである。ちょうどわたしの生が過ぎ去ったときに，わたしが戻って来て地上的な善を見ることがないように，わたしが地上的な目によって見られることもない。それゆえ，「人間の目もわたしを見失うでしょう」と続けられている。ヨブがこれら二つの文章を置いているのは，彼がとりわけ見ることと見られることのうちに成り立つ人間的な交際へと戻ることがないことを示すためである。というのも，視覚はより繊細なものとして[4]，感覚的な生において諸感覚のうちで最も主要な位置を占めるからである[5]。しかし，たとえ死後自らが人間の目によって見られることはないと述べているとしても，ヨブは「あなたが目を注がれる」と付加していることにおいて，神の目によって見られることを告白している。というのも，霊的なものを直観する神は死者たちを捉えることができるからである。なぜなら，死者たちは人間の目が見ることのできる肉ではなく，霊にしたがって生きているからである。

このことから，人は次のことを理解するかもしれない。神の目が死者を見るのは，現在の状態にしたがってではなく，ちょうど将来の出来事を見るように，死んだ人間が失った生へと再び戻ってくることに関してであると。それゆえ，ヨブはこのことを排除するために，「わたしはもう

---

[4] アリストテレス『形而上学』1 巻 1 章（980a26），トマス『神学大全』2-1 部 83 問 4 項異論 3 参照。
[5] アリストテレス『感覚について』2 章（437a3）参照。

いないでしょう」と付加しているが，これはあたかも次のように言わんとするかのようである。わたしはあなたの目が死後もわたしに注がれると言ったが，わたしが死後再びこの地上的な生の状態において存在することはない。さらに，ヨブは似たような例によってこのことを証明して，「ちょうど雲が消え去り移行するように，陰府に下る者が上ってくることはないだろう」と続けている。しかるに，死者が陰府に下ると言われるのは，あるいはキリストの死以前にすべての者が魂にしたがって陰府に下ったからであり[6]，あるいは肉にしたがって地の下に埋められるからである。目下のところ，いかなる仕方で解釈されても問題はない。というのも，ヨブが言わんとしているのは，死者が過ぎ去った生に戻ることはないということに他ならないからである。ヨブはこのことを似たような事象によって，説得的に証明している。ちょうど哲学者が教えているように[7]，可滅的な物体においてと同様，不可滅的な物体においても，ある種の円環運動が見出される。しかし，そこには相違がある。すなわち，天体においては円環運動にしたがって数において同じ事象が繰り返される。ちょうど数において同一の太陽が沈みまた現れるように。このことの理由は，このような変化において実体が破壊されることなく単に場所のみが変化するというところにある。しかし，生成消滅するものの運動においては，数において同じ事象に還帰するのではなく，種において同じ事象が再び現れる。しかるに，明らかなことに，一年を通じての太陽の円環運動にしたがって，大気の状態においてもある種の円環運動が生じる。というのも，冬には雲が現れるが，夏になると

---

6) 『標準的註解』「ヨブ記」30章23節，トマス『命題集註解』4巻45区分1問2項小問1反対異論1参照。

7) アリストテレス『生成消滅論』2巻2章（338b11）参照。

消滅し，冬がやって来ると再び雲が現れるからである。しかし，この雲は数において同一ではなく，種において同一であり，というのも，以前存在した雲は完全に消滅しているからである。人間においても事態は同様である。すなわち，以前存在したのと同一の人間が出生によって再び現れるのは，数にしたがってではなく，種にしたがってのみである。

　ここからして，死者が同じ生，同じ活動へ還帰すると主張する者たちの論拠が破壊されていることは明らかである。というのも，彼らは下級のものが天体の運動にしたがって秩序づけられることを信じていたので，多くの時間を経た後に同じ星の配置が再び現れたとき，数において同じ事柄が回帰することを信じていたからである。しかし，すでに述べられたように，数において同一の事柄が再び現れることは必然的ではなく，ただ種において似たような事柄が再び現れるに過ぎないのである。また，これらの人々によれば，死んだ人間は一定の時間を経た後に生へと戻ってくるのみならず，以前所有していたのと同じ財産と家へと戻ってくるのであるが，ヨブはこのことを排除するために，「再びその家に帰ることはない」と続けている。さらに，彼らによれば，死んだ人間は以前為したのと同じ業を為し，同じ職業と権限を有することになるという。それゆえ，ヨブはこのことを排除するために，「住みかもまた彼を見分けないだろう」と付加している。すなわち，死者はもはや自らの場所へと戻ってくることはない。ここで「住みか」(locus) という語は，われわれが「彼はこの町で大きな地位（locus）を得た」と言うような仕方において，人間の地位として理解されるべきである。

　これらのことから明らかなことに，ここでヨブは信仰が

主張する復活を否定しているのではなく、ユダヤ人[8]とある哲学者たちが措定している肉的な生への回帰を否定しているのである。さらに、このことはある人々が現在の生へと復活したという聖書の言明と矛盾しない[9]。というのも、奇跡的な仕方で生へと回帰することとヨブがここで語っているように自然本性的にそうすることは異なっているからである。さらに、考察すべきことに、ヨブが上で「忘れないでください。わたしの生は風にすぎないことを」と言っていることは、神において忘却が存在するということではなく、敵対者の立場の仮定的見解よりして語っているのである。というのも、もし神が人間に、その生がすでに過ぎ去った後にこの地上的な生における善を約束したとすれば、それはあたかも人間の生が風のように回帰することなく過ぎ去ることを神が忘却しているかのように見えるからである。

「[11] それゆえ、わたしは口を閉じてはいられない。わたしの霊の苦悶において語り、わたしの魂の苦しみとともに訴えよう。[12] わたしは海なのか、鯨なのか。というのも、あなたは牢獄によってわたしを取り囲むからである。[13]「床がわたしを慰めるだろう。寝台で自らと語れば楽になろう」とわたしが言えば、[14] あなたは夢をもってわたしをおののかせ、幻をもって脅かされる。[15] それゆえ、わたしの魂は縊死を、わたしの骨は死を選ぶ。[16] わたしは絶望した。これ以上生きていたくない。(7・11-16)

「それゆえ、わたしは口を閉じてはいられない」。ヨブは地上的な繁栄を約束するエリファズの慰めが不適切である

---

8) 特にファリサイ派を指す。トマス『マタイ福音書講解』22章28節参照。
9) 『列王記上』17章23節、『列王記下』4章35節、『マタイ福音書』9章25節、27章52節参照。

ことを明らかな論拠によって示した後に，今やこのことを不都合な状況へと導くことによって示そうとする。というのも，もしエリファズによってヨブに与えられた地上的な繁栄の希望よりするかの慰めに頼るとすれば，示されたように，この希望はつまらないものであるので，そこから帰結することは，ヨブがなおも悲しみにとどまり，苦しみの言葉を発し，完全に絶望しなければならないということだからである。それゆえ，ヨブはあたかもエリファズの立場に対して異議を唱えるようにして，「それゆえ」と結論づけている。というのも，示されたように，地上的な繁栄を期待することは空しいことだからである。あなたたちは他にわたしを慰めるものを持たないので，慰めを持たない「わたしは口を閉じてはいられない」，すなわち精神に促されるかぎり嘆きの言葉を発しよう。そして，このことが，「わたしの霊の苦悶において語ろう」と言われていることの意味であり，それはすなわち，わたしの蒙っている艱難がわたしの霊を語るように駆り立てるかぎりで語ろうということである。しかし，ヨブには外的な艱難のみならずそこから抱かれた内的な悲しみも存在したので，「わたしの魂の苦しみとともに訴えよう」と付加されている。これはすなわち，わたしの魂の苦しみがわたしを導くかぎりにおいて，あたかも作り話のような空しい言葉を語ろうという意味である。

　苦しんでいる人間が語るのを常とする事柄のうちでも，彼らはとりわけ自らの苦しみの原因について探求することを常としている。というのも，苦しんでいる者で，自らがあるいはまったく不正に，あるいはよりいっそう正当に苦しめられていると思われる人間はほとんどいないからである。それゆえ，ヨブは苦しんでいる人間の役割を演じて，自らの苦しみの原因を問うて，「わたしは海なのか，鯨なのか。というのも，あなたは牢獄によってわたしを取り

囲むからである」と言っている。ここで注目すべきことは，神の摂理が理性的被造物と非理性的被造物とに対して異なった仕方で働くということである。すなわち，理性的被造物においては自由意志のために功績と過失が見出され，このことのゆえに彼らには罰と褒賞が与えられる。対して，非理性的被造物は自由意志を有していないので，それらが罰や褒賞を得ることはなく，神が宇宙の善に適合するように，それらに関して，その拡大と縮小を働くのである。このような配慮ないし理由から，神が地表を覆い尽くしてしまわないように海を制限して，動物や地上に生きるものたちのために場所を確保するということが起こる。同じように，神は鯨を広い海の下に生息させる。というのも，もし鯨が他の海に移されれば，ある人々は害を蒙るかもしれないからである。それゆえ，ヨブは自らの苦しみの原因がそのために海や鯨が制限された原因と類似したものであるかどうかを尋ねている。すなわち，何らかの自らの過失のためではなく，そこから他のものに到来する何らかの有用性のために苦しめられているのではないかと考えている。

ヨブが牢獄によって取り囲まれていると言っているのは，いかなる側からも解放や慰めを得られないような仕方で艱難によって圧迫されているからであり，それゆえ，続いて自らがそれによって苦しんでいる人々が慰められるのを常とする助けを欠いていることを示している。そのうちの一つは睡眠であり，というのも，睡眠の後には悲しみは和らげられるからであり[10]，「『床がわたしを慰めるだろう』とわたしが言えば」と言われているときにこのことが示されている。すなわち，睡眠の時間によって慰められるとい

---

10) アウグスティヌス『告白』9巻12章（PL 32, 777），トマス『神学大全』2-1部38問5項反対異論参照。

う意味である。もう一つの助けは知恵ある人間が理性の考量によって自分自身を慰める場合であり,「寝台で自らと語れば楽になろう」と言われているときこの助けが触れられている。すなわち,理性の考量によって悲しみの圧迫が軽減されるだろうという意味である。というのも,知恵ある人間は孤独で人々と雑務の喧騒から離れているときに,理性にしたがって何かを考察することによってよりいっそう自分自身と語ることができるからである。しかし,これらの助けは彼を扶助することはできなかった。というのも,これらの助けを利用すべき時に,ヨブには混乱をもたらす他の妨害,すなわち恐ろしい夢と脅かす幻が存在したからである。このことが,「あなたは夢をもって」,すなわち眠っている者に現れる夢によって,「わたしをおののかせ」,「幻をもって」,すなわち外的な感覚の異質な使用によって目を覚ましている者に現れる幻によって,「脅かされる」と言われていることの意味である。というのも,夜の幻は昼間の思念に一致していることが常であるので,昼間悲しみに属することを考えていたヨブは,夜似たような幻によって混乱させられたからである。さらに,身体の病気が眠っている者に混乱した幻を見せるように働いたのである[11]。

このようにして,完全な仕方で慰めは排除されていたので,これほど大きな苦悩を避ける方法は,わたしにとって死しか残されていなかった。それゆえ,わたしはこれほど大きな不幸の生を避けるために死を選ぶのであり,このことが,「それゆえ,わたしの魂は縊死を選ぶ」と言われていることの意味である。この選択が,他の矛盾する強力な思念があったにもかかわらず,何らかの脆弱な思念から出てきたと思われることのないように,ヨブは自らのうちに

---

11) アリストテレス『夢について』3 章 (461a21) 参照。

死を欲するほどに強力なものは何もないことを付加して、「わたしの骨は死を選ぶ」と言っている。というのも、聖書においては骨によって人間における強力なものが示される習わしだからである。さらに、なぜこのことを選んだかを示して、「わたしは絶望した」と付加しているが、これはすなわち、わたしが再び地上的な繁栄を享受できるというあなたがわたしに与えた希望によって絶望したという意味である。また、なぜ絶望したかを示して、「これ以上生きていたくない」と付加している。ここにおいて、上で述べられた二つのことが理解される。すなわち、ヨブの生の大部分の時間がすでに過ぎ去ったということと、死後さらに地上で生きるために同じ生に戻ってくることはありえないということである。それゆえ、エリファズの慰めから、絶望し、死を選び、悲しみを和らげるものを持ちえないというこの不適切なことがヨブ自身に引き起こされたのである。

　主よ、わたしを赦してください。わたしの日々は空しいのです。[17] 人間とは何なのか。というのも、あなたはこれを大いなるものとし、これに心を向けられるからである。[18] 朝ごとに訪れて、突然調べられる。[19] いつまでわたしを赦さないつもりなのか。唾を飲み込む間すらもほうっておいてはくださらない。[20] わたしは罪を犯しました。あなたに対して何ができるでしょう、人を見張っている方よ。なぜあなたはわたしをあなたに敵対する者としたのか。わたしはわたし自身にとって重荷となった。[21] なぜわたしの罪を取り除いてくださらないのか。なぜわたしの不正を取り去ってくださらないのか。見よ、今や、わたしは塵の上に眠る。朝にあなたが捜し求めても、わたしはもういないでしょう。(7・16-21)

　「主よ、わたしを赦してください」。ヨブは地上的な幸せ

の約束よりするエリファズの慰めが自らを絶望と死への欲求へと導くことを示した後に，何が自らに希望されるべく残されているかを示している。すなわち，それは引き起こされた艱難が止むことであり，このことが「主よ，わたしを赦してください」と言われていることの意味であるが，これはあたかも次のように言わんとするかのようである。わたしには地上的な繁栄の希望は絶たれた。わたしにはあなたが赦す，すなわち苦しめることをやめることで十分である。また，神によって赦されるために人間の卑小さや不幸が導入されるのが常であるので，「わたしの日々は空しいのです」と続けられている。このことは，一般的にすべての者に関して，また特殊的にその日々がすでに過ぎ去ったヨブ自身に関して，人間の卑小さと生の短さに言及したものであると思われる。

　続いて両者について論じられる。第一に卑小さについて，「人間とは何なのか」と言われているが，これは人間が身体にしたがっていかに小さくいかに弱い存在であるかという意味である。「というのも」，ある種の栄誉によって残りの被造物の中で「あなたはこれを大いなるものとし」，特殊な気遣いによってこれを守り保護することによって「これに心を向けられるからである」。ここで以下のことを考察すべきである。たとえすべてのものが神の摂理の下にあり，すべてのものがその地位にしたがって神から大きさを受けとっているとしても，その仕方は異なっている。世界に存在するすべての個別的善は，ちょうど部分が全体に，不完全なものが完全なものに秩序づけられているように，世界の共通善へと秩序づけられているように思われるが，これと同じような仕方で，あるものは世界に対する秩序を有するかぎりにおいて，神の摂理によって配慮されている。知るべきことに，あるものは永遠性を分有するかぎりにおいて本質的に世界の完成に関係しているが，永遠性

から欠落するかぎりにおいて自体的にではなく付帯的に世界の完成に関わっている。それゆえ，あるものは永遠的であるかぎりにおいてそれ自体のために神によって配慮されるが，可滅的であるかぎりにおいて他のもののために配慮される。したがって，種的にも個体的にも永遠的であるものは，それ自体のために神によって統帥される。しかし，個体的には可滅的であって種的にのみ永遠的であるものは，種にしたがってはそれ自体のために神によって配慮されるが，個体にしたがっては種のためにのみ配慮される。この羊がこの狼によって殺されるとか他のこれに類する例に見られるように，獣において起こる善や悪は，この狼や羊の功績や過失のためではなく種の善のために神によって配分されている。というのも，それぞれの種にはその固有の食料が神によって定められているからである。このことが，「というのも，あなたはこれに心を向けられるからである」と言われていることの意味であり，これはすなわち，あなたは人間の善のために人間を配慮するということである。これに対して，神は個々の動物には心を向けず，永遠的でありうる種の善を配慮するのである。

　ヨブは神がいかにして人間にその心を向けるかを示して，「あなたは朝ごとに訪れる」と続けられている。すなわち，あなたは出生の初めからその摂理によって，物体的なものであれ霊的なものであれ，生きることと成長することに必要なものを人間に与える。さらに，「突然調べられる」。すなわち，そのうちで徳に対する状態が明らかとなる逆境によって人間を調べる。というのも，「かまどが陶工の器を確かめるように，艱難の試練は義人を試す」（シラ27・6）と言われているからである。神が人間を調べると言われているのは，神がその人間がいかなるものであるかを学ぶためではなく，他の者に彼を知らしめ，彼自身が自分自身を知るためである。ヨブのこの言葉は，人間に関

する神の気遣いを非難するものではなく，それを探究し，それに驚嘆するものである。人間について外的に見られるところは，小さく，はかなく，もろい何かであるので，もし人間のうちに永遠性を受容できる何かが隠されているのでなければ，神が人間についてこれほどの気遣いを有していることは不思議に思われる。それゆえ，この探求と驚嘆によってエリファズの見解は排除される。というのも，もし人間に地上の生ではない他の生が存在するのでなければ，人間がこれほどの神の気遣いを受けるにふさわしいとは思われないからである。それゆえ，神が特別に人間について有している気遣いそのものが，身体の死の後に人間の他の生が存在することを明らかにしているのである。

　次いで，ヨブは自らを赦してもらうために生の短さから採られた他の理由を付加して，それを問いの形で提示している。「いつまでわたしを赦さないつもりなのか」。これはあたかも次のように言わんとするかのようである。人の一生の時間は短く，わたしの生の時間の大部分はすでに過ぎ去った。それゆえ，もし今赦してくださらないなら，休息するわずかな時間を持つために，わたしはいつわたしを赦してくださることを期待すればよいのか。ヨブはこのことを「唾を飲み込む間すらもほうっておいてはくださらない」と付加することによって示している。というのも，人間は言葉を発している間唾を飲み込むことができないので，語っているときに，唾を吐くか飲み込むかするための何らかのわずかな休止が必要だからである。ヨブはこのわずかな時間に自らの生の残りの時間を比しているのであり，これはあたかも次のように言わんとするかのようである。もしあなたが赦すことを延期されるなら，語る者が唾を飲み込むかの休止に似た，労苦からの何らかの休息がわたしに残されることはないでしょう。なお，この理由はエリファズの見解を前提としてそこから出てくるものであ

る。というのも，もし人間に地上の生以外の他の生が存在しないとして，さらにこの世の生において神が人間を赦さないとすれば，神が赦す時間はどこにも残されていないからである。

　ヨブはその罪のために懲らしめを受けていると見なすエリファズの見解にしたがって，彼の罪は彼がこれ以上に苦しめられることを要求するので，彼が赦されることはふさわしくないという人がいるかもしれない。それゆえ，「わたしは罪を犯しました」と付加されているが，これはあたかも次のように言わんとするかのようである。たとえわたしが罪を犯し，そのために懲らしめを受けるとしても，依然としてあなたがわたしを赦すべきである理由は残る。ヨブはこのことに関して，人間の弱さから採られた，神が赦すべきである三つの理由を付加している。第一の理由は償うことができないことから採られている。すなわち，人間は神に対して犯した罪を償うためにふさわしいことを自らの力によって為すことができない。このことが，「あなたに対して何ができるでしょう，人を見張っている方よ」と言われていることの意味であり，これはあたかも次のように言わんとするかのようである。もしあなたが人間を見張る者として，その個々の行為について理由を要求するほどに大きな気遣いを人間について有しているならば，わたしの力はそのためにあなたが罪を赦す何らかのことを為すのに十分ではない。それゆえ，償いが期待されているかぎり，あなたは決してわたしを赦すことはないでしょう。それゆえ，償いが妨げられないように，あなたはわたしを赦すべきである。

　第二の理由は堅忍の不可能性から採られている。すなわち，人間は人間本性の堕落の後，神の恩恵なくして堅忍す

ることが不可能である。それゆえ，聖書においても[12]，神は柔和にし見る力を得させる恩恵を与えないことによってある者をかたくなにし盲目にすると常に言われているのである。それゆえ，このような仕方で語って，ここでヨブは「なぜあなたはわたしをあなたに敵対する者としたのか」と言っている。すなわちこれは，なぜあなたは恩恵を与えてわたしがあなたに罪によって敵対せず堅忍できるようにしなかったのかという意味である。というのも，罪を犯す者は，あるいは律法において伝えられている神の掟，あるいは自然本性的に人間の理性に刻まれている神の掟に反抗するかぎりで，神に敵対するからである。知るべきことに，理性はすべての魂の能力のうちでより強力なものであるが，そのしるしは他の能力に命令し[13]，それらを自らの目的のために使用するところに見られる。しかし，時として理性が欲情や怒りや他の下級な情念によって少しの間飲み込まれるということが起こる。このようにして人は罪を犯すのである。けれども，〔魂の〕下級の力は，理性がその固有な目的としての霊的善へと向かう自然本性へと還ることがないように，常に理性を拘束しておくことはできない。それゆえこのようにして，理性が，欲情や怒りに飲まれることによって罪を犯すことに対抗するかぎりで，人間の自分自身に対するある種の戦いが生じる。さらに，〔魂の〕下級の力に過去の罪から同様の行為に対する傾向性が習慣によって付加されるので，理性は自由に下級の力を使用してそれらを上級の善へと秩序づけたり，下級のものから引き離したりすることができない。このようにして，人間は，罪によって神に敵対するかぎりで，自分自身にとっ

---

12) 『出エジプト記』4 章 21 節，10 章 1 節，『イザヤ書』6 章 9 節，63 章 17 節，『ローマの信徒への手紙』1 章 24 節，9 章 18 節参照。
13) トマス『神学大全』2-1 部 17 問 1 項参照。

てもまた重荷となるのであり、このことが、「わたしはわたし自身にとって重荷となった」と付加されていることの意味である。ここにおいて明らかなことは、罪が直ちにその罰を有するということであり、それゆえ、この罰の後には人間はより容易に赦されるべきであると思われる。

　第三の理由は、人間が罪を浄化することができないということから採られている。すなわち、人間は自分自身によって罪に陥るが、罪を赦すことはただ神に属する。それゆえ、ヨブは次のように求めている。もし罪が存続するかぎりわたしの罰が止むべきではないとすれば、ただあなたのみが罪を取り除くことができるのであるから、「なぜわたしの罪を」、すなわちわたしが神と自分自身に対して犯した罪を「取り除いてくださらないのか」。「なぜわたしの不正を」、すなわち隣人に対して犯した不正を「取り去ってくださらないのか」。考察すべきことに、ヨブがこのような問いを発しているのは、軽率に神の裁きについて探求するためではなく、敵対者が主張している虚偽を破壊するためである。その主張とは、人間の行為に対する善と悪が神から期待されるのはただこの世の生においてのみであるというものである。もしこのことが措定されれば、神が人間を予定したり断罪したりすることによって将来の生へとあらかじめ秩序づけていることにしたがって、人間をこの世においてその罪のために罰したり罪を赦したりする神の判断の根拠全体が覆されることになる。もし将来の生が存在せずただ現在の生のみが存在するとすれば、神が赦し、義とし、報いを与えるよう意図している人々に赦しが延期される理由は成立しない。それゆえ、ヨブは自らの意図を明らかにするために、「見よ、今や、わたしは塵の上に眠る」と付加しているが、これはあたかも次のように言わんとするかのようである。わたしの生の終わりはすでにすぐそこにまで来ており、わたしは死んで塵に返る。いつ死が

訪れるか分からないので,明日の日さえも確実に期待することはできない。それゆえ,ヨブは「朝にあなたが捜し求めても,わたしはもういないでしょう」と付加しており,これはあたかも次のように言わんとするかのようである。わたしは明日の朝までの時間すら自らに約束できない。いわんや,もし他の生がないとすれば,赦しを期待できる長い生の時間は存在しない。

　考察すべきことに,ヨブは討論者の習慣にしたがって,初めに誤った見解を十分に反駁して,その後に自分自身が真理について考えるところを明らかにしている。さらに,注目すべきことに,ヨブはすでに述べられた言葉のうちで,人がこの世の生において神から懲らしめを受ける三つの理由に触れている。第一は,他の者を害することのないように,ある者の悪意が制限される場合であるが,ヨブは「わたしは海なのか,鯨なのか。というのも,あなたは牢獄によってわたしを取り囲むからである」と言うときにこの理由に触れている。第二は,ある者の徳が明らかになるように人間を試す場合であり,ヨブは「朝ごとに訪れて,突然調べられる」と言うときにこの理由に触れている。第三は,罪を罰する場合であり,ヨブは「わたしは罪を犯しました。あなたに対して何ができるでしょう,人を見張っている方よ」等々と言うときにこの理由に触れている。

第 8 章

---

¹ シュア人ビルダドは答えて言った。² いつまで，そんなことを言っているのか。あなたの口の言葉は激しい風のようだ。³ 神が裁きを曲げられるだろうか。全能者が正しいことを破壊するだろうか。⁴ あなたの子らが，神に対して罪を犯したからこそ，彼らをその不正の手にゆだねられたのだ。⁵ しかし，もしあなたが朝早く神へと起き上がり，全能者に祈るなら，⁶ またあなたが清く正しい者として歩むなら，神は直ちにあなたに対して目覚め，あなたの義に平和な住まいをもって報いるだろう。⁷ 過去のあなたの善は小さなものであったが，未来のそれは非常に大きなものになるだろう。(8・1-7)

「シュア人ビルダドは答えた」等々。上で幸いなるヨブはエリファズの言明に対して，その見解を強力にかつ深く無効化することによって答えた。しかし，シュア人ビルダドは同じ見解においてエリファズと一致しながら，幸いなるヨブの深さを理解できなかったので，幸いなるヨブの回答に対して，ちょうど理解できない見解に対して人が語るのを常とするような仕方で語っている。しかるに，語る者の精神を理解しない人間は，二つのことにおいて誤りに陥るのを常とする。一つは，語る者がいつ意図した終局に到達したかを知らない場合であり，もう一つは，語る者の話の秩序を捉えることができない場合である。そして，このことは「シュア人ビルダドは答えて言った。いつまで，そんなことを言っているのか」と言われているときに明らかに示されている。というのも，ヨブが自らの話をいかなる

終局に導こうとしていたかを考察せず理解しなかったビルダドは，ヨブが話を非常に先延ばしにしているように思われたからである。同様に，ビルダドはヨブが語った話の秩序，すなわちそれらが相互にいかに組み合わされているかを捉えていなかったので，「あなたの口の言葉は激しい風のようだ」と付加している。というのも，ビルダドはヨブ自身がそれらの秩序を把握していない多くの事柄を語った――このことは理性を失った人間が理性の秩序なくして霊に促されるままに様々な混乱した言葉を語るときに見られる――と見なしていたからである。

　すでに述べられたように，ビルダドはヨブの意図を理解していなかったので，ヨブの言葉を他の意図において解釈して，不適切な結論へと導こうとした。ヨブは上で，この世における逆境は人間の罪のために生じること，ならびに神によって懲らしめられた罪人でももし回心するなら繁栄の状態へと戻されることを主張するエリファズの見解を排除しようとして，両者に反対して語った。すなわち，ヨブは，第一の点に関しては，上で解釈されたように，「どうか神の怒りを引き起こしたわたしの罪とわたしが蒙っている災いを秤にかけてほしい」（6・2）と述べ，第二の点に関しては，「わたしは絶望した。これ以上生きていたくない」（7・16）と述べたが，上で述べられていることから明らかなように，他にもこれに類する多くのことを述べた。ヨブがこれらのことを語ったのは，罪の罰と義の褒賞が神から期待されるのはこの世の生においてではないと考えていたからである。しかし，他の生を知らないビルダドはこれらの言葉を，まるでヨブが神は罪を罰せず善行に報いない――このことは神の義に反すると思われる――と言わんとしているかのように解した。それゆえ，ビルダドは，「神が裁きを曲げられるだろうか。全能者が正しいことを破壊するだろうか」と言っているが，これはあたかも次の

ように言わんとするかのようである。もし神が人間をこの世において罪なくして罰するか、罪の程度を超えて罰するか、あるいは自らへと回心した者に善を再び与えないとすれば、このようなあなたの言葉から帰結することは、神が裁きや正義を曲げられるということである。注目すべきことに、義は二つの仕方で破壊される。すなわち、知恵ある者の狡猾さによってか、力ある者の暴力によってである。しかるに、神には両方、すなわち完全な知恵と全能が存在する。しかし、神は神という名によって理解されるその知恵によって、あたかも狡猾な者のように裁きを曲げることはなく、またその全能によって、あたかも暴力をふるう者のように正しいことを破壊することもない。

エリファズの言うように、ヨブが神に向きなおって以前の繁栄を取り戻すことを妨げていると思われるものに二つの事柄がある。一つは、ヨブの子らが死んでしまい、ヨブの回心によって彼らが生き返ることは期待できないということである。それゆえ、ビルダドは、「あなたの子らが、神に対して罪を犯したからこそ、彼らをその不正の手にゆだねられたのだ」と言っているが、これはあたかも次のように言わんとするかのようである。あなたが神に向きなおったとき、あなたは罪のために失ったものを回復するだろう。しかし、あなたの子らが死によって圧迫されたのは、あなたの罪ではなく彼らの罪のためである。それゆえ、たとえあなたが回心したときにあなたの子らが生き返らなくても、それは回心によってあなたが繁栄を取り戻すと言うエリファズの見解に反するものではない。さらに、注目すべきことに、ビルダドは現在の生の罰が起こるのは罪のためであると信じていたが、現在の罰のうちで最終的なものは死であるので[1]、罪のために死へと導かれるとき

---

1) アリストテレス『ニコマコス倫理学』3巻14章（1115a26）、

に，人は完全な仕方で罪に対する罰を受けると彼には思われた。それゆえ，ビルダドは明瞭に，「神は彼らをその不正の手にゆだねられたのだ」と言っているが，これはあたかも，彼らの罪が強力なものであったので，彼らはいかなる助けもなく罪に対する最終的な罰へと導かれたと言わんとするかのようである。

ヨブが以前の繁栄へと戻ることを妨げていると思われるもう一つのことは，ヨブが上で述べたように，ヨブの生の大部分の時間が過ぎ去り，わずかな時間しか残されていないということである。それゆえ，たとえ神に向きなおったとしても，これほどわずかな時間において自らに以前の繁栄が回復されるとはヨブには思われなかった。それゆえ，ビルダドはヨブに，回心の後には時間の長さの違いの埋め合わせが生じ，以前ヨブが所有していたものよりもよりいっそう大きな善が得られる——というのも，ヨブはわずかな時間それを所有するからである——ことを約束した。このようにして，まずビルダドはヨブに然るべき回心の方法を記述するが，これには三つのことが必要とされる。第一は，罪人が直ちに罪から立ち上がることである。このことが，「もしあなたが朝早く」，すなわち時機よく，罪を見捨てて「神へと起き上がるなら」と言われていることの意味であり，これは「主に向きなおるのを遅らせてはならない」（シラ5・8）と言われていることによっている。第二は，人が罪を償うことであり，このことに関して，「全能者に祈るなら」と言われている。というのも，祈りは償いの業のうちでいわば主要的なものと思われるからである。第三は，人が罪が再び起こらないように注意して忍耐することである。それゆえ，「あなたが清く正しい者として歩むなら」と言われており，これはすなわちあなたが肉の不

トマス『神学大全』2-2部64問5項異論解答3参照。

浄さや隣人を害する不正から身を守っているならという意味である。このようにして，ビルダドは完全な回心を記述した後に，繁栄の約束を付加して，「神は直ちにあなたに対して目覚めるだろう」と言っている。というのも，「主よ，起きてください，どうして眠っておられるのですか」（詩43・23）と言われているように，神は義人が苦しめられることを許しているときいわば眠っており，義人を守るとき目覚めているように思われるからである。さらに，ビルダドはこの目覚めの効果を付加して，「あなたの義に平和な住まいをもって報いるだろう」と言っているが，これはあたかも次のように言わんとするかのようである。あなたの家と家族はあなたが罪に陥っているときには混乱していたが，あなたが義を保つときには平和を有するだろう。また，ヨブが時間の短さについて不平を言うことのないように，ビルダドは繁栄の大きさを約束して次のように言っている。続いて起こる繁栄に比べれば，「過去のあなたの善は小さなものであったが，未来のそれは非常に大きなものになるだろう」，このようにして，繁栄の大きさはあなたが逆境において存在していた時間を埋め合わせるであろう。

[8] 過去の世代に尋ね，父祖たちの記憶を入念に探究するがよい。[9] 実際，われわれは昨日からの存在で何も分かっていないからである。地上でのわれわれの日々は影のようなものである。[10] 彼らはあなたを教え，その心から語りかけるであろう。[11] 湿り気のないところでイグサが生存しえようか。水なくしてスゲが育つだろうか。[12] 繁茂しているときに，手によって摘まれてもいないのに，それらはどんな草よりも早く枯れる。[13] すべて神を忘れる者の道はこのようであり，偽善者の希望は滅びる。[14] 自らの狂気は偽善者にとって気に入るものではなく，その信頼はくもの巣の

ようだ。[15]家によりかかっても彼は立てず，家を支えても彼は起き上がれない。[16]イグサは太陽が到来する前は湿っているように見え，その場所において芽を出す。[17]過酷な岩場でもその根を密集させ，石の間に留まる。[18]もしその場所がイグサを呑み込み，イグサを否定して，「お前など知らない」と言ったとしても，[19]再び他のイグサが地から芽を出すことがイグサの道の喜びである。[20]神は無垢な者を退けることはせず，悪人に手を伸ばすこともない。[21]あなたの口は笑いで，あなたの唇は喜びで満たされるだろう。[22]あなたを憎む者は混乱にまとわりつかれ，不敬虔な者の幕屋は消えうせるだろう。(8・8-22)

「過去の世代に尋ねてみよ」等々。シュア人ビルダドは先に述べた言葉において，テマ人エリファズと同じ見解を守ろうとして，人間は罪のために現在の生において神によって罰せられるが，回心すれば繁栄の状態へと戻されることを提示したが，今からこのことを証明しようとする。証明は二つの仕方による。第一は，経験によって，第二は比喩によってである。経験は個別的な事柄においてその証明のために最も有効であり，より長く観察され，不可謬なことが見出されればそれだけ有効である。しかるに，時間の長さを要求するものは古代の人々の記憶を通じて最もよく承認される。それゆえ，ビルダドは自らの意図を証明するために古代の人々の記憶に訴えかけ，古代の人々に関して，「過去の世代に尋ねてみよ」と言い，直接先行する人々に関して，「父祖たちの記憶を」，すなわちあなたの父祖たちが記憶している事柄を「入念に探究するがよい」と言っている。過去の世代に尋ねることは，古代の史実について書かれたことや古代の人々について伝承されていることを考察することである。しかし，古い時代の事柄については多くのことが作り話として書かれ語られているので，このことから人が自分は欺かれていると思うことのないよ

うに，見たことを語ることのできる父祖たちが言及されている。ビルダドはこの探求の必要性を示して次のように付加している。「実際，われわれは昨日からの存在であり」，すなわちあたかも昨日生まれたかのような存在であり，このことのために古いことについて「何も分かっていないからである」。ビルダドがこのように言うのは，われわれの生の短さを示すためであり，それゆえ，「地上でのわれわれの日々は影のようなものである」と続けている。というのも，光を妨げるものが取り除かれたり，その反映によって影が生じている物体が動かされれば，影はすぐに過ぎ去り，先の影に他の影が続くからである。そのように，人間の日々もまた他の者が他の者に後続するかぎりで連続的な推移のうちにある。ビルダドは先行する事柄の探究によっていかなる有用性が得られるかを示して，「彼らは」，すなわちあなたによって尋ねられた古代の人々と父祖たちは，すでに述べられたことについての真理を，父祖たちは言葉によって，古代の人々は書物と伝承によって，「あなたに教えるであろう」。また，この教えの真理性を示すために，「彼らはその心から語りかけるであろう」と付加されているが，これはあたかも次のように言わんとするかのようである。彼らが教えるのは，他でもない心に抱かれた考えである。というのも，彼らには人を欺くいかなる理由もないからである。

次いで，ビルダドは自らの意図を証明するために，物体的なものから採られた比喩を導入し，二つの地上で育つものの例を挙げる。一つはその生存のために地において湿り気を必要とするもの，すなわちイグサであり[2]，それゆえ，「湿り気のないところでイグサが生存しえようか」と言われている。もう一つは水のある場所を要求するスゲであ

---

2) アルベルトゥス『植物論』6巻第2論考4章参照。

り[3]，それは長く先端部の尖った葉を持ち，水のある場所でしか育たない。それゆえ，「水なくしてスゲが育つだろうか」と付加されている。というのも，このような葉が育つ場所はスゲの生えた土地と呼ばれるからである。イグサが湿り気を，スゲが水を要求することが示しているのは，乾燥させる他の原因がなくとも，ただ湿気や水を取り除くだけで容易に干上がるということである。他の地上に育つものにおいて乾燥の原因は二つある。一つは自然本性的なものであり，それは古くなることである。もう一つは暴力的なものであり，引き抜かれるときに見られる。しかし，両方の原因がなくても，イグサやスゲはただ湿気や水が取り除かれることによって干上がるのであり，このことが次のように言われていることの意味である。「繁茂しているときに」，すなわち若さと力がみなぎっているときに——これによって時間的な古さが排除される——，「手によって摘まれてもいないのに」——これによって暴力が排除される——，「それらはどんな草よりも早く枯れる」，すなわち他のすべての草よりも容易に枯れる。

　ビルダドはこのことを自らの意図に適合させる。ここで考察すべきは，ビルダドがちょうど湿気が草木の繁茂の原因であるような仕方で，人間の神に対する固執が地上的繁栄の原因であると理解していたことである。そして，このことはビルダドが人間の善は地上的な繁栄であると見なしていたことによっている。しかるに，人間の善は人間による神への固執に由来することは明らかであるので，ヨブが地上的な繁栄を失ったのは神に固執しなかったためであるとビルダドは考えた。このこと，すなわち人間の善が神に対する固執に由来することは，人間の真の善である霊的な

---

[3] バルトロメウス・アングリクス『事物の固有性について』17 巻 35 章参照。

幸福については正しいが，人間の真なる幸福に対して道具的に仕え[4]，最も小さな善のうちに数えられる地上的な繁栄については正しくない[5]。ビルダドはさらに続けて，「すべて神を忘れる者の道はこのようであり，偽善者の希望は滅びる」と言っている。ここで考察すべきは，ここで述べられていることは上で述べた二つの例に対応しているということである。スゲはその繁茂のために目に見える水を必要とし，それが取り除かれると枯れる。対して，イグサは自らを潤す地中に隠された水分を必要とし，それが欠けると干上がる。同様に，ビルダドの見解によれば，明らかな仕方で神に対する固執が取り除かれることによって滅びる者たちがいる。すなわち，彼らは明らかな仕方で神に反する業を為しているが，ビルダドは「神を忘れる者」という言葉によって彼らを表示している。というのも，明らかな仕方で悪を為すことを恐れない者は，完全に神への崇敬を軽視し，神を記憶のうちに留めていないように思われるからである。対して，ビルダドの見解によれば，神に対する隠された固執が取り除かれることによって滅びる者たちがいる。彼らは偽善者であり，外的にはあたかも神に固執しているようなふりをしているが，彼らの心は地上的なものに向かっている。それゆえ，ビルダドは偽善者について語るときには希望を挙げ，神を忘れる者について語るときには道，すなわち行為を挙げている。というのも，神を忘れる者はその行為によって，偽善者はその希望によって神に反しているからである。

　ビルダドは偽善者の希望がいかにして滅びるかを示して，「自らの狂気は偽善者にとって気に入るものではない」

---

4) アリストテレス『ニコマコス倫理学』1 巻 14 章（1099b28），トマス『対異教徒大全』3 巻 26 章参照。
5) アウグスティヌス『自由意志論』2 巻 19 章（PL 32, 1267），トマス『神学大全』2-2 部 125 問 4 項異論解答 3 参照。

と言っている。ここで考察すべきは，偽善者が霊的なものを無視し時間的なものを気遣う空しい心を持っているということである。このことは，時間的なものに関して希望どおりにうまくいっているときには，彼にとって気に入るものであるが，もし時間的なものが奪われたなら，必然的に，神に対して真にして堅固な心を有していないことは彼にとって気に入らないものとなる。それゆえ，「自らの狂気は偽善者にとって気に入るものではない」と言われており，これはすなわち，逆境が到来したときには神に対して正しい心を有していないことは彼にとって気に入るものではないという意味である。さらに，彼が時間的なものに関して有していた気遣いも完全に無効になるのであり，このことが，「その信頼はくもの巣のようだ」と付加されていることの意味である。すなわちこれは，彼が信頼していたところのものはちょうどくもの巣のように容易に破壊されるという意味である。彼は神の助けではなく，自らの家の力，すなわち富の充満や家族の多さやこれに類する他のものを信頼していたが，これらのものは容易に滅びるので，次のように続けられている。「家によりかかっても」，すなわち自らの家の繁栄において堅固な信頼をよせても，「彼は立てない」，すなわち神の助けを欠いているので倒れる。しかるに，人が将来の逆境を予測して，逆境に対する何らかの助けを自分自身とその家に対して用意するが，このことが無効となるということが起こる。それゆえ，次のように言われている。「家を支えても」，すなわちちょうど崩壊を恐れる家に何らかの支柱が建てられるように，彼が逆境に対する何らかの助けによって家を支えても，「彼は起き上がれない」，すなわちあるいは彼自身が，あるいは彼の家が繁栄の状態へと移されることはない。

　ビルダドは，偽善者の信頼の脆弱性について述べたこの見解に，イグサについてすでに述べられた比喩を適合させ

る。しかるに，人はイグサについて二つのことから信頼を持つことができると思われる。第一は，固有の活力からであるが，これは太陽が出て地面の湿り気を乾かすとすぐに無効となる。このことに関して次のように言われている。「イグサは」，その活力を奪う「太陽が到来する前は湿っているように見え，その場所において芽を出す」，すなわち早く育ち固有の果実を実らせると思われる。同様に，偽善者もまた，自らに幸運が巡って来ているうちは笑っているが，太陽，すなわち艱難が到来すると，すぐにその繁栄は消えてなくなる。イグサについて信頼が持たれる第二のものは，あるいは共に生える他のイグサの多さであり，あるいはイグサが岩場において生えるかぎりで，成長する場所の堅固さである。それゆえ，第一の点に関して，多くのイグサの根が一緒に結びつけられるかぎりにおいて，イグサは「過酷な岩場でもその根を密集させる」と続けられている。また，第二の点に関して，「石の間に留まる」と言われている。同様に，ある偽善者は自らの安定性について，ただ固有の繁栄のみならず，家族や家の者の多さによっても，ないし自らの住んでいる国や町の強力さによっても信頼を持つことができる。しかし，この信頼は，ちょうどイグサに関して起こったように，偽善者にとって無意味なものとなる。それゆえ，「もしその場所がイグサを呑み込み，イグサを否定して，『お前など知らない』と言ったとしても」と続けられているが，これはあたかも次のように言わんとするかのようである。もし，イグサがその痕跡が場所において残らないように，またその場所が同じイグサが再び植えつけられるために何らかのことを働かないように，その場所から引き抜かれるならば。さらに，ビルダドはこの原因を付加して，「再び他のイグサが地から芽を出すことがイグサの道の——あるいは生の——喜びである」と言っているが，これはあたかも次のように言わんとするか

のようである。ある場所にとどまっているイグサの発出と生は、引き抜かれたイグサと数において同一のそれが再び植えつけられることへと自然本性的に向かうのでもなければ、そのようにして保たれるのでもない。そうではなく、同じ種の他のイグサが再び生じることへと秩序づけられているのである。そのように、人もまた死や他の方法によって強力な者の集まりから排除されると、「わたしは人の心からあたかも死者のように忘却された」(詩30・13)と言われているように、直ちにいわば忘却へと引き渡される。しかし、「他の者は王家に生まれながら窮乏する。太陽の下、生きているすべての者が、彼に代わって立った第二の青年に味方するのをわたしは見た」(コへ4・14)と言われているように、このような集まりはそれに続く人々において喜ぶのである。ビルダドがこれらのことを導入しているのは、たとえ何らかの繁栄が時として悪人に生じるとしても、その繁栄は信頼できる堅固なものではなく、すぐに過ぎ去るがゆえに無と見なされるべきであることを示すためである。

　ビルダドは上で述べたすべてのことから、続いて自らの意図を示そうとして、次のように言っている。「神は無垢な者を退けることはせず」、すなわち単一な心で神に依り頼む者を自分から遠ざけて助けないことはなく、「悪人に手を伸ばすこともない」、すなわち悪人に助けを与えて彼らの繁栄が堅固なものとなることを許さない。しかし、「あなたが述べ、比喩によって確証しようとしたことは何であれ、わたしはその反対のことを自分自身において経験した。すなわちわたしは無垢であったのに逆境を蒙り、わたしに悪意を抱く敵対者がわたしに対して優勢であった」とヨブが言うかもしれないので、ビルダドはこのことを排除するために、「あなたの口は笑いで、あなたの唇は喜び

で満たされるだろう」と付加しているが，これはあたかも次のように言わんとするかのようである。わたしが述べたことが真理となるのは，もしあなたが無垢であるなら，そこから続いて起こる繁栄からあなたの喜びが溢れて笑いと歓喜――これらは喜びの大きさから生じるのを常としている――に至ることをあなたが自分自身のうちで感じる場合である。反対に，「あなたを憎む者は混乱にまとわりつかれる」，すなわち彼らにとって混乱があたかも衣服であるような仕方で，明らかに多くの仕方において混乱する。このことが，悪人が栄えているように見える現在の繁栄のために，ある者に不可能であると思われることのないように，「不敬虔な者の幕屋は消えうせるだろう」と付加されている。というのも，東方の多くの人々が住むのを常とし，そのうちに自らの財産や家具を所有していた幕屋によって，現在の生の繁栄に属するすべてのものが理解されるからである。考察すべきことに，ビルダドが偽善者と無垢な者について言及したのは，彼がヨブを真の聖人ではなく偽善者であると見なし，それゆえその繁栄は堅固ではなかったと考えていたからである。しかし，ビルダドは，もしヨブが無垢な者となるなら，繁栄が与えられることを彼に約束した。

第 9 章

---

¹ ヨブは答えて言った。² それは確かにわたしも知っている。神より正しいと主張できる人間があろうか。³ 神と論争することを望んだとしても，千に一つの答えも与えられないだろう。⁴ 御心は知恵に満ち，力に秀でておられる。神に対して逆らう者が平和を持つことができようか。⁵ 神は山をも移される。神がその怒りによって覆す人々はこのことを知らない。⁶ 神は地をその場所で動かし，地の柱は揺らぐ。⁷ 神が命じれば太陽は昇らず，星もまた封じ込められる。(9・1-7)

「ヨブは答えて言った。それは確かにわたしも知っている」。幸いなるヨブは，エリファズの言葉に対して答えた上の回答において，エリファズが神の義について，「人が神より正しくありえようか」(4・17) と言うことで提示したことを無視しているように見える。それどころか，ヨブは，「わたしは海なのか，鯨なのか」(7・12) 等々，また「いつまでわたしを赦さないつもりなのか」(7・19) 等々と言うときに，いわばある種の論争的な議論によって神に対して語っているように思われる。それゆえ，シュア人ビルダドは，幸いなるヨブの回答に対して答えるにあたって，神の義を守ることから始めて，「神が裁きを曲げられるだろうか」(8・3) 等々と言い，「神は無垢な者を退けない」(8・20) 等々と言うことによって，その話を終えている。この回答に対し，まず幸いなるヨブは，彼らが疑っているように，自らが神の義に対抗したり，神に対して論争を挑もうとしているのではないことを示す。このことが，

「ヨブは答えて言った。それは確かにわたしも知っている」と言われていることの意味であり，すなわち，わたしもまた，ビルダドが述べるように，神が裁きを曲げられないこと，無垢な者を退けないことを知っているということである。さらに，わたしは「神より正しいと主張できる人間がいない」ことを知っている。ヨブがこのように言ったのは，上でエリファズが「人が神より正しくありえようか」（4・17）と言ったことに答えるためである。

続いて，ヨブはこのことを知ることになった論拠を示している。ある者が他の者よりも正しい場合，自由かつ安全に彼と戦うことができる。というのも，相互の戦いから義と真理が明らかになるからである。しかし，神と戦うことはいかなる人間にとっても安全なことではないので，ヨブは次のように付加している。人間が「神と論争することを望んだとしても」，人間は神に対して「千に一つの答えも与えられないだろう」。知るべきことに，われわれのもとで固有の名を有している大きな数は千である[1]。というのも，たとえば一万（decem millia）や十万（centum millia）のように，すべての大きな数はより小さな数の反復によって名付けられるからである。このことは合理的である。というのも，古代のある人々によれば[2]，数の種類は十までの数で完成されるからである。すなわち，十より後は，先の数を繰り返せばよいからである。たとえば，十の三倍によって千が生じるように[3]，このことは実際の数が何であれ適合する。それゆえ，ヨブは，いわばわれわれのもとで

---

1) ディオニシウス『天上階層論』14 章（PG 3, 321A; Dion. 980），トマス『神学大全』1 部 112 問 4 項異論解答 2 参照。
2) 例えば，プラトンを指す。アリストテレス『自然学』3 巻 10 章（206b32），トマス『形而上学註解』1 巻 7 章（986a9）参照。
3) アウグスティヌス『神の国』20 巻 7 章（PL 41, 668），トマス『命題集註解』4 巻 43 区分 3 項小問 1 異論解答 4 参照。

名付けられた一定の数のうちで最大のものとして，千を挙げたのである。したがって，人間が神に対して「千に一つの答えも与えられない」と言われていることは，あたかも次のように言われているのと同様である。どれほど神の義が人間の義を超えているかは，いかなる一定の数の尺度によっても測ることができない。というのも，人間の義が有限であるのに対し，神の義は無限だからである。

　ヨブは，神の「御心は知恵に満ち，力に秀でておられる」と言うとき，人間が戦いにおいていかなる比例関係によっても神に近づくことができないことを続いて示している。しかるに，戦いには二種類ある。一つは論争することによって戦うことであり，これは知恵によって為される。もう一つは格闘することによって戦うことであり，これは力によって為される。しかし，両者において神は人間を超えている。というのも，神はその知恵と力によってすべての知恵と力を超えているからである。ヨブは続いて両方の超過を示す。第一に力の超過を「神に対して逆らう者が平和を持つことができようか」と言うときに，人間に関して示しているが，これはあたかも「否」と言わんとするかのようである。知るべきことに，人間が自らより強力な者から平和を得る方法と，自らより弱いか同等の者からそうする方法は異なっている。より強力な者がより弱い者から平和を得るのは，彼と戦うことによってであり，それはちょうど強力な王がその王国において謀反を起こす者に対して戦い，勝利を獲得して王国の平和を回復するのと同様である。同じようにして，人は同等の力を有する者からも戦うことによって平和を得ることができる。というのも，たとえ彼に勝つことはできなくても，絶え間ない戦いによって彼を疲れさせ，平和へと導くことができるからである。しかし，人が自らより強力な者から平和を得るのは，抵抗することや戦うことによってではなく，謙遜な仕方で彼に従

属することによってである。それゆえ，このことは，神の力がいかなる人間の力をも超えていることの明らかな証拠である。というのも，いかなる者も神に抵抗することによって平和を持つことができず，ただ謙遜に従うことによって平和を得ることができるからである。それゆえ，「われわれがあなたを希望したがゆえに，あなたは平和を守られるだろう」（イザ26・3）と言われている。しかし，「不敬虔な者に平和はないと主は言われる」（イザ57・21）と言われているように，神に逆らう不敬虔な者は平和を持つことができない。このことが，ここで「神に対して逆らう者が平和を持つことができようか」と言われていることの意味である。

次いでヨブは，神の力が自然物のすべての力を超えていることを，上級の物体においてと同様，下級の物体においても示している。ヨブが下級の物体においてこのことを示すのは，下級の物体のうちで最も安定し堅固であると思われるものを神がその意志によって動かすという事実によってである。それゆえ，ここで人間の後に議論されている複合された物体のうちでは，山が最も安定し堅固であると思われる。その安定性には聖書において聖人の安定性が比せられ，「彼らはシオンの山のように主を信じている」（詩124・1）と言われている。しかし，その山をも神はその力によって動かされるので，「神は山をも移される」と付加されている。このことはたとえ神の力によって奇跡的な仕方で生じる――このことは堅固な信仰に約束されているのであり，「あなたたちが信仰を持ち，疑わないならば，この山に向かい，『立ち上がって，海に飛び込め』と言っても，そのとおりになる」（マタ21・21），「もしわたしが山を動かすほどの完全な信仰を持っていようとも」（Ⅰコリ13・2）などと言われている――としても，ここでは事物の自然本性的な移行に関係づけられる方がより適当である

と思われる．すべて自然的に生じるものがある時に滅びるということは自然の秩序である[4]．それゆえ，山の生成は自然的なものであるので，ある時に山が自然的に破壊されるということは必然的である．ヨブはこの山の自然的な消滅を移行と呼んでいる．というのも，山の解体と消滅は山の部分のある種の移行とともに起こるからである．自然的に生じる事柄が神の力に帰せられているのは不合理ではない．というのも，自然本性は目的のために働くので[5]，一定の目的へと秩序づけられているすべてのものは，あるいは自分自身を目的へと向かわせ，あるいは他の導く者によって目的へと秩序づけられるが，目的についての知を有せず自らを目的へと向かわせることのできない自然物は，何らかの上級の知性によって目的へと秩序づけられなければならないからである．それゆえ，自然のすべての働きは自然物を目的へと導く知性——これをわれわれは神と呼ぶ——に対して，ちょうど矢の運動が射手に対するような関係にある[6]．ここからして，ちょうど矢の運動が射手に帰せられることが適切であるように，自然のすべての働きが神の力に帰せられることも適切である．したがって，もし自然の働きによって山が破壊されるとすれば，神の力が山の安定性を超えていることは明らかである．しかるに，時として人間のもとで，ある王がその力によって強い町を攻撃することが起こるが，このことがより迅速に人間によって感知されないような仕方で生じれば生じるほど，王の力はよりいっそう明らかとなる．それゆえ，山が移されると

---

[4] アリストテレス『天体論』1巻28章（282b4），トマス『命題集註解』2巻20区分1問1項異論2参照．
[5] アリストテレス『自然学』2巻8章（196b21），13章（199a7），トマス『神学大全』2-1部1問2項反対異論参照．
[6] アリストテレス『ニコマコス倫理学』1巻2章（1094a23）参照．

いう事態が最も神の力を示すのは，それが直ちに人間によって感知されないような仕方で生じる，すなわち山の近くに住み山の破壊によって滅ぶ人々ですらあらかじめ知ることのできないような仕方で生じる場合である。このことが，「神がその怒りによって覆す人々はこのことを知らない」と続けられていることの意味であり，これはあたかも次のように言わんとするかのようである。それどころか，山の近くに住む人々があらかじめ知ることのできないほどの迅速さで神はこのことを行う。ここから明らかになることは，もし彼らがあらかじめ知っていたら滅びないように注意することができたということである。さらに，ヨブが「その怒りによって」と付加しているのは，時として神がその摂理の秩序にしたがって，人間の罪を罰するのに必要なかぎりにおいて，自然的な働きを和らげることを示すためである。神が人間に復讐――これはわれわれのもとでは怒りの結果であるのが常である――を行使するかぎりにおいて，比喩的な仕方で神は人間に対して怒ると言われている。

　ヨブは複合された物体から元素へと移行するが，そのうちで最も堅固で安定しているのは地である。地はすべての運動の中心として不動であるが[7]，哲学者たちが伝えているように[8]，時としてそのある部分にしたがって内側に含まれている水分によって自然本性的に動かされる。このことが，「神は地をその場所で動かす」と続けられていることの意味である。これは，完全な仕方で地の全体にしたがって動かされるということではなく，地震において見られるように，地のある部分が揺り動かされるということで

　7）　アリストテレス『天体論』2巻26章（296b21）参照。
　8）　例えば，アリストテレスを指す。アリストテレス『気象論』2巻8章（366a4）参照。

ある。その運動においていわば地の上に据えられた柱である山々も揺り動かされるので,「地の柱は揺らぐ」と続けられている。さらに,柱によって,文字的意味においては柱と何であれ地の上に建てられている他の建築物が理解され,これらは地震によって揺り動かされる。あるいは,地の柱によって,地の下位にして内奥の部分が理解される。というのも,ちょうど家を堅固な仕方で支えるものが柱であるように,地の安定性は地の中心に由来し,すべての地の部分は自然本性的にこの中心に向かうからである。したがって,地の下位の部分はすべていわば柱として上位の部分を支えている。このようにして,地震が地の深い部分から生じるとき,それはあたかも地の柱が揺り動かされることに由来するかのように見えるのである。

最後に天体について述べられるが,それらもまた神の力に従属している。考察すべきことに,ちょうど不動性と休息が地の本性に属するように,常に動かされるということが天の本性には属する。それゆえ,ちょうど地において現れる運動によって神の力が地の力を超えていることが示されるように,太陽や他の星々が昇ったり沈んだりする運動が妨げられることによって神の力が天体の力を超えていることが示される。それゆえ,「神が命じれば太陽は昇らない」と続けられている。このことは,事実において太陽の上昇が妨げられることから言われているのではない。というのも,天体の運動は連続的だからである[9]。そうではなく,見かけにおいてある時には太陽が昇らないように見えることから言われているのである。たとえば,太陽の上昇が地上に住む者にいつもの明るさにおいて見られないほど,大気が曇っている場合がそれである。このような曇りは自然の働きによって生じるので,すでに述べられたよう

---

9) アリストテレス『天体論』2巻6章(287a23)参照。

に，それが全自然をその働きにおいて規制する神の命令に帰せられることは適切である。太陽が昇らないことを太陽の上昇が隠されることとして理解すべきであることは，「星もまた封じ込められる」と続けられていることから明らかである。というのも，星が見られないように雲によって天が覆われるとき，星はあたかも封じ込められているかのように思われるからである。

 [8] 神のみが天を広げ，海の波の上を歩かれる。[9] 神は北斗やオリオンを，すばるや南の星座を造られた。[10] 神は偉大な業，計り難い業，不思議な業を，数なくして成し遂げられる。(9・8-10)

 「神のみが天を広げられる」等々。幸いなるヨブは神の力の卓越性を示した後に，ここでは神の知恵の深さを論じ始める。しかし，話の順序は以前と今とでは反対である。というのも，以前は神の力を示す際に人間的な事柄から始めて天体へと進んだが，ここでは天体から始めて人間的な事柄へと進むからである。このことは合理的である。というのも，職人の知恵は安定した作品を作ることにおいて示されるので，ヨブは神の知恵を示すにあたって，より明白に神の知恵のしるしを有しているよりいっそう安定した被造物から始めているが，ある力の卓越性は，あるものをその場所から移動させることから示される——それゆえ，人間の力は石を持ち上げたり投げたり，あるいは人間を動かしたりすることなどによって試されるのが常である——ので，ヨブは神の力を示すにあたって，より明白に変化が現れるものから始めているからである。

 それゆえ，ヨブは神の知恵を示すために天体から始めて，「神のみが天を広げられる」と言っている。知るべきことに，神の知恵は三つの点において主要な仕方で賞賛される。第一は，何らかの大いなるものをその知性と知恵に

よって測ることができるということであり，このことに関して，「神のみが天を広げられる」と言われている。というのも，天を広げることにおいて，天の大きさが表現されているからである。それゆえ，神のみが天を広げられると言われるのは，ただ彼のみがその知恵によって測ったこれほどの大きさを天に与えることができるからである。第二に神の知恵が賞賛されるのは，変化する事物や不確かな仕方で揺れ動くものを一定の秩序へともたらし，自らの支配へと従属させるということにおいてであり，このことに関して，「海の波の上を歩かれる」と続けられている。というのも，海の波は様々な方向から吹く風によってあちらこちらへと動かされるので，最も秩序のないものと思われるが，神はそれを自らの支配へと従属させることによって，その上を歩くと言われるからである。第三に神の知恵が賞賛されるのは，人間にとって不思議に思われ，その理由を探究することのできない多くのものを，神はその知恵の理念にしたがって造ったということにおいてである。これらのものは主に星々の配置において明らかであるが，それらは神によって最も知的な仕方で合理的に造られたのである。ヨブはこれらのものを北極から始めて南極へと進むことによって数え上げている。それゆえ，「神は北斗を造った」と言われている。北斗は大熊座と呼ばれ[10]，七つの明るい星を持つ星座である。これらの星はわれわれのもとではけっして沈むことなく，常に北極の周りを回っている。「神はオリオンを造った」と続けられている。オリオンは，その大きさと，おうし座とふたご座において存在すると言われる星々の明るさのために非常に著名な星座である。「神はすばるを造った」と続けられている。すばるはすで

---

10) イシドルス『語源』3 巻 71 章（PL 82, 179），バルトロメウス・アングリクス『事物の固有性について』8 巻 35-36 章参照。

に述べられたおうし座の中の非常に目立つ星々である[11]。「神は南の星座を造った」と続けられている。ここで考察すべきは、赤道の下に住む人々は——そこにある人々が住んでいるという仮定においてであるが[12]——、北極と南極の両方の極を見ることができるということである[13]。というのも、両方の極は赤道に対して直角に交わり、赤道の両方の極を通過しなければならないからである。それゆえ、述べられたように、赤道の下に住む人々は両方の極を見ることができるのである。しかし、赤道を離れ北極に近づく者にとって、水平線上に見える北極は高くなり、赤道から離れるにつれて南極は低くなる。それゆえ、北半球に住むわれわれは南極を決して見ることができず、同様に南極の近くの星々もまた赤道から遠ざかる程度にしたがってわれわれにとって隠されたものとなる。ここで南の星座と言われているのはこの星々のことであり、それらは水平線よりも下に低く隠されているので、われわれによって見られないのである。

　人がすでに述べられた事柄においてのみ神の知恵が明らかにされていると信じることのないように、ヨブは続いて、神がわれわれにこれに類する他の多くの数えられない業を為したことを示している。それゆえ、「神は偉大な業を成し遂げる」と言われている。偉大な業において大きさを測ることによって神の知恵が賞賛されるのであり、このことは「神のみが天を広げられる」と言われていることに対応している。「神は計り難い業を成し遂げる」と言われている。計り難い業はその不安定さのために人間によって

---

11) イシドルス『語源』3巻71章（PL 82, 179）、バルトロメウス・アングリクス『事物の固有性について』8巻37章参照。

12) アリストテレス『気象論』2巻10章（362b25）参照。

13) トマス『天体論註解』2巻3章（285b23）、28章（297b31）参照。

調べられることができないが、神の統帥によって秩序づけられるのであり、このことは「神は海の上を歩かれる」と言われていることに対応している。「神は不思議な業を成し遂げる」と言われている。不思議な業は、たとえ神によって理念にしたがって造られたとしても、その理念は人間が考察することのできないものであり、このことは「神は北斗を造った」等々と言われていることに対応している。「数なくして成し遂げる」と言われていることは、それぞれの業に関係づけられるべきであるが、それは、神の業は人間にとっては数えられないものであるが、「すべてのものを数と重さと尺度において」造った神にとっては数えられるものであるという意味である。

[11] 神がわたしのもとに来てもわたしは見ないだろう。神が去ってもわたしは気づかないだろう。[12] 神に突然尋ねられて、誰が答えられよう。「なぜそのようなことをするのか」と、誰が神に言えよう。[13] 神の怒りに抗することのできる者はいない。世界を担う者も神の下にひれ伏す。[14] それゆえ、神に答え、言葉によって神と語ろうとするならば、わたしはどれほどの者なのか。[15] もしわたしに何らかの正しさがあるとしても、わたしは答えることはせず、わたしを裁く方に嘆願するだけだ。[16] 神がわたしの求めに応じるとき、わたしの声を聞かれるとは思われない。[17] というのも、神は嵐のようにわたしを打ち砕き、理由もなくわたしの傷を広げられるからだ。[18] わたしの霊が休息することを許さず、わたしを苦しみで満たす。[19] 力が求められれば、神は最も力強い。裁きの平等さが求められても、わたしのために証言してくれる者はいない。[20] わたしが自らを正当化しようとしても、神はわたしの口を断罪するだろう。無垢であることを示そうとしても、曲がった者とされるだろう。[21] たとえわたしが無垢であったとしても、この

こと自体をわたしの魂は知らないだろう。わたしは自らの生にうんざりしている。(9・11-21)

「神がわたしのもとに来てもわたしは見ないだろう」。幸いなるヨブは自らの意図が神と争うことにないことを示すために、多くのしるしによって神の知恵の深さを自然物において示したが、今や神の知恵の深さを人間的な事柄において示そうとする。考察すべきことに、人間的な事柄の指導者には三つのことが属するように思われる。第一は自らに従属する者に義の掟と他の恩恵を配分することであり、第二は従属する者の行為を調べることであり、第三は罪人に罰を与えることである。それゆえ、ヨブはこの三つの事柄において神の知恵の驚くべき深さを示そうとする。第一に、神がその恩恵を従属する者に配慮する仕方は非常に深く精妙であるので、それを受け取る者によってすら把握されないのである。このことが、「神がわたしのもとに来てもわたしは見ないだろう。神が去ってもわたしは気づかないだろう」と言われていることの意味である。ここで考察すべきは、聖書において神が人間のもとに来ると言われるのは、あるいはその知性を照明することによって、あるいはその愛を燃え立たしめることによって、あるいはいかなる仕方によってであれ彼に親切にすることによって、彼に恩恵を与えるときである。それゆえ、「われわれの神がやって来て、われわれを救うだろう」(イザ35・4) と言われている。反対に、神が人間から離れると言われるのは、彼から恩恵と保護を取り去るときであって、このことは「主よ、なぜ遠く離れ目をそらされるのか、順境においても、逆境においても」(詩9・22) と言われていることによっている。しかし、時として、神がある人々の救済を考慮して、彼らに艱難、あるいは何らかの精神的欠陥が生じることを許すということが起こる。ちょうど「神を愛する者にはすべてのことが善へと共働する」(ロマ8・28)

と言われているように。このようにして，神は人間の救済を考慮して彼のもとへと来るが，人間はその恩恵を感知しえないので神を見ないのである。反対に，神は多くの者から彼らを破滅へと導く明らかな恩恵を取り去らないので，神は人間が神が離れたことに気づかないような仕方で人間から離れると言われるのである。このようにして，その恩恵の配分において神の知恵の深さは明らかである。

　第二に神の知恵の深さが示されるのは，人間の行為を調べることにおいてである。というのも，神は，いかなる人間もその調査を何らかの詭弁によってくぐり抜けることのできないような仕方で精妙かつ強力に調べるからであり，このことが，「神に突然尋ねられて，誰が答えられよう」と言われていることの意味である。神が人間に尋ねるのは，あるいは内的に照明することによって，あるいは外的に恩恵や罰を通じて駆り立てることによって，自らの良心を考察することへと導くときであり，このことは「主は，義人と不敬虔な者に尋ねる」（詩10・6）と言われていることによっている。人間が十全な仕方で神に答えることができるのは，自らのうちに神によって正当な仕方で非難されうるものが見出されない場合であるが，このことはいかなる人間にもこの世の生においては起こりえないのであり，それは「『わたしの心は清く，わたしに罪は存在しない』と言いうる者があろうか」（箴20・9）と言われていることによっている。明瞭に，「神に突然尋ねられて」と言われている理由は，もし人間に答える時間が与えられたなら，彼は悔い改めることによって罪を洗い流すことができるからである。しかるに，時として人は，自らの過失が反対に他の者によって調べられるのを恐れて，他の者を調べることにおいてその過失を見逃す場合がある。しかし，神がこのようなことを恐れてその調査を和らげるということはない。というのも，神はその行為について裁くことの

できる上級の者を持たないからである。それゆえ，「『なぜそのようなことをするのか』と，誰が神に言えよう」と付加されているが，これはこのように神を叱責することのできる者はいないという意味である。

　第三に神の知恵の深さが示されるのは，過失に対する処罰においてである。というのも，「どこに行けば，あなたの霊から逃れることができよう。どこに行けば，あなたの顔を避けることができよう」（詩138・7）と言われているように，人間は自らを向かわせるいかなるものによっても，いかなる狡猾さや力によっても，神の罰を避けることはできないからである。このことが，「神の怒りに抗することのできる者はいない」と言われていることの意味である。というのも，聖書において神に帰せられる怒りは魂の混乱を含意せず，罰を意味するからである。さらに，ヨブは続いてこのことの証明を導入して，「世界を担う者も神の下にひれ伏す」と言っている。天上の霊が世界を担っていると理解すべきである[14]。というのも，アウグスティヌスが述べるように[15]，天上の霊の奉仕によって物体的な被造物の全体は配慮されているからである。この天上の霊が神の下にひれ伏すと言われているのは，すべての点で神に従っているからであり，これは「すべての天使たちよ，主を讃えよ。主に仕え，その御心を為す者たちよ」（詩102・20）と言われていることによっている。それゆえ，天使は神に従っているので，天使によって管理される物体的な事物の全行程が神の意志に従属していることが明らかとなる。このようにして，人間はいかなる被造物からも神の罰を避けるための助けを得られないのであり，このことは「わたしが天に登ろうとも，あなたはそこにいまし，陰

---

14)　グレゴリウス『道徳論』9巻16章（PL 75, 874C）参照。
15)　『三位一体論』3巻4章（PL 42, 873）参照。

府に下ろうとも，あなたはそこにいます」(詩138・8) と言われていることによっている。それどころか，「全世界は主と共に愚かな者に対して戦うだろう」(知5・21) とまで言われている。さらに，「わたしによって王は支配する」(箴8・15) と言われているように，神の下にひれ伏しているこの世の王や諸侯が世界を担っていると理解できる[16]。王自身も神の怒りに抗することができないので，このことから他の者についても同じように結論づけることができる。

　このようにして，ヨブは神の力の大きさと神の知恵の深さを示した後に，神と戦うつもりはないという自らの意図を結論づけて言っている。「それゆえ，わたしはどれほどの者なのか」，すなわちどれほど強力でどれほど知恵があるのか。「神に答え」，すなわち最も力強く最も知恵のある神の尋問に答え，「言葉によって神と語ろうとするならば」，すなわち神の行為を調べ，「なぜそのようなことをするのか」と言って神と語るならば。これはあたかも，わたしは神と論争するのに十分なものではないと言わんとするかのようである。というのも，論争は答えることと反論することによって成り立つからである。しかし，時として人が，たとえ非常に強力で知恵ある者でないとしても，自らの良心に由来する安全によって，いかなる裁き主に対しても論争することを恐れないということが起こる。ヨブは神と論争するこのような原因を自分自身から排除して言っている。「もしわたしに何らかの正しさがあるとしても，わたしは答えることはせず」，すなわちわたしはいわばわたしの義を守ることによって調べる神に答えることはせず，「わたしを裁く方に嘆願するだけだ」，すなわち裁きではなく憐れみを求めるだろう。明瞭に，「もしわたしに何らか

---

16)　グレゴリウス『道徳論』9巻16章（PL 75, 874A）参照。

の正しさがあるとしても」と言われている。「もしわたしに正しさがあるとしても」と言われていることによって，人間の義の不確実性が表示されているのであり，このことは「自分には何もやましいところはないが，このことにおいてわたしが義とされているわけではない」（Ⅰコリ4・4）と言われていることによっている。さらに，「何らかの」と言われていることによって，神の調査に関係づけられた人間の義の小ささと不完全性が示されているが，このことは「われわれのすべての義は，いわば汚れた着物のようなものだ」（イザ64・5）と言われていることによっている。

　ヨブは自らの祈りから何が得られるかを示して，「神がわたしの求めに応じるとき，わたしの声を聞かれるとは思われない」と言っている。というのも，時として神が，人間の願いではなく有益性に関して聞き届けるということが起こるからである。もし医者が苦い薬が健康をもたらすことを知っていることよりしてそれを病人から取り除かないとすれば，その医者は苦い薬を取り除いてくれるように要求する病人の願いに関しては聞き届けないが，このことによって病人が最も望んでいる健康がもたらされるのであるから，その有益性に関しては聞き届けるのである。同様にして，神もまた，たとえ請い求められても，艱難が最終的な救済のために役立つことを知っているので，艱難に遭っている人間から艱難を取り去ることはしない。このようにして，たとえ神が真に聞き届けたとしても，不幸のうちに置かれている人間は聞き届けられたことを信じないのである。さらに，ヨブはなぜ信じることができないかを示して，「神は嵐のようにわたしを打ち砕く」と続けているが，比喩的に語ったことを後で解釈するという慣習にしたがって，「理由もなくわたしの傷を広げられる」と付加している。打ち砕くとは傷，すなわち艱難を増やすことである。「嵐のように」とは，恐ろしい不明瞭さにおいてというこ

とであり,「理由もなく」とは,苦しんでいる者が感知できる明らかな理由もなくということである。もし苦しんでいる人間が神が彼を苦しめる理由,すなわち苦しみが彼の救済のために役立つことを感知できたならば,彼が自らの願いが聞き届けられたと信じることは明らかである。しかし,ヨブはこのことを理解できなかったので,自らの願いが聞き届けられなかったと考えたのである。それゆえ,ちょうど自らが苦い薬によって健康を獲得しうることを知らない病人が,苦味においてのみならず魂においても苦しめられるように,ヨブは外的にのみならず内的にも苦しめられていた。ここよりして,「神はわたしの霊が休息することを許さない」と続けられている。というのも,たとえ肉が苦しめられていても,霊は目的に対する希望のために休息するからである。このことは,ちょうど主が「人々があなたたちのことを悪く言うとき,あなたたちは幸いである」(マタ5・11)と教え,その後に「喜びなさい。というのも,あなたたちの報いは天において豊かだからである」と付加していることによっている。このようにして,外的にも内的にも苦しめられているかぎり,わたしは休息できない。内側と外側から,「神はわたしを苦しみで満たす」。

考察すべきことに,ヨブは「神がわたしの求めに応じるとき」等々と言っている箇所から,上で隠された仕方で「神がわたしのもとに来てもわたしは見ないだろう」と言ったことを明白な仕方で解釈している。不明瞭な仕方で語ったことを何らかの後続するものによって解釈することは,おそらくヨブの発言の至るところで守られている。ヨブは上で短く要約的に「神に答えるならば,わたしはどれほどの者なのか」と語ったことを,続いてより詳細に説明して,裁き主に答えず憐れみを請う理由を示している。しかるに,人が大胆にも裁判官に答えることができるのは,二つのことから起こる。第一は,裁判官が弱く,従属する

者を強制できない場合である。ヨブはこの可能性を排除して，次のように言っている。「力が求められれば」，すなわち神において従属する者を強制する力を求めたとしたら，「神は最も力強い」，すなわち神はすべての力を超えている。第二に人が大胆にも裁判官に答えることができるのは，自らの訴訟について相手に勝つ自信がある場合であり，このことは時として，多くの弁護者を持つことから生じる。しかし，ヨブはこの可能性を排除して，次のように言っている。「裁きの平等さが求められても」，すなわちそれにしたがって自らのために多くの証人を持つ者が無罪とされる裁きの平等さを求めたとしても，「わたしのために証言してくれる者はいない」。というのも，人間の知性は人間の義が反論する神の真理よりも偉大であるとは考えないからである。しかし，時として人は，たとえ自らのために他の証人を有していなくても，その良心の証言に頼って，自らの訴訟について相手に勝つ自信を有している場合がある。しかし，良心の証言は神の反論に対して人間にとって有効ではない。ヨブはこのことを個々の段階に応じて示そうとする。良心の証言には三つの段階があるが，その最高の段階は，ある者の良心が彼に自らが正しいという証言を与える場合であり，これは「霊そのものがわれわれの霊にわれわれが神の子であるという証言を与える」（ロマ 8・16）と言われていることによっている。しかし，この証言は神の非難に対して有効ではないので，ヨブは次のように言っている。「わたしが自らを正当化しようとしても」，すなわちもしわたしが自らが正しいと主張しようとしても，わたしが不敬虔であると反論する神によって，「神はわたしの口を断罪するだろう」，すなわち神は冒瀆のためにわたしを断罪するだろう。第二の段階は，たとえ人が敢えて自らが正しいと主張しないにしても，その良心が何らかの罪について彼を非難することがない場合であり，

これは「自分には何もやましいところはない」（Ⅰコリ4・4）と言われていることによっている。しかし、この証言も神に対しては有効ではないので、ヨブは次のように言っている。「無垢であることを示そうとしても」、すなわちもしわたしが罪なくして存在していることを示そうとしても、「曲がった者とされるだろう」、すなわち神はわたしや他の者にわたしが自覚していない罪を明らかにされるだろう。このことは、「罪を誰が知ろう」（詩18・13）と言われていることによっている。第三の段階は、たとえ人が罪について自覚していても、あるいは悪しき意図を有していなかったということから、あるいは悪意や欺きではなく無知や弱さから罪を犯したために、自らの正しさを主張する場合である。しかし、この証言は神に対して人間にとって有効ではないので、ヨブは次のように言っている。「たとえわたしが無垢であったとしても」、すなわち欺きや曲がった意図の二重性なくして存在しているとしても、「このこと自体をわたしの魂は知らないだろう」。というのも、人間は自らの情動の流れていく運動を把握することができないからである。それは、あるいは情動の様々な種類のためであり、あるいは多くの情動の混合と衝動のためであり、それゆえ「人の心は曲がっていて捉えがたい。誰がそれを認識できよう」（エレ17・9）と言われている。人間が自分自身をもその状態をも認識できないというこのような無知のために、義人もまたその生を嫌悪するに至るのであり、このことから「わたしは自らの生にうんざりしている」と付加されている。

[22] わたしは一つのことを言いたい。神は無垢な者も不敬虔な者も滅ぼされる。[23] もし神が鞭打ち殺すとすれば、神は無垢な者の罰をあざ笑っているのではないか。[24] 地は不敬虔な者の手にゆだねられている。神がその裁判官の顔を

覆われたのだ。不敬虔な者でないとすれば，誰なのか。
^{25} わたしの日々は飛脚よりも速く，逃げて行き，善を見ることもなかった。^{26} それはあたかも果物を載せた船のように過ぎ去り，獲物へと飛びかかる鷲のように速かった。^{27} わたしがこのように語るまいと言っても，顔の向きを変えさせられ，悲しみによって苦しめられる。^{28} わたしはあなたが罪を犯す者を赦さないことを知っていたので，自らのすべての業を気遣ってきた。^{29} もしこのように不敬虔な者とされるなら，どうしてわたしは無益に労苦してきたのか。^{30} 雪解け水で体を洗い，わたしの手があたかも最も清いものであるかのように輝いても，^{31} あなたはわたしを汚物の中に沈め，わたしの衣服がわたしを嫌うだろう。^{32} わたしは自らに似た者，裁きにおいてわたしと共に同等の権利を有する者に答えようとしているのではない。^{33} わたしと神の両方に反論でき，その力を及ぼすことのできる者はいない。^{34} 神の杖がわたしから取り去られ，その恐怖によって脅かされることがなければ，^{35} わたしは神を恐れずに語ろう。というのも，わたしは恐れて答えることができないからである。(9・22-35)

　「わたしは一つのことを言いたい」。幸いなるヨブは，自らが神と争うつもりはないことを示した後に，敵対者たちと議論になった争点を挙げる。エリファズは罪に対する報いとしてのみ罰は神によって課せられると主張したが[17]，ヨブはこれに対して上の回答において反論した[18]。しかし，ビルダドがエリファズの見解をさらに主張しようとしたので，ヨブは再び自らの見解を繰り返して，「わたしは一つのことを言いたい。神は無垢な者も不敬虔な者も滅ぼされる」と言っているが，これはあたかも次のように言わんと

---

17) 『ヨブ記』4章7節。
18) 同上，6章2節。

するかのようである。死は罪人のみならず無垢な者にも神によって与えられるが，死は現在の罰のうちで最大のものである。それゆえ，人間はその固有の罪のためにのみ神によって罰せられるというあなたたちの主張は真理ではない。死が神に由来することは，「わたしが殺し，わたしが生かす」（申 32・39）と言われていることから明らかである。しかし，死はすべての者に共通に神によって与えられるので，過酷と思われる事態が一つある。それは無垢な者が共通の死以外に多くの逆境をこの世の生において蒙っていることである。ヨブはこのことの原因を探究しようと意図して，「もし神が鞭打ち殺すとすれば」と付加しているが，これはあたかも次のように言わんとするかのようである。もし死の鞭が万人にとって共通であるなら，固有の罪を持たない無垢な者には，共通の罪に対して科せられる死以外に他の罰が科せられるべきではないということが合理的であるように思われる。もし，あなたたちの言うように，ある者に正当に罰が与えられる原因が罪以外にないとして，無垢な者がこの世において罰を蒙っていることが明らかであるとすれば，そこから帰結するように思われることは，あたかも罰そのものがそれ自体によって神に気に入るものであるかのように，無垢な者は原因なくして罰せられているということである。それゆえ，ヨブは「神は無垢な者の罰をあざ笑っているのではないか」と続けている。というのも，それ自体においてわれわれに気に入るところのものについて，われわれは笑うのを常とするからである。

　無垢な者に対する罰がそれ自体によって神に気に入るものでないとして，無垢な者がしばしば地上において罰せられることが見出されるとすれば，そこから他の不適切なことが帰結すると思われる。すなわち，それは，この罰が神の裁きではなく，地上において権力を持ち無垢な者を罰す

る何らかの不正な主人の悪意に由来するということである。それゆえ、「地は不敬虔な者の手にゆだねられている」と続けられているが、これはあたかも次のように言わんとするかのようである。もし地上において罰せられている無垢な者の罰がそれ自体によって神に気に入るものではないとすれば、神がある不敬虔な者に地上の支配をゆだね、彼の不正から地上における裁きが覆されて無垢な者が罰せられていると言わなければならない。このことが、「神がその裁判官の顔を覆われたのだ」と付加されていることの意味である。すなわち、神は彼らの理性を欲望や憎しみや愛によって暗くして、裁きにおいて裁きの真理に従うことのないようにした。「不敬虔な者でないとすれば」、すなわち地がゆだねられ、無垢な者に対する罰がそこから生じるところのものが不敬虔な者でないとすれば、「誰なのか」、すなわちこの罰の原因は何なのか。現在の罰の原因はただ罪のみであるというあなたたちの仮定にしたがえば、示されたように、このことが神に由来すると言うことはできない。しかるに、「地は不敬虔な者の手にゆだねられている」と言われていることは、神によって地上的な人間が悪魔の力の下に残されているかぎりにおいて、ある意味では真理であり、これは「罪を犯す者は罪の奴隷である」(ヨハ 8・34) と言われていることによっている。しかし、端的には虚偽である。というのも、地上で欲するがままに自由に振る舞えるような仕方で、悪魔に絶対的な意味において地上の支配が認められているわけではなく、悪魔に許されている行為は何であれ、すべてのものを合理的な理由から配慮する神の計画に由来するからである。それゆえ、無垢な者が罰せられるというこのこと自体は、絶対的な意味において悪魔の悪意に依存しているのではなく、それを許す神の知恵に依存しているのである。したがって、もし罪が無垢な者に対する罰の原因ではないとすれば、このことを悪魔

の悪意に還元することだけでは十分ではなく，このことを神が許すさらなる何らかの合理的な原因が存在しなければならない。それゆえ，明瞭に，「不敬虔な者でないとすれば，誰なのか」と言われているが，これはあたかも次のように言わんとするかのようである。もし悪魔の悪意が無垢な者に対する罰の十分な原因でないとすれば，他の原因を探究しなければならない。

　それゆえ，ヨブは無垢な者がこの世において罰せられる原因を探究するために，この世において最も速いと思われるものの比喩によって現在の繁栄の可変性を示すことで，まず善の喪失において蒙る欠乏を提示する。しかるに，考察すべきことに，この世の繁栄に対して人々は様々な仕方で関わる。ある人々はこの世の繁栄をその目的とし，それ以上のいかなるものをも望まない——すべての褒賞と罰をこの世の生のうちに置く人々の見解はこれに傾いているように思われる——。このような人々はこの世の繁栄を通り過ぎるのではなく，彼らがそれを失うときにはこの世の繁栄が彼らから逃げて行くのである。しかし，ある人々——ここにヨブも含まれる——はこの世の繁栄にその目的を置かず，他の目的に向かっていく。このような人々は彼ら自身がむしろこの世の繁栄を通り過ぎるのであり，この世の繁栄によって通り過ぎられるのではない。しかし，ある目的に向かう者には三つのことが必要とされる。第一は，目的を妨げうるいかなる他のものにも心を向かわせず，目的を獲得するために急ぐことである。それゆえ，まず道中においていかなる遅延も許さないような仕方でその旅路の終局へ向かう飛脚の例が挙げられており，「わたしの日々は飛脚よりも速かった」と言われている。この言葉において，現在の幸運の不安定さと他のものへ向かうヨブの意図が示されている。さらに，あたかもこの世の事物に心の休息を見出せないかのように，「わたしの日々は逃げて行っ

た」。それゆえ,「善を見ることもなかった」と続けられているが, これはわたしの意図が真なる善に向かっていたという意味である。ここからして, わたしは義のために報われたと思っていない。たとえあなたたちが現在の繁栄を報いと見なすとしても, わたしは無垢でありながらそれらを奪われて罰せられている。第二に必要とされるのは, 何らかの目的に向かう者が目的に到達する手段を獲得することであり, それはちょうど健康を欲する人間がそのおかげで健康になる薬を得ることと同様である。同様に, 真の善に到達しようと欲する者は, そのおかげで真の善を獲得できる諸徳を集めなければならない。それゆえ,「それはあたかも果物を載せた船のように過ぎ去った」と続けられているが, このことにおいて二つのことが示されている。一つは現在の幸運の不安定さであり, というのも, 果物を載せた船は果物が遅延によって腐ることのないようにそれを売るために急ぐからである。もう一つは目的に向かう努力であり, あたかも次のように言わんとするかのようである。わたしの日々は空しく過ぎ去ったが, わたしは目的に到達するために必要な諸徳を集めた。第三に残されているのは目的の獲得であるので,「獲物へと飛びかかる鷲のように速かった」と言われているが, ここでもすでに述べられた二つのことが示されている。というのも, 鷲は主として飢えによって駆り立てられるときに速く飛び, 目的の獲物を得ると元気を取り戻すからである。

　それゆえ, ヨブはこれらの言葉においていわば自分自身を正しく無垢な者として示したが, このことは敵対者に傲慢であると見なされたので, 自らの純粋性についてただ一人良心の裁き主である神と比較しようとする。それゆえ, 次のように言われている。「わたしがこのように語るまいと言っても」, すなわちわたしの心において, わたしは正しく無垢であると主張しても,「顔の向きを変えさせられ」,

すなわち自らの純粋性について抱いた確信から罪を探すある種の気遣いへと移行させられ,「悲しみによって苦しめられる」。というのも,自らの良心における考察において,何らかの罪のためにわたしはこのように罰せられているのではないかと考え直すからである。ヨブは苦しみの原因を付加して,「自らのすべての業を気遣ってきた」と言っている。というのも,ある者が何らかの事柄について大きな気遣いを有していたにもかかわらず,避けようと努めていた事態に陥ったときに,彼には大きな苦しみが生じるからである。ヨブは何らかのことにおいて義から離れることを恐れて,そのすべての業に関して大きな気遣いを有していたので,「自らのすべての業を気遣ってきた」と言っている。このように自らのすべての業を気遣う理由は,神の裁きの厳しさについての恐れであったので,「わたしはあなたが罪を犯す者を赦さないことを知っていた」と続けられている。すなわち,もし回心しないならば赦さないという意味である。というのも,「もしあなたたちが回心しないならば,神はその剣に訴えるだろう」(詩7・13) と言われているからである。無垢であることに対するこれほどの努力の後に,「もしこのように不敬虔な者とされるなら」,すなわち神によってこれほど重い罰を科せられるなら,「どうしてわたしは無益に労苦してきたのか」,すなわち無垢を守るためのこれほどの気遣いにおいて労苦してきたのか。というのも,到達できない目的に向かって労苦するときに,人は無益に労苦すると言われるからである[19]。

　人間の純粋性はそれがどれほど大きなものであっても,神の審査に関係づけられれば欠陥のあるものとして見出されるので,ヨブは続いて次のことを示している。ヨブは自

---

19) アリストテレス・『自然学』2巻10章 (197b25),トマス『真理論』2問10項異論解答3参照。

らが純粋であるとか無垢であると言う場合，人間として自分のことをそう理解しているのであって，いかなる仕方においても神の義の正しさから離れたことのない者としてではない。しかるに，知るべきことに，純粋性には二つのものがある。一つは無垢な者の純粋性であり，もう一つは悔い改める者のそれである。両方の純粋性は，神の完全な正しさに比すれば，人間において不完全である。それゆえ，悔い改める者の純粋性に関して，非常に清いと言われている「雪解け水で体を洗っても」，すなわちもしわたしが罪から自らを清めようと努めてもと言われている。対して，無垢な者の純粋性に関して，「わたしの手があたかも最も清いものであるかのように輝いても」，すなわち手によって表示されるわたしの業においていかなる不純性も見出されず，それらにおいて義の明るさが輝いていても――「あたかも最も清いものであるかのように」と言われているのは，人間のうちに完全な純粋性が存在しえないことを示すためである――と続けられている。ヨブは言う。もしわたしがこのように清くあっても，「あなたはわたしを汚物の中に沈めるだろう」，すなわちわたしはあなたの義に比せられあなたの知恵によって打ち負かされて，汚物のようなものとして明らかにされるだろう。というのも，人間の業には常に何らかの欠陥が見出されるからである。その欠陥は時として理性の弱さのために無知に由来し，時として肉の弱さのために怠慢に由来する。また時として，同一のところにとどまりえない人間の心の可変性のために，善き業においても地上的な愛情の何らかの汚染が混合される。それゆえ，人間の業においては，常に神の義の純粋性に及ばない何らかのものが見出されるのである。しかし，人が不浄でありながら外的に何らかの見せかけの義を有している場合，彼の外的な義のしるしは彼に一致しない。それゆえ，「わたしの衣服がわたしを嫌うだろう」と続けられ

ている。というのも,「彼らは羊の装いにおいてあなたたちのところに来る」(マタ7・15)と言われているように,衣服によってあたかも人間を覆うように見える外的な業が示されているが,ある者の衣服が彼を嫌うのは,義を装っている人間の外的なものが内的なものに一致しない場合だからである。

 ヨブは続いて,自分自身がどれほど純粋であっても,神に不純であるとして打ち負かされると,自らを弁護することができないことの理由を,神が人間より卓越している二つのこと,すなわち義の純粋性と力の権威から示している。第一の点に関しては,「わたしは自らに似た者に答えようとしているのではない」と言われているが,これはあたかも次のように言わんとするかのようである。もしある人間がわたしを不純な者として打ち負かそうとして,人間においては義の完全な純粋性は保たれえないと反論するとしても,わたしは彼に抗うことができる。しかし,神に対してはそのように答えることはできない。というのも,神においてはいかなる欠陥も見出されないからである。第二の点に関しては,「わたしは裁きにおいてわたしと共に同等の権利を有する者に答えようとしているのではない」と言われている。というのも,二人の人間が互いに論争するとき,彼らは双方の見解を調べる裁判官を持つことができるからである。しかし,以下の二つの理由から,このことは神と人間との間では成立しえない。第一の理由は,両者の見解がそれに照らして調べられるいわば基準のようなものとして,より高い知恵が裁判官には必要とされるからである。しかし,神の知恵がそれに照らしてすべてのものの真理が調べられる第一の基準であることは明らかであるので,「わたしと神の両方に反論できる者はいない」と言われているが,これはあたかも次のように言わんとするかのようである。そのより偉大な知恵から神の知恵が修正され

るような神より上級の他の者はいない。第二の理由は，両者を制することのできるより大きな力が裁判官には必要だからである。ヨブはこのことを排除して，「わたしと神の両方にその力を及ぼすことのできる者はいない」，すなわち両者を強制できる者はいないと言っている。神を強制することは，上で述べられた神の力の大きさよりして不可能である。

　すでに述べられたとおり，ヨブはいかなる理由で無垢な者がこの世において罰せられるかを探究しようとしていたので，続いて何が自らをこの探究と意図から引き離しうるかを示している。ヨブはこの探究を二つのものによって妨げられる。第一は，ヨブが蒙っている苦しみによってである。というのも，人間は，その精神を悲しみが支配しているときには，精妙な仕方で探究することができないからである。このことに関して，「神の杖がわたしから取り去られれば」と言われている。第二は，ヨブが神に対して有する崇敬によってである。というのも，人間は時として神に対して抱く何らかの崇敬から神の属する事柄を探究することをやめるからである。このことに関して，「その恐怖によって脅かされることがなければ」と言われているが，これはあたかも次のように言わんとするかのようである。もし神がわたしの霊が蒙っている苦しみから休息することを許し，神的な事柄について議論することを不敬であると見なさないなら，わたしは探究することができる。それゆえ，次のように続けられている。「わたしは神を恐れずに語ろう」，すなわちわたしはあたかも神を恐れないかのように語ろう。「というのも，わたしは恐れて答えることができないからである」，すなわち崇敬によって探究を阻止されるからである。知るべきことに，神に対する恐れは時として神を恐れる者を探究から引き離さない。それはすなわち真理を認識しようという欲求から神的な事柄が探究さ

れ，把握しえないものを把握するためではなく，常にその欲求を制御して，自らの知性を神的な真理に従属させようとする場合である。神に対する恐れによって阻止されるのは，神的な事柄を把握しようとしたり，自らの知性を神的な真理によって規制しないような仕方で神的な事柄を探究することである。それゆえ，これらの言葉によってヨブが示そうとしたのは，自らの真理を神的な真理に従属させ，神的な真理に反する──これは神に対する崇敬に反することである──ことのないような制御された仕方で，神の摂理に属する事柄について探究するということである。

第 10 章

───────────

¹ わたしの魂は生きることをいとう。自分自身に反対して言葉を解き放ち、魂の苦しみにおいて語ろう。² 神にこう言おう。「わたしを断罪しないでください。なぜわたしをこのように裁くのか教えてください。³ あなたの手の業であるわたしを中傷し、圧迫し、不敬虔な者の思慮を助けることがあなたに善であると思われるのでしょうか。⁴ あなたの目は肉的で、人間が見るようにあなたも見られるのですか。⁵ あなたの日々は人間の日々のようであり、あなたの年月は人間の時間と変わらないのですか。⁶ わたしの不正を問い、わたしの罪を調べることに関して。⁷ あなたはわたしがいかなる不敬虔なことをも為さなかったことを知っている。あなたの手を逃れることのできる者はいないのだから。⁸ あなたの手がわたしを造り、わたしを取りまくすべてのものを形づくったのに、なぜこのように突然わたしを滅ぼされるのか。⁹ お願いですから、泥のようにわたしを造り、塵へと戻されることを思い出してください。¹⁰ あなたはわたしを乳のように注ぎ出し、チーズのように固めたではありませんか。¹¹ 皮と肉でわたしを包み、骨と筋を編み合わせられた。¹² あなたはわたしに命と憐れみを与え、訪れてわたしの霊を守られた。¹³ たとえあなたがこれらのことを心のうちに隠しても、わたしはあなたがすべてのものを気遣っていることを知っている」。(10・1-13)

「わたしの魂は生きることをいとう」等々。上でヨブは不敬虔な者と同様に無垢な者もこの世において苦しめられることを述べた後に、無垢な者が罰せられる一つの理由、

すなわち地がいわば神に見捨てられて無垢な者を欲するがままに罰する不正な権力者の意志にゆだねられているということに触れるが，この考えが明らかに不適切なものを含むことから取り除かれると，無垢な者を罰する者は誰で何がその原因かを問おうとし，ここでこの問いを追究しようとする。ヨブは探究へと進む前に，いかなる心でこのように語っているかを示している。すなわち，ヨブは苦しんでいる人間の役割において，悲しみが与える概念にしたがって語っている。それゆえ，第一に蒙っている艱難のためにこの世の生において感じる倦怠について述べている。というのも，その艱難は生そのものを嫌悪させるほどに重いものであったからである。たとえ生きることは喜ばしきものであるとしても，苦悩のうちに生きることは不快であるから，「わたしの魂は生きることをいとう」と言われている。ちょうどその生が快適である人間が生きることを望むように，その生が不快である人間は生が奪われることを望むのであり，それゆえ，「自分自身に反対して言葉を解き放とう」と続けられている。その者を殺すところのものはその者に反対している。それゆえ，人間はその生が奪われることを望むときに自分自身に反対して語るのである。しかし，明瞭に，「解き放とう」と言われている。というのも，人間はしばしば，あるいは悲しみ，あるいは欲情，あるいは怒り，あるいはいかなるものであれ他の感情の情念のために，心において何らかの運動を感じるが，それが外的な言葉へと出て行かないように，理性によってすべての運動を抑制しているからである。しかし，理性が内的に感じたことを示そうとして，隠された運動を言葉へともたらすとき，いわば以前は引き止められていた言葉が解き放たれるのである[1]。このことのために，「魂の苦しみにおいて

---

1) グレゴリウス『道徳論』9 巻 43 章（PL 75, 896C）参照。

語ろう」と付加されているが，これはあたかも次のように言わんとするかのようである。わたしが外的に発する言葉は内的な苦しみを示すものであり，その結果，わたしが苦しむ人間の役割において語っていることが理解される。しかし，この言葉の解放が理性が悲しみによって打ち負かされたことによるものであると理解されることのないように，「神にこう言おう。『わたしを断罪しないでください』」と続けられている。というのも，理性が情念によって打ち負かされるとき，人間は神に対して不平を言い時として冒瀆へと進むが，艱難においても人間の理性が正しく働いていれば，人間は自らを神に従属させ，「わたしを断罪しないでください」と言って，神から助けを期待するからである。同時にこのことにおいて，ヨブは先ほどの問いへと近づいている。というのも，ヨブは上でこの世における無垢な者に対する罰の原因は何かと問うたが，ここで神から断罪されないことを求めるかぎりで，神が罰を生じさせる者であることをすでに告白しているからである。このことは「主は殺し，生かす」（サム上2・6）と言われていることによっているが，ここからマニ教徒の異端が論破される。

　ヨブはこれらのことを述べて，神が罰を生じせしめていると仮定した後に，自らの罰の原因を尋ねて，神に対して次のように語っている。「なぜわたしをこのように裁くのか教えてください」，すなわちわたしがあなたによって罰せられるその原因を認識させてください。というのも，ヨブはもし神によって教えられなければ，理性の探究は真理の終局へ到達しえないことを知っていたからである。しかるに，自らの罰の原因を知ることは，あるいは矯正のために，あるいはよりいっそう忍耐強く罰に耐えるために人間にとって必要である。ヨブはある区別の下でこの問いの探究へと進む。というのも，罰せられる者は必然的に，あるいは無垢な者であるか，あるいは罪人であるかだからであ

る。ヨブはまず自らが無垢な者であるとして探究を進める。また，われわれは人間的な事柄を通じて神的な事柄の認識へと到達するのであるから，ヨブは人間の裁きにおいて時として無垢な者が罰せられる二つの方法を提示する。

　第一の方法は，罰する者の悪意によるものであり，この悪意から三つの仕方で無垢な者に罰が科せられる。ある時には，罰する者は狡猾さによって無垢な者に中傷を浴びせるが，このことに関して，「わたしを中傷することがあなたに善であると思われるのでしょうか」と言われている。ある時には，罰する者は力によって圧迫するが，このことに関して，「あなたは自らの手の業であるわたしを圧迫する」と言われている。ある時には，罰する者は固有の運動から無垢な者を罰することはせず，彼は無秩序に不敬虔な者を愛しているので，無垢な者の圧迫において彼らを助けるのであるが，それゆえ「あなたは不敬虔な者の思慮を助ける」と付加されている。しかるに，考察すべきことに，時として同一のものが様々な本性に対して善であったり悪であったりする。ちょうど怒りやすいことが犬にとっては善であるが，人間にとっては悪であるように[2]。しかし，健全な精神を有する人間は，神が悪意から何らかのことを働くか否かということについて疑いを持つことはない。というのも，最高善においてはいかなる悪も存在しないからである。しかし，人間における何らかの悪が神の善性に属するということが起こりうる。ちょうど情念に結びつけられている憐れみによって憐れまないことは人間において非難されるが，しかし神の善性はその完全性よりして情念に結びつけられていない仕方で憐れむことを要求するように。しかるに，明らかなことに，すでに述べられた三

---

[2] ディオニシウス『神名論』4 章 25 節（PL 3, 728B; Dion. 286），トマス『神学大全』1 部 63 問 4 項異論解答 3 参照。

つのこと，すなわち中傷すること，圧迫すること，不敬虔な者の思慮を助けることは人間において悪である。それゆえ，ヨブはこれらのことが神にとって善でありうるかどうかを問うたのであり，「どうしてあなたは中傷し圧迫するのか」と尋ねたのではないのである。そうではなく，「中傷し圧迫することがあなたに善であると思われるのでしょうか」と言っているが，これはあたかもヨブが，神は自らにとって善であると思われること——これが真に善である——以外は何ごとをも為さないと固く信じているかのようである。さらに考察すべきことに，自然本性的に存在するところのものは，いかなる者にも罪や悪として帰せられることはない[3]。しかるに，いかなるものも自らに対立するものを滅ぼすことが自然本性的である[4]。それゆえ，最も善き者である神もまた，自らに反して生じるものを憎みこれを滅ぼすのであり，これは「あなたは不正を働くすべての者を憎み，これを滅ぼす」（詩 5・7）等々と言われていることによっている。それゆえ，マニ教徒が主張するように[5]，もし人間が神ではなく神に対立する原理から造られたとすれば，神が人間を彼ら自身のために圧迫することは善であると思われる。このことから，ヨブはこのことを排除するために，単に「わたしを圧迫する」と言うのではなく，「あなたの手の業であるわたしを」と付加しているのである。さらに，神が義人の意志を成就させることは善であると思われる。しかるに，無垢な者を中傷したり圧迫したりしようとする者は義人ではなく不敬虔な者であり，無知や偶然によってではなく思慮と熟慮からこのことを欲す

---

[3]　アリストテレス『ニコマコス倫理学』3 巻 12 章（1114a23），トマス『神学大全』2-1 部 21 問 2 項異論 1 参照。
[4]　アリストテレス『自然学』1 巻 15 章（192a24），『天体論』2 巻 4 章（286a32）参照。
[5]　アウグスティヌス『異端について』46 章（PL 42, 38）参照。

る場合において特にそうである。それゆえ，ヨブは問いの最初の部分で自らが無垢であることを仮定しているので，ヨブを熟慮によって圧迫し中傷しようとする者は不敬虔であるということが帰結する。このことから，明瞭に，「あなたは不敬虔な者の思慮を助ける」と言われている。

　ヨブは神の手の業であり，ヨブを圧迫した敵たちは不敬虔な者であると認められたので，これらのことが神に善と思われることはありえないことが示された。それゆえ，この原因〔すなわち罰する者の悪意〕が取り除かれた後に，ヨブは続いて人間の裁きにおいて時として無垢な者が苦しめられる第二の方法に考察を進める。時として次のようなことが起こる。ある無垢な者が誤って裁判官の下に引き出されたとき，裁判官は正義を為しているという名目のもと，真実を突き止めるために彼を拷問にかける。しかし，このようなことの原因は人間の認識の欠陥であり，それは三種類ある。第一は，すべての人間の認識は感覚より発し[6]，また感覚は身体的であり物体的なものしか感知できないため，裁判官は告発された者の内的な良心を認識することができないからである。それゆえ，ヨブはこのことを神から排除するために，「あなたの目は肉的なのですか」と言っているが，これはあたかも次のように言わんとするかのようである。あなたは身体的な感覚によって認識し，ただ物体的なもののみを見，内的なものを認識することができないのですか。ヨブが目の例を挙げているのは，視覚は他の感覚を超えているからである。第二の欠陥は，身体的な感覚によってもなおすべての物体的なものを見ることができないことである。というのも，人間は遠く離れて，また隠れて生じるところのものを認識することができない

---

6)　アリストテレス『分析論後書』2巻20章（100a10），トマス『真理論』10問6項反対異論2参照。

からである。ヨブはこのことを排除するため,「人間が見るようにあなたも見られるのですか」と言っているが,これはすなわちあなたは至るところで生じているものや隠されたものを認識することができないのですかという意味である。人間の認識の第三の欠陥は時間に由来する。それは一つに人間は日に日を重ねて多くのことを知るからであり,さらに一つに長い時間の経過によって知っていることを忘れ,再び学ばなければならないからである。それゆえ,ヨブはこのことを神から排除するために,次のように言っている。「あなたの日々は人間の日々のようであり」,すなわち日に日を重ねてあなたの認識は増し,「あなたの年月は人間の時間と変わらないのですか」,すなわち時間の経過によってあなたの認識は減少するのですか。「わたしの不正を問い,わたしの罪を調べることに関して」と付加されているが,これは次のような意味である。あなたは,ちょうど人間が拷問によって罪を見つけ出すように,わたしが業において罪を犯したか,精神において不正であったかどうかについて鞭によって尋ねるのですか。このような追求の後に神はわたしのうちに罪を見出さなかったので,「あなたはわたしがいかなる不敬虔なことをも為さなかったことを知っている」と言われているが,これはあたかも鞭によってわたしの罪を見つけ出す以外にこのことを知る方法がなかったかのようである。神はこのことをいかなる反対もなく自由に行うことができるので,「あなたの手を逃れることのできる者はいない」と言われている。というのも,時として裁判官は,拷問を受ける者が彼の手から逃れるかぎりで,拷問によるこの追求に関して失敗するからである。

　ヨブは上で自らが神の手の業であると述べ,このことから,神がヨブを自らのために圧迫する――あたかもヨブの圧迫において喜ぶかのように――ことは神にとって善では

ありえないことを示したので、仮定したことを明らかにするために、「あなたの手がわたしを造った」と続けている。人がマニ教徒の異端にしたがって人間の魂は神によって造られたが、身体は神と対立する者から形成されたと信じることのないように、「わたしを取りまくすべてのものを形づくった」と付加されている。「取りまく」と言われているのは、ちょうど衣服が人間を、家が住人を取りまいているように、身体は魂を取りまいていると思われるからである。「すべてのもの」と言われているのは、身体の個々の肢体を表すためである。「形づくった」と言われているのは、人間が地の塵から造られたと言われていることを示唆するためである。手によって神の働きが理解されるので、複数形で「手」と言われている。というのも、たとえ働くのが一なる神の力であるとしても、その働きは結果において多様化されるからである。それは一つに、結果の多様性のためであり、さらに一つに、結果を生み出す媒介的な原因の多様性のためである。「なぜこのように突然わたしを滅ぼされるのか」と続けられている。というのも、ある事物を産出した者がそれを明白な原因なくして破壊することは突然のことのように思われるからである。なぜなら、何かを造る者はそれが存在することを欲している——というのも、彼はそれが存在するために造るのであるから——が、破壊する者はそれが存在しないことを欲しているからである。それゆえ、もし人が先に造ったものを破壊するとすれば、先に生じたものが破壊されるべきであるという何らかの明らかな理由が新たに起こってくるのでないかぎり、それは意志の突然の変化であると思われる。しかし、このような意志の突然の変化が神において存在することはありえない。それゆえ、ヨブはあたかも驚くような仕方で「なぜこのように突然わたしを滅ぼされるのか」と尋ねているが、これはあたかも次のように言わんとするかのよう

である。もしあなたが以前造ったものを理由なくして今破壊するとすれば，それは不適切なことであると思われる。あるいは，「あなたの手がわたしを造った」と言われていることは，実体の創造に関係づけることができ，「わたしを取りまくすべてのものを形づくった」と言われていることは，魂の善であれ，身体の善であれ，外的な幸運の善であれ，実体に到来するところのものに関係づけることができる。

　ヨブは一般的に自らが神によって造られ形づくられたと述べたので，忘れていると思われる何かをある者に思い起こしてもらいたい人間の比喩において，自身の形成の方法を特殊的に論じている。すなわち，神に対して個別的にすべてのことを詳細に論じ，それを思い出してもらうためである。しかるに，神は自らの造ったものを壊滅にさらすのであるから，それらに対して有していた好意を忘れているように思われる。というのも，「主よ，いつまでわたしを忘れておられるのか」（詩 12・1）と言われているように，神は忘れている者のように見えるからである。それゆえ，ヨブは「お願いですから，泥のようにわたしを造ったことを思い出してください」と言っている。ここで考察すべきは，ヨブが人間の二つの形成について述べていることである。第一は自然本性の最初の創造に属するものであり，「神は人間を地の塵から造った」（創 2・7）と言われていることに関するものである。それゆえ，「泥のようにわたしを造る」と言われているが，ここでさらに第一の元素による人間の構成が言及されていると思われる。また，最初の人間に対して「あなたは塵であり，塵に返る」（創 3・19）と言われているので，続けて「塵へと戻される」と付加されているが，このことは自然本性的な質料に適合する。というのも，地から生じるところのものは必然的に自然の秩序にしたがって地に返るからである。しかし，この

ことに関して人は驚くかもしれない。というのも、人間を地から形成することの方が、造られた人間が塵に返ることのないように保つことよりも偉大なことであると思われるからである。それゆえ、人間を泥から造った神は、彼が塵へと返ることを許すのである。このことが質料の必然性からのみ起こる——人間はこのことにおいて地から形成される他のもの以上の何ものをも持たない——のであれ、人間の何らかの罪を罰する神の摂理より起こるのであれ。

　続いて、ヨブは人間から人間が生まれる繁殖の業に関して、人間の形成に触れている。ここで考察すべきは、すべての自然の業は神に帰せられるということである。それは自然の働きを排除するためではなく、ちょうどのこぎりの働きが職人に帰せられるように、二次的原因によって為されることが一次的に働くものに帰せられるような仕方においてである。というのも、自然が働くということ自体、このことのために自然を造った神に由来するからである。この人間の生成において第一に生じるのは精液の流出であり、このことに関して「あなたはわたしを乳のように注ぎ出した」と言われている。というのも、精液は乳がそうであるように栄養分が豊富だからである[7]。第二に生じるのは、母の胎内における身体的な塊の形成であり、このことに関して、「チーズのように固めた」と続けられている。人間や他の動物の生成において女の用意する質料に対する男の精液は、チーズの生成における凝乳に等しい[8]。第三に生じるのは、器官の区別であり、それらの堅固さと力は筋と骨に由来する[9]。さらに人間は外的には皮と肉によっ

---

[7] アリストテレス『動物発生論』1巻18章（725b3, 726a26）、トマス『命題集註解』2巻30区分2問2項反対異論参照。

[8] アリストテレス『動物発生論』2巻4章（739b20）参照。

[9] アリストテレス『トピカ』3巻1章（116b21）、トマス『イザヤ書註解』3章1節参照。

て包まれるので,「皮と肉でわたしを包み,骨と筋を編み合わせられた」と言われている。第四は子に生命を与えることであるが,これは特に身体が組織されてから注がれる理性的魂に関するものである[10]。しかし,理性的魂と同時に,人間には神によって何らかの徳の種子が注がれる[11]。その種子のあるものはすべての者に共通であり,あるものは人間が自然本性的に態勢づけられている徳の種類にしたがってある者に特別に与えられる。ヨブは以下において「憐れみは幼少のころからわたしと共に成長し,わたしの母の胎からわたしと共に引き出された」(31・18)と言っているので,ここで「あなたはわたしに命と憐れみを与えた」と言っている。最後は母の胎内において,またそこから出た後にも為される生命の保持である。この保持の一部は自然本性的な原理によるものであり,一部は自然本性に付加される他の神の好意——それはあるいは魂,あるいは身体,あるいは外的な善に属する——によるものである。このことに関して,「訪れてわたしの霊を守られた」と続けられている。すなわち,ちょうど聖書において神がある者から離れると言われるのは神が彼から賜物を取り去るときであるように,神がある者を訪れると言われるのは彼に賜物を与えるときなのである。

　ヨブが神に対して,「お願いですから,泥のようにわたしを造ったことを思い出してください」と言っていることから,ヨブは神において忘却が存在すると考えていたと信じられることのないように,ヨブは自らからこのことを排除して,「たとえあなたがこれらのことを心のうちに隠し

---

10) アリストテレス『動物発生論』2巻3章 (736a35), トマス『神学大全』3部33問2項異論3参照。

11) アリストテレス『ニコマコス倫理学』6巻2章 (1144b2), トマス『命題集註解』3巻33区分1問2項小問1, キケロ『トゥスクルム論叢』3巻1章,『善と悪の究極について』3巻6章参照。

ても，わたしはあなたがすべてのものを気遣っていることを知っている」と付加している。人間の比喩において神が何かを心のうちに隠すと言われるのは，神がその認識と愛のうちに有しているものを結果によって示すことのない場合である。ヨブはこのような仕方で神がすでに述べられたことを心のうちに隠すと言っている。というのも，神はヨブをこのように突然滅ぼすような仕方で扱うかぎりで，彼を自らの創造物として認識していることを結果において示していないからである。

[14] わたしが罪を犯しても，あなたは一時的に赦された。なぜわたしを不正のない清い状態のままにしておかれないのか。[15] 逆らおうものなら，わたしは災いを受け，正しくても頭を上げることはできず，苦しみと不幸に満たされている。[16] 雌獅子のような傲慢のために，あなたはわたしを捕らえ，再び驚くべき仕方でわたしを苦しめる。[17] あなたの証人をわたしに対抗させ，あなたの怒りは増し，罰はわたしに襲いかかる。(10・14-17)

「わたしが罪を犯しても，あなたは一時的に赦された」等々。上でヨブは自らが無垢であったと仮定して自らの罰の原因を探究したが，今や自らが罪人であったがゆえに罰せられたのかどうかについて探究し始める。第一に，ヨブは自らが罪のために罰せられたのではないことを以下のような論拠を用いて示している。もしヨブが罪を犯したとするなら，それは繁栄の時である可能性が最も高い。しかし，もしある人々が現在の生において逆境を蒙っていることに対するすべての理由が罪であるとして，原因があれば結果が生じるのだから，人が罪を犯すと直ちに逆境が続いて起こらなければならない。しかるに，ヨブがその繁栄の時にも同じ生き方を守っていたことは明らかである。それゆえ，もしヨブがこのような仕方で生きることによって罪

を犯したとすれば，逆境を蒙るずっと以前から罪を犯していたことになる。それゆえ，ヨブの罪の後に直ちに逆境が続いて起こったわけではないので，神は逆境を導入しなかった間，ヨブを赦していたと言わなければならない。しかし，神が一度赦した罪に対して再び罰を与えるということは不適切である。それゆえ，ヨブによって以前に犯された罪のために彼が現在罰せられているとは思われない。このことが次のように言われていることの意味である。わたしが繁栄している時に「わたしが罪を犯しても，あなたは一時的に赦された」。というのも，あなたは直ちに逆境を導入しなかったからである。「なぜわたしを不正のない清い状態のままにしておかれないのか」と続けられているが，これはあたかも次のように言わんとするかのようである。あなたはある時にはわたしの不正を赦しわたしを清い者と見なしていたのに，どうして今や再びわたしを不純な者として罰するのか。

　ヨブはさらに続けて，以下のような他の理由を付加している。もし罪が現在の逆境のすべての原因であるとすれば，義人は罪人のようにこの世において逆境を蒙ることがないということが帰結する。しかし，われわれは逆境が義人と罪人に共通であることを見る。このことが次のように言われていることの意味である。「逆らおうものなら，わたしは災いを受ける」，すなわち逆境を蒙る。あるいは以前そうであったか，あるいは今そうなったように「正しくても」，このことのゆえにあたかも不幸から逃れるかのように「頭を上げることはできない」。わたしは言う。わたしは苦しみに関して「苦しみに満たされており」，困窮と混乱に関して「不幸に満たされている」。ヨブは「満たされている」という表現によって，苦しみと不幸の充満を示している。そして，このことはもし回心すれば逆境から解放されると言ったエリファズとビルダドの見解に反対して

言われているように思われる。ヨブはエリファズらの見解に反対して，たとえ義人となってもこのことのために不幸が和らげられることはないと言っている。もし先行する罪が存在するとして，それに対してすでに十分に罰せられている——このことは苦しみと不幸の充満によって示されている——にもかかわらず，ヨブの不幸は和らげられないのである。

　エリファズはヨブが自らを無垢であると主張したことを傲慢であると断じるので，「雌獅子のような傲慢のために，あなたはわたしを捕らえる」と付加されている。というのも，上でエリファズはヨブの言明に対して，「獅子の咆哮，雌獅子の声，獅子の子らの歯は粉砕される」（4・10）と言っていたからである。それゆえ，ヨブは「雌獅子のような傲慢のために，あなたはわたしを捕らえる」と言っているが，これはあたかも次のように言わんとするかのようである。あなたはわたしの言葉を聞く者がわたしを傲慢のためにあたかも雌獅子のようなものであると見なすようになさった。このように悪人であると見なされること自体がヨブにとってはすでに蒙っている罰に加えられる罰であった。それゆえ，「再び驚くべき仕方でわたしを苦しめる」と続けられているが，これはあたかも次のように言わんとするかのようである。以前あなたは財産を奪い身体を傷つけることを通じてわたしを苦しめるためにやって来たが，今や再び戻って来て友人を通じてわたしを苦しめる。しかし，このことは驚くべきことである。というのも，わたしは友人からむしろ慰めを受けとるべきだからである。あるいは，ヨブがこのように言ったのは，人間は友人にあざ笑われるときに，最も苦しめられるからである。ヨブはこの苦しみがいかなるものであったかを示して，「あなたの証人をわたしに対抗させる」と続けている。というのも，エリファズはその友人たちと同様に神の義を守ろうとしたと

思われるかぎりで，自らがいわば神の証人であることを明らかにしていたのであり，ヨブに対してその罪を非難するために語っていたからである。このようにして，わたしを多くの仕方で苦しめるかぎりで，「あなたの怒り」，すなわち怒りの結果は「増し，罰はわたしに襲いかかる」，すなわちある種の権威とともに，また反対するものなしにわたしを攻撃する。というのも，兵士は王の権威とともに，いかなる反対もなくして，罪があると見なされる者に襲いかかるのが常だからである。

[18] なぜわたしを母の胎から引き出したのか。わたしなど，誰の目にも止まらぬうちに死んでしまえばよかったものを。[19] わたしはあたかも存在しなかったかのように存在したかった。母の胎から墓へと運ばれていればよかったのに。[20] わずかなわたしの日々は間もなく終わる。だから，わたしを解放し，しばらくの間苦しみを嘆かせてください。[21] わたしが二度と帰って来られない死の闇に覆われた暗黒の地に行ってしまう前に。[22] その地は不幸と闇に支配され，死の陰があるのみであり，いかなる秩序もなく常に恐怖が存在する。(10・18-22)

「なぜわたしを母の胎から引き出したのか」等々。ヨブはその探究を，自らが義人であれ罪人であれ，多くの艱難に従属しているということにおいてやめる。しかし，神がヨブの艱難において喜んでいると信じられることのないように，次いでこのことが真でありうるかどうかを探究しようとする。しかるに，人が自らの結果をそれが悪く扱われるために生み出すということは不適切であると思われる。というのも，すべて働くものはその結果において善を意図するからである[12]。すでに述べられたところから明ら

---

12) ディオニシウス『神名論』4 章 19, 31 節（PG 3, 716C,

第10章

かなように、ヨブは自らが神の業であると仮定している。それゆえ、神に「なぜわたしを母の胎から引き出したのか」と問うているが、これはあたかも、どうして艱難に従属させるためにわたしを生まれさせたのかと言わんとするかのようである。しかし、このようにして艱難のうちに存在することの方が、生まれなかったことよりも端的な意味においてより善いことであると言う者がいるかもしれないので、ヨブはこのことを排除して次のように言っている。母の胎のうちで、「わたしは死んでしまえばよかった」、「誰の目にも止まらぬうちに」、すなわち人間の目がわたしのうちに見るこれほどの悪によってわたしが混乱することのないうちに。もしわたしが母の胎のうちで死んでしまっていたとすれば、わたしは存在している自分に起こった不幸なくして存在することの尊厳を有することができたのである。このことが次のように言われていることの意味である。「わたしは存在したかった」、すなわち存在することにおいて善に属するところのものを分有する者として存在したかった、「あたかも存在しなかったかのように」、すなわちあたかも決して存在しなかったかのように、この世の生の悪を免れて存在したかった。しかるに、永遠に生において保持されるのではなく、死に、そして死後彼の何らかの記憶が残るように死者のために用意された墓へと移されることが人間にはふさわしい。このことがヨブにもまた適合するので、「母の胎から墓へと運ばれていればよかったのに」と続けられている。

ある者の罰において喜ぶ者で、少しの間も苦しめることをやめない者ほど残酷な者はいない。それゆえ、神が人間の出生の原因でなかったとしたら、人間の日々は短く、とりわけ神の永遠性に比してそうである。さらにこの

732C; Dion. 236, 304)、トマス『神学大全』1部103問8項参照。

短さは、人がすでに人生の多くの部分を通過しているときには、すぐに終わることが予測される。このことが、「わずかなわたしの日々は」と言われていることの意味であり、というのもわたしの人生のすべての日々は短いからである。さらに、すでにその短さの大部分が過ぎ去っているので、「間もなく終わる」。それゆえ、もしあなたが残りの時間について苦しめることをやめたとしても、それは大したことではない。このことが、「わたしを解放してください」と結論づけられていることの意味である。また、もしわたしが一時的にも苦しみなくして存在することがあなたにとって不都合であると思われるなら、次のように言おう。あなたが苦しめることをやめてもわたしには喜びではなく苦しみの原因しか残らないことは確実であり、このことが次のように付加されていることの意味である。「しばらくの間苦しみを嘆かせてください」、すなわち先行する懲らしめからわたしが抱いた苦しみを。ヨブがこのように言うのは、友人が彼を非難するかぎりで、自らがなおも苦しめられていると見なしているからであり、その友人については「あなたの証人をわたしに対抗させる」と言われている。

しかし、「あなたはこの世でわずかな時間苦しめられるべきである。というのも、あなたがここから出て行くときには慰めを見出すであろうから」とヨブに答える者がいるかもしれない。述べられていることは二つの仕方で起こる。第一は再びこの世の生に戻ることによってであるが、ヨブはこのことを排除して次のように言っている。死によって「行ってしまう前に」、再び生きることへと「帰って来られない地に」。このことは二つの仕方で解釈できる。第一に、ある者が誤って主張するように、自らが同じような生の状態へと帰って来ることがないとヨブが主張しているということである。あるいは、次のように解釈する方が

より善いと思われる。すなわち，ヨブは討論の習慣によって，真理が明らかにされる前には敵対者の見解にしたがって語っているのである。しかし，以下においてヨブは明らかな仕方で復活の真理について示唆している[13]。それゆえ，ヨブは先行するすべての言明において，討論している相手の見解を前提として復活について語っているのであるが，彼らはこの世の生以外の他の生が存在することを信じておらず，この世の生においてのみ人間はその善行と悪行についてあるいは罰せられあるいは賞賛されると考えている。第二に，人はこの世の生を終えた後に死の状態そのものにおいて慰めを期待できるが，ヨブはこのことを排除して次のように言っている。「暗黒の地へ」，わたしは死の後に赴く。

このことは二つの仕方で解釈できる。第一は，キリストより以前の時代に義人を含むすべての人間の魂が下っていた冥界である[14]。たとえ義人はそこで感覚的な罰を蒙らないにしても闇を蒙っていたのであり，他の者は罰と闇を蒙っていたのである。しかし，ヨブは自分自身が，事実そうであるように義人であるか，友人たちが中傷するように罪人であるかについて疑いながら語っていたので，善人と悪人に共通の冥界について記述している。それゆえ，冥界をこのように共通的な仕方で解することによって，ヨブは神を見ることの明るさを欠いているかぎりで「暗黒の地」と言い，死へと導く闇である原罪に関して「死の闇に覆われた地」と言い，断罪された者がそこで蒙る罰に関して「不幸の地」と言い，悪人が陥る罪の闇に関して「闇の地」と言っている。さらに，そこで悪人はあたかも常に死ぬかのように苦しめられるので，そこには「死の陰」，すなわ

---

13) 『ヨブ記』14 章 13 節，19 章 25 節。
14) グレゴリウス『道徳論』9 巻 63 章（PL 75, 911C）参照。

ち死に似たものが存在すると言われている。また，そこには「いかなる秩序もない」と言われているが，これはあるいは断罪された者が蒙る精神の混乱のためであり，あるいはこの世における秩序がそこでは保たれていないためである[15]。というのも，ここでは火が輝き光っているが，そこにはそれがないからである[16]。さらに，そこには「常に恐怖が存在する」。というのも，そこで悪人は常に現在の罰について苦しみながら，将来の罰について恐れているからである。

　しかし，ヨブが魂の不滅性を論じている当の人々は，死の後にも魂が存続すると考えていないので，ヨブはここでも彼らの見解にしたがって語っている。それゆえ，すべてのことが地に埋められ地に帰する身体へ関係づけて言われているとして，文字どおりの意味において解釈する方がより善いと思われる。それゆえ，「暗黒の地」と言われているが，これはそれ自体において暗いという地の固有性そのものに関するものである[17]。しかし，たとえ地がそれ自体において暗いとしても，地上に住む人々は地を覆う空気の光によって照らされている。けれども，死者たちはこの光を享受していないので，「死の闇に覆われた地」と続けられているが，これはあたかも，死によって，生きている者が使用する光を死後人は使用できなくなると言わんとするかのようである。しかし，時として，たとえ生きている者で地を覆う光を享受できない者がいたとしても，彼は地の隠れた場所において存在しながら，欲求に関して願望されたものを享受し，知性に関して真理を考察しているという

15）『標準的註解』「ヨブ記」10 章 22 節参照。
16）グレゴリウス『道徳論』9 巻 65, 66 章（PL 75, 912C, 914C）参照。
17）アルベルトゥス『鉱物論』1 巻第 1 論考 9 章，トマス『霊魂論註解』2 巻 14 章参照。

ことが起こる。ところが，死者たちはこのことを欠いているので，すべての願望しうるものの欠如に関して「不幸の地」と言われ，真理の考察を欠いていることに関して「闇の地」と言われている。生きている者が喜ぶ他の事柄のうち主要なものは人間的な交際であり，それはある者が上位に立ち，ある者が下位に立ち，ある者が奉仕するという然るべき秩序を伴っている。しかし，死者たちはこのことを欠いているので，「そこには死の陰がある」と続けられているが，これはあたかも次のように言わんとするかのようである。「悲しげな顔つきの人々が彼らに恐怖を与えた」（知 17・4）と言われているように，生きている者の見解にしたがえば，死者たちのもとには陰以外の何ものも存在しない。また，そこには「いかなる秩序もない」。というのも，この世に類似した名誉や権威の相違がないということが死者たちの条件だからである。「常に恐怖が存在する」。これは死者を恐れる生ける者に関して言われており，あたかも次のように言わんとするかのようである。死者たちの状態において存在するのは，人間を恐れさせるもののみである。もし彼らが生へと戻って来ないならば，このことが永遠に彼らの条件である。

　このようにして，ヨブが自らの艱難の原因を問うことによって示すのは，この不幸が，地がその手にゆだねられている何らかの不正者に由来するのではなく[18]，中傷し圧迫する神によるのでもなく[19]，罪を問いただす神によるのでもなく[20]，罪を罰する神によるのでもなく[21]，罰において喜ぶ神によるのでもないということである[22]。それゆえ，

18）『ヨブ記』9 章 24 節参照。
19）同上，10 章 3 節参照。
20）同上，10 章 4 節参照。
21）同上，10 章 14 節参照。
22）同上，10 章 18 節参照。

ヨブの艱難の原因は今なお不明のままにとどまっている。ヨブがこれらすべてのことを論じたのは，友人たちを必然性によってそこにおいて義人が報いを受け悪人が罰せられる他の生を措定することへと導くためであった。それゆえ，他の生が措定されなければ，義人の艱難の原因は説明されえない。しかし，義人が時としてこの世において艱難を蒙ることはゆるぎない事実である。

第 11 章

¹ ナアマ人ツォファルは答えて言った。² どうしてあなたは多くを語り聞こうとしないのか。言葉数の多い者が正しいとされるのだろうか。³ 人はあなたに対してのみ黙るだろうか。他の者を嘲って誰にも非難されないことがあろうか。⁴ というのも，あなたは「わたしの言葉は純粋で，わたしはあなたの目に清い」と言ったからである。⁵ 神があなたに対して語り，その唇を開かれるところを見たいものだ。⁶ 神があなたにその知恵の秘密とその法の多重性を示したなら，あなたは自らの不正にふさわしい程度よりも大いに少ない罰を神が要求していることを知るだろう。⁷ あなたは神の痕跡を把握し，完全な全能者を見出すことができるか。⁸ 神は天よりも高い，あなたは何を為しえよう。神は陰府よりも深い，あなたは何によって認識できよう。⁹ その長さは地に，その広さは海に優る。¹⁰ もし神がすべてのものを覆し，一つのものへと押し集めるなら，誰が彼に反対できよう。あるいは，「なぜあなたはそのようにするのか」と誰が彼に言えよう。(11・1-10)

「ナアマ人ツォファルは答えて言った」等々。ヨブは上で，自らが蒙っている他の悪のうちで，神の証人としてヨブに対して立ち上がった友人によるそれは驚くべきものであったと言ったが，ツォファルはこの言葉に触発されて，「ナアマ人ツォファルは答えて言った。どうしてあなたは多くを語り聞こうとしないのか」と答えた。これはあたかも，あなたは無秩序に多くのことを語ったので，もしあなたの友人から非難されてもそれは驚くべきことではないと

言わんとするかのようである。というのも，もし多くのことを語る人間が非難されないとすれば，人間は多弁であるということ自体によって義人であると見なされることになるが，これは不適切だからである。それゆえ，「言葉数の多い者が正しいとされるのだろうか」，すなわち義人と見なされるのだろうかと続けられている。ヨブがその権威のために自らの意見が尊重されるべきだと言うかもしれないので，ツォファルはこのことを排除して，「人はあなたに対してのみ黙るだろうか。他の者を嘲って誰にも非難されないことがあろうか」と付加している。というのも，ツォファルは，ヨブが他の友人を神の証人と呼んだことと，ヨブが上で「率直な話をどうして誹謗するのか」(6・25) と言ったことにおいて，彼らが嘲笑されたと思ったので，もし他の友人がヨブに対して語ることがあっても驚くべきではないと言ったのである。しかし，もし他の友人がヨブやヨブの言葉に対して言うべきことは何もないと言うかもしれないので，ツォファルはこのことを排除して，「あなたは『わたしの言葉は純粋である』と言った」と続けている。このことはヨブが上で「あなたたちはわたしの舌に不正がないことを見出すだろう。また，わたしの喉から愚かな言葉は出てこないだろう」(6・30) と言ったことから採られている。また，「わたしはあなたの目に清い」。ヨブはこのことを明瞭に述べてはいないが，ツォファルはヨブの言葉から採ってこようとした。というのも，ヨブは自らが罪のために罰せられたのではないと論じているからであり，それは「あなたはわたしがいかなる不敬虔なことをも為さなかったことを知っている」(10・7)，また「わたしは偽り隠したのか。黙っていたではないか」(3・26) と言われていることから明らかである。

　考察すべきことに，罪は神の法から逸脱することである

ので[1]，罪あるいは罪の大きさは神の法が認識されるときにのみ完全な仕方で知られうる。というのも，「まっすぐなものはそれ自身と曲がったものについての裁き主」[2]だからである。それゆえ，ヨブが自分は罪を免れていると言い，蒙っている罰に相当するほど重大な罪は犯していないと言うのは，彼が神の法を完全に認識していないことから生じているとツォファルは考えたので，「神があなたに対して語り，その唇を開かれるところを見たいものだ」と言っている。このことはヨブを非難するために言われたと思われる。というのも，ヨブは「なぜわたしをこのように裁くのか教えてください」（10・2）と言っているからである。神が端的に人間に語ると言われるのは，神がその知恵について何らかのことを人間の心に注ぐときであり，これは「わたしは自らのうちにおいて主なる神が語られることを聞こう」（詩84・9）と言われていることによっている。さらに，神がその唇を開くと言われるのは，何らかの結果を通じて人間にある事柄を啓示するときである。というのも，われわれがそれによって心の内的な概念を表現する外的な声は唇によって形成されるからである[3]。

　考察すべきことに，われわれが神的なものの理解において失敗するのには二つの理由がある。第一の理由は以下のものである。すなわち，われわれは「神の見えない力」を「造られたものを通じて」（ロマ1・20）のみ知ることができるが，造られたものは造り主の力に比して非常に劣っているので，必然的に造り主において考察すべき多くのこと

---

1) トマス『神学大全』2-1部21問1項，『ヘブライ人への手紙註解』12章13節参照。
2) アリストテレス『霊魂論』1巻12章（411a5），トマス『命題集註解』2巻42区分2問4項参照。
3) アリストテレス『命題論』1巻2章（16a3），トマス『神学大全』1部85問2項異論3参照。

がわれわれには隠されたままにとどまるからである。これらのことは神の知恵の秘密と呼ばれるが，これについて「神があなたにその知恵の秘密を示したなら」と言われている。第二の理由は，被造物の秩序そのものに関してすら，神の摂理によって配慮されているかぎりにおけるそれをわれわれが完全に把握することができないところにある。しかるに，人間の支配と神の支配は異なっている。すなわち，人間のもとにおいては，ある者が支配することにおいてより上級の者であればあるほど，その秩序づけはより普遍的なものにのみ及び，個別的なものを配慮することはより下級の支配者にゆだねられる。このようにして，より上級の支配者による支配の法は普遍的で単純なものとなる。しかし，神は支配することにおいてより上級の者になればなるほど，その秩序づけは最も小さなものにまで及ぶ。それゆえ，神の支配の法は，われわれが被造物のあらゆる対比を超え出る支配者の崇高さを考慮するかぎりにおいて，隠されたものである。しかし，それだけではなく，神の支配の法は，それがすべての個別的なものと最も小さなものをも一定の秩序の下に配慮するかぎりにおいて，多重的なものである。それゆえ，「神があなたにその法の多重性を示したなら」と付加されている。

　ツォファルはこのことを神の支配に従属する自然物においてのみならず，人間的な事柄においてもまた考察していた。というのも，人間の法は，その制定者がすべての個別的なものを考慮することができないかぎりで，多くの場合において起こるある種の普遍的なものに関わるからである[4]。しかし，いかにして人間によって制定された普遍的なものが個別的な行為に適用されるかということは行為す

---

4) トマス『神学大全』2-1 部 96 問 1 項反対異論，アリストテレス『ニコマコス倫理学』5 巻 16 章（1137b13）参照。

る者の賢慮にゆだねられている。それゆえ，人間によって制定された法には反しない多くの事柄において，人間は正しさから逸脱しうるのである。しかし，神の法は神の知恵のうちにあるかぎりにおいてすべての個別的なものと最も小さなものにまで及ぶので，人間がある事柄において正しさから逸脱していながら神の法には反していないということは起こりえない。それゆえ，人間は神の知恵の秘密のうちに存在する神の法そのものを洞察することができず，ここからしてその多重性をも認識することができないので，時として，神の法に反して行為していながら自らをそのように見なさない，あるいは神の法から非常に逸脱していながらわずかしか逸脱していないと考えるというようなことが起こる。それゆえ，次のように続けられている。もしあなたに神の知恵の秘密とその法の多重性が示されたなら，「あなたは知るだろう」，罰を受けることにおいて「大いに少ない罰を神が要求していることを」，「自らの不正にふさわしい程度よりも」，すなわちあるいはあなたの知らない，あるいはあなたがわずかであると見なしている不正にふさわしい程度よりも。ツォファルはこのことにおいて，ヨブが上で「どうか神の怒りを引き起こしたわたしの罪とわたしが蒙っている災いを秤にかけてほしい。そうすれば災いの方が海辺の砂のようにより重いことが分かるだろう」（6・2）と言ったことを非難していると思われる。

　ツォファルは神の知恵においてヨブにはいまだ示されていない何らかの秘密が存在すると仮定したので，このことが否定されることのないように，後続する議論によってこのことを確証する。それゆえ，「あなたは神の痕跡を把握することができるか」と言われている。痕跡とは，進む者の道によって表されるしるしである[5]。しかるに，神の業

---

5) イシドルス『語源』15 巻 16 章 （PL 82, 558B） 参照。

はその道であると言われ，神による被造物の産出は被造物への神のある種の発出であると理解される。というのも，神の善性はそのうちに端的かつ最高の仕方で存在するものから次第に結果へと伝えられて進んでいく——そのために上級のものは下級のものよりも善いものとして見出される——からである。それゆえ，神の痕跡とは被造物のうちに見出されるある種のしるしであり，神はそれらによって被造物を通じて何らかの仕方で認識されるのである。しかし，人間精神は被造物そのものをも全体として完全な仕方で認識することができず，ましてや創造主自身については完全な知を持つことができないので，ツォファルは尋ねるように「あなたは完全な全能者を見出すことができるか」と付加しているが，これはあたかも次のように言わんとするかのようである。もしあなたが被造物を完全な仕方で認識することができないなら，創造主を認識することは到底できない。明瞭に「見出すことができるか」と言われているが，それはある種の探究によって理性は結果から原因へと進むからであり，原因を結果によって認識するかぎりにおいてわれわれは原因を見出すと言うからである。

　もし被造物が完全に認識されないために創造主もまた完全に認識されないとしても驚くべきことではない。というのも，たとえ被造物が完全に認識されても創造主は依然として完全には認識されないからである。なぜなら，原因が結果を通じて完全に認識されるのは，結果が原因の力に等しいときであるが[6]，このことを神について言うことはできないからである。それゆえ，「神は天よりも高い，あなたは何を為しえよう。神は陰府よりも深い，あなたは何によって認識できよう。その長さは地に，その広さは海に優

---

6) トマス『ボエティウス三位一体論註解』1問2項，『対異教徒大全』3巻49章参照。

る」と続けられている。これらのことは比喩的に言われている。というのも，神は非物体的であるので，いかなる物体的な広がりも有しないからである。そうではなく，ツォファルは力の大きさを物体的な大きさの比喩の下に記述しているのである。というのも，物体的な量は，高さにおいてであれ，深さにおいてであれ，長さにおいてであれ，広さにおいてであれ，どれほど大きく見えようとも，より大きなものを造りうる神の力の大きさよりは劣っているからである。それゆえ，ツォファルは先に明瞭な仕方で神を「全能者」と呼んでいる。ここからして，ツォファルは，神が被造物のうちに完全な仕方で見出されることはないことを示している。というのも，たとえすべての被造物が完全な仕方で認識されたとしても，被造物から神に等しい力を認識することはできないからである。それゆえ，われわれはすべての被造物を超え出る神の力を認識するために，いかなる媒介者をも採用することができないのである。「あなたは何を為しえよう。あなたは何によって認識できよう」と言われているとき，このことが示されている。

　被造物を産出することにおいてのみならず，それ保つときにおいても神の力はすべての被造物を超え出ている。というのも，被造物の保持は神にのみ由来するからであり，もし神が被造物そのものをそれ以上保持することを欲しないとしても，神の意志に反対できる何らかの力は被造物のうちに存在しないからである。それゆえ，次のように付加されている。「もし神がすべてのものを覆し」，すなわちそれらから存在を取り去ることによって無へと戻し，「一つのものへと押し集めるなら」，すなわちそれによって事物が区別されている秩序を取り去ることによって混乱を導入するなら，「誰が彼に反対できよう」，すなわち被造物のいかなる力が神の意志に反対して自らあるいは他のものを存在において保つことができよう。しかし，すべてのものは

神によってのみ存在において保たれるとしても，神が事物を存在において保つのはあたかも義務のようなものであると言う者がいるかもしれないので，ツォファルはこのことを排除するために，「あるいは，『なぜあなたはそのようにするのか』と誰が彼に言えよう」と付加している。これは神からその義務を怠ることについて理由を要求できる者はいないという意味である。

[11] 神は人間の空しさを知り，不正を見ている。どうしてこれを考察しないだろうか。[12] 空しい人間は傲慢になり，自らがあたかも野ろばの子ように自由に生まれたと見なす。[13] あなたは心においてかたくなになり，その手を神に伸ばした。[14] もしあなたの手のうちにある不正が取り去られ，あなたの幕屋から不正がなくなるならば，[15] そのときにはあなたは汚れなき顔を上げ，安定し，恐れないだろう。[16] あたかも流れ去る水を覚えていないように，あなたは不幸を忘れるだろう。[17] 夕暮れにあたかも真昼のような輝きがあなたに起こり，自らは衰弱したように思ったが，ルシフェルのように起き上がる。[18] あなたは信頼を持ち，希望を得，墓に入って安心して眠るだろう。[19] あなたは休息し，脅かす者はいない。多くの人々があなたの顔を請い求めるだろう。[20] 不敬虔な者の目はかすみ，彼らは逃れ場を失う。彼らの希望は人々の嫌悪である。（11・11-20）

「神は人間の空しさを知っている」等々。ツォファルは神の知恵のうちに人間が把握することのできない何らかの秘密が存在することを示した後に，先に仮定した他のこと，すなわち神が罪のために人間から罰を要求することと，神が人間の行為を知っていることを明らかにすることへと論を進める。それゆえ，次のように言っている。わたしは正当にも，あなたの不正に相当するよりも小さな罰を神はあなたから要求すると言ったが，それは神が人間の空

しさ，すなわち空しい行いを知っているからである。しかるに，然るべき目的によって堅固にされていないがゆえに不安定なものが空しいと言われる習わしである[7]。それゆえ，人間の空しさはそれによってのみ堅固にされる真理のうちに人間の心が固定されていないことに由来する。また，人間の心が真理から遠ざかることから，すなわち善であるところのものの代わりに善に見えるところのものを欲求することから不正が生じるのである。それゆえ，次のように続けられている。神は人間の空しさから生じる「不正を見ている。どうしてこれを考察しないだろうか」，すなわちこれを罰することを考えないだろうか。というのも，裁判官が罪を見ていながらそれを考慮することなく無視すると思われるのは，偽り隠して罰を科するように気遣うことのない場合であるが，神についてこのように言うべきではないと考えられるからである。それゆえ，神は人間の空しさを見ているので，不正に対して罰を要求する。

　ちょうど空しさから人間が不正へと向かうことが起こるように，同じ空しさから人間が自らを神の裁きに従属していないと見なすことが生じる。それゆえ，次のように続けられている。「空しい人間は傲慢になる」，すなわち自らが上級のものに従属していることを信じなくなる。このことが「自らがあたかも野ろばの子のように自由に生まれたと見なす」と付加されていることの意味である。野ろばとは森に住むろばであり[8]，その子は人間の支配から自由に生まれる。対して，人間によって所有されているろばの子は人間への従属において生まれる。それゆえ，自らが神の裁きに従属していないと考える人間は，たとえ同じ条件の他

　7）　トマス『悪について』9 問 1 項，『ローマの信徒への手紙註解』1 章 21 節，『ガラテヤの信徒への手紙註解』5 章 26 節参照。
　8）　『標準的註解』「ホセア書」8 章 8 節参照。

の人間が神の裁きの下にあると考えていても，自らをあたかも生まれた野ろばの子のようなものと見なす。ツォファルは幸いなるヨブを非難するためにこのことを言ったと思われる。というのも，ツォファルは「神の杖がわたしから取り去られ，その恐怖によって脅かされることがなければ，わたしは神を恐れずに語ろう」(9・34) というヨブの言葉から，ヨブがあたかも等しい立場で神と論争しようとしていると理解したからである。それゆえ，あなたはその不正を守ろうとして，「心においてかたくなになる」と続けられている。しかし，ヨブはその心においてかたくなになると同時に，祈ることによって「その手を神に伸ばした」。というのも，ヨブは上で「神にこう言おう。わたしを断罪しないでください」(10・2) と言っているからである。それゆえ，あなたの祈りは無駄に終わる。というのも，祈りが有効なものとなるのは，人間がまず不正をやめ，その後に神に罰することをやめるように求めるときだからである。このことが次のように続けられていることの意味である。「もしあなたの手のうちにある不正が取り去られ」，すなわちあなたが依然として手のうちに有している不正な業を為すことをやめ，「あなたの幕屋から不正がなくなるならば」，すなわち不正な仕方で受けとったものを返還し，あるいはあなたの家族を矯正する——というのも，時として矯正することを怠ったとして家族の罪のためにその主人が罰せられるからである——ならば，神に祈ることによってあなたは罪の「汚れなき顔を上げることができるだろう」。このようにして断罪は終わるが，それは第一に将来のことに関してであるため，「安定するだろう」，すなわちこれ以上艱難によって動揺させられることはないであろうと続けられている。さらに，将来の危険を「恐れないだろう」。しかし，時として人間は，たとえ将来のことについて恐れなくても，失ったもの，あるいは蒙っ

たもののために苦しめられるので，次のように付加されている。「あなたは不幸を」，すなわちこれまでに蒙った不幸を，到来する善の充満のために「忘れるだろう」。ツォファルはこのことを例によって確証して，「あたかも流れ去る水を覚えていないように」と付加している。このように言われているのは，人間が嵐の後に晴天が到来すると先行する雨を忘れてしまうからであり，あるいは川の水は非常に速く流れるので，それが流れ去った後には人々にいかなる記憶も残さないからである。

　この世の生における繁栄の約束に対し，ヨブは上で二つのことを対置した。すなわち，自らの身体の荒廃——「わたしの肉は膿に覆われている」(7・5)——と自らの生の日々が過ぎ去っていること——「わたしの日々は非常に早く過ぎ去った」(7・6) 等々——である。それゆえ，ツォファルは両方の反論を排除するために，「夕暮れにあたかも真昼のような輝きがあなたに起こる」と続けているが，これはあたかも次のように言わんとするかのようである。たとえあなたに，あなたの日々が過ぎ去り，あなたの生があたかも夕暮れのように終わろうとしていると思われるとしても，まるであなたを若い時代の喜びへと戻してくれるような大きな繁栄があなたには到来しうる。というのも，ちょうど夕暮れによって老年が理解されるように，真昼によって青年時代が理解されるからである。しかるに，時間的な繁栄の明るさが輝きと呼ばれている。さらに，ヨブが自らの身体の荒廃について語ったことに対して，ツォファルは次のように続けている。あなたが蒙った病気のために「自らは衰弱したように思ったが，ルシフェルのように起き上がる」，すなわちあなたの体は以前の美しさを取り戻す。

　また，ヨブは上で「いかなる希望もなく」(7・6) その日々が過ぎ去ったと言っているので，ツォファルは「あな

たは信頼を持ち，希望を得る」と続けている。ヨブは上で，人間が死の後に多くの世代を経て再び同じ生活へと戻ってくると主張する者の見解を非難したので，ツォファルがヨブに提示したのはこのような希望ではなく，人間が死の後に人々の記憶において生き続けるという希望である。このことは二つのことから起こる。ある仕方においては，死者の思い出を保存するために死者の身体が埋められる墓——それゆえ，墓は記念碑とも言われる[9]——によってである。このことに関して，「墓に入って安心して眠るだろう」と言われているが，これはあたかも，誰一人あなたの墓を荒らさないだろうと言わんとするかのようである。さらに，人の攻撃を恐れることもないので，「あなたは休息し，脅かす者はいない」と続けられている。他の仕方においては，死者は生前に為した善のために人々の記憶において生き続けるのであり，その善によって彼の生は欲求される。このことに関して，「多くの人々があなたの顔を請い求めるだろう」と続けられている。すなわち，多くの人々があなたの現前を望み，あなたの善行を記念してあなたの墓に敬意を示すだろう。

　ツォファルは，もしヨブが不正から離れようと欲するならば，これらのことを約束したので，続いて不正な者にはこれらのことが与えられないことを示す。それゆえ，「不敬虔な者の目はかすむ」と続けられている。というのも，彼らは自らの望む善を得られないだろうから。なぜなら，ある者の目がかすむと言われるのは，到達することのできないものを捉えようとして見るときだからである。また，不敬虔な者はちょうど自らの望む善が得られないように，自らが蒙っている，あるいは恐れている悪を避けることも

9）　アウグスティヌス『死者のための気遣い』4章（PL 40, 596），トマス『命題集註解』4巻45区分2問3項小問3参照。

できないので,「彼らは逃れ場を失う」と続けられている。というのも,彼らは悪から逃げることができないからである。死後,彼らは尊敬や願望ではなく,自らの為した悪のために嫌悪を蒙る。このことが,「彼らの希望は人々の嫌悪である」と言われていることの意味である。死後彼らについて希望しうるのは人々の嫌悪の対象となることのみである。

第 12 章

^{1} ヨブは答えて言った。^{2} あなたたちのみが人間で，知恵はあなたたちと共に滅びるのだろうか。^{3} あなたたちと同様わたしにも心があり，あなたたちに劣ってはいない。あなたたちの知っているこれらのことを知らない者があろうか。^{4} わたしのように自らの友人によって嘲りを受ける者は，神を呼び求めればその願いは聞き届けられるだろう。というのも，義人の単一性が嘲笑されているからである。^{5} 富める者のもとでは光は軽蔑されるが，それは定めの時へと用意されている。^{6} 略奪者の天幕は栄え，彼らは大胆にも神に逆らおうとするが，すべてのものを彼らの手に与えたのは神である。^{7} 家畜に尋ねるがよい，教えてくれるだろう。空の鳥もあなたに告げるだろう。^{8} 地に語りかければあなたに答え，海の魚も語るだろう。^{9} これらすべてのものを主の手が造ったことを知らないものがあろうか。^{10} すべての生けるものの命とすべての肉なる人間の霊は主の手のうちにある。(12・1-10)

「ヨブは答えて言った」等々。ツォファルは，神と論争することを求めたと思われるヨブを非難するために，先の言葉において人間が神の知恵の秘密を把握することができないことを示そうとした。ツォファルと他の友人たちの言葉から分かるように，彼らのすべての意図は以下の三つの点に関するものである。第一に，彼らは神について何か偉大なことを語るために神の知恵と力と義を高めようとし，ここから彼らの主張がより好意的に受け入れられるようにした。第二に，彼らはこのようにして採用された神につい

ての偉大なことを，ある種の誤った教えに適用した。すなわち，この世において人間は義のために繁栄し罪のために艱難を蒙るということと，この世の生の後に何らかの生が期待されるべきではないということがそれである。第三に，彼らはこのような主張から，ヨブが蒙っている逆境のために彼を不正なる者として非難し，もし彼が不正を見捨てるならある種の空しいことを彼に約束した。すなわち，ヨブが墓に入って安心して眠ることと，夕暮れに真昼に輝きが彼に起こるということであるが，ヨブはこれらのことをあたかも嘲笑のようなものと見なしていた。ヨブのすべての回答はこれら三つの点に関するものである。それゆえ，第一にヨブは，彼らがあたかも自分たちのみが知っておりヨブは知らないかのように，神についてある種の偉大なことを提示することで高慢になっていることについて，彼らに反対する。それゆえ，「ヨブは答えて言った。あなたたちのみが人間だろうか」と言われている。というのも，このことはあなたたちがすべての人間が知っている神の偉大さについて自分たちだけが知っていると考えることから帰結するからである。また，知恵は神の偉大さの認識において存在するので，もしあなたたちのみがこのことを知っているとすれば，あなたたちのうちにのみ知恵は存在することになり，あなたたちが死ねば知恵も滅びるということになる。それゆえ，「知恵はあなたたちと共に滅びるのだろうか」と続けられているが，これはあたかも次のように言わんとするかのようである。あなたたちのみが人間であるとか，あなたたちのみが知恵ある者であるということは不適切である。

　しかし，彼らは「わたしたちのみが知っているのではないが，あなたは知らない」と言うことができるので，ヨブは答えて次のように続けている。これらのことを知るために，「あなたたちと同様わたしにも心があり」，この認識に

関して「あなたたちに劣ってはいない」。このことが横柄であると見なされることのないように，ヨブは「あなたたちの知っているこれらのことを知らない者があろうか」と付加しているが，これはあたかも次のように言わんとするかのようである。わたしがあなたたちの知っていることを知っていると言ったところで，それは大したことではない。というのも，すべての者が知っていることを知っているからといって，それは偉大なことではないからである。しかし，あなたたちはわたしがこれらのことを知らないと見なすことにおいて，すべての者が知っていることを知らないとしてわたしを軽蔑しているように思われる。それゆえ，次のように続けられている。「わたしのように自らの友人によって嘲りを受ける者は」，すなわちわたしを愚か者であると見なすあなたたちによって嘲りを受けるわたしは，「神を呼び求めればその願いは聞き届けられるだろう」。というのも，人間の助けがないところ，そこに最も神の助けが存在するからであり，これは「わたしの父と母がわたしを見捨てたので，主はわたしを受け入れた」（詩 26・10）と言われていることによっている。ヨブはここにおいて上でツォファルが「そのときにはあなたは顔を上げるだろう」（11・15）と言ったことに答えていると思われるが，これはあたかも次のように言わんとするかのようである。神に信頼して祈るためにわたしはこれ以上の何かを期待すべきではない。というのも，わたしが友人から嘲りを受けているというこのこと自体から，わたしには神に受け入れてもらえる望みが与えられているからである。

　ヨブは「というのも，義人の単一性が嘲笑されているからである」と続けて，友人によって嘲りを受ける者の願いが神によって聞き届けられる理由を示している。さらに，ヨブは「富める者のもとでは光は軽蔑される」と付加して，嘲りを受ける者が誰であり，それはどうしてか，加

えて嘲る者は誰であるかを示している。しかるに、嘲りを受けることは何かを欠く者に属し、嘲ることは何かに満たされている者に属する。しかし、徳において豊かである者は徳を欠いている者を嘲ることなく、むしろ彼らに同情し可能なかぎり助けようとする。対して、時間的なものにおいて豊かである者は時間的なものを欠く人々を嘲るのを常とするが、とりわけ彼らが時間的なものを得るために努力しない場合においてそうする。しかし、義人の努力は時間的なものを得るためではなく、正しさに従うためのものであるので、彼らはそれによってしばしば富が獲得される詐欺や欺きを遠ざける。このことから、彼らは無垢な者と見なされるのであり、このようにして義人はしばしば嘲りを受けるのである。嘲りの原因は単一性であるが、義人が嘲りを受けるのは明らかな悪のためではなく、隠された善のためである。それゆえ、ここで単一性は義の明るさのために「光」と呼ばれているが、それは自らの目的を富に置く「富める者のもとでは軽蔑される」。というのも、最高善を富に置く者は、富を獲得するために役立つものであればあるほどよりいっそう善であると考えるのが当然だからである。それゆえ、必然的に、富の増加を妨げる義人の単一性は富める者にとって軽蔑すべきものとなる。しかし、たとえ義人の単一性そのものが富める者の考えにおいて軽蔑されるとしても、それは時が来れば然るべき目的から欺かれることはない。それゆえ、「それは定めの時へと用意されている」と言われている。ヨブがこのように言うのは、現在の生のある時において義人にその単一性のために何らかの地上的な繁栄が与えられるべきだからではなく、この定めの時がいつであるか、またそれに対して義人の単一性が用意されている目的は何であるかを未定のままにしておくためである。というのも、議論はこのことへといまだ到達していないからであり、このことは後続する議論において

示されるからである。このようにして，ヨブは自らが友人から嘲りを受ける理由を密かに示唆している。彼は友人を富める者と呼んでおり，というのも，彼らはあたかもそれが人間の義の報いであるかのようにこの世の繁栄に人間の目的を置いているからである。しかし，ヨブはその単一性によってこの報いではなく，定めの時における他の報いを求めているのであり，それゆえ，主に呼びかければ聞き届けられるという信頼を有していた。

　富める者は義人の単一性を嘲るにとどまらず，神を軽蔑することへと進むので，「略奪者の天幕は栄える」と続けられている。人はその目的を富に置くことによって，当然の帰結として，この究極目的に到達するために，あるいは欺くことによって，あるいは他のいかなる仕方によってもあらゆる方法を探し求めるのであり，このようにして略奪によって富において栄えるかぎり略奪者となるのである。さらに，この繁栄から神に対する軽蔑が生じるので，「彼らは大胆にも神に逆らおうとする」と続けられている。人があることを大胆に為すのは，為していることが善であると信じるときである。しかし，「すべての者を罰するために悪は恐るべきものとして与えられている」（知17・10）と言われているように，人間は，良心が悪について咎めるかぎりで，恐れなくして悪を行うことはできない。けれども，究極目的を富に置いている者は，このこと自体によってそれによってこの目的が達成されるものはすべて善であると見なす。しかるに，彼が略奪によって富を得るとき，彼は神の義に反して行い神に逆らっている。それゆえ，彼は大胆にも神に逆らうことになるのである。あるいは，他の仕方で解釈できる。人間は富によって傲慢になるが，それは富があれば自らには十分であると考えるからである。このことから，人間は自らの富を信頼して大胆にも神を軽蔑するに至るのであり，これは「愛された者は肥え

ると足でけった」(申32・15) と言われていることによっている。

ヨブは神に逆らう略奪者の天幕は栄えると言ったので,このような繁栄は神に由来するものではないと反論されないように,「すべてのものを彼らの手に」, すなわち彼らの力のうちに「与えたのは神である」と続けている。というのも, ある者を害する力は神にのみ由来するが, 悪を為そうという意志はその者自身にのみ由来するので, 彼らは略奪することにおいて神に逆らうが, 続いて起こる繁栄は神が彼らに与えたものだからである。ヨブは続いてこのことを「家畜に尋ねるがよい, 教えてくれるだろう。空の鳥もあなたに告げるだろう。地に語りかければあなたに答え, 海の魚も語るだろう」と言うときに証明している。さらに, ヨブはこれらすべてのものが尋ねられて何と答えるかを示して,「これらすべてのものを主の手が造ったことを知らないものがあろうか」と付加している。それゆえ, すべてのものは自らが神によって造られたことを告白しているのである。しかるに, 人間が被造物に尋ねるのはそれらを慎重に考察するときである。しかし, 尋ねられた被造物が答えるのは, 人間がそれらの考察を通じて次のことを知るかぎりにおいてである。被造物のある部分の構成や働きの順序におけるこれほど偉大な秩序は, それらを配慮する何らかの上級の知恵に由来すると考える以外にはない。しかるに, もしこのような被造物が神によって造られたのであれば, それらは明らかに, ちょうど作品が職人の力のうちに存在するように, 神の力のうちに存在する。それゆえ, 次のように続けられている。他の動物も含めて「すべての生けるものの命とすべての肉なる人間の霊は主の手のうちにある」, すなわち主の力のうちに存在する。もしそれらが神の力のうちに存在するとすれば, 人はただ神からのみそれらを所有することができるのであり, これは「人

間の王国を支配するのは，いと高き神であり，この神は欲するがままにかのものを誰にでも与えるだろう」（ダニ4・14）と言われていることによっている。それゆえ，明らかなことに，そのうちに人間の富が成り立つ上に述べられた土地や動物は，神がそれを人間の手に与えるのでなければ，誰一人それを所有することができない。このようにして，もし略奪者が栄えているとすれば，彼らの手に富を与えたのは神である。それゆえ，このことによって，義の報いとして神から富が与えられると考えた人々の見解は論破される。というのも，富は略奪者にも神によって与えられるからである。

[11] 耳は言葉を，食べる者の喉は味を判断するではないか。[12] 知恵は老いた者と共にあり，賢慮は長い時間を要する。[13] 神のもとには知恵と力があり，神は思慮と洞察を有している。[14] もし神が破壊すればそれを建て直す者はなく，もし神が人を閉じ込めればそれを開く者はいない。[15] もし神が水をとめればすべてのものは干上がり，もし水を放てば地は水につかる。[16] 力と知恵は神のもとにあり，神は欺く者も欺かれる者も知っている。[17] 神は参議を愚かな目的へと導き，裁判官を茫然自失とさせる。[18] 王の剣帯を解き，彼らの腰に縄をかける。[19] 祭司を不名誉へと導き，第一級の者の足をすくう。[20] 真理を語る者の唇を変え，長老の教えを取り除き，[21] 首長に軽蔑を注ぐ。圧迫されていた者を解放し，[22] 闇の深みをあらわにし，死の陰を光へともたらす。[23] 民族を増やし，滅ぼし，倒れた民族を元どおりにする。[24] 地の民の首長たちの心を変え，彼らを欺いて道のないところを無駄に行かせる。[25] 彼らは光ではなく闇に手探りし，あたかも酔っているかのように過つ。（12・11-25）

「耳は言葉を判断するではないか」等々。上でヨブはツォファルが神の卓越した偉大さについて語ったことがす

べての者に明らかであることを述べたので，ここではこのことが人間の知に到達しうるのは人間的な事柄における神の力と知恵の経験によるものであることを示そうとする。それゆえ，ヨブは第一に人間が経験によって事柄の認識に至るのはいかにしてかを明らかにして言っている。言葉を聞くかぎりにおいて「耳は言葉を，食べる者の喉は味を判断するではないか」。経験は感覚に由来するので，感覚，とりわけ聴覚と味覚の判断によって経験の力を明らかにすることは適切である。というのも，聴覚はすべての感覚のうちでより訓練しやすいものであることから[1]，しばしば観想的な知識に対して有効だからであり，対して，味覚は人間にとって生活に必要な食料を知覚することから，味覚の判断によって活動的生の事柄について持たれる経験が意味されているからである。このことのゆえに，二つの感覚の判断から観想的な事柄と同じく活動的な事柄における経験の力が示されているので次のように続けられている。観想に属する「知恵は老いた者と共にあり」——というのも，老いた者は多くのことを聞いてきたから——，活動に属する「賢慮は長い時間を要する」——というのも，人間は長い時間をかけて有益なものであれ有害なものであれ多くの事柄を味わうから——。

このようにして，経験の力が明らかにされた後に，ヨブは人間が神について経験しうるものは何であるかを付加して，「神のもとには知恵と力があり，神は思慮と洞察を有している」と言っている。ここで神に帰せられる四つのものには順序がある。すなわち，第一は隠されたことを認識することであり，これは洞察に属する。第二は人間が洞察した事柄から活動的な事柄において何らかの目的に適した

---

[1] アリストテレス『感覚について』2 章 (437a12), トマス『真理論』7 問 1 項参照。

方法を見出すことであり，これは思慮に属する。またこのことは，ちょうど洞察した事柄によって思弁的な事柄において何らかの結論を認識するために推論を行うのと同様である。第三は人間が見出した事柄について正しい判断を持つことであり，これは知恵に属する。第四は人間が為すべきであると判断した事柄を強力に遂行することであり，これは力に属する。

経験は可感的なものから発するが，可感的なものはたとえわれわれに即してはより先なるものであるにしても，端的にあるいは自然に即してはより後なるものであるので[2]，ヨブはいかにして人間が神の力を経験しうるかを示そうとする。第一は人間的な事柄における神の力についてである。われわれはある人々が完全に破壊されるのを見るが，それはあるいは自然本性的な存在に関して死によってであり，あるいは市民的な存在に関して人々によって完全に見捨てられること——たとえ多くの助力者を有しているとしても——によってである。それゆえ，彼らは滅びに至ることのないように人間によって助けられることがないので，人間の力を超えた何か隠された神的な原因によってこのような破壊が起こっていることが明らかである。というのも，人間の力は神に抵抗することができないからである。このことが，「もし神が破壊すればそれを建て直す者はいない」と言われていることの意味である。さらに，われわれはある人々がたとえ完全には破壊されないとしてもその前進において妨げられる——たとえ多くの指導者を有しているとしても——ことを見る。それゆえ，このような妨害もまた何らかのより卓越した力によって生じていることが明らかであるので，次のように続けられている。様々

---

2) アリストテレス『形而上学』5 巻 13 章（1018b30），『分析論後書』1 巻 4 章（71b34）参照。

な困難に巻き込むことによって「もし神が人を閉じ込めればそれを開く者はいない」，すなわちそれを解放できる者はいない。それゆえ，「神が見捨てた者を矯正できる者はいない」（シラ 7・14）と言われている。

　次いで，ヨブはいかにして人間が神の力を経験しうるかを自然物，とりわけ雨と干ばつにおいて示すため，次のように言っている。雨が降らないように「もし神が水をとめれば」，地から生じる「すべてのものは干上がり」，大量に「もし水を放てば地は水につかる」，ちょうど洪水において起こるように。たとえ，時として完全な干ばつに至るまで雨が降らないことや時として地が水につかるまで豊富に雨が降ることが何らかの自然的な原因によって生じるとしても，このことが神の力に属さないことはない。というのも，神の力は自然的な原因そのものをも固有の結果へと秩序づけているからである。このようにして，ヨブはあたかもすでに述べたことから結論づけるかのように，「力は神のもとにある」と続けている。

　次いで第二のものへと論を進めて，あたかも明らかにしようとしていることを提示するようにして，「知恵は神のもとにある」と付加している。知恵によって事柄についての正しい判断を有することが知恵に固有の働きである。しかるに，人がいかにして真理から逸脱して欺かれるかを見分けることのできる者が事柄の真理性について正しく判断する者である。それゆえ，神において知恵があることを示すために，次のように続けられている。「神は欺く者も欺かれる者も知っている」，すなわち神は，それによって人が真理を無視し真理の正しい認識から逸脱する欺きを正しい判断によって見分ける。ヨブがこのことを述べたのは，ヨブと友人が共通して人間的な事柄が神の判断に従属していると考えていたからであり，人間的な事柄について判断するには罪を認識することが不可欠であるが，欺きと詐欺

は罪のうちで大きな場所を占めているからである。

　次いでヨブは，人間的な事柄において明らかであることを通じて，神のもとに思慮があることを示す。このことに関して考察すべきは以下のことである。ちょうど神は思弁的知識の原理と結論ないしそれらの相互的な秩序を知っているが，原理を通じて結論の認識を得ているのではなく，すべてのものを最初の単一な直視によって認識しているように，神は活動的な事柄においても，目的と目的に至る手段，すなわちある目的を獲得するためにいかなる方法が有益であるかを知っているが，われわれが思慮をめぐらすように目的から手段を導き出すのではない。それゆえ，ちょうど原理の帰結に対する秩序を認識しているかぎりにおいて神のうちに理性が存在すると言われていても，理性が為すように推論によって何らかのものを探究することが神にはふさわしくないように，神のもとに思慮が存在すると言われるのは，尋ね求めるという方法によるのではなく，単一で絶対的な認識という方法によるものである。しかるに，ある者の思慮における深さは二つのことから考察できる。第一は，その思慮の精妙さによって敵対者を，たとえ彼らが思慮において鍛錬された者であっても，彼らのすべての手段が失敗して不適切な目的へと至らざるを得ないように導く場合である。このことに関して，「神は参議を愚かな目的へと導く」と言われているが，これはすなわちその思慮の深さによってこのような不適切な目的に至ることを避けるために彼らが考案した手段を妨げることによってである。第二にある者の思慮における深さが示されるのは，その思慮の精妙さによって敵対者を彼らが何を為すべきか分からないように導く場合であり，このことに関して，「裁判官を茫然自失とさせる」と言われている。しかるに，為すべき事柄について常に正しい判断を有している者が賢い裁判官であると言われている。ちょうど思弁的な

討論において人が強力な討論者となるのは，敵対者を不適切な結論へと導いたり，自らの主張に対していかなる反対も為されないようにそれを堅固なものとする場合であるように，神もまたその敵対者に対して，彼らが選んだ手段によって彼らを破滅へと導き，敵対者によって覆されないような仕方で自らの真理と業を堅固なものとするのである。

ヨブはこのことを一般的に述べたので，続いて特殊的な例を挙げて，いかにして人間的な事柄において卓越していると思われるすべてのものが神の思慮の深さによって「愚かな目的と茫然自失の状態」へと導かれるかを明らかにする。人間的な事柄において王が卓越しているのは力によってである。彼らに関して，戦いに使う「王の剣帯を解く」と言われている。というのも，「勇士よ，腰に剣を帯びよ」（詩44・4）と言われているように，帯によって彼らの力が示されているからである。さらに，捕らえて連れて行くために「彼らの腰に縄をかける」が，このことにおいて力の最大の欠落が示されている。祭司は彼らの有する尊敬に関して卓越しているが，彼らについて「祭司を不名誉へと導く」と言われている。第一級の者と町あるいは国の参議は思慮における巧妙さにおいて卓越していると思われるが，彼らについて「第一級の者の足をすくう」，すなわち欺くと付加されている。哲学者は真理の考察において卓越しているが，彼らについて次のように言われている。「真理を語る者の」，すなわち真理を語るべく努力している者の「唇を変える」。というのも，時として神はその恩恵を取り去ることによって彼らの精神を暗くするからである。その結果，彼らは真理を見出すことができず，したがって語ることができなくなるのであり，これは「自らが賢者であると言う者は愚かな者となった」（ロマ1・22）と言われていることによっている。さらに，長老は若者の指導において卓越しているが，彼らについて「長老の教えを取り

除く」と続けられている。というのも，あるいは長老は愚弄されるからであり，あるいは町の中心から完全に取り除かれるからであるが，これは「主はエルサレムから裁判官，預言者，占い師，長老を取り除く」（イザ3・1）と言われていることによっている。首長は他の者に命じる者が有する権威において卓越しているが，彼らについて「首長に軽蔑を注ぐ」と付加されている。すなわち，彼らは彼らに従属すべき者によって軽蔑される。

　それゆえ，これらすべてのことは，「神は参議を愚かな目的へと導く」と言われていることに属すると思われる。しかし，時としてある者が最下の地位から最高の地位へと高められることは，「裁判官を茫然自失とさせる」と言われていることに属すると思われる。このことに関して，「圧迫されていた者を解放する」と続けられているが，このことは次のような事例について言われている。すなわち，より上級の者の力によって圧迫されていた無力な者が，圧迫する者が滅びた後に時として力ある地位へと高められる場合がそれである。さらに，いかなる栄光も持たず最下の地位に隠れている者に関して，「闇の深みをあらわにする」と続けられている。すなわち，神は，最下の地位に置かれ，このことのゆえにあたかも闇のうちに存在しているかのように知られていない人間を他の者たちにあらわにすることによって栄光へと導き出す。また，無知で愚かであると見なされている者に関して，「死の陰を光へともたらす」と続けられている。というのも，死の陰は無知あるいは愚かさと思われるからであり，なぜなら生きているものが生きていないものから最も区別されるのは認識によってだからである。それゆえ，神が「死の陰を光へともたらす」のは，あるいは無知な者に知恵を与える場合であり，あるいはその知恵が以前は知られていなかった賢者を知恵ある者として明らかにする場合である。このようにし

て,「圧迫されていた者を解放する」と言われていることはあたかも「王の剣帯を解く」と言われていることに対して,「闇の深みをあらわにする」と続けられていることは「祭司を不名誉へと導く」と言われていることに対して,「死の陰を光へともたらす」と言われていることは続くすべての事柄に対して置かれている。ヨブは個々の人間に関するこのような上昇と下降の変化が神によって生じることを述べたので,これと同じことを民族全体に関して示して次のように続けている。「民族を増やし」,すなわち人間の数において増加させ,「滅ぼし」,すなわち戦争や疫病によって破壊し,あるいはこのような理由によって,あるいは不正な支配者の圧迫によって「倒れた民族を元どおりにする」,すなわち善き状態へと戻す。

　それゆえ,神において力,知恵,思慮が存在することが示されたので,ヨブは最後に神において洞察が存在することを示そうとする。われわれは洞察が隠されたものの認識に属すると言うが,心において隠されているところのものが最も隠されたものであると思われる。ヨブは神がこのことを認識することを次のように示している。神は人間の心のうちに働き,それによって心のうちに隠されたものをいわばその働きとして認識する。それゆえ,人間の意志に関して,「地の民の首長たちの心を変える」と言われているが,これは「王の心は主の手のうちにあり,主は欲するがままにこれを傾ける」（箴21・1）と言われていることによっている。たとえ神がすべての人間の意志を傾けるといっても,特に王と首長について言及が為されているのは,それに多くの者が従うかぎりで彼らの意志がより大きな価値を有しているからである。対して知性に関して,「彼らを欺く」と続けられているが,これは神が彼らを虚偽へ導くということではなく,彼らが真理を認識できないようにその光を彼らから取り去り,彼らが計画した悪を成

し遂げるために適切な手段を見出すことができないように彼らの理性を暗くするということである。それゆえ,「道のないところを無駄に行かせる」と続けられているが,これは彼らが自らの目的に到達することのできないような不適切な手段によって前進するという意味である。しかるに,人は為すべき事柄について二つの仕方で誤る。一つは無知によってであり,このことに関して「彼らは光ではなく闇に手探りする」と言われているが,この場合,闇によって無知が,光によって認識が示されている。しかるに,人が無知によって盲人のように手探りするのは,彼が触れることによって現前に感知するもの以外の何ものも考察できないかぎりにおいてである。人が為すべき事柄について誤るもう一つの仕方は情念によってである。というのも,彼の理性は情念によって個別的なものに限定され,普遍的な認識を為すべき事柄に適用することができないからである。このことに関して,「あたかも酔っているかのように過つ」と続けられている。というのも,このようにして,理性はいわばある種の酩酊のようなものである情念によって縛られるからである。

第 13 章

―――――

¹ 見よ，これらすべてのことをわたしの目は見，耳は聞き，それぞれについて洞察した。² あなたたちの知っていることぐらい，わたしも知っている。わたしはあなたたちに劣ってはいない。³ しかし，わたしは全能者に語り，神と議論したい。⁴ まず，あなたたちを嘘を語る者として，転倒した教えを信奉する者として示したい。⁵ あなたたちが知恵ある者と見なされるように，どうか黙ってくれ。⁶ そして，わたしの矯正を聞き，わたしの唇の判断に注目してくれ。⁷ あなたたちが神のために欺きを語るように，神はあなたたちの嘘を必要としているのだろうか。⁸ あなたたちは神にへつらって，神のために裁こうとするのか。⁹ このようなことが何ものも隠れることのできない神に気に入られると思うのか。あるいは，神は人間のようにあなたたちの欺きによって騙されるのか。¹⁰ あなたたちは密かに神にへつらったので，神はあなたたちを非難するだろう。¹¹ 神は直ちに奮い立ち，あなたがたを混乱させ，その恐怖があなたたちに襲いかかるだろう。¹² あなたたちの記憶は灰に比せられ，あなたたちの首は土へと戻される。（13・1-12）

「見よ，これらすべてのことをわたしの目は見た」。ヨブは神の力の卓越性が経験によって認識されることを示した後，いわば結論づけるように，「見よ，これらすべてのことをわたしの目は見，耳は聞いた」と続けているが，これはあたかも次のように言わんとするかのようである。それ

によって神の力と知恵が示されるすでに述べられた働きを，わたしはその一部を視覚によって，一部を聴覚によって認識した。しかし，わたしの認識はこれらの可感的な働きにおいて休息することなく，そこから真理の洞察へと上昇したので，「それぞれについて洞察した」と付加されている。すなわちわたしは，知恵であれ，洞察であれ，思慮であれ，力であれ，神について個々の働きが明示しているところのものを理解した。それゆえ，神について偉大なことを提示することによって自らをヨブに優越させようとしたと思われる友人たちの自慢を排除して，ヨブは次のように続けている。「あなたたちの知っていることぐらい」，すなわち神の偉大さに属する事柄について「わたしも知っている」。あたかもわたしがそれらの事柄をより少なくないしより不完全に認識するかのように，あるいはそれを今あなたたちから学んだかのように，「わたしはあなたたちに劣ってはいない」。

ツォファルはヨブが神と議論することを企てていたことについてヨブを非難するために神の卓越性を提示したので[1]，ヨブは「しかし，わたしは全能者に語りたい」と続けているが，これはあたかも次のように言わんとするかのようである。たとえわたしが神の様々な働きからその知恵と力の卓越性についてあなたたちに劣らず理解しているとしても，このことによって次のことは理に適っている。すなわち，心を調べ裁く者である神にわたしの心の運動を明らかにし，すべての真理の教師である神から真理を尋ね求めることで，神に対して語りたいというわたしの計画は変わらない。それゆえ，「わたしは神と議論したい」と付加されているが，それは神の裁きを非難したいということではなく，あなたたちの誤りを破壊するためである。という

---

1) 『ヨブ記』11章6節。

のも，あなたたちの誤りを前提とすると，神のもとに不義が存在することになるからである。それゆえ，「まず，あなたたちを嘘を語る者として示したい」と続けられている。というのも，彼らはヨブが不正な生を送ったという嘘を考案したからである。彼らがこのような嘘をつくに至ったのは，彼らがそれによって神が崇拝される信仰に関して誤った見解を有していたからであり，彼らはこの世の生においてのみ功績と罰の報いが生じると信じていたのである。それゆえ，「あなたたちを転倒した教えを信奉する者として示したい」と付加されている。というのも，神についての真なる認識から逸脱する者は誰でも，神ではなく自らの誤った教えを信奉しているからである。しかるに，「まず，示したい」と言われていることは，続く教えの順序において先に彼らの誤った教えを破壊してその後に神と議論するという意味ではなく，神と議論することを意図するかぎりで彼らの教えを破壊することが自らの意図において第一のものであるという意味として理解すべきである。

　しかるに，時としてある人々がたとえそれが虚偽であったとしても，何らかの蓋然的なことを提示したり，それらのことを最も真理に近づけて守ることや証明することを知らないかぎりで，語ることにおいて自らの愚かさを暴露するということが起こる。このことがヨブの友人たちに起こったので，「あなたたちが知恵ある者と見なされるように，どうか黙ってくれ」と続けられている。というのも，あなたたちがその誤った教えを不適切な仕方で守ったり証明したりすること自体において，あなたたちが愚か者であることが明示されているからである。それゆえ，あなたたちが誤った教えを提示し，それを明らかにするために不適切な推論手段を採用したので，あなたたちは矯正を必要とする。このことが結論として次のように言われていることの意味である。あなたたちの推論過程を矯正する「わたし

の矯正を聞き」,あなたたちの誤った教えを断罪する「わたしの唇の判断に注目してくれ」。

　第一にヨブは,彼らの不適切な推論過程を矯正しようとする。というのも,彼らは善き業に対する褒賞と悪しき業に対する罰がこの世の生において生じると述べたので,神の義を守るためにある種の嘘を採用しなければならなくなった。しかるに,この世の生において逆境によって圧迫されている無垢な者や義人がいるので,ヨブの友人たちにとって神の義を守るためには義人に罪を帰するほかに道はなかった。このようにして,彼らはヨブが苦しめられているのを見て,彼を不敬虔の罪で非難したのである。真理を嘘によって守る者は適切な推論手段を用いていないので,「神はあなたたちの嘘を必要としているのだろうか」と言われているが,これはあたかも,神の義を守るために嘘が採用される必要があるのかと言わんとするかのようである。というのも,嘘によってのみ守られるものが真なるものであることはないからである。しかるに,人が明らかな真理に対して嘘をつこうとするとき,彼は嘘を何らかの欺瞞によって覆い隠すために何らかの欺きや詐欺的方法を考案するように強いられる。このようにして,ヨブの友人たちもまたすべての者に明らかであったヨブの義に対して嘘をつこうとしたとき,ある種の欺きを使用したのであり,すなわち容易に罪に陥る人間の弱さを示しそれを神の卓越性に比することによって,神が不義であることよりもヨブが不正なる者であることの方がよりいっそう蓋然的であると思われるように仕向けたのである。それゆえ,「あなたたちが神のために欺きを語るように」と続けられている。というのも,神が義であることを守るために欺きによってヨブに不敬虔の罪を課そうとするかぎりで,彼らはあたかも神のために欺きを語っているかのようだからである。

　彼らは,ヨブに対して欺きによって何かを言ったのでは

なく，ただ思っていたことを言っただけだと言うかもしれない。それゆえ，ヨブはもしこのことが本当なら，彼らは欺きからは解放されるが，別の悪徳，すなわち裁く者の義を排除するへつらいに陥る。もし人がある者の偉大さのために——たとえその者の義を認識していなくても——，もう一人の者の明らかな義を軽蔑したり否定したりするならば，それがへつらいである。それゆえ，もしヨブの友人たちが彼を不正な者として裁く場合，彼のうちの明らかな義を見ながら，ただ神の偉大さの考察のみによって——たとえ彼らがその教えにしたがってヨブが正当な仕方で神によって罰せられるのはなぜかということを理解できないとしても——そうするならば，ヨブを断罪する裁きそのものにおいて彼らは神にへつらっていると思われる。それゆえ，「あなたたちは神にへつらって，神のために裁こうとするのか」と明瞭に続けられている。というのも，ある者のために裁こうとする者は，その者の義を認識していないが，その者の訴訟が義であることを示すためにあらゆる方法を考案しようとする者に他ならないからである。

　しかるに，時として人がある者の訴訟を欺きによって守る——たとえその者が義人であっても——ことで彼に気に入られるということが起こる。このことは二つの仕方で起こりうる。一つは守られる者が自らの訴訟が不義なるものであることを知らない場合である。それゆえ，ある者によって守られることは彼に気に入るのである。ヨブはこの可能性を神から排除して次のように言っている。あなたたちが神のために不正なる仕方で裁こうとすることが「神に気に入られると思うのか」。というのも，このことが神に知られないことはありえないからであり，それゆえ，「何ものも隠れることのできない神に」と付加されている。もう一つはその訴訟を欺きによって守られる者がその欺きによって騙されてその防御を義であると見なす場合である。

ヨブはこの可能性をもまた神から排除して,「神は人間のようにあなたたちの欺きによって騙されるのか」と続けている。このようにして, 神の善性や義がその防御のために嘘を必要としないことが明らかである。というのも, 真理は嘘なくして守られうるからである[2]。さらにここから明らかなことに, もし彼らの教えが想定された場合に神の義がその防御のために嘘を必要とするという不適切な帰結が導かれるとすれば, 提示された教えが誤っていることは明白である。

さらに考察すべきことに, 神の義ないし善性を示すために嘘を用いる者は, 神が必要としないことを為しているだけでなく, このこと自体によって神を攻撃している。というのも, 神は真理であり, すべての嘘は真理に対立するので, 神の偉大さを示すために嘘を用いる者は誰でも, このこと自体によって神に反して行為しているからである。このことは「さらにわれわれは神の偽証人と見なされる。というのも, もし死者が復活しないなら, 復活しなかったはずのキリストを神が復活させたと言って, 神に反して証しをしたことになるからである」（Ⅰコリ15・15）と言われていることにおいて明らかである。それゆえ, 神が死者を復活させたと言うことは, もしそれが本当でないなら, たとえ神の力を示すものであると思われても, 神に反する言明である。というのも, その言明は神の真理に反しているからである。このようにして, 神を守るために嘘を採用する者は, 神に気に入られる者として報いを受けることができないだけでなく, 神に反して行為する者として罰を受けるので,「あなたたちは密かに神にへつらったので, 神はあなたたちを非難するだろう」と続けられている。「密かに」と言われているのには以下の理由がある。すなわち,

---

2) グレゴリウス『道徳論』11巻13章（PL 75, 970C）参照。

たとえ彼らがあたかも神の義を認識しているかのように外的には神を守っていると見えたとしても，彼らの良心において彼らはヨブがいかなる義によって罰せられたかを知らなかったのであり，このようにして，彼らが神の義を誤った仕方で守ろうとしたかぎりにおいて，彼らの心の隠された所において彼らは神にへつらっていたのである。

　ヨブは神がいかにして彼らを非難するかを示して，「神は直ちに奮い立ち，あなたがたを混乱させる」と続けているが，これはあたかも次のように言わんとするかのようである。あなたたちは今は逆境を蒙っていないので落ち着いた精神で神の義について議論しているが，もしあなたたちの上に艱難が襲いかかったら——艱難が神の興奮と呼ばれているが，これは聖書において罰が神の怒りと呼ばれるのと同様である[3]——，あなたたちの精神はとりわけ真理のうちに堅固とされていないことによって混乱するだろう。また，彼らはこの世の時間的なもの以外の何ものをも善ないし悪と見なすことがないので，自らに悪が到来することのないように罪に用心しているかぎりで，彼らはただ現在の悪に対する恐れのためにのみ神に仕えることを欲しているように思われる。それゆえ，「その恐怖があなたたちに襲いかかるだろう」と続けられているが，これはあたかも次のように言わんとするかのようである。あなたたちがそのためにのみ神を恐れているところのもの，すなわち現在の逆境があなたたちに到来するだろう。これは「不敬虔な者が恐れているものが彼に到来するだろう」（箴 10・24）と言われていることによっている。彼らは死の後にも人間の記憶において存続することをヨブに空しく約束したので[4]，ヨブはまるで彼らを嘲るようにその反対のことを彼

3）『知恵の書』18 章 20 節，『エゼキエル書』38 章 19 節参照。

4）『ヨブ記』11 章 18 節。

らに約束して,「あなたたちの記憶は灰に比せられる」と言っている。というのも,ちょうど灰が木の燃焼の後にわずかの間しか存続しないように,人間の名声もまた死後すぐに過ぎ去るからである。それゆえ,死後の名声を期待することは空しいことであると思われる。また,彼らは死後ヨブの墓に対して持たれるある種の特権と尊敬を彼に約束したが[5],ヨブはこのこともまた無と見なし,その反対のことを彼らに約束して,「あなたたちの首は土へと戻される」と言っている。ヨブは首によって彼らの力と威厳を示しているが,それは土,すなわち軽蔑されるべき弱い事柄に帰する。

[13] わたしの精神が示すすべてのことを語るために,しばらく黙ってくれ。[14] どうしてわたしは自らの歯で自らの肉を引き裂き,自らの魂を自らの手のうちに置くだろうか。[15] たとえ神がわたしを殺すとしても,わたしは彼に希望を抱く。しかし,わたしは自らの道を彼の目の前で非難したい。[16] そうすれば,彼はわたしの救い主となるだろう。というのも,偽善者はみな神の目の前に来ることがないからである。[17] わたしの話を聞き,あなたたちの耳によって謎を捉えてほしい。[18] もしわたしが裁かれたなら,わたしは正しい者として見出されることを知っている。[19] わたしと共に裁かれる者は誰か。来るがよい。どうして黙ったまま朽ち果てようか。[20] ただ二つのことをわたしになさらないでください,そうすればわたしはあなたの顔から隠れはしません。[21] すなわち,あなたの手をわたしから遠ざけ,あなたの力がわたしを脅かさないようにしてください。[22] 呼ばれれば答えます。あるいはわたしが語るので答えてください。[23] わたしにはどれほどの不正,罪,悪,過失がある

---

5) 同上,11 章 19 節。

のか示してください。²⁴ なぜあなたは顔を隠し，わたしを敵と見なされるのか。²⁵ あなたは風に吹き飛ばされる葉に対してその力を示すのか。乾いたもみ殻を追及なさるのか。²⁶ あなたはわたしに対して苦難を書き記し，若いときの罪のためにわたしを滅ぼそうとするのか。²⁷ あなたはわたしに足かせをはめ，わたしのすべての小道を見，わたしの足跡を考察された。²⁸ 腐敗して死ぬべき身であり，虫に食われる衣服のようなこのわたしに対して。(13・13-28)

¹ 人は女から生まれ，人生は短く，多くの不幸に満たされている。² 花のように咲き出てはしおれ，陰のように移ろい，決して同じ状態にとどまることがない。³ あなたはこのような者の上に目を開かれ，あなたと共に裁きへと引き出される。⁴ 不浄な精液から懐胎されたものを誰が清くできるのだろうか。あなた以外の誰もできないのだ。(14・1-4)

「わたしが語るために，しばらく黙ってくれ」等々。ヨブは嘘によって神の義を守ろうとする友人たちの手続きを矯正した後に，今や神との議論という形式の下で彼らの誤った教えを破壊することへと進む。第一にヨブは，あたかも何か偉大なことを言わんとするかのように，自らの話が聞かれることを求めて，「わたしの精神が示すすべてのことを語るために，しばらく黙ってくれ」と言っている。ヨブがこのことを付加したのは，彼らがあなたは空しいことを語っているので聞くに堪えないと言わないようにするためであり，人が語ることをしばらくの間聞くことは困難なことではないからである。あるいは，ヨブがこのことを付加したのは，嘘を構成し欺きを考案することによって語るのではなく，精神のうちにあるところを語ることを示すためである。

ヨブの友人はヨブに二つの罪，すなわち不忍耐と自慢を

帰したが[6]，ヨブは後続する議論において怒りや傲慢から語っていると思われることのないように，この両方の罪を自分自身から排除する。しかるに考察すべきことに，不忍耐は理性によって抑制されていない悲しみの過剰から生じる。そして，満ち溢れる悲しみから絶望が生じる。さらに，絶望から人間が身体と魂の救済を軽んずるということが起こる。それゆえ，ヨブは自分自身から不忍耐を排除するために，「どうしてわたしは自らの歯で自らの肉を引き裂くだろうか」と言っているが，これはあたかも次のように言わんとするかのようである。身体的な生について絶望して飢えに圧迫されて自らの肉を食べる者のように，わたしが不忍耐によって身体の救済について絶望する理由は何もない。さらに，「どうしてわたしは自らの魂を自らの手のうちに置くだろうか」と続けられているが，これはわたしの魂の救済を軽んずる理由は何もないという意味である。というのも，手のうちに置かれるものは容易に失われるので，その喪失はそれほど恐れられていないと思われるからである。なぜなら，人は失うことを恐れているものを慎重に隠すからである。さらに，ヨブは不忍耐によって肉を引き裂くべきではなく，魂を手のうちに置くべきでもない理由を付加して，「たとえ神がわたしを殺すとしても，わたしは彼に希望を抱く」と言っているが，これはあたかも次のように言わんとするかのようである。わたしが蒙っている時間的な悪のためにわたしが神について希望を抱くことをやめたとあなたたちは信じてはならない。というのも，もしわたしが時間的な善のためにのみ神について希望を抱いているとしたら，ちょうど上で「絶望した」（7・16）と言ったように，わたしは絶望を強いられるが，わたしは死後も存続する霊的善のために神について希望を抱い

---

[6] 同上，4章2節，7節。

ているので，たとえ神によって殺されるところまで苦しめられたとしても，わたしは神について希望を抱くことをやめないからである。しかし，無秩序な希望は傲慢へと堕落するので，ヨブは「しかし，わたしは自らの道を彼の目の前で非難したい」と続けているが，これはあたかも次のように言わんとするかのようである。わたしが神に希望を置くのは，罪のうちに留まっていながら神によって解放されることを望むからではなく，もしわたしが自らの罪を非難するならば，神はわたしを解放するだろうからである。このことが次のように続けられていることの意味である。「そうすれば」，すなわちもしわたしが自らの罪を嫌悪するならば，「彼はわたしの救い主となるだろう」。さらに，ヨブはなぜ神は神の目の前で自分の道を非難する者を救うのかを示して次のように続けている。「というのも，偽善者は」，すなわち不正な者でありながら自らを義人であると公言し，自らの道を神の前で非難することのない偽りの者は[7]，「みな神の目の前に来ることがないからである」。それゆえ，そのような者は人間の最終的な救済である見神——以下において詳しく説明される——のために「神の目の前に来ることがない」が，神によって裁かれるために神の目の前に来るだろう。このようにして，ヨブは自らの道を神の前で非難すると公言するかぎりで，不忍耐のみならず自らを無垢な者であるとする思い上がりをも自分自身から取り除き，こうして友人たちによるすべての中傷を排除したのである。

　次いで，ヨブは議論に入ろうとして，まず二つの仕方で聴衆を注目させようとしている。一つはこれから言われる

---

　7)　イシドルス『語源』10巻119節（PL 82, 379C），トマス『神学大全』2-2部111問2項反対異論，『標準的註解』「ヨブ記」27章8節参照。

ことの非自明性によってである。というのも、述べられることが難しいとわれわれが公言するとき、聴衆はより注目するからである。それゆえ、「わたしの話を聞き、あなたたちの耳によって謎を捉えてほしい」と言われている。謎と言われているのは[8]、表面的に表現していることと内的に意味するところが異なっている曖昧な話のことである。もう一つはこれから言われることの真理の確実性によってである。それゆえ、「もしわたしが裁かれたなら、わたしは正しい者として見出されることを知っている」と続けられている。このことは生の正しさについて言われているのではない。というのも、ヨブは上で「わたしは自らの道を彼の目の前で非難したい」(13・15)と言っているからである。そうではなく、このことはいわば裁判において争われる教えの真理性について言われたものである。しかるに、裁判において正しい者として見出されるのは、その者のために正当であるという判決が与えられる者である。それゆえ、人が議論によって真理を語っていることが示されたならば、いわば裁判において正しい者として見出されるのである。

　それゆえ、ヨブは聴衆を注目させた後に、自らの議論の方法を規定する。ヨブはあたかも他の者と論争するように議論することを欲していたので、次のように続けている。「わたしと共に裁かれる者は誰か」、すなわちわたしは誰と真理について議論すべきか。「来るがよい」、すなわち議論に参加するがよい。さらに、ヨブは真理について議論することを意図した理由を付加して、「どうして黙ったまま朽ち果てようか」と言っている。というのも、人間は現在の

[8) アエリウス・ドナトゥス『文法学』3巻6章 (ed. H. Keil, Gramm. lat. IV, Lipsiae 1864, p. 402)、トマス『命題集註解』2巻23区分2問1項異論解答3、カッシオドルス『詩篇註解』96章6節 (PL 70, 685D) 参照。

生の経過によって次第に朽ちていくからであり，とりわけヨブのように病気に罹っている場合にそうだからである。しかるに，教えによって自らの知恵のいかなる痕跡をも残さないような仕方で現在の生を終える者が黙ったまま朽ち果てると言われる。それゆえ，ヨブはこのようなことを蒙らないように，死後身体においては朽ち果ててもその教えにおいては生きるように，真理について語ることを決意したのである。あるいは，このことは他の意図に関係づけることができる。というのも，人は心において蒙っている苦しみを外的に表現するときある仕方で彼の魂は和らげられるが，黙ることによってよりいっそう内的に苦しめられ，ある意味においてその沈黙によって朽ち果てるからである。

　それゆえ，ヨブは「わたしと共に裁かれる者は誰か」と言って共に議論する者を求めたが，上で「わたしは神と議論したい」と言っているので，今からはあたかも現前する神と共に議論するかのように語っている。しかし，人間の神に対する議論は人間に対する神の卓越性のために不適切であると思われる。しかし，真理はそれを語る者の相違によって変化することがないことを考慮すべきである。それゆえ，人が真理を語っているならば，いかなる者と議論していようとも打ち負かされることはない。ヨブは自らが信仰と知恵の賜物を通じて神によって霊的に示された真理を語っているという確信があったので，真理に信頼して，自らが現在与えられている悪によってもこれから与えられる悪に対する恐れによっても，神の力によって圧迫されないことを求めた。このことが，「ただ二つのことをわたしになさらないでください，そうすればわたしはあなたの顔から隠れはしません」と言われていることの意味であり，これはあたかもわたしはあなたと議論することを恐れないと言わんとするかのようである。というのも，恐れる者は自

らの恐れている者の顔から自分自身を隠すのを常としているからである。ヨブはこの二つが何であるかを示して次のように言っている。「あなたの手をわたしから遠ざけ」，すなわち現在の懲らしめによってわたしを打つことをやめ，将来の懲らしめに関して，「あなたの力がわたしを脅かさないようにしてください」。というのも，これら二つのものによって，人間は最も確実に知っている真理をすら議論によって守ることのできないように妨げられるからである。なぜなら，彼はあるいは身体において悩まされ，あるいは魂において恐れや何か他の情念によって気遣うことを強いられるからである。

　しかるに，議論は反対する者とそれに答える者の二人の人間の間で生じる。それゆえ，ヨブは神との議論に着手しようとして，神に反対する者と答える者のどちらかを選ぶ権利を与える。それゆえ，「呼ばれれば答えます。あるいはわたしが語るので答えてください」と言われているが，これはあたかも次のように言わんとするかのようである。あなたが反論するなら，わたしはそれに答えます。わたしが反論すれば，あなたがわたしに答えてください。ヨブがこのように言ったことは，あるいは自らが公言した真理を守り，あるいは真理に反して語られたことを攻撃する用意がヨブにあることを暗に示している。ヨブは第一に神に反論する者の役割を与えて，「わたしにはどれほどの不正，罪，悪，過失があるのか示してください」と言っている。ここで考察すべきは，ヨブの友人たちがあたかも神のために訴訟を起こしているかのようにヨブに対して議論を仕掛けていると思われることであり，これは「あなたたちは神にへつらって，神のために裁こうとするのか」と言われていることによっている。しかし，ヨブの友人たちはヨブに対して彼がその罪のために罰せられたと反論する。それゆえ，ヨブはこのことについて神に答えてもらおうとし

て、「わたしにはどれほどの不正、罪、悪、過失があるのか示してください」と言っているが、これはあたかも次のように言わんとするかのようである。あなたのために語ろうとするわたしの友人たちが中傷するように、もしあなたがわたしの罪のためにわたしを苦しめるとすれば、いかなる罪のためにこれほど重くわたしを苦しめるのかを示してください。それゆえ、ヨブは「わたしにはいかなる不正があるか」ではなく、「どれほどの不正があるか」と言っている。というのも、ヨブの友人たちの主張するように、もし現在の逆境の理由が人間の罪以外にないとすれば、最大の苦しみによって罰せられる罪は最大のものでなければならないからである。しかるに、罪のうちのあるものは律法の否定的な掟に反して為されるときに犯され、あるものは肯定的な掟を怠るときに生じる[9]。あることが律法の掟に反して為されるのに三つの仕方がある。第一は盗みや殺人やこれに類することのように、隣人を害するものであり、これらは他人に対する義の等しさに反するものであることから[10]、本来的に「不正」と言われる。第二は人間が自らの行為の無秩序によって自分自身において罪を犯す場合であり、とりわけ大食や贅沢の罪において明らかである。これらはいわば人間のある種の無秩序として「罪」と言われる。第三は冒瀆や瀆神やこれに類することのように、直接神に対して犯される罪であり、これらはその重大さのために「悪」と言われる。さらに、怠りは本来的には「過失」と言われる[11]。

---

9) アウグスティヌス『人間の義の完成』5 章 (PL 44, 296)、トマス『神学大全』2-1 部 72 問 6 項参照。
10) アラヌス・デ・インスリス『区別』Iniquitas の項 (PL 210, 819A)、トマス『ヘブライ人への手紙註解』8 章 12 節参照。
11) トマス『命題集註解』2 巻 42 区分 2 問 2 項小問 3 異論 3 参照。

次いで、ヨブは反対する役割を与えた者が黙っているので、自らが反論する役割を担って、自らの罰の原因について尋ねる。第一に、神はあたかも敵を罰するかのようにヨブを罰したと言う者がいるかもしれないので、ヨブはこの可能性を排除するために、「なぜあなたは顔を隠し、わたしを敵と見なされるのか」と言っている。というのも、人が他の者を理由なくして自らの敵であると見なすことは不正であると思われるからである。しかるに、他の者に敵意を有する適切な原因は危害を加えられるということ以外にはありえない。それゆえ明白なことに、神が人間を敵視するのは人間の罪が明らかにされるときである。ヨブは自らの罪が示されることを求めたが、彼には示されなかった。それゆえ、神がヨブに敵対する理由は明らかではないが、このことが、あたかも神が密かに隠された理由からヨブを憎むかのように、「なぜあなたは顔を隠すのか」と言われているときに示唆されていることである。というのも、他の者を憎む人間の顔はその憎しみの理由が明らかにされるときあらわになるからである。

　第二に、神はヨブにおいて自らの力を示すために彼を罰したと言う者がいるかもしれないので、ヨブはこの可能性をも排除して、「あなたは風に吹き飛ばされる葉に対してその力を示すのか」と言っている。というのも、最も強力な者が最も弱いものにおいてその力を示そうとすることは不適切だからである。人間の条件が風に吹き飛ばされる葉に比せられている。なぜなら、容易に落下する葉のように人間はそれ自体においてもろく弱いものであり、葉が風によって導かれるように時間の経過と運命の転変によって人間もまた導かれるからである。それゆえ、神がある人間においてその力を示すために彼を罰すると言うことは不適切であると思われる。

　第三に、神はヨブが若いときに犯した罪のために彼を罰

したと言う者がいるかもしれないので，ヨブはこの可能性をも排除して，「乾いたもみ殻を追及なさるのか。あなたはわたしに対して苦難を書き記し，若いときの罪のためにわたしを滅ぼそうとするのか」と言っている。というのも，青年時代における人間は青々としている草に，老年における人間は乾いたもみ殻に比せられるからである。それゆえ，老年における人間を青年時代の罪のために罰することは，あたかも人が青々とした草の欠陥のためにもみ殻を攻め立てるのと同じことである。しかし，考察すべきことに，ヨブはこの追究において人間の逆境は神の判断によって与えられるという見解から離れてはいないので，このことを示すために「あなたはわたしに対して苦難を書き記す」と言っているが，これはあたかも苦難，すなわち人間の逆境が神の判決の書から発出するかのようである。

　第四に，たとえヨブが重い罪を犯さなかったとしても，それなくしては現在の生が営まれない何らかの罪を犯したので，ヨブはこれらの罪のためにこのような罰を受けたのだと言う者がいるかもしれないので，ヨブはこの可能性をも排除して，「あなたはわたしに足かせをはめ，わたしのすべての小道を見，わたしの足跡を考察された。腐敗して死ぬべき身であり，虫に食われる衣服のようなこのわたしに対して」と言っている。ここで考察すべきことに，足かせをはめられた者は足かせから離れることができないような仕方で縛られる。ちょうど人間の足が足かせによって縛られるように，人間の歩みはそこから離れることのできない神の義の法によって束縛されるのであり，このことが「あなたはわたしに足かせをはめた」と言われていることの意味である。しかるに，神の義には人間の行為を調べることが属するが，その調査は各人が何を為すかのみならず，いかなる心でいかなる目的のために為すかまでにも及ぶ。それゆえ，行為に関して「わたしのすべての小道を見

た」と言われ，行為者の心情や行為を取りまくすべての状況に関して「わたしの足跡を考察された」と言われている。しかし，もし人間が身体の死によって存在することを完全にやめるなら，神がこれほどの慎重さを人間の行為について有していることは不合理であると思われる。しかるに，人間の身体の死はある時には自然本性的に，ある時には暴力的に生じるので，ヨブは両者について付加して，自然本性的な死に関して「腐敗して死ぬべき身であり」，暴力的な死に関して「虫に食われる衣服のようなこのわたしに対して」と言っているが，これはあたかも次のように言わんとするかのようである。もし，わたしの友人たちが憶測するように，人間があるいは腐敗という仕方であるいは破壊という仕方でそれを失う現在の生以外の他の生が存在しないとすれば，神が最小の罪や怠慢についてすら人間を罰するほどの厳格さをもって人間の行為を気遣っていることは不合理であると思われる。

　最後に言われたことは真理の探究のために大きな道を用意するので，ヨブはこのことを明らかにすることによりいっそう固執して，自分自身について個別的に述べたことを一般的に全人類へと拡張する。ここで第一に説明されるのは，人間の弱さである。人間の起源に関して「人は」弱いものである「女から生まれる」[12]と言われ，持続に関して「人生は短い」と言われ，状況に関して「多くの不幸に満たされている」と言われている。ヨブはここで，上で「あなたは風に吹き飛ばされる葉に対してその力を示すのか」（13・25）と言ったことをいわば解釈していると思われる。

　第二にヨブは人間が誇りとするものを排除する。第一は

　12）　現行のウルガタ版（Vulgata Sixto-Clementina）においては，この聖句から第 14 章が始まっている。

青年時代に特有の身体の美しさである。しかし，これは花のように早く過ぎ去るのでこの誇りは空しい。それゆえ，「花のように咲き出てはしおれる」，すなわち容易にしおれると言われている。第二は名声であるが，これは長く持続しない。それゆえ，「陰のように移ろいゆく」と言われている。というのも，過ぎ去る陰はいかなる痕跡をも記憶をも残さないからである。第三は人がそれによって自分自身と自らのものを保とうとする能力や力であるが，このことに反して「決して同じ状態にとどまることがない」と言われている。また，これら三つのことは上述の三つのことに関係づけることができる。女から生まれた人間は，あたかも花が咲き出ですぐにしおれるかのようであり，あたかも痕跡を残さず過ぎ去る陰のように短く生き，時に繁栄と喜びを得ても決して同じ状態にとどまることのないために多くの不幸に満たされている。

　第三にヨブは人間に対する神の摂理の慎重さに驚嘆する。というのも，これほど弱く軽蔑すべきものに対して神が大きな気遣いを有していることは驚くべきことだからである。たとえすべてのものが神の摂理の下にあるとしても，人間に対する神の気遣いは特別であって，それは三つのことにおいて明らかである。第一は神が人間に生きるための法と掟を与えていることであり，ヨブは「あなたはこのような者の上に目を開かれる」と言うときにこのことに触れている。この言い方は，人がある者を導きその道を考慮するときにその者の上に自らの目を開くと言われる言い方と同様である。第二は神が人間の善に報いその悪を罰することであり，ヨブは「あなたと共に裁きへと引き出される」と言うときにこのことに触れている。第三は人間が罪の醜さに対して自らを清く保つことができるように，神が人間を徳で飾ることであり，ヨブは「不浄な精液から懐胎されたものを誰が清くできるのだろうか」と言うときにこ

のことに触れている。人間の精液が不浄であるのは自然本性にしたがってではなく，情欲に染まっているかぎりにおいてである。しかし，この不浄な精液から懐胎された人間は，時として徳によって清い者として見出される。ちょうど冷たいものから熱いものを作ることがそれ自体において熱いものに属するように，不浄なものから清いものを作ることはそれ自体において清いものに属するので，次のように付加されている。真に自分自身によって清い「あなた以外の誰もできないのだ」。というのも，純粋性と清さはいかなる可能態性をもまた欠陥をも含まない神においてのみ完全な仕方で見出されるからである。それゆえ，いかなる仕方によってであれ清く純粋なものは何でも，その清さと純粋性を神から有しているのである。

第 14 章

---

  ⁵ 人間の日々は短く,その月日の数はあなたのもとにある。あなたが人間の終局を定めたのであり,誰もそれを無視することはできない。⁶ ちょうど日雇い労働者が望む日のような望んだ日が到来するまで休息するために,しばらく人間から退いてください。(14・5-6)

  「人間の日々は短い」等々。ヨブは神の人間に対する尊重に驚いたが,それは現在の生の状態を考えたときに人間が非常に弱く不幸な条件を有しているからである。しかし,もしこの世の生の後に,そこにおいて人間が永遠に生き続ける他の生が人間に保たれていることを考慮すれば,この驚嘆はやむ。それゆえ,ヨブは今からこのことを示そうとする。あたかも示そうと意図している事柄を提示するかのように,ヨブは「人間の日々は短い」と言って,現在の生の短さについてあらかじめ述べている。さらに,人間の生の長さそのものは神によって規定されることを示して,「その月日の数はあなたのもとにある」と言っている。これはちょうどわれわれがあるものの数を規定するときに,その数がわれわれのもとにあると言う場合と同様である。さらに,ヨブは神の規定の不変性を示して,「あなたが人間の終局を定めたのであり,誰もそれを無視することはできない」と言っている。というのも,神の規定は誤ることがないので,人間が神の規定よりも長くあるいは短く生きるということは不可能だからである。たとえ人間自身において考えたときに,この人間が今あるいはより以前に死ぬということは起こりうるとしても。というのも,人

間の生の終局は何らかの身体的な原因，たとえば身体の構成やこれに類するものによってあらかじめ定められており[1]，人間の生はそれを超えて引き延ばされることはありえないが，何らかの付帯的な原因によってそれより前に死ぬことがあるからである。しかし，すべてのものがそれに従属する神の摂理にしたがってあらかじめ定められた終局を，人間の生がより長くあるいはより短く持つことは決してできないのである。

さらに，ヨブは他の生に対する期待をあらかじめ述べて，「ちょうど日雇い労働者が望む日のような望んだ日が到来するまで休息するために，しばらく人間から退いてください」と言っている。ここで考察すべきことに，ちょうど太陽が昼の原因であるように，神は生の創始者である。しかるに，太陽が沈めば，昼が終わり夜が来る。それゆえ，神が退けば，神が人間に与えた現在の生は終わると考えられる。しかるに，現在の生は多くの混乱に満たされているので，このことにしたがって，人間について「多くの不幸に満たされている」（14・1）と言われている。また，労苦の終局は休息であると思われるので，ヨブは死を休息と呼んで次のように言っている。「休息するためにしばらく人間から退いてください」，すなわち死ぬために人間を生かすあなたの力を取り去ってください。しかし，人間の死は永遠に続くものではなく，再び不死なる生へと用意されたものであるので，人間の死の状態は，復活がどれほど延期されようとも，将来の不死の状態に比すれば短い。それゆえ，明瞭に「しばらく」と言われている。というのも，神は，もう戻ってくることのない仕方で滅びる他のものからは，しばらくではなく永遠に退くのであるが，復活するために死ぬところの人間からは，わずかな時間退くの

---

1) トマス『命題集註解』2巻19区分1問4項参照。

みだからである。上で地上における人間の生はちょうど報酬の時を待ち望む日雇い労働者の生のようなものであると言われたが[2]、人間の報いの時は、ヨブの友人たちが考えるように、この世の生におけるものではなく、人間が復活することによってそれへと用意されているかの生におけるものであるので、ヨブは次のように言っている。永遠にではなく、ちょうどそこにおいて報いを受けとる日雇い労働者の日が願望されるように、「望んだ日が到来するまで休息するために」、すなわち死ぬために。ここでヨブははじめて自らの意図を明らかにしている。すなわち、ヨブが現在の逆境が罰であることを否定しているのは、あたかも神が人間の行為に報いたりそれを罰したりしないと考えているからではなく、報いの時が本来的には他の生に存在するからである。

[7] 木には、切られても、再び生えその枝が茂るという希望がある。[8] もし地におけるその根が老い、その幹が朽ちて塵に戻ろうとも、[9] 水気にあえば芽を吹き、最初に植えられたときのように葉を作る。[10] 人間は死に裸にされ朽ち果てれば、どこに行ってしまうのか。[11] 海から水がなくなり川が干上がるように、[12] 人間は眠りにつけば起き上がることはない。天が破壊されるまで、人間はその眠りから覚めて起き上がることはない。(14・7-12)

「木には、切られても、希望がある」。ヨブは自らの見解を述べた後に、ここでそれを明らかにすることへと進むが、最初に示すのは、人間がこの世の生において明らかであることにしたがって、ある下級の被造物よりも悪い条件を有しているということである。というのも、木において特に明らかなように、それらは滅んだ後に回復するからで

---

2) 『ヨブ記』7章1節。

ある。ちょうど人間の生と同様に，木の生命は二つの仕方で滅びる[3]。すなわち，暴力によってと自然本性によってである。それゆえ，木の暴力的な死に関して次のように言われている。「木には，切られても，希望がある」，すなわち，再び回復することへの自然本性的な傾向性がある。というのも，もし木は接ぎ木されればそれ自体において「再び生える」からである。また，「その枝が茂る」。このことにおいて以前と同様の完全な生が回復されることが示されている。木の自然本性的な死に関して次のように続けられている。自然本性的な力の欠落のために栄養を引くことができないことから「もし地におけるその根が老い，その幹が朽ちて塵に戻ろうとも」，すなわち木のある部分が腐敗によって塵に戻ろうとも，「水気にあえば芽を吹き」，すなわち雨が降れば増殖する力を有している木の腐敗から芽を吹き，「最初に植えられたときのように葉を作る」。現在の生の経過においてこのようなことは人間には見出されないので，「人間は死に裸にされ朽ち果てれば，どこに行ってしまうのか」と続けられている。ここで人間が次第に失う三つのものが述べられている。第一は魂が身体から分離されることであり，これが「死ぬ」と言われていることの意味である。第二は身体の覆いや装飾であり，これらは時として死の後にも人間に残るが，後に人間はこれらのものから裸にされるのであり，これが「裸にされる」と言われていることの意味である。最後に身体の構成そのものもまた解体されるのであり，これが「朽ち果てる」と言われていることの意味である。これらのことが行われれば，感覚的に明らかないかなるものも人間については残らないので，可感的で物体的なもの以外は何ものも存在しないと信じている者にとっては，人間が完全に無に帰したと思われるの

---

[3]　アリストテレス『呼吸について』17章（478b24）参照。

である。それゆえ，ヨブはこのような者の疑いを表現して，「どこに行ってしまうのか」と言っている。

　考察すべきことに，ちょうど切られた木や老いた木について述べられたように，完全に滅んでいないものは回復しうると思われる。しかし，ちょうど海や川の水が完全に干上がった場合のように，そのうちの何ものも残らないところのものが再び回復することは不可能であると思われる。しかるに，人間は，すでに述べられたように，そのうちの何ものも残らないような仕方で死によって消滅すると思われる。それゆえ，このような理由によって，人間が再び生へと回復することは不可能であるように見えるのであり，このことが次のように続けられていることの意味である。「海から水がなくなり川が干上がるように，人間は眠りにつけば」，すなわち死ねば，死から「起き上がることはない」。不可滅のものが破壊されることと，完全に破壊されたものが再び回復されることは同じ不可能性に属するように思われる。しかるに，天は不可滅であるので[4]，次のように続けられている。「天が破壊されるまで，人間はその眠りから」再び生き返るかのように「覚めて」，生の業を遂行するために「起き上がることはない」。これはあたかも次のように言わんとするかのようである。ちょうど天が破壊されることが不可能であるように，死んだ人間が復活することもありえない。このように言われているのは，すでに述べられたように，人間については死後何ものも残らないと仮定されているからであり，この仮定にしたがって「どこに行ってしまうのか」（14・10）と言われたのである。あるいは，このことは，この物体的世界全体が壊滅し，再びそれが回復し，その回復において同じ人間が戻っ

---

4) アリストテレス『天体論』1 巻 6 章（270a12），トマス『神学大全』3 部 5 問 2 項参照。

てくると主張する者の見解に関係づけることができるのであり，その結果意味は次のようになる。この世界が持続するかぎり人間は死から復活しない。しかし，カトリックの信仰は，世界の実体ではなく，今あるこの世界の状態が滅びると主張するのであり，これは「この世の有様は過ぎ去る」（Ⅰコリ7・31）と言われていることによっている。それゆえ，この世界の有様の変化はここで天の破壊という表現によって理解される。というのも，死者の共通の復活は世の終わりにおいて期待されるからであり，これは「終わりの日の復活の時に復活することは知っている」（ヨハ11・24）と言われていることによっている。

[13] あなたの怒りが過ぎ去るときまで，誰がわたしを陰府において保護してくれるだろうか。わたしを思い起こす時を定めてください。[14] あなたは死んだ人間が再び生きることはないと思うのですか。今わたしが戦っているすべての日々において，わたしは自らの変化を期待している。[15] 呼んでくだされば答えます。あなたの手の業に右手を伸ばしてください。[16] あなたはわたしの足どりを数えたが，わたしの罪を赦してください。[17] あなたはわたしの罪を袋に隠したが，わたしの不正を治療してくださった。（14・13-17）

「誰がわたしを陰府において保護してくれるだろうか」等々。ヨブは感覚的に明らかである事柄から人間の復活について推測できることを示した後に，ここで復活について自らの見解を述べる。しかるに，もし人間が死によって決して生へと回復されないような仕方で滅びるとすれば，このことは非常に恐ろしく不幸なことだろう。というのも，すべてのものは自然本性的に存在することを欲するからで

ある[5]。それゆえ，ヨブは将来の復活についての自らの願望を示して次のように言っている。死の後に「誰がわたしを陰府において保護してくれるだろうか」，すなわちあなたはそれによって人間を保護する特別な気遣いの下にわたしを包含してくださる。死の時である「あなたの怒りが過ぎ去るときまで」。というのも，述べられたように，人間の死は生を保つ神の働きが取り去られることによって生じるからであり，それゆえ「しばらく人間から退いてください」（14・6）と言われたからである。なぜなら，神が人間から生の恩恵を取り去るとき，神は人間に対して怒ると思われるからである。このことの理由は，とりわけわれわれが最初の人間の罪から死が生じたことを信じているからである[6]。さらに，ヨブは陰府においても自らが保護されることを欲したが，それはいかにしてかを説明して，「わたしを思い起こす時を定めてください」と続けている。というのも，神が人間から生の恩恵を取り去るときに神は人間を忘れているが，神が人間を生へと戻すときに神は人間を思い起こすからである。それゆえ，神が死んだ人間を思い起こす時を定めることは，復活の時を定めることに他ならない。このことが保護と名付けられているのは適切である。というのも，職人は，作品が解体されたとき，同じ材料からたとえば家やこれに類する何らかの建造物を再び回復させようと意図していなければ，解体された建造物の材料についていかなる気遣いも払わないと思われるが，その材料から建造物を回復させようと意図しているときには，

---

5) アリストテレス『生成消滅論』2巻10章（336b27），トマス『命題集註解』3巻22区分1問1項異論5，ボエティウス『哲学の慰め』3巻（PL 63, 774B），トマス『命題集註解』4巻49区分1問2項小問1参照。

6) 『ローマの信徒への手紙』5章12節，トマス『神学大全』2-1部85問5項反対異論参照。

それが滅びることのないように慎重に守るからである。それゆえ，ヨブはこの防御を保護と呼んだのである。

　それゆえ，ヨブは復活についての自らの願望を表現した後に，願望が時として不可能な事柄に関わることよりして，自らの望んだことがいつか起こりうるのかどうかを問いの形で提示して，「あなたは死んだ人間が再び生きることはないと思うのですか」と続けている。さらに，このことについてヨブ自身がいかに考えているかを示して，「今わたしが戦っているすべての日々において，わたしは自らの変化を期待している」と言っている。ここで以下のことを考察すべきである。ヨブは上で地上における人間の生を兵役ないし日雇い労働者の日々に比した。というのも，兵士も日雇い労働者も現在の生の状態の後に何らかのものを期待するからである。それゆえ，ヨブはちょうど上で復活の状態を日雇い労働者の希望する日によって表現したように，今は兵士の比喩の下に同じことを示している。注目すべきことに，ヨブは望んだ目的をこの世の生の時間のある部分において期待しているのではない。というのも，ヨブは「今わたしが戦っているすべての日々」と言って，この世の生のすべての日々を兵役の状態のようなものと見なしているからである。さらに注目すべきことに，ヨブはこの世の生に似た他の生を期待しているのでもない。というのも，そのときにはかの生もまた兵役のようなものとなるからである。そうではなく，ヨブが期待しているのはそのうちで戦うことのない勝利した生であり，それゆえ「わたしは自らの変化を期待している」と言っているが，これはあたかも次のように言わんとするかのようである。わたしはこの世の生においてその全体にわたって戦い，変化，労苦，苦悩の下にあったが，わたしはいかなる労苦や苦悩もない他の生の状態に変えられることを期待する。この変化について，使徒は「われわれはみな復活するが，われわれ

がみな変えられるわけではない」（Ⅰコリ 15・51）と言っている。

　人間がその自然本性的な力によって他の生の状態へと変えられると人が信じることのないように，ヨブはこのことを排除して「呼んでくだされば答えます」と続けているが，これはあたかも次のように言わんとするかのようである。将来の変化はあなたの声の力あるいはあなたの命令から起こるのであり，これは「墓の中にいる者はみな神の子の声を聞くが，聞いた者は生きるであろう」（ヨハ 5・28）と言われていることによっている。というのも，呼ぶことは命令に属し，答えることは被造物が創造主に従うという従順に属するからである。しかし，死者たちは神の命令に対して生へと復活するのみならず，ある種のより高い状態へと変えられるのであり，このことは神の力によって起こる。このことのために，「あなたの手の業に右手を伸ばしてください」と続けられているが，これはあたかも次のように言わんとするかのようである。復活した人間は自然の業ではなく，あなたの力の業である。その業にあなたの助ける右手を伸ばすとは，あなたの恩恵の助けによって新しい栄光へと高められるという意味である。あるいは，「呼んでくだされば答えます」と言われていることは，身体の回復に関係づけることができる。対して，「あなたの手の業に右手を伸ばしてください」と続けられていることは，自然本性的に自らの身体と結合することを欲する魂に関係づけられる。神が魂に助ける右手を伸ばすとは，魂がその力によって獲得できないものを神の力によって獲得するという意味である。

　それゆえ，ヨブは死者の将来の復活について自らの見解を述べた後に，上で驚嘆したこと，すなわち神が人間の業を非常に注意深く考慮していること——というのも，「わたしのすべての小道を見，わたしの足跡を考察された」

（13・27）と述べられているからである——へと話を戻す。これに関して、「あなたはわたしの足どりを数えた」と続けられているが、これはあたかも次のように言わんとするかのようである。もしあなたが人間の行為をこれほど慎重に調べていても、それが人間を他の生へと保つためであるとすれば、もはや驚くべきことではない。しかるに考察すべきことに、神の摂理は二つのことにしたがって人間の行為に注目する。第一は人間の行為を調べることであるが、これは「あなたはわたしの足どりを数えた」と言われていることにおいて示されている。というのも、細心の注意を払って所有しているものについてわれわれはそれを数えるからである。しかし、神が弱い人間の行為をこれほど慎重に調べていることは非常に厳格であると思われることのないように、ヨブは続けて神が赦すことに傾きやすいことを示唆して、「わたしの罪を赦してください」と言っているが、これはあたかも次のように言わんとするかのようである。たとえあなたが数えるとしても、わたしはあなたに赦してもらえるという希望を保つ。第二は神が人間の善と悪に報いるために人間の善行と悪行を記憶にとどめることであるので、「あなたはわたしの罪を袋に隠した」と続けられている。というのも、人は袋に隠すものを慎重に保つからである。しかし、この保存が神の憐れみを排除することのないように、「あなたはわたしの不正を治療した」と続けられているが、これはあたかも次のように言わんとするかのようである。あなたは悔い改めることによって罪を治療するような仕方で罪に対する罰を科した。

[18] 山は崩れ落ち、岩はその場所から移され、[19] 水は石を穿ち、地は浸食によって次第に消滅する。それゆえ、あなたはこれらと同じように人間をも滅ぼされるのか。[20] 人間が永遠に過ぎ去るために、あなたは彼をわずかの間強めた

のか。彼の顔を変えたのに，追い払うのか。[21] 人間はその子らが高貴なものであるか卑しいものであるかを理解しない。[22] その肉は生きているかぎり苦しみ，その魂は自分自身について悲嘆するだけだ。(14・18-22)

「山は崩れ落ち，岩はその場所から移される」。ヨブは将来の復活について自らの見解を述べた後に，ここでは蓋然的な論拠によってそれを固めようとする。第一の論拠は，人間の，いかなる回復の希望もなく完全に消滅する下級な被造物に対する比較から採られる。生じるものはすべて壊滅に従属している。それゆえ，山はたとえ非常に堅固に見えようとも，一定の時間を経れば一定の原因によって崩壊する。このことが「山は崩れ落ちる」と言われていることの意味である。岩もまたたとえ非常に強固に見えようとも，あるいは暴力によって，あるいは何らかの自然的な原因によって破壊される。このことが「岩はその場所から移される」と続けられていることの意味である。石もまたたとえ非常に頑強に見えようとも，水によって穿たれる。このことが「水は石を穿つ」と続けられていることの意味である。地もまたたとえ非常に安定しているように見えようとも，その状態は次第に変化する。このことが「地は浸食によって次第に消滅する」と続けられていることの意味である。人間の壊滅の理由とすでに述べられた事物の壊滅の理由が同じであることは不適切である。それゆえ，いわば不適切な結論として，「それゆえ，あなたはこれらと同じように人間をも滅ぼされるのか」と言われているが，これはあたかも次のように言わんとするかのようである。ちょうど他の物体的な被造物と同じように人間が破壊されることは適切ではない。というのも，すでに述べられた被造物は完全に破壊されるので，数において同一のものが回復されることはないが，人間はたとえ身体にしたがっては滅びるとしても，物体的なもののすべての類を超える魂にした

がっては不可滅な者としてとどまるのであり，こうして回復の希望が残るからである。

　次いでヨブは同じことに関して人間の固有性から採られた論拠を導入する。人間は二つの点ですべての下級な被造物に優っている。一つは業を為す力である。というのも，人間は自由意志によって自らの行為の主人であり，このことはいかなる他の物体的な被造物にも適合しないからである。このことにしたがって，人間はいかなる物体的被造物よりも強力であり，それゆえ他のものを自分自身のために使用するのである。人間が優れているもう一つの点は知性的認識である。これは精神のうちに存在するが，その何らかのしるしは身体，特に顔において明らかであって，人間は他の動物とは非常に異なった顔を持っているのである。これら二つの点から明らかなことは，人間が他のもののように永遠に存在しなくなるような仕方で滅びることはないということである。それゆえ，これらのうちの第一の点に関して，「人間が永遠に過ぎ去るために，あなたは彼をわずかの間強めたのか」と言われているが，これはあたかも次のように言わんとするかのようである。後に永遠に存在しなくなるにもかかわらず，あなたがこれほどの力を人間にわずかの時間与えたということは不適切である。というのも，人がわずかの時間それを使用し，後に完全に放棄するために最も強力な道具を作ったとすれば，その者は愚かだと思われるからである。しかるに，いかなる物体的な被造物の力も限定された結果へと規定されているが，自由意志の力は無限の働きに関係している。それゆえ，このこと自体が魂の力に関してそれが永遠に存続することを証明しているのである。第二の点，すなわち知性に関しては，「彼の顔を変えたのに，追い払うのか」と言われているが，これはあたかも次のように言わんとするかのようである。あなたが彼の顔を変え，すなわち他の動物とは異なるもの

にしながら，他の動物と同じように戻って来ないものとして，彼を生の状態から永遠に追放することは不適切である。しかるに，理性的被造物に固有のものである顔によって知性的認識が理解されるのが常である[7]。また，哲学者たちによって証明されているように[8]，知性的認識は不可滅の実体にのみ適合することが可能である。

　人間は死後生へと戻ってくることがないとしても，何らかの仕方でその子らのうちに生きるかぎりにおいて，永遠に過ぎ去ることはないと言う者がいるかもしれない。このことは上で述べられた「再び他のイグサが地から芽を出すことがイグサの道の喜びである」（8・19）というビルダドの言葉にも通じるものである。この答えを排除して，ヨブは「人間はその子らが高貴なものであるか卑しいものであるかを理解しない」と続けているが，これはあたかも次のように言わんとするかのようである。人間は知性によって永遠なる善を捉えるので，自然本性的にそれを欲求する。しかし，もし人間が死によって永遠に存在しなくなるような仕方で完全に消滅するとすれば，子孫の継続における善は知性的欲求を満たすことができない。というのも，知性的欲求は理解された善においてのみ休息するからである。しかるに，もし人間が死によって完全に存在することをやめるなら，人間は子孫の継続における善を，生きている時にも死の後にも理解することができない。それゆえ，人間の知性的欲求はこのような善の永遠性にではなく，自分自身のうちにある善ないし悪に向かうので，「その肉は生きているかぎり苦しみ，その魂は自分自身について悲嘆するだけだ」と続けられている。ここでヨブは二つの苦しみを区別している。一つは感覚の把捉における肉の苦しみであ

---

7) アリストテレス『動物誌』1巻8章（491b9）参照。
8) 同上，『霊魂論』3巻7章（429a18, b5）参照。

り,もう一つは知性ないし想像力の把捉による魂の苦しみである。後者は本来的には悲しみと言われるが[9],ここでは悲嘆と名づけられている。

---

9) アウグスティヌス『神の国』14巻7章(PL 41, 411),トマス『真理論』26問4項異論4,『神学大全』2-1部35問2項異論1参照。

第 15 章

^{1} テマン人エリファズは答えて言った。^{2} どうして知恵のある者が風に向かって語るように答え，激情でその腹を満たすだろうか。^{3} あなたはあなたと等しくない者を言葉によって非難し，あなたにとって有益ではないことを語る。^{4} あなたにおいて主に対する恐れと祈りは消えてしまった。^{5} あなたの不正があなたの口を教え，あなたは冒瀆する者の言葉を真似る。^{6} わたしではなくあなたの口があなたを断罪し，あなたの唇があなたに答えるだろう。^{7} あなたは最初の人間として生まれ，すべての丘に先立って形成されたのか。^{8} あなたは神の思慮を聞いたのか。神の知恵はあなたより下級のものであるのか。^{9} あなたが知っていることをわれわれが知らないというのか。あなたが理解することをわれわれが理解しないというのか。^{10} われわれのうちには長老も老人もおり，彼らはあなたの父祖たちよりも年上である。^{11} 神があなたを慰めることが大きなことなのか。しかし，あなたの曲がった言葉がこれを妨げている。^{12} どうしてあなたの心はあなたを高く上げ，あたかも偉大なことを考えているかのように呆然とした目をしているのか。^{13} どうしてあなたの霊は神に対して興奮し，あなたの口はこのような話を述べたてるのか。(15・1-13)

「テマン人エリファズは答えて言った」。ヨブの言葉を聞いたエリファズは，その見解の深さに対して答えるのではなく，ヨブによって発せられたある言葉を中傷によって非難しようとした。すなわち，エリファズはヨブの言葉を表面的にのみ考察し，その洞察の深さにしたがって考察する

ことがなかったのである。エリファズは第一に，ヨブがその言明の冒頭で「あなたたちと同様わたしにも心があり，あなたたちに劣ってはいない」（12・3）と言ったことに関して，二つの点で彼に汚名を着せる。第一は空しい栄光についてであるが，これはヨブが自分自身を推賞したからである。このことが「どうして知恵のある者が風に向かって語るように答えるだろうか」と言われていることの意味である。というのも，栄誉を得ようとして言葉を構成する者が風に向かって語ると思われるからである。第二は怒りについてであるが，これはヨブが「あなたたちのみが人間だろうか」（12・2）等々と言うときに，叱責することによって語り始めたことによっている。それゆえ，「激情でその腹を満たすだろうか」，すなわち怒りによって自らの魂を満たすだろうかと続けられている。

次いで，エリファズはヨブが「わたしは神と議論したい」（13・3），さらに「ただ二つのことをわたしになさらないでください，そうすればわたしはあなたの顔から隠れはしません」（13・20）等々と言ったことについて，多くの点で彼に汚名を着せる。第一は傲慢についてであるが，これはヨブが自らより偉大なものと論争しようとしたからである。このことが，「あなたはあなたと等しくない者を言葉によって非難する」と言われていることの意味である。第二は愚かさについてであるが，これはエリファズがこのような議論を有害であると見なしていたことによっている。それゆえ，あなたは神と議論することによって，「あなたにとって有益ではないことを語る」と続けられている。さらに，エリファズはなぜ神と議論することが有益ではないかを，このような議論が非常に必要な二つのことを排除するように見えることから示している。第一は神に対する恐れである。というのも，ある者を恐れる者は敢えて彼と論争しようとは思わないからであり，それゆえ，ヨ

ブもまた上で「あなたの力がわたしを脅かさないようにしてください」(13・21) と言っているのである。このことからして，エリファズはここで「あなたにおいて主に対する恐れは消えてしまった」と続けている。というのも，あなたは自分自身から神に対する恐れを排除しようとしているからである。第二は神に対する祈りである。というのも，ある者と論争することとその者に請い求めることは同一の者に属さないからである。それゆえ，エリファズは上で「それゆえ，わたしなら，主に嘆願するだろう」(5・8) と言ったことに対して，「あなたにおいて主に対する祈りは消えてしまった」と続けている。ヨブが神と議論しようとしたのは傲慢によるものではなく真理への信頼によるものであったが，エリファズはこのことが不正に由来するものであると軽率に判断して，「あなたの不正があなたの口を教える」と続けている。このことはヨブが冒瀆するという結果から明らかであるので，さらに「あなたは冒瀆する者の言葉を真似る」と続けられている。というのも，冒瀆する者は神の義を否定する者のことであるため，冒瀆する者の言葉を真似る者とは神の義について神と議論する者のことだからである。なぜなら，ある事柄について議論することはその事柄を疑っている者に属すると思われるが，疑う者は否定する者に近いからである。

　エリファズはヨブの議論に対して語ろうとして，ヨブが他の非難者を必要とせずヨブの言葉そのものが彼の悪意を示しているほどに明らかに悪しき仕方で語ったと言っている。このことが，「わたしではなくあなたの口があなたを断罪し，あなたの唇があなたに答えるだろう」と言われていることの意味であり，これはあたかも次のように言わんとするかのようである。あなたの言葉はそれに答える他の者を必要とせず，その言葉そのものにおいて滅びるだろう。しかし，エリファズはすでに述べられた議論が不適切

であることを多くの仕方で示している。第一はヨブのすべての被造物に対する比較によってである。というのも，もしある被造物が神と論争することができるとすれば，このことはとりわけ第一の最も卓越した被造物にふさわしいのであって，ヨブには適合しないので，「あなたは最初の人間として生まれ，すべての丘に先立って形成されたのか」，その結果全人類あるいは全被造物に代わって神と議論することがあなたにはふさわしいのかと言われている。第二はヨブの神に対する比較によってである。しかるに，ある者とその行為について適切な仕方で議論できるのは，議論の相手がそのように働いた理由を認識している者だけであるが，その理由を認識するのに二つの方法がある。一つはその者から学ぶことによってであり，もう一つはより上級の知恵によって他の者の行為について裁くことによってである。しかし，人間の神に対する比較において両者ともヨブには適合しない。このことが，第一の点に関して「あなたは神の思慮を聞いたのか」と言われ，第二の点に関して「神の知恵はあなたより下級のものであるのか」と言われ，このようにしてあなたは神と議論することができるのかと言われていることの意味である。第三はヨブの他の人間に対する比較によってである。ヨブは彼らよりも知恵があるように見えないので，自らが他の人間よりも偉大な知恵を有しているという信頼から敢えて神と議論しようとは思わなくなるからである。それゆえ，信仰と啓示によって「あなたが知っていることをわれわれが知らないというのか」，自然本性的な認識によって「あなたが理解することをわれわれが理解しないというのか」と言われている。ヨブが他の者から受けとった知識について自慢するかもしれないので，「われわれのうちには」知識と生の権威において卓越した「長老も」，時間において年をとった「老人もおり」，「彼らはあなたの父祖たちよりも」すなわちあなたが知識

を受けとった教師よりも，あるいは文字的意味においてはあなたを生んだ者たちよりも「年上である」と言われている。エリファズは年をとればとるほど知恵も偉大なものになると理解しようとしている。というのも，長い時間の経験によって人はより知恵ある者となるからである[1]。第四に，エリファズはヨブ自身の側から彼の神との議論が適切ではないことを示そうとする。第一に，神との議論はヨブにとって有害だからである。それゆえ，エリファズは上で「あなたはあなたにとって有益ではないことを語る」(15・3)と述べたことを説明して，「神があなたを慰めることが大きなことなのか」と言っているが，これはあたかも次のように言わんとするかのようである。あなたを繁栄の状態へ戻すことは神にとって容易なことである。というのも，上で述べられたように，「神は傷つけても，包む」(5・18)からである。「しかし，あなたの曲がった言葉がこれを妨げている」，すなわちあなたの曲がった言葉は神の怒りをよりいっそうあなたに対して駆り立てている。第二に，エリファズは神との議論が空しく傲慢なものであることを示そうとする。エリファズはあたかも上で「どうして知恵のある者が風に向かって語るように答えるだろうか」(15・2)と述べたことを説明するかのように，「どうしてあなたの心はあなたを高く上げるのか」，すなわちあなたの知恵について思い上がるほどの傲慢によって高く上げるのかと続けている。「あたかも偉大なことを考えているかのように呆然とした目をしているのか」と続けられているときに，傲慢のしるしが示されている。というのも，人は何か偉大で驚くべきことを考察しているときに茫然自失となるからであり，ここから呆然とした目を有するからであ

---

[1] アリストテレス『ニコマコス倫理学』6巻7章(1142a15)参照。

る。第三に、エリファズはヨブの議論が図々しく不敬虔なものであることを示そうとする。それゆえ、あたかも上で「あなたはあなたと等しくない者を言葉によって非難する」（15・3）と述べたことを説明するかのように、「どうしてあなたの霊は神に対して興奮し、あなたの口はこのような話を述べたてるのか」、すなわちこのような話によって神を議論へと駆り立てるのかと続けている。

[14] 人間が汚れなき者でありえようか。女から生まれた者が義人に見えようか。[15] 見よ、神の聖なる者のうちでも変わらない者はいない。天もまた神の目には清いものではない。[16] まして、あたかも水を飲むように不正を為す人間は、どれほど忌み嫌われ無益な存在であろうか。（15・14-16）

エリファズはヨブが神を議論へと駆り立てたこと——これは知恵についての高慢に属すると思われる——について非難した後に、今やヨブが「もしわたしが裁かれたなら、わたしは正しい者として見出されることを知っている」（13・18）と言ったことを受けて、義についての高慢を非難しようとする。第一に、エリファズは人間が罪を避けることを困難とする人間の弱さという条件から義についての高慢を攻撃しようとする。それゆえ、「人間が汚れなき者でありえようか」と言われている。さらに、人間は善を働くことをも困難とすることから、「女から生まれた者が義人に見えようか」と続けられている。というのも、「義の横溢において最も大きな力がある」（箴 15・5）と言われているが、この最も大きな力は弱い存在である女から生まれた者には適合しないと思われるからである。第二に、エリファズはより高貴な被造物との比較から同じことを攻撃する。それゆえ、「見よ、神の聖なる者のうちでも変わらない者はいない」と続けられているが、これは天使たちもまた固有の自然本性によってではなくただ神の恩恵の賜

物によってのみ罪に傾かないことが可能であるという意味である。さらに，物体のうちで最も純粋な「天もまた神の目には清いものではない」，すなわち神に比すれば清いものではない。というのも，天は質料的かつ物体的で可変的だからである。第三に，エリファズはヨブ自身の固有の条件から同じことを攻撃する。それゆえ，あたかも上で述べられたことから結論づけるかのように次のように言っている。「まして」，罪によって「どれほど忌み嫌われ」，義の欠陥によって「どれほど無益な存在であろうか」，「あたかも水を飲むように不正を為す人間は」，すなわち無のようにいかなる規制もなく不正を犯す者は。というのも，酒を飲む者は酔わないように何らかの規制と共に飲むが，水を飲む場合にはこのようなことは行われないからである。それゆえ，エリファズはこのことにおいてヨブ自身について，ちょうど人が容易かつ迅速に水を飲むように，ヨブもまた容易に不正へと傾くと考えているのである。

[17] わたしはあなたに示そう，聞くがよい。わたしが見たところをあなたに語ろう。[18] 知恵ある者は告白し，その父祖たちを隠さない。[19] 彼らにのみ地は与えられ，異国の者が彼らを侵すことはなかった。[20] 不敬虔な者はそのすべての日々において傲慢で，その暴政の月日の数ははっきりしない。[21] 彼の耳には常に恐怖の音が響き，平和な時にも彼は策略を疑う。[22] 彼は闇から光へと戻りうることを信じず，至るところに剣を見出す。[23] 彼はパンを求めて動いても，その手には闇の日々が用意されていることを知る。[24] 艱難が彼を脅かし，苦悩が彼を取り囲む。ちょうど戦いを控えた王のような彼を。[25] というのも，彼は神に対して手を伸ばし，全能者に対して力を示したからである。[26] 彼は神に対して太った首を上げて走った。[27] 彼の顔は脂肪に覆われ，彼の腹には贅肉がついていた。（15・17-27）

「わたしはあなたに示そう，聞くがよい」等々。エリファズはヨブが神を議論へと駆り立てたことと自らの義について高慢になっていることを非難した後に，今や議論において述べられた言葉，とりわけ「なぜあなたはわたしを敵と見なされるのか。あなたは風に吹き飛ばされる葉に対してその力を示すのか」(13・24) と「あなたはわたしに足かせをはめた」(13・27) 等々と言われていることについてヨブを非難する。まず，エリファズは注意を喚起して次のように言っている。あなたが神に尋ね求めたことを，「わたしはあなたに示そう」，注意して「聞くがよい」。さらに，エリファズはどこから示すことができるかを明らかにして次のように続けている。「わたしが見たところを」，すなわち自らの知性によって見出したことを「あなたに語ろう」。さらに，エリファズは他の者から聞いたことを述べるのを恥じないとして，他の者の権威を示して，「知恵ある者は告白し，その父祖たちを隠さない」と言っているが，知恵ある者は父祖たちから知恵を受けとっていたのである。というのも，他の者から受けとったものを自分自身に帰することは愚かな者や傲慢な者に属するからである。また，エリファズはなぜ彼らが隠されるべきではないかを彼らの権威から示して，「彼らにのみ地は与えられた」と続けている。このことは無差別に同じ意味において知恵ある者にもその父祖たち——エリファズは彼らもまた知恵ある者として理解されることを望んでいた——にも関係づけることができる。すなわち，知恵ある者に地が与えられたと言われるのは，彼らが地上的善の主人でそれを自らの善のために利用するからであり，愚かな者は自らの害となるような仕方でそれを利用するからであり，これは「被造物は愚かな者の足にとっては罠となるように造られた」(知14・11) と言われていることによっている。さらに，彼らの権威を示すために，「異国の者が彼らを侵すことはな

かった」と続けられている。というのも，知恵に疎遠な者は知恵ある者の交わりに数えられることがないからである。あるいは，知恵ある者は外部の者によって助けられることがないからである。というのも，異国の者が侵すと言われるのは，何らかの異国の者によって打ち負かされ従属させられる者についてだからである。

　エリファズは聞く者の注意を喚起した後に，議論するヨブの言葉に対して答えようとするが，彼はそれらの言葉から二つのことを理解していた。第一はヨブが，あたかも神が彼を迫害し彼に罠を仕掛けるかのように，苦悩と恐れのうちに生きていたことである。というのも，ヨブは「なぜあなたはわたしを敵と見なされるのか」（13・24），さらに「あなたはわたしのすべての小道を見た」（13・27）と言っていたからである。第二に，エリファズはヨブが自らの破滅について疑っていると考えていた。というのも，ヨブは「あなたはわたしに対して苦難を書き記し，若いときの罪のためにわたしを滅ぼそうとするのか」（13・26）と言っていたからである。それゆえ，エリファズはまず第一の点に対してここで，次に第二の点に対して，「彼は荒廃した町に住む」（15・28）と言われているときに語ろうとする。それゆえ，第一にエリファズは，いかなる根からすでに述べられた疑いがヨブの心に生じたかを示している。すなわち，それはヨブの不敬虔と人を害しようという意志であるので，次のように言われている。「不敬虔な者はそのすべての日々において傲慢である」，すなわち神に対抗して人間を害しようと思い上がっている。その日々と言われるのは，その生の日々ということではなく，その力を行使しているあるいは繁栄している日々ということである。しかし，人を害しようという意志は人間にとって自分自身に由来するが，その力は神に由来するので，どれほどの期間その不正な意志を為す力が与えられるかということを知る

ことはできない。それゆえ,「その暴政の月日の数ははっきりしない」と続けられている。この不確実性から疑いと恐れが生じるが,エリファズは続いてこの疑いについて記述して,「彼の耳には常に恐怖の音が響く」と言っている。というのも,不敬虔な者はいかなる騒音に対しても,あたかも何者をも信用しないかのように,自らに対して何かが用意されているのではないかと恐れるからであり,それゆえ「平和な時にも彼は策略を疑う」と続けられている。すなわち,いかなる者も彼に対して策略を企てていないにもかかわらず,彼はそれによってすべての者を害する用意がある自らの不敬虔な意志のために,すべての者について恐れるのである。

　人が自らの敵を恐れるとき,たとえ一時的には屈していたとしても,友人の助けによって解放を希望することができる。しかし,いかなる者をも信用せずすべての者を恐れている者は,圧迫の後に解放されることを希望することができない。それゆえ,「彼は闇から光へと」,すなわち逆境の状態から繁栄の状態へと「戻りうることを信じない」と続けられている。さらに,彼は「至るところに剣を見出す」,すなわちあらゆるところから敵が自らに迫っているのを見る。このことは,ヨブが「腐敗して死ぬべき身であり,虫に食われる衣服のようなこのわたしに対して」(13・28) と言ったために,特別に言われている。というのも,エリファズはこの言葉からヨブが自らの解放について絶望していることを理解したからである。しかし,時としてある暴君が,たとえすべての外部の者を恐れていたとしても,家族の者や同じ家に住む者を持ち,彼らによって安全に保たれるということが起こる。だが,不敬虔な者はその悪意の充満によって自らの家の中で共に生きている者をも恐れるのであり,「彼はパンを求めて動いても,その手には闇の日々が用意されていることを知る」と続けられてい

る。すなわち死の日々がという意味であり，これはあたかも次のように言わんとするかのようである。不敬虔な者はそこにおいて外部の者と交わらなければならない外的な行為においてのみならず，飲食やそれに類することのような家庭内の行為においてもまた，家の者によって自らに死が用意されると信じて策略を疑うのである。彼はこのようにしてすべての者を恐れているので，休息することなく，恐れている人々に対して常に策略をめぐらしているので，恐れの機会がますます増大する。それゆえ，他の者によって自らに差し迫った「艱難が彼を脅かし」，あらゆることに対する心の恐れによって「苦悩が彼を取り囲む」と続けられている。「ちょうど戦いを控えた王のような彼を」。というのも，戦いを控えた王は敵を破壊しようと企てたことが失敗に終わらないように恐れによって苦しめられるからである。

　エリファズは不敬虔な者や暴君がいかなる過失によって恐れに関するこれほど大きな不幸へと至るかを示して，次のように続けている。というのも，「彼は神に対して手を伸ばし」，すなわち神に反して行為し，「全能者に対して力を示した」，すなわち自らに与えられた力を神に抗して使用したからである。さらに，エリファズは彼がいかにして神に反して行為したかを示して，「彼は神に対して首を上げて走った」と続けているが，これは傲慢によって立ち向かったという意味である。というのも，人間は謙遜によって従属すべき神に傲慢によって最も抵抗するからであり，これは「神から離反することが人間の傲慢の始まりである」（シラ 10・14）と言われていることによっている。ちょうど神を愛する者が神に従う意志の迅速さのために神の道を走ると言われるように，傲慢な者もまた霊の高ぶりのために神に抗して走ると言われる。しかるに，傲慢は

時間的なものの充満から生じるのが常であるので[2]、「太った首を上げて」神に反して傲慢に振る舞ったと言われている。というのも、脂肪は体液の過剰から生じるので、太った首によって時間的なものの充満が意味されているからである[3]。しかるに、謙遜が知恵の始まりであるように[4]、傲慢は知恵の妨げであるので、「彼の顔は脂肪に覆われていた」と続けられている。というのも、顔の覆いによって認識の妨げが意味されているからである。傲慢の原因である豊かさが彼において見出されるだけでなく、それは彼の近くにいる者にも派生するので、「彼の腹には贅肉がついていた」と続けられている。エリファズがこれらすべてのことによって示そうとしたのは次のことである。ヨブは豊かさから傲慢に陥り、傲慢によって神に反抗し人間に暴政を働いたので、神が自らに対して敵対し策略をめぐらしているのではないかと疑うようになったというのがそれである。

²⁸ 彼は荒廃した町に住み、廃墟と化した見捨てられた家に住む。²⁹ 豊かにされることなく、その財産は保たれることなく、その根は地に伸びない。³⁰ 闇から逃れることなく、その枝は火によって焼かれ、自らの口の風によって取り去られる。³¹ 彼は誤りによって欺かれて、何らかの代償によって買い戻されることを信じない。³² 彼はその日々が満たされる前に滅び、その手は干からびる。³³ 未熟な実を荒らされるぶどうの木、花を落とすオリーブの木のようになる。³⁴ 偽善者が集めたものは不毛で、贈り物を喜んで受ける者の天幕を火が焼き尽くす。³⁵ 彼は憎しみを孕み、不

---

2) 『標準的註解』「ヨブ記」21 章 24 節参照。
3) アラヌス・デ・インスリス『区別』Pinguedo の項（PL 210, 901A）参照。
4) 『箴言』11 章 2 節参照。

正を生み，その腹は欺きを用意する。(15・28-35)

「彼は荒廃した町に住む」等々。エリファズは不敬虔な者がその繁栄の状態においてもなお蒙る恐れの苦悩を示した後に，ヨブが「あなたはわたしに対して苦難を書き記し，若いときの罪のためにわたしを滅ぼそうとするのか」(13・26) と言っていることから，今や逆境に置かれた者がそれによって消滅する苦難について語ろうとする。エリファズが他の苦難のうちでも第一に挙げるのが逃亡である。しかるに，住むことのできる隠れた場所を求めるのが逃亡者の習わしであるので，「彼は荒廃した町に住み，廃墟と化した見捨てられた家に住む」と言われている。というのも，このような場所は逃亡者の住みかとなるのが常だからである。第二の苦難は富が奪われることであり，次のように言われている。「豊かにされることなく」，すなわち彼は新たに富を獲得することなく，「その財産は保たれることがない」，すなわち以前獲得した富を保つことができない。第三の苦難は回復の不可能性であり，「その根は地に伸びない」と言われている。というのも，木はたとえ引き抜かれても，再び植えられて地に根を伸ばすことができれば繁茂するが，もし地に根を伸ばすことができなければ再び茂ることはできないからである。あたかもこのことを説明するかのように，逆境の状態である「闇から逃れることはない」と続けられている。光へと戻ることのない理由を示して，「その枝は火によって焼かれる」と続けられている。というのも，木はたとえ引き抜かれても，枝に活力があれば，接ぎ木されたり植えられたりすることができるので回復の希望が残るが，もし枝が焼かれてしまったら，いかなる回復の希望も残らないからである。しかるに，人間の枝とは子孫や他の近しい人物のことであり，彼らによって人間は時として逆境の状態から立ち上がる。しかし，ヨブの子らは殺され，その家族も滅んでおり，さらに

ヨブ自身が病気によって圧迫されていた。エリファズはこのことを示唆して,「その枝は自らの口の風によって取り去られる」と続けている。すなわち,自らの傲慢な言葉によってということであり,その結果不敬虔な者はいかなる仕方においても回復を希望することができず,傲慢な言葉によって攻撃した神によっても見捨てられる。それゆえ,「彼は誤りによって欺かれて,何らかの代償によって買い戻されることを信じない」と続けられている。すなわち,彼は何らかの助けによって艱難から解放されることを信じないという意味である。第四の苦難は生の短さであり,次のように続けられている。「彼はその日々が満たされる前に滅び」,すなわちその生涯の時間が完成される前に死に,「その手は干からびる」,すなわちその子孫と近くにいた者は滅びる。エリファズはこのことの例を付加して,「未熟な実を荒らされるぶどうの木のようになる」と言っている。この被害は寒さによって起こるのが常であるので,この例によって外的な迫害が意味されている。さらに,「花を落とすオリーブの木のようになる」と言われているが,このことは何らかの内的な原因から起こるのが常であるので,この例によって逆境を蒙っている者自身の過失が意味されている。それゆえ,この過失について次のように続けられている。「偽善者が集めたものは不毛で」,すなわち偽善者によって集められるものは実を結ぶことなく,「贈り物を喜んで受ける者の天幕を火が焼き尽くす」。というのも,時として神の判断によって,悪しき仕方で獲得されたものが容易に滅びることが起こるからである。エリファズがこのように言うのは,ヨブに強欲と偽善の汚名を着せるためであり,あたかもこれらの罪のためにヨブに逆境が起こったと言わんとするかのようである。さらに,エリファズは第三の罪,すなわち欺きを付加して次のように言っている。「彼は憎しみを孕む」,すなわち自らの心においてい

かにして他の者に憎しみを与えようかとあらかじめ考える。さらに，彼の考えが生まれることは不正な仕方で害が与えられることであるので，「不正を生む」と続けられている。続いて，このことを完成する方法を付加して，「その腹は欺きを用意する」と言われている。というのも，明らかな仕方によってではなく欺きによって他の者に害を与えることが偽善者のやり方だからである。腹によってそこにおいて霊的な概念が生じる心が理解される。それはちょうど腹において身体的な懐胎が行われるのと同様である。

第 16 章

¹ ヨブは答えて言った。² わたしはこのようなことを繰り返し聞いた。あなたたちはみな慰める者でありながら煩わしい。³ 風のような言葉に終わりがあるのか。あなたが語るとき，あなたにいかなる苦しみがあるのか。⁴ わたしもまたあなたたちに同じようなことを語ることができる。あなたたちの魂がわたしの魂であったらよかったのに。⁵ わたしもまたあなたたちを言葉によって慰め，あなたたちの上に頭を上げ，⁶ わたしの口によってあなたたちを強め，唇を動かしただろう。あたかもあなたたちを赦すかのように。⁷ しかし，もし語っても苦しみはやまず，黙っていても苦しみは去らないなら，わたしはどうすればよいのか。⁸ 今やわたしの苦しみはわたしを圧迫し，わたしの肢体はすべて無に帰した。⁹ わたしのしわがわたしに対して証言する。わたしの顔に対して虚偽を語る者が起こり，わたしに反対する。¹⁰ 彼はその怒りをわたしに集め，わたしを脅してその歯によってわたしに対してうなる。わたしの敵は恐ろしい目によってわたしを見た。¹¹ その口はわたしに対して開かれ，非難することによってわたしの頬を打ち，わたしの罰に満足した。¹² 神はわたしを不正な者のもとに閉じ込め，不敬虔な者の手にわたしをゆだねた。¹³ わたしはかつてかの豊かな者であったが，突然粉砕された。神はわたしの首をとらえて砕いた。わたしを的として立て，¹⁴ その槍によってわたしを取り囲み，わたしの腰を傷つけ，赦すことなくわたしのはらわたを地に流した。¹⁵ 傷に傷を重ねてわたしを打ち倒し，まるで巨人のようにわたしに襲い

かかった。[16] わたしは皮膚の上に粗布をまとい，灰によって肉を覆った。[17] わたしの顔は涙によって膨れ上がり，わたしの目はかすんでいた。[18] わたしは自らの手の不正なくしてこれらのことを蒙った。神に対するわたしの祈りは清かったのに。[19] 地よ，わたしの血を覆い隠すな，わたしの叫びを閉じ込めるな。[20] 見よ，わたしの証人は天におり，わたしの弁護者は高いところにいる。(16・1-20)

「ヨブは答えて言った」等々。エリファズはその回答においてよりいっそう無情にヨブに対して語ったので，ヨブはその話の冒頭において不適切な慰めについてエリファズを非難する。第一に，ヨブもその友人も同じことを何度も繰り返しているからであり，それゆえ「わたしはこのようなことを繰り返し聞いた」と言われており，これはあたかもあなたたちの話は常に同一のことに関するものであると言わんとするかのようである。というのも，ヨブの友人たちは様々な言葉によって同一のこと，すなわちヨブがその罪のために逆境に陥ったとして非難することを意図していたからである。それゆえ，「あなたたちはみな慰める者でありながら煩わしい」と続けられている。というのも，慰める者の任務は苦しみを和らげる事柄を述べることだからである。それゆえ，よりいっそう魂を苦しめることを語る者は慰める者であるよりも苦しめる者である。これらのことは苦しめる言葉が何らかの有用性のために発せられたり，真理を含んでいたり，短く語られたならば，その正当性は弁護されうるが，もし人が苦しめる言葉を悲しんでいる者に向けて，誤って，無益に，冗長に語るならば，彼は慰める者であるより苦しめる者であると思われる。それゆえ，「風のような言葉に終わりがあるのか」と続けられている。ヨブは「終わりがあるのか」と言うことにおいて，彼らが苦しめる言葉を冗長に語っていたことを示している。また，「風のような言葉」と言うことにおいて，彼ら

の言葉が無益で誤っており，堅固さを有していないことを示している。

　続いて，ヨブはこの議論において自らと友人たちとは対等ではないことを示す。というのも，ヨブの友人たちは苦しみなくして語っているからである。それゆえ，「あなたが語るとき，あなたにいかなる苦しみがあるのか」と言われているが，これはあたかも次のように言わんとするかのようである。あなたはこのことからいかなる苦しみも感じないので，これほど冗長にわたしの中傷を語ったのである。しかし，ヨブは苦しんでいた。人がこの議論は卓越した知識のためにヨブの友人にとっては容易であったが，知識の欠落のためにヨブにとっては困難であったと信じることのないように，ヨブは次のことを示すことでこのことを排除している。もしヨブが逆境によって圧迫されておらず，その友人たちと同じ状態にあったならば，彼は同じことを語ることができただろう。それゆえ，もしわたしが逆境によって圧迫されていなければ，「わたしもまたあなたたちに同じようなことを語ることができる」と言われている。ヨブはこのことを経験する能力を欲して，「あなたたちの魂がわたしの魂であったらよかったのに」と言っているが，これはあなたたちがわたしの蒙っている逆境を蒙ればよいのにという意味である。ヨブがこのように言ったのは，憎しみの感情や復讐の悪意からではなく，ヨブの友人たちが同じ言葉を言われたときにそれが過酷なものとなることを知って，彼らがその言葉によってヨブを苦しめるときに使用していた残虐性から解放されるためである。それゆえ，次のように続けられている。「わたしもまたあなたたちを言葉によって慰め」，すなわちあなたたちがわたしを慰めたのと同じような言葉によって慰め，同情のしるしとして，あるいはちょうどあなたたちがわたしを非難したように非難のしるしとして「あなたたちの上に頭を上げ」，

さらに，不忍耐によって罪を犯すことのないように「わたしの口によってあなたたちを強め」，語るために「唇を動かしただろう」。「あたかもあなたたちを赦すかのように」，すなわちちょうどあなたたちがわたしに対して為したように，わたしがあなたたちに対して有している憐れみから語っているかのようなふりをして。

　このようにして，もしわたしがあなたたちのような状態にあれば，ちょうどあなたたちにとって語ることが容易であるように，わたしにとっても容易であっただろう。しかし，今やわたしは語ることによっても黙ることによっても取り去られない苦しみによって妨げられているので，「しかし，もし語っても苦しみはやまず，黙っていても苦しみは去らないなら，わたしはどうすればよいのか」と続けられている。苦しみには二種類ある。一つは悲しみと名づけられる内的な苦しみであり，蒙っている何らかの悪の把捉から生じる。もう一つは感覚にしたがって生じる外的な苦しみであり，これはたとえば連続しているものの解体やこれに類することから生じる。それゆえ，前者の苦しみは語ることによって取り去られうるが，後者の苦しみはそうではない。このことから，ヨブは続いて言葉によって取り去られない後者の苦しみについて理解していることを示して，次のように言っている。「今やわたしの苦しみはわたしを圧迫した」，すなわち以前為していたように容易にかつ自由に推論を使用することができないようにわたしを妨げる。というのも，感覚において激しい苦しみが存在するとき，必ずや魂の注意は知性的なものの考察から逸らされ妨げられるからである[1]。さらに，ヨブは身体的な苦しみについて理解していることを示して，「わたしの肢体はす

---

1) トマス『神学大全』2-1 部 37 問 1 項，アウグスティヌス『ソリロキア』1 巻 12 章（PL 32, 880）参照。

べて無に帰した」と続けている。というのも、ちょうど上で、「サタンはヨブを打ち、足の裏から彼の頭までひどい皮膚病にかからせた」（2・7）と言われていたように、彼のすべての肢体は膿に覆われていたからである。

　肢体の解体が感覚的な苦しみをわたしに積み上げていただけでなく、それはわたしに対する推論ともなった。というのも、ヨブの友人たちはこのように膿に覆われたヨブを見て、このことが罪に対する罰として彼に起こったと考えて、彼が重大な罪を犯したと推論していたからである。このことが「わたしのしわがわたしに対して証言する」と言われていることの意味である。というのも、ちょうど老衰におけるように、病気によって身体には水分の消滅のためにしわができるからである。いかにしてしわがヨブに対して証言するかを示して、「わたしの顔に対して虚偽を語る者が起こり、わたしに反対する」と続けられている。というのも、エリファズはヨブが罪のためにこのような病気に陥ったと嘘をついたからである[2]。あるいは、ヨブは聖霊によって自らの逆境が神の許しのもとに悪魔によって引き起こされたものであることを理解していたと言うことができる。それゆえ、ヨブは自らが蒙るものは何であれ、すなわち財産や子孫の喪失であれ、自らの身体の病気であれ、妻や友人による非難であれ、これらすべてのことを唆す者としての悪魔に帰していたのである。ヨブが悪魔を自らの顔に対して起こった虚偽を語る者と呼んでいたのは、悪魔の唆しによって自らの友人がヨブに反対していたことを理解していたからである。このような意味に解釈すれば、「彼はその怒りをわたしに集めた」と続けられていることはより明瞭に理解できる。というのも、悪魔はヨブを害するあらゆる仕方で攻撃したかぎりで、ヨブに対してそのす

---

[2]　『ヨブ記』4章7節。

べての怒りを集めたと思われるからである。さらに，悪魔は過去においてわたしを苦しめただけでなく，将来においてもわたしを脅すので，「わたしを脅してその歯によってわたしに対してうなる」と続けられている。ここでは人間を脅すことにおいて彼に歯を用意する獣の比喩によって語られている。ヨブがこのように言うのは，エリファズがヨブの死に至るまで，彼が不敬虔な人間であるがゆえに悪が襲いかかったと告げていたからである[3]。しかし，ヨブはこのような脅迫がエリファズの口を通じて悪魔によって引き起こされたものであることを理解していたので，歯によってヨブに対してうなると言ったのである。

　エリファズはヨブに対して脅迫の言葉を用いて悪しきことを告げていただけでなく，ヨブを不敬虔な者や[4]，偽善者と呼んで[5]，ヨブの行為についてもまた悪しき仕方で判断していたので，「わたしの敵は恐ろしい目によってわたしを見た」と続けられている。というのも，人が穏やかな目である者を見るのは，その者の行為を好意的に解釈するときであるが，善を悪へと解釈するときには，恐ろしい目で見るからである。それゆえ，わたしの敵によって唆されたわたしの友人たちの「口はわたしに対して開かれた」。このことを説明して，「非難することによってわたしの頬を打った」と続けられている。というのも，ある者を面と向かって侮辱する者がある者の顔を打つと言われるからである。しかるに，ヨブの友人たちは多くの罪をヨブについて非難することで，ヨブに対して多くの侮辱を語っていたのである。また，「義人は罰を見れば喜ぶだろう」（詩 57・11）と言われているように，正しい人間は罪が罰せられる

---

3)　同上，15 章 32 節。
4)　同上，15 章 20 節。
5)　『同上，15 章 34 節。

のを見たときに義について喜ぶので，自らを義人，ヨブを罪人と見なしていたヨブの友人たちはヨブの罰について，あたかも神の義を祝福するかのようにある意味で喜んだのであり，それゆえ「わたしの罰に満足した」と続けられている。

　ヨブがこのような罰が神によって自らに科せられたのではないと考えている——というのも，ヨブは自らが悪魔によって苦しめられていると語っているから——と信じられることのないように，ヨブはこのことを排除して，「神はわたしを不正な者のもとに閉じ込めた」と続けている。不正な者とは悪魔のことであり，神はわたしを悪魔の力に引き渡すことによって「不敬虔な者の手にわたしをゆだねた」。このことは，悪魔に唆されてヨブを行為や言葉によって苦しめる者に関して言われている。というのも，ヨブは自らの苦しみが神の許しのもとに悪魔によって自らに課せられたものであることを理解していたからである。ヨブはこのことの明らかなしるしを四つの仕方で示している。第一は，ヨブが，ちょうど人間的な事柄においてよく見られるように，最も大きな繁栄から徐々に衰退したのではなく，突然完全な仕方で破壊されたからである。このことが突然の偶然によって起こりうるとは考えられず，これはただ神の計画によってのみ説明される。このことが，「わたしはかつてかの豊かな者であったが，突然粉砕された」と言われていることの意味である。「豊かな者」と言われていることにおいて，富の充満が示されている。また，「かの」と言われていることにおいて，すべての者にとって明らかであった彼の名声の大きさが示されている。第二のしるしは，ヨブが完全に破壊されたことである。このことを意味するために「神はわたしの首をとらえて砕いた」と続けられている。ここでは，ある弱い者の首を摑んで粉砕し，このようにして彼から完全に生を取り去

知泉書館

出版案内

2025.5 ver. 65

新刊

理学講義　第一巻

カルトの知性主義　分析的方法の精神化とその基づけ

イプニッツの最善世界説　〔知泉学術叢書36〕

ーゲル全集　第8巻2　精神現象学Ⅱ

イデッガー＝リッカート往復書簡　1912-1933　〔知泉学術叢書35〕

峡を越えた旧石器人類　東北日本における細石刃石器群の技術と石材の変化

コル・オレーム『貨幣論』とその世界　〔知泉学術叢書37〕

物輸出の代償

学　第76号　カント生誕三〇〇年／人工知能と人類の未来

Ad fontes Sapientiae

〒113-0033　東京都文京区本郷1-13-2
Tel：03-3814-6161／Fax：03-3814-6166
http://www.chisen.co.jp

＊表示はすべて本体価格です。消費税が別途加算されます。
＊これから刊行するものは時期・タイトル等を変更する場合があります。

倫理学講義 第一巻

山田晶著／小浜善信編

京都大学の定年退職後、若い人たちに興味を与え、かり易く語ることを熟慮した南山大学等の教養科目講義は、哲学・倫理学の深い学識と膨大な知識に裏けられ、多くの学生を魅了した。学生や研究者が学と人生を知るために、今日でも読まれるべき名講義

【目次】 A子の話 ナルシスとナルシズム／ナルシズムの成件／鏡／映像／恋／死、他 捨八の話 生い立ち／絶望／失ヤクザ時代／村に帰る／山に入る／母／自分を知るとはいかなことか、他 愛の諸形態 愛の意味の自明性／物の所有と心の有／人間嫌いの愛／自愛と他愛／愛と了解／愛と共感、他 政の問題 疎外の構造／仲間の構造／仲間と個人／仲間の分節／間と権力／仲間の分裂、他

ISBN978-4-86285-428-5
四六判496頁・3500円

デカルトの知性主義　分析的方法の精神化とその基づけ

小沢明也著

数学をモデルとした普遍学の「方法」の純粋で単純性質を提示し、方法に則った「懐疑」の意図とその象、妥当性を考察。「コギト」が見出される過程や、第一哲学の方法の主体を掘り下げる。デカルト研究、哲学史研究を自らの「哲学の実践」とした労作。

【目次】 哲学者研究の哲学　方法　方法の誕生　数学のモデ推論と理性　懐疑　作者の発作ないしは方法の危機　精神をから引き離すこと　コギトとエゴの存在　『規則論』における"Egsum"と"Ego cogito"の順序関係について　ソクラテス的反転ゴの持続と観念の永続　デカルト形而上学の構造　方法と第一学　知性弁護論　デカルトの循環　「欲求」(appétit)の左遷

ISBN978-4-86285-427-8
菊判358頁・5500円

ライプニッツの最善世界説 〔知泉学術叢書36〕通巻37

P. ラトー著／酒井潔・長綱啓典監訳

哲学史において誤解されてきたライプニッツ『弁神論』の理論的意義を再評価する。最善世界説を神の自由，倫理，世界の秩序と結びつけ，道徳的論証により擁護した議論を精緻に分析。さらにカントの批判など受容史を考察し，近代哲学への影響を明らかにする。

ISBN978-4-86285-429-2
四六判640頁・5400円

【目次】弁神論　諸可能世界の最善とは何か？　世界をつくるものの　ライプニッツにおける完全性，調和，そして神による選択　最善なるものは進歩を排除するか？　永劫回帰に反して　世界は進歩するのか？　諸精神の王国　精神の本性と特殊性　愛　可能な最善の世界での行為　ライプニッツにおける道徳の地位とその諸原理の起源　無神論者は有徳でありうるか？　フランスにおけるオプティミスムの運命　訳者解説

ヘーゲル全集　第8巻2　精神現象学Ⅱ

責任編集　山口誠一　　　　（第13回配本）

本巻では「自己意識」「理性」「精神」「宗教」「絶対知」章を収録。『精神現象学』には底本にふさわしい原典がなく，これまでの翻訳諸版も参考にしながら国内外の『精神現象学』の古典的研究の集大成を目指した。ヘーゲルの主著，研究者待望の最新訳。

ISBN978-4-86285-430-8
菊判860頁・10000円

【目次】自己意識　自己自身だという確信の真理（自己意識の自立性と非自立性／自己意識の自由）　理性　理性の確信と真理（観察する理性／理性的自己意識の自己自身による実現／実在的であると思い込んでいる個体性）　精神　（真の精神,人倫／自己に疎遠な精神,形成陶冶／自己確信的精神,道徳性）　宗教　（自然宗教／芸術宗教／啓示宗教）　絶対知　付録　『精神現象学』総解説2　『精神現象学』の各論2

ハイデッガー=リッカート往復書簡 1912-1933

A. デンカー編／渡辺和典訳 〔知泉学術叢書35〕

ISBN978-4-86285-426-1
新書判232頁・3600円

ハイデッガーと，その師リッカートが交わした43通の往復書簡を収録。1900年代初頭に隆盛を極めていたカント派の研究と批判によりハイデッガーが思索を練り上げ『存在と時間』（1927年）へ至る姿などを垣間見ることができる有意義な資料。

【目次】 書簡　ハイデッガーからリッカートへ（フライブルク1912年12月13日）～リッカートからハイデッガーへ（ハイデルベルク，1933年5月29日），計43通　文書資料　ハイデッガー「自然科学的概念形成の諸限界を超えるための試み」　同「問いと判断」　同「位申請書」　同「履歴書と宣誓書」　シュナイダー「ハイデッガーの学位論文に関する所見」　ハイデッガー「教授資格志願者」　リッカート「ハイデッガー博士の教授資格論文に関する所見」

海峡を越えた旧石器人類

東北日本における細石刃石器群の技術と石材の変容

青木要祐著

ISBN978-4-86285-432-2
菊判400頁・7500円

後期旧石器時代の終末期に，北海道から本州にもたらされた湧別技法白滝型の細石刃石器群。その製作技術と石材の分析を通じて，海峡をはさみダイナミックに変容する旧石器人類の動態と環境適応を解明する基礎的研究。黒曜石の原産地や石材消費の変遷にも迫る。

【目次】 東北日本の細石刃石器群と黒曜石原産地分析における研究史と課題　東北日本の細石刃石器群，他　対象資料　北海道の札滑型細石刃石器群，他　北海道の湧別技法白滝型に関する研究　細石刃核甲板面にみられる擦痕の微細痕跡的評価，他　本州の湧別技法白滝型に関する研究　本州における湧別技法白滝型の変容，他　黒曜石製石器の原産地分析による石器石材研究　黒曜石製石器の原産地分析の実践，他　終章　年代観の整理，他

ニコル・オレーム『貨幣論』とその世界

金尾健美訳著　　〔知泉学術叢書37〕通巻38

アリストテレス倫理学を踏まえ，貨幣の起源，本性，権利，改変について考察した論考である『貨幣論』の全訳と，訳者による著者と作品についての詳細な解説，さらに疫病と戦争に象徴される14世紀中頃の北フランス世界の歴史的環境についての考察を付した。

ISBN978-4-86285-431-5
新書判170頁・2700円

【目次】『貨幣論』全訳　序　貨幣はなぜ発明されたか 〜 貨幣改定から利得を引き出すことは王権全体に損失をもたらすことについて（全26章）　オレーム『貨幣論』解題　生涯　業績　手稿と刊本　『貨幣論』の論点と結論　影響と評価　オレームの世界—14世紀の北フランス　貨幣　戦争　統治機構と権力者　政争の場—君主政管理の挑戦と失敗

穀物輸出の代償

服部正治著

産業革命による人口集中で穀物需要は急拡大した。英国は最大の穀物輸入国に，アメリカは最大の輸出国になった。19世紀の大平原開拓と小麦増産により多くの問題に直面した。本書は輸出国の視点で土壌保全や水問題，移民，資本などの実態に迫る画期作。

ISBN978-4-86285-433-9
菊判220頁・3600円

【目次】　リカードウと土地の肥沃度　肥料と収穫　自由貿易下の穀物輸入量，他　豊かな土地における欠乏—リカードウとアイルランド　「社会の異なった段階」『原理』初版第5章：アイルランド，他　穀物輸入源の変移　穀物輸出国での土壌疲弊　輸入穀物の消費と分解，他　穀物輸出と土壌浸食　新穀物輸入源の形成　カナダ西部プレーリー開発，他　穀物輸出と地下水涸渇　西経98度小麦の余剰，他

哲学 第76号

日本哲学会編

【目次】カント生誕三〇〇年　報告（石田京子・御子柴善之）／「理性批判」における「懐疑的方法」について（城戸淳）／カントの「〜の形而上学」（宮村悠介）／内から限界を拡張する（小田部胤久）／人工知能と人類の未来　報告（神崎宣次・村上祐子）／人工知能技に求められる社会的理解（美馬のゆり）／作品はだれの「思想又は感情を創作的に表現したもの」か（大谷卓史）／二一世紀における二一世紀文化（久木田水生）／「特別の教科　道徳」の指導要領と道徳教育報告（阿部ふく子・中川雅道）／哲学史研究・教育にジェンダーの視点をいかにとりいれるか」報告（小島優子）　応募論文　ヘーゲル良心論の意義とその思想史的文脈（池松辰男）／「実存の真理」と「闘争」（石神534）／事後-超越論的構造（石原威）／二つの目的論（小玄輝）／経験論と観念論の表裏一体性（小原優吉）／フッサール後期における真理論の展開（梶尾悠史）／メアリーが信じたこと（篠河）／トマス・アクィナスにおける知性的経験の意味（芝元航平）／カントの徳理論におけるハビトゥスの位置づけ（清水颯）／「理由の空間」の諸相（白川晋太郎）／前期パトナムにおけるアプリオリ性の認識的解明（高木博登）／認識することで近づきる（貫井隆）／メルロ＝ポンティにおける意味の経験と存在の経験（野々村伸哉）／生きられた労働（橋爪大輝）／『哲学探究』二七〇節は本当に「呑み込みがたい議論なのか？（橋本正吾）／交錯としての世界（浜田郷史）／哲学史研はいかにして現代哲学に貢献するか（南匠真）

ISBN978-4-86285-971-6
B5判402頁・1800円

2025年5月からの刊行予定（順不同）

古典の挑戦 第2版　古代ギリシア・ローマ研究ナビ　葛西康徳／V. カサート／吉川　斉／末吉未来　編

シェリング講義　同一哲学の鍵としての「反復の同一性」〔知泉学術叢書〕　M. フランク著／久保陽一／岡崎秀二郎・飯泉佑介訳

意味と時間　フッサールにおける意味の最根源への遡行　高野　孝著

倫理学講義　第二巻〜第五巻　山田晶著／小浜善信編

生命操作と人間の尊厳　田坂さつき編

霊性の人間学　金子晴勇著

日本文化と宗教　「和」の伝統の功罪　岡野治子著

経済科学の曙　政治算術家ウィリアム・ペティとその時代　大倉正雄著

中國古代の淫祀とその展開　工藤元男著

書のひととき　中国書道史漫歩　辻井京雲著／下田章平編

イデイア（下） ギリシアにおける人間形成 〔知泉学術叢書34〕

イェーガー著／曽田長人訳　　　ISBN978-4-86285-425-4　　新書判632頁・5500円

シア人の教養と理想的な人間像が相互に作用しつつ形成される経緯を描いた、イェー
の古典的名著『パイデイア I-Ⅲ』（1934-47）を訳出した待望の書。本巻では第Ⅲ部
な教育者と教育体系の時代」の後半を収録し、ここに全3巻の日本語訳が完結する。

ラビア哲学からアルベルトゥス・マグヌスへ 一神教的宇宙論の展開

木 剛著　　　　　　　　　　　ISBN978-4-86285-408-7　　A5判190頁・3200円

ベルトゥス・マグヌス独自の形而上学「流出流入論」とは、アラビア哲学で新プラト
義的に解釈されたアリストテレス主義に触発されて一神教哲学を構築し、後に絶大な
を与えた体系化の試みである。神学と哲学を統合するスコラ学の形成に深く関わる。

世紀の自己認識論 アクアスパルタのマテウスからフライベルクのディートリヒまで〔知泉学術叢書18-2〕

ピュタラ著／保井亮人訳　　　　ISBN978-4-86285-419-3　　新書判816頁・7200円

書は『トマス・アクィナスの自己認識論』の姉妹編である。13世紀の自己認識について
さまざまな論争を考察し、わが国では知られていない多くの情報を提供する。さらに多
な説に近世の問題意識が現れており、中世と近世をつなぐ貴重な文献である。

ーゲル『精神哲学』の基底と前哨

原 隆著　　　　　　　　　　　ISBN978-4-86285-418-6　　A5判378頁・5400円

ーゲルはいかにして「哲学者ヘーゲル」となったのか。17・18世紀のさまざまな書籍
誌，新聞など多様な資料のデジタルアーカイブを活用し，同時代人の眼を手に入れて
ーゲルの哲学的経験や人間模様，さらに思想的交流を通じて，生きたヘーゲル像を描く。

ークリ 記号と精神の哲学

中真也著　　　　　　　　　　　ISBN978-4-86285-413-1　　A5判324頁・5200円

号はバークリの哲学にとって感覚と知性を結び付ける重要な役目を果たす。経験論の哲
者とされてきた従来像を破壊して，自然学から形而上学へ新たな理解をもたらし，バー
リのさまざまな学問的営為を「記号理論」により体系的に捉えなおした意欲的業績。

ェリング自然哲学とは何か グラント『シェリング以後の自然哲学』によせて

山壽一著　　　　　　　　　　　ISBN978-4-86285-414-8　　四六判232頁・3200円

年のシェリング自然哲学への高い関心はグラントの著作が端緒である。本書の前半は
グント説と対応する著者自身の三論文，後半はグラント書の魅力と意義を紹介し，著者の
問を提示。シェリング自然哲学と近代科学研究に長年携わった著者による提言の書。

キリスト教文化のかたち　その思想と行動様式を学ぼう
金子晴勇著　　　　　　　　ISBN978-4-86285-423-0　　四六判240頁・23〇〇
近代日本はヨーロッパをモデルにして、市民生活から生産技術、学問と教育など多岐
り展開した。欧米人が基礎教養として身に付けてきた行動様式の由来や、キリスト教
が人々の生活を高めてきたさまざまな経緯を深く知るために必読の一書。

親和的感性に拠る知と相生　愛と醜悪の間(あわい)にて
宮本久雄著　　　　　　　　ISBN978-4-86285-421-6　　四六判224頁・27〇
愛の親和性の働き（エヒイェ）と時熟（カイロス）による親和的感性の成立を論じ、そ
の地平を披く。古代から現代までの宗教と思想の多様な営みを分析して、伝統的な神々
の壁を超えて、真の救いと恵みに出会う世界を親和的感性の媒介により発見する試み。

変革する12世紀　テクスト／ことばから見た中世ヨーロッパ
岩波敦子著　　　　　　　　ISBN978-4-86285-416-2　　菊判488頁・62〇〇
12世紀ルネサンスにおける地理的・知的グローバリゼーションは、長い伝統の中にあ
人々の意識に新機軸をもたらした。皇帝・国王・司教証書の分析を通し、文書化の躍
中に時間意識の変化や、新たに紡ぎ出された共同体の記憶を読み解く文書メディア論。

世阿弥の「花」を知る　能楽論と謡曲を通して
鈴木さやか著　　　　　　　ISBN978-4-86285-411-7　　Ａ5判308頁・550〇
日本の文芸論において、自然の呼びかけに応答した人々の美しい心を表わしてきた「
の伝統を踏まえた世阿弥の二十数編に及ぶ能楽論と謡曲について、全体としての文脈
味しその基本構造を解明する独自の試み。「花」の自己変容と生のあり方を探究する。

中国の秘密結社と演劇
田仲一成著　　　　　　　　ISBN978-4-86285-422-3　　菊判456頁＋口絵4頁・600〇
中国の秘密結社「青幇」「紅幇」はどのように誕生し、演劇とどのように結び付いたのか
日本軍による当時の調査資料と著者の現地調査に基づき、演劇を巡る社会構造を分析す
先駆的業績。当時の壮絶な人物伝をも伝えて、陰の中国近現代史としても魅力的な作品

北朝鮮の内部文書集　第1巻　ソ連軍政期—建国初期
木村光彦編訳　　　　　　　ISBN978-4-86285-424-7　　Ａ5判528頁・720〇
朝鮮戦争時に北朝鮮で捕獲した大量の内部文書から北朝鮮の実情を知る文書を選び、邦
編集した。全体を四編に分け、Ⅰ共産党・諸組織、Ⅱ保安、Ⅲ土地改革、Ⅳ農業・糧政
として紹介・解説した。ソ連軍政期の実態と共産党主導の組織活動と政治経済事情を解明

(2025年1～4月の新刊については、p.2～6をご覧ください)

るある非常に強力な男の比喩において語られている。というのも，ヨブはこのようにして完全な仕方で繁栄の状態を失ったと思われるからである。第三のしるしは，上で語られたように，ヨブが一つの逆境によってではなく同時に起こった多くの逆境によって圧迫されたことであり，このことに関して，「わたしを的として立てた」と続けられている。これは様々な矢によって狙われるように置かれているので，「その槍によってわたしを取り囲んだ」と続けられているが，ヨブはここで三つの仕方で自らの逆境の多重性について記述している。第一に，ヨブは自らが所有物において外的に傷つけられたことを示している。「その槍によってわたしを取り囲んだ」と言われていることはこのことに属する。というのも，外的な事物はわれわれにとってあたかも外部のものだからである。それゆえ，人間は外的な事物において損失を蒙るとき，逆境の槍によって取り囲まれるのである。第二に，ヨブは人間の損害に関して自らが内的に打たれたと言っている。このことが「わたしの腰を傷つけた」と続けられていることの意味であり，これはあたかも次のように言わんとするかのようである。わたしは槍によって取り囲まれていただけでなく，傷はそこにおいてわたしが喜ぶ内的なものにまで達していた。これらのものは，そこにおいて喜びや出生の起源が存在する腰によって示されている[6]。それゆえ，腰によって子孫の圧迫もまた示されうるのである。加えて，ヨブは傷の深刻さによる打撃の大きさを示して，「赦すことなく」と続けているが，これはあたかも次のように言わんとするかのようである。神はより重大な攻撃を与えないようにその手を打撃から抑制するのではなく，きわめて重く傷つけた。このことが「わたしのはらわたを地に流した」と続けられている

---

[6] イシドルス『語源』11 巻 1 章（PL 82, 409）参照。

ことの意味であり，というのも，神はヨブのすべての息子と娘を一つの崩壊によって死へと圧迫したからである。第三に，ヨブは自分自身において蒙った事柄から打撃の大きさを示して，次のように続けている。「傷に傷を重ねてわたしを打ち倒した」，すなわち子孫の死という傷の上に，わたし自身における重い皮膚病という傷を重ねて打ち倒した。第四のしるしは，ヨブの艱難が神の摂理に由来しているということである。上で「神の怒りに抗することのできる者はいない」（9・13）と言われているように，この神の摂理に対して人は逆らうことができず，救済策を提供することもできない。このことが「まるで巨人のようにわたしに襲いかかった」と続けられていることの意味であり，弱い人間は巨人に対してその力の大きさのために抵抗することができないのである。これらすべてのことは，ヨブを閉じ込めた神について言われたと理解できるが，むしろヨブを彼のもとに閉じ込めた不正な者である悪魔について言われたと理解する方がより善いと思われる。

　それゆえ，ヨブが自らの逆境の大きさについてこれらすべてのことを記したのは，彼がその友人たちと同等に論争することができないことを示すためであった。というのも，友人たちはこのような逆境を免れていたからである。しかし，エリファズは「どうしてあなたの心はあなたを高く上げるのか」等々と言って，ヨブの傲慢を指摘している。ある人々に対して「悔い改めない者は散らされた」（詩34・16）と言われているように，傲慢は重い逆境によって矯正される可能性があればあるほど，よりいっそう嫌悪すべきものとなる。それゆえ，ヨブは自らの逆境について記した後に，自らが謙遜であることを示そうとする。第一に外的な衣服に関してであり，「わたしは皮膚の上に粗布をまとった」と言われている。というのも，このような衣服は，ニネベの人々（ヨナ3・5）について読まれる

ように,謙遜のしるしだからである。同様に,自らの弱さを認識するために灰が使用されている[7]。それゆえ,アブラハムは「わたしは塵と灰の中にあってわたしの主に語ろう」(創 18・27)と言っているのである。このような理由で,「灰によって肉を覆った」と続けられている。というのも,上でヨブが謙遜のしるしとして「糞の中に」(2・8)座っていたことが読まれるからである。第二に,ヨブは多くの涙によって自らの謙遜を示そうとし,このことの二つのしるしを置いている。第一は腫れ上がった顔であり,「わたしの顔は涙によって膨れ上がっていた」と言われている。というのも,多くの涙の物質が頭に上ることによって,泣く者の顔は腫れ上がるからである。第二は視界が妨げられることであり,涙によって「わたしの目はかすんでいた」と言われている。というのも,文字的意味においては,体液が流れ出ることによって目の視界は妨げられるからである。

　ヨブが自らの逆境の重さや自らの謙遜の大きさについてすでに述べたことから,人は次のように推測するかもしれない。すなわち,ヨブは,エリファズが「見よ,神の聖なる者のうちでも変わらない者はいない」(15・15)等々と言うときに示唆しようとしているように,自らがその罪のために苦しめられていると考え,その罪の重さを認識して,悔い改めることによって謙遜になったと。それゆえ,ヨブはこのことを排除するために,「わたしは自らの手の不正なくしてこれらのことを蒙った」と言っているが,このことによって彼は自分自身から行いの罪を排除している。さらに,「神に対するわたしの祈りは清かったのに」と続けられているが,これは自分自身から不熱心や怠慢の罪を排除するために言われている。ヨブはこのことに

---

7) 『欄外註解』「エステル記」4 章 1 節参照。

よって上でツォファルが「もしあなたの手のうちにある不正が取り去られるならば、そのときにはあなたは汚れなき顔を上げるだろう」(11・14) と言ったことに答えていると思われる。しかし、ヨブが無垢であることを排除するために、エリファズはすでに二度、地上的本性の弱さよりする議論を利用している。すなわち、「見よ、神に仕える者たちは不安定であり、まして泥の家に住むこれらの者は」(4・18) と述べ、後に同じことを繰り返して、「天もまた神の目には清いものではない。まして、人間はどれほど忌み嫌われ無益な存在であろうか」(15・15) と言っている。それゆえ、ヨブはこのことを排除するために、「地よ、わたしの血を覆い隠すな」と続けているが、その際血によって自らの身体の苦しみを理解している。もし罪のために流された血であれば、その血は栄光を有しないので覆い隠される。さらに、先行する罪が地上的な弱さを理由として肯定されたなら、この血もまた地によって覆い隠される。しかし、もしヨブの血が罪なくして流されたものであったなら、ちょうど「見よ、あなたの弟の血の声が土の中からわたしに向かって叫んでいる」(創4・10) と言われているように、血を流した者に対して正当に不平を言うことができる。この叫びは、もしその不平が正しくないものと思われるならば隠される。ちょうど罪のために罰せられた者の叫びのように。それゆえ、「わたしの叫びを閉じ込めるな」と続けられている。すなわち、あたかもわたしが罪のために罰せられたかのように、わたしが地上的な生活の弱さを理由に不当に不平を言っていると思ってはならないという意味である。人間が大罪の不正を犯すことなくして地上的な生活を営むことは確かに難しいが、内的な清さの証人である神の恩恵の助けによれば不可能ではない[8]。それゆえ、

---

8) トマス『神学大全』2-1部109問8項参照。

「見よ，わたしの証人は天にいる」と続けられているが，これはあたかも次のように言わんとするかのようである。地はわたしの血を覆い隠すことができない。というのも，地上的な弱さを理由とする高慢よりも天の証言の方が偉大だからである。さらに，この天の証人は適切である。というのも，彼は良心の秘密までをも究めるからである。それゆえ，「わたしの弁護者は高いところにいる」と続けられているが，これはあたかも次のように言わんとするかのようである。わたしの叫びは低い地の中にはその隠れ場を見出すことができない。というのも，わたしの良心は高みにおいて知られているからである。

^{21} 言葉数の多いわたしの友人たちよ，わたしの目は神に対して涙を流す。^{22} 人の子がその友と共に裁かれるように，この男が神と共に裁かれるように。^{23} 見よ，短い月日は過ぎ去り，戻ることのない道をわたしは歩く。(16・21-23)

「言葉数の多いわたしの友人たちよ」等々。ヨブは自らの逆境の大きさと自らが謙遜で無垢であることを記述した後に，自らの友人たちが彼に対してしばしば繰り返した空しい慰め，すなわち時間的な繁栄を回復するという希望――それゆえ，エリファズは上で「神があなたを慰めることが大きなことなのか」(15・11) 等々と言っていた――について非難しようとする。ヨブはこの慰めの空しさを示そうと意図し，「言葉数の多いわたしの友人たちよ」と言っているが，これはあたかも次のように言わんとするかのようである。彼らは空しい言葉をわたしに約束する。というのも，わたしの慰めは時間的なものの回復にではなく，神の享受を得ることに存するからである。このことが「わたしの目は神に対して涙を流す」と続けられていることの意味であり，これは神に対する願望のために涙を流すということであり，「昼に夜に涙がわたしのパンであった。

というのも,毎日『お前の神はどこにいる』と言われていたからである」(詩41・4)と言われていることによっている。

　ヨブはすでに述べたことを説明するために,「人の子がその友と共に裁かれるように,この男が神と共に裁かれるように」と続けている。というのも,人がその友と共に裁かれるのは,一人がもう一人の者の前に存在し,互いにその理由を提示し合うときだからである。それゆえ,ヨブは神の御前に存在し,神の業と裁きの理由を認識することを望んでいた。このことのうちに人間の幸福は成立し,その希望のうちに彼の慰めはあったのであり,決して時間的繁栄の回復を約束する友人たちの空しい言葉においてではなかったのである。それゆえ,ヨブはこの約束の空しさを示すために,「見よ,短い月日は過ぎ去る」と続けている。というのも,上で述べられたように,「人生は短い」(14・1)からである。ヨブの人生の時間の大部分はすでに過ぎ去っていたので,短い月日しか彼には残されておらず,たとえそのうちに繁栄が存在したとしても,時間の短さのために大きな慰めを与えることはないのである。しかし,人間は死の後に再び現在の生活へと戻ると信じていた者がいるが,彼らによると,かの将来の生において回復される時間的な繁栄の希望のうちにヨブは慰めを持つことができると考えられる。それゆえ,ヨブはこのことを排除するために,「戻ることのない道をわたしは歩く」と続けている。すなわち,人間はこの死すべき生において時の経過によって死へと進むが,この進行において繰り返しは存在しえないのであり,再び人間が少年となり,この生の時間を歩むことはありえないのである。

第 17 章

¹ わたしの霊は弱まり,わたしの日々は短くなり,わたしにはただ墓が待つのみである。² わたしは罪を犯さなかったが,わたしの目は苦しみにとどまっている。³ わたしを解放し,あなたのそばに置いてください。たとえいかなる者の手がわたしを攻撃するとしても。⁴ あなたは彼らの心を教えから遠ざけたので,彼らは高められることがないだろう。⁵ 彼はその友に略奪物を約束し,その子らの目はかすむだろう。⁶ 彼は民衆の前にあたかも格言や範例のようなものとしてわたしを置いた。⁷ わたしの目は怒りのためにかすみ,わたしの肢体はあたかも無に帰したかのようだ。⁸ 義人はこのことについて呆然とし,無垢な者は偽善者に対して立ち上がるだろう。義人はその道を保ち,清い手に力を加えるだろう。(17・1-9)

「わたしの霊は弱まるだろう」等々。ヨブは上で自らの苦しみの大きさ[1],自らの精神の謙遜[2],純粋性[3],それによって言葉数の多い友人たちが論破された戻ることのない生の短さを示したので[4],この章においてはすでに述べたことを明らかにし,最終的に彼らの無知を結論づけようとする。第一にヨブは人間の生の進行について述べたことを明らかにしようとし,「わたしの霊は弱まるだろう」と言って,生の短さの原因をあらかじめ述べる。というの

---

1) 『ヨブ記』16 章 14 節。
2) 同上,16 章 16 節。
3) 同上,16 章 18 節。
4) 同上,16 章 23 節。

も，身体の生は心臓からすべての肢体へと広がる生かす霊によっているので[5]，それが身体のうちに持続するかぎり身体は生きる。しかし，自然本性的な熱の力が心臓において弱まり始めると，このような霊は減少する。このような減少や弱さが霊の弱まりという表現によって示されているのである。ヨブはこの原因の結果を付加して，「わたしの日々は短くなるだろう」と言っている。というのも，生かす霊の弱まりは生の日々を短くするからである。この死すべき生の様相にしたがって弱まった霊が再び力を取り戻すと人が信じることのないように，ヨブはこのことを排除するために「わたしにはただ墓が待つのみである」と言っているが，これはあたかも次のように言わんとするかのようである。この生の短い日々が終われば，現在の生においてわたしに残されているのは墓と墓に適合するもののみである。

　次いで，ヨブは他の仕方で彼らの慰めの空しさを示そうとする。というのも，彼らはこのような逆境が罪のためにヨブに到来したのだから，もし罪を悔い改めるならば繁栄へと戻ることができると言って彼を慰めていたからである。しかし，ヨブはこのことを排除して，「わたしは罪を犯さなかった」と言っている。というのも，ヨブはそのためにこれほど大きな逆境に陥った何らかの重大な罪について，良心のとがめを有していなかったからである。それゆえ，ヨブは以下において，「というのも，わたしの心はわたしの全生涯においてわたしを非難しないからである」（27・6）と言っているのである——このことは「もしわれわれが自らには罪がないと言うなら，われわれは自分自身を欺いている」（Ⅰヨハ1・8）と言われていることに反しない——。ヨブはこのように言うことによって，上で自ら

---

[5] アルベルトゥス『霊と呼吸について』1巻第2論考3章参照。

が無垢であることについて、「わたしは自らの手の不正なくしてこれらのことを蒙った」(16・18)と言ったことを強調している。しかし、「わたしの目は苦しみにとどまっている」と続けている。「苦しみ」(amaritudines)と複数形で言われているのは、ヨブが上で数え上げた数多くの逆境のためである。「とどまっている」と言われているのは、たとえ苦しみの中で粗布を皮膚の上にまとい自らを低くしても[6]、依然として苦しみは持続していたからである。ヨブは苦しみを涙のために目に帰している。このことについて、上で「わたしの顔は涙によって膨れ上がった」(16・17)と言われ、さらに「わたしの目は神に対して涙を流す」(16・21)と言われた。というのも、ヨブの目は苦しみの中でただ神の助けに注意を向けるようにして涙を流していたからである。それゆえ、「わたしを解放してください」と続けられている。というのも、ヨブは自らを不正な者のもとに閉じ込めた神によってのみ解放されうると考えていたからである[7]。ヨブはちょうど逆境の後に地上的な繁栄を獲得する者のように、自らが逆境から解放されることを求めていたのではなく、霊的高みへと導かれることを求めていたのである。それゆえ、「あなたのそばに置いてください」と続けられている。というのも、神は善性の本質そのものであるので[8]、神のそばに置かれる者は必然的に悪から解放されるからである。しかるに、人間が神のそばに置かれるのは、その精神において認識と愛を通じて神に近づくかぎりにおいてである。しかし、このことは途上の状態においては不完全な仕方で起こる。というのも、人間は途上の状態において攻撃を蒙る——たとえ神のそばに

---

6) 『ヨブ記』16章16節。
7) 同上、16章12節。
8) ディオニシウス『神名論』1章5節(PG 3, 593D; Dion. 41),トマス『分離実体について』17章参照。

置かれた者がそれらの攻撃によって打ち負かされないとしても——からである。人間が完全な仕方でその精神において神のそばに置かれるのは，究極的な至福の状態においてであり，そこにおいて人間が攻撃を蒙ることはもはやありえないのである。ヨブはこのことが自らの望むところであることを示して，「たといいかなる者の手がわたしを攻撃するとしても」と言っている。というのも，人がどれほどわたしを攻撃しようとしても，もしわたしがあなたのそばに完全に置かれていたとしたら，いかなる者の攻撃もわたしを苦しめることはないだろうからである。それゆえ，ヨブが苦しみの中で慰めを有していたのはこのことについてであり，彼は自らが神のそばに置かれ，いかなる攻撃も恐れなくなることを希望していたのである。

　ヨブ自身のこの霊的な慰めを言葉数の多いヨブの友人たちは理解しなかったので，ヨブは次のように続けている。「あなたは彼らの心を教えから遠ざけた」，すなわちそれによってあなたが時間的なものを軽蔑して霊的な善を希望することを教えるあなたの霊的な教えから遠ざけた。彼らは時間的なものや最下のものにのみ希望を置いていたので，霊的な高みに到達することはできず，神のそばに置かれることもないので，「彼らは高められることがないだろう」と続けられている。彼らが霊的な教えから遠ざけられたことから，エリファズが時間的なもののみを慰めとしてヨブに約束することが起こったが[9]，このことが「彼はその友に略奪物を約束する」と続けられていることの意味である。すなわち，エリファズが約束するのは，他の者が喪失しなければある者に到来しない時間的なものの獲得であり，それゆえ，時間的なものの獲得が略奪に似たものとされているのである。しかし，人間が悔悛の後に時間的な繁

---

9)　『ヨブ記』5章18節。

栄を回復することは普遍的な意味で真ではない。というのも，善人が常に時間的な繁栄において栄えているわけではないからである。それゆえ，「その子らの目はかすむだろう」と続けられている。その子らと言われているのは，その約束を信じて善行によって時間的なものを希望する者のことである。しかし，彼らは時間的なものを獲得できないかぎりで，あたかも自らの希望を挫かれたかのように，彼らの目はかすむのである。ちょうどエリファズが善行を積む者に時間的なものを約束したように，彼はすべての時間的な逆境がそれを蒙る者の罪のために到来すると主張した。しかるに，ヨブは多くの逆境を蒙っていたので，エリファズはヨブを範例として民衆の前に置いた。このことが，「彼は民衆の前にあたかも格言や範例のようなものとしてわたしを置いた」と言われていることの意味である。というのも，エリファズは逆境の原因についての自らの見解を主張するために，あたかも罪のために罰せられた者の範例として，ヨブを民衆の前に置いたからである。

　神の裁きの正しさが誤った教えによって覆されるのを見て怒ることが義人の熱意に属するので，ヨブは続いて自らの熱意の大きさを二つの仕方によって示している。第一にある種の精神の混乱によってである。というのも，グレゴリウスが言うように[10]，「悪徳による怒りは目を盲目にするが，熱意による怒りは目を曇らせる」からである。それゆえ，「わたしの目は怒りのためにかすんだ」と続けられている。すなわち，理性の目の視力は熱意の怒りによって曇らされたという意味である。第二に，熱意による怒りが身体においてもまた苦しみによってある種の混乱をつくることによってである。それゆえ，マタティアはユダヤ人が偶像を聖別するのを見て，「苦しみ，心を震わせた」（Ⅰマカ

10）『道徳論』5巻45章（PL 75, 726C）参照。

2・24)。このような理由によって，ここで「わたしの肢体はあたかも無に帰したかのようだ」と付加されているが，これは苦しみによって人間の身体が憔悴するように思われたからである。この目の曇りは義に反し，怒りは無垢であることに反すると信じられることのないように，ヨブはこのことを排除して，「義人はこのことについて呆然とするだろう」と続けているが，これはあたかも次のように言わんとするかのようである。悪しき者の教えを見て呆然とすることは義人にもまた属することであり，この呆然とした状態を上で曇りと呼んだのである。さらに，「無垢な者は偽善者に対して立ち上がるだろう」と続けられているが，これはあたかも次のように言わんとするかのようである。もし人が真なる教えを覆す偽善者に対して義に対する熱意によって憤慨して立ち上がっても，このことは無垢であることに反しない。また，述べられたように，熱意による怒りは魂を混乱させるが盲目にはしないので，義人は義から離れないような仕方で熱意によって呆然としたり曇らされたりするのである。このことが「義人はその道を保つだろう」と続けられていることの意味である。というのも，義人は熱意による怒りのためにその道を見捨てることはないからである。というのも，このような怒りは理性に先行するのではなくそれに従い[11]，それゆえ人間を義から引き離すことがないからである。熱意による怒りは有益である。というのも，それは人間がより大きな魂の力と共に悪に対して立ち上がることを可能にするからである。このことが熱意によって駆り立てられた者は「清い手に力を加えるだろう」と言われていることの意味である。それゆえ，哲学者もまた，「怒りは勇敢さを助ける」と言っているのであ

---

11) トマス『神学大全』2-2部158問1項異論解答2参照。

る[12]。

^{10} それゆえ，あなたたちはみな向きを変えて来るがよい。わたしはあなたたちのうちにいかなる賢者をも見出さない。^{11} わたしの日々は過ぎ去り，わたしの思念は散らされ，わたしの心を苦しめる。^{12} それらは夜を昼に変えるが，わたしは闇の後に再び光を希望する。^{13} たとえ耐え忍んだとしても，陰府がわたしの家であり，闇に横たわるのみである。^{14} わたしは膿に「わたしの父」と言い，蛆に「わたしの母」と言う。^{15} それゆえ，今やどこにわたしの希望があるのか。わたしの忍耐を誰が考察するのか。^{16} わたしのすべては深い陰府に沈んだ。そこにわたしの休息があると思うのか。（17・10-16）

「それゆえ，あなたたちはみな向きを変えるがよい」等々。ヨブはエリファズの見解を論破する事柄を提示した後に，ここですでに述べた事柄を集め，それらを自らの意図を示すために秩序づける。第一に，注意を喚起して，「それゆえ」と言っているが，これはすでに述べられたことは真であるからという意味である。「あなたたちはみな」，すなわちわたしに反対して一致しているあなたたちとあなたたちの父祖は，あなたたちの誤りから「向きを変えて」，真理を考察するために「来るがよい」。真理を知れば，あなたたちがどれほど真なる知恵から離れているかが明らかとなるだろう。このことが「わたしはあなたたちのうちにいかなる賢者をも見出さない」と続けられていることの意味である。ヨブがこのように言ったのは，上で「あなたが知っていることをわれわれが知らないというのか」（15・9）等々と言い，さらに「知恵ある者は告白する」（15・

---

12) アリストテレス『ニコマコス倫理学』3 巻 17 章（1116b31）参照。

18）等々と言っていたエリファズの自慢を抑制するためである。

　ヨブはとりわけ自らの友人が彼に時間的な繁栄による慰めを約束したことにおいて[13]，彼らの愚かさを示そうとする。このことに対して，ヨブは第一に自らの生の時間の大部分がすでに過ぎ去ったことを述べて，「わたしの日々は過ぎ去った」と言っている。次いで，自らの蒙っている悪について述べて，「わたしの思念は散らされた」と言っているが，これは身体的な苦しみの激しさのために静かな知恵の観想を妨げられたという意味である。このことが「わたしの心を苦しめる」と続けられていることの意味である。というのも，彼の思念は甘美な真理の考察から，それによって心が苦しめられている苦悩へと導かれたからである。この心の苦しみを人間の休息に割り当てられている時間である夜もまた中断することがなかったので，「それらは夜を昼に変える」と続けられている。というのも，すでに述べられた思念のために夜はちょうど昼のように眠れないものとなるからである。眠りにつけないことは昼よりも夜においてより過酷である。というのも，昼において人間の魂は人々との交わりや光を見ることによって軽減されるからである。また，ヨブは夜において眠れないかぎりで，夜が早く終わってくれることを望んでいたのであり，このことが「わたしは闇の後に再び光を希望する」と続けられていることの意味である。すなわち，わたしは夜の闇の後に昼の光が再び到来することを希望するという意味である。

　エリファズは将来に対する期待のためにすべての逆境を忍耐強く耐えることへとヨブを導いたので[14]，ヨブは続い

13）『ヨブ記』5章19節，8章6節，11章17節。
14）同上，5章17節。

て時間的なもので自らに将来残されていると思われるものは何かを示して,「たとえ耐え忍んだとしても」と言っている。すなわち,わたしが忍耐強くこのような苦しみに耐えたとしても,墓以外の何ものもわたしには残されていない。このことが「陰府がわたしの家である」と言われていることの意味である。ヨブは議論している相手の見解にしたがって墓を陰府と呼んでいる。というのも,彼らは死の後に人間の魂が存続することは信じず,ただ墓において身体のみが存続すると考えており,その墓を地の下にあることから陰府と呼んでいたからである。しかるに,墓において横たわっている人間は一つに感覚の欠落のために,一つに外的な光の欠落のために闇を蒙るので,「闇に横たわるのみである」と続けられている。ちょうど両親から生まれる人間が彼らと血縁関係を結ぶ起源を有するように,死の後に墓に横たわる者もまたその体から生じる膿と蛆へと解体されるので,「わたしは膿に『わたしの父』と言い,蛆に『わたしの母』と言う」と続けられている。これはあたかも次のように言わんとするかのようである。墓に横たわるわたしに親密な関係があるのは膿と蛆であり,他のいかなる時間的な事物も残されていない。

　それゆえ,ヨブはこれらのことからあたかも不適切な結論に導くかのように結んで,「それゆえ,今やどこにわたしの希望があるのか」と言っているが,これはあたかも次のように言わんとするかのようである。もしわたしが時間的な繁栄に対する期待のために慰められるとすれば,わたしの期待は空しいだろう。さらに,より大きな不適切な結論へと導いて,「わたしの忍耐を誰が考察するのか」と続けられているが,これはあたかも次のように言わんとするかのようである。たとえわたしが忍耐によって耐えたとしても,墓とその闇と膿と蛆以外の何ものも残されていない。それゆえ,もしわたしが神から時間的な善を獲得する

ために忍耐したとしたら，神は忍耐を考慮しなかったことになるが，これは摂理を否定することである。墓においても時間的な繁栄は神によってヨブに与えられると言う者がいるかもしれないので，ヨブはこのことをあたかも嘲るかのように，「わたしのすべては深い陰府に沈んだ」と続けている。すなわち，わたしのものはすべて墓に導入されており，墓のみがわたしの上にある。「そこにわたしの休息があると思うのか」，すなわちどうしてそこにおいてなおわたしは地上的な繁栄を期待しなければならないのか。しかし，このことが馬鹿げたことであることは明らかである。

第 18 章

¹ シュア人ビルダドは答えて言った。² あなたはいかなる目的のために言葉を投げつけているのか。先にわれわれが語ることを理解するがよい。³ なぜわれわれはあなたによって家畜のように卑しいものと見なされているのか。⁴ あなたはその魂を怒りにおいて滅ぼしている。あなたのために地が見捨てられ、岩山がその場所から移されるだろうか。⁵ 不敬虔な者の光は消え、その火の炎は輝くことがない。⁶ 彼の幕屋において光は覆われ、彼の上に輝く灯火は消える。⁷ 彼の力による歩みは狭められ、彼は自らの思慮によって倒される。⁸ 彼の足は網にかかり、その網目の中で歩む。⁹ 彼の足の裏は罠に捕らえられ、彼に対して渇きが燃え上がる。¹⁰ 地や小道において彼のための罠が隠されている。¹¹ いたるところから恐怖が彼を脅かし、その足を捕らえる。(18・1-11)

「シュア人ビルダドは答えて言った」等々。シュア人ビルダドはすでに述べられた幸いなるヨブの言葉を知性によって把握することができなかったので、自らが理解できなかった事柄がヨブによって空しく語られたと見なした。それゆえ、ビルダドはその回答の冒頭において、「あなたはいかなる目的のために言葉を投げつけているのか」と言っている。この際、ビルダドは三つの点に関してヨブを非難していると思われる。第一は効力のない語りについてであり、あたかもすでに述べられたヨブの言葉がある事柄を確証する効力を持たないかのようである。ビルダドはこのことを示して、「いかなる目的のために」と言ってい

る。第二に言葉の空しい積み重ねについてであり，あたかもすでに述べられたヨブの言葉が意味の重みを欠いているかのようである。ビルダドはこのことを示して，「言葉を」と言っている。第三に言葉の無秩序な結合についてであり，「投げつけている」と言われているときにこのことが示されている。というのも，たとえこの第三の点がヨブの自慢に関係づけられているとしても[1]，言葉を無秩序にまき散らす者が言葉を投げつけると言われるからである。しかるに，これら三つのことがある者の語りにおいて生じるのは知性の欠陥による。また，知性の欠陥を有する者と議論することは無益である。それゆえ，「先にわれわれが語ることを理解するがよい」と続けられているが，これはあたかも次のように言わんとするかのようである。あなたが効力のない仕方で，軽率に，無秩序に語っていることからあなたが知性の欠陥を有していることは明らかである。それゆえ，あなたは先に理解することに専念しなさい。そうすれば，われわれは互いに議論できるだろう。次いで，ビルダドはヨブの高慢について非難する。というのも，ヨブは「わたしはあなたたちのうちにいかなる賢者をも見出さない」（17・10）と言って，彼らを賢者であると見なしていなかったからである。それゆえ，ビルダドはこのことに答えて，「なぜわれわれはあなたによって家畜のように卑しいものと見なされているのか」と続けている。というのも，知恵を欠く人間は家畜や卑しいものに似たものだからである。なぜなら，人間の栄誉と装飾は知恵にあるからである。続けて，ビルダドはヨブが「わたしの目は怒りのためにかすむ」（17・7）と言っていることよりして，彼を怒りの罪で非難する。というのも，ビルダドはヨブが後に「義人はその道を保つ」（17・9）と言っていることに注意

---

1) グレゴリウス『道徳論』14巻2章（PL 75, 1042D）参照。

せず，このような怒りが彼から知恵の光を取り去るものであると誤って信じていたからである。それゆえ，「あなたはその魂を怒りにおいて滅ぼしている」と続けている。というのも，怒りのために主要な仕方で魂の善を構成する知恵や義から離れる者が，怒りのために魂を滅ぼすと言われるからである。

　それゆえ，ビルダドはすでに述べたこれらのことによって，ヨブの人格についてその知性の欠陥，高慢，怒りついて言及した後に，続けて議論がそれを巡って行われている主要な意図，すなわち現在の生の逆境が罪に対する罰であるという見解——これに対して，ヨブは「わたしは罪を犯さなかったが，わたしの目は苦しみにとどまっている」（17・2）と言っている——へと近づく。しかし，ビルダドは自らの見解を守るために理性を使用することができなかったので，自らの見解を一般的な意見によって補強して非常に堅固なものにしようとした。それゆえ，ビルダドは自らの見解を取り除くことのできない事物である地や岩山に比して，「あなたのために地が見捨てられ，岩山がその場所から移されるだろうか」と言っているが，これはあたかも次のように言わんとするかのようである。逆境は罪のために起こるというこの見解は地や岩山のように堅固である。それゆえ，あなたが無垢な者であると確証されるために，この見解があなたの議論のゆえに取り除かれることはありえない。

　次いで，ビルダドは罪人に到来する個別的な悪を語ることによって自らの見解をより詳細に論じる。そのうちで第一に置かれているのは，成功の繁栄が止むことである。ビルダドは成功の繁栄を光に比しているが，これは「光のうちを歩む者はつまずかない」（ヨハ 11・9）と言われているからである。それゆえ，すべてのことが希望どおりに繁栄している者が光のうちを歩むと言われると思われる。それ

ゆえ,この光,すなわち繁栄の喪失について,「不敬虔な者の光は消える」,すなわち繁栄が止むと言われている[2]。しかるに,ちょうど物体的な光が火の炎から生じるように,繁栄の明るさは,望むことが自らに到来するかぎりにおいて,人間の愛情から生じる。それゆえ,「その火の炎は輝くことがない」と続けられている。というのも,「彼の光は火あるいは炎の光」(雅 8・6)と言われているように,火によって愛の炎が表示されるのが常だからである。しかるに,考察すべきことに,成功の繁栄は人間に二つの原因から生じる。ある時は人間の配慮によってであり,たとえば人が個々の事柄を賢明に注意深く配置する場合がそれである。このことに関して,繁栄が止むことについて,「彼の幕屋において光は覆われる」と言われている。というのも,彼自身もその家族も思慮において賢明さを欠いているからである。また,ある時には成功の繁栄は人間により上級の原因,すなわち神の摂理から生じる。このことに関して,繁栄が止むことについて,「彼の上に輝く灯火は消える」と言われている。これはそれ自体において光らなくなるということではなく,不敬虔な者を照らさなくなるという意味である。人間の配慮があたかも他の者から借りてこられたものとして「光」と言われ,神の摂理があたかもそれ自体において光るものとして「灯火」と言われていることは適切である。ビルダドが先に人間の配慮の光について述べているのは,人間が理性の光を放棄することによって神の摂理の光による保護を失うと思われるからである。

　続いて,ビルダドは繁栄が止むことの後に,逆境について続けているが,これに関して第一に述べているのは,働きないし努力に対する障害である。しかるに,人間は自ら

---

[2] グレゴリウス『道徳論』14 巻 7 章 (PL 75, 1044C) 参照。

の働きの結果へと二つのものによって到達する。一つは自分の力によってであり，このことに対して「彼の力による歩みは狭められる」と言われている。というのも，彼の力による努力はそれ以上の進歩を遂げることができないからである。もう一つの仕方において，人間はあるものを獲得するために知恵によって努力する。このことに関して，「彼は自らの思慮によって倒される」と言われているが，これは彼が有益であるとして考案したものが彼にとって有害なものになるかぎりにおいてである。ビルダドはこれらの障害の原因が彼の罪そのものに由来することを示して，「彼の足は網にかかる」と続けている。というのも，「不敬虔な者は自らの不正によって捕らえられる」（箴5・22）と言われているように，ちょうど自ら進んで足を網にかける者が自らを捕われる者として用意するように，自ら進んで罪に陥る者はその歩みが妨げられるように自らを用意するからである。また，ちょうど網において様々な網目があるように，罪においてもそれによって人間が様々な仕方で罠にかかる多様性がある。それゆえ，一つの種類の罪から他の種類の罪へ，罪を犯す一つの方法から他の方法へと移行するかぎりにおいて，「その網目の中で歩む」と続けられている。不敬虔な者は自ら進んで危険に飛び込み，思いとどまることなく常に先へと進むので，時として障害を感じる。それゆえ，「彼の足の裏は罠に捕らえられる」，すなわち彼の意志と働きの進行は何らかの対立物によって妨げられると続けられている。

　このような害は三つの原因から罪の中を歩む者に到来する。第一は罪を犯す者自身の側からのものであり，彼はよりいっそう罪を犯せば犯すほど，よりいっそう罪を犯したいという願望を自らに対して増加させるのである。このことに関して，「彼に対して渇きが燃え上がる」と続けられている。というのも，時として罪人である人間は，理性

によってあることが自らにとって有害であると知りながら，罪を犯したいという激しい願望によって駆り立てられて，自らの考えに反して行為してしまうからである。第二に，害の原因は時としてそこにおいて人が罪を犯す事物そのものに由来する。ちょうど「富の管理が悪くて持ち主が害を蒙っている」（コヘ5・12）と言われているように，このような害は時としてすでに獲得された事物から到来する。このことに関して，「地において彼のための罠が隠されている」と言われている。というのも，地上的な事物そのものにおいて，それによって罪人の足が捕らえられる何かしらの危険が隠されているからである。しかるに，時としてこのような害は，人間が何かを獲得する途上にいるときに到来する。このことに関して，「小道において彼のための罠が隠されている」と言われている。というのも，罪人が求めるものを獲得する前に，その道程において危険が潜んでいるからである。第三に，このような害は策略や攻撃を仕掛ける他の者の側から生じる。それゆえ，「いたるところから恐怖が彼を脅かす」と続けられている。というのも，「不品行は恐れるべきものであるので，恐れがすべての者の断罪のために与えられた」（知17・10）と言われているからである。しかるに，人間はすべての者に対して用心しているとき，必然的に多くの事柄において彼の行為は妨げられるので，いかなる仕方によっても自由に進むことのできないように「その足を捕らえる」と続けられている。

[12] 彼の力は飢えによって弱まり，困窮が彼の脇腹を攻撃する。[13] 早い死が彼の皮膚の美しさを食い尽くし，彼の腕を滅ぼす。[14] 彼の幕屋から信頼が取り除かれ，破滅の王が彼を踏みつける。[15] 彼の幕屋には存在しない者の同胞が住み，彼の幕屋には硫黄がまかれる。[16] 下方ではその根は枯

れ，上方ではその収穫は破壊される。[17] 彼の記憶は地から消え，通りで彼の名は祝福されない。[18] 彼は光から闇へと追いやられ，世界から追放される。[19] 彼の子孫は存在せず，後継は民のうちにおらず，彼の住んでいたところにはいかなるものも残らない。[20] 彼の日に最後の者は呆然とし，最初の者は恐怖に陥る。[21] これが不正なる者の幕屋であり，神を無視する者の場所である。（18・12-21）

「彼の力は飢えによって弱まる」等々。ビルダドは外的な逆境に属する罪人の罰をあらかじめ述べたので，ここでは彼ら自身に属する罰を論じ始める。しかるに，考察すべきことに，罪そのものが人を外的な逆境に陥れる。それゆえ，ビルダドは外的な逆境をある種の確実性とともに予言することによって論じた。しかし，身体的な罰は，ちょうどそれによって人が自らの身体に対して罪を犯す大食や贅沢のようなある種の罪を除いて，罪そのものから直接原因されることはないと思われる。それゆえ，ビルダドは身体的な罰を予言することによってではなく，むしろ祈り求めることによって論じている。しかるに，ビルダドは死に先行する身体的な罰についてあらかじめ述べている。生命は栄養によって保たれるので，ビルダドは第一に彼から栄養が取り去られること──このことによってまず人間は弱くなり始める──を祈り求めて，「彼の力は飢えによって弱まる」と言っている。次いで，栄養がなくなった後に，生命もまた取り去られるので，このことに関して「困窮が彼の脇腹を攻撃する」と続けられている。このことによって意味されているのは，生命の働き──この根源は脇腹の下にある心臓である──の弱まりである。飢えによって弱まり始めた身体の善は死によって完全に滅ぼされるが，身体の主要な善は美しさと力にあると思われるので，「彼の皮膚の美しさを食い尽くす」と続けられている。というのも，美しさは外見において考察されるからである。さら

に，そこにおいて彼の力が意味されている「彼の腕を滅ぼす」と続けられている。「早い死が」，すなわち自然的な死に先立って訪れる普通より早い死が。しかるに，死んだ人間はその家から運び出されるので，このことに関して「彼の幕屋から信頼が取り除かれる」と続けられている。というのも，彼はその希望を神にではなく，死後そこから追い出される自らの家の豊かさと栄光に置いていたからである。しかるに，自らの家から追い出された者は死によってそこへと追放される墓に入れられるので，このことに関して「破滅の王が彼を踏みつける」と続けられている。というのも，死はあたかも力に満ちた王のように彼を塵へと粉砕するからである。彼がその家から出て行った後には，死んだ彼と共に生活していた家の者が残るので，このことに関して「彼の幕屋には存在しない者の同胞が住む」と続けられている。ここで存在しない者と言われているのは，すでに人間的な事柄に関わらなくなった死者という意味である。主人が死ぬと，家の者は喪に服し，悲しみの何らかのしるし，黒く粗末な衣服や何らかの悪臭を明らかにするので，このことに関して「彼の幕屋には硫黄がまかれる」と続けられている。このことによって，ちょうど良い香りが喜びのしるしと理解されるように，悲しみのしるしとなりうるすべての事柄が理解される。

　人間が死ぬと，しばしば彼に属していたすべてのものは滅びるが，ビルダドはこのことを続いて示して，第一に地に育つものから述べている。これらのもののうちのあるものは彼が死んでもすでに植えられていれば残るので，このことに関して「下方ではその根は枯れる」と言われている。すなわち，もし何らかのものが蒔かれ植えられていたとしても，実を結ぶことのないように破壊される。しかし，あるものはすでに実を結んでいるので，このことに関して「上方ではその収穫は破壊される」と続けられてい

る。このことは何であれ彼が生前に着手したあるいは完成した仕事に関係づけることができる。次いで，ビルダドは死後人間について残る名声へと話を進める。この名声からある者は，死後においてもなお，自らが人間の記憶において生き栄光を有することを願望するので，罪人が人間の記憶から抹消されることに関して，「彼の記憶は地から消える」と続けられている。さらに，彼の名高い名声が止むことに関して，「通りで彼の名は祝福されない」と続けられている。このように明瞭に言われているのは，名の祝福は通りにおいて見出されるのが常である群衆のもとでのみ為されるからである。このように記憶，名の祝福が止み，彼の栄光の明るさは永遠の忘却という闇へと変わる。このことが「彼は光から闇へと追いやられる」と言われていることの意味であり，すなわち彼は地上的な栄光から忘却へと追いやられる。彼の名声が止み，死によって身体が破壊された後には，もはや彼に属する何ものもこの世界には残らない。というのも，ビルダドとその仲間は魂が死後存続しないと考えていたからである。「世界から追放される」，その結果彼に属する何ものも世界には残らない。しかし，親は子においてもまた生きると言われるので，ビルダドはこのことを排除して，「彼の子孫は存在しない」と続けている。というのも，彼の子は死ぬだろうからである。「後継は民のうちにいない」。というのも，孫も曾孫も残らないだろうからである。さらに，彼に属するいかなる者も存続しないので，「彼の住んでいたところにはいかなるものも残らない」と続けられている。すなわち，彼についての記憶を有している血のつながった者も家の者も存続しない。

　ビルダドはこのことから他の者の心にいかなる結果が生じるかを示して，次のように続けている。「彼の日に」，すなわち彼の滅びの日に，「最後の者は呆然とする」，すなわち下級の民は非常に驚いて，いかにして罪人のこれほど大

きな栄光が無へと帰したのかを考察できない状態になる。上級の者に関しては、「最初の者は恐怖に陥る」、すなわち自分たちに同じようなことが起こらないかと恐れると続けられている。ビルダドがこのことを導入したのは、ヨブが上で「人間はその子らが高貴なものであるか卑しいものであるかを理解しない。その肉は生きているかぎり苦しむだろう」（14・21）と述べたことに答えるためであったと思われる。ヨブはこの言葉によって友人の脅迫、あるいは死後に起こる将来の出来事についての約束を論破したと思われるが、それに対して、ここでビルダドは次のように答えている。たとえ死者が認識していなくても、他の者を矯正するためにこのような不幸が罰として死後神によって与えられるのであると。

　ビルダドは現在の生に属する罪人の罰と、生の終わり、すなわち死あるいは死後に起こる事柄に属する罰を述べたので、あたかも話を締めくくるかのように、「これが不正なる者の幕屋である」、すなわち現在の生における彼の歩みであると続けている。というのも、途上にある者が幕屋を利用するからである。さらに、あたかも運動の終局のようなものである究極目的に関して、「これが」、不信仰によってあるいは不従順によって「神を無視する者の場所である」と続けられている。

第 19 章

¹ ヨブは答えて言った。² あなたたちはいつまでわたしの魂を苦しめ，言葉によってわたしを疲れさせるのか。³ あなたたちは十度わたしを混乱させたが，わたしを圧迫して恥ずかしくないのか。⁴ もしわたしが知らないとしても，わたしの無知はわたしと共にあるのみだ。⁵ それなのに，あなたたちはわたしに対して立ち上がり，わたしを侮辱し非難する。⁶ 今やあなたたちは神が不平等な裁きによってわたしを苦しめ，その鞭によってわたしを包囲していることを理解するがよい。⁷ 見よ，暴力を蒙っていると叫んでも，誰も答えてくれない。絶叫しても，裁く者はいない。⁸ 神はわたしが通ることができないようにわたしの小道を包囲し，そのうちに闇を置いた。⁹ わたしから栄光を奪い，頭から冠を取り去った。¹⁰ いたるところからわたしを破壊し，わたしは滅びる。根こそぎにされた木のように，わたしの希望は失われた。¹¹ 神は激情によってわたしに対して怒り，わたしをあたかも自らの敵のように見なした。¹² 神の盗賊が一緒にやって来て，わたしを通じて自らに道をつくり，わたしの幕屋を包囲した。¹³ 神はわたしの兄弟をわたしから遠ざけ，わたしを知っている者は，あたかも見知らぬ者であるかのように，わたしから離れた。¹⁴ 近くにいた者もわたしを見捨て，親交のあった者もわたしを忘れた。¹⁵ わたしの家の住人と端女は見知らぬ者であるかのようにわたしを扱い，わたしは彼らの目に外国人のようであった。¹⁶ わたしの奴隷を呼んでも彼はわたしに答えず，わたしは自らの口によって彼に請い求めた。¹⁷ わたしの妻

はわたしの息を恐れ，わたしは子に対して祈った。[18] 愚か者はわたしを軽蔑し，わたしが彼らから離れるとわたしを誹謗した。[19] わたしの相談役もわたしを嫌い，最も愛していた者もわたしに背を向けた。[20] 肉が朽ちてわたしの骨は皮に密着し，わたしの歯の周りの唇だけが残された。[21] わたしの友人であるあなたたちよ，わたしを憐れんでくれ，わたしを憐れんでくれ，主の手がわたしに触れたのだ。[22] なぜあなたたちは神のようにわたしを迫害し，わたしの肉で満足するのか。(19・1-22)

「ヨブは答えて言った。あなたたちはいつまでわたしの魂を苦しめるのか」等々。ビルダドはすでに述べた言葉において二つのことを意図していたと思われる。第一は，ヨブを愚かさ，傲慢，怒りの罪で論難することであり，ヨブの他の友人たちにおいてそうであったように，ビルダドはこのことによってヨブを苦しめることを意図していた。それゆえ，「あなたたちはいつまでわたしの魂を苦しめるのか」と言われている。第二は，現在の生の逆境は罪のために到来するという自らの見解を確証することであるが，このことは他の証明が導入されることなく様々な逆境を数えあげることで冗長に論じられた。それゆえ，このことに関して，あなたたちは証明によってわたしを打ち負かすのではなく，「言葉によってわたしを疲れさせる」と続けられている。ある者が一度その友人に反対して語ったならばそれは耐えられることであるが，もし人がこのような言葉を繰り返すとすれば，それは堅固な悪意に属することであると思われる。それゆえ，「あなたたちは」語ることとある種の憤りとともにわたしの言うことを聞くことによって，「十度わたしを混乱させた」と続けられている。しかるに，もしヨブが「わたしの生まれた日は消えうせよ」(3・3)と言ったことから始めるならば，ここでの回答の前にヨブ

は五度語り[1]，ヨブの友人は五度彼に答えていることが分かる[2]。ヨブの混乱のゆえに，彼らは友情のために苦しんでいる者をさらに苦しめることをやめるべきであったにもかかわらず。それゆえ，「わたしを圧迫して恥ずかしくないのか」と続けられているが，これは侮辱と言葉の多さによってわたしを苦しめて恥ずかしくないのかという意味である。ビルダドは「先にわれわれが語ることを理解するがよい」（18・2）と言って，残りの侮辱の中でヨブを無知の罪で非難したと思われる。この無知は友人たちによって許容されるべきものであり，そのためにヨブが自己を弁護できるところのものであったので，ヨブにとってはとりわけ逆境の時において非難されるべきものではなかった。それゆえ，「もしわたしが知らないとしても，わたしの無知はわたしと共にあるのみだ」と続けられているが，これはあたかも次のように言わんとするかのようである。わたしの無知はあなたたちではなく，ただわたしのみを苦しめる。それゆえ，逆境の中でわたしを無知のために非難することはあなたたちに属することではない。それゆえ，「あなたたちは」自らの卓越性を示して「わたしに対して立ち上がり，わたしを侮辱し非難する」。しかし，それらの不面目はわたしにのみ属し，他の者を苦しめてはいない。

　ヨブは友人たちの論破に属することをあらかじめ述べた後に，彼らの言うように，現在の逆境が常に過去の罪のために到来することが虚偽であることを示そうとして，主要な意図を論じることへと近づく。ヨブは友人たちの前提によると始めから直ちに不適切な結論に導かれることを示して，「今やあなたたちは神が不平等な裁きによってわたしを苦しめていることを理解するがよい」と言っているが，

---

1) 『ヨブ記』3章，6-7章，9-10章，12-14章，16-17章。
2) 同上，4-5章，8章，11章，15章，18章。

これはあたかも次のように言わんとするかのようである。もし逆境が罪のためにのみ到来するとすれば，神の裁きは平等ではない。というのも，神はその裁きによって重大な罪を犯していないわたしを重く苦しめているからである。「今や」と言われているが，それはヨブがこれまでここにおけるように自らの逆境を個別的に数え上げたことはなかったからである。ヨブは自らが逆境によって苦しめられているだけでなく，そこから逃れる道を見出しえないように逆境によって取り囲まれているとして，「その鞭によってわたしを包囲している」と続けている。というのも，鞭そのものが助けの道を取り去っているからである。ヨブはこの第二の点に関して最初に論じ始める。しかるに，逆境において救済策が見出されるのは第一に人間の助けによってであり，このことは二つの仕方で起こる。一つに行為そのものにおいてである。たとえば人がある者によって暴力的に圧迫されているときに，他の者から救援を得る場合がそれである。ヨブはこのことを排除するために「見よ，暴力を蒙っていると叫んでも，誰も答えてくれない」と言っているが，これはあたかも次のように言わんとするかのようである。もしわたしがわたしを暴力的に圧迫する者に対して叫んでも，助けを差し出そうとしてそれを聞いてくれる者はいない。もう一つは行為の後においてである。たとえば不正を蒙った者が裁判官に訴えて，裁判官が判決によって彼を回復したり罰したりする場合がそれである。ヨブはこのことを排除して，「絶叫しても，裁く者はいない」と続けている。すなわち，もしわたしが不平を言うことによって叫んでも，わたしをその裁きによって解放してくれる裁判官は近くにいないという意味である。第二に逆境において救済策が見出されるのは，逆境を逃れる人間自身によってであり，このことは二つの仕方で起こる。一つは力によってである。ヨブはこのことを排除して，「神はわた

しが通ることができないようにわたしの小道を包囲した」と言っているが，これはあたかも次のように言わんとするかのようである。神はわたしがそれを避けることのできない仕方で，わたしの歩みにこれほど多くの障害を置いた。もう一つは賢慮によってである。ヨブはこのことを排除するために，「そのうちに闇を置いた」と続けている。このことによってわたしはいかに進むべきであるかを知ることができないのである。

　救済策が排除されたのに次いで，ヨブは彼が喪失した外的善から始めて逆境を付加している。そのうちで第一のものとして，「わたしから栄光を奪った」と言われているときに，名誉と栄光の損失が挙げられている。というのも，以前は名誉と尊敬を有していたにもかかわらず，今や年齢においてヨブより若い者が彼を嘲っていたからである（30・1）。第二に，「頭から冠を取り去った」と言われているときに，権威の喪失が述べられている。というのも，以前は「軍隊に囲まれて王のように」（29・25）座っていた者が，今では「糞の中に座り，素焼きのかけらで膿をかきむしった」（2・8）からである。第三に，「いたるところからわたしを破壊した」と言われているときに，外的事物の損失が述べられている。すべての外的善が失われた後に，絶え間ない逆境によって「わたしは滅びる」。というのも，回復の希望はないからである。それゆえ，「根こそぎにされた木のように，わたしの希望は失われた」と続けられている。木はもしその枝が切られたとしても，地に根を張っている間は再び回復する希望を有している。しかし，もしその根が地から引き抜かれたら，枯れて滅びることは必然である。そのように，ヨブもまた根を引き抜かれたかのように，時間的な繁栄を回復するいかなる希望も有していなかった。

　しかるに，希望の根は二つある。一つは神の助けの側か

らのものであり，もう一つは人間の助けの側からのものである。神の助けよりする希望の根は神がヨブに対して激しく怒ったように見えることによって引き抜かれると思われる。このことは神の罰をこの世の生の逆境においてのみ措定した人々の見解にしたがっている。それゆえ，怒りの激しさを示すために，「神は激情によってわたしに対して怒った」と言われている。というのも，激情は燃え立たしめられた怒りだからである。しかるに，激情は激しいものであればあるほどより早く過ぎ去るので，このようにして将来において怒っている者よりする希望が残る。しかし，もし怒りが憎しみへと移行したならば，もはやいかなる希望も残されていない。このことを示すために，「わたしをあたかも自らの敵のように見なした」と続けられている。というのも，敵からの助けは期待できないからである。さらに，ヨブは神の怒りと憎しみのしるしを述べて，「神の盗賊が一緒にやって来た」と続けている。ヨブは，あたかも申し合わせたかのように同時に彼の善を奪ったシェバ人，カルデア人，悪霊を盗賊と呼んでいる。ヨブの友人たちもそう考えていたことであるが，あたかもこのことが神の摂理によって起こったかのように，彼らは神の盗賊と呼ばれている。すでに述べられた盗賊はいかなる尊敬や恐れもなくヨブを公けに略奪したので，「わたしを通じて自らに道をつくった」と続けられているが，これはあたかも次のように言わんとするかのようである。彼らは，ちょうど道に見出される敵に対するかのように，わたしを略奪した。さらに，彼らはヨブを全体的かつ持続的に苦しめたので，次のように続けられている。「わたしの幕屋を包囲した」，すなわちわたしの家の善を，そのすべてに関して全体的に，かつ持続的に包囲した。

　次いで，ヨブは人間からはよりいっそういかなる助けも期待できないと思われることを明らかにして，人間の助け

よりする希望が引き抜かれたことを示している。ヨブが第一に挙げるのが，家の居住において別々である人々であり，まず兄弟より始めて「神はわたしの兄弟をわたしから遠ざけた」と言っている。その結果，兄弟はわたしに助けを与えようとしないかあるいはできなかった。次いで，親密な友人について，「わたしを知っている者は，あたかも見知らぬ者であるかのように，わたしから離れた」と続けられているが，これは彼らがわたしに助けを与えなかったという意味である。さらに，血縁関係にある者や何であれ他の必要性によって交わりのあった人々に関して，「近くにいた者もわたしを見捨てた」と続けられているが，これも彼らが助けを与えなかったという意味である。ある時に親交のあった人々に関して，「親交のあった者も」，すなわちかつて親しかった友人も，現在のこの艱難において「わたしを忘れた」，すなわちわたしを気遣うことがなかったと続けられている。ヨブはこれらの者の後に家の者を数えあげることへと進んで，次のように言っている。わたしに仕えることを常としていた「わたしの家の住人と端女は見知らぬ者であるかのようにわたしを扱い」，すなわちわたしの苦しみについて気遣うことなく，「わたしは彼らの目に外国人のようであった」，すなわちわたしを完全に軽蔑していた。次いで，ヨブは奴隷の不従順について，「わたしの奴隷を呼んでも彼はわたしに答えなかった」と続けている。さらに，ヨブは奴隷の傲慢な軽蔑を付加している。「わたしは自らの口によって彼に請い求めた」，すなわち彼がわたしを軽蔑していたために，命令ではなく祈願によって彼に働きかけなければならなかった。次いで，ヨブは非常に結びつきの深い人物，すなわち妻と息子を挙げる。妻にとって夫の現前は最も喜ばしきものであるのが常だが，それは夫が何らかの重い腐敗によって恐ろしい者となっていないかぎりにおいてであるので，ヨブはこのことを示す

ために次のように続けている。ヨブを恐ろしい者としている膿の悪臭のために，「わたしの妻はわたしの息を恐れた」。しかるに，ただ合図のみによって両親の意志を満たすのが息子の役割である。しかし，両親に対する大きな軽蔑のために，息子から尊敬を示されるべき父が子に嘆願して請い求めなければならない。このことを示すために，「わたしは子に対して祈った」と続けられている。しかし，このことは上でヨブの息子と娘は家の崩壊によって圧迫された(1・19)と言われていることに反していると思われる。しかし，かの宴会に参加していなかった子供たちが生き残っていた，あるいはヨブの孫たちが生き残っており，彼らが自分たちの親の罪による親の死をヨブの罪のせいであると見なしてヨブを軽蔑していたと言うことができる。

　それゆえ，ヨブは自らが家の者と外部の者から軽蔑されていたことを述べた後に，続いて愚かな者と知恵ある者から軽蔑されていたことを示している。不幸のうちにある者を見てそれらの者を軽蔑することは愚かな者に特有のことである。というのも，彼らは地上的な善のみを尊敬すべきものと見なしているからである。それゆえ，「愚か者は」その心において目の前にいる「わたしを軽蔑し，わたしが彼らから離れるとわたしを誹謗した」，すなわちわたしがいるところでは言うのを控えていたことを公言した。次いで，ヨブは自らが時として親交のあった知恵ある者からも軽蔑されていたことを示して，その知恵のためにわたしの思慮に関与させていた「わたしの相談役もわたしを嫌い，最も愛していた者もわたしに背を向けた」。ヨブがこのように言ったのは，おそらく居合わせた友人のうちでヨブに非常に対立していたある者のためである。

　このようにして，外的なものに属する逆境がすでに述べられたので，ヨブは自らの身体の壊滅について続けて，「肉が朽ちてわたしの骨は皮に密着した」と言っている。

というのも，病気の重さのためにヨブの肉は削ぎ落ち，皮膚が骨に密着するほどだったからである。しかし，ちょうど骨のような歯の周りにある唇には肉が残っていたので，このことを示すために「わたしの歯の周りの唇だけが残された」と続けられている。ヨブがこのように言うことで密かに示唆していると思われることは，肢体の他のすべての機能は止んでいるが，語る機能だけは自らに残されたということである。

　それゆえ，ヨブは自らの逆境を数えあげた後に，不幸の多さのために憐れみの嘆願を繰り返して，友人たちを同情へと招いて言っている。わたしは他の者に見捨てられたが，「わたしの友人であるあなたたちよ，わたしを憐れんでくれ，わたしを憐れんでくれ」。しかるに，憐れみの原因は不幸であり[3]，不幸はより強力な者によって導入されればされるほど重いものとなる。それゆえ，「主の手がわたしに触れたのだ」と続けられている。というのも，ヨブは自らが神によって打たれたと理解していたからである。しかるに，人が苦しんでいる者に苦しみを加えることは適切ではないと思われるので，「なぜあなたたちは神のようにわたしを迫害するのか」と続けられているが，これはあたかも次のように言わんとするかのようである。わたしには神に由来する迫害で十分であり，むしろ慰めを示すことがあなたたちの役割である。ヨブは友人たちがいかに自らを迫害しているかを示して，「なぜわたしの肉で満足するのか」と続けている。このこと，すなわち肉で満足することは本来誹謗する者に属する。というのも，誹謗する者は他の者の弱さにおいて喜ぶかぎりで人間の肉を食べると言

　3）　アウグスティヌス『神の国』9 巻 5 章（PL 41, 261），トマス『神学大全』2-2 部 30 問 1 項，ベルナルドゥス『書簡』12（PL 182, 116A），トマス『命題集註解』2 巻 29 区分 3 項異論 3，アリストテレス『弁論術』2 巻 8 章（1385b13）参照。

われるからである[4]。なぜなら，肉は生き物のより弱い部分だからである[5]。

[23] 誰がわたしのためにわたしの言葉を書き留めてくれるのか。[24] 誰がわたしのために鉄の筆でもって，あるいは樹皮に記してくれるのか，あるいは鉛の板に記してくれるのか，あるいは確実に石に刻んでくれるのか。[25] というのも，わたしはわたしを贖う方が生きておられることを知っているからである。最後の日にわたしは地から復活する。[26] そして，わたしは再びわたしの皮に包まれ，わたしの肉において神を見る。[27] 他の者ではなくわたし自身が，わたしの目が彼を見る。このわたしの希望はわたしの胸にしまわれている。[28] なぜ今あなたたちは，わたしを迫害してわたしの言葉の根を見つけてやろうなどと言うのか。[29] それゆえ，あなたたちは剣から逃げるがよい。というのも，神の剣は不正に対する罰だからである。裁きがあることを知るがよい。(19・23-29)

「誰がわたしのために書き留めてくれるのか」等々。上でヨブはあたかも引き抜かれた木のように自らの希望が取り去られたことを述べたが，このことはヨブの友人が多くの仕方でヨブをそれへと促した時間的な繁栄を回復するという希望に関係づけられていた。しかし，ヨブは上で様々な不適切な結論へと導くことによって，多くの仕方でこの希望が所有されるべきではないことを示したので，今や明らかな仕方で自らの意図を開陳して，自らがすでに述べたことを語ったのは神について絶望していたからではなく，現在の善ではなく将来の善に関するより高次の希望を神について抱いていたからであると言っている。ヨブは偉

---

4) グレゴリウス『道徳論』14巻52章（PL 75, 1070D）参照。
5) 同上，14巻49章（PL 75, 1068B）参照。

第 19 章 331

大にして驚くべきそして確実なことを述べるつもりであったので，述べられる見解が後世の者の信仰において存続することに対する自らの願望をあらかじめ示している。しかるに，われわれがその言葉と意味を後世の者に伝えるのは書物を通じてであるので，わたしが神において有している希望について言おうとしていることが忘却によって消し去られることのないように，「誰がわたしのためにわたしの言葉を書き留めてくれるのか」と言われている。しかるに，インクによって書かれたものは時の経過によって消し去られるのが常である。それゆえ，われわれは何らかの書物が長く保たれることを欲するとき，書き記すという仕方によってそれを記述するだけでなく，何らかの印刻によって皮や金属や石に刻むのである。というのも，ヨブが希望していることは近い将来において起こることではなく，時の終末まで延期されて成就することだからである。それゆえ，次のように続けられている。「誰がわたしのために鉄の筆でもって，あるいは樹皮に記してくれるのか」，すなわち皮において為される何らかの印刻によって書いてくれるのか，あるいはもしこれで不十分であるなら，より強力な印刻によって「鉛の板に記してくれるのか」，さらに，あるいはこれでも不十分であると思われるなら，鉄の筆で「確実に石に刻んでくれるのか」。

　ヨブがこれほどの慎重さもって保たれることを欲したこの話が何であるかを示して，「というのも，わたしはわたしを贖う方が生きておられることを知っているからである」と続けられている。ヨブはこのことを明瞭に理由の形で提示している。というのも，われわれは確実に所有していないところのものを記録するように気遣わないからである。それゆえ，明瞭に，信仰の確実性によって「知っている」と言われている。この希望は将来における復活の栄光についてのものであるが，このことに関してヨブは第一に

その理由を提示して,「わたしを贖う方は生きておられる」と言っている。ここで考察すべきは,「一人の人間によって罪がこの世に入り,罪によって死が入り込んだ」(ロマ5・12)と言われているように,不死なる者として神によって造られた人間が罪によって死に陥ったが,人類はキリストによってこの罪から贖われた——このことをヨブは信仰の霊によってあらかじめ知っていた——ということである。キリストはわれわれのために死ぬことによって,死によってわれわれを罪から贖った。キリストが死んだのは死が彼を飲み込むようにしてではない。というのも,たとえキリストは人間性にしたがっては死んだとしても,神性にしたがっては死ぬことができなかったからである。しかるに,「たとえキリストはわれわれの弱さより十字架につけられたとしても,神の力によって生きている」(Ⅱコリ13・4)と言われているように,神性の生命から人間性もまた復活によって生命へと用意された。復活するキリストの生命は共通の復活においてすべての人間に押し広げられるのであり,このことから使徒は同じ箇所において,「われわれもまたキリストにおいて弱い者であるが,われわれのうちにある神の力によってキリストにおいて生きるだろう」(Ⅱコリ13・4)と言い,主もまた「死者は神の子の声を聞き,聞いた者は生きるだろう。というのも,ちょうど父が自分自身において生命を有しているように,子にもまた自分自身において生命を持つようになさったからである」(ヨハ5・25)と言っている。それゆえ,人間の復活の最初の原因は神の子の生命であり,それは,エビオン派の言うように[6],その始まりをマリアから有しているので

---

6) ゲンナディウス『教会の教え』2章(PL 58, 981C),トマス『命題集註解』3巻2区分1問3項小問2,アウグスティヌス『異端について』10章(PL 42, 27)参照。

はなく,「イエス・キリストは昨日も今日も世々にわたっておられる」(ヘブ13・8)と言われているように, 常にあったのである。それゆえ, ヨブは明瞭に,「わたしを贖う方は生きるだろう」とは言わず,「生きている」と言っているのである。ヨブはこのような理由から将来の復活を予言しているが, その時をも規定して,「最後の日にわたしは地から復活する」と言っている。ここで考察すべきは, 天の運動と世界のこの状態が永遠に持続すると考える者が, 一定の年月の経過の後に星々は同じ位置に戻り, 死者は生命へと用意されると推測していることである。しかるに, 日が天の運動によって生じるとすれば, 天の運動が永遠に持続する場合, いかなる最後の日もないことになる。それゆえ, ヨブはこのような誤りを取り除くために, 明瞭に「最後の日に」と言っているが, これは「わたしは最後の日に彼を復活させるだろう」(ヨハ6・40)という主の言明に一致するものである。

人間は地上的な身体ではなくある種の天上的な身体を攝ることによって復活するという他の者たちがいた[7]。しかし, ヨブはこのことを排除するために,「わたしは再びわたしの皮に包まれる」と続けているが, このことは明瞭に言われている。というのも, 上でヨブは骨の周りに皮だけが残っていると言っていたからである。ヨブはこのように言うことによって復活の性質を特定している。すなわち, 魂が固有の覆いを取られて常に裸のままにとどまることのないように復活するというのがそれである。さらに, 魂は脱ぎ捨てたのと同じ身体を攝るが, それは食料や飲料を必要とし, この世の生の他の肉的な業を行使するという同じ条件にしたがってであるという他の者たちがいた[8]。しか

---

7) トマス『命題集註解』4巻44区分1問1項小問1参照。
8) トマス『対異教徒大全』4巻83章, 1巻6章, 3巻27章,

し，ヨブはこのことを排除するために，「わたしの肉において神を見る」と続けている。というのも，人間の肉は現在の生の状態にしたがっては可滅的である——「滅びるところの身体が魂を圧迫する」（知 9・15）のであり，それゆえ，この死すべき肉のうちに生きている者で神を見ることのできる者はいない[9]——が，魂が復活において摂る肉は実体にしたがっては同一であるにもかかわらず，使徒によって「必ずやこの朽ちるべきものが朽ちないものを着ることになる」（Ⅰコリ 15・53）と言われているように，神の賜物によって不滅性を有することになるからである。それゆえ，かの肉はいかなる仕方においても魂を妨げて神を見られなくするということはないのであり，魂に完全に従属しているのである。このことを知らないポルピュリウスは，あたかも人間ではなく魂が神を見るかのように，「魂は至福なものとなるためにすべての身体を避けるべきである」と言った[10]。ヨブはこのことを排除するために，「わたし自身が彼を見る」と続けているが，これはあたかも次のように言わんとするかのようである。わたしの魂だけでなく，魂と身体から成っているわたし自身もまた神を見る。さらに，ヨブは身体もまたその様態にしたがって見神に与ることを示して，「わたしの目が彼を見る」と続けている。これは，身体の目が神の本質を見るということではなく，身体の目が人となった神を見，さらには被造物において輝く神の栄光を見るということであり，これはアウグスティヌスが『神の国』の最後で言っていることによってい

アウグスティヌス『神の国』20 巻 7 章（PL 41, 667），『異端について』8 章（PL 42, 27）参照。

9) アルクィヌス『ヨハネ福音書註解』1 章 18 節（PL 100, 752B）参照。

10) アウグスティヌス『神の国』22 巻 26 章（PL 41, 794），トマス『神学大全』2-1 部 4 問 6 項参照。

る[11]。ヨブは神を見るために回復された人間が種においてのみならず数においても同一であることを示すために，数において「他の者ではない」と続けている。ヨブがこのように言うのは，アリストテレスが『生成消滅論』二巻において，「いかなるものの実体も可滅的であり，同一の数においてではなく，同一の種において繰り返される」[12]と記述しているような仕方で，自らが生の回復を望んでいるのではないことを示すためである。

　復活の原因，時，様態，復活する者の栄光，同一性についてすでに述べられたので，ヨブは「このわたしの希望はわたしの胸にしまわれている」と続けているが，これはあたかも次のように言わんとするかのようである。わたしの希望はあなたたちが空しく約束した地上的なものにではなく，将来の復活の栄光にこそ存する。ヨブは明瞭に「わたしの胸にしまわれている」と言っているが，これは次のことを示すためである。すなわち，ヨブはこの希望を言葉においてのみならず心においてもまた隠し持っていたのであり，それは彼にとって疑いを容れない確固たるものであり，つまらないものではなく最も貴いものであった。というのも，胸において隠されるものは密かに所有され，堅固に保たれ，貴重なものと見なされるからである。

　このようにして，ヨブは神について抱いていた希望の崇高さを示したので，次いで友人たちの自らに対する非難を排除しようとする。というのも，彼らはヨブが時間的なもののうちに希望を置かないことから，まるで彼が神に対する希望と恐れを放棄したかのように考えていたからである。「なぜ今あなたたちは」，あたかも神について絶望し神を恐れていないかのような「わたしを迫害して」，あたか

---

11) 22巻29章（PL 41, 800）参照。
12) 2章（338b16）。

もわたしが神の摂理を否定したかのようにわたしの言明を非難することによって「わたしの言葉の根を見つけてやろうなどと言うのか」。わたしは神の摂理を否定しているのではなく，むしろそれを主張しているのである。というのも，わたしはこの世の生の後においてもまた人間に報酬と罰が神によって用意されていると言うからである。それゆえ，ヨブは次のように続けている。「それゆえ，あなたたちは」，たとえ時間的な繁栄によって栄えているとしても，将来の生においてあなたたちに保存されている神の罰の「剣から逃げるがよい」。「というのも，神の剣は」，神が本来的な仕方で死の後に導入する「不正に対する罰だからである」。この世の生においてのみならず，この世の生の後の善人と悪人の復活においてもまた「裁きがあることを知るがよい」。

第 20 章

^{1} ナアマ人ツォファルは答えて言った。^{2} それゆえ，様々な思念がわたしに起こり，精神は様々な方向に運ばれている。^{3} わたしはあなたがわたしを非難する教えを聞いた。わたしの洞察の霊がわたしに答えるだろう。^{4} わたしは次のことを人間が地上に置かれた始まりから知っている。^{5} 不敬虔な者の誉れは短く，偽善者の喜びは束の間である。^{6} たとえ彼の傲慢が天にも届くほどのものであり，雲が彼の頭を覆うようであっても，^{7} 最後に彼は糞のように滅びるのであり，彼を知っていた者は「彼はどこに行ったのか」と言う。^{8} 彼はあたかも夢のように飛び去って見出されることがなく，夜の幻のように過ぎ去る。^{9} 彼を見ていた目は彼を見ることはなく，彼の場所ももう彼を見ない。^{10} 彼の子らは困窮によって衰弱し，彼の手が自らに苦しみを与える。^{11} 彼の骨は若いときの悪徳に満たされ，彼と共に塵に伏す。^{12} 彼の口に悪は甘いものであったので，彼はそれを自らの舌の下に隠す。^{13} 彼はそれを大切にし，放棄せず，その喉のうちに隠す。（20・1-13)

「ナアマ人ツォファルは答えて言った。それゆえ，わたしの思念が」等々。ツォファルは将来の生に対するヨブの希望についての見解を聞いてそれを受け入れたと思われる。それゆえ，ツォファルはこの第二の回答の後，第三の回答においてはヨブに反する意見を述べていない。しかし，彼が以前の見解から完全に離れることを許さないある事柄が依然として彼の心のうちには存在した。というのも，ヨブが教えるように，たとえ将来の生において功績の

ために報いと罰が生じるとしても，それにもかかわらず依然として彼にはこの世の生の繁栄と逆境が徳の功績と罪の過失のために神によって人間に配分されると思われたからである。それゆえ，彼は部分的には説得され，部分的には最初の見解を保持して，次のように言っている。「それゆえ」，すなわちあなたが将来の生の希望について述べた言葉のために，「様々な思念がわたしに起こっている」。ちょうど人が同じ結論のために様々な論拠を考案するときのように，このような様々な思念が同じ見解に属するものであると理解されないように，「精神は様々な方向に運ばれている」と続けられている。すなわち，両方の見解のために導入される論拠によって，わたしはある時は一つのものへ，ある時は他のものへ暴力的に導かれて，あたかも対立する論拠を解決することができないかのようである。ツォファルにとって，将来の生の希望についてのヨブの見解は非難すべきではないと思われたので，「わたしはあなたがわたしを非難する教えを聞いた」と続けている。すなわち，わたしはあなたが将来の復活について語ったことを信じたが，依然として完全には最初の見解を放棄していない。このことが「わたしの洞察の霊がわたしに答えるだろう」と続けられていることの意味であり，これはあたかも次のように言わんとするかのようである。わたしの知性は依然として自らの見解のために答える何らかのものを有している。

　ツォファルにとっては次のことが最も確実にして経験によって証明されたものであると思われた。すなわち，悪しき者はたとえ何らかの繁栄によって喜んだとしても，その繁栄は短く，あるいは早い死によって，あるいは何らかの後続する逆境によって，この世の生においてすぐに終わりを迎えるのであり，このことが次のように言われていることの意味である。考察することによって，「わたしは次の

ことを人間が地上に置かれた始まりから知っている」，すなわち人類の始まりから知っている。「不敬虔な者の誉れは短い」。というのも，不敬虔な者は時として何らかの善性のしるしや彼らにおいて明らかである原因のためにわずかの間賞賛されるが，それらのものは彼らにおいて明らかである不正な業によって直ちに曇らされる。それゆえ，彼らがその見せかけから得る好意についての喜びはすぐに過ぎ去るのであり，あたかも瞬間的に通過するかのように，「偽善者の喜びは束の間である」と言われている。というのも，偽善者は後にその実から知られる（マタ7・16）からである。しかし，時として，彼らが見せかけから得たわずかの間存続する好意から，彼らが何らかの高い地位に上げられることが起こる。それゆえ，ツォファルは続いてこのことが不敬虔な者にとって堅固なものではないことを示して，次のように言っている。「たとえ彼の傲慢が天にも届くほどのものであっても」，すなわちもし彼が獲得した高い地位のために，自らを地上的ではかない者ではなく，天上的で不動のものと見なすとしても，さらに「雲が彼の頭を覆うようであっても」，すなわち人間の共通の条件を超えて進もうとしていても，「最後に彼は糞のように滅びる」。このことはあるいは早い死によって起こるが，死によって人間の死体はあたかも糞のように卑しく嫌悪すべきものとなるのであり，これは「まるで糞のような人間の死体が地の面を覆うだろう」（エレ9・22）と言われていることによっている。また，あるいはこのことは彼の悪意が暴かれてすべての者によってつまらない者と見なされることによって起こるのであり，これは「姦淫の女はみな，あたかも糞のように道で踏みつけられる」（シラ9・10）と言われていることによっている。そして，彼の傲慢が打ち倒された後に，これほど突然の降格について人々の心に驚きが起こり，彼についての尊敬が止む。それゆえ，「彼を

知っていた者は『彼はどこに行ったのか』と言う」と続けられている．人はあるいは驚きから，あるいは軽蔑からこのように言うのである．

　ツォファルは彼の降格が回復できないものであることを示すために，「彼はあたかも夢のように飛び去って見出されることがない」と続けている．というのも，ちょうど鳥が飛び去ることによって容易に人々の目から取り去られるように，夢もまた容易に人間の認識から取り去られるからである．なぜなら，夢はいかなる痕跡も残さないか弱い痕跡を残すのみであって，たとえ消滅しても捜し求められる証拠を残さないからである．それゆえ，その認識は回復できない仕方で過ぎ去るのである．同様に，理解されることに，不敬虔な者の落下は回復することができない．ツォファルはこの回復不可能性の理由を多くの仕方で示している．第一の理由は滅びる罪人そのものの側に由来するので，「夜の幻のように過ぎ去る」と言われている．夜の幻は存続しない表象の幻であるので，それが止んだ後に人がそれへと戻ることはできない．しかし，昼の幻はある存続する事物に属するので，もし人が見ることをやめても再びそれを見ることへと還ることができる．同様に，罪人が生きている間は，もし逆境が彼に到来しても回復が希望できるが，彼がこの世の生から出て行けば，もはやいかなる回復も希望できない．ツォファルは第二に不敬虔な者の落下が回復不可能なものであることを他の人間の側から示して，「彼を見ていた目は彼を見ることはない」と続けている．というのも，目から離れるものは容易に記憶からも移行するからである．それゆえ，人間の視界から消えた死者たちは容易に忘却に委ねられ，このようにして彼らは人間の記憶において栄光を有せず，その友人たちもそれ以上助けを与えようと気遣わないのである．第三にツォファルは不敬虔な者の回復不可能性の原因を，彼が以前の状態に戻

ることができないことから示している。それゆえ,「彼の場所ももう彼を見ない」と続けられている。というのも,人間は死後同じ生活へと戻ってくることはできないからである。不敬虔な者は降格し,彼自身が過ぎ去り,人々の目から取り去られ,その場所によって再び支えられることがないだけでなく,彼の子らもまた彼の罪のために罰せられるので,次のように続けられている。神の正しい裁きによって,「彼の子らは困窮によって衰弱する」。すなわち,彼は子の豊かさのために罪を犯したので,このことにおいて彼の希望が無駄にされるために,彼の子らは貧しくなった。

次いで,ツォファルはあたかもすでにヨブの見解に同意しているかのように,将来の生の罰について続けて,次のように言っている。「彼の手が自らに苦しみを与える」,すなわち彼が為した罪の業のために罰において苦しみを蒙る。この苦しみの報いを死後の出来事として理解すべきであることは,「彼の骨は若いときの悪徳に満たされ,彼と共に塵に伏す」と続けられていることによって明らかであり,これはあたかも次のように言わんとするかのようである。死後,彼の肉が塵に返り,骨のみが墓の中に残されている状態にあっても,彼は老年においてのみならず,よりいっそう罪を犯しやすい青年時代において犯した罪のために罰を蒙る[1]。ツォファルは死後においても罪のために罰を蒙る理由を示して,「彼の口に悪は甘いものであったので,彼はそれを自らの舌の下に隠す」と続けている。ここでは甘い食物を食べる人間の比喩において語られているが,そのような者はすぐにそれを飲み込むのではなく,より長く喜ぶためにそれを長く口の中に保つのである。それ

---

1) 『標準的註解』「詩篇」118章9節, ロンバルドゥス『註解』「詩篇」118章9節参照。

ゆえ，この比喩を説明するため，「彼はそれを」，すなわち彼にとって甘いものである悪あるいは罪を，破壊しようとしないことによって「大切にする」と続けられている。悪あるいは罪は見捨てられることによって破壊されるので，「放棄しない」と続けられている。さらに，どのような仕方で放棄しないかを示して，「その喉のうちに隠す」と続けられている。これはいかなる者にも明らかにしないという意味であり，このことのために，いかなる者も彼のために隠された罪を諫止したり，自らの罪を告白する者に与えられる何らかの救済策を提供することはないのである。それゆえ，ある者の罪が死後に罰せられることの理由は，彼が生きているときにそれを放棄することを欲しなかったというところにある。

[14] 彼のパンはその腹のうちでコブラの毒に変わる。[15] 彼は自らがむさぼった富を吐き出し，神は彼の腹から富を引き出す。[16] コブラの頭が上がり，蝮の舌が彼を殺す。[17] 彼は蜜とバターの流れる川の水脈を知らない。[18] 彼は為したことすべてを償っても，滅ぼされることはない。彼は自らの多くの考案にしたがって罰を受ける。[19] というのも，彼は貧しい者の家を壊して裸にし，家を奪って再び建てることがなかったからである。[20] 彼の腹は満たされず，望んでいたものを得ても所有することができない。[21] 彼の食料で残されるものはなく，彼の善のうちの何ものも持続しない。[22] 彼が満たされるとき，彼は制限され動揺し，あらゆる苦しみが彼に襲いかかる。[23] どうか彼の腹が満たされますように，神が激情の怒りを彼に送り，その戦いを彼の上に注ぐために。[24] 彼は鉄の武器を逃れても，青銅の弓に陥る。[25] それは鞘から抜かれて射られ，その苦さのために光り輝く。恐るべきものが彼に到来する。[26] すべての隠された闇が彼の隠れ場にはある。燃え立たしめられていない火

が彼を舐め尽くし，幕屋において残されて苦しめられる。²⁷ 天は彼の不正を明らかにし，地は彼に対して起き上がる。²⁸ 彼の家の子孫が露わにされ，彼らは主の怒りの日に取り除かれる。²⁹ これぞ不敬虔な者の神から受ける分，彼の言葉に対して主から与えられる遺産である。(20・14-29)

「彼のパンはその腹のうちで」等々。ツォファルは不敬虔な者の骨がその青年時代の悪徳によって満たされており，そのために彼が死後に罰せられることを述べたので，今やその罰についてより広く論じる。第一に示されるのは，彼がこの世において有していた善が彼に対して悪へと変わることである。ツォファルは食料を食べそれが時として悪へと変わる者の比喩を用いているが，このことは二つの仕方で起こる。第一は時として消化されない食料が内部にとどまり有害な体液へと変化する場合であり，このことに関して「彼のパンはその腹のうちで蝮の毒に変わる」と言われているが，これはあたかも次のように言わんとするかのようである。ちょうど時として摂られた食料が有害な体液へと変わるように，この世において彼が死に至るまで持続的に有していた善もまた死の苦さへと変わる。第二は，時として摂られた食料が消化されえないときに，嘔吐によって嫌悪と苦しみを伴って外へと吐き出される場合である。ちょうどそのように，時として次のようなことが起こる。すなわち，罪人はこの世において獲得した時間的善を，それらを善く利用しないことから，神の裁きによってあたかも消化されていないものとして苦しみとともに失う。それゆえ，次のように続けられている。「彼は自らがむさぼった」，すなわち略奪によって得た「富を吐き出し」，すなわち嫌悪とともに滅ぼし，「神は彼の腹から」，すなわち彼の支配から「富を引き出す」。というのも，富は神の裁きによってある種の暴力によって彼から取り去られるからである。

彼が有していた善が彼にとって悪へと変わるだけでなく，彼は敵から行為と言葉によって悪を蒙る。それゆえ，ツォファルは二つの例を挙げている。第一は噛みつくことによって殺すコブラであり，彼に対して噛みつこうとして「コブラの頭が上がる」と言われている。このことによって悪を為す者の頭，あるいは彼に襲いかかる悪魔が示されている。第二の例はその舌によって毒をまき散らす蝮であり，「蝮の舌が彼を殺す」と続けられているが，これによって，あたかも蝮の舌に由来する毒のような，人間の舌に由来するすべての害が理解される。

次いで，ツォファルは善の欠如よりする罰を続けて，「彼は蜜とバターの流れる川の水脈を知らない」と言っている。蜜とバターは両者ともに食べると甘いという点においては一致しているが，蜜は蜜蜂の働きによって花から集められるのに対し，バターは人間の働きによって家畜の乳から作られる。それゆえ，蜜によって人間の努力なくして到来する喜ばしきすべての善が表示され，バターによって人間の努力から到来する喜ばしき何らかの善が示されている。しかるに，流れは突然，思いもかけずに到来する。川において水の多さのために充満が意味されている。水脈において善の配分が表示されている。というのも，すべての者がすべての時間的善と霊的善を所有するのではなく，ある者がこのものを，ある者がかのものを所有するからである。それゆえ，ツォファルの見解にしたがえば，善人には甘い善が豊富に突然到来するのであり，それはある時は人間の働きによってであり，ある時は人間の努力なくして神の摂理によってである。しかし，これはある種の秩序だった配分にしたがって起こるのであり，罪人はこの配分を欠くと主張される。また，時として人は罰の多さからそれ以上の罰に耐えることのできない場合があるので，罪人はたとえこの世の生において多くの仕方で罰せられたとしても

将来の生の罰に対して保たれることを付加して，ツォファルは次のように続けている。「彼は為したことすべてを償っても」，すなわち個々の罪のために罰を受けても，将来の罰に対して保たれる魂にしたがって「滅ぼされることはない」。

続いて，ツォファルは罰の罪に対する適合性を示して，次のように続けている。「彼は自らの多くの考案にしたがって」，すなわち注意深く考え出した多くの罪にしたがって「罰を受ける」。というのも，罰はある種の適合性によって罪に対応しているからである。ツォファルは第一に貪欲の罪に関してこのことを明らかにしている。貪欲においては二つのことが秩序づけられて述べられる。第一は暴力的な略奪であり，「彼は貧しい者の家を壊して裸にした」と続けられているときにこのことが示されている。ツォファルは破壊において暴力を，裸にすることにおいて略奪を示している。第二に再建に対する怠慢が述べられており，このことに関して「家を奪って再び建てることがなかった」と続けられているが，これはあたかも次のように言わんとするかのようである。彼は家から奪ったもの，あるいは家において破壊したところのものを回復することを怠った。ツォファルはこの罪にふさわしい罰を続けて，「彼の腹は満たされない」と言っているが，これはあたかも次のように言わんとするかのようである。彼は貧しい者の家を裸にしたので，彼が自らの善に満足することはありえない。それゆえ，彼の欲求は正当な仕方で所有している善についても，不正な仕方で獲得したこれらのものについても満足しなかった。というのも，「貪欲な者は金銭によって満たされず，財産を愛する者はそこから実りを摘むことができないだろう」（コヘ 5・9）と言われているからである。この第二の点について，「望んでいたものを得ても所有することができない」と続けられている。というの

も，あるいは彼自身がそれらのものから引き離され，あるいはそれらのものが彼から離れるからである。彼が奪ったものを自ら進んで回復することを欲しなかったために，不本意ながらそれらを失うことは適切なことである。

　次いで，ツォファルは大食の罪において同じことを示して，「彼の食料で残されるものはない」と続けている。というのも，彼は自らが所有していたものは何でも自分自身の使用に転換し，他の者の必要性のために保っておくことがないからである。ツォファルはこのことにふさわしい罰を続けて，すべてのものを失うので，彼には「彼の善のうちの何ものも持続しない」と言っている。このことは彼が自らの善から他の者のために保存することを欲しなかったことに関するふさわしい罰である。それゆえ，いかなるものも彼に保たれないことは正しい。対して，余分なものを自らの使用に消費したことに関しては，他の適切な罰が続けられ，「彼が満たされるとき，彼は制限される」と言われている。ここでは非常にたくさん食べる者の比喩において語られているが，そのような者の腹は非常に多くの食料によって圧迫されて制限されるのであり，このことによって意味されているのは，余分なものを自らの使用に浪費する者や，あるいは余分なものを自らのために獲得する者が，獲得したすべてのものを正しく秩序づけることができずに，ある種の制限を蒙ることである。これはちょうど自らの畑が豊かな実りをもたらしたので，以前の倉を壊してより大きな倉を造ろうとした富める者（ルカ 12・18）について明らかなとおりである。さらに，腹が制限されることから無秩序な熱と不安が生じるので，「動揺する」と続けられている。同様に，自らのために無秩序に多くのものを集める者は，非常に大きな気遣いによって苦しめられる。ついには，余分な食料から苦しみがすべての肢体へと到達するのが常であるので，「あらゆる苦しみが彼に襲いかか

る」と続けられている。さらに，同様に，余分なものを集めるこれらの者に対して，彼らが多くのものにおいて損害を蒙るかぎりで，多くの苦しみが生じる。

　それゆえ，不敬虔な者の満足が彼にとって有害であることを考察したツォファルは，いわば義に対する熱意から，不敬虔な者が罰を蒙るために，彼に対して時間的な善における満足を希望して，次のように続けている。時間的な善の充満によって，「どうか彼の腹が満たされますように」。「神が激情の怒りを」，すなわち憐れみのない罰を「彼に送るために」。さらに，怒りの様子を示して，「その戦いを彼の上に注ぐ」と続けられている。「注ぐ」と言われていることにおいて，悪の充満が示されている。「彼の上に」，すなわち罪人の力の上にと言われていることにおいて，抵抗の不可能性が示されている。「その戦いを」と言われていることにおいて，次のことが示されている。すなわち，悪が彼に与えられるとき，それは父が子を叱るような訓育の方法によって矯正のためにではなく，敵を滅ぼす壊滅の方法によるものである。それゆえ，「彼は鉄の武器を逃れても」と続けられている。すなわち，鉄の剣のように近くから攻撃する現在の罰を忍耐せずに済ますことによって逃れても，「青銅の弓に陥る」，すなわち破壊されることのない青銅の弓のように——このことによって将来の罰の無限性が示されている——遠くから攻撃する将来の生の罰に陥る。続いて，ツォファルはこの弓の進行を説明して，「それは」，すなわちかの弓は「鞘から抜かれて射られる」と言っている。しかるに，弓が鞘に収められているときには害しないように，将来の断罪の罰もまたあたかもある種の鞘のような神の知において存在するときには害しない。しかし，神を攻撃する悪意によってこの鞘から引き抜かれたときには，神の秩序にしたがって罰するのである。ツォファルはその結果を示して，「その苦さのために光り輝く」

と続けている。ちょうど稲光が高い所から突然，暴力と輝きを伴って到来するように，かの罰が神によって罪人に与えられることは，予期できず，抵抗することのできないほどの暴力と共に，また言い逃れすることのできないほどの義の明るさと共に起こるのであり，このことから罪人は苦さに満たされるのである。

次いで，ツォファルは復讐の罰を部分的に展開している。第一はそれが悪霊の権能の下に委ねられることについてであり，「恐るべきものが彼に到来する」と続けられているが，これは悪霊が彼について自由な権能を受けとるという意味である。次いで，損害の罰が述べられ，「すべての隠された闇が彼の隠れ場にはある」と続けられている。というのも，彼は神の明るさから引き離されて，外的にも内的にも完全な闇を蒙るからである。隠れ場にあると言われているのは，ちょうど聖人の明るさがこの世の生においてわれわれに隠されているように，不敬虔な者の闇についても同様だからである。次いで，感覚の罰が述べられ，次のように続けられている。滅ぼすことによってではなくその苦しみによって飲み込むことによって「彼を舐め尽くす」。「燃え立たしめられていない」地獄の「火が」。すなわち，人間の努力によってではなく神の力によって燃え立たしめられた火が。このことは「主の息が焼き尽くす硫黄の流れのようにそこに臨む」（イザ 30・33）と言われていることによっている。不敬虔な者にとってはこれらの罰においていかなる助けもないので，「幕屋において残されて苦しめられる」と続けられている。すなわち，彼はいかなる助けもなく，自らに割り当てられた罰の場所において残されることによって苦しめられるという意味である。

それゆえ，不敬虔な者が自分自身において蒙る罰が述べられたので，ツォファルは死後この世の生において残るものに関して，不敬虔な者に属する罰について続けている。

第一は人間の記憶のうちに残るところのものに関してであり,「天は彼の不正を明らかにする」と言われている。すなわち,天上的な力によって,生においては隠されていた彼の不正が死後明らかにされるという意味である。「地は彼に対して起き上がる」。というのも,彼の不正が明らかにされた後に,生きている彼を敬っていた地上的な人間が死んだ彼に対して暴動を起こすからである。次いで,ツォファルは彼の子において残されるものに関して彼の罰を述べて,「彼の家の子孫が露わにされる」と言っている。すなわち,彼の子らが艱難にさらされるという意味である。そして,この子孫はこの世の生から「取り除かれる」。「主の怒りの日に」,すなわち神の復讐の日に。しかし,このことは最後の審判に関係づけることができる。そこにおいて,聖人たちは罪人の不正を明らかにし[2],世界は全体として「愚かな者に対して戦い」(知5・20),子孫,すなわち罪の業は明らかにされ[3],ついに不敬虔な者が地獄へと追放される。

次いで,ツォファルは次のように続けることによって話を結んでいる。「これぞ不敬虔な者の神から受ける分」,すなわち彼が不敬虔な業によって自らに獲得した分,「彼の言葉に対して主から与えられる遺産」,すなわち彼が曲がった言葉によって自らに獲得した遺産である。考察すべきことに,ツォファルはすでに述べたことにおいて,現在の罰に将来の罰を混ぜ合わせている。

---

[2] トマス『命題集註解』4巻47区分1問2項小問1参照。
[3] 『欄外註解』「イザヤ書」5章24節参照。

第 21 章

^{1} ヨブは答えて言った。^{2} お願いだから，わたしの話を聞き，悔い改めてくれ。^{3} わたしに話をさせてくれ。わたしの言葉の後で，もしそう思われるなら，それを笑ってくれ。^{4} わたしの議論は人間に対するものであり，わたしは当然悲しむべきではないのだろうか。^{5} わたしの話に注意して，驚き，指を口に当てるがよい。^{6} わたしもまた思い出すたびに呆然とし，恐怖がわたしの肉を震わせる。^{7} どうして不敬虔な者は生き，高められ，富によって強められるのか。^{8} 彼らの子孫は彼らの面前に存続し，多くの近親者や孫が彼らによって見られている。^{9} 彼らの家は安全で平和に満ち，神の鞭は彼らの上にはない。^{10} 彼らの牛は孕んで流産することがなく，雌牛は生んで子を欠くことがなかった。^{11} 彼らの子らは群れを成して進み，彼らの幼児は嬉々として遊ぶ。^{12} 彼らは太鼓や竪琴を持ち，その音に喜ぶ。^{13} 彼らはその日々を善のうちに過ごし，直ちに陰府へ下る。^{14} 彼らは神に向かって言う。われわれから離れてくれ。われわれはあなたの道の知識を知りたくない。^{15} われわれが仕えるべき全能者とは誰で，彼を崇拝したところで何の益があるのか。^{16} しかし，彼らの善はその手のうちにはないので，彼らの思慮はわたしから遠い。^{17} 何度不敬虔な者の光が消え，洪水が彼らを襲い，神がその怒りの苦しみを与えたことだろうか。^{18} 彼らはちょうど風に面したもみ殻，突風がまき散らす灰のようである。^{19} 神は不敬虔な者の子にも父の苦しみを保っておくが，それが与えられるとき彼は知るだろう。^{20} すなわち，彼の目は自らの破滅を

見，全能者の怒りから飲む。[21] 彼の後にその家のうちの何が彼に属するのだろうか。たとえ彼の月日の数が半分にされるとしても，何が彼に属するのだろうか。(21・1-21)

「ヨブは答えて言った。お願いだから聞いてくれ」等々。ツォファルは先の言葉において，たとえこの世の生においてもまた罪は時間的な仕方で罰せられるという点に関して自らの見解を保持していたとしても，ある点に関してすでにヨブの見解に同意し，罪は死の後に罰せられると述べていたので，ヨブは彼らを完全に真なる見解へと転回させる希望のために奮い立った。それゆえ，第一に謙遜な仕方で彼らを注目へと導いて，「お願いだから，わたしの話を聞いてくれ」と言っている。また，彼らはこれまである種の嘲りとともにヨブの言葉を聞いていたので，わたしの言葉を嘲ったこと，あるいは真理に反して語ったことについて，「悔い改めてくれ」と続けられている。すでにあなたたちはみな二度語ったので，最後に提示されたことに対して答えることによって，「わたしに話をさせてくれ」。彼らが聞く前に断罪の裁きを行うことのないように，「わたしの言葉の後で，もしそう思われるなら，それを笑ってくれ」と続けられているが，これはあたかも次のように言わんとするかのようである。たとえあなたたちがわたしのこの見解を嘲笑すべきものであると判断するとしても，先にわたしの回答を聞き，もしそれがあなたたちを満足させないのであれば，後にあなたたちはより正当に嘲笑することができるだろう。ヨブの言葉が軽蔑されるべきものであると思われないように，ヨブは自らが偉大なこと，すなわち人間の裁きではなく神の裁きについて語ろうとしていることを示して，「わたしの議論は人間に対するものであり，わたしは当然悲しむべきではないのだろうか」と続けているが，これはあたかも次のように言わんとするかのようである。もしわたしの議論の意図が，ある人間が正しい仕方

で，あるいは不正な方法でわたしを苦しめたかどうかを問うことにあるとすれば，この苦しみがどのような仕方で起こったとしても，当然わたしは悲しむことはなかっただろう。しかし，わたしの議論はいかにしてこの苦しみが神の正しい裁きによって起こったかを問うことに向けられている。この議論は偉大な事柄についてのものであるので，注意深く聞かれるべきであり，それゆえ「わたしの話に注意してくれ」と言われている。さらに，この話は嘲笑と共に軽率に聞かれるべきではなく，むしろ重大なこととして驚きとともに聞かれるべきであるので，「驚くがよい」と続けられている。また，この話は沈黙において談論なくして聞かれるべきであるので，「指を口に当てるがよい」と続けられている。ヨブがこのことをあたかも自らの権威において名誉を守るために言っていると思われることのないように，自らもまたこの問いの崇高さにおいて呆然としていることを示して，「わたしもまた思い出すたびに呆然とする」と続けている。すなわち，これほど大きな問いにおいてわたしが何らかの点で真理から逸脱したり，不敬な仕方で神の裁きについて語ることのないように驚愕するという意味である。しかし，この恐れは精神のうちにとどまるのではなく，肉にまで達するものであったので，「恐怖がわたしの肉を震わせる」と続けられている。というのも，魂の激しい情念によって肉もまた変化するからである。

　ヨブは注意を喚起するために十分であるこれらのことをあらかじめ述べた後に，問いへと進む。ツォファルは，悪人の繁栄はもしそれが存在したとしても短いものであり，彼らにとって悪へと変わることを述べたので，ヨブは直ちにこのことを非難して，「どうして不敬虔な者は」長く「生きるのか」と言っているが，これはあたかも次のように言わんとするかのようである。もし不敬虔な者が飛び立つ鳥や夜の幻のようにすぐに過ぎ去るとすれば，多くの不

敬虔な者が生命を長く保つのはどうしてなのか。さらに，もし「偽善者の喜びは束の間であり」（20・5），彼の上昇が直ちに下降に変わるとすれば，どうして不敬虔な者たちは高められる，すなわち名誉を増し加えられるのか。さらに，もし「彼が自らのむさぼった富を吐き出す」（20・15）とすれば，どうして不敬虔な者たちは富において強められる，すなわち堅固な富を有するのか。また，ツォファルが「彼の子らは困窮によって衰弱する」（20・10）と言ったことに対して，ヨブは「彼らの子孫は彼らの面前に存続している」，すなわち子孫は彼らに見られて存続すると言っている。ヨブは他の血縁関係にある人々についても同じことを付加して，「多くの近親者や孫が彼らによって見られている」と言っている。これらのことによって，二つの繁栄が示されている。というのも，一つに彼らの近親者が死によって取り去られない――これは「存続している」と言われていることによって示されている――からであり，一つに彼らが追放や何かこれに類することによって遠ざけられない――これは「彼らの面前に」と「彼らによって見られている」と言われていることによって示されている――からである。

　次いで，ヨブはすでに述べた不敬虔な者の繁栄を部分的に論じる。第一は彼ら自身に関してであり，彼らが悪を免れていることを示して次のように言っている。「彼らの家は」，すなわち彼らの家族は必要な事物と共に，「安全で」，すなわち敵の攻撃から守られており，「平和に満ちている」，すなわち内部の不和を欠いている。さらに，彼らは神の鞭からも自由であるので，このことに関して，「神の鞭は彼らの上にはない」と続けられている。というのも，彼らはこの世の生においてその罪のために矯正されることがないからである。また，ヨブは彼らに善が積み重ねられることについて続けている。というのも，彼らの善は不毛

ではなく，その結実を欠いていないからである。ヨブはこのことを，昔の人々の間で農業のために最もよく受け入れられた牛の例において明らかにして[1]，次のように言っている。「彼らの牛は」，すなわち雌牛は「孕んだ」。このことによって不毛性が取り除かれている。しかるに，懐胎は第一に動物の受精においてあり，第二に懐胎された子が胎内において形成され完成へと導かれるが，このことは流産によって妨げられるので，「流産することがなかった」と言われている。第三は出産であり，このことに関して「雌牛は生んだ」と言われている。牛と雌牛は同じことを表示しているが，ヨブが両者を用いたのは，あるいは話の装飾のためであり，あるいは韻律の必要性のためである。第四は子の教育であり，このことに関して，早死によって「子を欠くことがなかった」と続けられている。

続いて，ヨブは子孫に関する繁栄について付加している。このことに関して，ヨブは第一に子の多さを述べて，次のように言っている。「彼らの子らは群れを成して進む」，すなわち死に先立たれることなく，群れを成して互いに協調しながら，通りにおいて歩む。ヨブは第二に彼らが無傷であることを述べて，あたかも病気によって苦しめられていないかのように，「彼らの幼児は嬉々として遊ぶ」と続けている。ヨブは第三に彼らの訓育について述べる。昔の人々の間では自由人は音楽において教育されたので，「彼らは太鼓や竪琴を持ち，その音に喜ぶ」と言われている。このことはあたかも彼らが適切に音楽を利用し，他の人々の話を聞くことによって賢明に判断することへと教化されていたかのようである。

しかし，彼らのこの繁栄が「束の間」（20・5）でわずか

---

1) バルトロメウス・アングリクス『事物の固有性について』18巻12章参照。

の間しか持続しないと言う人がいるかもしれないので，ヨブはこのことに対して「彼らはその日々を善のうちに過ごす」と続けているが，これはあたかも次のように言わんとするかのようである。彼らは自らの生のすべての日々を繁栄において過ごした。〔人間の〕共通の条件よりして最終的に死を蒙ることが必然であるが，彼らはこれを先行する苦しみなしに蒙るので，「直ちに陰府へ下る」，すなわち死へ赴く。というのも，上で述べられた贖い主の到来以前には，昔の人々はみな陰府へ下ったからである。しかし，ちょうどヤコブが「わたしは自らの子のところへ嘆きながら陰府へ下って行こう」（創37・35）と言っているように，ある人々は生において逆境によって圧迫されて，直ちにではなく多くの苦しみを経て陰府へと下ったが，死に至るまで繁栄していた彼らは直ちに陰府へと下るのである。

　不敬虔な者は多くの悪を為しながらも，あるいは神を愛することによって，あるいは認識することによって，あるいはすべての業において彼に仕えることによって，あるいは時間的な善を彼から求めることによって，神から地上的な繁栄を得ていたと答えることができるので，ヨブはこのことを排除するために，「彼らは神に向かって言う」と続けている。すなわち，彼らはあたかも確固とした悪意から罪を犯す者のように，決意によって次のように言う。「われわれから離れてくれ」。このことは愛の欠如に関係している。「われわれはあなたの道の知識を知りたくない」。このことは手に入れた無知による認識の欠如に関係している。しかるに，神の道とはわれわれがそれを通じて神によって秩序づけられる掟や[2]，裁きのことである[3]。「われわれが仕えるべき全能者とは誰なのか」。このことは神の軽

---

2) 『欄外註解』「創世記」18章19節参照。
3) 『欄外註解』「ヨブ記」36章23節参照。

蔑に由来する善き業の欠如に関係している。「彼を崇拝したところで何の益があるのか」。このことは希望の欠如による祈りの軽蔑に関係している。

　それゆえ，このようにしてヨブは，時間的な繁栄が必ずしも徳の報いではなく，時間的な逆境が必ずしも罪に対する罰ではないことを示して，最も明白な仕方で友人たちの見解を論破した。というのも，不敬虔な者はしばしばこの世の生においていかなる善も為していないにもかかわらず神によって繁栄しており，このことに加えていかなる重い逆境も蒙っていないからである。しかし，人は次のように反論するかもしれない。もし悪人に繁栄が起こり悪人が逆境を欠いているとすれば，悪意から離れるいかなる理由もない。それゆえ，「すべての人々に同じことが起こるので，人の子の心は悪意に満ちている」（コヘ9・3）と言われている。しかし，ヨブはこの反論に答えて言っている。「しかし，彼らの善はその手のうちにはないので，彼らの思慮はわたしから遠い」。このことに関して以下のことを知るべきである。ある善は人間の手，すなわちその力のうちにあるが，それは徳の意志的な業であり，人間は神の恩恵によって扶助された自由意志によってそれらの業の主人なのである。それゆえ，有徳な者は欲する間このような善を常に保持できる。このことのために，このような善を追求する思慮は受け入れられるべきものである。しかし，時間的な繁栄の善は，それを手に入れることができ欲するときに保持できるという仕方で，それを所有する者の力のうちにはない。それゆえ，繁栄して生きるために神と義を軽蔑する彼らの思慮は退けられるべきである。というのも，彼らはこのことによって意図しているものを得られないばかりか，時として逆境によって圧迫されるからである。

　さらに，考察すべきことに，不敬虔な者の逆境は義人の逆境よりも重い。というのも，義人は時間的な逆境を蒙っ

たとしても，彼には徳の支えと神における慰めが残るので，完全には破壊されないが，しかし悪人は，ただそれのみを自らのために求めていた時間的な善を失うと，彼にはいかなる支えも残らないからである。それゆえ，次のように続けられている。「何度不敬虔な者の光が消え」，すなわち繁栄が終わり，「洪水が彼らを襲い」，すなわち神の裁きによって逆境のひどい嵐が襲い，「神がその怒りの苦しみを与えたことだろうか」，すなわち何度神が一定の尺度の下にその怒りに由来する何らかの苦しみを配分しただろうか。「彼らは」，すなわち不敬虔な者は「ちょうど風に面したもみ殻」，すなわちその軽さのために風に対して抵抗できないもみ殻，「突風がまき散らす灰のようである」。というのも，焼かれた木において残っている灰はそれ自身を結合させておく水分を有していないからである。そのように，不敬虔な者もまた逆境が到来するとそれに抵抗することができない。というのも，彼らには神の希望という支えがなく，徳という水分を欠いているので，様々な思念によって散らされているからである。

　このことの後に，ヨブは子に関する逆境を続けて，「神は不敬虔な者の子にも父の苦しみを保っておく」と言っている。というのも，父に対する罰は，父の悪意を模倣する子らにも及ぶからである。このことは父の死の後にまで延期されることはなく，父が生き認識できるときに起こるので，次のように続けられている。「それが与えられるとき」，すなわち神が子らに罰を与えるとき，父である「彼は知るだろう」。「彼の目はその破滅を見」，すなわち自らの子らの破滅，あるいはいかなるものであれ逆境を見，このこと自体において「全能者の怒りから飲む」。というのも，子らが父の生きているときに罰せられること自体が父の罰だからである。しかし，もし子らが父の死後に罰せられたならそうではないので，次のように続けられている。「彼の

後にその家のうちの何が彼に属するのだろうか」，すなわち彼は子孫の将来の不運によっては苦しめられないのであり，ちょうど上で「人間はその子らが高貴なものであるか卑しいものであるかを理解しない」（14・21）と言われたように，とりわけ彼が罪人であり死後にこのようなことを知らない場合にそうである。あるいは，「たとえ彼の月日の数が半分にされるとしても，何が彼に属するのだろうか」。すなわち，彼は将来起こることを知らないので，そのことについて生きているうちに悲しむことはできない。

²²誰が高き者を裁く神を教えることができるのか。²³ある者は強く，健康で，豊かで，幸福なまま死ぬ。²⁴彼の肉は脂肪に満ち，彼の骨は骨髄によって潤っている。²⁵反対に，他の者はいかなる助けもないままにその魂の苦しみにおいて死ぬ。²⁶しかし，彼らは一緒に塵の上に横たわり，蛆が彼らを覆う。²⁷わたしは確実に，あなたたちの考えとわたしに対する不正な言明を知っている。²⁸あなたたちは首長の家，不敬虔な者の幕屋はどこにあるのかと言う。²⁹誰であれ道行く者に聞くがよい。これと同じことを彼が理解していることをあなたたちは知るだろう。³⁰というのも，悪人は滅びの日まで保たれ，激情の日へと導かれるからである。³¹誰が神の前でその道を非難するだろうか。誰が自らの為したことを神に償うだろうか。³²不敬虔な者は墓へと導かれ，山積みになった死者のうちで目覚めている。³³彼はコキュトゥスの砂利に快く，コキュトゥスは自らの後にすべての人間を，自らの前に無数の人間を引く。³⁴それゆえ，どうしてあなたたちは無益にわたしを慰めるのか。なぜなら，あなたたちの回答が真理に反していることが示されたからである。（21・22-34）

「誰が神を教えることができるのか」等々。ヨブは上で，この世の生において不敬虔な者に時として繁栄が時として

逆境が到来することを述べたが，このことは人間の間に疑いを生ぜしめたので，この疑いの解決へと進んで，あらかじめ次のように述べている。このことは，あたかも繁栄において生きている人々の悪意が神に隠されているかのように，神の知の欠陥から生じるものではない。それゆえ，「誰が神を教えることができるのか」と言っているが，これはあたかも次のように言わんとするかのようである。神は誰に繁栄を誰に逆境を与えればよいかを知るために，人間の功績についてある者から教えられる必要を有さない。「高き者を裁く」と付加されていることは二つの仕方で解釈できる。一つは，神は高き者，すなわちこの世において繁栄している人々を裁くために，ちょうど人間的な事柄において裁判官が裁かれるべき者の過失について証人によって教えられる必要があるように，ある者による教化を必要としないという意味である。もう一つは，この言葉が先行する事柄の証明として導入されていると理解するものである。というのも，神がすべてを知っており，他の者によって教えられる必要がないことは，神がどれほど高い者であれ彼らについての裁きを有していることから明らかだからである。なぜなら，いかなる者も自らが知らないことについて裁くことはできないからである。それゆえ，ある者についての知識は，それがどれほど高次のものであっても，神に隠されることはできないのである。

ヨブは神の知の完全性をあらかじめ述べた後に，ある者は死に至るまで繁栄し，ある者は不幸のうちにおいて死ぬという人間的な事柄の様々な状況に関して起こりうる疑いの内容を付加している。しかるに，時間的な繁栄は第一に力において成り立つ。このことに関して「ある者は強い」と言われている。第二に身体の健康において成り立つ。このことに関して「健康である」と言われている。第三に外的事物の豊かさにおいて成り立つ。このことに関して「豊

かである」と言われている。第四に思慮と業の繁栄した継続において成り立つ。このことに関して「幸福である」と続けられている。というのも，ある人々のもとでは[4]，すべてのことが願いどおりにうまくいっている人間が幸福であると言われるからである。富が十分あるだけでなく満ち溢れていたことを示すために，ヨブは「彼の肉は脂肪に満ちている」と続けている。というのも，脂肪は栄養の過剰のために生じるからである。さらに，多くの助けによって支えられた彼の力を示すために，ヨブは「彼の骨は骨髄によって潤っている」と続けている。というのも，骨によって力が示されているが[5]，骨の強さは骨髄の栄養によって保持されているからである。これに対して，ヨブは他の者の逆境について続けて，「反対に，他の者はその魂の苦しみにおいて死ぬ」と言っている。このことは，人間が，あるいは身体的な害について，あるいは不運な出来事から抱く内的な苦しみに関係している。「いかなる助けもないままに」と付加されているが，これによって外的な事物の欠如が意味されている。しかし，人間がその功績の等しさにもかかわらず生においてこのように多様化されるからといって，死後身体に属する様々な事柄に関して彼らの運命が変化すると言うことはできない。というのも，彼らの身体は死後同じ状態に置かれるからであり，それゆえ次のように続けられている。「しかし，彼らは一緒に塵の上に横たわり」，すなわち地の中に埋葬され，「蛆が彼らを覆う」，すなわち等しく彼らの身体は朽ちる。それゆえ明らかなことに，功績と過失が同じでありながら，繁栄と逆境にしたがって人間たちの間に存在する相違の理由は，死後の身体の様々な状態から特定することはできないのである。

---

4) トマス『神学大全』2-1部5問8項異論解答3参照。
5) グレゴリウス『道徳論』8巻25章（PL 75, 828B）参照。

しかるに,ヨブの友人たちの見解は,すでに述べられた相違の理由は功績の相違に由来するというものであったが,このことは不敬虔な者のうちのある者は繁栄しある者は逆境を蒙っているという,経験によって明らかである事実に反している。それゆえ,ヨブはすでに否認された彼らの見解を非難することによって思い起こすかのように,次のように続けている。「わたしは確実に」,それによってわたしを軽率に断罪した「あなたたちの考え」と,外的な言葉によって発せられた「わたしに対する不正な言明を知っている」。というのも,あなたたちはわたしが蒙っている逆境からわたしを不正なる不敬虔の罪で非難したからである。それゆえ,「あなたたちは首長の家,不敬虔な者の幕屋はどこにあるのかと言う」と続けられているが,これによってヨブの友人たちはあたかも次のように言わんとするかのようである。あなたはその家族と共に首長というこれほどの高さから落下したが,それはちょうど不敬虔な者の幕屋が倒れるのを常としているのと同様である。

このようにして,ヨブは上で述べたことによってヨブの友人たちの見解が正しくないことを示したので,真理を規定することへと進む。ヨブはこれから述べようとしていることが新しいことではなく多くの人々の間で広まったものであることをあらかじめ示して,「誰であれ道行く者に聞くがよい」と続けているが,これはあたかも次のように言わんとするかのようである。わたしは多くの努力を払って証言を求めるべきではない。というのも,それは誰であれ道行く者から得られるからである。あるいは,ヨブが道行く者と呼んでいるのは,この世の生を終局としてではなく道として利用する人々のことである[6]。わたしがあなたたちに述べようとしている「これと同じことを彼が理解して

---

6) 同上,15巻57章(PL 75, 1116B)参照。

いることをあなたたちは知るだろう」。それゆえ，あなたたちはすべての者が共通に保持している真理から逸脱しているので，弁解の余地はない。ヨブはこの真理を説明して，「というのも，悪人は滅びの日まで保たれるからである」と続けているが，これはあたかも次のように言わんとするかのようである。悪人がこの世の生において罰せられず繁栄していることは，彼の罰がよりいっそう重く罰せられる他の時まで保たれているからである。それゆえ，「激情の日へと導かれる」と続けられている。というのも，激情は燃え立たしめられた怒りであるので，激情の名によってより過酷な罰が示されているからである。ヨブはどうして悪人が滅びと激情の日まで保たれるかを示して，「誰が神の前でその道を非難するだろうか。誰が自らの為したことを神に償うだろうか」と続けている。ヨブはここで二つの理由を特定していると思われる。一つは悪人が罰によって自らの罪を認識するように教えられず，懲らしめの中であたかも自らが不正に罰せられているかのように不平を言うほどに，無感覚な知恵を有しているからである。このことが，「誰が神の前でその道を非難するだろうか」，すなわち自らの道が不正なものであると認識するだろうかと言われていることの意味である。もう一つの理由は，この世の生における罰がこれほど大きな罪に対する罰として十分なものではないからである。というのも，もし罰が過酷なものであれば，悪人はすぐに滅んでしまうからである。このことが，この世の生において「誰が自らの為したことを神に償うだろうか」と言われていることの意味である。それゆえ，ヨブはあたかも結論づけるかのように，すでに述べられた滅びと激情の日がこの世の生ではなく，死後におけるものであると言っている。というのも，死ねば「不敬虔な者は墓へと導かれる」と続けられているからである。しかし，彼は魂にしたがっては生きているので，「山積みに

なった死者のうちで目覚めている」と続けられている。というのも，彼はたとえ身体の死によって眠っているように見えるとしても，魂の生によって目覚めているからである。彼が死後喜びへと移行すると思われることのないように，「彼はコキュトゥスの砂利に快い」と続けられている。というのも，ヨブは道行く者の証言に訴えたので，死後における悪人の罰についての真理を人口に膾炙している作り話の下に提示しているからである。すなわち，陰府には他の川と並んでコキュトゥスと呼ばれ悲嘆と解釈されるある川が存在し[7]，悪人の魂はそこへと導かれる。また，ちょうど他の川が砂利を集めるように，この川は何らかの仕方によって悪人の魂を包む。それゆえ，不敬虔な者は「コキュトゥスの砂利に快い」と言われるのであるが，それは不敬虔な者との交わりが悪人に受け入れられやすく，悲嘆のうちにある悪人の中にその場所を見出すからである。さらに，ヨブは人間に関するこの川の働きを続けて，「コキュトゥスは自らの後にすべての人間を引く」と言っている。というのも，すべての人間はある種の悲嘆とともに死ぬからであり，死後の事柄はいわばこの川の最後に存在するからである。対して，この川の前にはこの世の生において為される事柄があり，「コキュトゥスは自らの前に無数の人間を引く」と続けられている。というのも，この世の生においてもまた，悲嘆は多くの人々を捕えるからである。

このようにして，ヨブは順序立てて自らの見解を展開した。第一に義人の希望が将来の生の報いに向かうことを示し（19・25），ここでは悪人に対してその罰が死後にまで保たれることを述べた。それゆえ，この両者から敵対者の

---

[7] グレゴリウス『道徳論』15 巻 60 章（PL 75, 1118D）参照。

見解が論破されたので,時間的な繁栄を約束することによって「どうしてあなたたちは無益にわたしを慰めるのか」と続けられている。「なぜなら,あなたたちの回答が真理に反していることが示されたからである」。すなわち,あなたたちは人間に対して褒賞と罰がこの世の生において割り当てられると言うが,このことは上で多くの仕方によって退けられた。

第 22 章

---

¹ テマン人エリファズは答えて言った。² 人間が神と比較できようか、たとえ完全な知識を有していたとしても。³ あなたが義人であることが神にとって何の益になろうか。あなたの生が汚れなきものであっても、それによって神に何を与えることになろうか。⁴ 神がある者を恐れてあなたを非難し、あなたと共に裁きにやって来るだろうか。⁵ むしろ、それはあなたの多くの悪意、際限のない不正のためではないか。⁶ あなたは理由なくしてあなたの兄弟の抵当を取り去り、衣服を奪って裸にした。⁷ 渇いている者に水を与えず、飢えている者からパンを奪った。⁸ あなたはあなたの腕の力において地を所有し、最も強力にそれを保持した。⁹ やもめに何も与えずに去らせ、少年の腕を破壊した。¹⁰ それゆえ、罠があなたを取り囲み、突然の恐怖があなたを混乱させた。¹¹ あなたは自らが闇を見ることはなく、洪水の衝撃によって圧迫されることがないと思っていた。¹² もしやあなたは神が天よりも高くに存在し、星々の頂点よりも高く上げられていると考えているのか。¹³ あなたは言う。主は何を知っているのか。神はあたかも靄を通じて裁くかのようだ。¹⁴ 雲がその隠れ家であり、われわれのことは考慮していない。天の軸の周りを回っているだけだ。（22・1-14）

「テマン人エリファズは答えて言った。人間が神と比較できようか」等々。幸いなるヨブの話が語り終えられたが、エリファズはその言葉をヨブが語った意図において理解しなかった。すなわち、第一に、ヨブが語る内容の崇高

さを示すために「わたしの議論は人間に対するものなのだろうか」(21・4) と言ったことを，エリファズはまるでヨブが論争的に神と議論することを意図していたかのように受けとった。それゆえ，エリファズはヨブを三つの考察から高慢の罪で非難した。第一に人がある者との議論あるいは論争へと駆り立てられるのは，彼が真理の知識において自らに匹敵することを見てとるときであり，その結果互いの議論から何か隠された事柄が探求されるのである。しかし，人間が敢えて自らの知識を神の知識に比較しようとすることは非常に思い上がったことであるので，「人間が神と比較できようか，たとえ完全な知識を有していたとしても」と言われているが，これはあたかも「否」と言わんとするかのようである。というのも，神の知識は無限だからである。第二に人がある者との議論あるいは推論へと駆り立てられるのは，彼から受けとるある事柄のためであり，その結果与える者と受け取る者の討論が生じるのである。しかし，人間が自らの為す善が神にとって有益であると考えることは思い上がりに由来することであるので，詩篇作者は「わたしは主に言った。あなたはわたしの神である。というのも，あなたはわたしの善を必要としないから」(詩15・2) と言っている。このことから，次のように続けられている。正しい業を為すことによって「あなたが義人であることが神にとって何の益になろうか」。罪から遠ざかることによって「あなたの生が汚れなきものであっても，それによって神に何を与えることになろうか」。第三に人が裁判においてある者と争うことへと駆り立てられるのは，彼を裁判へと呼び出した上級の権力に対する恐れのためであるが，このようなことを神について考えることは罪である。それゆえ，次のように続けられている。「神がある者を恐れて」，すなわちある裁判官を恐れて，告発することによって「あなたを非難し」，あたかも等しく呼び

出されるようにして「あなたと共に裁きにやって来るだろうか」。

　次いで，ヨブは自らの家が「不敬虔な者の幕屋」(21・28)のように滅んだと言う友人たちの見解を不正なものと言ったので，エリファズは自らの見解が正しいものであることを示そうと意図して，「むしろ，それはあなたの多くの悪意，際限のない不正のためではないか」と続けているが，これはあたかも次のように言わんとするかのようである。神が罰を課すことによってあなたを非難したのは，恐れのためではなく義に対する愛のためであり，その結果あなたの罪は罰せられたのである。それゆえ，悪意は他の人々を害する罪へと，不正は義の業を怠る罪へと関係づけることができる。このことから悪意は「多くの」と言われ，不正は「際限のない」と言われている。というのも，人間は多くの場合，犯すことよりも怠ることによって罪を為すからである。それゆえ，エリファズは第一に隣人に対する害について続けているが，それは時として策略の仕方によって義の見せかけの下に為されるので，「あなたは理由なくしてあなたの兄弟の抵当を」，すなわち必要なものを「取り去った」と続けられている。というのも，あなたはあなたの兄弟を抵当なしに信じることができるからである。しかるに，時として害は何らかの義の装いなしに加えられるので，このことに関して「衣服を奪って裸にした」と続けられている。このことは二つの仕方で理解できる。一つは，奪うことによって彼らに何ものをも保っておくことなく裸のままにしておいたという意味であり，もう一つは彼らが裸であったときに，すなわち十分に衣服を着ていなかったときに，彼らが有していたわずかのものを取り去ったという意味である。さらに，エリファズは善き業の怠りについて続けて，「渇いている者に」すなわち，旅の労苦から生じた渇きのために水を必要としていた者に「水

を与えなかった」と言っているが，これはあたかも次のように言わんとするかのようである。あなたは労苦する者，苦しんでいる者に助けと慰めを与えなかった。また，「飢えている者からパンを奪った」と言われているが，これはあたかも次のように言わんとするかのようである。あなたは必要とする者を助けなかった。これらのことは私人であるかぎりのヨブが犯したとされる罪に関して言われている。

　エリファズは指導者としてのヨブに属するとされる罪について続けている。そのうちで第一に置かれているのは，ヨブが指導者の地位を義によってではなく暴力によって得たということであり，それゆえ「あなたはあなたの腕の力において地を所有した」，すなわちあなたの力によって地の支配権を獲得したと言われている。第二にヨブが自らに従属する者を義によってではなく力によって支配したことが述べられており，これは「われわれの力は不義の法である」（知2・11）と言われていることによっている。それゆえ，「最も強力にそれを保持した」と続けられているが，これはあたかも次のように言わんとするかのようである。あなたはその卓越した力によって従属者たちを命令によって利用した。第三に不正な裁きが述べられているが，これはヨブが弱い人々に義を与えなかったからであり，それゆえ次のように続けられている。「やもめに何も与えずに去らせた」，すなわちあなたは彼らを敵であると見なして義を為さなかった。このことは「やもめの訴えは取り上げられない」（イザ1・23）と言われていることによっている。さらに，それ以上に，ヨブは弱い人々を圧迫したので，「少年の腕を破壊した」と続けられているが，これはあたかも次のように言わんとするかのようである。もし彼らのうちに何らかの力があればそれを滅ぼした。このことは「みなしごと謙遜な者のために裁きなさい」（詩10・

18）と言われていることに反する。

　エリファズはこれらの罪のためにヨブに罰が到来したことについて続けて，次のように言っている。「それゆえ，罠があなたを取り囲んだ」，すなわち至るところからあなたを圧迫する逆境があなたを取り囲み，あなたがそれらのうちに陥った後には逃れる場所がないほどである。さらに，あなたは逆境に陥る以前にも逃れることはできなかった。というのも，逆境は突然あなたに到来したからである。それゆえ，「突然の恐怖があなたを混乱させた」と続けられている。というのも，悪は突然彼に到来し，それによって彼は他の悪をも恐れたからである。エリファズは突然逆境がヨブに到来した原因を示して，次のように続けている。「あなたは自らが闇を見ることはないと思っていた」，すなわち自分が何を為すべきか分からないこのような疑いに陥るとは思っていなかった。このことは罠に関係づけられている。次いで混乱させる恐怖に関して，「洪水の衝撃によって圧迫されることがないと思っていた」と続けられているが，これはあたかも次のように言わんとするかのようである。あなたはあなたの上に到来した逆境の力と大きさによって圧迫されることになるとは思ってもみなかった。このことは「人々が『平和だ，安全だ』と言っているときに，突然破滅が襲う」（Ⅰテサ5・3）と言われていることによっている。

　人がその罪のために罰を蒙っているのではないと考えることは，神が人間的な事柄について摂理を有していることを信じないことに属するので，おそらくエリファズはヨブの考えを神の摂理へと導こうとした。エリファズはヨブの「誰が高き者を裁く神を教えることができるのか」（21・22）という言葉を，神の知の欠陥を示すものとして誤った仕方で解釈したので，その帰結としてヨブが神の摂理を否定したと考えた。考察すべきことに，ある者たちは神がそ

の実体の崇高さのために人間的な事柄についての認識と摂理を有していないと主張した。彼らは神の知がより下級のものにまで及ぶとすればそれは卑しいものとなると考えて、神にはただ自分自身のみを知る自らの知がふさわしいと言った。それゆえ、次のように続けられている。「もしやあなたは神が天よりも」、すなわち被造物の全体よりも「高くに存在し、星々の頂点よりも」、すなわち最も高い被造物を超えて「高く上げられていると考えているのか」。エリファズはこのような考えの結論を付加して、次のように続けている。「あなたは言う」。これら下級の事物について「主は何を知っているのか」。しかし、このような人々は事物の認識を神から完全に取り去るのではなく、神は事物を、たとえば存在者の本性を[1]、あるいは普遍的な原因を認識することによって[2]、普遍的な仕方で認識していると主張する。それゆえ、「神はあたかも靄を通じて裁くかのようだ」と続けられている。というのも、あるものを普遍的な仕方においてのみ認識していることは不完全な仕方で認識していることであるから、エリファズはこのような認識を靄のような認識と呼んでいるからである。これはちょうど、あたかも靄を通じてのように、遠くから見られている者について起こる事態と同様である。というのも、彼が人間であることは知覚されるが、誰であるかは分からないからである。さらに、エリファズは人間のもとで起こる事柄から比喩を提示している。すなわち、人間のもとにおいては、ある場所に隠れている者は、その場所の外にいる人々によっては見られないが、自らも彼らを見ることはできない。このようにして、「雲がその隠れ家であり、われわれのことは考慮していない」と言われているが、これ

---

1) トマス『命題集註解』1 巻 35 区分 3 項参照。
2) 同上、1 巻 36 区分 1 問 1 項参照。

はあたかも次のように言わんとするかのようである。われわれが雲の上に存在するところのものを完全には認識できないかぎりにおいて、ちょうど神があたかも雲によって隠されるかのようにわれわれに対して隠れているように、反対にわれわれに属するところの事柄もまた、あたかも雲の下に存在するものとして、神によって見られることはありえない。これはちょうどある人々によって、「主は地を見捨てた、それを顧みることはないだろう」（エゼ9・9）と言われているのと同様である。彼らによれば[3]、地に存在するものは多くの欠陥や無秩序に従属しているので、それらは神の摂理によって支配されていないが、ただその秩序を損なうことなく保つ天体のみが神の摂理によって支配されている。それゆえ、「天の軸の周りを回っているだけだ」と続けられている。戸がそこにおいて回転させられるものが軸と言われる[4]。それゆえ、このことによって天が神の摂理によって動かされていることが示されている。ある種の入り口としての天の運動から、神の摂理はこれら下級のものへと下ってくる。ちょうど彼らが神は人間的な事柄を認識するが、それは普遍的な仕方によってであると主張するように、神は人間的な事柄を統帥するが、それは普遍的な原因を通じてであり、神はそれら普遍的な原因を自体的に統帥すると彼らは主張する。おそらくエリファズはこのことを、上でヨブが「高き者を裁く」（21・22）と述べたことに関係づけようとしたのである。

¹⁵ どうしてあなたは不正な者が踏みつけた世の小道を歩こうと欲するのか。¹⁶ 彼らは自らの時が来る前に運び去ら

---

3) 同上，1巻39区分2問2項，マイモニデス『迷える者への導き』3巻17章参照。
4) 『箴言』26章14節，トマス『枢要徳について』1項参照。

れ，川が彼らの土台を覆す。¹⁷ 彼らは神に向かって言った。われわれから離れてくれ。彼らはあたかも全能者が何も為すことができないかのように見なした，¹⁸ 神が彼らの家を善で満たしたときに。彼らの考えはわたしからは遠い。¹⁹ 義人は神を見て喜び，無垢な者は彼らを嘲る。²⁰ 彼らの高ぶりは切り取られたのではないか。火が彼らの後に残ったものを焼き尽くした。²¹ それゆえ，神に同意し平和を得なさい。このことによってあなたは最善の結実を得るだろう。²² 神の口から法を受けとり，その言葉をあなたの心のうちに置きなさい。²³ もしあなたが全能者に立ち帰るなら，あなたは建てられる。あなたがその幕屋から不正を遠ざけるなら，²⁴ 神は地の代わりに石を，石の代わりに溢れる金を与える。²⁵ 全能者はあなたの敵に対抗し，銀があなたに積み重ねられる。²⁶ そのときあなたは全能者についての喜びに溢れ，神に向かってあなたの顔を上げる。²⁷ 神に請い求めればそれは聞き届けられ，あなたの願いどおりになる。²⁸ 事柄を見分ければ，あなたにはそれが生じ，あなたの道において光が輝く。²⁹ 謙遜な者が栄光のうちにあり，目を伏せていた者こそが救われる。³⁰ 無垢な者があなたの手の潔白によって救われる。(22・15-30)

「どうして世の小道を」等々。エリファズは先の言葉において，人間的な事柄について神の摂理を信じていないことをヨブに負わせたと思われるので，今や続いてこの不信仰の結果をヨブに負わせようとしていると思われる。すなわち，神が人間的な事柄を気遣っていることを信じない者は，神への恐れを軽蔑してすべてにおいて自らの意志に従うのを常とするので，次のように続けられている。「どうしてあなたは世の小道を」，すなわち目に見えるこれら時間的なもの以外の何ものをも信じない者たちの歩みを「歩こうと欲するのか」。また，このことから彼らは不義の業へと進むので，「不正な者が踏みつけた」と付加されてい

る。しかるに、しばしばいかなる疑いもなしに決意して道を通る者が、道を踏みつけると言われる。このように、神の摂理を信じない者は、しばしば安心して決意から不義の業を行うのである。このことは神の摂理を信じている者には起こらない。たとえ時として弱さから不義へ傾くことがあるとしても。彼らがこのことを為して罰を受けずに済んだと思われることのないように、次のように続けられている。「彼らは自らの時が来る前に運び去られた」、すなわち彼らはいまだ生の自然本性的な時間が満たされないままに死んだ。さらに、エリファズはその原因を特定して、「川が彼らの土台を覆す」と続けている。しかるに、いかなる人間にとってもその土台は自らの希望を主要的な仕方で依存させるところのものである。彼らは自らの希望を神ではなく時間的な事物にのみ置いていたが、それらは事物が変化する過程そのもの——エリファズはこれを川と呼んでいる——によって破壊される[5]。

　エリファズはすでに述べた小道がいかなるものであるかを説明して、次のように続けている。「彼らは神に向かって言った。われわれから離れてくれ」、すなわち彼らは愛情に関して神とその霊的善を軽蔑していた。対して、彼らの不信仰の知性に関しては、「彼らはあたかも全能者が何も為すことができないかのように見なした」と続けられている。というのも、もし神に人間的な事柄についての気遣いが属していないとすれば、神は人間に対して善き仕方においても悪しき仕方においてもいかなることをも為しえないことになるが、このことは全能者の概念に反するからである。エリファズは罪を強調するために彼らが感謝しないことについて付加して、次のように言っている。「神が彼らの家を善で」、すなわち神によって人間に与えられる時

---

5) グレゴリウス『道徳論』16巻10章（PL 75, 1128C）参照。

間的なものによって「満たしたときに」。さらに，彼らの主張が認められないことについて，「彼らの考えはわたしからは遠い」と続けられている。

　不敬虔な者と一緒に義人もまた覆されると思われることのないように，エリファズはこのことを排除して，「義人は神を見て喜ぶ」と続けている。このことによって理解されるのは，義人が覆されることなく喜びのうちに存在するということである。他の者が覆されることについて喜ぶこと自体によって義人が義から離れていると思われることのないように，「無垢な者は彼らを嘲る」と続けられているが，これはあたかも次のように言わんとするかのようである。義人は無垢であることを保ったままで彼らが自らの見解に反して覆されることについて嘲ることができるだろう。というのも，このことにおいて義人は神の義について共に喜ぶからである。このことは本来的には，ヨブがあたかも友人たちに嘲笑されることについて不平を言うかのように，「わたしの言葉の後で，もしそう思われるなら，それを笑ってくれ」（21・3）と言ったことに対する回答であると思われる。

　人が不敬虔な者の土台が川によって覆されることを疑うことのないように，エリファズはこのことを，あたかも明らかなことであるかのように，問いの形で提示して，「彼らの高ぶりは切り取られたのではないか」と言っている。彼らは地上的な繁栄によって，あるいは自らの高慢によって木のように高められていると思われる。しかし，ちょうど木の生長が切断によって突然妨げられるように，彼らの高ぶりもまた彼らが取り去られることによって突然終わる。しかるに，時として切られた木が高い所へは成長していくことができないが，依然としてその長さを保っているということが起こる。しかし，火をつけられると，木は過去の高さのいかなる痕跡をも残さないのである。このよう

に，罪人が死んで倒れたときに，逆境の火によって彼らの子が滅ぼされ財産が奪われるならば，過去の高さについてのいかなる痕跡も残らない。それゆえ，「火が」，すなわち艱難の炎が「彼らの後に残ったものを焼き尽くした」と続けられているが，これは「太陽が昇り，炎と共に草を枯らした」（ヤコ1・11）と言われていることによっている。人間の残りのものと言われているのは，あるいは子であり，あるいはいかなるものであれ彼の後に残った彼の他の事物である。

それゆえ，エリファズは神に対抗しようとすることからこのような転倒が不敬虔な者に起こることを述べたので，ヨブが同じようなことを避けるために，「それゆえ，神に同意し平和を得なさい」と続けているが，これはあたかも次のように言わんとするかのようである。あなたは神に対抗しようと欲したことのために混乱したのである。「このことによって」，すなわちあなたが神と和解する平和によって，「あなたは最善の結実を得るだろう」と続けられているが，これはあたかも次のように言わんとするかのようである。あなたは最善でありうるものは何であれこの平和の結実として手に入れるだろう。いかにして神に同意すべきかを示して，「神の口から法を受けとりなさい」と続けられているが，これはあたかも次のように言わんとするかのようである。あなたは人間的な事柄が神の摂理によって支配されていないと考えるが，むしろ神の支配の法にしたがってあなたの生を秩序づけるべきである。また，ある者は神の支配の法を告白するが，業によってそれに従わないので，「その言葉をあなたの心のうちに置きなさい」と続けられている。すなわち，あなたは神の掟を熟考し，それを守るように決意すべきである。エリファズはこのことによっていかにして「最善の結実」を得るかを示して，「もしあなたが全能者に立ち帰るなら」，すなわち神の全能

を信じてあなた自身を彼に従属させるなら,「あなたは建てられる」と続けられているが, これはあたかも次のように言わんとするかのようである。破壊されたあなたの家の繁栄は建て直されるだろう。さらに, エリファズはいかにして神に完全に立ち帰るべきかを示して,「あなたがその幕屋から不正を遠ざけるなら」と続けている。この文章は「もし」を補って理解すべきである。その結果, 意味は以下のようになる。もしあなたがその幕屋から不正を遠ざけるなら,「神は地の代わりに石を, 石の代わりに溢れる金を与える」。「あなたがその幕屋から不正を遠ざけるなら」と言われていることは,「もしあなたが全能者に立ち帰るなら」と言われていることの説明である。エリファズは「もしあなたから不正を遠ざけるなら」ではなく,「もしあなたの幕屋から不正を遠ざけるなら」と言うことによって次のことを示唆しようとした。すなわち, 逆境がヨブに到来したのはただ彼自身の罪のためだけではなく, 彼の家族の罪のためでもある。「神は地の代わりに石を与える」と言われていることは,「あなたは建てられる」と言われていることに関係づけられる。その結果理解されることは, 復興が将来の出来事であり, 何らかのより偉大なことへ向けて為されるものであること, すなわち神は失われたものの代わりにより偉大なものを与えるということである。というのも, 石は地の塊よりも, 金は石よりも貴重だからである。

　続いて, エリファズはヨブに回復されると約束しているこれらの善がいかなるものであるかを数えあげる。第一に置かれているのが, 神の保護よりする安全であり,「全能者はあなたの敵に対抗する」と続けられている。すなわち, 敵は神によってあなたに回復されたものを再び奪うことができないのである。第二は富の充満であり,「銀があなたに積み重ねられる」と言われている。というのも, 金

銭は銀から生じるのが常であるので，銀の名によってすべての富が示されているからである[6]。ただ物体的な善のみを約束していると思われることのないように，エリファズは霊的善についても付加している。そのうちで第一に置かれているのが，人間が神を愛し神において喜ぶということであり，それゆえ「そのときあなたは全能者についての喜びに溢れる」と続けられている。すなわち，あなたが神との間に平和を持つとき，あなたは神において喜ぶだろう。また，各人はそこにおいて喜ぶものに進んで関わるので，「神に向かってあなたの顔を上げる」と続けられている。すなわち，あなたは神をしばしば観想するためにあなたの精神を上げるだろう。また，あなたはこのことから神へ還ることの信頼を受けとるので，「神に請い求めれば」と続けられている。このことは結実なしには起こらないので，「それは聞き届けられる」と続けられている。しかるに，神によって聞き届けられた者は要求することによって約束した願いを満たすのが常であるので，あたかも聞き届けられたことの証拠として，「あなたの願いどおりになる」と続けられている。次いで，エリファズは計画の繁栄した継続を約束して，次のように続けている。「事柄を見分ければ」，すなわちあなたの配慮によってある事柄がいかにして生じるかを秩序づけるならば，「あなたにはそれが生じる」，すなわちあなたの計画は無駄にはされないだろう。また，あなたが見分けるべきものについて迷わないように，このこともまたあなたに明らかにされるだろう。それゆえ，「あなたの道において光が輝く」と続けられている。すなわち，あなたがいかなる道を通って進むべきかがあな

---

[6] アラヌス・デ・インスリス『区別』Argentum の項（PL 210, 710A），アウグスティヌス『自由意志論』3巻17章（PL 32, 1294）参照。

さらに，エリファズはこれらの約束の根拠を示して，「謙遜な者が」，すなわち愛によって自らを神に従属させる者が「栄光のうちにあり」，すなわち神から栄光を得，「目を伏せていた者こそが」，すなわち知性によって何らかの傲慢な事柄や愚かな事柄を神に対して考えない者が「救われる」，すなわち悪から解放されて善のうちに確立される。しかし，救済のためには愛と知性の内的な謙遜のみならず，外的な業の純粋性もまた要求されるので，「無垢な者は救われる」と続けられている。さらに，エリファズは無垢な者がいかなる功績によって救われるかを示して，「あなたの手の潔白」，すなわちその業の純粋性「によって救われる」と続けている。考察すべきことに，ここでエリファズは，上で為したように[7]，もしヨブが回心するとして，善人と悪人に共通でありうる時間的善のみを彼に約束しているのではなく，善人に固有のものである霊的善もまた約束している。しかし，それはただこの世の生においてのみである。

---

7) 『ヨブ記』5章17-26節。

第 23 章

¹ ヨブは答えて言った。² 今やわたしの言葉は苦さを含み，わたしに対する打撃の手はわたしのうめきを悪化させている。³ わたしが神を認識し，見出し，その玉座にまで到達するのを誰がかなえてくれるだろうか。⁴ わたしは神の前に裁きを置きたい。わたしの口を不平が満たしている。⁵ 神がわたしに答える言葉を知り，わたしに語られることを理解したい。⁶ 大きな力でもってわたしと戦って欲しくない。その偉大さの重みによってわたしを圧迫しないで欲しい。⁷ 神がわたしに対して等しさを提示してくれるなら，わたしの裁きは勝利に至るだろう。⁸ わたしが東に行っても神は現れず，西に行っても神を理解できない。⁹ 左に行くならわたしは何を為しえよう。神を捉えることはできない。右に向きを変えてもわたしは神を見ないだろう。¹⁰ 神はわたしの道を知っており，あたかも火をくぐる金のようにわたしを試されるだろう。¹¹ わたしの足は神の痕跡に従い，その道を守り，離れたことはなかった。¹² わたしは神の唇の掟から退かず，わたしの胸のうちに神の口の言葉を隠した。¹³ 神のみがその思いに注意を向けることができる。その魂は欲したことは何でも行った。¹⁴ 神はその意志をわたしにおいて満たされたが，神には他の多くの似たような計画があり，¹⁵ それゆえわたしは混乱した。神のことを考えると，わたしは恐怖によって苦しめられる。¹⁶ 神はわたしの心を柔弱にし，全能者はわたしを混乱させた。¹⁷ わたしは差し迫る闇のために滅びたのではなく，靄がわたしの顔を覆ったのではない。（23・1-17）

「ヨブは答えて言った。今やわたしの言葉は苦さを含んでいる」等々。エリファズはすでに述べた言葉において二つのことをヨブに対して提示したと思われる[1]。第一はヨブがその多くの悪意のために罰せられたということであり，第二はヨブが神の摂理について疑っていた，あるいはそれを否定したということである。しかるに，人間は誤って何らかの罪が自らに帰せられるとき，このことによって悲しむのが常であるが，ヨブはこのような罪を自分自身のうちに認めなかったので，「今やわたしの言葉は苦さを含んでいる」と言っているが，これはあたかも次のように言わんとするかのようである。ちょうど上であなたたちはその侮辱によってわたしを悲しませたように，今もまたわたしは苦さとともに語ることを強いられている。苦しんでいる者に新たに苦しみが付加されたとき，先の苦しみが記憶に呼び戻され，それによって現在のうめきを悪化させるので，「わたしに対する打撃の手は」，すなわちわたしがかつて蒙っていた逆境の力は「わたしのうめきを悪化させている」，すなわち現在のうめきをよりいっそう重いものにしている。

　ヨブは第一に自らの悪意のために罰せられたということに対して答え始める。ヨブは自らが神の裁きによって罰せられたことを認識していた——それゆえ，上で「神はわたしを不正な者のもとに閉じ込めた」（16・12）と言っている——ので，罰の原因を問うことは神御自身以外のいかなる者もそれを知ることのできない神の裁きの理由を問うことである。ここから明らかなことに，エリファズは高慢によってヨブが悪意のために罰せられたと主張した。それゆえ，ヨブはこのことについてエリファズと論争しようとは思わず，自らの議論を唯一その裁きの理由を知っている神

---

1) 『ヨブ記』22 章 5 節，12 節。

に向ける。しかるに，ヨブはたとえ自らが多くの悪意のために罰せられたとしても，自らは神の裁きによってすでに圧迫されていると見なしていた。しかし，ある裁判官によって圧迫された者は，第一に裁判官に近づくのが常であるが，裁判官のいる場所を見出さなければこのようなことを為しえない。さらに，裁判官のいる場所を見出すことは先に彼を認識していなければ不可能である。というのも，いかなる者も自らが全く知らないものを尋ね求めて見出すことはできないからである[2]。それゆえ，「わたしが神を認識し，見出し，その玉座にまで到達するのを誰がかなえてくれるだろうか」と言われている。というのも，ヨブは神が自らの認識を超えていることを知っていたので，自らよりしては完全な仕方で神の玉座に至る道，すなわち神の裁きの完全な認識に至る道を見出すことはできないからである。しかるに，裁判官によって圧迫されている者は，彼に到達すると自らの訴訟の正しさを明らかにするのが常であるので，「わたしは神の前に裁きを置きたい」と続けられているが，これはあたかも次のように言わんとするかのようである。わたしは彼にわたしの訴訟の正しい裁きがいかなるものであるべきかを提示したい。「わたしの口を不平が満たしている」。これは神の裁きが不義なるものであることを信じるがためではなく，ヨブが問う者であるかのようにこう言われている。ちょうど議論する者がより完全に真理を認識するために，他の者の言明に対して反論するのを常とするのと同様である。それゆえ，「神がわたしに答える言葉を知りたい」と続けられているが，これは回答の真理性を認識することに関わっている。さらに，「わたしに語られることを理解したい」と続けられているが，これ

---

2) アリストテレス『分析論後書』1 巻 1 章（71a1），トマス『真理論』11 問 1 項異論解答 3 参照。

は言葉の理解を得ることに関わっている。というのも，人間は彼に語られたことを理解することなしには，そのことが真理であるかどうかを知ることができないからである。

ヨブの友人たちはしばしば上であたかも神の裁きを支持するために，ちょうどツォファルの「神は天よりも高い，あなたは何を為しえよう」（11・8）という言明やそれに続く残りの言明において明らかなように，神の力と偉大さを提示した。それゆえ，ヨブはこの回答を排除して，「大きな力でもってわたしと戦って欲しくない。その偉大さの重みによってわたしを圧迫しないで欲しい」と続けているが，これはあたかも次のように言わんとするかのようである。わたしに対してただ神の力と偉大さを主張するこの回答はわたしにとって十分ではない。というのも，神はちょうど最も強力で最も偉大であるように，最も正しく等しさを愛する者でもあるからである。それゆえ，次のように続けられている。「神がわたしに対して等しさを提示してくれるなら」，すなわち等しさに属する理由が特定されるなら，わたしが悪意のために罰せられたのではないことが明らかとなるだろう。それゆえ，「わたしの裁きは勝利に至るだろう」と続けられている。すなわち，わたしの裁きにおいてわたしが罪のために罰せられたのではないことを主張し，あなたたちに対して戦うことで勝利に至るだろう。

「わたしが神を認識し，見出し，その玉座にまで到達するのを誰がかなえてくれるだろうか」という言明から，神が物体的な場所において包含されている，あるいは被造物によって十分に認識されうるとヨブが考えていたと人が信じることのないように，「わたしが東に行っても神は現れない」と続けられている。ここで考察すべきことに，アリストテレスにしたがえば[3]，天には六つの異なった位置が

---

3) 『天体論』2巻2章（284b21），トマス『命題集註解』2巻14

あり，それはすなわち上方と下方，右と左，前方と後方である。すべての天体の運動の始まりは東において明らかである。しかるに，いかなる動物においても運動は右側から始まる[4]。それゆえ，もし天の運動を一つの動物の運動として想像するならば，天の右は東に，左は西に，上方は南に，下方は北に，前方は上半球に，後方は下半球に置かれるべきである。われわれがあたかも上半球に向かってその右側において東から天を動かす人間を想像するならば，当然の帰結として，彼の頭は南に，足は北に向かい，彼の前方は上半球に，彼の後方，すなわち背中は下半球に面している。しかし，ある者は[5]，人間の身体の配置ではなくむしろ天の運動の秩序に注目して，次のように措定した。天の上方は東側であり，それはそこから運動が始まるからである。天の右は南側であり，この南側に向かってわれわれにとって惑星の運動は生じる。それゆえ，反対に，天の下方は西側であり，天の左は北側である。ここでヨブの言葉はこのような仕方で言われたと思われる。すなわち，彼は東と西に対して右と左を分けているからである。それゆえ，端的な仕方において，天のいかなる部分にも神は場所的な仕方で包含されていないと理解できるのであり，その結果意味は以下のようになる。神がまるで場所的に存在しており，東の近くにいるかのように「わたしが東に行っても神は現れない」。また，あたかもより近くにいる者としてそこに包含されているかのように「西に行っても神を理解できない」。「左に」，すなわち北側に向かって「行くならわたしは何を為しえよう。神を捉えることはできない」。というのも，神はそこに物体的に置かれているかのように

区分3項異論解答4参照。

4) アリストテレス『動物進行論』4章（705b20），『天体論』2巻3章（285b16）参照。

5) 同上，『天体論』2巻3章（285b23）参照。

存在しないからである。「右に」，すなわち南側に向かって「向きを変えても，わたしは」，あたかもそこに存在しているかのような「神を見ないだろう」。

あるいは，これらの言葉が導入されたのは，神から場所的な位置を排除するためではなく，人間が神をより下級の結果を通じて十分に見出すことができないことを示すためである。しかるに，物体的な事物において現れているすべての結果の中で，より普遍的で偉大なものは天の運動である。そして，たとえこの運動の始まりが東において明らかになるとしても，この運動の始まりは神の力の無限性を十分には明らかにしないので，次のように言われている。わたしの考察の歩みによって「わたしが東に行っても」，すなわち天の運動の始まりを考察しても，「神は現れない」，すなわち神はこの考察によって十分には明らかにされない。物体的な事物における神の力の第二の結果は惑星の運動であるが，これは天の運動に対立するように生じる[6]。それゆえ，その始まりは西においてあるが，このことからもまた神の力は十分に考察されえない。したがって，「西に行っても」，すなわち惑星の運動の始まりを考察しても，「神を理解できない」と続けられている。このことは非常に明瞭に語られている。というのも，むしろこの運動は目に見える惑星の位置の異なりから理解されるからである。さらに，われわれにとって北側に存在するのは闇の始まり以外の何ものでもないと思われる。というのも，太陽は北に向かって決して昇らないからである。しかるに，「いかなる者も働くことのできない夜が来る」（ヨハ9・4）と言われているように，闇は行為を妨げるので，次のように言われている。考察によって「左に行くならわたしは何を為しえよう」，すなわちわたしはそこに行為の喪失以外の何

---

[6] 同上，2巻3章（285b31）参照。

ものをも見出さず，それゆえ神を認識するためのいかなる痕跡も与えられないだろう。したがって，いかなる仕方によっても「神を捉えることはできない」と続けられている。対して，われわれにとって南側に存在するのは光の始まりであり，それは南側からわれわれに対して現れる発光体のゆえである。それゆえ，考察によって「右に」，すなわち天の南側に「向きを変えても，わたしは神を見ないだろう」と続けられているが，これはあたかも次のように言わんとするかのようである。わたしはそこに物体的な光を見出すが，それによって神が見られることはありえない。たとえ神がこのようにわたしに対して隠されていても，わたしに関する事柄は神に対して隠されることはありえないので，次のように続けられている。「神はわたしの道を」，すなわちわたしの生のすべての歩みを「知っている」。このようにヨブが言ったのは，エリファズが上でヨブを不敬虔な人間に見立てて，「〔神は〕雲がその隠れ家であり，われわれのことは考慮していない」（22・14）と言ったことに対抗するためであったと思われる。

　神があなたの道を知っているとして，それゆえ神はあなたをその罪のために罰したのだと言う者がいるかもしれないので，ヨブは答えて，「あたかも火をくぐる金のようにわたしを試されるだろう」と言っている。ヨブはここで第一に明らかな仕方で自らの逆境の原因を説明している。逆境が彼に導入されたのは，ちょうど火に耐えることのできるものが金として証明されるように，逆境によって〔その徳が〕証明された者として人々に現れるためである。また，ちょうど金が火によって真なる金となるのではなく，その真理性が人々に明らかにされるのと同じように，ヨブが逆境によって試されたのはその徳が神の前に現れるためではなく，人間に明らかにされるためである。ヨブが将来の事柄について「試されるだろう」と言っているのは，あ

たかも将来の試練に対しても忍耐によって自分自身を証明するためである。しかるに，ヨブは先行する罪のために罰せられたのではないことをその生の正しさによって証明している。ここで考察すべきことに，すべてのものはその基準に一致していることによって正しいものとして示される。しかるに，人間の生の基準には二つのものがある。第一は神によって人間の精神に刻まれた自然法であり，それによって人間は自然本性的に神の善性の類似性から何が善であるかを理解するのである。このことにおいて第一に注目すべきは，人間は為しうるかぎりその情動と業において神の善性の働きを模倣しているということであり，これは「あなたたちの天の父が完全であるように，あなたたちも完全でありなさい」（マタ5・48），さらに「ちょうど最愛なる子らのように，あなたたちは神を模倣する者となりなさい」（エフェ5・1）と言われていることによっている。それゆえ，次のように言われている。「わたしの足は」，すなわちそれによって行為へと進むわたしの情動は[7]，「神の痕跡に」，すなわちたとえわずかな部分であれ働く神の善性の類似性に，模倣によって「従った」。第二に要求されるのは，人が神を模倣することに対して精神全体で気遣うということであり，「その道を守った」と続けられているが，これはあたかもそこから離れないように気遣っていたと言わんとするかのようである。第三に要求されるのは，人間がそこにおいて持続し，部分的にではなく完全にそこにとどまるということである。それゆえ，「離れたことはなかった」，すなわちいかなる部分によっても退かなかったと続けられている。人間の生の第二の基準は，神によって伝えられた外的な法であるが，これに反して人間は二つ

---

7) アウグスティヌス『詩篇註解』94章1節（PL 37, 1217）参照。

の仕方で罪を犯す。一つは軽蔑によってであり，このことに対して，「わたしは神の唇の掟から退かなかった」と言われている。というのも，神によってノアにある掟が与えられ[8]，おそらくその唇において神が語るある聖人たちにおいてもそうであったからである。第二に，人は神の法に反して無知あるいは忘却によって罪を犯すが，このことに対して次のように続けられている。「わたしの胸のうちに」，すなわち心の秘所に「神の口の言葉を隠した」。このことは「わたしはあなたに対して罪を犯すことのないように，わたしの心のうちにあなたの言葉を隠した」（詩 118・11）と言われていることによっている。

　人がヨブが自らの生の正しさから導入したこの証明が適切なものではないと言うことのないように，続いてヨブは，神の裁きについては神の意志の把握不可能性のために最も確実で明らかな証明を導入することができないことを示す。それゆえ，「神のみが」と続けられているが，これはあたかも次のように言わんとするかのようである。神は自らを，したがってその意志を把握することのできるいかなる類似したあるいは同等の被造物を持たない。それゆえ，「その思いに注意を向けることができる」，すなわち確実性によってその裁きの秩序を認識することができる。また，ちょうど神の秩序が把握されえないように，神に抵抗できる被造物はいないので，次のように続けられている。「その魂は」，すなわちその意志は，いかなる者もそれに抵抗できないかのように，「欲したことは何でも行った」。しかるに，時として，とりわけ自らの徳にしたがって自らの意志を抑制する知恵ある者において，それ以上為すことができないということが起こる。しかし，ヨブはこのことを神から排除して，「神はその意志をわたしにおいて満たさ

---

[8] 『創世記』6章14節，9章1節参照。

れたが，神には他の多くの似たような計画がある」と続けているが，これはあたかも次のように言わんとするかのようである。神がわたしにおいてこれ以上の逆境を導入しないことは，これ以上のことをできないからではなく，これ以上のことを欲しないからである。「それゆえ」，すなわちわたしは神がこれ以上のことを為しうることを考察すると同時に，神がこれ以上のことを為そうと欲するかどうかを知ることができないので，恐れによって「わたしは混乱した」。このことから，「神のことを」すなわちその力を「考えると」，神がなおわたしをより重い逆境によって試されるのではないかと「わたしは恐怖によって苦しめられる」と続けられている。

　ヨブはこの恐ろしい気遣いの原因を，自らにおいて神の打撃を蒙ったことから特定して，次のように言っている。あたかもわたしの心を溶かし，堅固な安心を取り去ることによって，「神はわたしの心を柔弱にし，全能者はわたしを混乱させた」，すなわちその全能によって現在の悪についての悲しみと将来の事柄についての恐れという混乱を導入した。さらに，ヨブは自ら罪を自覚していないにもかかわらずどうして将来のことを恐れるかを示して，「わたしは差し迫る闇のために滅びたのではない」，すなわちわたしは過ちや罪のために逆境を蒙ったのではない。しかるに，過ちや罪が差し迫ると言われるのは，たとえば人が悪意から罪を犯すときのように，それらが人間の精神のうちで堅固なものとなる場合である。しかし，時として，悪意が人間のうちで堅固なものとならないまま，たとえば欲情や怒りといった何らかの突然の情念から罪を犯すことへと駆り立てられるということが起こる。ヨブはこのことを自分自身から排除して，「靄がわたしの顔を覆ったのではない」と続けている。というのも，情念のために理性の判断が個別的な業において欺かれる場合に，あたかも理性の目

はかすむと言われるからである。

第 24 章

¹ 時は全能者に隠されていない。彼を知る者は彼の日を知らない。² 他の者たちは境界を越え，群れを略奪し，それを養った。³ みなしごのロバを追い払い，抵当のためにやもめの牛を奪った。⁴ 貧しき者の道を覆し，地の穏和な者を等しく圧迫した。⁵ 他の者たちはあたかも荒野における野生のロバのように自らの仕事に着手して，寝ずに略奪し子にパンを用意する。⁶ 自らの畑から収穫するのではなく，自らが力によって圧迫していた者のぶどう畑からぶどうを収穫する。⁷ 彼らが衣服を取り去ることによって裸のままにしておいた人々は，寒さにおいて覆いを持たず，⁸ 山の雨に濡れて，覆いを持たずに岩を抱く。⁹ 彼らはみなしごを略奪して暴力をふるい，貧しい者から奪った。¹⁰ 裸の者，衣服なしに歩く者，飢えた者から麦の穂を取り去った。¹¹ ぶどうを搾ってもなお渇いている者が集めたもののうちで昼寝をした。¹² 町々から人々はうめき，打たれた者の魂は叫ぶ。神はこのような者が罰を受けずに立ち去ることを許されない。¹³ 彼らは光に反抗し，その道を知らず，その小道を通って帰らなかった。¹⁴ 殺人者は早朝に起きて困窮している者や貧しき者を殺し，夜になれば盗みを働く。¹⁵ 姦淫者の目は霭を待ち，人々の目はわたしを見ないだろうと言って容貌を覆う。¹⁶ 彼らは昼間取り決めていたように，闇において家々に忍び込み，光を知らなかった。¹⁷ もし突然曙光が射し込めば，それを死の陰と見なす。このようにして，彼らは闇のうちをあたかも光のうちを歩むかのようにして歩み，¹⁸ 水の表面の上においても軽快であ

る。地における彼の分け前は呪われ，彼はぶどうの木の道を通って歩まず，[19] 雪解け水から非常な暑さへと移行する。彼の罪は陰府にまで至る。[20] 憐れみは彼を忘れ，彼の喜びは蛆となる。彼は思い出されることもなく，あたかも実を結ばない木のように破壊される。[21] 彼は子を生まない不妊の女を養い，やもめに親切にしなかった。[22] 彼はその力において強力な者を引き下ろし，立っている時も自らの生を信じないだろう。[23] 神は彼に悔悛の機会を与えたが，彼は傲慢へとそれを濫用する。目は彼の道に注がれ，[24] わずかの間高められても長くは続かない。彼はすべてのものと同じように低められ取り除かれるが，それは麦の穂の先端が破壊されるのと同様である。[25] もし事態がこのようでないとすれば，人がわたしのことを嘘をついたとして非難し，わたしの言葉を神の前に差し出したとしても当然である。(24・1-25)

「時は全能者に隠されていない」等々。ヨブは前章において，エリファズが主張するように[1]，自らが悪意のために罰せられたのではないことを示したが，今やエリファズがヨブに帰したように[2]，神が人間的な事柄についての気遣いを有していないとは考えないことを明らかにしようとする。しかるに，考察すべきことに，ある人々によると[3]，神はわれわれから離れているので人間的な事柄についての知と気遣いを有していないとされた。というのも，彼らはちょうどこのような隔たりのためにわれわれが神を認識できないのと同じように，神もまたわれわれを認識できないと信じていたからである。しかし，ヨブはこのことを第一に排除して，「時は全能者に隠されていない」と

---

1) 『ヨブ記』22章5節。
2) 同上，22章12節。
3) グレゴリウス『道徳論』16巻8章（PL 75, 1126B）参照。

言っているが，これはあたかも次のように言わんとするかのようである。たとえ全能者は時間の可変性の外部にあるとしても，彼は時間の経過を認識している。対して，時間のうちにある者が彼を認識するのは，彼の永遠性の様態を認識できないような仕方によってであり，それゆえ次のように続けられている。「彼を知る者は」，すなわち彼についての知を，あるいは自然的な認識によって，あるいは信仰によって，あるいは知恵のある偉大な照明によって，いかなる仕方によってであれ有している時間的な人間は「彼の日を知らない」，すなわち彼の永遠性の様態を把握できない。

　ヨブは神が時間的なものの経過を知っていることを述べたので，続いて神がいかにして時間的なものを裁くかを示している。その際，ヨブは人間の様々な罪をあらかじめ述べているが，ある者は欺きによって他の者に害を加えるので，次のように言われている。人間のうちの「他の者たちは境界を越え」，すなわちこっそりと地所の境界を変えた。彼らは同様のことを群れで飼われている動物に対しても為したので，こっそりと他人の「群れを略奪し，それを養った」と続けられているが，このことによって動物は彼らのものとなったと考えられる。ヨブは彼らの罪を害を加えられる人々の条件から強調した。というのも，人間は年齢の若さと両親の支えを欠いていることのためにみなしごを憐れむのが常だからである。このことに対して，「みなしごのロバを追い払った」，すなわちみなしごを憐れむことなくロバを奪うためにロバの注意をそらせたと言われている。同様に，人間は性別の弱さと夫の慰めを欠いていることのためにやもめを憐れむのが常であるが，このことに対して，あたかも義の装いの下にやもめを圧迫するかのように，「抵当のためにやもめの牛を奪った」と続けられている。さらに，人間は富の支えを欠いている貧しき者を憐

れむのが常であるが,このことに対して,「貧しき者の道を覆した」,すなわち彼らを多くの仕方で苦しめることによって,自らに必要なものを配慮する能力を彼らから奪ったと続けられている。さらに,人間は他の者を害する習慣を持たず他の者と甘美な仕方で交わる人々を害することを思いとどまるのを常とするが,このことに対して,「地の穏和な者を」,すなわち自らが挑発されることも他の者を挑発することも知らない者を「等しく圧迫した」と続けられている。

　しかし,すでに述べられた人々のように欺きによってではなく明らかな暴力によって他の者を害する人々がいる。彼らはあたかも律法のいかなる教えによっても影響されないかのように,悪を為すことへと突進するが,彼らについて次のように続けられている。「他の者たちはあたかも荒野における野生のロバのように」,すなわち人間への奉仕に従属しない森のロバのように,「自らの仕事に」,すなわち略奪に「着手して」,あたかも自らの仕事であるかのようにそれに注意を向ける。それゆえ,「寝ずに略奪し子にパンを用意する」,すなわち自らの子に略奪した品から与える。次いで,ヨブは略奪の種類を規定して,「自らの畑から収穫するのではなく」,すなわち暴力によって他の者の収穫を集めて,「自らが力によって圧迫していた者のぶどう畑からぶどうを収穫する」。というのも,彼らはその者の善を自由に奪うために,ある者を前もって圧迫するからである。彼らは外的な善を暴力によって取り去るだけでなく,身体を温めるためにすでに採られていたものをも奪うので,「彼らは衣服を取り去ることによって裸のままにしておいた」,すなわち何も残さなかったと続けられている。さらに,ヨブはこの略奪の罪をよりいっそう強調するために,人々が裸にされることから蒙る苦しみを付加して,「人々は寒さにおいて覆いを持たない」と言っている。

というのも，他の方法で裸であることに助けが与えられていたら，ある意味で耐えられるものだったからである。寒さに対して身体を温めるためだけでなく，雨に対する覆いとしても衣服が必要であるので，盗賊によって裸にされた者は寒さによって打ち倒されるだけでなく，雨によっても濡らされるのであり，このことが「山の雨に濡れる」と続けられていることの意味である。というのも，人は盗賊や敵に対する恐れのためにより頑強なものとしての山場へ逃げるのを常とするが，そこでは空気の冷たさのためにより頻繁により激しい雨が降るからであり，このことはとりわけ裸にされた者にとって過酷なものだからである。衣服の覆いを持たない者でも家の覆いを欠いていなければ裸に対する何らかの助けになるが，このことに対して次のように続けられている。人々は衣服や家の「覆いを持たずに岩を抱く」，すなわち山場において見出される岩穴に自らを隠す。

　さらに，ヨブは彼らが圧迫する憐れな人々の条件から彼らの罪を強調する。それゆえ，次のように続けられている。「彼らは」むしろ支えられるべきである「みなしごを略奪して暴力をふるい」，よりいっそう助けられるべきである「貧しい者から奪った」。しかるに，必要なものを有している者から奪うことを欲するのであれば許容されうる。それゆえ，ヨブは彼らの不正をよりいっそう強調するために次のように続けている。衣服を持たない「裸の者」，「衣服なしに歩く者」，すなわち大きな必要性のために衣服なくして裸で公衆の前に歩き出る者——このことは衣服の大きな欠乏に属する——，「飢えた者」——このことにおいて食料の欠乏が示されている——。不敬虔な者はこれらの者から大いなるものを獲得することはできないが，これらの者の有するわずかなものを奪うことをためらわないので，「麦の穂を取り去った」と続けられているが，これは

あたかも次のように言わんとするかのようである。不敬虔な者はこれらの者が有しない収穫ではなく，これらの者が自らのために集めたわずかな麦の穂を奪う。もしこれらの者がある事柄において豊かであると思われるなら，不敬虔な者はこれらの者が他の事柄においてどれほどの困窮を蒙るかを考えることなしにそれを奪う。それゆえ，次のように続けられている。「ぶどうを搾ってもなお渇いている者が集めたもののうちで昼寝をした」，すなわち不敬虔な者は収穫の後ただちにわずかなものしか有しない人々の善を放縦に使うかのように，果実の堆積のうちで昼寝をした。不敬虔な者は外的な事物において人々を略奪するだけでなく，人間そのものにおいても害するので，「町々から人々はうめく」と続けられている。というのも，ある危害によって市民のうちの多くの者は混乱するからである。害された当人も不平を言うので，「打たれた者の魂は叫ぶ」と続けられている。時間において為されることが彼に隠されることのない「神はこのような者が罰を受けずに立ち去ることを許されない」。このことは，もし神が人間的な事柄について摂理を有していなければ起こりえないだろう。

　ヨブはなぜ神がこのことが罰せられずに終わることを許さないかということの理由を，彼らが無知ではなく悪意によって罪を犯すことから示している。彼らは悪意から彼らの罪を非難する知恵を憎むので，次のように続けられている。「彼らは光に反抗した」，すなわち彼らは決意によって理性の光が彼らに命じるところに反して行動した。しかるに，知恵は自らを求める人々に到来し，自らに反抗する人々からは逃げて行くので，次のように続けられている。「彼らはその道を知らなかった」，すなわち彼らは悪意によって歪んだ心を持っているので，知恵の歩みを認識できなかった。あるいは，「彼らは知らなかった」とは，彼らが知恵の掟を承認しなかった，また試してみようと思わな

かったという意味である。さらに，ヨブは彼らが悔悛しないことを示して，「彼らはその小道を通って帰らなかった」と続けている。というのも，知恵の小道を通って帰ると言われるのは，たとえ罪を犯すことによって知恵に対抗していたとしても，悔い改めることによって知恵へと帰る者だからである。

彼らが知恵の霊的な光に対抗していることの証拠として，彼らが闇を愛して外的な光をも嫌うことが導入されているが，これは「悪を為す者はみな光を憎む」（ヨハ3・20）と言われていることによっている。それゆえ，ここでもまた次のように続けられている。「殺人者は」，まだ闇が存在する「早朝に起きて困窮している者や貧しき者を殺す」。というのも，かの時間においては一般的に人々は道を歩いておらず，必要性に迫られた貧しき者たちが仕事に着手しているが，盗賊は道において彼らのことを待ち伏せしているからである。しかるに，家々からあるものをこっそり盗み出すために，彼らはより深い闇を必要とする。それゆえ，「夜になれば盗みを働く」，すなわち家々を略奪すると続けられている。このことを朝早く行うことは彼らにとって安全ではない。というのも，そのとき人々は目覚め始めるからである。ヨブは同じことを姦淫者において示して，次のように続けている。他の者の寝台のもとで待ち伏せしている「姦淫者の目は」，捕らえられることのないように「靄を待つ」。それゆえ，「人々の目はわたしを見ないだろうと言う」と続けられている。すなわち，彼はいかなる者の目によっても見られないという意図において靄を待つ。また，あたかも夜の隠蔽が彼にとって十分ではなく，加えて他の隠蔽の方法を採用するかのように，いかなるものであれ所有物の変化によって「容貌を覆う」と続けられている。さらに，彼は行為を始めるために靄を待つように，彼が行為を遂行するのは闇においてであるので，次

のように続けられている。「彼らは」すなわち，姦淫する男と女は，「昼間取り決めていたように」，いかなる欺きや暴力によってであれ障害を取り去って，「闇において家々に忍び込み，光を知らなかった」，すなわち邪悪な行為の全遂行において光を追い出した。肉的な快楽にふけっているかぎりで彼らにとって時間は短く感じられるので，あたかも予期しないかのように，「もし突然」，昼の光の始まりである「曙光が射し込めば，それを死の陰と見なす」，すなわち自らの不品行をそれ以上続けることができないと考えて，それをちょうど死の陰のように憎むべきものと見なす。しかるに，人間が自らの行為を妨げられるのに二つの仕方がある。一つは事柄の成り行きが予見できない場合であり，もう一つはその計画において脆弱な支えを有している場合である。しかし，欲望に導かれている姦淫者は反対に，第一にたとえ何が生じることになるかを知らなくても，考慮することなく自らを危険にさらす。このことを示すために，「このようにして，彼らは闇のうちを」，すなわち疑わしく不明瞭な事柄のうちを，「あたかも光のうちを」，すなわち明らかな事柄のうちを「歩むかのようにして歩む」，すなわち進むと言われている。第二に，彼らはわずかで壊れやすい事柄から大きな信頼を得るので，姦淫者は「水の表面の上においても軽快である」と続けられているが，これはあたかも次のように言わんとするかのようである。彼らは水のような何らかの柔らかいものによって自らの計画を実行することができると思われるほど軽快に動く。あるいは，文字的意味においては，「このようにして，彼らは闇のうちをあたかも光のうちを歩むかのようにして歩む」と言われていることは，姦淫する男と女の両方がその行為を闇において行うことを愛するということに関係づけることができる。対して，「水の表面の上においても軽快である」と続けられていることは，特殊的に姦淫す

る男に関係づけることができる。というのも，欲望の激しさのために，彼は水，すなわちいかなる困難や逆境をも，欲望された事柄の享受へと至るために軽快に通過できると考えるからである。

　それゆえ，様々な種類の罪が語られたので，ヨブは罰を付加しているが，第一に現在の生の罰に関してであり，「地における彼らの分け前は呪われている」と続けられている。各人にとってその分け前であると思われるのは，彼が最高善として願望するところのものである。しかるに，「これがわれわれの分け前，取り分である」（知2・9）と言われているように，罪人はあたかもそれが自らの分け前であるかのように地上的な事物に究極目的を置いているが，それらは呪われている。というのも，彼が悪しき仕方で利用するこの世の善は彼にとって悪に変わるからである。ヨブはこのことを明らかにして，「彼らはぶどうの木の道を通って歩まない」と続けている。というのも，ぶどうの木の道は陰が多く，したがって平穏なものだからである。さらに，ぶどうの木は温暖な場所を要求する。というのも，ぶどうの木は非常に寒い場所では凍結によって破壊され，非常に暑い場所では熱によって枯れるからである[4]。それゆえ，不敬虔な者はぶどうの木の道を通って歩まない。というのも，彼はこの世の事物を適切に利用せず，ある時は一方の極に，ある時は他方の極に傾くからである。このことに関して，「雪解け水から非常な暑さへと移行する」と続けられているが，これはあたかも対立しているある悪徳から他の悪徳へと移行すると言わんとするかのようである。というのも，彼は徳の中庸にとどまることがないからである[5]。この罰はすべての悪人に随伴する。

---

4)　アルベルトゥス『植物論』7巻第2論考4章参照。
5)　アリストテレス『ニコマコス倫理学』2巻7章（1107a2）参

というのも，アウグスティヌスが『告白』一巻において言っているように，「無秩序な魂は自分自身にとって罰」[6]だからである。次いで，ヨブは死後の罰を挙げて，「彼の罪は陰府にまで至る」と続けているが，これはあたかも次のように言わんとするかのようである。彼の分け前は，彼が世の事物を無秩序に利用するかぎりにおいて，地において呪われているだけでなく，このことのために陰府においてもまた彼は罰を蒙る。「雪解け水から」等々と言われていることはこの罰に関係づけることができる。というのも，陰府においてはいかなる温和もないからである。また，人がかの罰が神の憐れみによって終わると信じることのないように，次のように続けられている。神の「憐れみは彼を」，すなわち陰府において断罪された罪人を「忘れる」ので，彼は決してそこから解放されない。ヨブはかの罰がいかなるものであるかを示して，「彼の喜びは蛆となる」と続けている。すなわち，罪の快楽は彼にとって蛆，つまり良心の呵責へと変わるだろう[7]。このことについて，「彼らの蛆は死なないだろう」（イザ62・24）と言われている。それゆえ，この罰が終わりを持たないことについて，次のように続けられている。「彼は思い出されることがない」，すなわちまるで神が彼のことを忘れてしまったかのように，彼は解放の助けなしに神によって完全に見捨てられる。さらに，ヨブは比喩を導入して，「あたかも実を結ばない木のように破壊される」と続けている。というのも，「良き実を結ばない木は切られて火に投げ込まれる」（マタ3・10）と言われているからである。しかし，実を結ぶ木は浄化されるために切られるが，これは「父は実を

照。
6) 12章（PL 32, 670）。
7) アウグスティヌス『神の国』20巻22章（PL 41, 694），トマス『命題集註解』4巻50区分2問3項小問2反対異論参照。

結ぶ枝をみな，よりいっそう実を結ぶために浄化される」（ヨハ15・2）と言われていることによっている。それゆえ，不敬虔な者が罰せられるのは根絶のためであり，義人が罰せられるのは進歩のためである。

　ヨブはなぜ不敬虔な者が実を結ばない木に比せられるかを二つのことから明らかにしている。第一に，彼は自らの善を無益な事柄のために消費するからであり，それゆえ「彼は子を生まない不妊の女を養った」と言われている。ここでヨブは自らの善を無益な事柄のために消費する不敬虔な者について，不妊の妻を無益に養う者の比喩において語っている。第二に，彼は困窮している者を助けなかった――困窮する者を助けることは彼にとって有益な結果をもたらす――からである。それゆえ，ヨブはやもめによってすべての困窮する者を示して，「やもめに親切にしなかった」と続けている。不敬虔な者は実を結ばないだけでなく，ちょうど毒のある実を結ぶ木のように有害であるので，次のように続けられている。「彼はその力において強力な者を引き下ろした」，すなわち彼は自らの力を圧迫されている者を助けるためにではなく，強力な者を圧迫するために利用した。また，他の者を害することは自らを害する結果となる。というのも，そのような者は自らが害した者によって害されることを恐れて，自分自身において安全な生を送ることができないからである。それゆえ，次のように続けられている。「立っている時も」，すなわちいかなる逆境をも蒙っていない場合にも，「自らの生を信じないだろう」，すなわち自らの生について安心しないだろう。このことは，エリファズが上で「彼の耳には常に恐怖の音が響き，平和な時にも彼は策略を疑う」（15・21）と言ったことによっている。

　ヨブは不敬虔な者が憐れみなしに罰せられるべきである理由を，彼が神の憐れみを利用できるときに利用すること

を拒んだことのうちに求めているので，次のように続けている。罰を延期することによって，「神は彼に悔悛の機会を与えた」。このことが，彼がある期間繁栄において生きることを許されている理由である。神はこのことを善のために彼に与えたが，彼はそれを悪へと転換する。それゆえ，「彼は傲慢へとそれを濫用する」と続けられている。すなわち，彼は罪の後に直ちに罰せられないことを神の憐れみに帰することなく，むしろこのことから罪を犯すことへの大胆さを得て，ついには神の軽蔑に至るのである。また，罪人は罪を犯すために闇を求めるとしても，神によって見られないような仕方で行為することはできないので，次のように続けられている。神の「目は彼の道に注がれる」，すなわち彼が闇のうちを歩くとしてもその歩みを考察している。それゆえ，「わずかの間高められても」，すなわちある壊れやすい地上的な高さへと悔悛の機会を与える神によって高められても，最終的には「長くは続かない」。というのも，彼は神の憐れみを傲慢へと濫用するからである。さらに，ヨブはこのことの比喩を提示する。というのも，時間において生じるすべてのものは，一定の期間成長し，後に衰え始め，ついには完全に破壊されるが，同様のことが不敬虔な者においても起こるからである。それゆえ，次のように続けられている。「彼は」，時間において成長する「すべてのものと同じように低められ」，頂点に達するときに完全に「取り除かれる」。ヨブは比喩を提示して，「それは麦の穂の先端が破壊されるのと同様である」と続けている。というのも，果実は葉のうちにあり成長している間は破壊されず，完全な成熟に到達したときに破壊されるからである。同様に，不敬虔な者もまた直ちに神によって罰せられるのではなく，神によってあらかじめ定められた尺度に基づく頂点に達したときに罰せられるのである。ヨブがこのことを導入したのは次のことを示すためで

あった。すなわち，不敬虔な者が時間的に罰せられず繁栄した生を送っていることは，神の摂理の欠陥から起こるのではなく，神が適切な時にまで罰を延期していることから起こるのである。ここから明らかなように，エリファズがヨブについて彼が神の摂理を否定しているとして誹謗したことは誤りであり，それゆえヨブは次のように続けている。「もし事態がこのようでないとすれば」，すなわち悪人の罰についてわたしが述べたようにではなく，人間が罪のためにこの世の生において常に罰せられることを信じるあなたたちの主張したとおりであるとすれば，わたしが神の摂理を否定したとして「人がわたしのことを嘘をついたとして非難し」，まるでわたしが神の摂理に反して語ったかのように，「わたしの言葉を神の前に差し出す」，すなわち神の前でわたしの言葉を告発する「としても当然である」。

第 25 章

---

¹ シュア人ビルダドは答えて言った。² 力と恐怖は彼のもとにあり、彼は自らの高みにおいて協調を作る。³ その軍勢の数は知られない。彼の光が昇らない者はいない。⁴ 神に比して人間が正しいとされるだろうか。女から生まれた者が清くありえようか。⁵ 見よ、月もまた輝かず、星々も彼の目には清くない。⁶ なおさら人間は腐敗であり、人間の子は蛆である。(25・1-6)

「シュア人ビルダドは答えて言った。力と恐怖は」等々。ヨブはその回答において、エリファズが先の回答においてヨブに課した二つの中傷をすでに排除して[1]、自らが罪のために罰せられたのでもなければ、神の摂理を否定したのでもないことを示している。さらに、ヨブは非常に明瞭に、たとえ不敬虔な者がこの世において繁栄していても、このことは神の摂理に反することではない――というのも、彼らの罰は他の時まで保たれているから――ことを示した。それゆえ、ヨブの友人たちはこのことに対してそれ以上追求することができなかった。しかし、もう一つのこと、すなわち罪のために罰せられたのではないことを、ヨブは明瞭に示しておらず、むしろ「神のみがその思いに注意を向けることができる」(23・13) と述べて、自らの証明の弱さを示した。それゆえ、ビルダドはヨブがその罪のために罰せられたのではないと主張したことを非難して、このことに対してさらに抗議しようとする。

---

1) 『ヨブ記』22 章 5 節, 12 節。

もし神が自らに対してその力によって争うならば敵わないと言ったヨブの言葉を思い起こすかのように[2]，ビルダドは自らの議論を神の力から始めて，二つの仕方で神の力の大きさを提示している。第一に，神が上級の被造物を最高の平和のうちに保つことによって，それらにおいて自らの力を行使しているかぎりにおいてであり，次のように言われている。「力と恐怖は」――というのも，力のゆえに神は恐れられるべきであるから――，「彼」，すなわち神「のもとにあり，彼は自らの高みにおいて協調を作る」。というのも，下級の被造物においては多くの不和が見出されるからである。すなわち，理性的被造物においては人間の意志の対立する運動が，また物体的被造物においてはそれらの対立――この対立によって生成と消滅に従属している――が見出される。しかし，上級の物体においてはいかなる対立も見出されないので，それらは不可滅である[3]。同様に，上級の知性的実体は最高の協調のうちに生きているので，いかなる悲惨も知らないのである。しかるに，上級の被造物のこの最高の協調は神の力から出てくるものであり，神の力は上級の被造物をあたかも自らにより近いものとして自らの一性のより完全な分有において創造したので，明瞭に「自らの高みにおいて」，すなわち自らによりいっそう一致したものにおいてと言われている。

　第二に，ビルダドは神が下級の被造物において働く事柄から神の力を推賞している。神は下級の被造物において上級の被造物の奉仕を通じて働くのであり，上級の被造物の数は人間には知られていないので，「その軍勢の数は知られない」と続けられている。ちょうど兵士が指揮官の命令に従うように，神の命令に従うすべての天上的な力が神の

---

　　2)　同上，23章6節。
　　3)　アリストテレス『天体論』1巻6章（270a12）参照。

軍勢と呼ばれている。しかし、これらの天上的な力の数は人間には知られておらず、このことは「神はそれらの軍勢を数において引き出す」（イザ40・26）と言われていることに似ている。また、人が天上的な力はちょうど他の者の命令に備える兵士のようではなく、多くの神々を礼拝する人々が考えるように[4]、自らの判断によってすべてのことを為す指揮官や首長のようであると信じることのないように、「彼の光が昇らない者はいない」と続けられているが、これはあたかも次のように言わんとするかのようである。すべての天上的な力は神の照明によって導かれているのであり、それはちょうど人間がその上に昇る太陽の光によって導かれているのと同様である。

それゆえ、ビルダドは神の力を提示した後に、〔本来の〕意図に近づいて、「神に比して人間が正しいとされるだろうか」と言っているが、これはあたかも次のように言わんとするかのようである。神がその高みにおいて協調——これは義の結果であり、「義の業は平和である」（イザ32・17）と言われていることによっている——を作るほどに偉大で義において卓越していることから、人間のすべての義は神の義に比すればあたかも無のように見なされる。神に比せられた人間が正しいと見なされえないだけでなく、それどころか神に比せられた者は不義と見なされる。これはちょうど最も美しい事物に比すれば美しさをわずかしか持たない事物は不浄であると思われるのと同様である。それゆえ、「女から生まれた者が清くありえようか」と続けられているが、これは明瞭に言われている。というのも、人間が女から肉の欲望によって生まれること自体から人間は

---

[4] プラトン主義者を指す。アウグスティヌス『神の国』18巻14章（PL 41, 572）、トマス『神学大全』2-2部94問1項参照。

汚れを得ているからである[5]。

　続いて，ビルダドは述べたことを類似の事柄によって堅固なものにして，「見よ，月もまた輝かず，星々も彼の目には清くない」と続けている。ここで考察すべきは，太陽について言及が為されていないことである。というのも，より大きな光のもとで太陽の光が暗くさせられることは感覚的に明らかにならないからである。しかるに，月や星々は物体的な太陽のもとで暗くさせられる。それゆえ，なおさら月や星々の明るさは，神の光の無限性に比すればいわばある種の暗さなのである。そして，ビルダドはこのことから自らの意図を結論づけて，「なおさら人間は腐敗であり，人間の子は蛆である」と続けている。すなわち，人間は神の義に比すれば義の輝きによって輝いているとは見なされないし，神の純粋性に比すれば無垢であることによって清いと見なされない。ビルダドは明瞭に人間を腐敗に比しているが，それは人間が腐敗しやすい質料から存在しているからである。また，人間の子を蛆に比しているのは，腐敗から蛆が生じるからである[6]。ビルダドがこのことを導入したのは次のことを示すためであった。人間は，神の裁きが行われるところでは，いかなる自らの義や純粋性をも提示することができないのであり，神に比すればそれらはあたかも無のようなものと見なされるのである。

---

[5]　アウグスティヌス『結婚と情欲』1巻24章（PL 42, 429），トマス『神学大全』2-2部153問2項異論3参照。
[6]　グレゴリウス『道徳論』17巻17章（PL 76, 23A）参照。

第 26 章

^{1} ヨブは答えて言った。^{2} あなたは誰を助けているのか。弱い者を助けているのか。強くない者の腕を支えているのか。^{3} 誰に対して思慮を与えたのか。それはおそらく知恵を有しない者に対してであろう。^{4} あなたは自らの多くの賢慮を示したのか。あなたは誰を教えようと欲したのか。息を造った者ではないかね。^{5} 見よ，巨人たちと，彼らと共に住んでいた者たちは水の下で呻いている。^{6} 陰府は神の前に露わであり，滅びにはいかなる覆いもない。^{7} 神は北を空虚の上に広げ，無の上に地を吊るす。^{8} 水をその雲のうちに縛り付け，水が等しく下に落ちないようにする。^{9} 自らの玉座を隠し，その上に靄を広げる。^{10} 光と闇が終わるときまで，水に境を設けた。^{11} 天の柱は神の命令に震え恐れる。^{12} 神の力において突然海は集められ，神の賢慮が傲慢な者を打った。^{13} 神の霊が天を飾り，神の助産婦のような手によって曲がった蛇が引き出された。^{14} 見よ，これが神の道について述べられたことの一部である。われわれは神の語りのわずかなささやきすら聞くことができないのだから，誰が神の大きな雷鳴を聞くことができようか。（26・1-14）

「ヨブは答えて言った。あなたは誰を助けているのか」等々。ビルダドはすでに述べた言葉においてすべての者にとって恐ろしい神の力の考察からヨブを打ち負かそうと欲した。神に比すれば，いかなる人間も自らが罪なくして罰せられたとしてその義や純粋性を主張することはできないからである。それゆえ，ヨブは三つの回答を付加してい

る。第一は特殊的に神の力の考察からヨブを恐れさせようとしたビルダドに対するものである。人間が告発された者に対して理性を使用せず裁判官の力と知恵を主張するとき、彼は裁判官に気に入られるためにこのことを為すのが常である。ある人物に好意が示されるのに二つの仕方がある。一つは好意が示される者の力の欠陥のためであり、もう一つは知恵の欠陥のためである。それゆえ、第一の点に関して、「あなたは誰を助けているのか。弱い者を助けているのか」と言われているが、これはあたかも次のように言わんとするかのようである。あなたが理性の道にしたがってではなく、あたかも神に気に入られようとして語ったこれらのことを、あなたはあたかも弱き者を助けるかのように神を助けるために語ったのか。ある者の働きを擁護する者が彼を助けていると思われる。それゆえ、「強くない者の腕を支えているのか」と続けられているが、これはあたかも次のように言わんとするかのようである。あたかも神が自らを守ることができるほどに強くはないかのように、あなたはわたしが神によって罰せられた働きをこれらの言葉によって守ろうとするのか。

　次いで、知恵の欠陥のためにある者に示される好意に関しては、次のことを考察すべきである。この好意は二種類ある。一つはある者に為すべき事柄についての思慮が与えられることによるものであり、このことに関して、「誰に対して思慮を与えたのか」と言われている。人がある者に思慮を与えると思われるのは、根拠づけられていない彼の訴訟を守ろうとする場合である。しかし、神は知恵において完全であるので思慮を必要としない。それゆえ、「それはおそらく知恵を有しない者に対してであろう」と続けられているが、これはあたかも次のように言わんとするかのようである。あなたはこれほど愚かに神のために語るのであるから、神が知恵を有していることを疑っているのでは

あるまいか。知恵ある者に思慮を与える者は，知恵を見せびらかすためにこのことを為していると思われる。それゆえ，「あなたは自らの多くの賢慮を示したのか」と続けられているが，これはあたかも次のように言わんとするかのようである。あなたはこのことによってあなたの賢慮の豊かさを示そうと欲したのか。

知恵の欠陥に対する好意のもう一つの方法は，人が無知な者に知るべき事柄について教えることであり，このことに関して，「あなたは誰を教えようと欲したのか」と続けられている。というのも，あなたはわたしに対して神の力を主張するかぎりにおいて，神を教えていると思われるが，神は人間の全知識の原因であるので，神が教えられる必要はないからである。それゆえ，次のように続けられている。「息を造った者ではないかね」，すなわち人間がそれによって知性認識と呼吸を行う人間の魂を創造した者ではないかね。というのも，知性によって知識を得るのも，他の力によって身体を生かすのも同一の魂だからである[1]。

次いで，ヨブは自らがある点において神の力を減じていると思われることのないように，神の力の多くの結果を数えあげることによって，ビルダドよりも詳細にそれを推奨するが，神が洪水によって強力な仕方で人類に対して為した事柄から始めている。というのも，『創世記』において，「かの時代には地の上に巨人たちがいた」（6・4）と書かれており，さらに後に「すべての肉が地上において自らの道を腐敗させていた。神は地が腐敗しているのを見て，ノアに言った。『すべての肉の終わりがわたしの前に来ている』」（6・12）と続けられ，加えて「見よ，わたしは地上に洪水を起こし，すべての肉を滅ぼす」（6・17）と続けられてい

---

[1] ゲンナディウス『教会の教え』15章（PL 58, 984），トマス『対異教徒大全』2巻58章参照。

るからである。それゆえ，ヨブは神の力のこの結果を示して，次のように続けている。「見よ，巨人たちは」，すなわち古代の巨人たちは，陰府の罰において，「水の下で」すなわち洪水の水に飲み込まれて，「呻いている」。また，巨人たちのみが滅んだのではなく，彼らとともに他の多くの者もまた，当時，またその後に滅んだので，「彼らと共に住んでいた者たち」もまた，神の力によって同じように呻いている。

　ちょうどヨブの友人たちが考えていたと思われるように，神の摂理がこの世の生における人間を裁くことのみに及んで死の後には拡張されないと人が信じることのないように，ヨブはこのことを排除して，「陰府は神の前に露わである」と続けているが，これはあたかも次のように言わんとするかのようである。陰府において為される事柄は神の目に明らかであり，神の裁きにしたがって起こる。それゆえ，ヨブはこのことを説明するために次のように続けている。「滅びには」，すなわち陰府において滅ぼされた者たちには，われわれから隠されるように，神の目から隠されることのできる「いかなる覆いもない」。

　次いで，ヨブは神の摂理の結果を自然物において数えあげるが，端のもの，すなわち天と地から始めている。これら両者において，神の力によって創設された，人間的な力を超え出る何かが明らかとなる。感覚的に明らかなものに関しては，天はちょうどある種の天幕のように地の上に広げられており，地は天の下にちょうど天幕の床のように存在しているように思われる。天幕を築く者は誰でも，それによって天幕が支えられる何かを下に置くが，天においてこのようなものは明らかではない。というのも，他でもない神の力が天を支えていると思われるからである。それゆえ，「神は北を空虚の上に広げる」と言われている。ヨブは北によってわれわれの上にある半球を理解している。と

いうのも，われわれに対して北極は地平線の上にあがり，南極は地平線の下に沈むからである。それゆえ，北が「空虚の上に」広げられると言われている。というのも，上半球の下においては，天は空気に満ちた空間としてのみわれわれに現れるからである。大衆はこの空間を空虚と見なしているが[2]，ヨブは聖書の慣習にしたがって大衆の考えにしたがって語っている。同様に，床を敷く者もまたこれを何かの上に築く。しかし，あたかも天の基であるかのような地はそれを支えることのできる何らかのものの上に築かれているようには見えず，ただ神の力がこれを支えている。それゆえ，「無の上に地を吊るす」と続けられている。これらのことは，あたかも天が落ちないために支えを必要とするほど重いとか，地が〔地球の〕中心以外のところに向かって下るという意味で言われているのではない。ヨブが示しているのは，それによって物体がその場所のうちに自然本性的に包含される自然本性的な力そのものは神の力に由来するということである。というのも，ちょうど暴力的な運動が人間の力によるものであるように，自然本性的な傾向性は自然本性の根源である神の力に由来するからである。

次いで，ヨブは天と地の中間の空間における神の力の結果を数えあげる。第一は空気においてである。空気において驚くべきであると思われることは，水蒸気となって上って来た水が空気において保たれ，全体が同時に落ちるのではなく，雨において明らかなように一滴一滴落ちるということである。それゆえ，次のように言われている。「水を」自らの力によって生じせしめた「その雲のうちに縛り付け」，雨の「水が等しく下に落ちないようにする」，すなわち地の気候に役立つように一滴一滴落ちるようにする。こ

---

[2] アリストテレス『自然学』4 巻 9 章（213a27）参照。

れはあたかも雲の中にとどまっているものが始めから落ちないように神の力によって縛り付けられているかのようである。というのも，水蒸気が同時に水に変わって等しく落ちる結果になるようにして水蒸気が同時に固められないことは神の力によって起こるからである。しかるに，雨が雲から下方に落ちた後に，水蒸気がある程度残り，そこから靄が生じるが[3]，靄によってわれわれに対してあたかも神の玉座のような天──これは「天はわたしの玉座である」（イザ66・1）と言われていることによっている──が覆われる。このことに関して，次のように続けられている。「自らの玉座を隠す」，すなわち自らの玉座である天の顔を隠したままにしておく。さらに，このことはそれによってわれわれが天を見ることを妨げられる靄によって為されるので，「その上に」，自らの力によって産出した「靄を広げる」と続けられている。

次いで，ヨブは神の力の結果を水において示して，「水に境を設けた」と続けている。というのも，水は元素の自然本性的な秩序にしたがえば，四方八方から地を覆って当然であるが，地のある部分が水によって覆われないままにとどまるということは，神の力によって起こるからである[4]。神の力は一定の限界まで地が水によって覆われるようにした。このことは特に，四方八方から地を取り囲んでいる大洋に属すると思われるので[5]，「光と闇が終わるときまで」と続けられている。というのも，われわれにとって，昼の光と夜の闇は太陽が北半球から離れたり近づいたりすることによって終わるが，北半球は四方八方から大洋に囲まれているわれわれの住んでいるところの上に置かれ

---

3) 同上，『気象論』1巻14章（346b32）参照。
4) 『創世記』1章9節，『エレミヤ書』5章22節，『ヨブ記』38章10節，トマス『神学大全』1部69問1項異論解答4参照。
5) イシドルス『語源』13巻15章（PL 82, 484A）参照。

ているからである。あるいは，次のように理解できる。すなわち，そのうちに光と闇の継起が存在する世界のこの状態が存続するかぎり，水の境は変わることなく持続するだろう。

　このようにして，ヨブは物体的被造物における神の力の結果を数えあげた後に，天の柱と呼ばれる霊的被造物における神の結果を示そうとする。というのも，霊的被造物の働きによって天の運動は統帥されているからである。それゆえ，次のように言われている。「天の柱は」，すなわち天使たちは[6]，「神の命令に震え恐れる」，すなわち神の命令に従う。ヨブは主人に対する恐れと震えのために主人の命令に従う奴隷の比喩によって語っている。その際，恐れは魂に，震えは身体に関係づけられる[7]。聖なる天使たちにおいて罰の恐れがあったと見なされてはならない[8]。そうではなく，彼らの神に対する崇敬がここで恐れと名づけられているのである。このようにして，恐れは情動に，震えは外的な結果に関係づけられる。

　上で「神はその天使においてすら邪悪さを見出す」（4・18）と言われているように，天使のうちには神への然るべき崇敬から離れるものがいた。それゆえ，続いてヨブは善き天使と悪しき天使の区別について続けている。物体的被造物の区別と同時に，霊的被造物の区別もまた存在したことが信じられるので[9]，ヨブは霊的被造物の区別を示唆するために，物体的被造物についてあらかじめ述べて，「神の力において突然海は集められた」と言っているが，これは「地の上の水は一か所に集まり，乾いたところが現れ

---

6) 『標準的註解』「ヨブ記」26 章 11 節参照。
7) 『欄外註解』「詩篇」54 章 6 節，ロンバルドゥス『註解』「詩篇」54 章 6 節（PL 191, 508A）参照。
8) グレゴリウス『道徳論』17 巻 29 (PL 76, 31) 参照。
9) フーゴー『秘跡論』1 巻 1 部 10 章 (PL 176, 194D) 参照。

よ」(創 1・9) と言われていることによっている。ちょうど物体的被造物が神の力によって区別されたように，霊的被造物もまたそうであるので，次のように続けられている。「神の賢慮が傲慢な者を打った」，すなわち神の摂理の力によって傲慢な悪魔がその栄光を奪われた。悪魔が打たれたと同時に善き天使に霊的な賜物が増し加えられたので，次のように続けられている。「神の霊が天を飾った」，すなわち霊的な賜物の装飾によって天上的な霊を飾った。しかし，恩恵を奪われることによって打たれた天使が聖霊によって飾られた天使と共にとどまることは不適切であるので，次のように続けられている。「神の助産婦のような手によって」，善き天使の交わりから，「曲がった蛇が」すなわち，悪魔が「引き出された」。悪魔が蛇に比せられるのは悪意の毒のためであり，曲がったと言われるのは狡猾さのためである[10]。明瞭に，悪魔が神の助産婦のような手によって引き出されたと言われている。というのも，ちょうど助産婦が母が傷つかないような仕方で死んだ胎児を引き出すように，神は善き天使の交わりがいかなる損害をも蒙らないような仕方で天使の間から悪魔を引き出すからである。

　たとえこれらの結果が偉大なものであっても，それが神の力に匹敵すると人が信じることのないように，次のように続けられている。「見よ，これが神の道について」，すなわちそれによってわれわれが神の認識へと上昇し，神もまたわれわれに対して何らかの仕方で自らを伝える神の業について[11]，「述べられたことの一部である」。これらの事柄はたとえ神の力の全体に匹敵するものではないとしても，多くの部分でその等しさに近づくものであると思われるこ

---

10) グレゴリウス『道徳論』18 巻 32 章（PL 76, 35C）参照。
11) 『標準的註解』「箴言」8 章 22 節参照。

とのないように，「われわれは神の語りのわずかなささやきすら聞くことができないのだから，誰が神の大きな雷鳴を聞くことができようか」と続けられているが，これはあたかも次のように言わんとするかのようである。今，神の力の結果について述べられたすべてのことと神の力との差異は，あたかも沈黙においてささやくあるわずかな言葉と最も大きな雷鳴の差異と同じほど大きい。

第 27 章

¹ ヨブは自らを例に挙げて続けて言った。² わたしの裁きを取り去る神，わたしの魂を苦しめる全能者は生きている。³ わたしのうちに息があり，神の霊がわたしの鼻のうちにあるかぎり，⁴ 唇は不正を語らず，わたしの舌は嘘を言わない。⁵ あなたたちを義とすることはできない。わたしは倒れるまでわたしの潔白から離れない。⁶ わたしは保持し始めたわたしの義を見捨てない。というのも，わたしの心はわたしの全生涯においてわたしを非難しないからである。⁷ ちょうど不敬虔な者がわたしの敵であるように，わたしの敵対者は不正な者である。⁸ たとえ貪欲に奪ったとしても，神がその魂を解放しないとすれば，偽善者の希望とは何であろうか。⁹ 彼に苦悩が訪れたとき，神はその叫びを聞かれるだろうか。¹⁰ 彼は全能者において喜び，あらゆる時に神を呼び求めることができるだろうか。¹¹ わたしは神の手によって全能者が有しているものをあなたたちに教えよう。それを隠しはしない。¹² 見よ，あなたたちはみな知っているのに，どうして理由なくして空しいことを語るのか。¹³ 神のもとで不敬虔な者が受ける分，暴力をふるう者が全能者から受ける遺産は以下のものである。¹⁴ たとえ不敬虔な者の子が増えても，彼らは剣にかかり，その孫がパンに満足することはない。¹⁵ 不敬虔な者から残された者は破滅して埋められ，その妻は同情されない。¹⁶ たとえ彼が地のように銀を集め，泥のように衣服を用意したとしても，¹⁷ 彼は確かに用意したが，それらを着るのは義人であり，銀を分けるのは無垢な者である。¹⁸ 彼はちょうど

虫のように自らの家を建て，ちょうど見張りのように木陰を造った。[19] 豊かな者は眠りにつくとき，自らのもとにいかなるものももたらさず，その目を開いても何も見出さない。[20] いわば思いがけない水が彼を捉え，夜には嵐が彼を圧迫する。[21] 熱風が彼を取り去るが，それはちょうど竜巻が彼をその場所から奪うかのようである。[22] 神は彼にある者を送るが，その者は容赦しないので，彼はその手から逃亡によって逃げ出す。[23] 友人は彼の上に手を置き，彼の場所を見てすすり泣く。(27・1-23)

「ヨブは自らを例に挙げて続けて言った」等々。ヨブはすでに述べた言葉において，あたかもヨブが神の偉大さについて何も知らないかのように，ヨブに対して神の力を主張したビルダドの言明を論破した。ヨブがその回答を終えた後に，慣例によっていつもの順序で三番目の友人であるツォファルが答えることが期待されていたと思われるが，彼はあたかも打ち負かされたかのように黙ってしまったので，ヨブは再び話し始めて，もし悪人がこの世において繁栄し善人が逆境を蒙っているとしても，それは神の摂理に反することではないことを他の論拠によって示そうとする。それゆえ，次のように言われている。ヨブに誰も答えなかった後に，「ヨブは自らを例に挙げて続けて言った」。というのも，ヨブは比喩を導入する者の方法によって語っていたからである。

ヨブは意図を示す前に，自らが友人たちの見解へと移行するつもりがまったくないことを告げるが，このことの確証のために誓いをあらかじめ述べて，次のように続けている。現在の逆境を罪人にのみ導入することが神の裁きの義に属すると主張するあなたたちの見解を前提とすれば，「わたしの裁きを取り去る神は生きている」。さらに，ヨブはいかなる点において自らの裁きが取り去られたかを説明するために，次のように続けている。「わたしの魂を苦し

める全能者は生きている」，すなわち先行する罪なくしてわたしに外的な逆境を導入し，そこからわたしが魂において苦しみを蒙った者は生きている。しかし，わたしは神への崇敬と愛から離れない。このことはわたしが神によって誓っていることから明らかである。

　ヨブがすでに述べた誓いを導入しているのは，次のように続けられているからである。「わたしのうちに息があるかぎり」，すなわちわたしが呼吸によって保たれる生命を有しているかぎり[1]。また，自らが神からの生命の恩恵を自覚していることを示すために，「神の霊がわたしの鼻のうちにあるかぎり」と続けられている。というのも，呼吸は主に鼻によって為されるからである。なぜなら，アリストテレスが『動物誌』において述べているように[2]，口によって為される呼吸は適切なものではないからである。それゆえ，主要的に鼻のうちに置かれる人間の呼吸が，ここで神の霊と言われている。というのも，呼吸することによって生きることを人間は神から受けとっているからである。ヨブは罪を犯すことによってこの恩恵に対する感謝を忘れることを欲しなかったので，次のように続けている。「唇は不正を語らず」，すなわち逆境を蒙るすべての者を不正な者と呼ばず，「わたしの舌は嘘を言わない」，すなわち義人の功績に対して現在の繁栄によって報い，不正な者の罪を時間的な逆境によって断罪することが神の義に属すると言わない。また，ヨブの友人たちはこのことを主張していたので，「あなたたちを義とすることはできない」と続けられている。というのも，彼らの不義なる見解を承認することによってのみ彼らを義と判断することができる

---

1)　アリストテレス『呼吸について』5 章（472b27）参照。
2)　1 巻 11 章（492b10），アルベルトゥス『動物論』1 巻第 2 論考 8 章 220 節（St 1, 79）参照。

が，ヨブはこのことによって自らの義から離れるからである。それゆえ，次のように続けられている。「わたしは」，死によって「倒れるまでわたしの潔白から離れない」，すなわち離れるつもりはない。しかし，あなたたちとともに，この世において逆境を蒙っている聖なる者たちを不敬虔な者と判断すれば，わたしは潔白から離れることになる。また，ちょうどわたしが潔白から害を加えることへ移行するつもりがないように，義の道を見捨てるつもりもないので，次のように続けられている。「わたしは」，この世において人間が有している繁栄のために彼を承認したり，蒙っている逆境のために彼を断罪したりしないことによって「保持し始めたわたしの義を」，すなわち義の遂行を[3]，あなたたちの見解に傾くことによって「見捨てない」。しかるに，一度罪を犯した者は再び罪を犯すことへと傾向づけられるのが常であるが，罪を経験しない者が罪に陥ることはより困難である。それゆえ，「というのも，わたしの心はわたしの全生涯においてわたしを非難しないからである」と続けられているが，これはあたかも次のように言わんとするかのようである。それゆえ，わたしは自らが無垢であることから離れたり，義を見捨てたりすることがないことを確信している。というのも，このことを経験によって学んだからである。実際，わたしは全生涯において自らが犯した何らかの重い罪について良心の呵責を感じないのである。あるいは，他の仕方において接続される。ヨブは自らが無垢であることから離れず，保持し始めた義を見捨てないだろうと言ったので，人はヨブがこのことより以前には潔白も義も有していなかったと言うことができる。しかし，ヨブはこの可能性を排除して，「わたしの心はわた

---

[3] アンブロシウス『詩篇註解』118章68節（PL 15, 1396C）参照。

しを非難しない」等々と続けている。もしわたしが不義と不敬虔を支持しているあなたたちに気に入られようとするならば，わたしは無垢であることから離れ，義を見捨てることになる。それゆえ，神の裁きの真理に反して語るかぎりにおいて，「ちょうど不敬虔な者がわたしの敵であるように」，わたしに反対することによって不正な見解をもたらすかぎりにおいて，「わたしの敵対者は不正な者である」。というのも，このような者はわたしが重く苦しめられていることを理由に，わたしを不敬虔な者であると言うからである。

　それゆえ，ヨブはその友人の論破と自らの見解の補強に属するこれらのことをあらかじめ述べた後に，主要な意図へと近づき，もし悪人がこの世において時間的に繁栄し，義人が時間的に苦しめられているとしても，このことは神の摂理に反するものではないことを示そうとする。ヨブは上でこのことを，将来の報いとこの世の生の後に善人と悪人に保存されている罰から明らかにしたが，今やこのことを悪人がこの世の生において所有する時間的善の脆弱さと善人に与えられる霊的善の偉大さから示そうとする。それゆえ，第一にヨブは，たとえ罪人がこの世の生において時間的善を獲得したとしても，魂の善がなければ彼らにとって無益であると主張する。このことから，次のように続けられている。「たとえ貪欲に奪ったとしても」，すなわち不正な仕方で富を集めたとしても，「神がその魂を解放しないとすれば」，すなわち恩恵の賜物によって罪から解放しないとすれば，「偽善者の希望とは何であろうか」，すなわちいかなる善がこのことから生じるのか。ヨブはすべての罪人の代わりに偽善者，すなわち見せかける者について語っている。というのも，「見せかけの等しさは二重の不

正」[4]だからである。しかし、ちょうど以下において「見せかける者と狡猾な者は神の怒りを引き起こす」(36・13)と言われているように、徳を見せかける者としての偽善者は神のもとで最も忌み嫌われる者であると思われる。

続いて、ヨブは彼らから二つの希望が奪われることを示している。そのうちの第一は義人が神について有するところのものであり、必要な時に祈りが聞き届けられることである。しかし、ヨブはこのことを不敬虔な者から排除して、「彼に苦悩が訪れたとき、神はその叫びを聞かれるだろうか」と言っているが、これはあたかも「否」と言わんとするかのようである。この理由は知恵の口から、「わたしは呼んだが、あなたたちは拒絶した」(箴1・24)と言われ、少し後で「そのとき」、すなわち彼らに苦悩が訪れたとき、「わたしを呼び求めてもわたしは聞かない」と続けられていることから特定される。さらに、「律法に従わないように自らの耳をそらす者の祈りは呪うべきものである」(箴28・9)と言われている。義人の第二の希望は、艱難の時において時間的な慰めが欠落している場合に神の喜びを享受し、神の賞賛において喜ぶことである。しかし、ヨブはこのことを不敬虔な者から排除して、次のように続けている。「彼は全能者において喜ぶことができるだろうか」、すなわち彼が全能者を愛していないことは業によって証明される。「あらゆる時に神を呼び求めることができるだろうか」。というのも、神に対する愛の大きさから、ある人々の口において常に神の賞賛が見られるからである。

ヨブは聖なる者が有する義人の希望なくして不敬虔な者

---

4) 『標準的註解』「コロサイの信徒への手紙」3章23節, ロンバルドゥス『註解』「コロサイの信徒への手紙」3章23節, トマス『神学大全』2-2部111問4項異論1, アウグスティヌス『詩篇註解』63 (PL 36, 765) 参照。

が所有する時間的善がほとんど有効ではないことを示したので，続いて不敬虔な者が時として所有する時間的善が壊れやすいものであることを示そうとする。ヨブはこれから語る事柄を擁護するために，二つのことをあらかじめ述べる。第一は，これから語ることが神の知恵に一致していることである。それゆえ，次のように言われている。「わたしは神の手によって」，すなわち神の力によって，「全能者が有しているものを」，すなわちその知恵のうちにあたかも確実なものとして有しているものを，「あなたたちに教えよう」。「それを」，すなわちわたしがわたしを教える神から学んだことを「隠しはしない」。第二に，ヨブはこれから語ることが不敬虔な者でも必ず知っているほど明らかなものであることを示して，次のように続けている。「見よ，あなたたちはみな知っている」，すなわちわたしがこれから語ることは真理であるので，あなたたちがこれほど非理性的に明らかな真理に反して語っていることは驚くべきことである。このことが，「どうして理由なくして空しいことを語るのか」，すなわち理性の支えを有していないことを語るのかと続けられていることの意味である。というのも，鈍感な人間はすでに述べられたことを認識していながら，そこから何が帰結するかに注意しないからである。

　しかるに，以下のことを考察すべきである。神はすべての者を創造し統帥しているので，すべての者は神からいわば自らの遺産として部分的にあるものを受けとっている。悪人はいわば自らの分け前，自らの遺産として，この世の時間的善を神から受けとっている。それゆえ，悪人の口から「これがわれわれの分け前，われわれの分」（知 2・9）と言われているのである。反対に，善人はいわば自らの分け前，遺産として霊的善を受けとっているのであり，これは「縄は麗しい事柄においてわたしにふさわしい。という

のも，わたしの遺産はわたしにとって輝きに満ちたものだからである」（詩15・6）と言われていることによっている。それゆえ，ヨブは不敬虔な者が時間的事物において受けとる分け前がどれほど壊れやすくもろいものであるかを記述して，次のように言っている。「神のもとで不敬虔な者が受ける分は以下のものである」，すなわち，善人に霊的なものが，彼らに時間的なものが配分されるかぎりにおいて，彼らの分け前となるのは以下のものである。さらに，「暴力をふるう者が」，すなわち不正な仕方で時間的善を獲得しようとする者が，それを許し能力を与える「全能者から受ける遺産は以下のものである」。このことは，上で「神が彼らの家を善で満たしたときに」（22・18）と言われていることによっている。ヨブはこの分け前ないし遺産がもろいものであることを，第一に時間的善のうちで最も善きものと見なされる不敬虔な者の子についてしばしば起こることに関して示している。しかるに，時として，この世において繁栄している不敬虔な者の子が殺されるということが起こるので，次のように言われている。「たとえ不敬虔な者の子が増えても」——このことは大きな繁栄に数えられる——，「彼らは剣にかかる」，すなわち殺されるだろう。豊かな者の子が過酷な貧しさに至ることはまれであるとしても，このことは孫やより後の人々において頻繁に起こるのであり，それゆえ，困窮のために「その孫がパンに満足することはない」と続けられている。不敬虔な者の他の家族の者に関して，次のように続けられている。「不敬虔な者から残された者は」，すなわち家の者や友人は，「破滅して埋められる」，すなわちあたかも殺されたかのように葬儀なくして埋められるだろう。また，妻に関して，「その妻は同情されない」と続けられているが，同情されることは葬儀において起こるのが常である。

　それゆえ，ちょうど子と友人に関する彼らの幸福が壊れ

やすくもろいものであるように，所有されている富に関してもまたそうである。富のうちであるものは人工的な富[5]，すなわち哲学者の言うように[6]，事物の交換の尺度として考案された金銭である。このことに関して，次のように言われている。「たとえ彼が地のように銀を集めたとしても」，すなわち地を持つように豊富な金銭を手に入れたとしても。他のものは自然的な富であり，ちょうどパンやぶどう酒，衣服やこれに類する他のもののように，人間の自然的な必要性を助けるものである。このことに関して，次のように続けられている。「泥のように衣服を用意したとしても」，すなわち泥のように豊富な衣服を有しているとしても。「彼は確かに用意したが」，すなわち用意することにおける気遣いと労苦を有したが，その成果を有することになるのは他の者であり，それは時としてこのことに関して気遣わない善人である。それゆえ，次のように続けられている。自らの必要性のために衣服である「それらを着るのは義人であり」，配分し，貧しき者に与え，蓄えたままにしておく——このことは無垢であることに反する——ことのないように，「銀を分けるのは無垢な者である」。

　家の広さもまた地上的な繁栄に属するが，ヨブはこのことがはかないものであることを二つの理由から示している。第一に，時として彼は自らのために家を建てるが，それは暴力によって他の者の場所においてであるので，その家から追い出されるからである。それゆえ，「彼はちょうど虫のように自らの家を建てた」と続けられている。というのも，虫は他の衣服を噛み切ることによって自らに場所

---

[5] アリストテレス『政治学』1巻7章（1257a5），トマス『神学大全』2-2部188問7項異論解答5参照。
[6] アリストテレス『ニコマコス倫理学』5巻9章（1133a20），『政治学』1巻7章（1257a35），トマス『神学大全』2-2部78問1項参照。

を用意するが，衣服から振り落とされるとそこから追い払われるからである。他の仕方においては，たとえ彼が自らの場所においてのみ家を建てても，その家は，長くその所有の気遣いと支配権を有するようにではなく，わずかな時間においてのみ彼に与えられたからである。それゆえ，次のように続けられている。「ちょうど見張りのように」，すなわちぶどう畑の見張りのように，その見張りの時間が終われば取り壊される「木陰を造った」。ヨブはいかにして彼が獲得した善を失うかを示して，次のように続けている。「豊かな者は眠りにつくとき」，すなわち死んだとき，所有していたこれらのものから，他の生へのために「自らのもとにいかなるものももたらさず」，復活において「その目を開いても何も見出さない」。というのも，彼が時間的善を所有することへと戻ることはないからである。また，彼は時としてこの世においても突然時間的善を失うのであり，それはちょうど雨が突然人間に到来するような仕方においてである。それゆえ，次のように続けられている。「いわば思いがけない水が彼を捉える」，すなわち雨の水が突然彼に到来する。たとえ雨が昼には何らかの仕方で予見されるとしても，夜においては全く突然に人間を襲うので，次のように続けられている。「夜には嵐が彼を圧迫する」，すなわち逆境の嵐がまったく思いもかけずに彼を圧迫する。

最後に，ヨブは世の繁栄のはかなさを人間そのものに関して示している。人間は時として何らかの熱によって，あるいは何らかの迫害によって滅びるので，このことに関して次のように続けられている。「熱風が彼を取り去るが」，すなわち熱が彼を殺し生ける者との交わりから引き離すが，このことは突然思いもかけずに起こるので，「それはちょうど竜巻が彼をその場所から奪うかのようである」，すなわち暴力的に猶予なく為される。しかし，人間は時と

して内的な病気によってではなく，外的な迫害者によって殺されるので，次のように続けられている。「神は彼にある者を」，すなわち彼よりも強力であり抵抗することのできないある迫害者を「送るが，その者は容赦しないので，彼は」，すなわち不敬虔な者自身は「その手から」，すなわちその力から「逃亡によって逃げ出す」。あるいは，彼は死によって逃げ出すのであり，というのも「殺した後にはそれ以上為すことは何もない」（ルカ 12・4）からである。しかるに，彼が死ぬとその友人には驚きと悲嘆が残るので，次のように続けられている。驚きのために「友人は彼の上に手を置き，彼の場所を見て」，すなわち彼の以前の尊厳を思い起こして，あたかも彼に同情するかのように「すすり泣く」。

第 28 章

---

¹銀はその鉱脈の根源を有し，金には溶解される場所がある。²鉄は地から取られ，石は熱によって溶かされて銅へと変わる。³神は闇に時間を定め，すべてのものの終局を考察する。⁴急流が異国の者から靄のかかった石や死の陰を分断し，困窮する者の足が忘れた近づくことのできないかの人々を分断する。⁵その場所においてパンが生じる地は火によって滅ぼされた。⁶その地の石はサファイアの場所であり，その地の塊は金である。⁷小道を鳥は知らず，鷲の目もそれを見なかった。⁸商人の子らもその小道を踏むことはなく，雌獅子もそこを通らないだろう。⁹神は岩に向かってその手を伸ばし，山をその基から覆し，¹⁰岩に川を切り開く。神の目はすべての貴重なものを見，¹¹川の深みを調べ，隠されたものを光へともたらした。(28・1-11)

「銀はその鉱脈の根源を有する」等々。ヨブは上で不敬虔な者が神から受けとる分け前がどれほど壊れやすくはかないものであるかを示したが[1]，今や反対にこの世においても義人が神から受けとる霊的善の尊厳を示そうと意図する。ヨブはこの霊的善を知恵の下に包含し，知恵をその起源と貴重さに関して，すべての物体的事物よりも高く評価しようとする。ヨブが第一に示すのは，物体的事物において貴重であると思われるすべてのものは一定の場所に起源を有しているということであり，人間のもとで貴重なもの

---

1) 『ヨブ記』27 章 13 節。

として所有される金属から考察を始めている。考察すべきことに、金属は太陽や他の星々の力によって地から放たれた湿った蒸気から生じる——それゆえ、金属は引き伸ばされうるし、液体にもなりうる——が、反対に、槌で打たれることもなく注がれることもない石やこれに類する他のものは地下に保たれている乾いた蒸気から生じる[2]。金属の種類は放たれた蒸気の純粋性の大小と配分される熱の相違にしたがって多様化される[3]。金属のうちで最も純粋であると思われるのは金であり、次が銀、次が銅、最後が鉄である。純粋性の大小にしたがって、金属は多くの場合異なった起源を有する。それゆえ、金は最も純粋であるので、多くの場合その純粋性において川の砂のうちに生じるが、これは頻繁な蒸発と砂の熱のためである。さらに、銀は多くの場合あるいは地の、あるいは石のある種の脈管において見出される。銅は合成されていない状態で石において見出される。鉄は完全に浄化されていない濁った地において石の生成に至るときに見出される。それゆえ、ヨブは金属の様々な場所を数えあげて、「銀はその鉱脈の根源を有する」と言っている。すなわち、ある特定の場所においてということであり、その場所から銀の生成に適した蒸気が放たれるのである。このようにして、この蒸気が地や石に混ぜ合わされるかぎりにおいて、そこに銀の鉱脈が生じるのである。金に関しては、「金には溶解される場所がある」と続けられている。というのも、一つのものへと溶かされる金の粒が多くの砂から集められるからである。このことはすべての場所ではなくある特定の場所において生じるのであるが、そこではこの種類の金属に対応した質料に

---

2) アリストテレス『気象論』3巻6章（378a26）、アルベルトゥス『気象論』3巻第5論考、『鉱物論』3巻第1論考2章、5章参照。

3) アルベルトゥス『鉱物論』3巻第1論考5章、10章参照。

対する能動的な力の然るべき釣り合いが起こるのである。次いで，鉄に関しては，「鉄は地から取られる」と続けられている。というのも，鉄はいわば浄化されていない地において見出されるからである。さらに，銅に関して次のように言われている。その本性に対応した蒸気が混ぜ合わされる「石は」，強力な火の「熱によって溶かされて銅へと変わる」。すなわち，銅の本性に属するところのものが火の熱によって濾過されるかぎりにおいてそのようになる。

次いで，神の計画から特定の時と場所を有する他のものについて論じられる。それゆえ，人間に隠されているものの多くは神の認識に従属している。しかるに，太陽と他の多くのものは夜の闇によってわれわれから隠される。しかし，このことは神の計画によって生じるので，「神は闇に時間を定めた」と言われている。さらに，あるものはその腐敗によってわれわれから隠されるが，これはそれらがわれわれには隠されているが神には知られている根源へと解体されるからである。それゆえ，「すべてのものの終局を考察する」，すなわち事物の解体の結末を考察する。さらに，あるものは近づきがたい場所のために人間から隠されたものとして見出される。これはちょうど時として近づくことのできないある山々において人間によって見られたことがないあるものが存在するようなものである。このことに関して，次のように続けられている。「靄のかかった石や」，すなわち常に靄によって覆われた高い山の岩壁や，「死の陰を」，すなわち生命を維持する太陽の光が決して達しない山の峡谷の間にある陰になった場所を「急流が異国の者から分断する」。というのも，ある山々のふもとには人が通ることのできない急流が流れているのが常だからである。その結果，急流のある側においては異国の者が通ることのできる道が存在するのであるが，対岸には近づくことができないのである。しかるに，時としてこのような近

づくことのできない場所にある稀な人間が住んでいることがあるが，彼らに対してはあらゆるところを巡回する貧しい者ですら接近することの困難さのためにあえて近づこうとはしない。それゆえ，次のように続けられている。また，急流は異国の者から，近づくことのできない場所に住んでおり，「困窮する者の足が忘れ」，すなわち近づくことがなく，彼らに対する道がないことのために「近づくことのできないかの人々を」分断する。

さらに，位置のためではなく，何らかの出来事のために近づくことのできない場所が存在する。たとえば，ソドムとゴモラ（創 19・24）について読まれるように，それらは何らかの変化によって滅ぼされるのである。それゆえ，「その場所において」，すなわち固有のふさわしい場所において，「パンが生じる地は火によって滅ぼされた」。すなわち，その滅亡の原因は熱の過剰である。しかるに，熱が過剰になると，乾いた蒸気も湿った蒸気も大いに浄化されて，そこからたとえば宝石や金属のような貴重なものが生じる。それゆえ，乾いた蒸発から生じる宝石に関して，「その地の」，すなわち火によって滅ぼされた地の「石はサファイアの場所である」。さらに，湿った蒸発から生じる貴重な金属に関して，「その地の塊は金である」と続けられている。このようにして滅ぼされた場所を，硫黄の充満による空気の腐敗のために，人間だけでなく獣も避ける。それゆえ，第一に獣のうちのより小さなものと思われる鳥に関して，かの地の「小道を鳥は知らない」と言われている。というのも，鳥は空気の腐敗のためにその小道の上をあえて飛ぼうとはせず，近づこうともしないからである。それゆえ，非常に遠くから見ることを常とする「鷲の目もそれを見なかった」と続けられている。あるいは，他の仕方で解釈できる。かの地は「鳥の小道を知らなかった」，すなわち経験しなかった。というのも，鳥がそこを通らな

かったからである。さらに，かの地におけるある者は「鷲の目を見なかった」。次いで，人間に関して，利益を得るために困難な場所へも赴くことを常とする「商人の子らもその小道を踏むことはなかった」と言われている。次いで，地を這う獣に関して，森に住む「雌獅子もそこを通らないだろう」と続けられている。

　これらのものはたとえ人間には隠されているとしても，山や川においてその力を行使する神に対して隠されることはないので，「神は岩」，すなわち岩山「に向かってその手を伸ばす」，すなわちその力を行使すると続けられている。さらに，ヨブはこのことを二つの結果において明らかにする。すなわち，第一は山々が時としてその基から破壊されることである。このことが「山をその基から覆す」と言われていることの意味である。第二は「山々の間に水が通る」（詩 103・10）ことであり，これはあたかも山々の岩に神の力によって道が切り開かれるということである。それゆえ，「岩に川を」，すなわち水路を「切り開く」と続けられている。また，ちょうど神はその力によってすべての偉大なことを為すために自らを押し広げるのと同じように，その知恵によってすべての貴重なものを認識するために自らを押し広げる。それゆえ，「神の目はすべての貴重なものを見た」と続けられている。というのも，もし神が山々を覆し，岩を切り開き，似たような力をすべての地に行使できるとすれば，そこから帰結することは，神がそこに隠されている貴重なものを見ることができるということだからである。たとえ人間の目はそれらを見ることができないとしても。また，神の目は地において隠されているものを見るだけでなく，「川の深みを調べた」，すなわち川の深みにおいて隠されているものをちょうどそれらを調べるかのように完全に認識する。このことの証拠は，「隠されたものを光へともたらす」，すなわち人間に明らかにする

というところにある。

　^{12} 知恵はどこに見出されるのか。知解の場所はどこなのか。^{13} 人間は知恵の価格を知らない。知恵は甘美な仕方で生きている者の地においては見出されない。^{14} 深淵は言う。わたしのうちにはない。海は語る。わたしと共にはない。^{15} 純金が知恵の代わりに与えられることはなく，知恵との交換において銀が秤にかけられることもない。^{16} 知恵はインドの染色された宝石にも，最も貴重な紅縞瑪瑙やサファイアにも比べられない。^{17} 金やガラスも知恵に匹敵するものではない。背の高い卓越した金の器も知恵とは交換されず，^{18} それらは知恵との比較において思い起こされることもない。知恵は隠されたところから引かれる。^{19} エチオピア産のトパーズも知恵には及ばず，知恵は最も純粋な染色にも比べられない。^{20} それゆえ，知恵はどこから来るのか。知解の場所はどこなのか。^{21} それはすべての生けるものの目から，空の鳥からも隠されている。^{22} 滅びと死は言った。われわれはその噂をこの耳で聞いた。^{23} 神はその道を理解し，その場所を知っている。^{24} というのも，神は世界の究極を見，天の下に存在するすべてのものを顧みるからである。^{25} 神は風に重さを与え，水を尺度において吊るした。^{26} 時として，雨に法則を，音を立てる嵐に道を置いた。^{27} そのとき，神は知恵を見，語り，用意し，探究した。^{28} そして，人間に言った。見よ，主への恐れ，それが知恵。悪から離れること，それが分別。（28・12-28）

　「知恵はどこに見出されるのか」等々。ヨブは，物体的なもののうちに見出されるすべての貴重なものが，たとえ人間には知られていないとしても神には知られている特定の場所に包含されていることを示したので，知恵の卓越性を示すために，第一に知恵が特定の場所に包含されないことを述べる。それゆえ，「知恵はどこに見出されるのか」

と言われているが，これはあたかも次のように言わんとするかのようである。知恵はいかなる物体的な場所によっても包含されない。というのも，知恵は物体的なものではないからである。物体的なものにおける貴重なものは，それ自体だけでなく，その根源もまた物体的場所によって包含されているが，このようなことを知恵について言うことはできないので，「知解の場所はどこなのか」と続けられている。というのも，知性は知識と知恵の根源だからである。ちょうど知恵が場所によって包含されないように，その根源である知解もまたそうである。第二に，ヨブは価格によって評価されないことから知恵の尊厳を示して，「人間は知恵の価格を知らない」と続けられている。すなわち，人間が認識するいかなるものも知恵の価値を十分に示すものではない。

ヨブはすでに述べた両方のことを引き続き明らかにする。第一は知恵が特定の場所において見出されないと言ったことに関してである。人間のもとで貴重であると見なされるものが見出されるのは，時として貴重な宝石や金属を集めようとする贅沢な人間のもとにおいてである。それゆえ，「知恵は甘美な仕方で生きている者の」，すなわち贅沢な者の「地においては見出されない」と続けられている。というのも，彼らは享楽に夢中になっているので，知恵を捉えることを最高度に妨げられるからである。さらに，時として物体的なもののうちでこのように貴重なものは不明瞭な何らかの深みにおいて見出されるが，知恵について事態はこのようではない。それゆえ，「深淵は言う。わたしのうちにはない」と続けられているが，これはあたかも次のように言わんとするかのようである。深淵の秘所に隠されているものは人間の知恵に対して最も隠されている。さらに，それらは時として海において見出される。それは一つに海の貝のうちの真珠のようにそこで生じるからであ

り[4]，また一つに沈められた船においてのようにそこで滅ぶからである。しかし，知恵について事態はこのようではない。というのも，このように貴重なものは海によってある場所から別の場所へと運ばれるのを常とするからである。それゆえ，「海は語る。わたしと共にはない」と続けられている。むしろ，海の中に存在するものは人間の知恵に対して最も隠されている。

　次いで，ヨブは知恵が価格によって評価されえないことについて語ったことを明らかにして，人間のもとで最も貴重であるものを数えあげる。「純金が知恵の代わりに与えられることはない」。というのも，いかなる金によっても知恵の価値を量ることができないからである。しかるに，残りのもののうちで金の次に貴重であると見なされるのは銀であるが，これについて「知恵との交換において銀が秤にかけられることもない」と続けられている。さらに，金属以外で様々な色の最も貴重な宝石が存在するが，それらはインドにおいて最も生産されるので，次のように続けられている。「知恵はインドの染色された宝石に比べられない」，すなわちインドにおいて自然本性的に様々な色によって染められた宝石に比べられない。また，他の地において見出されるある宝石について，次のように続けられている。「最も貴重な紅縞瑪瑙に比べられない」。紅縞瑪瑙は二つの石から構成されている[5]。一つは紅玉髄であり，これは赤い色をしており，魂を喜ばせ，才覚を鋭くする。もう一つは縞大理石であり，これはある有害な力を持っており，悲しみと恐れを引き起こすが，この害は紅玉髄によって和らげられる。それゆえ，紅縞瑪瑙は放蕩を追い払い人間を純潔に保つという固有性を持っていると言われ，こ

4）　アルベルトゥス『鉱物論』2 巻第 2 論考 11 章参照。
5）　同上，17 章，13 章参照。

こから最も貴重であると名付けられている。さらに,「サファイアにも比べられない」と続けられている。サファイアは空の色をしており,多くの力を持っていることから貴重であるとされる。ヨブが他のより貴重な宝石が存在することに言及していないのは,宝石の価格がすべての場所と時間において同一ではないからである。さらに,ヨブは美しさから貴重さを有しているものについて続けて,次のように言っている。輝きから美しさを有している「金や」,たとえ価値において卓越してはいないとしてもその透明さから美しさを有している「ガラスも知恵に匹敵するものではない」。また,ヨブは制作から美しさを有しているものについて続けて,次のように言っている。分量において「背の高い」,構成において「卓越した金の器も知恵とは交換されない」。ちょうどそれらが知恵と交換されえないように,すでに述べられたすべてのものは知恵に比すれば無と見なされるので,「それらは知恵との比較において思い起こされることもない」と続けられている。すなわち,知恵の卓越性について言及しているときに,これらのものについて思い起こすことはふさわしくない。

　また,ヨブはある物体的なものは隠されており,このことのために貴重であると見なされると述べたので,続いて知恵がこの貴重さを欠いていることがないことを示して,「知恵は隠されたところから引かれる」と続けている。というのも,人間的な知恵の起源は二つの仕方で隠されているからである。すなわち,一つは,万物の最も隠された原因である神からわれわれに到来する知性の光の側によるものである。もう一つは,認識される事物の側によるものであり,知恵はそれらの隠された固有性や本質を探究し,それらから神的な事柄についての認識――これは最も知恵という名にふさわしい――へと上昇するのである。それゆえ,ヨブは,貴重さという観点においても,隠蔽性という

観点においても，知恵に比較できるものはないと結論づけている。宝石においてもそうであり，それゆえ，「エチオピア産のトパーズも知恵には及ばない」と続けられている。トパーズは最初に発見された場所からそのように呼ばれている。あるいは，色において金の類似性を有しているからそのように呼ばれている[6]。また，最も貴重な衣服に関して，「知恵は最も純粋な染色にも比べられない」と続けられている。すなわち，絹や羊毛のいかなる衣服も知恵に比べることはできない。

それゆえ，ヨブはこのように比較しえない知恵が隠された起源を持っていることを述べたので，その根源はどこにあるかを尋ねて，「それゆえ，知恵はどこから来るのか」，すなわちどこから引かれるのかと続けている。「知解の場所はどこなのか」，すなわち人間はいかなる根源から知性の光を分有するのか。さらに，ヨブはこの根源があらゆる人間的認識を超え出ていることを示して，「それはすべての生けるものの目から隠されている」と続けている。というのも，「知恵の泉は高みにおける神の言葉」（シラ1・5）だからである。さらに，鳥占いを信奉する者がいたが[7]，彼らは鳥占いの鳥から人間に将来の事柄についての認識が到来すると信じていたかぎりにおいて，それらの鳥が人間を超えて知恵の何らかの働きを分有すると信じていた。しかし，ヨブは知恵がこの占いを超越することを示して，「それは空の鳥からも隠されている」と続けている。このことによって理解できることに，知恵の起源はそれによってこのような鳥が動かされる天体を超越している。さらに，死者から将来の事柄についての認識を求める者がいた

[6) 同上，18 章参照。
[7) イシドルス『語源』8 巻 9 章（PL 82, 312），トマス『神学大全』2-2 部 95 問 3 項参照。

が，このことは知恵の起源に到達しないので，「滅びと死は言った。われわれはその噂をこの耳で聞いた」と続けられている。ヨブが知恵の噂を死と滅びに帰していることは正しい。というのも，滅びと死は知恵から生じる善から離れ遠ざかることを含意しているからである。しかるに，すでに述べられた三つのことは，比喩的な仕方で理性的被造物の三つの類に関係することが可能である[8]。「それはすべての生けるものの目から隠されている」と言われていることは人間に，「それは空の鳥からも隠されている」と続けられていることは天使に，「滅びと死は言った。われわれはその噂をこの耳で聞いた」と付加されていることは悪霊に関係づけられる。悪霊は断罪されて遠ざけられているので，遠く離れたところからあたかも噂を通じてのみ知るように神の知恵の知を有しているのである。

　それゆえ，ヨブは知恵の根源を示すために，「神はその道を」，すなわち知恵の全発出を「理解している」と続けている。というのも，神は知恵の起源であり，知解の場所だからである。神は自分自身を完全に知っているので，「その場所を知っている」と続けられている。すなわち，神はそこにおいて第一の起源として完全な仕方で知恵が見出される自分自身を知っている。しかるに，知恵は神から神の知恵によって生じるすべての被造物に引かれるが，それはちょうど技芸が職人の精神から彼の作品へと引かれるのと同様である。それゆえ，「神は知恵をそのすべての業の上に注いだ」（シラ 1・10）と言われている。このことから，被造物の総体そのものもまたいわば知恵の二次的な場所である。それゆえ，ヨブは神が知恵の場所を認識していることを示すために，神が被造物の総体を認識していることを付加している。ヨブは第一に，その下に他の被造物

8）『欄外註解』「ヨブ記」28 章 21 節参照。

が含まれている究極の被造物に関してこのことを示している。それゆえ，「神は世界の究極を見る」，すなわち下級の被造物から上昇してそこにおいて被造物の秩序が終わる卓越した被造物――ちょうど天体や天上的な霊がそれにあたる――を見ると続けられている。次いで，ヨブはそれらの下に含まれる他の被造物――ちょうど元素がそれにあたる――に関して，このことを示している。「神は天の下に存在するすべてのものを顧みる」。

　また，神が事物の知を有するのは，ちょうどわれわれがそうするように，事物から受けとることによってであると人が信じることのないように，続いて神が万物の原因として事物を認識することを示している。それゆえ，ある隠された被造物，すなわち風と雨に関して，「神は風に重さを与えた」，すなわち風に運動の傾向性を与え，あるときにはこちらに，あるときにはあちらに動かされるようにしたと続けられている。次いで，雨について語られるが，第一に雨が水蒸気として雲のうちに保たれているかぎりにおいて次のように続けられている。「神は」水蒸気としての「水を尺度において吊るした」，すなわちあるいは過剰な雨によってすべてのものが水没してしまわないように，あるいは然るべき以上に少ない雨によってすべてのものが干上がってしまわないように，空気のうちに保った。第二に，雨の発生そのものに関して，「雨に法則を置いた」と続けられている。その結果，雨は一定の時間と場所において降るのである。第三に，とりわけ空気の変動によって動かされる海における雨の結果に関して，次のように言われている。大きな運動によって「音を立てる」海の「嵐に道を置いた」。というのも，このような嵐もまた一定の時間と一定の大きさにおいて生じるからである。

　しかし，神は，ちょうどわれわれのように，被造物そのものから知恵を獲得するのではなく，むしろその知恵から

被造物を生み出したので，次のように続けられている。神は「そのとき」，すなわち被造物を造ったとき，「知恵を見た」，すなわち自らの知恵の現実的考察によって事物を存在へと生み出したかぎりにおいて，自分自身のうちにある知恵を見た。神から第一に知恵が引かれたのは天使であり，天使は神の知恵を分有するものとして造られた。このことに関して，神はその知恵を天使に明らかにすることによって「語った」と言われている。第二に知恵が引かれたのは被造物の総体であり，神はそれをその知恵によって配置した。全世界をその知恵において「用意した」と続けられているのはこのことに属する。第三に知恵が引かれたのは人間であり，人間は，ちょうど神に語られる天使のように[9]，真理の知恵を単一の把捉によって知るのではなく，理性の探究によってそれへと到達するので，「探究した」，すなわち神は人間に知恵を探究させたと続けられている。そして，このことが，内的な霊感によって人間を照らし知恵を伝えることによって，「そして，人間に言った」と続けられていることの意味である。「見よ」，わたしがあなたに現在与えている「主への恐れ，それが知恵」。というのも，人間は主への恐れによって神に結びつくのであるが，万物の最高の原因としての神において，人間の真なる知恵が存在するからである。「悪から離れること」，すなわちそれによって人間が神を失う罪から離れること，「それが分別」。というのも，分別はとりわけそれによって善から悪を見分けるために人間に必要とされるからである。人間は悪を避け善き業を行うことによって神の知恵の分有へと到達する。このようにして，「主への恐れが知恵であり，悪から離れることが分別である」ので，そこから帰結する

---

[9] ディオニシウス『神名論』7章2節（PG 3, 868B; Dion. 388），トマス『真理論』8問15項反対異論1参照。

ことは，神を恐れ悪から離れる義人が知恵と分別を有するということである。それらは悪人が所有するすべての地上的善よりも高く評価される。このようにして明らかなことに，霊的善がより善きものとして義人に，時間的善がはかないものとして悪人に与えられることにおいて，神の摂理の理論は守られるのである。

第 29 章

¹ ヨブは自らを例に挙げてさらに言った。² 誰がわたしに以前の月日にしたがって存在することを与えてくれるだろうか。そのとき，神はわたしを守り，³ その光はわたしの頭上に輝き，わたしは闇において神の光へと歩いた。⁴ それはちょうどわたしが青年であった頃のことである。そのとき，神は密かにわたしの幕屋のうちに存在した。⁵ 全能者はわたしと共にあり，わたしの周りにはわたしの小さな子らがいた。⁶ そのとき，わたしは自らの足をバターで洗い，岩はわたしにオリーブ油の流れを注いだ。⁷ そのとき，わたしは町の門へと進み出たが，人々はわたしのために通りに椅子を置いた。⁸ 青年はわたしを見て隠れ，老人は身を起こして立った。⁹ 首長は話すのをやめ，その口に手を置いた。¹⁰ 指揮官はその声を抑制し，その舌はのどに張りついた。¹¹ 耳は聞いてわたしを祝福し，目は見てわたしに証言を与えた。¹² というのも，わたしは叫ぶ貧者や助けのないみなしごを解放したからである。¹³ 滅びそうな者はわたしを祝福し，わたしはやもめの心を慰めた。¹⁴ わたしは義をまとい，ちょうど衣服のようにそれを着ていた。王冠はわたしの裁きであった。¹⁵ わたしは盲人にとっての目，足の不自由な者にとっての足，¹⁶ 貧者にとっての父であった。わたしは自らが知らない訴訟をきわめて慎重に探究した。¹⁷ わたしは不正な者の石臼を砕き，彼らの歯から獲物を奪った。¹⁸ わたしは言っていた。わたしは自分の家で死ぬだろう。ちょうどシュロのように日々を重ねるだろう。¹⁹ わたしの根は水のそばにあり，わたしの収穫におい

ては露が滴るだろう。²⁰ わたしの栄光は常に新たにされ，わたしの弓はわたしの手のうちで力を取り戻すだろう。²¹ わたしの話を聞いていた者はわたしの見解に期待し，熱心な者はわたしの助言に対して黙した。²² 彼らはわたしの言葉に何ものをも付け加えようとはしなかった。わたしの雄弁は彼らの上にしたたり落ちた。²³ 彼らはわたしを雨のように期待し，夕暮れの雨に対するようにその口を開いた。²⁴ もしわたしが彼らに対して笑っても，彼らはそれを信じなかった。わたしの顔の光は地に落ちなかった。²⁵ もしわたしが彼らのもとに赴きたかったとしても，まずは座った。わたしが軍勢に囲まれる王のように座っているときも，わたしは悲しむ者を慰めた。(29・1-25)

「ヨブは自らを例に挙げてさらに言った。誰がわたしに与えてくれるだろうか」等々。ヨブはすでに述べた言葉において，普遍的な仕方で，悪人が栄え善人が時としてこの世において時間的な繁栄を欠いていることが神の義に反するものではないことを明らかにする論拠を示した。すなわち，善人にはより善きもの，すなわち霊的善が与えられるのである。ヨブはこのことを自分自身を例に挙げて明らかにするが，そこで意図されているのは，ヨブが罪のために逆境を蒙ったと主張したことに関して，友人たちの見解をもまた論破することであった。ヨブは第一に有徳に利用していた過去の繁栄を思い起こし，次いで自らが陥った逆境の大きさについて述べ[1]，最後に多くの仕方で自らの潔白を明示する[2]。

しかるに，ちょうどヨブがビルダドの言葉に対して弁明した後に，ツォファルが黙っていたので，ヨブが自らの意図を示すことへと進んだように，意図を明らかにした後に

---

1) 『ヨブ記』30 章。
2) 同上，31 章。

もまた他の者の誰かが語ることをヨブは期待していたと考えられる。しかし、すべての者が黙っていたので、ヨブは再び語り始めた。それゆえ、「ヨブは自らを例に挙げてさらに言った」と言われている。というのも、ヨブは比喩的に語ったからである。「誰がわたしに与えてくれるだろうか」。このことは祈りを形成するためではなく、むしろ願望を表すために置かれている。「わたしが以前の月日にしたがって存在することを」、すなわち昔のように繁栄において生きることを。ヨブはこの繁栄を運命でも自らの力でもなく神の助けに帰したので、「そのとき」、逆境から保護することによって「神はわたしを守った」と続けられている。さらに、神はわたしを善へと導いた。これはある時にはわたしの意図を超えて善き結果へと導くことによってであったが、このことが「その光は」、すなわちその摂理は「わたしの頭上に」、すなわちわたしの精神の上に「輝いていた」と言われていることの意味である。神はわたしの精神が達しなかった多くの善へと導いたのである。また、ある時には、あたかも神によって為すべきであった事柄について教えられるかのように、彼によって導かれたので、次のように続けられている。「わたしは闇において」、すなわち疑いにおいて、「神の光へと歩いた」、すなわち神によって教えられることへと進んだ。さらに、このことが先行する義の功績に帰せられることのないように、「それはちょうどわたしが青年であった頃のことである」と続けられている。すなわち、いまだわたしがこれほど大きな繁栄に値しなかった時のことである。

次いで、ヨブは続けて過去の状況の善を説明するが、主要なものである神の親密さから始めている。ヨブは祈りと観想においてそれを知覚していたので、「そのとき、神は密かにわたしの幕屋のうちに存在した」と言われている。すなわち、わたしは密かに自らの幕屋において祈り熟

考するかぎりにおいて，神の現前を感じていた。このことは観想に属する。対して，活動に関しては，「全能者はわたしと共にあった」と続けられている。これはあたかもわたしが善き仕方で働くことへと全能者が共働すると言わんとするかのようである。次いで，ヨブは自らの繁栄を子の側から記述して，「わたしの周りにはわたしの小さな子らがいた」と続けている。というのも，若い父親の子は小さな子であるのが当然だからである。さらに，ヨブは生活の使用に属する事物の充満へと話を進めて，「そのとき，わたしは自らの足をバターで洗った」と続けている。というのも，昔の人々のもとでは，富は主要的に言って家畜に存したからである。このことのために，アウグスティヌスによれば[3]，金銭（pecunia）とは家畜（pecus）から名づけられたものである。家畜が生み出すもののうちでより貴重なものはバターであると思われるが，バターは乳脂である。ヨブは乳脂の充満を足を洗うことによって比喩的に表現しているのであり，たとえば人が足を洗えるほどに何らかの貴重な液体に満たされていると言う場合がそれである。また，ちょうどバターが動物の生み出すもののうちでより貴重であると思われるように，オリーブ油もまた地の生み出すもののうちでより貴重であると思われている。しかるに，最高のオリーブ油を有するオリーブの木は岩場や砂場に存在するのが常であるので，「岩はわたしにオリーブ油の流れを注いだ」と続けられている。このことによって，オリーブ油の豊かさと果実の善性が示されている。

次いで，ヨブは以前の栄光の大きさを説明して，「そのとき，わたしは町の門へと進み出た」と続けている。このことによって，彼が裁きの権限を有していたことが理解さ

3）『キリスト教の教え』6 章（PL 40, 672），トマス『神学大全』2-2 部 117 問 2 項異論解答 2 参照。

れる。というのも，昔の人々のもとでは，門において裁きが為されていたからである。ヨブは自らが下級の裁判官の一人ではなかったことを示して，「人々はわたしのために通りに椅子を置いた」と続けている。このことによって，ヨブが格別の権威を有していたことが示されている。続いて，ヨブは自らの裁きの権威を示すが，第一に青年の側から取られたしるしによって，罪への傾向性を有するのが常である「青年はわたしを見て」，あたかもわたしの裁きを恐れるかのように，「隠れた」と言っている。第二に老人に関して，あたかもわたしの裁きに従属するかのように，「老人は身を起こして立った」と続けられている。というのも，ヨブは青年だけでなく老人をも裁く権限を有していたからである。第三にヨブの裁きに敬意を表していた町の指導者に関して，まず，ヨブが話そうとするときに自らの話し始めた言葉を断念することについて，「首長は話すのをやめた」と続けられている。次に，ヨブが話しているときに彼らはあえて彼の話を中断しなかったので，「その口に手を置いた」と続けられている。第四に，話すことに対してより大胆で迅速な戦いの指揮官に関して，彼らはヨブの前ではあえて傲慢に騒々しく語ることはなかったので，明瞭にかつ謙遜に語ることによって，「指揮官はその声を抑制した」と続けられている。彼らは時としてまったく語ろうと思わないほどに茫然としていたので，あたかも語ることができないかのように，「その舌はのどに張りついた」と続けられている。

　これほど厳格な権威を有している人間は，民から愛されるよりはむしろ恐れられるのが常であるので，ヨブは自らが民によって愛されていたことを示している。というのも，偉大な人々のもとで権威を保ちながら弱き人々に対し

てへりくだることは，偉大な魂に属するからである[4]。それゆえ，「耳は聞いて」，すなわち他の者からわたしの栄光あるいはわたしの裁きが語られるのを聞いて，憎むのでも妬むのでもなく「わたしを祝福した」，すなわちわたしを幸いなる者と見なし，至福をわたしのために願ったと続けられている。このことは不在の者に属する。居合わせた者に関しては，わたしの栄光と裁きを「目は見て」，徳について他の者のもとで「わたしに証言を与えた」と続けられている。しかるに，このことはわたしの為した憐れみの業のために生じた。ヨブはこのことを第一に貧者に関して示して，「というのも，わたしは叫ぶ貧者を」，すなわち不平を言う貧者を圧迫する者の手から「解放したからである」と続けている。第二にみなしごに関して，「というのも，わたしは」，父を失って「助けのないみなしごを解放したからである」と続けられている。第三に危険のうちに存在する人間に関して，「滅びそうな者はわたしを祝福した」と続けられている。すなわち，危険のうちにあった彼はわたしによって助けられてわたしを祝福した。第四にやもめに関して，「わたしはやもめの心を慰めた」と続けられている。というのも，やもめは夫の慰めを失ったからである。

しかるに，裁きにおいて義をないがしろにしてある者を憐れむべきではないので，「わたしは義をまとった」と続けられている。すなわち，わたしの歩みにおいていたるところで義が明らかとなった。というのも，衣服によって人間はいたるところから囲まれるからである。ヨブは自らが強制によってではなく自発的に義を為したことを示して，あたかも自らの意志によって，「ちょうど衣服のように」，

[4) アリストテレス『ニコマコス倫理学』4巻10章（1124b18），トマス『神学大全』2-2部129問3項異論解答5参照。

すなわちいたるところから守られ飾られるように,「それを着ていた」と続けている。ちょうど戦いにおいて勝利者に冠が与えられるように,裁判官もまた自らの裁きによって義に勝利を与えたときに冠を獲得するので,「王冠はわたしの裁きであった」と続けられているが,これはあたかも次のように言わんとするかのようである。わたしはちょうど王冠のようにわたしの裁きを身にまとった。また,ヨブはいかにして義と同時に憐れみを保ちうるかを示して,「わたしは盲人にとっての目であった」と続けている。すなわち,わたしは素朴な者に,無知によって不利益を蒙らないように,彼らの仕事においてどのように進むべきかを教えた。さらに,ヨブは無知な者に思慮を与えていただけでなく,無力なものにも援助を与えていたので,「足の不自由な者にとっての足であった」と続けられている。すなわち,わたしは自分の仕事を進めることのできない者に,進むことができるように助けを与えた。加えて,ヨブは保護を欠いている者を見守っていたので,「貧者にとっての父であった」と続けられている。すなわち,ヨブは彼らを保護し支援していた。しかるに,時としてある人々が,素朴で無力で貧しい人々を欺いて不当な申立てによって害するということが起こる。しかし,ヨブはこのことに対して,悪人による不当な申立ての手続きを排除するために慎重な気遣いを示した。それゆえ,何らかの欺きがそこに隠されていることのないように,「わたしは自らが知らない訴訟をきわめて慎重に探究した」と続けられている。しかし,ある人々は貧しい人々をいわば略奪によって飲み込むことによって彼らを暴力的に圧迫する。ヨブは彼らの暴力をその力によって破壊していたので,「わたしは不正な者の石臼を砕いた」と続けられている。すなわち,わたしは不正な者がそれ以上奪うことができないように,暴力的な略奪を破壊した。さらに,「彼らの歯から獲物を奪った」。

というのも、わたしは彼らに、彼らが略奪によって獲得したものを回復するように強制したからである。

　ヨブはすでに述べた善き業から、その繁栄が持続することを信じていた。ヨブはその持続を第一に自分自身に関して記述して、「わたしは言っていた。わたしは自分の家で死ぬだろう」と続けている。すなわち、わたしは先行する功績のために、静かに自らの家において死ぬこと、家から追放されないこと、自らの家が混乱しないことを希望していた。しかし、ヨブは自らが早い死に襲われないことを信じていたので、ちょうど最も長く生きる「シュロのように」[5]、生の長さによって「日々を重ねるだろう」と続けている。第二にヨブは富に関する繁栄の持続、富の増加を記述して、「わたしの根は水のそばにあった」と続けている。というのも、水のそばに根を有する木は、豊かに実を結ぶのが常だからである。それゆえ、ヨブはこのことによって時間的な結実の多さを示している。しかし、時として、ある人間の結実が多くなっても、到来する障害のためにそれらを集めることができないということが起こる。それゆえ、ヨブはこのことを排除するために、「わたしの収穫においては露が滴るだろう」と続けている。というのも、暑い地方においては、激しい暑さのために収穫者が収穫のために畑にいることができなくなるが、露の覆いが彼らに慰めを与えて収穫を妨げないようにするということが起こるからであり、これは「収穫の日々における露の覆いのように」（イザ18・4）と言われていることによっている。第三に、ヨブは栄光に関する持続を記述して、多く行うことを決意していた善き業によって、「わたしの栄光は常に新たにされるだろう」と続けている。第四に、ヨブは力の持続に関して、「わたしの弓はわたしの手のうちで力を取り

　5）　イシドルス『語源』17巻7章（PL 82, 609A）参照。

戻すだろう」と続けている。というのも，弓によって力が表示されるからであり，これらの武器は東方の人々によって戦いのために最もよく使用されたのである。

このようにして，すでに述べたことにおいて，ヨブは裁きにおいて自らが示した厳格さと憐れみを記述したが，今や第三のこととして，どのように知恵を利用していたかを示している。第一に裁きにおいてであり，このことに関して次のように言われている。「わたしの話を聞いていた者は」，あたかもわたしの裁きに従属するかのように，何か最も知恵あることを聞くことができることを信じて，「わたしの見解に期待した」。対して，助言に関しては，「熱心な者はわたしの助言に対して黙した」と続けられている。すなわち，彼らはわたしの助言に期待し，それを貪欲に聞こうとした。わたしが助言を与えた後には，彼らはそれに満足し，わたしのうちの知恵が偉大なものであると見なして，「彼らはわたしの言葉に何ものをも付け加えようとはしなかった」と続けられている。彼らはわたしの助言を固持しただけでなく，それが自らの計画を達成するために有効であることを知って慰められたので，「わたしの雄弁は彼らの上にしたたり落ちた」，すなわち滴のように彼らを慰めたと続けられている。

それゆえ，ヨブは裁きと助言において自らがどのようであったかをすでに述べたので，続いて一般的な人間的交際においてどのようであったかを示そうとする。第一に，人々に気に入られていたことを示している。というのも，ヨブが不在のときには彼の現前が願望されていたからである。それゆえ，「彼らはわたしを」，それによって人間が冷やされる「雨のように期待した」と言われている。しかし，ヨブが居合わせたときには，彼らはその姿と言葉によって慰められたので，「その口を」，すなわちその魂を，慰めを受けとるためにわたしに対して「開いた」と続けら

れている。このことが，日中の暑さの後に冷却を与える「夕暮れの雨に対するように」と付加されていることの意味である。第二に，ヨブは自らが交際において度を過ごすことがなかったことを示している。というのも，ヨブは喜びに自らをゆだねてしまうことがなかったからである。それゆえ，喜びの何らかのしるしを示すことによって，「もしわたしが彼らに対して笑っても，彼らはそれを信じなかった」，すなわちわたしが笑いにゆだねられたことを信じなかった。同様に，ヨブは悲しみによっても打ち沈められることがなかったので，「わたしの顔の光は地に落ちなかった」と続けられている。というのも，悲しみによって打ち沈められている人間は地へと落ちた目を有するのが常だからである。第三に，ヨブは自らが名誉に関して度を過ごすことがなかったことを示している。というのも，ヨブは名誉を欲していなかったからである。それゆえ，「もしわたしが彼らのもとに赴きたかったとしても」，このことは容易には為しえないことであったので，「まずは座った」，すなわち彼らのもとで名誉を与えられて存在した。しかし，ヨブは名誉において尊大であることはなかったので，次のように続けられている。「わたしが軍勢に囲まれる王のように」，すなわちあちらこちらからわたしを崇めるすべての者によって囲まれて「座っているときも，わたしは悲しむ者を慰めた」，すなわち彼らを軽蔑しなかった。

第30章

―――――

¹ 今や年齢の若い者がわたしを嘲る。わたしは彼らの父をわたしの一族の犬と共にすら置くことを欲しなかった。² 彼らの手の力はわたしにとって無に等しく、彼らは生きるに値するとは思われなかった。³ 彼らは困窮と飢えによって不毛であり、荒野において食物をかじり、災いと不幸によって汚れた者であった。⁴ 彼らは草や木の皮を食べ、ビャクシンの根が彼らの食料であった。⁵ 彼らは峡谷からこれらのものを略奪し、わずかなそれを見つけると叫びながらそこへ走って行った。⁶ 彼らは急流の荒野や地の穴や砂利の上に住んでいた。⁷ 彼らはこのようなもののうちで喜び、藪の中に快楽が存在すると思っていた。⁸ 愚かな者と卑賤な者の子らは地において全く現れなかった。⁹ 今やわたしは彼らの歌に変わり、彼らにとって諺となった。¹⁰ 彼らはわたしを嫌い、わたしから遠くに逃げ、わたしの顔に唾を吐きかけることをためらわない。¹¹ 神はその矢筒を開き、わたしを苦しめ、わたしの口に轡をはめた。¹² 東方の右から直ちにわたしの災いは起こった。彼らはわたしの足を覆し、あたかも波のようなその小道において圧迫した。¹³ 彼らはわたしの道を破壊し、わたしを待ち伏せし、力をふるったが、わたしを助けてくれる者はいなかった。¹⁴ 彼らは防壁を壊し、戸を開けて、わたしに襲いかかり、わたしを不幸に陥れた。¹⁵ わたしは無に帰した。わたしの願望は風のように消え去り、わたしの健康は雲のように通り過ぎた。¹⁶ 今や、わたしの魂はわたし自身のうちで弱り、苦しみの日々がわたしに襲いかかる。¹⁷ 夜においてわたし

の骨は苦しみによって穴を開けられ，わたしを食う蛆は眠ることがない。[18] 蛆の多さのためにわたしの衣服は食い尽くされ，蛆はまるで下着のようにわたしを覆った。[19] わたしは泥に比せられ，灰に似たものとなった。[20] わたしはあなたに対して叫ぶがあなたはわたしのことを聞こうとはせず，わたしは立っているがあなたはわたしを顧みない。[21] あなたはわたしにとって残酷な者に変わり，あなたはその手の過酷さをもってわたしに敵対する。[22] あなたはあたかも風の上に置くかのようにわたしを高めたが，激しくわたしを粉砕した。[23] わたしはあなたがわたしを死に引き渡すことを知っている。そこにはすべての生ける者にとって家がある。[24] しかし，あなたは彼らの破壊のためにその手を放つことはなく，もし彼らが滅びそうになればあなた自身が救うだろう。[25] わたしはかつて苦しめられた者について泣き，わたしの魂は貧しき者に同情した。[26] わたしは善を望んだが，悪が到来し，光を期待したが，闇が襲った。[27] わたしのはらわたはいかなる休息もなく沸き立ち，苦しみの日々がわたしに先行した。[28] わたしは嘆きながら進み，怒りなくして立ち上がり，群衆において叫んだ。[29] わたしは竜の兄弟，ダチョウの仲間であった。[30] わたしの皮膚は黒くなり，わたしの骨は熱のために乾いた。[31] わたしの堅琴は悲嘆に，わたしの器官は泣き声に変わった。(30・1-31)

「今や年齢の若い者がわたしを嘲る」等々。ヨブは繁栄に属する以前有していた多くのものを数えあげた後に，ここでは今蒙っている逆境を数えあげる。第一に，以前の栄光や尊敬に対して，自らが現在は軽蔑されていることを示している。しかるに，軽蔑する人物が卑賤であればあるほど，その人物はある者に対する軽蔑をよりいっそう重く与えることになる。それゆえ，ヨブは自らを軽蔑していた者が卑賤であることを多くの仕方で示そうとする。第一に年

齢に関して,「今や年齢の若い者がわたしを嘲る」と言われている。このことは,上で「青年はわたしを見て隠れ,老人は身を起こして立った」(29・8)と言われていることに対して置かれている。第二に卑しさに関して,「わたしは彼らの父をわたしの一族の犬と共にすら置くことを欲しなかった」と続けられている。すなわち,わたしは,例えば犬の見張りのようなどれほど低い任務であっても,わたしの家の奉仕のために彼らを採用することはふさわしくないと思っていた。このことは,上で「首長は話すのをやめた」(29・9)と言われたことに対立するものとして置かれている。第三に力の弱さに関して,次のように続けられている。「彼らの」,すなわち嘲る者の,あるいは彼らの父の「手の力はわたしにとって無に等しかった」。すなわち,わたしは彼らのすべての力をあたかも無であるかのように軽んじていた。このことは,上で「指揮官はその声を抑制した」(29・10)と言われたことに対立するものとして置かれている。第四に不名誉に関して,重大な罪の多さのために,「彼らは生きるに値するとは思われなかった」と続けられている。このことは,上で「耳は聞いてわたしを祝福した」(29・11)等々と言われたことに対立するものとして置かれている。第五に貧しさに関して,次のように続けられている。「彼らは」,事物の欠落に関して「困窮によって」,そこから生じる苦しみに関して「飢えによって不毛であった」,すなわち実を結ぶことができなかった。このことは,上でヨブ自身について「岩はわたしにオリーブ油の流れを注いだ」(29・6)と言われたことに対立するものとして置かれている。第六に彼らが営んでいた過酷な生に関して,「荒野において食物をかじった」と続けられている。すなわち,彼らは粗野な食料,例えばドングリやこれに類する他のものを利用し,それらを荒野において探した。というのも,彼らは困窮のために畑の作物を持たな

かったからである。ヨブはこのような食事の結果を示して，次のように続けている。彼らはその身体の苦しみに関して「災いによって」，外的な逆境に関して「不幸によって汚れた者であった」。続いて，ヨブは彼らが何をかじっていたかを説明して，次のように続けられている。「彼らは」，野生の生の「草や木の皮を食べ，ビャクシンの根が彼らの食料であった」。ヨブはこれらのものにおいて彼らの食料の粗野と卑しさを明らかにしている。続いて，彼らがこれほど卑しい食料においても豊かではなかったことを示して，彼らがこのような食料を労苦して獲得していたことを明らかにしているが，このことは「彼らは峡谷からこれらのものを略奪した」と続けられているときに示されている。すなわち，彼らは多くの困難とともに登ったり下ったりしながらこれらのものを受けとった。しかし，それはわずかな量であったので，「わずかなそれを見つけると」と続けられ，争いを伴うものであったので，ある者が他の者に先行するように「叫びながらそこへ走って行った」と続けられている。これらすべてのことは，上で「わたしは自らの足をバターで洗った」（29・6）と言われたことに対立するものとして置かれている。ヨブは第七に彼らの卑賤さを住まいの側から示している。というのも，彼らは留まるべき家を持たなかったからである。ヨブはこのことを示して，「彼らは急流の荒野に住んでいた」，すなわち彼らは急流の乾いた川床に住み自らを熱から守っていた。また，彼らは陰を得るために，「地の穴に住んでいた」。あるいは，彼らは近くの水によって慰めを得るために，ないし砂の柔らかさのために，「砂利の上に住んでいた」。留まるためのこのような場所を見出すことは彼らにとって喜びであったと思われるので，「彼らはこのようなもののうちで喜んでいた」と続けられているが，これはあたかも彼らがこのような場所を豊富に持たなかったかのようである。彼

らが時としてより適切な場所を見つけた場合には，彼らはこのことをあたかも心地よいものだと見なしていたので，彼らは「藪の中に」，すなわち小さな木の陰において，「快楽が存在すると思っていた」。というのも，このような場所はすでに述べられた場所よりも留まるのにより適切であったからである。このことは，上で「わたしは自分の家で死ぬだろう」(29・18) と言われたことに対立するものとして置かれていると思われる。ヨブは彼らの不幸をそれぞれについて数えあげたので，あたかも話を締めくくるかのように，述べたことを集めて，次のように続けている。精神において「愚かな者と」，出自において「卑賤な者の子らは地において全く現れなかった」，すなわちいかなる権威あるいは栄光によっても目立つことはなかった。

　続いて，ヨブは彼らから何を蒙ったかを説明するが，第一に彼らから口でもって嘲りを受けたことを示している。まずは遊びにおいてであり，「今やわたしは彼らの歌に変わった」と言われていることがこのことを示している。というのも，彼らはヨブについて嘲りの歌を作っていたからである。次に真面目な事柄においてであり，「彼らにとって諺となった」と続けられている。というのも，彼らは共通にあたかも諺としてヨブの不運を用い，ヨブを罪と不幸の範例としていたからである。第二に，ヨブはいかにして彼らがヨブを心において軽蔑していたかを示して，あたかも卑しく不浄な者のように見なして，「彼らはわたしを嫌った」と続けている。第三に，ヨブはいかにして彼らが行為においてヨブを軽蔑していたかを示すが，まずは彼らがヨブの現前を恐れていたかぎりにおいて，「わたしから遠くに逃げた」と続けている。このことは，上で「彼らはわたしを雨のように期待した」と言われたことに対立している。次に彼らがヨブに不正を加えたかぎりにおいて，侮辱と軽蔑のしるしとして，「わたしの顔に唾を吐きかける

ことをためらわない」と続けられている。また，自らが犯した何らかの罪のために軽蔑されることになったと思われることのないように，すでに述べられた軽蔑の原因を神の打撃の側から示している。第一に，ヨブは自らが神によって苦しめられていることを「神はその矢筒を開き，わたしを苦しめた」と言って示している。矢は矢筒から打撃を与えるために引き抜かれるので，矢によって神の鞭が理解されるが，これは上で「主の矢に射抜かれ，その憤りはわたしの霊を飲み干す」（6・4）と言われたことによっている。それゆえ，神の矢筒はそこから人間に逆境がもたらされる神の計画である。ヨブは外的にまた内的に自らを苦しめる逆境の豊富さのために，矢筒が開かれたと言っている。第二に，ヨブは言葉によって自らの不正を追い払うことができないように神によって妨げられたと主張して，「わたしの口に轡をはめた」と続けている。というのも，他の者がヨブの懲らしめそのものからヨブに対して論拠を採用するとき，神の懲らしめのためにヨブからそれに答える信頼が取り去られるからである。

　続いて，ヨブはこのような逆境が人間的な逆境の通常の仕方を超えて起こったことから，これらが神によって自らに課せられたものであることを示している。ヨブはこのことを示すのに，第一にそこから逆境が到来した場所から始めている。というのも，主にかの地において攻撃は北側から起こるのが常であった——というのも，北においては野蛮な民族とよりいっそう狂暴で好戦的な人々が住んでおり，これは「すべての悪は北から広がるだろう」（エレ1・14）と言われていることによっている——が，幸いなるヨブに対する攻撃は戦いを好まない穏和な人々が住んでいた南側から起こったからである[1]。しかるに，上でヨブの逆

1）　アリストテレス『政治学』7巻7章（1327b23）参照。

境は牛やロバを奪い子供たちを殺したシェバ人から始まったと言われているので,「東方の右から」,すなわち東方から見て右側にあたる南側から——というのも,もし人が自分自身を東に向けると南は彼にとって右側にあるからである——,「直ちにわたしの災いは起こった」,すなわち即座にまずはシェバ人が襲いかかったと言われている。

　第二に,ヨブは攻撃の多さに関して,自らの逆境が一般的な仕方を超えていることを示している。というのも,ヨブは人間がそこから働く能力を有する善の喪失に関して攻撃されたが,働く能力は足によって表示されるので,「彼らはわたしの足を覆した」,すなわちわたしのすべての能力を破壊したと続けられている。彼らはこのことを容易にそして完全な仕方で為したので,彼らはすでに述べられたわたしの足を「その小道において圧迫した」と続けられているが,これはあたかも彼らがいかなる困難もなくその小道を通り抜けたと言わんとするかのようである。さらに,ヨブは例を付加して,「あたかも波のような」と言っている。というのも,海の波は突然地や船を覆い,それらを完全に飲み込むからである。足,すなわち能力が覆されると,続いてその進行が妨げられるということが起こるので,「彼らはわたしの道を」,すなわちわたしの業のすべての進行を「破壊した」と続けられている。さらに,彼らはわたし自身をも迫害したが,それはある時は欺きによってであったので「わたしを待ち伏せした」と続けられ,ある時は力によってであったので「力をふるった」と付加されている。彼らをその行為そのものにおいて妨げる者はいなかったので,彼らは対立なくしてこのことを行うことができた。それゆえ,彼らによって圧迫されているときに,「わたしを助けてくれる者はいなかった」と続けられている。また,彼らがわたしに近づかないように彼らを妨げてくれる者もいなかったので,「彼らは防壁を壊し,戸を開

けて，わたしに襲いかかった」と続けられている。これはあたかも彼らにとっていかなる障害もなかったかのようであり，仕事の内容そのものに関する障害は防壁によって，人間的な気遣いに関する障害は戸によって表示されている。わたしに対してこれほど自由に入り込んできた者はわたしを憐れむことがなかったので，「わたしを不幸に陥れた」と続けられている。すなわち彼らはわたしを不幸にすることのみを目指していた。

　第三に，ヨブはこのような逆境の結果から，それらが神によって課せられたものであることを示している。というのも，ヨブはそれらによって完全に見捨てられた者となったからである。それゆえ，「わたしは無に帰した」と続けられている。ヨブがこのように言ったのは，以前の繁栄の何ものも彼には残されていなかったからであるが，以前の繁栄は二つのことのうちに成り立っていた。一つは外的な事物であり，ヨブはこれを暴力によって失ったので，次のように続けられている。「わたしの願望は」，すなわちわたしが外的な事物において有していたすべての望ましきものは，「風のように」，すなわち暴力によって「消え去った」。もう一つの仕方においては，ヨブの繁栄は彼自身の健康において成立していたのであり，このことに関して次のように続けられている。「わたしの健康は雲のように」，すなわち突然，完全な仕方で「通り過ぎた」。望ましき善が奪われたので，ヨブの魂は悲しみのうちに留まっていた。それゆえ，悲しみによって「今や，わたしの魂はわたし自身のうちで弱る」と続けられている。というのも，子や事物を失って悲しまないことはできないからである。身体の健康が遠ざかった後に，続いて身体の苦しみを感じるということが起こるが，この苦しみは日中彼に休息を与えなかったので，身体的な「苦しみの日々がわたしに襲いかかる」と続けられている。さらに，この苦しみは夜においてもヨブ

を圧迫したので,「夜においてわたしの骨は苦しみによって穴を開けられる」と続けられているが，これはあたかも次のように言わんとするかのようである。わたしの苦しみは夜においても増大し，骨に穴が開くほどのものとわたしには思われた。ヨブは苦しみの原因が化膿した傷に由来することを示して次のように続けている。化膿した傷から生じた「わたしを食う蛆は眠ることがない」。というのも，蛆はいかなる休息をもヨブに与えなかったからである。さらに，ヨブは蛆の多さを示すために，「蛆の多さのためにわたしの衣服は食い尽くされる」と続けているが，これはあたかも次のように言わんとするかのようである。蛆は非常に多かったので，肉を食うだけでなく衣服をもかじった。また，ヨブは蛆が身体の一部分においてだけでなく，頭に至るまで全身を覆っていたことを示すために,「蛆はまるで下着のようにわたしを覆った」と続けているが，これはあたかも次のように言わんとするかのようである。数の多さのために蛆は衣服の覆いの下に包含されるのではなく，露わとなり首を取り囲んでいた。ヨブはこのような罰から自らが人々によって嫌われるようになったことを示して，「わたしは泥に比せられた」と続けている。すなわち，いかなる者も腐敗と蛆の多さのために，ちょうど泥に近づこうとしないように，わたしに近づこうとしなかった。「灰に似たものとなった」，すなわち完全に遠ざけられ，軽蔑された。

　しかるに，人間によって軽蔑される者は神から助けを得るのが常であるが，ヨブは時間的逆境において神から見捨てられていたので，次のように続けられている。「わたしはあなたに対して叫ぶが」，すなわち持続的にこの逆境から解放されることを求めているが，すぐに「あなたはわたしのことを聞こうとはしない」。「わたしは立っているが」，すなわち忍耐強く祈っているが，「あなたはわたしを顧み

ない」，すなわち逆境から解放しない。このようにして，もしわたしが時間的な状況のみを考察するなら，わたしはあなたを残酷で過酷な敵であると見なすので，ヨブは次のように続けている。「あなたはわたしにとって残酷な者に変わり」，すなわち祈り求める者を赦さないかぎりで外的な鞭からそのように考えられ，わたしを重く苦しめることによって，「あなたはその手の過酷さをもってわたしに敵対する」。また，外的なものから明らかになることにしたがえば，わたしの悪に向けて以前の繁栄を与えたので，次のように続けられている。繁栄の時において「あなたはあたかも風の上に置くかのように」，すなわち最も高いが風のように不安定な地位において「わたしを高めたが，激しくわたしを粉砕した」，すなわちあたかも高みから地へと投げ落とすかのように重くわたしを害した。ヨブは自らがこれらのことを絶望から語ったと思われることのないように，「わたしはあなたがわたしを死に引き渡すことを知っている」と続けているが，これはあたかも次のように言わんとするかのようである。わたしはこれらのことをあたかも予期しないかのように蒙っているのではない。というのも，わたしはさらにこれ以上の損害へと，すなわち死へと導かれることを知っているからである。ヨブがこのことを知っていると言ったのは，死すべき生の条件のためであるので，「そこにはすべての生ける者にとって家がある」と続けられている。というのも，すべての人間は，ちょうど人がその家に向かうように，死へと向かっているからである。しかし，人間は死によって完全に滅ぼされるのではなく，魂は不滅なものとして残るので，次のように続けられている。「しかし，あなたは彼らの」，すなわち生きている人間の「破壊のためにその手を放つことはなく」，すなわちあなたの力によって彼らを無へと戻すことはなく，死によって「もし彼らが滅びそうになれば」，魂を祝福するこ

とによって,「あなた自身が救うだろう」。わたしはあなたの好意からこのことを希望している。時間的な逆境においてあなたがどれほどわたしにとって残酷で過酷な者であると思われようとも。

　以前の繁栄とそれに続く逆境についてこれらのことが述べられたので,ヨブはあたかもある種の要約の下にすでに述べたことを再び集めて,次のように言っている。「わたしはかつて」,すなわち繁栄の時に,「苦しめられた者について泣いた」。このことは使徒が「泣く者と共に泣きなさい」(ロマ 12・15) と言っていることによっている。さらに,わたしは損害を蒙っている者に同情したので,このことを示すために,「わたしの魂は貧しき者に同情した」と続けられている。すなわち,上で述べられたように,感情においてのみならず働きにおいてもまたそうであった。また,わたしはこれらの憐れみの業のために「善を」,すなわちヨブの友人たちの見解にしたがえばこの世の繁栄を「望んだが,悪が」,すなわち逆境が「到来した」。このことによって彼らの見解が誤りであることが明らかとなる。「光を」,すなわち慰めあるいはそれによって悪から解放される思慮を「期待したが,苦さと疑いの「闇が襲った」。

　ヨブは続いて到来する悪を説明するが,内的な悪から始めて,「わたしのはらわたはいかなる休息もなく沸き立った」と言っている。このことは無秩序な熱から生じる内的なはらわたの病気に,あるいは苦しみの激情から生じる心の苦しみに関係づけることができる。さらに,このような発熱が非常に時期尚早なものであることを示すために,「苦しみの日々がわたしに先行した」と続けられている。というのも,すべての人間は老年になってから病気によって苦しめられるが,ヨブは青年時代において苦しみに先立たれていたからである。次いで,外的なものに関して,

「わたしは嘆きながら進んだ」と続けられている。すなわち，わたしは不幸の後に人間の間を歩いていたとき，悲しみを装った。しかし，たとえ悲しみが怒りの原因であるとしても[2]，怒りはわたしのうちにはなかったので，「怒りなくして立ち上がり」，わたしの不幸を説明して，「群衆において叫んだ」と続けられている。わたしの不幸はある時には友人の欠陥に由来するものであり，彼らについて「わたしは竜の兄弟であった」と続けられている。すなわち，わたしを兄弟として愛すべきであった彼らが竜のようにわたしに噛みついた。自らの子でさえも忘却するのを常とする「ダチョウの仲間であった」。ちょうどダチョウのように，彼らはわたしを忘れ，助けようとはしなかった。また，ある時にはヨブの逆境は身体の病気に由来するものであったので，第一に外的なものに関して，体液の内的な腐敗のために，「わたしの皮膚は黒くなった」と言われている。次いで，内的なものに関して，「わたしの骨は熱のために乾いた」と続けられている。すなわち，無秩序な熱の非常に大きな力がわたしを襲ったので，あたかも骨の髄が干からびるかのようであった。さらに，ある時にはヨブの逆境は悲しみの外的なしるしにおいて成り立つものであったので，喜びのしるしがいかなるものへ変わったかが続けられている。喜びのしるしはあるいは楽器であるので，「わたしの竪琴は悲嘆に変わった」と続けられているが，これはあたかも次のように言わんとするかのようである。わたしが喜びのために用いていた竪琴に悲嘆が続いた。喜びのしるしはあるいは人間の声による歌であるので，喜びのために用いていた「わたしの器官は泣き声に変わった」と続けられている。

---

[2] アリストテレス『弁論術』2巻2章（1379a15），トマス『神学大全』2-1部47問3項異論1参照。

第 31 章

¹ わたしは乙女について考えないように，自らの目と契約を結んだ。² 神が上方からわたしのうちに持つ分け前，全能者が高みからわたしのうちに持つ遺産はどれほどであろうか。³ 不正な者には滅びが，不正を働く者には疎外が起こるのではないか。⁴ 神はわたしの道を考察し，わたしのすべての歩みを数えているのではないかね。⁵ もしわたしが虚しさにおいて歩み，わたしの足が欺きにおいて急いだなら，⁶ 神はわたしを正しい秤にかけてわたしの単一性を知ることができるだろう。⁷ もしわたしの歩みが道から逸れ，わたしの目がわたしの心に従い，わたしの手に汚れがついていたとすれば，⁸ わたしが蒔いたものを他の者が食べ，わたしの子孫が根絶させられてもよい。⁹ もしわたしの心が女について欺かれ，わたしの隣人の戸において待ち伏せしたとしたら，¹⁰ わたしの妻が他人の娼婦となり，他の者が彼女を犯してもよい。¹¹ このことは不敬虔であり，最大の不正である。¹² 火は滅亡に至るまで燃え上がり，すべての子孫を根絶する。¹³ もしわたしがわたしの奴隷と端女がわたしに対して論争したときに，彼らと共に裁判に赴くことを軽蔑したとしたら。¹⁴ 主なる神が裁くために立ち上がるとき，わたしは何を為しえよう。さらに，神から問われたときに何と答えることができよう。¹⁵ かの者をも造った者がわたしを胎のうちで造り，子宮において一なるものとして形成したのではないか。¹⁶ もしわたしが貧しき者に彼らが欲するものを拒み，やもめの目を期待させたとすれば。¹⁷ もしわたしがわたしのわずかな食事を一人

で食べ，みなしごがそこから食べることがないとすれば。[18] というのも，憐れみは幼少のころからわたしと共に成長し，わたしの母の胎からわたしと共に引き出されたからである。[19] もしわたしが衣服を着ていないという理由で道行く者を，覆いを持たない貧しき者を軽蔑したならば。[20] もし彼のわき腹がわたしを祝福せず，彼がわたしの羊の毛によって温められなかったとすれば。[21] もしみなしごが門においてわたしをより上級の者として見ているときに，わたしがみなしごに自らの手を上げたならば，[22] わたしの肩がその関節から落ち，わたしの腕がその骨と共に破壊されてもよい。[23] というのも，わたしは常にあたかもわたしを超えて高くなる波のような神を恐れており，わたしはその重みに耐えることができないからである。(31・1-23)

「わたしは契約を結んだ」等々。ヨブは以前の繁栄とそれに続く逆境を語った後に，ここでは続けて，自らが罪のために逆境に陥ったと信じられることのないように，自らの潔白を示している。ヨブは自らの潔白を示すのに，自らが多くの者が陥るふしだらの罪を免れていることから始める。この罪は滑り落ちやすいと言われているが[1]，それは人が最初の段階を避けなければより後の段階から足を引き抜くことはほとんどできないからである。この罪における第一の段階は，目によって美しい女，とりわけ乙女が見られることであり，第二の段階は思念，第三の段階は喜び，第四の段階は同意，第五の段階は行為である。それゆえ，ヨブはこの罪の最初の段階に陥らないようにそれを排除しようとして，「わたしは契約を結んだ」と言われている。すなわち，ちょうど契約が固く結ばれるように，わたしは

---

1) 『欄外註解』「詩篇」34 章 6 節，ロンバルドゥス『註解』「詩篇」34 章 6 節（PL 191, 348），アウグスティヌス『詩篇註解』34 章 6 節（PL 36, 328）参照。

契約を心において堅固なものとした。「自らの目と」，すなわちその見る機能から女に対する欲望が生じる目と契約を結んだ。ヨブは「乙女について考えないように」，すなわち内的な第一の段階である思念へ到達しないように，女を見ることを抑制していた。というのも，ヨブは自らが第一の段階，すなわち思念へと陥ったなら，他の段階，すなわち喜びや同意へと滑り落ちないことは困難であると考えていたからである。

　次いで，ヨブはなぜこれほど注意深くこの罪を避けていたかを示している。第一の理由は，人間がとりわけふしだらの罪によって神から遠ざかると思われることにある。というのも，人間は霊的活動によって神へと近づくが，霊的活動は性的快楽によって最も妨げられるからである[2]。それゆえ，「神が上方からわたしのうちに持つ分け前はどれほどであろうか」と続けられているが，これはあたかも次のように言わんとするかのようである。わたしの精神がより上級のものへ没頭するかぎりにおいて，それだけ神はわたしのうちに分け前を有する。しかし，もしわたしの精神がふしだらによって肉的快楽へと追い払われているならば，神は上方からわたしのうちにいかなる分け前をも有しないだろう。しかるに，時としてふしだらな者もまた一時的に神について何らかのことを霊的に考えるということが起こる。しかし，彼らは間もなく快楽への欲望によって最下のものへと呼び戻されるので，神の分け前が遺産のように彼らのうちで堅固なものとなることはありえない。それゆえ，次のように続けられている。「全能者が高みからわたしのうちに持つ遺産はどれほどであろうか」，すなわち

　2）アリストテレス『ニコマコス倫理学』7巻2章（1152b18），トマス『神学大全』2-1部37問1項異論解答2，アウグスティヌス『ソリロキア』1巻10章（PL 32, 878），トマス『神学大全』2-2部180問2項異論解答3参照。

高みに住まう全能者は，より下級のものへ滑り落ちたわたしのうちに堅固な所有を持つことはできない。それゆえ，神の遺産は崇高なもの，すなわち霊的なものを求める者のうちに存在し，肉的なものへと下降する者のうちにはない。第二に，ヨブはふしだらの罪を避ける原因を人間にもたらされる二つの損害から示している。一つは身体的なものであり，これは人間がふしだらの罪のために自分自身と所有物の危険に陥るかぎりにおいて言われる。それゆえ，「不正な者には滅びがあるのではないか」と続けられているが，これはあたかも次のように言わんとするかのようである。この罪に陥る不正な者は滅びへと赴く。もう一つの損害は善き業の妨害であり，「不正を働く者には疎外が起こるのではないか」と続けられている。というのも，激しい快楽は魂をよりいっそう自分自身へと引き寄せるので，ふしだらに耽る人間は善き業と善き宣教から離れるからである。第三の理由は，人間のすべての行いを見ている神の摂理の側から考察されたものであり，このようにしていかなる者も罰を免れることはできないので，報いを与えるために「神はわたしの道を」，すなわちわたしの業の成り行きを「考察しているのではないかね」と続けられている。神は成り行きの全体だけでなく，全行程の個々の部分をも考察するので，「わたしのすべての歩みを数えているのではないかね」と続けられている。すなわち，神はたとえわずかなものであれ，わたしの行為において非難できると思われるものはすべてその裁きによって調べるので，それらのためにわたしが罰を受けずにすむことはないのである。

　第二に，ヨブは自らを欺きの悪徳から清めるが，この場合，またこれに続くすべての場合において，呪いによって生じるある誓いを用いる[3]。すなわち，それは人間が自ら

---

3) アウグスティヌス『詩篇註解』7章5節（PL 36, 99），ロン

が言ったことが真実でない場合には自ら進んで罰を受けるというものである。それゆえ，「もしわたしが虚しさにおいて歩んだなら」，すなわち何らかの虚偽において進んだならと言われている。というのも，堅固さを有しないものが虚しいと言われるが，最大の堅固さは真理によって得られるからである。さらに，ヨブは虚しさにおいていかなる仕方で歩むかを示して，「わたしの足が」，すなわちわたしの情動といかなるものであれ運動の根源である魂の他の力が「欺きにおいて急いだなら」と続けている。明瞭に「欺きにおいて急ぐ」と言われている。というのも，人間は真理の道によって大きな困難を伴って獲得されるものを欺きの道によって迅速に手に入れようと意図するからである。しかるに，ある者が欺きなくして歩むことは，欺く者がそこから離れる義の正しさを見ることから考察することができる。それゆえ，「神はわたしを正しい秤にかけて」と続けられている。すなわち，神の義からわたしが欺きにおいて進んだかどうかが見分けられる。しかるに，欺きは主に心の意図において成立するので，心の意図を知っている者のみが欺きについて裁くことができる。すなわち，これは神であるので，「神は」，欺きの二重性に対立する「わたしの単一性を知ることができるだろう」と続けられている。「神は知ることができるだろう」と言われているのは，神が新しいことについて認識するという意味ではなく，新しいことについて他の人々が知るようにするという意味である。というのも，神はその義の理念においてこのことを永遠よりして認識しているからである。

ヨブは普遍的な仕方で自らから欺きを排除したので，それによって人が欺きによって他人の事物を待ち伏せするある特殊な罪へと下る。このことは盗みと姦淫において起こ

バルドゥス『命題集』3 巻 39 区分 7 章参照。

る。すなわち，盗みにおいて人は隣人によって所有されている事物を欺きによって待ち伏せするのであるが，ヨブはこのことを自分自身から排除して，「もしわたしの歩みが道から」，すなわち義を軽蔑することによって義の道から「逸れたならば」と言っている。これに続くのは，人が隣人の事物を奪うために待ち伏せする目によって見ることであるので，「わたしの目がわたしの心に」，すなわちわたしの願望に「従ったとすれば」と続けられているが，これはあたかも次のように言わんとするかのようである。もし心の欲したものを所有するためにわたしの目がそれに注目していたとすれば。第三に起こるのは，人が義を軽蔑して，心の欲するものを獲得することへと意図を向けて，他人のものを奪うために手を伸ばすことであるので，他人の事物を奪うことによって「わたしの手に汚れがついていたとすれば」と続けられている。しかし，人が他人の善を奪った場合に，彼の善もまた他人によって奪われることは正しいので，「わたしが蒔いたものを他の者が食べてもよい」と続けられているが，これはあたかも次のように言わんとするかのようである。もしわたしが他人の善を奪ったならば，わたしの善が他人によって奪われてもよい。このことは呪いによる誓いである。しかるに，人はその子らに対して富を集めるために他人のものを奪うのが常である——このことは「獅子はその子らのために十分に獲物を捕らえた」（ナホ 2・12）と言われていることによっている——ので，他人のものを奪う者が自らのものを奪われるだけでなくその子らもまた死ぬことは正しい。それゆえ，略奪物が保たれていたと思われる「わたしの子孫が根絶させられてもよい」と続けられている。

　対して，姦淫において人は隣人の妻を欺きによって待ち伏せするが，これらの待ち伏せにおいて，理性が欲望によって暗くさせられているかぎりにおいて，ある種の

心の欺きが先行するので，他人の女を欲求することにおいて「もしわたしの心が女について欺かれたならば」と続けられている。心が女への欲望によって打ち負かされることから，人は欲する女を何らかの欺きによって所有しようと努めるので，隣人の妻を濫用するために「わたしの隣人の戸において待ち伏せしたとしたら」と続けられている。他人の妻を姦淫によって汚す者は，その妻もまた他人によって汚されるときに正しく罰せられたと思われるので，「わたしの妻が他人の娼婦となってもよい」，すなわち他人に自らを売り物として提示してもよいと続けられている。このことから他人が彼女を濫用することが続くので，姦淫を犯すことによって「他の者が彼女を犯してもよい」と続けられている。ヨブはこの罪を避ける理由を示して，「このことは不敬虔である」と続けている。というのも，このことは男と女を結婚において結びつけた神の定めに反するからである[4]。さらに，もし人間的な義が考察されるならば，「このことは最大の不正である」。というのも，盗まれる善がより大きなものになればなるほど，よりいっそう不義は大きくなるからである。すなわち，人が牛を盗むことは羊を盗むことよりも大きな不正であり，より重い罰によって罰せられる（出 22・1）。しかるに，姦淫を犯す者は最大のもの，すなわち肉において一体となっている妻[5]，子，したがって世襲財産のすべてを相手の夫から奪うのであり，それらは姦淫のために時として見知らぬ者に帰属することになる。それゆえ，「火」，すなわち姦淫は「滅亡に至るまで燃え上がる」。というのも，すでに述べられたように，それは人間を世襲財産のすべてにおいて欺くからである。さらに，それは子の継承を不確かなものにするかぎり

---

4) 『マタイ福音書』19 章 6 節参照。
5) 『創世記』2 章 24 節参照。

で,「すべての子孫を根絶する」。それゆえ,「自らの夫を見捨てて他人の結婚から遺産を得るすべての女は罪人である」(シラ23・32)と言われている。

このようにして,ヨブは事物を盗むことや結婚している女を濫用することにおいて他の者に対して不正を為さなかったかぎりで不義から自らを清めた後に,続いて義を為さないことによって不義に陥ることがなかったことを弁明している。それゆえ,「もしわたしがわたしの奴隷と端女がわたしに対して論争したときに,彼らと共に裁判に赴くことを軽蔑したとしたら」と続けられているが,これはあたかも次のように言わんとするかのようである。もしわたしが下級の者に義を行うことを軽蔑したとしたら,あれやこれといった重い罰がわたしに起こってもよい。さらに,ヨブは自らの奴隷と共に裁判に赴くことを軽蔑しなかった理由を示して,次のように続けている。「主なる神が裁くために立ち上がるとき,わたしは何を為しえよう」,すなわちその裁きが現在軽蔑されている者が裁くために現れたとき,わたしはその助けを持つことができないし,その思慮から逃げることもできない。さらに,わたしは裁きにおいて神に対して理性的に答えることができないので,次のように続けられている。「さらに,神から問われたときに」,すなわち神がわたしの行いを調べるとき,「何と答えることができよう」,すなわちわたしは自らの奴隷と共に裁判に赴くことを拒むいかなる理由を返すことができよう。これはあたかも「いかなる理由も返すことができない」と言わんとするかのようである。続いて,ヨブはこのことを自然本性的に同一の条件がすべての人間に属することから示そうとする。それゆえ,「かの者をも造った者がわたしを胎のうちで造ったのではないか」と言われているが,これはあたかも次のように言わんとするかのようである。わたしは自らの奴隷と同じ魂を有しており,それは神によって

創造されたものである。さらに，わたしの身体もまた同じ神の力によって形成されたので，かの者をも形成した神が「わたしを子宮において一なるものとして形成したのではないか」と続けられている。それゆえ，わたしがかの者をいかに扱うかについて神が気遣っていることは明らかである。

　それゆえ，ヨブは自らがふしだらでも不義でもなかったことを示した後に，続いて自らが憐れみを欠くことがなかったことを示しているが，第一に不幸な者から好意を取り去らなかったことから始めている。しかるに，ある者は施しを求める貧しき者に対して彼が求めているものを始めから拒絶する。ヨブはこのことを自分自身から排除して，「もしわたしが貧しき者に彼らが欲するものを拒んだとすれば」と言っている。対して，ある者は拒絶しないが贈り物を与えることを延期する。ヨブはこのことを自分自身から排除して，「やもめの目を期待させたとすれば」と言っている。また，他の者は拒絶せず，求められているものを与えることを延期することもないが，いかなるものをも自発的に与えることがない。ヨブはこのことを自分自身から排除して，他の者に分かち与えることができなくなることから，自分のみがわずかなものを使用することを欲しなかったことを示している。それゆえ，「もしわたしがわたしのわずかな食事を一人で食べ，みなしごがそこから食べることがないとすれば」と続けられているが，これはあれやこれといった重い罰がわたしに起こってもよいと補って理解すべきである。非常に明瞭に語られていることを考察すべきである。貧しき者は求めるだけでなくしつこく要求することが常であるので，完全に拒絶しないかぎり彼らから憐れみの恩恵が取り去られることはない。しかし，やもめは確かに求めるが，しつこく要求することをためらうので，直ちに彼らを助けなければ，彼らは憐れみの恩恵を欠

くことになる。さらに、みなしごは敢えて求めることがないので、求めていない彼らにも憐れみが与えられなければならない。ヨブは自らがこれほど憐れみ深かった理由を二つのことから示している。第一は、幼少のころから始まった古くからの慣習のゆえである。それゆえ、「というのも、憐れみは幼少のころからわたしと共に成長したからである」と続けられている。すなわち、ヨブは年齢が増せば増すほど、憐れみの業において働いたのである。第二に、ヨブは憐れみに対する自然本性的な傾向性を有していたからである。これはちょうど様々な人間が様々な徳に対してある種の自然本性的な傾向性を有しているのと同様である。それゆえ、「憐れみはわたしの母の胎からわたしと共に引き出された」と続けられている。というのも、わたしは最初の出生から憐れむことに対して迅速であるように態勢づけられていたからである。

通常、憐れみを妨げるものに二つのものがある。一つは憐れみに値しないと見なして、不幸な者を軽蔑することである。しかるに、安いものを着ている者が軽蔑され、高価な衣服を使用している者が称えられるのが常である。それゆえ、「身体の覆いはその人間について告げる」（シラ19・27）と言われている。しかし、ヨブは憐れみに対するこの妨げを自分自身から排除して次のように続けている。「もしわたしが衣服を着ていないという理由で道行く者を」、すなわちどれほど見知らぬ者であれ道行く者を、また顔見知りである「覆いを持たない貧しき者を軽蔑したならば」。これは、あれやこれといった罰がわたしに起こってもよいと補って理解される。ヨブは衣服を欠いている者を軽蔑しなかっただけでなく、衣服について配慮したので、「もし彼のわき腹がわたしを祝福しなかったとすれば」と続けられている。すなわち、わたしは露わな彼のわき腹を覆い、このようにしてそれはわたしを祝福する機会となった。ヨ

ブはこのことの理由を説明して,「彼がわたしの羊の毛によって」,すなわち彼に提供された衣服によって「温められなかったとすれば」と続けている。ここでも上と同じことが補って理解されるべきである。憐れみに対するもう一つの妨げは自分の力を信頼することであり,このことから人間は,罰せられることなく他の者を,とりわけより下級の人間を圧迫することができると思うのである。ヨブはこのことを自分自身から排除して次のように続けている。「もしみなしごが門において」,すなわち裁きの場所において,「わたしをより上級の者として」,すなわちよりいっそう強力な者として「見ているときに」,みなしごを圧迫するために「わたしがみなしごに自らの手を上げたならば」。しかるに,人間が不義のために用いる肢体を欠くことは正しい。それゆえ,いわば罰として,手だけでなく,手を支えている腕や,腕が結ばれている肩の喪失が付加されている。それゆえ,もしわたしが自らの手を貧しき者を圧迫するために使ったならば,「わたしの肩がその関節から落ち,わたしの腕がその骨と共に破壊されてもよい」と続けられている。続いて,ヨブは上級の者でありながらみなしごに手を上げなかった理由を示している。すなわち,ヨブはみなしごを人間のために放免したのではないとしても,その裁きを恐れている神のために放免したのである。それゆえ,「というのも,わたしは常にあたかもわたしを超えて高くなる波のような神を恐れているからである」と続けられている。ヨブは海において航海する者の比喩において語っている。彼らは波が船の高さを超えて高く上がるときに,波によって飲まれてしまうのではないかと恐れるのであるが,同様にヨブもまたあたかも高く上がる波のような神の脅迫を恐れていたのである。さらに,ヨブはそれによってみなしごの圧迫が禁じられている神の権威に従っていたので,次のように続けられている。「わたしはその

重みに」、すなわちみなしごを守る神の権威に、自分自身をそれに傾けること以外によっては「耐えることができない」。

²⁴ もしわたしが金をわたしの力と見なし、純金に対して「わたしの信頼」と言ったならば。²⁵ もしわたしが自らの多くの富について喜び、わたしの手が多くの富を見出したことを喜んだならば。²⁶ もしわたしが輝く太陽と明るく進行する月を見たときに、²⁷ 密かにわたしの心が喜び、わたしの手に口づけしたならば。²⁸ これは最大の不正であり、最も高い神を否定することである。²⁹ もしわたしがわたしを憎んでいた者の滅びを喜び、悪が彼を見出したことを歓喜したならば。³⁰ というのも、わたしは自らののどを罪を犯すために与えず、彼の魂を呪って悪を期待することがなかったからである。³¹ もしわたしの幕屋の人々が「誰がその肉によってわれわれを満足させてくれるだろうか」と言わなかったならば。³² 異国の者は外に留まることなく、わたしの戸は旅人に開かれていた。³³ もしわたしが人々のするように自らの罪を隠し、その胸のうちに自らの不正を隠したならば。³⁴ もしわたしが多くの群衆や隣人による軽蔑を恐れて、黙っていることがなく、戸から進み出たならば。³⁵ 誰がわたしに助力者を与え、全能者がわたしの願望を聞き、裁き主が書物を書いてくれるようにしてくれるだろうか。³⁶ わたしはその書物を肩に背負い、あたかも冠のように頭に置くだろう。³⁷ わたしは自らの個々の歩みによってその書物を告げ、あたかも首長に対するかのようにその書物を差し出すだろう。³⁸ もしわたしの地がわたしに対して叫び、それと共に畝が泣くならば、³⁹ もしわたしがその作物を金銭なくして食べ、農夫の魂を苦しめたならば、⁴⁰ 穀物の代わりに菱が、麦の代わりに茨が生じてもよい。ヨブは話し終わった。(31・24-40)

「もしわたしが金をわたしの力であると見なしたならば」。ヨブは自分自身を不義と憐れみの欠如について弁護した後に，続いてここでは富に対する無秩序な愛情について自分自身を弁護する。富に対する無秩序な愛情は二つの仕方で起こる。一つは人が富について過度に信頼することによってであり，ヨブはこのことを排除して次のように言っている。「もしわたしが金をわたしの力と見なしたならば」，すなわちわたしの力が主要な仕方で富に存すると見なしたならば，さらに「純金に対して」，あなたが「『わたしの信頼』と言ったならば」。このことは使徒が「この世の富める者たちに，不確かな富に希望を置かないように命じなさい」（Ⅰテモ6・17）と言っていることに反する。第二に富に対する人間の愛情が秩序を失うのは，富について過度に喜ぶことによってである。それゆえ，すでに所有された富に関して，「もしわたしが自らの多くの富について」，すなわち自分のものとして所有していた富について，無秩序に「喜んだならば」と続けられている。さらに，富の獲得に関して，「わたしの手が多くの富を見出したことを喜んだならば」と言われている。というのも，人間は新たに手に入れたものについてよりいっそう喜ぶのが常だからである。

　次いで，ヨブは自分自身を神に反する迷信の罪から弁護する。しかるに，昔の偶像崇拝者は天の星々と，とりわけ発光体をその最も大きな明るさのために崇拝していたが[6]，ヨブはこのことを自分自身から排除して，次のように言っている。「もしわたしが」偶像崇拝者によって拝まれていた「輝く太陽と明るく進行する月を見たときに」，あたかも内的な礼拝においてそれらに傾倒することによっ

---

[6] 『知恵の書』13章2節，トマス『ローマの信徒への手紙註解』1章25節，『神学大全』2-2部94問4項参照。

て「密かにわたしの心が喜んだならば」。また，外的な礼拝に関して，あたかもそれらに対する崇敬のために「わたしの手に口づけしたならば」と続けられている。ヨブはこのことを避けていた理由を示して，「これは最大の不正である」と続けている。というのも，もし一人の人間に帰せられるべきものが他の人間に示されることが不正であるとすれば，神に帰せられるべき礼拝が被造物に示されることは最大の不正であると思われるからである。なぜなら，人間が同時に神と被造物に礼拝を示すことは不可能だからである。それゆえ，「最も高い神を否定することである」と続けられている。というのも，たとえ神の名が分有によってある被造物に帰せられるとしても，礼拝が帰せられるのは最も高い神に対してのみだからである。もし他のものにもまたこのような礼拝が示されるならば，最も高い者としての神が否定されるのである。

　それゆえ，共通の義に属するこれらの事柄を述べた後に，ヨブは徳の完全性に属するある事柄を付加している。それらのもののうちでヨブが第一に排除するのは敵に対する憎しみであるが，これは人があるいは敵の完全な滅亡について喜ぶときに最も明らかにされるので，ヨブはこのことを排除して，「もしわたしがわたしを憎んでいた者の滅びを喜んだならば」と言っている。敵に対する憎しみが最も明らかにされるのは，あるいは敵に到来する何らかの悪について人が喜ぶときであるので，ヨブはこのことを排除して，「悪が彼を見出したことを」，すなわち悪が思いがけず彼に到来したことを「歓喜したならば」と続けている。さらに，ヨブはこのことを避ける理由を示して，「というのも，わたしは自らののどを罪を犯すために与えず，彼の魂を呪って悪を期待することがなかったからである」と続けている。というのも，人間は自然本性的にそれについて喜ぶところのものを願望し，内的な願望を言葉によって表

現するからである。それゆえ，人がある者の悪について喜ぶことは悪を願望することであり，したがってそれは呪うことによって彼に悪を祈り求めることである。

次いで，ヨブは自らの徳の完全性を他の者に示された善の充満に関して示している。第一に自らの家の者に関して，「もしわたしの幕屋の人々が『誰がその肉によってわれわれを満足させてくれるだろうか』と言わなかったならば」と言われている。というのも，ある動物は食用のために喜ばしきものであるので，人間はその肉によって満足することを欲するからである。それゆえ，このことによって理解されることに，ヨブとの交際はその家の者にとって彼らが彼の肉的な現前によって満足することを欲するほどに喜ばしきものであった。さらに，外的な者に関して次のように続けられている。「異国の者は」，わたしの家のうちに受け入れられないかぎりで「外に留まることなく，わたしの戸は旅人に開かれていた」，すなわち旅人にとって家の中に入ることは難しくなかった。

さらに，ヨブは不適切な恐れの排除に関して自らの徳の完全性を示している。しかるに，人間は時として混乱に対する恐れのために義に反して自らの罪を隠すのが常であるが[7]，これはあるいはそれを否定することによって為される。ヨブはこのことを自分自身から排除して，「もしわたしが人々のするように自らの罪を」，不適切に否定することによって「隠したならば」と言っている。これはあるいは弁解することによって，あるいは何らかの狡猾さによって隠すことによって為されるので，次のように続けられている。不正を告白することを迫られたときに，何らかの隠された口実によって，「その胸のうちに自らの不正を隠し

---

[7] グレゴリウス『道徳論』22巻15章（PL 76, 230），トマス『神学大全』2-2部69問1項異論解答3参照。

たならば」。続いて，ヨブは自分自身から身体的な危険に対する無秩序な恐れを排除している。これは，「わたしの心は三つのものを恐れた。市民の熱狂，民の集まり等々」（シラ26・5）と言われているように，とりわけ人間に対して起こる群衆から生じるのが常であるので，「もしわたしが多くの群衆を恐れたならば」と言われている。さらに，ヨブは人間が彼らによって助けられて当然である隣人から軽蔑されるということをこの恐れに付け加えて，「もしわたしが隣人による軽蔑を恐れたならば」と続けている。しかるに，向こう見ずな人間は対立するものへと高慢によって進み出るのが常であるが，時として彼らは言葉によってより強力な者に対して語るので，ヨブはこのことを自分自身から排除して，「黙っていることがなかったならば」と言っている。また，時として彼らはそれ以上に進んで高慢によって敵対者の群れへと進み出るので，ヨブはこのことを自分自身から排除して，「戸から進み出たならば」と言っている。

　ヨブは自分自身について多くの偉大なことを述べたので，これらについて神の証言を呼び求めて，「誰がわたしに助力者を」，すなわちわたしと共に神に訴えてくれる者を「与えてくれるだろうか」と続けている。ヨブは何について助けてもらいたいかを示して，「全能者がわたしの願望を聞いてくれるように」と続けている。さらに，ヨブは自らの願望が何であるかを説明して，次のように続けている。「裁き主が」，すなわち内的にせよ外的にせよすべての人間の行為を裁く者が，すでに述べられたことについてのわたしの非難と賞賛に関する「書物を書いてくれるように」。もしこの書の証言によって，すなわち真理のある明示によって，わたしが罪ある者として現れたならば，わたしは罰を担うことを欲する。それゆえ，「わたしはその書物を肩に背負うだろう」と続けられている。しかし，もし

真理が明らかにされてわたしが賞賛されるべき者として現れたならば，わたしはこのことから賞賛の冠を受けとるだろう。それゆえ，「あたかも冠のように頭に置くだろう」と続けられている。このことによって理解されることに，ヨブの願望は友人によって不正な仕方で断罪されていた自分が神の正しい裁きによって保護されることであった。ヨブはすでに述べられた神の証言の書物に反対しないことを約束して，次のように続けている。「わたしは自らの個々の歩みによって」，すなわちわたしの業の進行によって，「その書物を告げるだろう」，すなわち神の証言の真理を告白するだろう。さらに，わたしは神の証言に応じた判決に従うことを拒絶しないだろう。それゆえ，「あたかも首長に対するかのようにその書物を差し出すだろう」と続けられている。すなわち，神の証言にしたがってその書物と共に行為することを喜んで引き受けるだろう。

　次いで，ヨブは自らの所有物から得られたものに関してすら，余分な欲望の悪徳を自分自身から排除する。余分な欲望は二つの仕方で明らかにされる。一つは人が過度の耕作によって余分な作物を自らの所有物から引き出そうとすることによってである。ヨブはこのことを排除するために，比喩的な仕方で「もしわたしの地がわたしに対して叫ぶならば」と続けている。これはあたかもわたしが地の休息を許さず，過剰にそれを耕したならばと言わんとするかのようである。それゆえ，「それと共に畝が泣くならば」と続けられているが，これは過度に強制奉公させられる人間の比喩によって語られている。余分な欲望が明らかとなるもう一つの仕方は，人が耕作人に労働の報酬を拒絶することである。それゆえ，次のように続けられている。「もしわたしがその作物を」，耕作人に支払われる「金銭なくして食べ」，あるいは労働へと過度に強制することによって，あるいは報酬を取り去ることによって「農夫の魂を苦

しめたならば」。余分なものを，慣れ親しんでいないものを欲する者が，然るべき慣れ親しんだものをもまた失うことは当然であるので，次のように続けられている。人間の食料のために植えられる「穀物の代わりに」，無益であるだけでなく傷つけるものである「菱が」，家畜の食料のために植えられる「麦の代わりに」，家畜を刺すことによって害する「茨が生じてもよい」。これらのことが述べられたのちに，結びが続けられ，「ヨブは話し終わった」と言われている。というのも，ヨブは自らの見解の主張のために，このことの後にいかなることも計画していなかったからである。

第 32 章

^{1} この三人の男はヨブに答えるのをやめた。というのも，ヨブが自らを正しいと思っていたからである。^{2} さて，エリフは怒り憤慨した。彼はバラクエルの子であり，ブズ出身で，ラム族の出である。エリフはヨブに対して怒った。というのも，ヨブが神を前にして自らが正しいと言ったからである。^{3} さらに，エリフはヨブの三人の友人たちに対しても憤慨した。というのも，彼らは合理的な回答を見出せず，ただヨブを断罪するのみだったからである。^{4} それゆえ，エリフはヨブが語るのを待っていたが，それは語っている人々が自分より年長だったからである。^{5} しかし，三人の男が答えることができないのを見たとき，ブズ出身のバラクエルの子であるエリフは激しく怒り，答えて言った。^{6} わたしは年齢においてより若く，あなたたちはより年長である。それゆえ，わたしは頭を下げて，あなたたちに自らの見解を示すことを控えていた。^{7} というのも，より長い年月が知恵を語り，月日の多さが知恵を教えることを期待していたからである。^{8} しかし，わたしの見るところでは，人間のうちには霊があり，全能者の霊感が知解を与えるのである。^{9} 年老いた者が知恵ある者であるのではなく，老人が裁きを認識するのでもない。^{10} それゆえ，わたしは言おう。わたしの話を聞きなさい。わたしもまたあなたたちにわたしの知識を示そう。^{11} わたしはあなたたちの話を待ち，あなたたちの賢慮を聞いた。あなたたちが自らの話において論争している間，^{12} あなたたちが何かを言うのではないかと期待していた間において。しかし，わた

しの見るところでは，あなたたちのうちにヨブを論難しその言葉に答えることのできる者はいない。[13] あなたたちは次のように言ってはならない。われわれは知恵を見出した。ヨブを倒したのは神であって人間ではないと。[14] ヨブはわたしにいかなることをも語らなかったが，わたしはあなたたちの話のように彼に答えるつもりはない。[15] 彼らは恐れてそれ以上答えず，自分自身から雄弁を取り去った。[16] それゆえ，わたしは待っていたが彼らは語ることなく立ったままでそれ以上答えなかったので，[17] わたしもまた自分の分け前によって答え，自らの知識を示そう。[18] わたしは話したいことでいっぱいで，わたしの腹の霊がわたしを強制する。[19] 見よ，わたしの腹はあたかも新しい瓶を破壊する空気穴のないぶどう液のようだ。[20] わたしは語って，少し休息したい。唇を開いて答えよう。[21] わたしは誰かにへつらうことはしないし，神を人間と同等に見なすこともしない。[22] というのも，わたしはどれだけ存在できるか分からないし，わずかな時間の後にわたしの造り主がわたしを取り去ってしまうかもしれないからである。(32・1-22)

「この三人の男はやめた」等々。ヨブとその三人の友人の議論が終わった後に，ヨブに対するエリフの議論が続けられる。エリフはヨブに対して先の者たちよりも鋭い論拠を用い，よりいっそう真理へ近づいていたので，以下において明らかになるように[1]，たとえエリフがある点において真理から離れヨブの言葉を彼の不利になるように解釈しようとも，ヨブはエリフに答えなかった。

エリフがそれによって語ることへと動かされた原因があらかじめ述べられている。すなわち，ヨブとその友人たちに対する憤慨である。それゆえ，友人たちの沈黙について，上ですでに述べられたように，「この三人の男はヨブ

---

1) 『ヨブ記』33 章 10-13 節，34 章 5，9 節，35 章 2，3 節。

に答えるのをやめた」とあらかじめ言われている。ここで注目すべきことに，もしこのことが事実ではなく作り話であるとしたら，彼らは男とは言われていないのである。さらに，「というのも，ヨブが自らを正しいと思っていたからである」と言われているときに沈黙の原因が示されている。というのも，ヨブは自らの義を示す多くのことを述べたが，先述の三人の男はそれに反対することができなかったからである。この両者，すなわち友人たちの沈黙とヨブが自分自身を正しいと思っていたことから，そばに立っていたエリフは怒りへと駆り立てられた。それゆえ，次のように続けられている。「さて，エリフは」，心において「怒り」，怒りのしるしを外的に示すことによって「憤慨した」。「エリフは」——ここにおいて名が記述されている——，「バラクエルの子であり」——ここにおいて祖先が記述されている——，「ブズ出身で」——ここにおいて祖国が記述されている——，「ラム族の出である」——ここにおいて部族が記述されている——。これらすべての記述は，このことが事実に属することを示すために有効である。

　続いて怒りの原因が説明されている。第一にヨブに対するものであり，「エリフはヨブに対して怒った。というのも，ヨブが神を前にして」，すなわち神の証言にしたがって「自らが正しいと言ったからである」と続けられている。最もこのことを示すのは，ヨブが上で「神はわたしの道を知っている」（23・10）と述べ，その後に「わたしの足は神の痕跡に従った」と続けていることである。しかるに，友人たちに関しては，次のように続けられている。「さらに，エリフはヨブの三人の友人たちに対しても憤慨した。というのも，彼らは」，ヨブが自分自身を正しいと主張する言葉に答える「合理的な回答を見出せず」，ヨブが不正な者であると言って「ただヨブを断罪するのみだったからである」。

続いて、エリフが以前いかなる点においてもヨブに答えなかった理由が示されている。「それゆえ、エリフは」、ヨブの話に対していかなる点においても反対せずに「ヨブが語るのを待っていたが、それは語っている人々が自分より年長だったからである」、すなわち老年が要求するところにしたがって、エリフはより知恵ある者としての彼らに自らを委ねていたからである。しかし、エリフには真理の判断において彼らのうちの誰かに敬意を表すべきであるとは思われなかったので、三人の年長の者に対して怒り、年少の者であるエリフ自身が語り始めた。それゆえ、次のように言われている。「しかし、三人の男が」、ヨブの論拠に対して「答えることができないのを見たとき」、あたかも彼らの弱さによって真理が滅びることになると考えて、彼らの代わりに真理を──エリフはそう信じていたのであるが──守ろうと欲した。このことが次のように続けられていることの意味である。「ブズ出身のバラクエルの子であるエリフは激しく怒って」、ヨブの話と論拠に対して「答えた」。

このエリフの回答において、彼は第一に以前の沈黙について弁明する。それはあるいは自らの年齢のためであり、「エリフは言った。わたしは年齢においてより若い」と続けられている。あるいは彼らの年齢のためであり、「あなたたちはより年長である」と続けられている。しかるに、若者は年配の者に敬意を表すべきであるので、次のように続けられている。「それゆえ」、敬意と謙遜のしるしにおいて、「わたしは頭を下げて」、より知恵ある者の言葉をわたしの話でもって妨げることによって高慢であると思われないように、「あなたたちに自らの見解を示すことを控えていた」。しかるに、老人がより知恵ある仕方で語ると思われるのに二つの理由がある。第一に、若者は魂の激情からしばしば多くのことを無秩序に提示するが、老人は年齢の

威厳のためにより成熟した仕方で語るからである。それゆえ，次のように続けられている。「というのも，より長い年月が」，より厳格かつ強力に「知恵を語ることを期待していたからである」。第二に，老人は長い時間の経験によって多くのことを認識でき，その結果より知恵ある仕方で語ることができるからである。それゆえ，次のように続けられている。それによって経験を獲得することができる「月日の多さが」，経験から受けとられた「知恵を教えることを期待していたからである」。

続いて，エリフは今語り始めたことについて自分自身を弁護する。というのも，エリフは年齢が知恵の十分な原因ではなく，むしろ神の霊感がそうであることを知っていたからである。それゆえ，次のように続けられている。「しかし，わたしの見るところでは」，すなわち結果によって考察すると，神の霊が人間のうちで働くかぎりで，「人間のうちには霊がある」。そして，このことが次のように続けられていることの意味である。それによって人間に「知恵と知解の霊」（イザ 11・2）である聖霊を与える「全能者の霊感が知解を」，すなわち霊感を与えられる者にとって知恵の根源である真理の認識を「与えるのである」。エリフはこの霊感が知恵の主要な原因であることを，年齢が完全な仕方で知恵を生じさせることがないことによって示している。それゆえ，次のように続けられている。神的真理の認識に関して，「年老いた者が知恵ある者であるのではなく」，人間の行為の秩序に関して，「老人が裁きを認識するのでもない」。エリフはたとえ自らが老人ではないとしても，神によって霊感を与えられた者であると確信していたので，敢えて語り始めたのである。それゆえ，「それゆえ，わたしは言おう」と続けられている。

エリフは自らのこの話において，第一に彼らを自らがその霊感によって語っている神の権威によって聞くことへ

と導いている。それゆえ，彼らが自らの話を中断しないように，「わたしの話を聞きなさい」と言っている。さらに，エリフは聞く者に知識の教えを約束して，たとえわたしが若くても，「わたしもまたあなたたちに」，それによってヨブの論拠に答える「わたしの知識を示そう」と続けている。エリフもまた彼らの話を聞いたので，彼らがエリフの話を聞くことは正しい。それゆえ，「わたしは」長い間，ヨブに対して発せられた「あなたたちの話を待った」と続けられている。また，エリフは自らが彼らによって善き仕方で語られたことと悪しき仕方で語られたことを見分けることができると考えていたので，「あなたたちの賢慮を聞いた」と続けているが，これはあたかも次のように言わんとするかのようである。わたしは聞くことによってあなたたちの言葉において何が賢慮に属するかを判断した。しかるに，エリフはわずかの間ではなく長い間待っていた。さらに，エリフは自らの期待の終局を二つのことから規定する。第一は彼らの意志であり，「あなたたちが自らの話において論争している間」，すなわちあなたたちがヨブに対して論争することを気に入っていた間と続けられている。第二はエリフが彼らの知恵ある教えについて有していた希望であり，「あなたたちが何かを言うのではないかと期待していた間」と続けられている。というのも，何か有益なことを語ることが期待できない者からそれ以上聞く必要はないからである。しかるに，エリフはヨブに対して用いられた彼らの言葉が有効ではないと考えていた。それは第一に，彼らがヨブを論拠によって打ち負かすことができないからであるので，「しかし，わたしの見るところでは」，ヨブを論拠によって打ち負かすことによって「ヨブを論難できる者はいない」と続けられている。また，それは第二に，彼らがヨブの論拠に反対することができないからであるので，次のように続けられている。「あなた

ちから」，すなわちあなたたちの理解から，あるいは「あなたたちのうちに」，すなわちあなたたちの数から，ヨブがあなたたちに対して用いた「その言葉に」，十分に「答えることのできる者はいない」。ヨブに対する彼らの主要な論拠は，ヨブの逆境が過つことのありえない神の裁きに帰せられるということに基づくので，続いてエリフはこの回答が不十分なものであることを示して，次のように言っている。「あなたたちは次のように言ってはならない。われわれは知恵を見出したと」，すなわち知恵ある回答にはこのことで十分であると。逆境において「ヨブを倒したのは」，過つことのありえない「神であって」，欺かれ欺くこともありうる「人間ではないと」。しかるに，エリフはよりいっそう強力に答えようと意図していたので，「ヨブはわたしにいかなることをも語らなかった」と続けている。すなわち，エリフはこのことから，自らがあたかも挑発された者のように語るのではないことを示そうとしている。さらに，「わたしはあなたたちの話のように彼に答えるつもりはない」，すなわちわたしは答える際にあなたたちの方法には従わない。というのも，わたしは答えるためによりいっそう強力な他の方法を見出したからである。

さらに，エリフは彼らのうちのある者に対してのみならず，彼らのうちの他の者に対しても将来の回答について自らを弁護しようとして，自らの話を他の者に向けて次のように言っている。「彼らは」，よりいっそう明らかな仕方で打ち負かされないように，それ以上語ることを「恐れて」，ヨブの論拠に対して「それ以上答えなかった」。また，エリフはこのことがヨブの論拠の強力さではなく，彼らの弱さに由来するものであることを示すために，怠けて黙ることによって「自分自身から雄弁を取り去った」と続けている。しかるに，人間は強力な論拠によって打ち負かされるとき，彼は自分自身から雄弁を取り去るのではなく，むし

ろ他の者によって奪い取られる。それゆえ，彼らが失敗したので，エリフは自らが彼らの失敗を補うことを欲していることを述べて，次のように続けている。「それゆえ」，長い間彼らにゆだねて「わたしは待っていたが」，ヨブの話に答えて「彼らは語ることがなかったので，わたしもまた自分の分け前によって答えよう」。というのも，真理を守ることはすべての人々に属し，各人はその際いわば自らの分け前としてできるかぎりのことをしなければならないからである。

　エリフは真理を守ることに対する熱意によってのみならず，空しい栄光によってもまた動かされていたので，「自らの知識を示そう」と続けられている。というのも，空しい栄光を欲する者は，何か自らのうちに卓越したものがあれば，それを明らかにすることを求めるからである。それゆえ，続いてエリフは答えることに対する非常に大きな能力が自分自身にあることを示して，「わたしは話したいことでいっぱいだ」と続けているが，これはあたかも何と答えるべきであるかがわたしに豊かに生じてくると言わんとするかのようである。もし人間が何らかのものによって駆り立てられることがなければ，行為することに対して能力だけでは十分でないので，「わたしの腹の霊がわたしを強制する」と続けられている。腹は懐胎の場所であるので，ここで腹によって比喩的な仕方で示されているのは，様々な可知的なものを抱いている知性である[2]。それゆえ，腹の霊とは，心の懐念を言葉によって明らかにすることへと人間を駆り立てる意志である。願望していることを満たすことができないのは人間にとって煩わしいことであるから，エリフは黙っていることによって蒙っている不安を比喩によって説明して，次のように続けている。「見よ，わ

---

2) グレゴリウス『道徳論』13巻55章（PL 75, 1018A）参照。

たしの腹は」, すなわちわたしの精神は, 「あたかも新しい瓶を破壊する空気穴のない」泡立っている「ぶどう液のようだ」。というのも, もし泡立つぶどう液の蒸気がある部分から発散されなければ, 内部に蒸気が多くなり, 時として器が破壊されることもあるからである。このように, エリフは自分自身をもまた若さのためにぶどう液に比している。それゆえ, エリフは語ることに対する大きな願望から, もし語らなければ自分自身に危険が迫っていると考えて, 「わたしは語って, 少し休息したい」と続けているが, これはあたかも言葉によって内的な激情を発散させることによって, 願望の不安から休息したいと言わんとするかのようである。

　エリフは自らが何を語ろうと欲しているかを示して, 「唇を開いて」, ヨブの言葉に対して「答えよう」と続けている。さらに, エリフは答えることにおいていかなる方法に従うべきであるかを示して, 「わたしは誰かにへつらうことはしない」と続けている。というのも, 人間にゆだねて真理を見捨てる者が, 答えることにおいてへつらうと言われるからである。また, エリフがこのことを行うことを欲しない理由を示して, 「神を人間と同等に見なすこともしない」と続けている。というのも, 現在の議論は, もしそれが人間にゆだねられたとすれば, 神の卓越性に対する然るべき崇敬を保つことができないようなものであるとエリフには思われたからである。エリフはなぜこのことを為すことを恐れているかを示して, 次のように続けている。「というのも, わたしは」, この死すべき生において「どれだけ存在できるか」, その結果, 自分自身に悔悛のための長い時間を約束できるかどうか「分からないからである」。「わずかな時間の後にわたしの造り主が」, 死によってその裁きへと「わたしを取り去ってしまうかもしれないからである」。このことから明らかなことに, 罪の報いが死後に

起こるということにおいてエリフはヨブと一致している。というのも，もしそうでなければ，エリフが死の近さのために神を害することを恐れていたことは無駄であると思われるからである。

第 33 章

───────

¹ それゆえ、ヨブよ、わたしの話を聞き、わたしのすべての話に耳を傾けよ。² 見よ、わたしは自らの口を開き、わたしの舌はのどにおいて語る。³ わたしの話はわたしの単一なる心において語られ、わたしの唇は純粋な見解を語る。⁴ 神の霊がわたしを造り、全能者の息吹がわたしを生かした。⁵ もしできるなら、わたしに答えてみよ。わたしの顔の前に立ってみよ。⁶ 見よ、神はあなたと同じようにわたしをも造り、わたしもまた同じ泥から形成された。⁷ しかし、わたしの奇跡があなたを恐れさせることなく、わたしの雄弁があなたにとって重いものとならないように。⁸ あなたはわたしの耳において語り、わたしは言葉の音を聞いた。⁹ わたしは清く、過失もなく、汚れていない。わたしのうちに不正はない。¹⁰ 神はわたしのうちに不平を見出し、わたしを自らの敵と見なした。¹¹ 神はわたしに足かせをはめ、わたしのすべての小道を見張った。¹² それゆえ、あなたが義とされないのはまさにこのことにおいてである。（33・1-12）

「それゆえ、ヨブよ、わたしの話を聞け」等々。上でエリフはヨブとその友人に対して憤慨したと言われたが、エリフはヨブの友人の怠慢に対して語った後に、今やヨブ自身について語り始める。それゆえ、第一にヨブを注目させるために、「それゆえ、ヨブよ、わたしの話を聞け」と言っている。というのも、今やわたしは答えようとするからである。さらに、エリフは自らが個々の言葉を重く語ることを示すために、「わたしのすべての話に耳を傾けよ」

と続けているが，これはあたかもわたしが空しく語ることは何もないと言わんとするかのようである。なぜ以前語らなかったかをヨブが問うことのないように，「見よ，わたしは自らの口を開く」と続けられているが，これはあたかも次のように言わんとするかのようである。以前わたしは黙っていたかぎりで，年長の者に対する敬意のために口を閉ざしていたが，今や彼らが失敗したので，わたしは必要に迫られて語る。それゆえ，「わたしの舌はのどにおいて語る」と続けられているが，これはあたかも次のように言わんとするかのようである。わたしは他の者の言葉には従わず，自分の考えを告げるだろう。また，ヨブは先に自らの友人に対して，彼らはわたしを言葉によって苦しめ混乱させると言っていたので[1]，エリフは自分自身からこのことを排除して，「わたしの話はわたしの単一なる心において語られる」と続けているが，これはあたかも次のように言わんとするかのようである。わたしが語るのは中傷したり嘲るためではなく，単一な魂において真理を明らかにするためである。また，ヨブはすでに述べられた三人の男に対して，彼らが「嘘を語る者，転倒した教えを信奉する者」（13・4）であると述べていたので，エリフはこのことを自分自身から排除して，「わたしの唇は」，いかなる虚偽や誤りをも含まない「純粋な見解を語る」と言っている。さらに，エリフはどこから真理を明らかにするという信頼を得たかを示して，「神の霊がわたしを造った」と続けている。それゆえ，もし神が自らの作品を動かし完成したとしても，それは驚くべきことではない。このことが「全能者の息吹がわたしを生かした」と続けられていることの意味である。すなわち，神はわたしを生の業へと動かし完成したが，それらのうちで主要なものは真理の知解であ

---

1) 『ヨブ記』19章2節。

る。また，先入観としてこのことを導入したと思われないように，エリフは神的な仕方で語る者に反して答えることのないようにヨブに知らせようとして，次のように続けている。わたしがあなたに対して言う事柄に関して，「もしできるなら，わたしに答えてみよ。わたしの顔の前に立ってみよ」，すなわちもしわたしがあなたに気に入らない何かを言ったならば，あなたもまたわたしに対して反論してみよ。また，ヨブが自らの有名な知恵とエリフの若さのためにエリフと議論することを軽蔑することのないように，エリフはこのことを排除するために，「見よ，神はあなたと同じようにわたしをも造った」と続けている。このようにして，造り主の側から，われわれは両者ともに真理を探究する同じ希望を持つことができる。しかし，質料の側から，両者に対して同じ妨害が横たわっているので，「わたしもまた同じ泥から形成された」と続けられている。すなわち，泥の重さによって知解の光は暗くさせられている。エリフは非常に知恵のある老人に対して議論するに十分なこれほどの知恵と雄弁が若者に与えられ，このように回答することができることは奇跡に属すると思っていたので，あたかも自らがこのことを奇跡的に獲得したことを示唆するかのように，次のように続けている。「しかし，わたしの奇跡があなたを恐れさせ」，あなたが奇跡的に知識を獲得した者に敢えて答えない結果にならないように，「わたしの雄弁があなたにとって重いものとならないように」，それによって呆然となる結果にならないように。

　それゆえ，エリフはあたかも序言としてこれらのことをあらかじめ述べた後に，それに関してヨブを非難しようと意図する事柄を続けている。それゆえ，「あなたはわたしの耳において語った」と言われているが，これはあたかもあなたは語らなかったとして言い逃れすることができないと言わんとするかのようである。「わたしは」，注意し

て「言葉の音を聞いた」。エリフがヨブの言葉において第一に注目したのは，ヨブが罪を免れていると言ったことである[2]。それゆえ，次のように言われている。肉の不潔から「わたしは清く，過失もなく」，すなわち怠りの罪もなく，例えば偶像崇拝やこれに類するもののような神に対する重大な罪によって「汚れていない」。「わたしのうちに不正はない」，すなわち不正な仕方で隣人を害したことはない。エリフがヨブの言葉において第二に注目するのは，ヨブが神に対して裁きの不正を負わせたことである。しかるに，裁きの不正は裁く者の憎しみから生じるのが常である。このことに関して，エリフはヨブが「神はわたしのうちに不平を見出し，わたしを自らの敵と見なした」と言ったことを思い起こしている。確かに上でヨブは問いの形で「なぜあなたは顔を隠し，わたしを敵と見なされるのか」（13・24）と言っているが，「神はわたしのうちに不平を見出した」と言われていることに関しては，それをヨブが語ったところは発見されない。それゆえ，これはヨブの言葉を誤った仕方で解釈したエリフの付加である。もしある者の悪意について確認して，罰するために彼に憎しみを抱くならば，裁判官のその憎しみは正当であると思われる。しかし，もし軽い不平から裁判官がある者を憎むことへと駆り立てられるならば，その憎しみは不正なものとなるだろう。エリフはヨブが自分自身が神によって敵と見なされていると言ったことをこのような仕方で解釈した。第二に裁判官の不正に属すると思われるのは，裁判官がある者から正当な弁護の能力を取り去る場合であり，このことに関して，「神はわたしに足かせをはめた」と続けられている。すなわち，神はあたかもわたしの業からわたしを妨げるかのように足かせをはめた。第三に裁きの不正に属するの

---

[2] 同上，13章18節，16章18節。

は，裁判官がある者の軽い罪を彼の断罪のために集める場合であり，このことに関して，あたかも個々の業においてヨブを観察するかのように，「わたしのすべての小道を見張った」と続けられている。しかし，ヨブはこれらのことを神の裁きの不正を示すために述べたのではなく，あたかも比喩的に語ったのであり（13・27），それゆえそこでは「あなたたちの耳によって謎を捉えてほしい」（13・17）とあらかじめ述べられている。〔エリフの注目した〕この第二の点は，第一の点を排除するので，「それゆえ，あなたが義とされないのはまさにこのことにおいてである」と続けられているが，これはあたかも次のように言わんとするかのようである。あなたは自分自身を正しいということはできない。というのも，神に不正を負わせること自体があなたの不義に属するからである。

　わたしはあなたに答えたい。神は人間よりも偉大である。[13] あなたは神と争うが，神はすべての言葉に対してあなたに答えないだろう。[14] 神は一度語り，二度目は同じことを繰り返さない。[15] 神は夜の幻において夢によって語る。眠りが人間を襲い，人間が寝台において眠るころ，[16] 神は人々の耳を開き，彼らに教えを与える。[17] その結果，神は人間を彼が為したことから引き離し，傲慢から解放する。[18] 神は人間の魂を腐敗から引き出し，その命を剣にかからないように救い出す。[19] 神は人間を寝台において苦しみによって叱責し，彼のすべての骨を弱くする。[20] 人間の生においてパンは嫌悪すべきものとなり，人間の魂にとって以前望まれた食料もまた嫌悪の対象となる。[21] 彼の肉は腐り，覆われていた骨も露わとなる。[22] 彼の魂は，死すべき彼の生命もまた崩壊へと近づく。[23] もし彼のために語る千に一人の天使がいて，人間の正しさを告げるならば，[24] 神は彼を憐れみ，次のように言うだろう。彼が腐敗へと下ること

のないように彼を解放せよ。わたしは彼と和解するものを見出した。[25] 彼の肉は罰によって滅びかけていたが，その青年時代の日々へと戻される。[26] 彼は神に祈り求める。そうすれば，神は彼にとって穏和な者となり，彼は喜びにおいて神の顔を見るだろう。[27] そして，神は人間にその義を返すだろう。彼は人々を顧みて言う。わたしは罪を犯した。真に罪を犯した。わたしは神を受け入れるに値しない者だった。[28] しかし，彼は滅びへと赴かないようにその魂を解放し，生きながら光を見た。[29] 見よ，神はこれらすべてのことを各人に対して三度働く。[30] それは彼らの魂を腐敗から呼び戻し，生けるものの光において照らすためである。[31] ヨブよ，注目せよ。わたしの話を聞き，わたしが語る間黙ってくれ。[32] もし話したいことがあるなら，わたしに答えて語るがよい。というのも，わたしはあなたが正しい者として明らかになることを欲するからである。[33] もし話したいことがないなら，わたしの話を聞き，黙ってくれ。わたしがあなたに知恵を教えよう。(33・12-33)

「わたしはあなたに答えたい。神は人間よりも偉大である」。上でエリフはヨブに対して議論しようと思っていたことを提示した。しかし，ヨブはすでに述べられた言葉を語る前に，「わたしは神と議論したい」(13・3) とあらかじめ述べていたので，上級の者と議論することを熱望している者を下級の者と議論することへと呼び戻すことは不適切であると思われる。それゆえ，エリフはすでに述べられたことについてヨブと議論を始める前に，ヨブが神と議論しようと欲したこと自体についてヨブを非難している。第一に，人が自分自身よりも偉大な者を議論へと駆り立てること自体が大きな高慢に属すると思われるので，次のように言われている。神と議論したいというあなたの願望に対して，「わたしはあなたに答えたい。神は人間よりも偉大である」。それゆえ，人間が神と議論しようと欲すること

は高慢である。もしヨブがあたかも神と対等な者であるかのように反対するために神と議論しようと欲していたならば，エリフが上のことにおいてヨブを非難することは正しい。しかし，ヨブが神と議論することを望んだのはあたかも神から学ぶためであり，これはちょうど弟子が教師と議論することを望むのと同様である。それゆえ，ヨブは上で「わたしの口を不平が満たしている。神がわたしに答える言葉を知りたい」(23・4)と言ったのである。しかし，エリフはこのことを，ヨブがあたかも神が彼に答えないことに不平を言うことによって論争的な仕方で神に対してこのように述べたと解釈したので，「あなたは神と争うが，神はすべての言葉に対してあなたに答えないだろう」と続けている。エリフはこのことをすでに述べられたヨブの言葉から集めようと欲した。すなわち，ヨブが上で「見よ，暴力を蒙っていると叫んでも，誰も答えてくれない。絶叫しても，裁く者はいない」(19・7)と述べたことがそれである。たとえヨブが上でこれと似たような言葉を語ったとしても，ヨブはこれらの言葉を論争的な仕方で語ったのではなく，神の知恵の理念を認識することを望んでいたがゆえに語ったのである。

　エリフがあたかも論争的に述べられたものとして解釈した前述のヨブの言葉を追い払うために，エリフが続いて示すのは，神が人間に対してその個々の言葉に関して答える必要はないということである。そうではなく，神はその教化のために各人に十分な仕方で語っているので，人間に対してその教化のために十分な仕方で「神は一度語る」と続けられている。それゆえ，次いで神が人間の個々の問いかけに答える必要はないので，「二度目は同じことを繰り返さない」と続けられている。というのも，十分な仕方で為されたことを繰り返すことは余計だからである。さらに，エリフは神がいかなる仕方で人間に語るかを示して，「神

は夜の幻において夢によって語る」と続けている。しかし，他の意味がありうるのであり，人間に「神は一度語る」と言われたことは，自然理性の光によって生じる精神の教化に関係づけられる。これは「多くの者は言う。誰がわれわれに善を示してくれるだろうか」（詩4・6）と言われ，あたかもそれに答えるかのように，「主よ，あなたの顔の光がわれわれの上に刻まれている」（詩4・7）と続けられていることによっている。すなわち，神の顔の光によってわれわれは悪から善を見分けることができる。また，自然理性は不動の仕方で人間のうちにとどまっているので，それが繰り返される必要はない。それゆえ，「二度目は同じことを繰り返さない」と続けられている。次いで，エリフは神が人間に語る他の方法を示すが，それは夢の現れにおける実在しない幻によって起こるので，「神は夜の幻において夢によって語る」と続けている。このことは預言の啓示に関係づけることができるのであり，これは「もしあなたたちのうちに主の預言者がいるとすれば，わたしは夢によって，あるいは幻において彼に語る」（民12・6）と言われていることによっている。あるいは，このことはエリフが神的な仕方で配慮されると信じていた一般的な夢に関係づけることができる。

　エリフは続いて夢の様態と秩序を説明するが，第一に自然本性的な原因に触れて，「眠りが人間を襲うころ」と言っている。このことは外的感覚が働かなくなったときに感覚の根源へと上昇する蒸気によって起こる[3]。第二にエリフは人間の意志の側からの態勢づけを述べて，「人間が寝台において眠るころ」と続けている。というのも，人間は静かに眠るときに，とりわけ秩序だった有意味な夢を見

---

3) アリストテレス『睡眠と覚醒について』3章（456b17），トマス『神学大全』1部84問8項異論解答2参照。

るからである。それゆえ,病人には発熱のために混乱した夢が現れるのである。このことから,明瞭に「あなたの寝床におけるあなたの夢とあなたの頭の幻は次のようなものである。王であるあなたはその寝床において考え始めた」(ダニ2・28) 等々と言われている。第三にエリフは眠っている者に対する神の働きを述べるが,それは第一に次のことに関して注目される。眠りによって外的感覚が働かなくなり,人間が寝台において休息するとき,神的な仕方で神の教化を知覚するある種の能力が人間に与えられる。というのも,そのとき人間の魂は外的なものによってとらわれていないからである。それゆえ,「神は人々の耳を開く」と続けられている。エリフが夢において神の教えを知覚する力を耳と呼んでいることは非常に適切である。というのも,神はこのような教化について,ちょうどある種の語りのように語るからである。なぜなら,このことはちょうど語りにおいてそうであるように,事物そのものを見ることによってではなく,ある種のしるしによって生じるからである。聞く能力が与えられた後に続くのは神が教えることであるので,「彼らに教えを与える」と続けられている。ここで教えは,為すべきことと避けるべきこととして人間に現れる事柄についての教化として解されており,夢において啓示されることのない思弁的知識の認識としてではない。それゆえ,「その結果,神は人間を彼が為したことから引き離す」と続けられている。というのも,人間はしばしば犯した罪について夢の中で非難されるからである。また,罪の始まりは神の掟を軽蔑する傲慢であるので[4]「傲慢から解放する」と続けられている。しかるに,人間が罪から解放されることによって,人間が罰を避けることが続くので,エリフは続いてこのことを二つの罰に関して示し

---

4) 『シラ書』10 章 15 節参照。

ている。第一に魂の霊的な罰に関して、「神は人間の魂を」、魂の能力の無秩序から生じる「腐敗から引き出す」と続けられている。第二に身体的な罰に関して、身体的な「その命を」、その罪のために罰せられるべきである者が「剣にかからないように救い出す」と続けられている。あるいは、人は両者を身体の死に関係づけることができる。というのも、身体の死は、ちょうど人がその罪のために神から課せられた病気によって死ぬ場合のように、時として内的な腐敗によって起こるのであり、時として剣の暴力によって起こるからである。

次いで、エリフは神の語りの他の方法、すなわち身体的な病気によって人間を矯正することについて続けている。エリフは病気において第一に感覚的な苦しみに注目して、次のように言っている。「神は人間を」、以前の罪について、病気に由来する身体的な「苦しみによって叱責する」。それゆえ、「寝台において」と付加されており、これは「その苦しみの寝台の上に」（詩40・4）と言われていることによっている。第二にエリフは病人の弱さに触れて、「彼のすべての骨を弱くする」、すなわち骨のうちにある彼の力を無効にすると続けている。第三にエリフは欲求の喪失を述べて、次のように続けている。「人間の生において」、すなわちまだ生きているときに、病気のために一般的な食料である「パンは嫌悪すべきものとなり、人間の魂にとって以前望まれた食料もまた嫌悪の対象となる」。後者は様々な人々によって様々な仕方で欲求される他の食料に関係づけられる。第四にエリフは弱さについて述べて、次のように続けている。「彼の肉は腐り」、このようにして肉によって「覆われていた骨も露わとなる」、すなわち皮膚だけに覆われた骨が明らかとなるだろう。第五にエリフは死の危険と恐れを述べて、次のように続けている。「彼の魂は」すなわち魂によって存在する彼の生命は、そ

れゆえ「死すべき彼の生命もまた」，死をもたらす原因によって「崩壊へと近づく」。

　注目すべきことに，エリフがこれらのことを提示しているのは，神が個々のことについて答えてくれないというヨブの不平に回答するためである。すなわち，エリフはすでに述べたことによって神が三つの仕方でヨブに語ったことを証明しようとした。第一は，ちょうどすべての人間に対するように，自然理性によって。第二は夢において非難することによって。というのも，ヨブは上で「あなたは夢をもってわたしをおののかせ，幻をもって脅かされる」（7・14）と述べているからである。第三は病気によって。というのも，ヨブは上で「今や，わたしの魂はわたし自身のうちで弱る」（30・16）と述べているからである。さらに，考察すべきことに，エリフは，ちょうど他の三人と同じように，罪のために病気が人間に到来すると信じていた。しかし，それはちょうどかの三人の言葉が意味するように主に罰するためではなく，むしろ非難するためであった。

　ヨブは神が彼に語ってくれないことだけでなく，彼が神と語り自らの裁きを神の前に提示することへと近づくことができないこと（23・3）についても不平を言ったと思われていたので，エリフはこの問いに答えようとする。たとえ神への接近が人間に明らかにされていないとしても，神と人間の間にいる天使が，神を教えるためではなく人間の願望において彼らを助けるために[5]，人間の義を神に提示してくれるので，人間が自らの訴訟の義を神に提示するために，自分自身によって神の玉座へと近づきえないことは人間にいかなる不利益をももたらさない。それゆえ，このことを示すために，エリフは次のように続けている。「もし彼のために」，すなわち苦しんでいる人間のために「語

5）『標準的註解』「フィリピの信徒への手紙」4章4節参照。

る」，すなわち仲介する「天使がいるならば」。すべての人間のために仲介するのに一人の天使では十分ではないと恐れることのないように，「千に一人の」と続けられているが，これは上で「その軍勢の数は知られない」(25・3)と言われていることによっている。彼らが「人間の正しさを告げるならば」，すなわち人間の側に存在する義を神の前に提示するならば，「神は彼を」，すなわち苦しんでいる人間を「憐れみ，次のように言うだろう」，すなわち天使に命じるだろう。「彼を解放せよ」。ちょうど天使が神のもとで人間の義を主張する者であるように，天使は人間のもとで神の憐れみを行使する者でもある。エリフは何から解放すべきかを続けて，「彼が腐敗へと」，すなわち死へと「下ることのないように」と言っている。また，この解放が神にとって喜ばしきものであることを示して，神の口から「わたしは彼と和解するものを見出した」と言われたと続けている。すなわち，人間においてわたしが彼を憐れむことのできる何らかの正しさが現れたが，これこそわたしが求めていたものである。また，ヨブは上で，あたかも回復されることがありえないかのように，「わたしの肉は膿に覆われている」(7・5)と言っていたので，エリフはこのことを排除するために「彼の肉は罰によって滅びかけていた」と続けているが，これはあたかも次のように言わんとするかのようである。このことは〔神である〕わたしの力において前もって決定されていたことではない。それゆえ，「その青年時代の日々へと戻される」，すなわち青年時代におけるような活力を回復するだろうと続けられている。

　このようにして，解放する神の言葉が述べられたので，エリフは自らの言葉を人間の解放の方法を記述するために用いて，「彼は神に祈り求める」と言っているが，これはあたかも次のように言わんとするかのようである。天使が

彼のために語るだけでは十分ではなく，彼が解放されるために彼自身もまた自分のために祈らなければならない。あるいは，他の仕方で続けることができる。エリフは上で，人間が自らの裁きを神の前に提示しえないことについて不平を言うことができないことを示した――というのも，天使が人間のために有効な仕方で提示してくれるからである――ので，今や人間自身もまた自分のために祈りによって提示することができることを示している。第一の方法と同じくこのこともまた有効であることを示すために，「そうすれば，神は彼」，すなわち人間「にとって穏和な者となるだろう」と続けられているが，これは「神は悪意に対して寛大で，憐れみ深く，穏和である」（ヨエ2・13）と言われていることによっている。このことから人間のうちにある種の霊的喜びとともに神のことを考える信頼が生じるので，次のように続けられている。「彼は」，すなわち人間は，「喜びにおいて」，すなわちある種の言い表しがたい喜びにおいて，「神の顔を見るだろう」，すなわち現在の生においては不完全な仕方で，将来の生においては完全な仕方で，神の善性を考察するだろう。「そして，神は人間にその義を返すだろう」，すなわち罪の妨害を遠ざけてその功績のために彼に報いるだろう。しかし，このことは人間が謙遜に自らの罪を認識し告白することがなければ起こりえないので，「彼は人々を顧みる」，すなわち自発的に罪の告白へと自らを提供するだろうと続けられている。それゆえ，「言う。わたしは罪を犯した」と続けられている。このことが謙遜から言われたと信じられることのないように，「真に罪を犯した」と続けられている。このことはヨブに反対して導入されている。というのも，ヨブは上で「わたしは罪を犯さなかったが，わたしの目は苦しみにとどまっている」（17・2）と言っていたからである。彼はその告白において罰の重さについて不平を言うことがないの

で,「わたしは神を受け入れるに値しない者だった」と続けられているが, これはあたかもわたしはより重い罰に値する者であると言わんとするかのようである。このことは, ヨブが上で「どうか神の怒りを引き起こしたわたしの罪を秤にかけてほしい」（6・2）等々と言ったことに反対して言われていると思われる。エリフは謙遜の結実を示して次のように続けている。「しかし, 彼は」, 罪を告白することによって,「滅びへと」, すなわち身体的あるいは霊的死へと「赴かないようにその魂を解放した」。さらに, 彼は善を獲得するので,「生きながら」, 物体的な, あるいは知恵の霊的な「光を見た」と続けられている。

神は人間に対して直ちに最終的な断罪を下すのではなく, 何度も忠告するので, 次のように続けられている。「見よ, 神はこれらすべてのことを」, すなわち夢による教化と苦しみと癒しによる叱責に属することを,「三度働く」, すなわち役に立つと思われるかぎりで何度も働く。エリフが三という数字を用いているのは, 人間が三回忠告され刺激されるという人間の慣習に一致させるためである。また, 神はこのことを一人の人間に対してだけでなく, 必要なすべての人間に対して行うので, 教化され叱責されるべきであると思われる「各人に対して」と続けられている。さらに, エリフはこのことの有用性を示すために,「それは彼らの魂を腐敗から呼び戻し」——これは悪からの解放に属する——,「生けるものの光において照らす」——これは善の獲得に属する——「ためである」と続けている。両者は物体的にも霊的にも解釈することができる。しかるに, ここで「三度」と言われていることは, 神の語りの第二の二つの方法に関係づけられるべきである。というのも, 第一の方法については,「二度目は同じことを繰り返さない」と言われているからである。エリフがこのことを導入しているのは, 時として罪人が繁栄において支えられ

直ちに断罪されないことの理由を示すためである。

　自らが有効な仕方で語ったとエリフには思われたので，ヨブを残りの話を黙って聞くことへと導いて，次のように続けている。「ヨブよ」，心において「注目せよ」。耳によって「わたしの話を聞き」，わたしを妨げないように「わたしが語る間黙ってくれ」。ヨブから答える能力を奪っていると思われることのないように，「もし話したいことがあるなら，わたしに答えて語るがよい」と続けているが，これはあたかもヨブの回答を望むかのようである。さらに，願望の理由を付加して，「というのも，わたしはあなたが正しい者として明らかになることを欲するからである」と言われているが，エリフがこのように言ったのはヨブの混乱を意図していなかったことを示すためである。しかし，エリフはヨブが正しい者であることを信じていなかったので，次のように続けている。「もし話したいことがないなら」，すなわちあなたの義のために語るべきことを持たないなら，「わたしの話を聞き，黙ってくれ。わたしがあなたに」，あなたの知らない「知恵を教えよう」。

第 34 章

¹ さらに，エリフは次のように語った。² 知恵ある者よ，わたしの言葉を聞け。教えられた者よ，わたしの話に耳を傾けよ。³ というのも，耳は言葉を吟味し，のどは味わうことによって食物について判断するからである。⁴ われわれは自分たちのために見解を選び，何がより善いかを考えよう。⁵ というのも，ヨブよ，あなたは次のように言ったからである。わたしは正しい。神はわたしの裁きを覆される。⁶ わたしを裁くことにおいて嘘があり，罪なくして射られたわたしの矢は暴力的である。⁷ ヨブのような男がいるだろうか。彼は水のように嘲りを飲み，⁸ 不正を働く者と共に進み，不敬虔な者と共に歩む。⁹ というのも，彼は，たとえ神と共に走っても神には喜ばれないと言ったからである。¹⁰ それゆえ，賢明な者よ，わたしの話を聞け。神に不敬虔が，全能者に不正があってはならない。¹¹ 神は人間の業に応じて報い，各人の道にしたがって回復する。¹² 神が無益に断罪しないこと，全能者が裁きを覆さないことは真実である。¹³ 神は誰か他の者を地において配置するのか。あるいは自ら造った世界の上に誰かを置いたのか。¹⁴ もし神がその心を人間に向け，人間の霊と息吹を自分自身へと引くならば，¹⁵ すべての肉は一緒に滅び，人間は灰へと戻るだろう。¹⁶ それゆえ，もしあなたが知性を有しているなら，語られることを聞き，わたしの話の声に耳を傾けよ。¹⁷ 裁きを愛さない者が癒されることがあろうか。どうしてあなたは正しい者である神をこれほどまでに断罪するのか。¹⁸ 神は王に向かって「背教者よ」と言う。神は指揮

官を不敬虔な者と呼ぶ。^{19} 神は首長を受け入れず，貧しき者に対して争う僭主を認識しない。というのも，全世界の業は神の手に属するからである。^{20} 彼らは突然死に，真夜中に民が集まり，通り過ぎ，武力なくして暴力をふるう者を取り除く。^{21} 神の目は人間の道に注がれ，人間のすべての歩みを考察する。^{22} そこには，不正を働く者が隠される闇も死の陰もない。^{23} もはや裁きのために神のもとへと来ることは人間の権能のうちにはない。(34・1-23)

「さらに，エリフは次のように語った」。エリフはヨブが神と議論しようとしたことについて彼を非難した後に，上であらかじめ述べられた二つのことに対して議論することへと近づく[1]。第一にエリフは，ヨブが神の裁きが不正なものであると言ったと自らに思われることに対して議論する。この話題は非常に難しく崇高なものであるので，エリフはこの議論においてただヨブの言葉に対して注目するだけでは満足しなかった。というのも，特に，エリフはこの話題においてヨブが誤っていると考えていたからである。それゆえ，エリフはこの問題について判断するために知恵ある者を呼び求める。しかるに，ある者は知恵を自分自身を通じて考察する。このことに関して，「知恵ある者よ，わたしの言葉を聞け」と言われている。対して，ある者は知恵に属するものについて教えられるのであり，このことに関して，他の者によって「教えられた者よ，わたしの話に耳を傾けよ」と続けられている。エリフは他の者を聞くことへと招いた理由を示して，「というのも，耳は言葉を吟味するからである」と続けているが，これはあたかも次のように言わんとするかのようである。わたしがあなたたちを招いたのは，わたしの言葉を聞いてそれを判断してもらうためである。さらに，エリフは比喩を導入して，「の

---

1) 『ヨブ記』33章9，10節。

どは味わうことによって食物について判断する」と続けているが，これはあたかも次のように言わんとするかのようである。味覚が食物について判断するように，聴覚は言葉について判断する。また，エリフはこれらのことが何に属するかを説明して，「われわれは自分たちのために見解を選ぼう」と続けているが，これはあたかも次のように言わんとするかのようである。われわれは共通の合意からより真なるものは何であるかを判断しよう。そして，このことが「何がより善いかを考えよう」と続けられていることの意味である。すなわち，ヨブが語ったこととわたしがヨブに反対して語ることのいずれがより善いかを考えよう。

続いて，エリフはヨブの言葉を提示して，「というのも，ヨブよ，あなたは次のように言ったからである。わたしは正しい」と続けている。ヨブは上でこれと同じこととして，「わたしは保持し始めたわたしの義を見捨てない」(27・6) と言い，さらに多くのことに関して自らの義を明らかにしている (31)。さらに，「神はわたしの裁きを覆される」と続けられている。エリフはこれと同じことを，ヨブが上で「わたしの裁きを取り去る神は生きている」(27・2) と言ったことから受けとっている。ヨブが上で「神は不平等な裁きによってわたしを苦しめた」(19・6) と言ったことも同じことに属すると思われる。これらの言葉をエリフはより悪い方向へ解釈した。というのも，ヨブが自らの裁きが取り去られたと言ったのは，彼が，自らに課せられた罰が罪を罰する裁きではなく義を試す摂理に由来すると考えていたからである。それゆえ，ヨブは上で，「神はあたかも火をくぐる金のようにわたしを試されるだろう」(23・10) と言っている。しかるに，裁きを用いる者がみな裁きを覆すわけではなく，不正な裁きを行う者のみが裁きを覆すのである。それゆえ，エリフは，ヨブが「神はわたしの裁きを取り去った」と言ったことをあたかも次のよ

うに言ったものとして解釈した。神は不正な仕方で裁くことによってわたしの裁きを覆す。それゆえ,「わたしを裁くことにおいて嘘」,すなわち裁きの虚偽「がある」と続けられている。ヨブは決してこのようなことを言わなかったが,エリフはこれがすでに述べられた言葉におけるヨブの意図であり,その結果ヨブは自らが不正な仕方で罰せられたと述べたと信じていた。エリフがこのような見解を抱いたのは,人が罪なくして正当な仕方で苦しめられることがあるのはいかにしてであるかを知らなかったからである。また,ヨブは自分には罪がないと言っていたので,エリフはヨブが義に反する暴力によって神から打たれたと考えていると見なしていた。それゆえ,「罪なくして射られたわたしの矢は暴力的である」と続けられているが,これはあたかもヨブが次のように語ったと言わんとするかのようである。わたしには罪がないので,神がわたしを傷つけた矢,すなわちわたしに課した逆境は,正当なものではなく暴力的なものであった。エリフはここでヨブが上で「主の矢に射抜かれた」(6・4)と言ったことに触れていると思われる。

それゆえ,エリフはこのような転倒性をヨブ自身に負わせた後に,このことについて彼を非難することを始めて,「ヨブのような男がいるだろうか」と言っているが,これはあたかも「誰もいない」と言わんとするかのようである。すなわち,男と思われる者でヨブのように転倒した者は誰もいない。しかるに,人が神の裁きを誹謗することによって神を嘲ることは最大の転倒性であると思われるので,次のように続けられている。「彼は」,容易にかつ慰めと共に飲まれる「水のように」,「嘲りを」,すなわち神の裁きについての嘲笑と非難を「飲む」。これはあたかもヨブに次のことを負わせるかのようである。神の侮辱へと進み出ることはヨブにとって艱難に対する慰めであり,彼は

反対する良心の妨げなくしてこのことを行った。神の裁きを軽蔑することは罪において留まりたいと思う者に固有であるのが常であるので，次のように続けられている。「不正を働く者と共に進む」，すなわち神の裁きを軽んじる者に同意する。敬虔な神の礼拝に反して行為する人間は，神の裁きを軽んじるだけでなく，それを否定する，あるいはそれが不正であると主張するが，エリフはヨブがこれらの者のうちの一人であると信じていたので，敬虔な神の礼拝を貶める「不敬虔な者と共に歩む」と続けている。エリフはなぜヨブが彼らと合意しているかを述べて，次のように続けている。「というのも，彼は，たとえ神と共に走っても」，すなわちたとえ義の道によって神に従ったとしても，「神には喜ばれないと言ったからである」。ヨブはこのようなことを言わなかったが，エリフはヨブの言葉を濫用してこのことを彼に負わせた。というのも，ヨブは上で「わたしの足は神の痕跡に従った」（23・11）と言い，さらに後に「あなたはわたしにとって残酷な者に変わり，あなたはその手の過酷さをもってわたしに敵対する」（30・21）と言っているからである。エリフはこれらの言葉から，ヨブがたとえ神に従ったとしても神には喜ばれないと考えていると信じていた。しかし，ヨブはすでに述べられた言葉を外的な迫害には関係づけているが，内的な非難には関係づけていない。

　それゆえ，エリフはヨブの言葉を濫用して，ヨブが考えていなかったこと，また自分の言葉において理解していなかったことを彼に負わせようとしたので，これに続くすべての議論がヨブに対するものではないことは明らかである。しかし，エリフはヨブが神の裁きを不義と見なすほどに大きな転倒性に属していると考えていたので，このことについてヨブを議論へと呼び出すことをいさぎよしとせず，判断するために他の知恵ある者を呼び求める。それゆ

え，「それゆえ，賢明な者（cordati）よ」，すなわち洞察力のある者（intelligentes）よ，「わたしの話を聞け」と続けられている。というのも，ちょうど心が身体的生の根源であるように，知性は知性的生全体の根源だからである。それゆえ，ヨブは上で「あなたたちと同様わたしにも心がある」（12・3）と言って，知性の代わりに心を置いているのである。

　エリフは自らの議論において，第一に証明しようと意図している事柄，すなわち神の裁きにおいて不義は存在しえないことを提示する。というのも，敬虔な礼拝が帰せられるべきは神に対してであり，神はその全能によって人間に義の法を制定することを通じてすべてのものを支配しているからである。それゆえ，もし神が不敬虔に好意を抱くとすれば，それは神の神性に反することであるので，「神に不敬虔があってはならない」と言われている。さらに，もし神が不義に心を傾けるなら，それは神の全能の支配に反することであるので，「全能者に不正があってはならない」と続けられている。神の不義が遠ざけられたので，エリフは神の義の様態を示して，次のように続けている。「神は人間の業に応じて報いる」，すなわちその業のために彼に善あるいは悪を報いるだろう。また，善き仕方で働く者のある者は他の者よりも善く働き，悪しき仕方で働く者のある者は他の者よりもいっそう罪を犯すので，次のように続けられている。「各人の道にしたがって回復する」，すなわちより善き者にはより善きものを，より悪しき者にはより悪しきものを回復する。

　エリフは，神において不義が存在しないことを，第一に次のことから証明する。すなわち，もし神が不義であったならば，義はどこにも見出されない。というのも，すべてのものの普遍的な裁きは神に属しているからである。それゆえ，「神は誰か他の者を地において配置するのか」と続

けられているが，これはあたかも次のように言わんとするかのようである。もし神のもとに不正があるなら，すべての地を正しい仕方で裁くある者が神によって置かれたと信じるべきではないか。それゆえ，エリフは他の者が地を裁くと信じるべきではないと言っている。というのも，世界を造った者と統帥する者は同一だからである。それゆえ，ちょうど神がいかなる他の者にも世界を造ることを委ねなかったように，いかなる他の者をも世界を統帥するために長にしなかった[2]。このことが「あるいは自ら造った世界の上に」，全世界の統帥者として，「誰かを置いたのか」と続けられていることの意味である。これはあたかもいかなる者をも置かなかったと言わんとするかのようである。というのも，神は，ちょうど自分自身によって世界を造ったように，自分自身によって世界を統帥し裁くからである。確かに神は自らの統帥を行使する者をいわば従者として有しているが，すべてのものを秩序づけるのは神自身である。しかるに，全世界の統帥が不正なものであることはいかなる仕方においても不可能である。

　第二に，エリフは神のもとに暴力や不正がないことを経験によって示している。というのも，事物を存在において保っている神の力は，もし義に反して暴力を用いようとすれば，すべての人間を直ちに消すことができるほどに強力だからである。それゆえ，次のように続けられている。「もし神が」，人間を破壊するために，「その心を」，すなわちその意志を「自分自身に向け，人間の霊と息吹を」，すなわち人間の魂と魂から生じる身体的生を「自分自身へと引くならば」，すなわちその力によって人間を身体から引き離すならば。これは「霊は与え主である神に帰る」（コヘ 12・7）と言われていることによっている。神によって

---

[2] グレゴリウス『道徳論』24 巻 20 章（PL 76, 314B）参照。

人間に与えられた霊が取り去られると，続いて肉的な生が滅びるということが起こる。それゆえ，次のように続けられている。「すべての肉は一緒に滅び」，すなわち肉の形は消え，さらにその構成要素へと解消され，「人間は灰へと戻るだろう」。これは「あなたは彼らの霊を取り去り，彼らは滅び，塵に戻るだろう」（詩 103・29）と言われていることによっている。肉がそこへと解消される塵は灰と呼ばれている。これは，あるいは昔の人々のもとで死者の肉体が火によって焼かれ灰へと解消されていたからであり[3]，あるいはそこへと死者の肉体が解消されるものが人間の身体において活動していた自然本性的熱のある種の残滓だからである。それゆえ，もし神が欲するならば，全人類を灰へと戻すことは神にとってこれほど容易なことであるので，神が人間に対して不正な暴力を用いていないことは人間の保持そのものから明らかである。

それゆえ，エリフはすでに述べた論拠で十分であると考えたので，それらを考察することへとヨブを招いて，次のように続けている。「それゆえ，もしあなたが知性を有しているなら」，その結果わたしの論拠の力を知覚できるならば，神の裁きの義を認識するために，外的な耳によって「語られることを聞き」，内的な注意によって「わたしの話の声に耳を傾けよ」。エリフがこのことへとヨブを導いたのは彼の危険と有用性のためであるので，「裁きを愛さない者が癒されることがあろうか」と続けているが，これはあたかも次のように言わんとするかのようである。あたかも多くの病気によって圧迫されているかのように，癒されることを必要としているあなたは，神の裁きを愛することがなければ癒されることができない。続いて，エリフは神

---

[3] プリニウス『博物誌』7 巻 54 章，トマス『命題集註解』4 巻 43 区分 4 項小問 2 異論解答 2 参照。

の裁きの不義を述べたものであると見なしていたヨブの見解を，神の義の多くの明らかなしるしによって非難する。それゆえ，次のように続けられている。「どうしてあなたは正しい者である」ことが多くのことによって明らかな「神をこれほどまでに断罪するのか」，すなわち神のことを裁きを覆す者と言うのか。エリフが神の義を推賞するために第一に取り上げるのは，神が有力な人物を受け入れず，かえって彼らを非難し，その罪のために罰するということである。人間的な権力のうちで際立っているのは王の権威であるが，このことに関して，第一に「神は王に向かって『背教者よ』と言う」と言われている。すなわち，神は義を守るという自らの告白を捨てたことについて王を非難することをためらわない。軍隊の指揮官が第二の地位を占めるが，彼らについて「神は指揮官を不敬虔な者と呼ぶ」と続けられているが，これはあたかも次のように言わんとするかのようである。神は残酷さについて彼らを非難することを恐れない。第三の地位には町の指導者が置かれ，「神は首長を受け入れない」と続けられている。すなわち，神は彼らを非難し，罪のために裁く。第四の地位において，合法的でない私有の権力を有している人々，すなわち僭主が言及され，このことに関して次のように続けられている。「貧しき者に対して争う僭主を認識しない」，すなわち委ねることによって承認しない。これはあたかも，神が無能な者に反対する有力な者をひいきにしないと言わんとするかのようであるが，このことは神の義に属する。エリフはなぜ神が彼らに委ねないかを示して，「というのも」，偉大な者も卑小なる者も「全世界の業は神の手に属するからである」と続けている。それゆえ，神は卑小なる者を軽蔑せず自らの作品のように愛し，自らの力に従属しているがゆえに有力な者を恐れない。

　神は有力な者を非難するだけで，それ以上彼らを罰する

ことがないと信じられることのないように，彼らの二つの罰について続けられている。第一は彼らに到来する不慮の死であり，「彼らは突然死ぬ」と続けられているが，これは「その崩壊は望みもしないときに突然やって来るだろう」（イザ 30・13）と言われていることによっている。もし彼らに通常の仕方で予期された死が到来したとすれば，このことは神の裁きではなくより下級の原因に帰せられる。第二はそれによって彼らが権力を失う従属者の反乱の罰であり，「真夜中に民が集まる」と続けられている。すなわち，王や首長に従属している民が何らかの隠された策略から自分たちの首長を見捨てるために突然集まる。それゆえ，「通り過ぎ」，すなわち支配権を移行させ，「武力なくして暴力をふるう者を」，すなわち義を軽蔑して従属者に暴力をふるう者を「取り除く」，すなわち支配権を取り上げる，あるいは殺す。ある首長が外部の者によって取り除かれる場合，首長に対する武力が必要である。しかし，首長のすべての力がそこに存する従属者が突然彼を見捨てるとき，彼は武力なくして取り除かれると思われる。たとえこのことを民の罰に関係づけることができるとしても，最初の解釈の方がより善い。というのも，今扱われているのは神が偉大な者に対して行使する義についてだからである。神が民に行使する義については後に語られるだろう。このような罰が神の裁きに由来するものであることが信じられるように，次のように続けられている。「神の目は」，すなわち神の摂理のまなざしは「人間の道に」，すなわち人間の業に「注がれる」[4]。さらに，エリフは神が人間の業の個別的なすべてのものを考察することを表現するために，次のように続けている。「人間のすべての歩みを」，すなわち人間の働きのすべての進行を，一般的にのみならず

---

4) 『欄外註解』「ヨブ記」34 章 21 節参照。

区別して,「考察する」。

　神が光であり不敬虔な者が闇であることから,不敬虔な者が神に隠されていると人が信じるかもしれないので,エリフはこのことを排除して次のように続けている。「そこには,不正を働く者が隠される」無知の「闇も死の陰」,すなわち死へと導く罪の暗さ「もない」。これはあたかも,ちょうど不敬虔な者が神を認識することを欲しないように,神もまた彼らを認識しないと言わんとするかのようである。しかし,神は彼らを拒絶することによって彼らを知らないと言われるのである[5]。エリフは首長がその罪のために突然死んで取り除かれると言ったが,このことは回復しえない罰であると思われるので,続いてこのことの理由を次のことから示している。というのも,神は裁きにおいてそれ以上神と争う能力を人間に与えないことによって,人間をその罪のゆえに最終的な断罪のために裁くからである。このことが次のように続けられていることの意味である。「もはや」,すなわち神が人間を断罪のために裁いた後には,「裁きのために神のもとへと来ることは」,すなわち神が彼のためにその裁きを再考することは「人間の権能のうちにはない」。このことはとりわけ,罰へと断罪された後に「わたしは神の玉座にまで到達したい。神の前に裁きを置きたい」(23・3)と言っていたヨブに対して語られたものと思われる。

　[24] 神は多くの者,数えきれない者を砕き,彼らの代わりに他の者を立たせる。[25] 神は彼らの業を知っているので,夜を導入して彼らを滅ぼす。[26] 神は彼らを不敬虔な者として見ている場所で打つ。[27] 彼らはあたかも勤勉さから離れるように神から離れ,神のすべての道を理解しようとしな

---

5) グレゴリウス『道徳論』1巻5章(PL 75, 557D)参照。

かった。²⁸ その結果，困窮している者の叫びは神に届き，神は貧しき者の声を聞いた。²⁹ 神が平和を与えるとき，誰が断罪することができようか。神がその顔を隠すとき，誰が神を観想することができようか。民族とすべての人間に対して，³⁰ 神は民の罪のために偽善者を支配に立たせる。³¹ わたしは神について語ったが，あなたを妨げるつもりはない。³² もしわたしが誤ったなら，あなたがわたしを教えてくれ。もしわたしが不正を語ったなら，わたしはそれ以上付け加えない。³³ 語られたことがあなたに気に入らないからといって，神があなたから混乱を求めるだろうか。あなたが語り始めたのであって，わたしではない。もしあなたがより善いことを知っているなら，語ってくれ。³⁴ 洞察力のある人々がわたしに語り，知恵ある者がわたしの話を聞いてくれるように。³⁵ しかし，ヨブは愚かな仕方で語った。彼の言葉は教えを含んでいない。³⁶ わたしの父よ，最後までヨブを試し，不正な人間を放免しないでください。³⁷ 彼はその罪の上に冒瀆を付け加え，われわれのもとで時として縛られるが，裁きの時にはその言葉によって神を挑発するだろう。(34・24-37)

「神は多くの者，数えきれない者を砕く」等々。そのために人間が最も義から離れるのを常とするものに二つのものがある。第一は偉大な者に委ねることであり，第二は義に反して大衆に委ねることである。エリフは上で神の義の完全性を神が偉大な者に委ねないことから示したので，今や続いて神の義を推賞するために，神が罪人の集まりにも委ねないことを示している。それゆえ，「神は多くの者を」，すなわち罪人を，殺すことによって，あるいは他の仕方で罰することによって「砕く」。神の義が大衆のある一定の数までは進むがそれ以上には進まないと信じられることのないように，「数えきれない者を」と続けられているが，これはあたかも次のように言わんとするかのようで

ある。罪のために神の義が砕く者が一定の数によって包含されることはありえない。しかし，このことから人類が滅びると信じられることのないように，「彼らの代わりに他の者を立たせる」と続けられている。というのも，ある者が死んだ後に他の者が続き，ある者が繁栄から脱落した後に他の者が高められるといった仕方で，人類におけるある種の一性が明らかとなるからである。しかるに，多くの者が罰せられる場合に，裁判官が各人の訴訟を入念に調べることができないということが起こるのが常である。しかし，このことが神について信じられることのないように，「神は彼らの業を」，すなわち各人が何を獲得すべきであるかを「知っている」と続けられている。それゆえ，神は各人にその業にしたがって報いるので，「夜を」，すなわち突然予期しない逆境を「導入して」，不意に「彼らを滅ぼす」と続けられている。

　エリフはなぜ彼らが夜において圧迫されるかを次のことから示している。というのも，彼らは自分たちに役立つものを見ることができるときにこれを軽蔑するからである。それゆえ，用心するために，到来する悪を前もって見る能力が彼らに与えられないことは正しい。このことが次のように続けられていることの意味である。「神は彼らを不敬虔な者として」，すなわち敬虔の知を拒絶する者として，「見ている場所で」，すなわち自然理性によってであれ，聖なる教えによってであれ，何を為すべきで何を避けるべきであるかを見ることのできる状態において存在する彼らを「打つ」。しかし，彼らは見ることを拒絶するので，次のように続けられている。「彼らは」，確固とした悪意によって罪を犯すことによって，「あたかも勤勉さから離れるように神から離れる」。それゆえ，続いてエリフは彼らのうちに把持された無知を置いて，「神のすべての道を」，すなわち神の掟を「理解しようとしなかった」と続けてい

る。このようにして，彼らが無知のために弁解できないばかりか，むしろ断罪されるべき者となることが明らかである。さらに，エリフはこのような把持された悪意の結果を示して，「その結果，困窮している者の叫びは神に届いた」と続けているが，これはあたかも次のように言わんとするかのようである。彼らは神が聞き届ける貧しき者を圧迫するほどに神の道を知らない者として自らを示した。それゆえ，彼らはちょうど貧しき者を圧迫することを恐れないように，神の怒りをも恐れないので，「神は貧しき者の声を聞いた」と続けられているが，これはあたかも次のように言わんとするかのようである。彼らは神が貧しき者を聞き届けるためにその意志を示すことを何とも思わない。

エリフは群衆の粉砕を神の裁きに帰したが，ある群衆が粉砕されて他の群衆が繁栄することが神の裁きに由来するものではなくある有力な首長の指揮や攻撃によるものであると人が信じるかもしれない。それゆえ，エリフはこのことを排除するために「神が平和を与えるとき，誰が断罪することができようか」と続けているが，これはあたかも次のように言わんとするかのようである。わたしが「神は多くの者，数えきれない者を砕く」と言ったのは次の理由による。すなわち，もし神が彼らに時間と繁栄の平和を与えようと欲すれば，いかなる者も群衆を断罪することはできず，反対にもし神が断罪しようと意図すれば，いかなる者も平和を与えることができないからである。それゆえ，次のように続けられている。自らの慰めの現前を取り去ることによって「神がその顔を隠すとき，誰が神を観想することができようか」，すなわち神の美しさを見ることによって神のうちに慰めを見出すことができようか。

しかるに，群衆に対する粉砕以外の他の罰がある。すなわち，群衆が僭主の支配によって苦しめられるというのがそれであり，このことに関して「民族とすべての人間に対

して」と続けられているが，これはあたかも次のように言わんとするかのようである。神は粉砕あるいは僭主の圧迫によって自らの裁きをある民族において行使するだけでなく，すべての人間に対してもまた行使する。それゆえ，僭主の圧迫について，「神は民の罪のために偽善者を支配に立たせる」と続けられている。民は偽善者の支配によって苦しめられる。このことにおいて，エリフは上でヨブが「どうして不敬虔な者は生き，高められ，富によって強められるのか」（21・7）と述べて提示した問いに答えていると思われる。というのも，事態がこのようであるとエリフが主張するのは，同じ箇所でヨブが証明したように不敬虔な者の過失のためではなく，不敬虔な者の繁栄によって罰せられる他の者の過失のためだからである。

　それゆえ，このようにして神において不義が存在しえないこと，またその義はとりわけ首長と群衆に対して行使される裁きから明らかにされることが示されたので，エリフはヨブに答える余地を与えて，次のように続けている。「わたしは神について」，すなわち神の栄光に関することを「語ったが，あなたを妨げるつもりはない」，すなわちあなたに答える余地を与える。さらに，ヨブの回答がいかなることへ向かうべきであるかを示して，次のように続けている。ちょうどあなたが「転倒した教えを信奉する者」（13・4）であるということをあなたの他の友人に負わせたように，「もしわたしが誤ったなら，あなたがわたしを教えてくれ」，すなわちわたしが誤りから解放されるように真理を教えてくれ。人が語ることにおいて失敗するのは，教えの真理に反して誤ることによってのみならず，義の真理に反して個別的な判断において失敗することにもよっているので，エリフは「もしわたしが不正を語ったなら，わたしはそれ以上付け加えない」と続けて，自らが矯正に対して用意があることを示している。エリフはヨブが自らに対し

て非常に動揺していると考えていたので，続いてその動揺が不義なるものであることを示して，「神があなたから混乱を求めるだろうか」と続けているが，これはあたかも次のように言わんとするかのようである。たとえわたしが不正を語ったとしても，あなたがそのために神に答える義務はない。それゆえ，あなたはこのことによって激しく動揺すべきではない。このことから，無秩序な魂の混乱によって，「語られたことがあなたに気に入らないからといって」と続けられている。第二に，エリフはヨブが激しく動揺すべきではない理由を，ヨブ自身が「わたしの生まれた日は消えうせよ」(3・3)等々と言って話し始めたことから示している。これらの言葉からすべての議論は始まったのである。それゆえ，「あなたが語り始めたのであって，わたしではない」と続けられている。第三に，エリフはヨブが激しく動揺すべきではない理由を，ヨブが自らに気に入るところのものを語る能力を有していることから示している。それゆえ，次のように続けられている。「もしあなたが」，わたしが語ったことよりも「より善いことを知っているなら」，わたしの誤りと不正を示すことによって「語ってくれ」。

　自らの義と自分の言葉の真理性について疑ってこのように言ったと思われることのないように，エリフは続いてヨブが知恵と理解において失敗していることを主張しようとする。エリフはこのことのためにヨブを自らの議論にふさわしくない相手であると見なしていた。しかるに，議論の一方は反対する者に属し，彼においてとりわけ要求されるのは理解の鋭さであるが，これは意図を示すための合理的な方法を見出すためのものである。それゆえ，「洞察力のある人々がわたしに語るように」，すなわちわたしに反論するようにと続けられている。議論のもう一方は答えるものに属し，彼においてとりわけ要求されるのは知恵である

が，これは聞いたことについて善き仕方で判断するためのものである。それゆえ，答える用意のある「知恵ある者が」，反対する「わたしの話を聞いてくれるように」と続けられている。エリフはヨブにおけるこれらの欠点を彼の言葉から集めて，「しかし，ヨブは愚かな仕方で」，すなわち知恵に反して「語った」と続けられている。このように言われるのは，ヨブが神の裁きの正しさに反して何らかのことを語ったとエリフが見なしたかぎりにおいてである。「彼の言葉は教えを含んでいない」と言われているが，教えは秩序だった理解に属している。このことはヨブが自らを正しいと主張したことに関係づけられていると思われる。

　ヨブはこれらの欠点を自分自身のうちに認識していなかったので，エリフはその言葉を神に向けて，自らの欠点を認識するためにヨブを試すように要求している。それゆえ，次のように続けられている。「わたしの父よ」，すなわちわたしがあなたに対して有する崇敬のために父と見なす神よ，あなたの義をすべてのものにおいて守るために，「最後まで」，すなわちヨブが自らを不義であると認識するまで，あるいは死に至るまで，「ヨブを試してください」，すなわち鞭によって彼にその欠点を示してください。エリフはこの祈りの正しさを示して，「不正な人間を放免しないでください」と続けているが，これはあたかも次のように言わんとするかのようである。ヨブの不正は永遠に鞭打たれるに値するものである。エリフはさらに強調して次のように続けている。「彼はその罪の上に」，すなわちそのために鞭打たれている過去の罪の上に，「冒瀆を付け加え」，その結果，自らを正しいとし，神を不義であると言う。このことのために，エリフは第一に現在の罰をヨブに対して望んで，逆境によって「われわれのもとで時として縛られる」と続けている。第二に，将来の罰を示唆して次のよう

に続けている。すでに時間的な仕方で苦しめられているヨブは，将来の罰である「裁きの時には」，神に対して冒瀆する「その言葉によって神を挑発するだろう」。

第 35 章

^{1} それゆえ，エリフはさらに次のことを語った。^{2} どうしてあなたには自分が神より正しいというあなたの考えが正義であると思われるのか。^{3} というのも，あなたは次のように言ったからである。善きものはあなたには喜ばれない。あるいはわたしが罪を犯したら，あなたにいかなる益があるのか。^{4} したがって，わたしはあなたの言葉とあなたの友人に答えよう。^{5} 天を見よ。天界を見て観想せよ。神はあなたよりも高くおられる。^{6} あなたが罪を犯したからといって，神を害することがあろうか。あなたの不正が重ねられたからといって，あなたは神に対して何を為しえよう。^{7} さらに，あなたが正しく行為したからといって，神に何を与えることができようか。神はあなたの手から何を受けとるだろうか。^{8} あなたの不敬虔が害するのはあなたに似た人間であり，あなたの義が助けるのは人の子である。^{9} 彼らは誣告者の多さのために叫び，僭主の腕の力のために嘆き悲しむだろう。^{10} ヨブは次のように言わなかった。わたしを造った神はどこにいるのか。神は夜に歌を与えた。^{11} 神は地の家畜を超えているわれわれを教え，空の鳥を超えているわれわれを教化する。^{12} 彼らは叫ぶが，悪人の傲慢のために神はそれを聞き届けられないだろう。^{13} 神は無益に聞き届けることはなく，全能者は各人の状況を観察するだろう。^{14} さらに，神は考察しないとあなたは言うだろう。神の前で裁き，神を期待せよ。^{15} というのも，現在，神はその怒りを与えず，罪を重く罰しないからである。^{16} それゆえ，ヨブは無益にその口を開き，知識なくし

て言葉を重ねている。(35・1-16)

「それゆえ，エリフはさらに次のことを語った」等々。エリフは自らがそう見なしていたように，ヨブが神の裁きに不正を負わせたことに関してヨブの言葉を非難した後に，ここではヨブが自らを正しいと言ったことに関してヨブの言葉を非難しようとする。それゆえ，「それゆえ，エリフはさらに次のことを語った」と言われている。エリフはヨブが答えることを期待して話を中断していたが，ヨブが答えないので，再び話し始めて，「どうしてあなたには自分が神より正しいというあなたの考えが正義であると思われるのか」と言っている。ヨブはこのようなことを決して言わなかった。エリフはこれらの言葉を語ったことをヨブに負わせることはなかったが，語られた言葉が上のような考えから出てきたということはヨブに負わせた。それゆえ，エリフは明瞭に考えについて言及した。ヨブがいかなる言葉からこのような考えを持つに至ったかを示して，「というのも，あなたは次のように言ったからである。善きものは──他の版では，正しいものは──あなたには喜ばれない。あるいはわたしが罪を犯したら，あなたにいかなる益があるのか」と続けている。これら二つの言葉はすでに述べられたヨブの言葉のうちに決して見出されないが，これらのもののうちの第一のもの，すなわち善きものは神に喜ばれないということは，ヨブが上で「逆らおうものなら，わたしは災いを受け，正しくても，頭を上げることはできない」(10・15)と述べたことから取ってこられたと思われる。ヨブがこのように言ったのは，義人と不義な者が等しく時間的な罰によって苦しめられることを示すためであったが，エリフはこのことをあたかも人間の義が神に喜ばれないという意味で言われたものであると解釈した。第二に提示されている「わたしが罪を犯したら，あなたにいかなる益があるのか」ということは，ヨブの言葉の

どこにも読まれないが，エリフはこのことをヨブが同じ箇所で「わたしが罪を犯しても，あなたは一時的に赦された。なぜわたしを不正のない清い状態のままにしておかれないのか」（10・14）と述べたことから取ってこようとした。ヨブがこのように言ったのは次のことを示すためであった。すなわち，時間的な繁栄は必ずしも無垢であることに随伴しない。さもなければ，自らは繁栄の時には罪が赦されて無垢であったということになるし，また，罪の赦しの後に再び神によって罪から清められる理由が特定できない。しかし，エリフはこれらの言葉を，あたかも神がヨブの罪や罪の罰を自らの有用性のために導入したとヨブが考えていたという意味に曲解した。これら二つのこと，すなわち善きものが神に喜ばれないことと，神が罪を自らにとって有用であると見なしていたことから，ヨブが神よりも正しいということが帰結すると思われる。というのも，ヨブは上で自分自身について，自らは悪が気に入らず善を喜ぶと言っていたからである[1]。

エリフはすでに述べられたことから，それらの愚かさのために自らが答えることへと強制されたと結論づけて，「したがって，わたしはあなたの言葉と」，このようなことを言うあなたを打ち負かすことができなかった「あなたの友人に答えよう」と言っている。エリフは最後に言われたことから始めて，神がわれわれの善き業あるいは悪しき業によって助けられたり害されたりすることがありえないことを示している。これは神の崇高さのためであるが，エリフはこの崇高さを提示して第一に次のように言っている。「天を見よ」，すなわち神の座である上方を見上げよ[2]。「天

---

1) 『ヨブ記』31 章。
2) 『イザヤ書』66 章 1 節参照。

界を」，すなわち上方のすべての物体を[3]，目によって「見て」，精神によって「観想せよ」。その高さと大きさ，運動，装飾から，あなたは「神はあなたよりも高くおられる」ことを推測することができる。その高さはあなたの業が神に役立つこともなければ神を害することもありえないほどのものである。それゆえ，あなた自身においてあるいは神に対して，「あなたが罪を犯したからといって，神を害することがあろうか」と続けられているが，これはあたかも次のように言わんとするかのようである。神はこのことからいかなる点においても損害を被らないだろう。隣人に対して犯される罪に関して，それによってあなたが不正な仕方で隣人を害する「あなたの不正が重ねられたからといって，あなたは神に対して何を為しえよう」と続けられているが，これはあたかも次のように言わんとするかのようである。神はこのことからいかなる点においても害されないだろう。隣人に対して為される善に関して，「さらに」，隣人に彼の権利を返すことによって「あなたが正しく行為したからといって，神に何を与えることができようか」と続けられているが，これはあたかも次のように言わんとするかのようである。神はこのことからいかなる利益を得るだろうか。神の礼拝の業に関して，犠牲と奉献において「神はあなたの手から何を受けとるだろうか」と続けられている。これはあたかも「神は何も受けとらない」と言わんとするかのようであり，「わたしはあなたの家から子牛を受けとらない」（詩49・9）と言われていることによっている。

　人間が正しい仕方で行為するかあるいは不正な仕方で行為するかということが神に属していないと人が信じるかも

---

3) アリストテレス『天体論』1巻7章（270b20），『気象論』1巻3章（339b21）参照。

しれないので，エリフはこのことを排除するために，次のように続けている。「あなたの不敬虔が害するのは」，害を受けとる「あなたに似た人間であり，あなたの義が助けるのは」，義の助けを必要とする「人の子である」。それゆえ，このことのために神によって不敬虔が禁じられ，義が命じられる。というのも，このことによってあるいは助けられあるいは害されるところの人間についての気遣いが神には存在するからである。このような確信から圧迫されている人間は圧迫者に対して神に叫ぶのであるが，圧迫者のうちのある者は策略によって欺いて圧迫するので，これらの者に関して，これらの者によって圧迫されている「彼らは誣告者の多さのために」神に「叫ぶだろう」と続けられている。対して，ある者は暴力によって明らかな仕方で圧迫するので，これらの者に関して，「僭主の腕の力のために嘆き悲しむだろう」，すなわち僭主の暴力的な力のために神に対して嘆くだろうと続けられている。このことから理解されるのは，人が罪を犯すことが神に有益でないだけでなく，それは神に気に入らず，神はそれを罰するということである。さもなければ，圧迫されている者は無駄に叫ぶということになる。

次いで，エリフはヨブが上で述べたとされる「正しきものはあなたには喜ばれない」という言葉を非難することへと向かう。このことは神の知恵に反するものであるが，神の知恵は第一に事物の創造において明らかであるので，「ヨブは」，善きものが神に喜ばれないと考えて，「次のように言わなかった。わたしを造った神はどこにいるのか」と言われている。神が事物を造ったのは善以外のためではないので，「神はそれが善であることを見た」（創 1・25）等々と言われている。それゆえ，善が神に喜ばれることは明らかである。第二に，エリフは人間に対する教化の恩恵を導入しているが，これによってある人々は神の啓示に

よって善へと導かれる。それゆえ，次のように続けられている。「神は」，啓示によって，「夜に」，すなわち文字的意味では夜の夢において，あるいは観想の静けさないし不明瞭な幻において，「歌を与えた」，すなわち昔の人々によって度々歌によって理解されていた人間を教化する教えを与えた[4]。しかし，もし善が神に気に入らなければ，神が親密な仕方で人間を善へと教化することはないだろう。第三に，エリフは自然本性の光の注入を導入しているが，これによってわれわれはそれにおいて動物を超越している理性を通じて悪から善を見分ける。それゆえ，「神は」，理性を欠いている「地の家畜を超えているわれわれを教える」と続けられている。また，昔の人々はあたかも神によって教えられたかのような鳥の鳴き声や動きを，まるでそれらが理性を有しているかのように観察していたので，エリフはこのことを排除するために，理性を有していない「空の鳥を超えているわれわれを教化する」と続けている。

　神は悪を憎み善を喜ぶので，叫びをあげる圧迫されている者を聞き届け，圧迫する者を聞き届けない。それゆえ，次のように続けられている。「彼らは」，すなわち誣告者や僭主は，あたかも神から自分たちの願望の成就を求めるようにして「叫ぶが，悪人の傲慢のために神はそれを聞き届けられないだろう」。このことは「神は謙遜な者の祈りを顧みた」（詩 101・18）と言われていることによっている。神が無差別にすべての者を聞き届けると信じられることのないように，「神は無益に」，すなわち理由なくして「聞き届けることはないだろう」と続けられている。というのも，神は最も正しい理由によってこの者を聞き届け，かの者を聞き届けないからである。それゆえ，「全能者は」ふさわしい者を聞き届け，ふさわしくない者を聞き届けない

4）　キケロ『トゥスクルム論叢』4巻2章参照。

ために，「各人の状況を観察するだろう」と続けられている。とりわけ時として不敬虔な者が繁栄していることから，神が各人の状況を見ていないと思われるので，エリフはこのことを排除するために次のように続けている。「さらに，神は」，人間の行為を「考察しないとあなたは言うだろう」，すなわちあなたの心のうちで考えるだろう。「神の前で裁き」，すなわちあなた自身を神の裁きを受けるために用意し，たとえこの世において罰しないとしても，将来において裁く「神を期待せよ」。というのも，神は将来においてより重く断罪するために遅らせるからである。それゆえ，次のように続けられている。「というのも，現在」，すなわち現在の生において，「神はその怒りを」，すなわち大きな罰を「与えず，罪を重く罰しないからである」，すなわち現在においては罪の重さが要求するところにしたがって罰しないからである。というのも，現在の生における罰は矯正を目的としており，神は矯正にふさわしくないと判断した人々を将来の断罪にまで残しておかれるからである。これが不敬虔な者がこの世において繁栄していることに対する他の理由であり，エリフはこの点においてヨブの見解と一致している。しかし，エリフはヨブの言葉を曲解したので，すでに述べたことを結論づけてそれを非難している。エリフはあたかもヨブにおける話の冗長さを非難するかのように，「それゆえ，ヨブは無益に」，すなわち理由なくして「その口を開いている」と言っている。さらに，ヨブにおける無知と無益なおしゃべりを非難して，「知識なくして言葉を重ねている」と言っている。

第 36 章

―――――

¹ 加えてエリフは次のことを語った。² しばらくわたしの話を待ってくれ。わたしがあなたに示そう。わたしにはなお神のために語りたいことがある。³ わたしは自らの知識を始めから繰り返し，わたしの造り主が正しい者であることを証明しよう。⁴ わたしの話には真に虚偽がなく，完全な知識があなたに証明されるだろう。⁵ 神は自らが強力であるので，強力な者を追い払わないが，⁶ 不敬虔な者を救わず，貧しき者に裁きを与える。⁷ 神は義人から自らの目を取り去らない。神は永久に王を座に据え，彼らは高められる。⁸ もし彼らが鎖につながれ，貧しさの縄によって縛られているなら，⁹ 神は彼らに彼らの業と彼らの罪を示すだろう。というのも，彼らは暴力的であったからである。¹⁰ 神は叱責するために彼らの耳を開き，彼らが不正から向きを変えるように語る。¹¹ もし彼らが聞き遵守するなら，彼らはその日々を善において，その月日を栄光において満たすだろう。¹² しかし，もし彼らが聞かないなら，彼らは剣にかけられ，愚かさにおいて滅びるだろう。¹³ 偽善者と狡猾な者は神の怒りを駆り立てるが，彼らは縛られているので叫ぶことがない。¹⁴ 彼らの魂は嵐において滅び，彼らの生もまた柔弱な者のうちで終わる。¹⁵ 神は貧しき者をその苦悩から救い，艱難においてその耳を開くだろう。¹⁶ それゆえ，神はあなたを最も広く狭い口から救うだろう。あなたは自分自身の下に支えを持っていない。あなたの食卓の休息は脂に満ちたものとなるだろう。¹⁷ あなたの訴訟は不敬虔な者の訴訟として裁かれた。あなたは訴訟と裁き

を見出すだろう。[18] それゆえ，怒りがあなたを征服してあなたがある者を圧迫することのないように。多くの贈り物があなたを逸脱させることのないように。[19] 艱難なくしてあなたの偉大さを捨てなさい。力によってすべての強力な者を捨てなさい。[20] 夜を延期してはならない。強力な者の代わりに民が起き上がるために。[21] 不正へと傾くことがないように注意しなさい。というのも，あなたは不幸の後に不正に従い始めたからである。(36・1-21)

「加えてエリフは次のことを語った」等々。エリフはヨブの言葉におけるそれに対して議論しようとする二つのことについて，すなわちヨブが自らを正しいと言ったことと，神に裁きの不正を負わせたことについて，ヨブの言葉を解釈したかぎりにおいて上ですでに述べた。エリフは上でこれら二つのことに対してすでに論じたので，今や再び他の方法によって同じことに対して議論しようとする。それゆえ，次のように続けられている。「加えて」，すなわち後続する論拠をすでに述べた論拠に付加して，「エリフは次のことを」，すなわち続けられていることを「語った」。続けられていることのうちで，エリフは第一にヨブに注目するよう促して，「しばらくわたしの話を待ってくれ」と言っている。というのも，エリフは一つの回答の下に，すでに述べられた二つのことに対して簡潔に議論しようと意図していたからである。それゆえ，扱われている事柄の真理を「わたしがあなたに示そう」と続けられている。エリフは自らが欲していたことをすでに上で示したと思われていたので，このことが余計であると思われないように，「わたしにはなお神のために語りたいことがある」と続けられているが，これはあたかも次のように言わんとするかのようである。それによって神の裁きの正しさが守られる他の論拠がまだわたしの手元にはある。エリフはすでに述べられた両方のことに対して再び論拠を導入しようと意図

していたので,「わたしは自らの知識を始めから繰り返そう」と続けられているが,これはあたかも次のように言わんとするかのようである。初めから述べられたことの全体に対して,わたしは再びわたしの見解にしたがって論拠を導入しよう。エリフは自らがこの事柄に関して責任があることを示して,「わたしの造り主が」,すなわちわたしを造った神が「正しい者であることを証明しよう」と続けている。すなわち,エリフはヨブが自分自身を正しいと主張するためにヨブが神に負わせたと思われる不正を神の裁きから排除しようとする。エリフが述べようとすることが真の知識ではなく,誤った見解から出てくるものであると人が言うことのないように,「わたしの話には真に虚偽がない」と続けられているが,これはあたかも次のように言わんとするかのようである。わたしが語ろうとすることは正しい知識に一致する真なること以外の何ものでもない。それゆえ,「完全な知識があなたに証明されるだろう」と続けられている。すなわち,完全な知識に属すると思われるこれらのことから,続く証明があなたに結論されるだろう。

　それゆえ,エリフはあたかも序言としてこれらのことをあらかじめ述べた後に,ヨブが述べた先の言葉について議論を始める。第一にヨブが自分自身のことを正しいと述べたことに対してであるが,エリフはこのことを排除するために次のような仕方で進める。ヨブは繁栄の時に大きな力を有していた。しかし,時として,あるいは妬みのために,あるいは人々が彼らの力によって圧迫されるのではないかと恐れるその恐れのために——これらのことは本来的に言って有力な者を妬み,彼らの圧迫を恐れる無力な者に属する——,ある有力な者が迫害されるということが起こる。しかし,このことを神について言うことはできない。というのも,神は力において傑出しているからである。そ

れゆえ,「神は自らが強力であるので,強力な者を追い払わない」と続けられている。ここから理解されることに,神は人間のうちに存在する自らに似ているいかなるものをも憎まない。というのも,神は善性の本質そのものであるので,何ものかが神に似ていると言われる場合,それは善においてのみ可能だからである。ここから明らかなことに,神がある人々を迫害するのは,彼らが有力であるからではなく,彼らにおいて時として不正が見出されるからであり,彼らはこの不正のために神によって罰せられるのである。それゆえ,「不敬虔な者を救わない」,すなわち彼らを断罪すると続けられている。さらに,エリフは断罪の理由を示して,「貧しき者に裁きを与える」と続けている。すなわち,神は有力な者によって圧迫されている貧しき者に対して,不正な有力者について裁きを行う。神は力のために義人を助けることをやめないので,たとえそれが有力な者であっても,「神は義人から自らの目を」,すなわちその親切と憐れみの視線を「取り去らない」と続けられている。これは「主の目は義人の上にある」(詩33・16) と言われていることによっている。

エリフは,もし有力な者が義人であった場合,神が彼らからその憐れみを取り去らないことを,神が有力な者に与える支援によって明らかにしている。第一に,神は彼らの力を堅固なものとするので,もし王が義人であったならば,「神は永久に王を座に据える」と続けられている。第二に,神は彼らをより偉大な者へと前進させるので,座に据えられた「彼らは高められる」と続けられている。すなわち,神が彼らに力と富を増し加えるかぎりで,彼らはより偉大な者へと高められる。第三に,たとえ彼らが罪のために罰せられたとしても,もし彼らが悔い改めようと欲すれば,神は彼らを憐れむので,次のように続けられている。「もし彼らが」,すなわち王たちが「鎖につなが

れ」，すなわち牢に入れられて，「貧しさの縄によって縛られているなら」，すなわち牢に入れられている者が貧しさを蒙っているなら——貧しさはある種の鎖であり，それによって人間はその業を成就することができないように縛られ，加えて多くの不幸によって束縛される——。しかし，このような仕方で不幸のうちに置かれている彼らに対して神が第一に与える恩恵は，そのために彼らが罰せられた以前の罪を彼らに認識させることであるので，「神は彼らに彼らの業を示すだろう」と続けられている。すなわち，神は彼らに彼らの為したことが不正なことであると認識させるだろう。それゆえ，「彼らの罪を示すだろう」と続けられているが，これはあたかも彼らに自らの為した業が罪深いものであることを認識させるだろうと言わんとするかのようである。エリフは彼らが何に関して罪を犯したかを示して，「というのも，彼らは暴力的であったからである」と続けている。というのも，自らの力をあたかも義の法であるかのように利用して，従属者に暴力をふるうことは有力な者に固有の罪だからである。神は彼らに過去の罪を認識させるだけでなく，その罪のために罰せられたことをも彼らに示すので，「神は彼らの耳を開くだろう」と続けられている。すなわち，神は自らが罰することによって彼らに語ること，つまり彼らが自分たちの罪のために罰せられたことを彼らに理解させる。それゆえ，「叱責するために」と続けられているが，これはあたかも次のように言わんとするかのようである。神は自らが彼らを罰したのは叱責するためであることを彼らに認識させるだろう。さらに，神は彼らが悔い改めるように説得するので，内的に，あるいは外的な忠告者によって，「彼らが」悔い改めることによって以前の罪である「不正から向きを変えるように語る」と続けられている。エリフはこの悔悛の成果を示して，次のように続けている。「もし彼らが聞き」，すなわち

心において決意し,「遵守するなら」, すなわち業において満たすならば, 彼らは以前の状態へと戻されるだろう。このようにして,「彼らはその日々を」徳の, あるいは地上的繁栄の「善において, その月日を」地上的な「栄光において満たすだろう」。「しかし, もし彼らが聞かないなら」, すなわち悔い改めるために内的な霊感に従わないならば,「彼らは剣にかけられ」, すなわち牢から引き出されて剣によって殺され,「愚かさにおいて滅びるだろう」, すなわちその愚かさのために破壊されるだろう。ここで考察すべきは, 現在の逆境は罪に対する罰であり, 人は悔悛によって以前の繁栄に戻ると述べる点において, エリフがヨブの友人たちと一致していると思われることである。ヨブの見解によれば, たとえ時としてこのようなことが起こるとしても, 常に起こるわけではない。

　しかし, 時として, 罪が明らかになっていないある者が逆境を蒙るということが起こるので, このことによって先のエリフの見解が無効にされないように, エリフは彼らのことを, 彼らが自らの有していない義を有しているように見せかけるかぎり偽善者, また彼らが義の装いの下に不義を為すために策略を用いるかぎり狡猾な者である——彼らはこれらのこと自体によってより重い罪を犯す——と解釈している。それゆえ,「偽善者と狡猾な者は神の怒りを駆り立てる」と続けられている。というのも, 神はこれらのことをよりいっそう嫌うからである。さらに, このような者は鞭打たれても容易には悔悛しない。というのも, 彼らは他の者によって賞賛されて, 自らを正しい者であると見なしているからである。それゆえ, 次のように続けられている。鎖と貧しさの縄によって「彼らは縛られているので」, 憐れみを求めて神に対して「叫ぶことがない」。このことにおいて, エリフがヨブを偽善者で狡猾な者と見なしており, それゆえ罰のうちにヨブの罪を認識していたこ

とが理解される。このような者は罰において悔い改めることがなく，それゆえ逆境から解放されないので，次のように続けられている。「彼らの魂は嵐において滅び」，すなわち死に至るまで様々な苦悩を蒙り，「彼らの生もまた」，自分自身を圧迫者の手から解放する力を持たない「柔弱な者のうちで終わる」。しかるに，偽善者が柔弱な者に比せられているのは正しい。というのも，人間が偽善者であることは魂の小ささから起こるからである。なぜなら，明らかであることは偉大な魂に固有のことだと言われているからである[1]。エリフは神が艱難のうちに置かれている有力な者を助けると言ったので，神はへつらう者であると言ったと思われることのないように，神が同じ恩恵を貧しき者にも与えることを示して，「神は貧しき者を」逆境から解放することによって「その苦悩から救うだろう」と続けている。また，解放の順序を示して次のように続けている。「艱難においてその耳を開くだろう」，すなわち自らの罪のために罰せられたことを彼に認識させ，彼を悔悛へと導くだろう。これは上で有力な者について言われたのと同様である。

エリフは上で一般的な仕方で述べたことをヨブに適用する。第一に，エリフは神が艱難において貧しき者と有力な者に救いを与えると述べたので，ヨブもまたこのような救いを神から希望することができると結論づけて，次のように続けている。「それゆえ，神はあなたを最も広く狭い口から」，すなわち人間がそれを通じて様々な不幸の何らかの広さへと入るある種の狭い穴のような艱難から，「救うだろう」。というのも，一つの悪は人間にとって様々な悪の原因となるが，このような悪の増加は無限に進行してい

---

1) アリストテレス『ニコマコス倫理学』4 巻 10 章（1124b26）参照。

き，人間は決して休息の状態に到達することがないからである。このことが次のように言われていることの意味である。「あなたは自分自身の下に」，すなわち人間が悪の深みへと下っていく時に，人間が休息することのできる「支えを持っていない」。このことは主として，休息なくして永遠に持続する死後の罰に属すると思われる。エリフは，もしヨブが罪を認識し悔い改めることを欲するなら，彼に悪からの解放だけでなく善の充満をも約束している。それゆえ，「あなたの食卓の休息は脂に満ちたものとなるだろう」と続けられているが，これはあたかも次のように言わんとするかのようである。あなたは安全と静けさと共に，神によってあなたに回復される善から豊かに食べることができるだろう。

　エリフは，神が追い払うのは有力な者ではなく不敬虔な者であることを示したが，ヨブは多くの逆境を通じて神によって追い払われたように思われたので，「あなたの訴訟は不敬虔な者の訴訟として裁かれた」と続けているが，これはあたかも次のように言わんとするかのようである。あなたが罰せられたのは有力であったからではなく不敬虔であったからである。エリフはこのことに対して，もしヨブが悔い改めるなら彼に賠償を約束して，「あなたは訴訟と裁きを見出すだろう」と続けている。すなわち，あなたが他の者の訴訟を討議し，それらについて裁くことのできるように，訴訟と裁きがあなたに再び与えられるだろう。あたかもこのことがすでに生じたかのように，エリフはヨブがその地位においてどのように振る舞うべきかを忠告している。しかるに，時として裁判官が怒りのために義から逸脱するということが起こる。このことに関して，「あなたが訴訟と裁きを見出すとき」，「怒りがあなたを征服してあなたがある者を」不正な仕方で「圧迫することのないように」と言われている。また，時として裁判官は贈り物に対

する欲望のために義から逸脱するので，このことに関して，将来の権威ある地位において，「多くの贈り物があなたを逸脱させることのないように」と続けられている。さらに，時として，人が傲慢によってのみ他の者に義を行うことを軽蔑するということが起こる。このことに関して，「艱難なくして」，すなわちあなたの謙遜のために神によってあなたに艱難が課せられる前に，「あなたの偉大さを」，すなわちあなたの魂の傲慢を「捨てなさい」と続けられている。また，時として，裁判官が恐れのためにある有力な人々に委ねることによって義から逸脱するということが起こる。このことに関して，あなたの「力によってすべての強力な者を捨てなさい」と続けられている。あるいは，その力においてどれほど強力な者であろうとも，あなたは彼らを義によって捨てることをためらってはならない。しかるに，時として，ある裁判官が自らの休息のために赦すことによって義から逸脱するということが起こる。それゆえ，「夜を延期してはならない」，すなわちあなたが義の計画に注意を向けなくなるほどに過度に眠ろうとしてはならないと続けられている。あるいは，「夜を延期してはならない」，すなわちあなたは長い間訴訟の義を隠すことを許してはならず，急いで真理を明らかにしなければならない。エリフはこの理由を示して，「強力な者の代わりに民が起き上がるために」と続けているが，これはあたかも次のように言わんとするかのようである。あなたは強力な者の暴力からすべての民が駆り立てられて，彼らの不正のためにあなたを妨げることに着手するところまで，裁きを延期してはならない。あるいは「夜を延期してはならない。強力な者の代わりに民が起き上がるために」と言われていることは，あたかも次のように言われているかのように，他の仕方で解釈できる。あなたは強力な者に対して裁きを行うことを延期してはならない。というのも，彼らはその

力によって自分たちを守るために起き上がる多くの支持者を見出し，それによってあなたの裁きが妨げられるかもしれないからである。しかるに，これらすべてのことはヨブが将来の繁栄の状態において不義を避けることに関係づけられるので，すでに述べられた何らかの方法によって，あるいは他の何らかの方法によって「不正へと傾くことがないように注意しなさい」と続けられている。ヨブは慎重に義を行使することを常としていたので (29・14)，ヨブがこの忠告は余計であると言うかもしれない。それゆえ，エリフは次のように続けている。「というのも，あなたは不幸の後に」，自分自身を神より正しいと見なすことにおいて，「不正に従い始めたからである」。それゆえ，もしあなたが繁栄の状態へと戻ることがあれば，あなたは不義に傾かないように注意しなければならない。

²² 見よ，神はその力において高く，立法者のうちで神に似た者はいない。²³ 誰が神の道を調べることができよう。誰が神にあなたは不正を働いたと敢えて言うだろうか。²⁴ 男たちが歌った神の業をあなたが知らないことを忘れてはならない。²⁵ すべての人間は神を見ているが，誰しも遠くから見ている。²⁶ 見よ，神はわれわれの知識に勝って偉大であり，その年月の数を計ることはできない。²⁷ 神は雨の滴を取り去り，川のように雨を注ぐ。²⁸ 川は雲から生じ，雲は上方からすべてのものを覆う。²⁹ もし神が自らの天幕のように雲を広げ，³⁰ その光によって上方から稲妻を起こそうと欲すれば，海の極は覆われるだろう。³¹ 神はこれらのことによって民を裁き，多くの死すべき者に食料を与える。(36・22-31)

「見よ，神はその力において高い」等々。エリフはヨブが自らを正しいと言ったことに関してヨブの言葉を非難した後に，ここではヨブが神の裁きの義に反して語ったとエ

リフが信じていることに関して，ヨブの言葉を非難しようとする。それゆえ，神の力の崇高さを提示して次のように言っている。「見よ，神はその力において高い」，すなわち神は残りのものよりも崇高な力を有している。しかるに，より大きな力がその不義についてより小さな力によって断罪されることは理性に反する。第二に，エリフは神の権威を提示して，「立法者のうちで神に似た者はいない」と続けている。というのも，「法の制定者は」（箴 8・15），神の知恵によって「正しいことを決定する」からである。それゆえ，神はいかなる者の法によっても不義について断罪されえない。むしろ，神の知恵がすべての法の基準ないし尺度である。第三に，エリフは神の業の把握不可能性を提示して，「誰が神の道を調べることができよう」，すなわち神の業の理由を十全な仕方で見出すことができようと続けている。このことから，エリフはあたかも神が不義について断罪されえないことを結論づけるかのように，「誰が神にあなたは不正を働いたと敢えて言うだろうか」と続けている。人が不正について断罪されるためには，彼がより上級の力に従属していること，他の者の法によって縛られていること，彼の業が認識されていることが要求されるが，すでに述べられたように，これらのことを神について言うことはできない。

　続いて，エリフは人間が神の道，すなわち神の業を調べえないことを明らかにすることを始めて，「男たちが歌った神の業をあなたが知らないことを忘れてはならない」と言っている。男たちとは知恵ある者たちのことであり，彼らが男たちと名づけられているのは魂の力のためである。「歌った」と言われているのは，知恵ある者の昔の慣習のためであり，彼らは韻文によって神的なことや哲学的なことを記述していた。しかるに，ある人間がどれほど知恵ある者であっても，神の本質を認識し語ることに達すること

はできない。神についての人間のすべての認識と話は神の業によるものであるが、その神の業をヨブも他の人間も完全な仕方で認識することはできない。それゆえ、神の業を通じて「すべての人間は神を見ている」と続けられている。というのも、何かしらの神の業を知覚できないほど知恵を欠いている人間はいないからである。さらに、その認識が神の卓越した明るさによって大いに凌駕されていない知恵のある者はいない。それゆえ、次のように続けられている。「誰しも遠くから見ている」、すなわち人間の認識は神の本質の完全な把握から遠く離れている。それはあるいは人間が神の本質の卓越性から無限に隔たっている神の業を通じてしか神を認識できないからであり、あるいはその神の業ですら人間は完全に認識できないからである。エリフはこのことから、神がその卓越性によって人間の認識を超え出ていると結論づけて、「見よ、神はわれわれの知識に勝って偉大である」と続けている。というのも、神がわれわれによって完全な仕方で認識されえないことは、ちょうど運動や時間について起こるように[2]、神の欠陥によるものではなく、その卓越性によるものだからである。たとえわれわれが神についてその何であるかを認識できないとしても、われわれは神についてそれが存在するかどうか——このことは神の持続に関わる——を認識することができると人は言うかもしれない。しかし、エリフはこのこともまた人間の認識を超え出ていることを示して、「その年月の数を計ることはできない」と続けている。というのも、神の持続の永遠性は人間の知性によって把握されえないからである。

　続いて、エリフは空気の様々な変化を数えあげることによって、人間理性を超え出ている神の業の偉大さを示して

---

[2]　トマス『形而上学註解』2巻1章（993b7）参照。

いる。時として空気は乾燥によって整えられるが，このことに関して，雨が降らないように妨げることによって「神は雨の滴を取り去る」と言われている。また，時として空気のうちに雨が充満するが，エリフは雨の偉大さを記述して，「川のように雨を注ぐ」，すなわち雨が地において溢れると言っている。もし雨の起源が考察されるなら，すなわちこれほど多くの水が堅固さを持たない雲から溢れ出ることを考えるならば，このような雨の充満は驚嘆すべきものであることが明らかとなる。このことに関して，「川は雲から生じる」と続けられているが，これは実際にこれほど多くの雨が雲のうちに存在しているということではなく，雲の水蒸気そのものが継起的に雨へと凝縮されるということである。雨において他の驚くべきことがあるが，それは地の広範囲を浸すことである。それゆえ，次のように続けられている。「雲は上方からすべてのものを」，すなわち雨が降る地域の場所を「覆う」。その結果，その地のいかなる部分も浸されることなく残ることはない。続いて，エリフは雲そのものについて語って，「もし神が自らの天幕のように雲を広げようと欲すれば」と言っている。というのも，ちょうどある人間の座が天幕によって隠されるように，神の座である天は雲によって隠されるからである[3]。しかるに，稲妻は風の衝突によって雲から生じるので[4]，「その光によって上方から稲妻を起こそうと欲すれば」と続けられている。しかるに，時として雲はその下に海の端が存在すると思われるある地域の地平線に至るまで天を覆うので，雲の天幕によって「海の極は覆われるだろう」。エリフが「もし神が欲するならば」と言っているのは，神

---

3) 『イザヤ書』66 章 1 節参照。
4) アリストテレス『気象論』2 巻 9 章（369a28），アルベルトゥス『気象論』3 巻第 3 論考 5 章参照。

の意志が自然の業の根源であることを示すためである。しかるに、目的のために働くことが意志に固有なことである。それゆえ、エリフはこれらの業の目的を示して、これらのことによって罰せられる人々に関して、「神はこれらのことによって民を裁く」と、また、雨がそれによって人間のために食料が育つ地の肥沃さに対して有益であることに関して、「多くの死すべき者に食料を与える」と続けている。

第 37 章

---

 ³² 神は手のうちに光を隠し, 再び到来するように命じる。 ³³ 神は光についてその友人に告げるが, これは彼の所有であり, 彼は光へと上ることができる。¹ このことについてわたしの心は恐れ, その場所から動かされる。² 彼は神の恐ろしい声において風聞を, 神の口から発せられる音を聞くだろう。³ 神はすべての天の上で考察する。神の光は地の果ての上にある。⁴ 神の後に音が鳴り, その偉大なる声が響く。その声は聞かれても探究されないだろう。 ⁵ 神はその声において驚くべき仕方でとどろく。神は偉大なこと, 計ることのできないことを為し, ⁶ 雪に対して地に落ちるように命じ, 冬の雨と神の力の豪雨にも命じる。⁷ 神は各人が自らの業を知ることができるようにすべての人間の手にしるしを刻む。⁸ 獣はその巣へ入り, 洞穴において留まる。⁹ 地の内部から嵐が, 牛飼座の α 星から寒さがやって来る。¹⁰ 神が吹くことによって寒気は増し, さらに大量の水が溢れる。¹¹ 雲は穀物を望み, その光をまき散らす。¹² 雲はすべてのものを円環運動によって遍歴する。神が全世界の上の雲に命じるすべてのもののために, 統帥者の意志が雲をいかなるところへ導こうとも。¹³ すなわち, あるいはある部族においてであれ, あるいは雲そのものの地においてであれ, あるいは神の憐れみにおいて雲が見出されることを命じるいかなる場所においてであれ。(36・32-37・13)

「神は手のうちに光を隠す」等々。エリフは上で乾燥と雨にしたがって生じる空気の変化, また, 神がそこから光

を放つ雲の消滅にしたがって生じる空気の変化について論じたが，今や，時に雲に隠れ時に雲から現れる光そのものについて，また雲から生じる雷鳴についてより長く論じる。エリフは光から始めて，次のように言っている。「神は手のうちに光を隠す」，すなわち神はその力の業によって，時として太陽や星々の光が雲によって隠されるようにする。しかし，この隠蔽は永続的なものではなく一時的なものであるので，雲を遠ざけることによって「再び到来するように命じる」。あるいは，これらの言葉は日の出と日没による空気の明暗に関係づけることができる。考察すべきことに，可感的なものは可知的なもののある種のしるしであるので，われわれは可感的な働きによって可知的なものの認識へと到達する。しかるに，すべての可感的な働きのうちでより霊的であるのは光であるので[1]，光は可知的なものの認識へと導くためにより有効である。というのも，その認識が光によって完成される視覚は，大部分の知性的な認識を助けるからである。それゆえ，この可感的な光は神の力によって人間に対して隠されたり与えられたりするので，このことによって理解されることは，神のもとにはより卓越した光，すなわち霊的な光があり，神はそれを徳の報酬のために人間に保存しているということである。それゆえ，次のように続けられている。「神は」，物体的な光によって表示された「光についてその友人に」，すなわち神が愛している有徳な者に「告げるが，これは彼の所有であり」，すなわちかの霊的な光は神が報酬としてその友人のために保存している宝蔵であり，彼は徳の業によってそれを獲得することによって，またそれを所有するために自らを用意することによって，「彼は光へと上るこ

---

  1) トマス『命題集註解』4巻49区分4問5項小問3異論解答3参照。

とができる」。たとえこのことが物体的な光について解釈されうるとしても。プラトン主義者は人間の魂が星々の魂に由来すると措定したので[2]，人間の魂は理性に従って生きることによってその尊厳を保つときに，そこから流出してきた星々の明るさに帰るのである。それゆえ，『スキピオの夢』において[3]，町の「指導者や守護者はここから」，すなわち天によって「進み出て，ここへと帰る」と言われている。このことにおいて理解されることに，エリフは徳の最終的な報いを，時間的善ではなくこの世の生の後の霊的善に置いていた。しかるに，地上的で可滅的な人間が霊的で天上的なものの所有へと前進させられることは，すべてのもののうちで最も驚嘆すべきことである。それゆえ，次のように続けられている。「このことについて」[4]，すなわち人間が光を所有することへと上昇しうることについて，驚嘆と茫然の恐怖によって「わたしの心は恐れ，その場所から動かされる」，すなわち可感的な生にしたがって自らに本性において一致すると思われるものを願望し欲するだけでなく，霊的で天上的なものへと移行させられる。

　物体的な光を認識するものである視覚の後に，とりわけ知性に仕えるのは聴覚である。というのも，聴覚はそれによって知性的概念が表現される声を知覚するものだからである。ちょうど人間が物体的な光を見ることによってある種のより高次の光の認識と期待へと導かれるように，人間は神の力によって形成された物体的な音声を聞くことによって霊的な神の教えを聞くことへと導かれる。それゆえ，次のように続けられている。「彼は」，すなわち人間は神から，「神の恐ろしい声において」，すなわちあたかもあ

---

2)　マクロビウス『スキピオの夢』1巻14章参照。
3)　同上，9章参照。
4)　現行のウルガタ版（Vulgata Sixto-Clementina）においては，この聖句から第37章が始まっている。

る種の神の恐ろしい声であるかのような雷鳴のしるしにおいて，霊的な教えの「風聞を聞くだろう」。エリフはすでに述べられた風聞を説明して，「神の口から発せられる音を聞くだろう」と続けている。というのも，雷鳴の物体的な音はあたかも神の手，すなわちその力によって形成されるものであるが，神の口から発せられる音は神の知恵の教えだからである。これは「わたしはいと高き方の口から出た」（シラ 24・5）と言われていることによっている。

　神が天の物体的な光より他のより上級の光を有していないと信じられることのないように，エリフはこのことを排除して，「神はすべての天の上で考察する」と続けているが，これはあたかも次のように言わんとするかのようである。神の目は天の下ではなく天の上にある。しかるに，「明らかにされるものはすべて光である」（エフェ 5・13）ので，何かが見られるのは何らかの光においてのみである。それゆえ，神の光が第一に天において見出されるこの物体的な光よりも優れていることは必然である。このことからして，可知的な「神の光は地の果ての上にある」，すなわちすべての物体的被造物の上にある。ちょうど天の物体的な光が神の下にあるように，雷鳴の物体的な音もまた神の下にあるので，「神の後に」，すなわち神の下で，物体的な雷鳴の「音が鳴る」と続けられている。神は他の霊的な声，すなわち知恵の教えを有しているが，人間がそれを把握することはできないので，神の偉大さを教える「その偉大なる声が響く」と続けられている。物体的な雷鳴のように，すべての者がこの声を聞くわけではない。また，何らかの仕方でそれを聞く者もそれを把握することはできないので，次のように続けられている。「その声は」，すなわち知恵の教えは，「聞かれても」，すなわちある人間によって霊的な仕方で知覚されても，完全には「探究されないだろう」。

このような声はそれを聞く人間の教化だけでなく，神の知恵の命令から生じる自然的な業の完成にも秩序づけられている。それゆえ，エリフは第二に「神はその声において」，すなわちその知恵の命令において，「驚くべき仕方で」，すなわち驚くべき働きを生み出すことによって「とどろく」と繰り返している。このことが，「神は」，それらの本性にしたがって「偉大なこと」，人間理性によって「計ることのできないことを為す」と続けられていることの意味である。エリフはそれらを列挙することを始めて，神はその知恵の声によって「雪に対して地に落ちるように命じる」と続けている。というのも，神の命令によって雪や雨や豪雨もまた生じるからである。それゆえ，「冬の雨と」，すなわち冬に多い雨と，「神の力の豪雨にも命じる」。というのも，豪雨は風の衝動を伴って何らかのより強力な原因から生じるからである。また，より下級な事物において生じるすべてのことは何らかの仕方で人間に秩序づけられているので[5]，「神は各人が自らの業を知ることができるようにすべての人間の手にしるしを刻む」と続けられている。というのも，人間の様々な業に空気の様々な状態が適合するからである。すなわち，夜の業と昼の業は異なり，さらに人間が晴天の時に行う業と雨の時に行う業は異なる。人間はある時にいかなる業が適合するかということを神によって自らに与えられた理性にしたがって見分ける。神がすべての人間の手，すなわち作用的力のうちに置いたしるしとはこのことであり，その結果，人間は適切な仕方で自らの業を様々な時に配分することを知るのである。この摂理はある種の自然本性的な衝動によって様々な時において様々なことを行う動物にも及ぶので，雨の時に「獣は

　5）　アリストテレス『政治学』1巻6章（1256b20），トマス『神学大全』2-2部66問1項参照。

その巣へ入り」，ふさわしい時に「洞穴において留まる」と続けられている。

次いで，エリフは様々な風の働きを示している。このことに関して考察すべきことに，南風は雨と嵐をもたらし，北風は空気における寒さを生ぜしめる[6]。しかるに，南風はわれわれに対して南極の側から起こるが，南極は北極が地平線の上に上がっている分だけ，われわれの地平線の下に沈められたものとしてわれわれに隠されているので，「地の内部から嵐がやって来る」と続けられているが，これはあたかも次のように言わんとするかのようである。われわれのもとで嵐が生じるのは，常にわれわれの地平線の下に沈められている天の部分から発する風によってであり，この風は南風と言われる。また，北風に関しては，「牛飼座のα星（Arcturus）から寒さがやって来る」と続けられている。というのも，北部がギリシャ語で北（Arctos）と言われるからである[7]。それゆえ，常に地平線の上に上がっている熊座が牛飼座のα星と言われる。北風はその部分から発するが，それは太陽が天のその部分から離れることによって寒さを生ぜしめる。エリフはこのことを神の知恵に帰するために，「神が吹くことによって寒気は増す」と続けているが，これはあたかも次のように言わんとするかのようである。寒気を生ぜしめる北風は神が吹くことによって，すなわち北風が吹くことそのものを生ぜしめる神によって起こる。「さらに」，神が吹くことによって，すなわち南風を生み出すことによって，南風によって生じる雨による「大量の水が溢れる」。

エリフはこのような働きもまた人間の有用性に関係づ

---

6) イシドルス『事物の本性について』37章（PL 83, 1007），アルベルトゥス『気象論』3巻第1論考2章参照。

7) イシドルス『語源』3巻71章6節（PL 82, 179）参照。

けられることを示して,「雲は穀物を望む」と続けているが, これはあたかも次のように言わんとするかのようである。雲はちょうどそのために有用である何らかの目的に対するように, 穀物に秩序づけられている。いかなる事物もその目的を望むので, エリフは雲が穀物を望むと言っている。というのも, 雲から穀物に有用性が到来するからである。すなわち, あるいは雲から落ちる雨が地を浸すことによって穀物の産出のために地を肥沃にするからであり, あるいは太陽の持続的な熱気によって乾いてしまわないように, 時として雲によって覆われることは穀物にとって有用だからである。エリフは雲の他の有用性を付加して,「その光をまき散らす」と言っている。このことは, あるいはエリフが先行する章において「もし神が雲を広げ, その光によって稲妻を起こそうと欲すれば」(36・29) とあらかじめ述べたことにしたがって, 閃光の光に関係づけられる。あるいは, 雲に反射し何らかの仕方で雲によって和らげられた太陽の光線から空気において輝く光によりいっそう関係づけられる。それゆえ, 太陽の明るさは日が出る前に空気において明らかであり, 日が沈んだ後にもまた太陽の光線の雲に対する反射のために明らかである。というのも, 雲は高い場所にあるので, 太陽の光線はより早く雲に近づき, より遅くに雲を見捨てるからである。

エリフは雲の有用性を述べた後に, その運動を記述して,「雲はすべてのものを円環運動によって遍歴する」と言っている。というのも, 雲はそこから水蒸気が上る地のある部分の上にのみ留まるのではなく, 風の衝撃によって様々な部分へと移動するからである。しかるに, 風はしばしば太陽の運動に従ってある種の円を作る[8]。それゆえ, 早朝には東風が, 後に南風が, 最後に夕方に西風が吹く。

---

8) アリストテレス『気象論』2 巻 6 章 (364b14) 参照。

このことから，雲がある種の円環運動によって動かされるということが帰結する。エリフはこのことが神の摂理に由来することを示すために，「統帥者の」，すなわち神の「意志が雲をいかなるところへ導こうとも」と続けている。というのも，雲は常に地のすべての部分に到達するのではなく，神の計画にしたがってある時はこの部分へ，ある時はかの部分へ達するからである。しかるに，雲から様々な働き，たとえば雨，雪，雹，雷鳴やこれに類するものが生じる。ちょうど雲が地のいかなる部分に達するかということが神の計画に依存しているように，雲からいかなる働きが結果するかということもまた神の計画に依存している。それゆえ，「神が全世界の上の雲に命じるすべてのもののために」と続けられているが，これはあたかも次のように言わんとするかのようである。雲から地の上にいかなる働きが生じるかということは神の命令に依存している。また，エリフは「統帥者の意志が雲をいかなるところへ導こうとも」と言ったので，このことを説明して，「あるいはある部族においてであれ」と続けている。というのも，時として雲がある地域において現れ，他の地域において現れないということが起こるからであり，これは「わたしはある町には雨を降らせたが，他の町には降らせなかった」（アモ4・7）と言われていることによっている。このことは二つの仕方で起こる。というのも，時として雲はそこから水蒸気が生じるのと同じ地域において現れる——このことは風の衝撃によって水蒸気が離れた場所へ移動させられない時に起こる——からである。このことに関して，「あるいは雲そのものの」，すなわちそこから雲が生じた雲の「地においてであれ」と言われている。しかし，時として雲は他の地域へと移動させられるので，このことに関して，「あるいは神の憐れみにおいて雲が見出されることを命じいかなる場所においてであれ」と続けられている。というの

も，神の偉大なる憐れみから，雲や雨をふさわしい時にある地域に，とりわけ雨があまり降らない熱い地方に配慮するということが生じるからである。

[14] ヨブよ，耳を傾けよ。立って，神の驚くべき事柄を考察せよ。[15] あなたはいつ神が雲の光を示すために雨に命じるかを知っているのか。[16] あなたは雲の小道を，偉大で完全な知識を知っているのか。[17] 地が南風によって吹かれたとき，あなたの衣服は熱くなるのではないかね。[18] ひょっとしてあなたは神と共にあたかも銅の上に造られたかのように非常に堅固な天を造ったのか。[19] われわれが神について述べようとすることをわれわれに示してくれ。というのも，われわれは闇に覆われているからである。[20] 誰がわたしの語ることを神に語るだろうか。たとえ語ったとしても，飲み込まれるだろう。[21] 今，人々は光を見ていないが，直ちに空気は雲へと濃縮されて，過ぎ行く風が雲を追い払うだろう。[22] 金は北から，恐れを含む賛美は神から到来する。[23] というのも，われわれは正当に神を見出すことができないからである。神は力，裁き，義において偉大である。神について語ることはできない。[24] それゆえ，男たちは神を恐れ，自分のことを知恵ある者と思っているすべての者も敢えて神を観想しないだろう。(37・14-24)

「ヨブよ，耳を傾けよ」等々。エリフは神の業に関して多くの驚くべきことを語った後に，ここで神の業を把握することができないにもかかわらず，不義について神を非難したと思われるヨブを攻撃する。それゆえ，次のように言われている。「ヨブよ」，神の業の偉大さについてわたしから語られたことに「耳を傾けよ」。精神の正しさによって「立って」，あなた自身によって，神の業において明らかである「神の驚くべき事柄を考察せよ」。エリフは，驚くべき事柄のうち雨から始めている。人間は雨を感覚的に

知覚するが，神によって創設された雨の第一の起源を知識によって把握することができないので，「あなたはいつ神が」，神の秩序から地に落ちる「雨に命じるかを知っているのか」と続けられている。雨の落下の後に，以前は雲の密度から暗かった空気は，雲が希薄となることで明るくなる。それゆえ，落下する雨が「雲の光を」，すなわち雲の密度によって隠されてはいたが，希薄になった雲を通じて輝く太陽の光を「示すために」と続けられている。エリフは雲の運動について付加して，次のように言っている。「あなたは雲の小道を知っているのか」，すなわち雲がいかにしていかなる原因から様々な部分へと風によって追いやられるのか知っているのか。雲の認識は，空気のすべての変化，たとえば風，雨，雪，雹，雷鳴，これに類する残りのものを認識する根源である。それゆえ，「あなたは偉大で完全な知識を知っているのか」と続けられている。偉大であると言われるのはこのような現象がより高い物体において生じるからであり，完全であると言われるのは，雲の知識が雲からより下級のものにおいて生じるすでに述べられた現象や働きのすべての知を包含しているからである。また，雲は風によって追い払われるので，エリフは続けて風の働きについて付加して，「地が南風によって吹かれたとき，あなたの衣服は熱くなるのではないかね」と言っている。というのも，南風は熱い地方からやって来るので空気を熱くするが[9]，その熱を受けとった人間の衣服がよりいっそう人間を熱くするからである。エリフは明瞭に南風の働きについて言及している。というのも，南風は下方から到来し水蒸気を集めて雲へと凝縮しそれを動かすが，北風は高いところから到来しむしろ雲を散らすからであ

---

9) アリストテレス『気象論』2巻6章（358a29）参照。

る[10]。

　このようなすべての働きに対して天体の力が働いているので、エリフはさらに天体へと話を進めて、「ひょっとしてあなたは神と共に天を造ったのか」と続けている。エリフはこのことにおいて、比喩的な仕方で天体の上に及ぶ神の原因性を表現している。職人が作品の原因であるように、神もまた天体の原因であるが、そうである仕方は両者において異なっている。というのも、職人はすでにある質料から作品を作るが、天体はすでにある質料から生じることは不可能であり、天体の産出と同時に形相を伴った質料が生み出されたからである[11]。さらに、エリフはより上級の天を空気の天と言われているものから区別するために[12]、「あたかも銅の上に造られたかのように非常に堅固な天」と付加している。しかるに、知るべきことに、われわれのもとには、ちょうど空気や水やこれに類するもののように、触れるものに従い通過するものによって分割されるある種の物体が存在する[13]。対して、ちょうど石や金属の物体のように、あるものは触れるものに従わずいかなるものによっても通過されえない。それゆえ、エリフは、より上級の天が空気や水のように分割も通過もされえないことを示すために、それを他の金属のうちでもとりわけ銅に比している。というのも、人間はしばしばこのような作品のために銅を用いていたからである。

　ヨブが高慢によって自らが神の業を完全に認識している

---

10)　イシドルス『事物の本性について』37章 (PL 83, 1007)、バルトロメウス・アングリクス『事物の固有性について』11巻3章参照。

11)　アルベルトゥス『天体論』1巻第1論考8章参照。

12)　ダマスケヌス『正統信仰論』2巻6章 (PG 94, 884C; Bt 82)、トマス『神学大全』1部68問4項参照。

13)　アリストテレス『天体論』3巻3章 (299b13)、『気象論』4巻4章 (382a11) 参照。

と言うことのないように，エリフはこれを嘲って，「われわれが神について述べようとすることをわれわれに示してくれ」と続けているが，これはあたかも次のように言わんとするかのようである。もしあなたが神のすべての業を認識し，それらについて神と議論することができるほど知恵のある者ならば，われわれが神に答えることのできるようにわれわれを教えるべきである。さらに，エリフはその必要性を示して，「というのも，われわれは闇に覆われているからである」と続けているが，これはあたかも次のように言わんとするかのようである。われわれはあなたがすでに述べられたことをわれわれに示してくれることを非常に必要としている。というのも，われわれはそれらについて全く知らないからである。エリフは自らが神の働きについて多くのことを語ったので，あたかも自分のことをすでに述べられたことを完全に認識していると見なしているとして高慢に数えられることのないように，これを排除して「誰がわたしの語ることを神に語るだろうか」と続けているが，これはあたかも次のように言わんとするかのようである。神の働きについてわたしが語ったこれらのことを，神に適合するような仕方で，神の力の卓越性にしたがって十全に語ることのできる者はいない。もし自らが神について十全に語っていると見なすほど大きな高慢に高められた者がいるならば，このこと自体から彼には危険が迫っているのであり，それゆえ，次のように続けられている。人が神の働きを把握しようと欲して「たとえ語ったとしても」，あたかも彼が語る主題の大きさによって「飲み込まれるだろう」。これは「威厳を調べる者は栄光によって圧迫される」（箴 25・27）と言われていることによっている。あるいは，他の仕方で理解した場合は次のような意味になる。人間は適切な仕方で神の働きを語ることができないだけでなく，神自身がそれらについて人間に啓示することによっ

て「もし語ったならば」，あたかもこれほど大きな事柄を捉えることができないようにして，「人間は飲み込まれるだろう」。それゆえ，「わたしはあなたたちに語るべき多くのことを持っているが，今あなたたちはそれを担うことができない」（ヨハ 16・12），また「すべての肉のうちに生ける神の声を聞くことのできるものがあるだろうか」（申 5・26）と言われている。

　神の真理の認識が永遠に人間から取り去られていると信じられることのないように，エリフはこのことを排除して，次のように続けている。「今」，すなわち現在の時においては，「人々は光を」，すなわち神の認識の明るさを「見ていない」。しかし，上で述べられたように，神の友には，時として「光へと上ることができる」（36・33）ことが告げられる。エリフはこのことに関して比喩を導入して次のように言っている。南風によって水蒸気が集められて，「直ちに空気は雲へと濃縮される」。このことから空気は暗くなるが，このような闇は雲が追い払われた後には通り過ぎるので，「過ぎ行く風が」，すなわち北風が「雲を追い払うだろう」と続けられている。これはあたかも次のように言わんとするかのようである。このような仕方で，たとえ今人間は闇に覆われているとしても，あたかも通り過ぎる風のような死が到来すれば，前述の闇は追い払われるだろう。

　しかるに，時として，暗い場所において何か輝くものが見出されるということが起こる。ちょうど北部地方が太陽から離れていることのために暗い場所であると言われながら，残りの金属のうちでより輝きを放つ金が多く見出される場合がそれである。このことは熱が周囲の空気の冷たさのために地の内奥へ戻ることによって，そこにおいてよりいっそう強力に金の生成のために働くという理由によっている。このことが「金は北から到来するだろう」と言われ

ていることの意味であり，これはあたかも次のように言わんとするかのようである。北部地方において金はよりいっそう豊富である。ちょうど北の闇において金の輝きが見出されるように，この世の生の無知の闇においてもまた，たとえ不明瞭ではあっても神の認識の何らかの輝きが見出される。それゆえ，「恐れを含む賛美は神から到来する」と続けられている。というのも，もしいかなる神の光もわれわれのうちに輝いていないとすれば，われわれのうちのいかなる者も神を賛美することはできないからである。さらに，もしわれわれにおいて神の真理がちょうど正午のように明らかな仕方で輝いていたとすれば，われわれは安心して神を賛美するだろう。しかし，われわれにおいてはある種の不明瞭さとともに何かしら神の光のようなものが輝いているので，われわれは恐れとともに神を賛美するのである。これはちょうど，人間が完全な仕方で為すことができるかどうか分からないことを恐れとともに為すのと同様である。それゆえ，「というのも，われわれは正当に神を見出すことができないからである」と続けられている。すなわち，われわれは自らの考案によっては神をありのままに認識するところまで到達することができないからである。このことは神の卓越性より起こるので，「神は力において偉大である」と続けられている。すなわち，神の力はそのすべての働きを無限に超え出ているので，神をその働きから正当に見出すことはできない。神がその力の大きさのために人間の統帥において暴力のみを用いていると信じられることのないように，「神は裁きにおいて偉大である」と続けられている。というのも，「神の裁きは把握できない」（ロマ 11・33）からである。また，このことは義の欠陥ではなく卓越性によるものであるので，「神は義において偉大である」と続けられている。われわれは神の偉大さのために十全な仕方で神について精神において思考したり，口

によって語り出したりすることができない。それゆえ，正当な仕方で人間が「神について語ることはできない」と続けられている。このことが神の賛美が恐れを伴うことの理由であるので，「それゆえ」，どれほど強い男といえども神の力の大きさのために「男たちは神を恐れるだろう」と続けられている。さらに，「自分のことを知恵ある者と思っているすべての者も」，あたかも十全に認識しようと思い上がる者のように，「敢えて神を観想しないだろう」と明瞭に言われている。というのも，人間の知恵は，彼らや他の者にどれほど大きなものであると思われようとも，神の知恵に比すればあたかも無のようなものだからである。

すでに述べられたエリフの言葉から考察すべきことに，エリフはある部分においてヨブと一致し，ある部分においてヨブの友人と一致していた。すなわち，エリフがヨブと一致していたのは，善人の報いと悪人の罰がこの世の生の後の将来的なものであると信じていた点であり，エリフがヨブの友人と一致していたのは，現在の生のすべての逆境は罪のために到来するが，もし人が悔悛すれば逆境から繁栄へと戻ることができると信じていた点である。さらに，エリフはヨブ自身についてもヨブの友人と一致していた。というのも，エリフはヨブが罪のために罰せられたと見なし，ヨブにおいて以前見られていた義は見せかけのものであると考えていたからである。また，エリフはヨブの言葉を，他の者がそうしたように，曲解した。この世における悪人の繁栄に関して，エリフのみが，彼らが繁栄しているのは他の者の罪のためであるという理由に触れている[14]。同様に，エリフだけが，天使が神と人間の仲介者であるということに明らかな仕方で触れていると思われる[15]。

---

14) 『ヨブ記』34 章 30 節。
15) 同上，33 章 23 節。

ヨブはエリフの言葉に答えなかった。それは第一に主要な教えにおいてはエリフと一致していたからである。しかし，ヨブの友人は主要な教えにおいて誤ったので，ヨブは上で彼らを「転倒した教えの信奉者」(13・4) と呼んだ。エリフがヨブ自身について考えていたことは，そのことのためにエリフと論争しようと思うほどにヨブにとっては気がかりではなかった。それはとりわけ，ヨブがその良心の純粋性を上で神の証言によって行った以外の方法で証明することができなかったからである。第二に，エリフが若さゆえのある種の高慢から，論争好きな者の慣習に従って，ヨブが語っていない言葉やエリフが解釈したのとは異なった意味でヨブが語った言葉をヨブに負わせたからである。それゆえ，ヨブは自分自身を論争から引き離すために，むしろ沈黙して神の裁きに委ねることを決心した。

第38章

───────

¹ 主は嵐の中からヨブに答えて言った。² 未熟な言葉によって判決を覆っている者は誰か。³ 男らしく腰に帯をせよ。わたしはあなたに尋ねる，わたしに答えてみよ。⁴ わたしが地の基を置いたときあなたはどこにいたのか。もしあなたが認識を有しているなら，わたしに示してみよ。
⁵ 誰が地の尺度を定めたかをあなたは知っているのか。あるいは，誰がその上に測り縄を張ったのか。⁶ 地の台座はいかなるものの上に置かれたのか。また，誰が隅石を放ったのか。⁷ 早朝の星々がわたしを褒め称えていたころ，すべての神の子が歓喜していたころ。⁸ 誰が海を戸によって制限したのか。あたかも子宮から幼子が出てくるように，いつ海が噴出したのか。⁹ というのも，わたしは海の衣服として雲を置き，あたかも幼子の布のように靄によって海を包んだからである。¹⁰ わたしは海をわたしの境界によって囲み，かんぬきと戸を置いた。¹¹ わたしは言った。お前はここまで来ることができるが，これ以上進むことはできない。ここでお前の膨れ上がる波を粉砕せよ。¹² あなたの出生の後に，あなたは夜明けに命じ，曙にその場所を示したのか。（38・1-12）

「主は嵐の中からヨブに答えて言った」等々。神の摂理についてのヨブとその友人の議論が述べられたので，エリフは議論に決着をつける役割を担い，ある点においてはヨブを，ある点においてはその友人を非難した。しかし，人間の知恵は神の摂理の真理を把握するために十分ではないので，すでに述べられた議論が神の権威によって決定され

ることが必要であった。しかるに，ヨブは神の摂理について正しい考えを持っていたが，語る方法において，そこから他の者の心のうちに躓きが生じるほどに度を過ごした。というのも，他の者はヨブが神に対して然るべき崇敬を示していないと考えていたからである。それゆえ，主は，問いに決着をつける者として，ヨブの友人を正しい考えを有していなかったことについて，ヨブ自身を無秩序な語り方について，エリフを不適切な決定について非難した。それゆえ，「主はヨブに答えた」と言われている。というのも，たとえ直前に語ったのがヨブではなかったとしても，ヨブのためにこの回答は生じたからである。主は回答の方法を示して，「嵐の中から」と続けている。このことは，文字的意味においては，何らかの空気の混乱と共に神の言葉が奇跡的な仕方で空気のうちに形成されたという意味において理解できる。ちょうどシナイ山において起こったと書かれているように（出20・18）。あるいは，ある者が「雷が鳴った」と言ったときに，キリストに対して声が生じたと書かれているように（ヨハ12・29）。あるいは，このことは比喩的な仕方で言われたものとして理解できる。その結果，主のこの回答はヨブ自身に対して神的な仕方で為された内的な霊感であり，このようにして主は「嵐の中から」ヨブに答えたと言われている。それは一つにヨブがこれまで蒙っていた混乱のためであり，また一つに嵐の不明瞭さのためである。というのも，ディオニシウスが『天上階層論』一章において言っているように，われわれはこの世の生において神の霊感を明らかな仕方で知覚することはできず，可感的な類似性というある種の暗さを伴って知覚するからである[1]。たとえ主が自らの声を物体的な嵐から感覚的に聞かせようとしたとしても，主はこのことをも示して

---

1) 2-3節（PG 3, 121; Dion. 733, 735）参照。

いた。

　あたかも裁判の判決によってのように，議論が決定された後には，決定の文言が拒絶されること以外に言うべきこととして残されているものはない。それゆえ，主はエリフが為した議論の決定を非難する。主はそれを非難するが，それはエリフが提示した真なる文言が多くの偽りの取るに足らない言葉によって覆われていたからである。それゆえ，「言った。未熟な言葉によって判決を覆っている者は誰か」と続けられている。エリフは判決を述べたが，それはヨブを以下のことについて非難することによってであった。すなわち，ヨブが神と議論したいと言ったことと，あたかも神の裁きの正しさを取り去るように見えるほどまで自らを正しいと主張したことがそれである。しかし，上で述べられたことから明らかなように，エリフはこれらの判決を多くの思い上がった偽りの言葉によって覆った。これらの言葉はここで未熟な言葉と言われているが，それはすべての無秩序は理性の欠陥に由来すると思われるからである。

　それゆえ，このようにしてエリフの決定を排除した後に，主自身が議論を決定し始める。第一にヨブに注目を促して，「男らしく腰に帯をせよ」と言っているが，これは比喩的な仕方で言われている。というのも，人間は歩くことや何らかの行為に対して迅速であるために腰に帯をするのが常だからである。それゆえ，主はヨブがいかなる障害をも遠ざけて自らに語られたことを考察するのに迅速であることを欲していた。このことから，主は明瞭に腰に帯をすることについて言及している。というのも，腰によってとりわけ霊的な仕方で聞くことを妨げる肉的快楽が理解されるからであり，これは「誰に知識を教え，誰に聞いたことを理解させようか。それは乳離れした子，乳房を離れた子ではないか」（イザ28・9）と言われていることによっ

ている。

　主はその決定において第一に，ヨブが神を議論へと呼び出そうとしたかぎりで，思い上がりによって語ったと思われることについてヨブを非難し始める。ヨブは上で「呼ばれれば答えます。あるいはわたしが語るので答えてください」（13・22）と言って神に二つの選択権を与えたと思われるが，ヨブはすでに十分に語ったので，主はあたかももう一方の役割を選ぶかのように，「わたしはあなたに尋ねる，わたしに答えてみよ」と続けている。この神の問いかけは学ぶためではなく，その無知について人間を打ち負かすためのものである。主はヨブに対して，人間の感覚に明らかである神の結果について問いかける。それらについて人間が無知であることが示された場合，人間はより高次の事柄についての知識を有していない者としてよりいっそう打ち負かされるのである。主は他の可感的な結果のうちでも世界の主要な部分について問いかけを始める。それらのうちでも地はわれわれにとってより近いものとしてよりいっそう知られているので，主はそれについて問い始めて，「わたしが地の基を置いたときあなたはどこにいたのか」と言っている。主が地を基に比していることは正しい[2]。というのも，ちょうど基が建築物の最下の部分であるように，地もまた物体のうちで最下のものであり，すべてのものの下にあるからである。また，とりわけ地は人間の身体の質料であるが，質料はそれから生じるものに対して時間的に先行するので，質料を形成する職人の理念はなおさら先行する。それゆえ，明瞭に，「わたしが地の基を置いたときあなたはどこにいたのか」と言われているが，これはあたかも次のように言わんとするかのようである。あなたは地の基の理念を認識することができない。という

2）　トマス『ヘブライ人への手紙註解』1章10節参照。

のも，地の基が置かれたとき，あなたはいまだ自然界に存在していなかったからである。

考察すべきことに，昔の人々のうちのある者は[3]，地や他の元素の位置を何らかの秩序づける理性ではなく，重いものは軽いものの後に続くことにしたがって質料の必然性に帰した。主はこの見解を排除するために，続いて地の基を建築家の理念にしたがって生じる建築物の土台に比している。同様に，地の基は人間知性が把握することのできない神の摂理にしたがって造られたので，主はこのことを示すために，「もしあなたが認識を有しているなら，わたしに示してみよ」と続けているが，これはあたかも次のように言わんとするかのようである。あなたはこれらのものの理念を示すことができない。というのも，これらのことを捉えるのにあなたの知性は十分ではないからである。考察すべきことに，職人は建築物の土台において四つのことを計画する。第一は土台が存在しなければならないことに関してであるが，これと同じように，神の理念によって，地の分量がより大きくもなくより小さくもなく，どれほどの大きさでなければならないかが計画される。このことに関して，すべての測定にしたがって，「誰が地の尺度を定めたか」と続けられている。明瞭に「定めた」と言われている。というのも，地の形は必然性によってこのような分量を要求するのではなく，ただ神の理念によって地にこの分量が課せられたからである。人間は神の理念を認識することができないので，「あなたは知っているのか」と続けられている。というのも，人間はこのことを知ることも示すこともできないからである。第二に，職人はその理念によって土台の定められた位置を計画し，それを測り縄の広がりによって把握する。それゆえ，「あるいは，誰がその

---

[3] 同上，『自然学註解』2巻15章（200a1）参照。

上に測り縄を張ったのか」と続けられているが，測り縄によって世界の諸部分における地の定められた位置を示す神の計画の理念が意味されている。第三に，土台の分量とそれがどこに据えられるべきかが考案された後に，職人はいかなるところにおいて土台が堅固な仕方で据えられるかを計画する。このことに関して，「地の台座はいかなるものの上に置かれたのか」と続けられている。すなわち，それは世界の中心の上に置かれた[4]。第四に，すでに述べられた三つのことが考案された後に，職人は今や土台に石を投じ始めるが，第一に様々な壁が寄せ集められる隅石を置く。このことに関して，「また，誰が隅石を放ったのか」，すなわち下方へ送ったのかと続けられている。隅石によって意味されているのは地の中心そのものであり，地の様々な部分はそこへ接続されている。

　しかるに，人間は居住の必要性のために建築物の土台を据えるのが常であるが，神は自らが必要性から地の基を置いたのではないことを示すために，「早朝の星々がわたしを褒め称えていたころ」と続けている。これはあたかも次のように言わんとするかのようである。たとえわたしにとってその星々がわたしを褒め称える天の住まいがあるとしても，わたしは地を据えた。それは地に住まう奴隷の必要性からではなく，ただそれを欲したからである。このことは天が地よりも先に造られたことを言っているのではない。というのも，特に「初めに神は天と地を造った」（創1・1）と書かれているからである。ここで言及されている星々は四日目に造られたと書かれているが[5]，このように述べられているのは，自然の秩序において天と星々が地よりも先なるものだからであり，これはちょうど不可滅的な

---

4) アリストテレス『天体論』2巻26章（296b6, 21）参照。
5) 『創世記』1章14節参照。

ものが可滅的なものより、動かすものが動かされるものより先なるものであるのと同様である。「早朝の星々」と言われているのは、新たに造られたという意味であり[6]、ちょうどわれわれのもとにおいて一日の始まりに現れるのを常とする星々が早朝の星々と言われるのと同様である。早朝の星々が神を褒め称えると言われていることは、ある仕方においては原因的に理解される。すなわち、早朝の星々はその明るさと高貴さのために神の誉れの原因であったのであり[7]、いまだ存在しなかった人間にとってはそうでなかったとしても、すでに存在した天使にとってはそうであったのである[8]。他の仕方において、天体は生きていると主張する者にしたがえば[9]、星々はその創設の初めにおいて言葉による賞賛ではない精神的な賞賛によって神を褒め称えていた。さらに、このことはその奉仕によって天体が動かされている天使にも関係づけることができる。その結果、「すべての神の子が歓喜していたころ」と続けられていることは最高の階層に属する天使に関係づけられるが、ディオニシウスは彼らが神性の前庭に置かれていると言っている[10]。それゆえ、主は明瞭に、より下級のものとしての星々には賞賛を、より上級のものとしての天使には歓喜を帰している。しかるに、歓喜はあるより卓越した賞賛を意味している。

それゆえ、主は地の基についてすでに述べたので、続い

---

[6] グレゴリウス『道徳論』28巻14章（PL 76, 467D）参照。

[7] ダマスケヌス『正統信仰論』2巻6章（PG 94, 885; Bt 83）、トマス『霊的被造物について』6項異論解答14参照。

[8] アウグスティヌス『神の国』11巻9章（PL 41, 324）、トマス『分離実体について』16章参照。

[9] ピタゴラス学派を指す。トマス『神学大全』1部70問3項参照。

[10] 『天上階層論』7章2節（PG 3, 208A; Dion. 844）、トマス『神学大全』1部108問1項参照。

て直接地の上に置かれている水について続けている。しかるに，元素の自然本性的な秩序は，ちょうど空気があらゆる側から地と水を取り囲むように，水があらゆる側から地を取り囲むことを要求するように思われる。しかし，神の計画によって人間や動物や植物の発生のために，地のある部分が水によって覆われずに残るということが起こった。これはその力によって海の水を一定の限界の下に保つ神によるものである。それゆえ，「誰が海を戸によって」，すなわちある境界によって「制限したのか」と続けられている。しかるに，太陽の働きによって地のある部分が干上がったと考える者がいた[11]。しかし，主は海があらゆる側から地を覆うことがないように初めから計画されていたことを示している。主は海の産出を生けるもの，すなわち幼子の出生の比喩の下に記述している。というのも，水は生けるものへと最も形成されやすいからであり[12]，ここからしてすべてのものの精液は湿っているのである[13]。しかるに，幼子は第一に母の胎から引き出される。主はこのことを示して，「あたかも子宮から幼子が出てくるように」と言っている。主は海の産出において噴出という言葉を用いている。というのも，連続的に動かされることは水に固有なことだからである。「子宮から出てくる」と言われているのは，海が他の物体的な質料に起源を有しているからではなく，あたかも子宮からのように，神の摂理の隠されたところから出てきたからである。第二に，生まれた幼子は衣服を着せられるので，このことに関して，「というのも，わたしは海の衣服として雲を置いたからである」と続けら

---

11) アナクサゴラスとディオゲネスを指す。トマス『気象論註解』2巻1章（353b5）参照。
12) アリストテレス『動物発生論』3巻11章（761a32），4巻2章（767a31），トマス『神学大全』3部66問3項参照。
13) アリストテレス『形而上学』1巻4章（983b26）参照。

れている。というのも、雲は水から蒸発した水蒸気から生じるので[14]、海のある場所においてはこのような雲がよりいっそう多く発生するからである。第三に、生まれた幼子はある種の帯によって包まれるので、このことに関して、「あたかも幼子の布のように靄によって海を包んだからである」と続けられている。靄によって表示されているのは、上昇することもなく、雲へと凝縮されることもなく、海の表面上で空気を不明瞭にしている水蒸気である。これはおそらく、「闇が深淵の面にあった」（創1・2）と言われていることを示唆している。

それゆえ、主は海の新しい産出に関することを述べた後に、その囲い込みを説明しているが、これはあたかも次のように言わんとするかのようである。海が新たに造られたとき、「わたしは海をわたしの境界によって囲んだ」。海の囲い込みに関して三つのことが置かれていると思われる。第一のものは、「わたしの」、すなわちわたしによって置かれた「境界によって」と言われているときに、第二のものは、「かんぬきを置いた」と言われているときに、第三のものは「戸を置いた」と言われているときに示されている。これら三つのものは神の力の命令に属するので、主はあたかもすでに述べたことを説明するかのように、「わたしは言った。お前はここまで来ることができる」と続けている。このことは境界の概念に属している。というのも、境界は運動の終局だからである[15]。「これ以上進むことはできない」と言われていることは、それによってある者の進行が妨げられるかんぬきに関するものである。「ここでお前の膨れ上がる波を粉砕せよ」と言われていることは、人

---

14) アリストテレス『気象論』2巻7章（359b27）、トマス『命題集註解』2巻13区分4項異論5参照。
15) アリストテレス『形而上学』5巻19章（1022a5）参照。

が無秩序にではなく一定の規則にしたがって出入りすることのために置かれる戸に関するものである。このようにして，海もまた無秩序に岸を越えるのではなく，膨れ上がる波のある尺度にしたがってそうするのである。

　主は地と水の後に，さらに天に連続しているように見える空気に話を進める。しかるに，水と地の上にあるすべての物体に対する第一の共通的な状態は，夜と昼の変化である。これは運動のうちで第一のものである一日の運動にしたがって起こるので[16]，続けて「あなたの出生の後に，あなたは夜明けに命じたのか」と言われているが，これはあたかも次のように言わんとするかのようである。あなたの命令によって地上の夜と昼は交代するのか。というのも，夜明けは昼と夜のある種の境界だからである。ちょうど上で地について語っていたときに「あなたはどこにいたのか」と言ったように，主は明瞭に「あなたの出生の後に」と言っている。というのも，ちょうど地が主要的に言って人間の質料的根源であるように[17]，その運動によって昼と夜を変化させる最高の天もまた，物体的原因のうちで人間の身体の主要な根源だからである。しかるに，考察すべきことに，夜明けないし曙の明るさは，太陽が通る上昇の軌道の様々な部分にしたがって多様化される。というのも，太陽が早く昇る軌道において存在するときには曙はほとんど持続せず，太陽が遅く昇る軌道において存在するときには曙はよりいっそう長く持続するからである。また，太陽がそこに存在しているとき，そこから夜明けの明るさが現れ始める場所の尺度が規定される。このことが「曙にその場所を示したのか」と言われていることの意味であるが，これはあたかも次のように言わんとするかのようであ

---

16) トマス『自然学註解』8 巻 23 章（267b6）参照。
17) 『創世記』2 章 7 節参照。

る。あなたは天においてそこから曙が光る場所を配置したのか。これはあたかも「否」と言わんとするかのようである。これらすべてのことから理解されることに，あなたの理性は神の業を把握することができない。それゆえ，あなたが神と議論するのにふさわしくないことは明らかである。

[13] あなたは地の端を保持しながらそれを揺さぶり，不敬虔な者をそこから払い落としたのか。[14] 粘土のようにしるしは回復し，衣服のように立つだろう。[15] 光は不敬虔な者から取り去られ，高い腕は粉砕されるだろう。[16] あなたは海の深みに入り，深淵の最下部を歩いたのか。[17] 死の門があなたに明らかとなり，闇の戸をあなたは見たのか。[18] 地の広がりを考察したのか。もしあなたがすべてのことを知っているなら，わたしに示してみよ。[19] いかなる道に光は住み，闇の場所はどこなのか。[20] あなたは両者をその終局へと導き，その家の小道を知ることができるか。[21] あなたは自らがいつ生まれてくるかを知っていたのか。あなたの日々の数を知っていたのか。[22] あなたは雪の蔵に入ったのか。雹の蔵を見たのか。[23] それらはわたしが敵の時のために，戦いと戦争の日のために用意したものだ。[24] 地の上にいかなる道を通じて光はまき散らされ，熱気は分配されるのか。[25] 誰が最も激しい雨に進路を，鳴り響く雷鳴の道を与えたのか。[26] 死すべきいかなるものも留まることのない，人のいない荒野の地の上に雨を降らせ，[27] 通ることのできない荒廃した場所を満たし，青々とした草を生えさせるために。[28] 雨の父は誰なのか。あるいは，誰が露の一滴を生んだのか。[29] 氷はいかなる者の腹から出て，誰が天から寒気を生んだのか。[30] 水は石のように固くなり，深淵の面は縛られる。[31] あなたは輝くプリアデスの星々を結びつけることができるか。牛飼座のa星の軌道を散らすこと

ができるか。³²あなたは明けの明星をその時間において生み出し，宵の明星を地の子らの上に上らせることができるか。³³あなたは天の秩序を知っており，その理念を地に据えることができるか。³⁴雲においてあなたの声を上げ，水の激しさがあなたを覆うことがあるのか。³⁵あなたが稲妻を送ればそれは行き，そのはね返りがあなたに向かって「われわれはそばにいます」と言うことがあろうか。(38・13-35)

「あなたは保持しながら揺さぶったのか」等々。主は物体的被造物の主要な部分，すなわち地，海，天を数えあげた後に，ここではすでに述べられた世界の三つの部分の状態において現れる驚くべき神の業を論じ始める。主は地震に関して起こる驚くべき業が現れる地から始めているが，その際，何らかの物体を保持しながらそれを揺さぶる人間の比喩によって地震について語っている。それゆえ，「あなたは地の端を保持しながら」，すなわちあなたの力によって摑みながら，「それを揺さぶったのか」と言われている。このことはあたかも地震において地の全体が同時に揺さぶられるというように理解すべきではない。そうではなく，地のある端の部分が揺さぶられることからこのように言われているのである。しかるに，物体的被造物において起こるすべてのことは人間の有用性に帰するが，地震やこれに類する他の恐ろしいことは，人間が恐れて罪から離れることのために有益である。それゆえ，「不敬虔な者をそこから払い落としたのか」と続けられている。ここで主は，衣服から塵や虫を払い落とすために衣服を揺さぶる人間の比喩によって語っている。このように神もまた罪人を地から払い落とすために地を揺さぶると思われる。それは時として死によって，時として生の改善によってである。

地震においては，ちょうど壁やこれに類する何らかのものなどが露わにされることが常に起こる。このことに関し

て，「粘土のようにしるしは回復するだろう」と続けられている。というのも，粘土は分割されても容易に同じ状態へと復元されるが，壁やこれに類する他のものにおける何らかのしるしもまた同様に復元されるからである。壁が露わになることによって変化したと思われるものも，時として神の力によって以前の状態へと復元される。さらに，時として塔や木やこれに類する他のものが地震によって揺さぶられながらも崩壊しないということが起こる。このことに関して，「衣服のように立つだろう」と続けられている。すなわち，もし揺さぶられても以前の完全性を失わないだろう。しかし，反対に，時として人間が，あるいは地に飲み込まれることによって，あるいは地震によって崩壊した壁に圧迫されて死ぬということが起こる。このことに関して，死によって「光は不敬虔な者から取り去られるだろう」と続けられている。また，時として非常に堅固な防壁や塔が地震によって倒されるということが起こる。このことに関して，「高い腕は」，すなわち非常に堅固なある防壁や人が自らの腕のように信頼するある有力な友人は，「粉砕されるだろう」と続けられている。

　それゆえ，主は地震とその働きについてこれらのことを述べた後に，中間の構成要素である海の状態へと話を進める。しかるに，海においては人間に隠された驚くべき業が存在していると思われるが，その第一は，たとえば海に生息する魚の生態のように，海の深みに存在するものである。このことに関して，海に潜む生き物を認識するために，「あなたは海の深みに入ったのか」と続けられている。海において隠されており驚くべきであると思われる他のものは，海の水の下に存在している地の状態である。このことに関して，「深淵の最下部を歩いたのか」と続けられている。

　主は地と海の状態の後に，その下に空気もまた含まれて

いる天の状態へと話を進める。主はこのことにおいて詳述するが,それは天において現れる多くの驚くべき業のためである。第一に,主は上級のすべての物体に共通的に関わる光と闇の状態から始めている。考察すべきことに,天体はその光によってこれら下級のものにおいて働く[18]。というのも,ちょうど熱さと寒さがいわば元素の活動的性質であるのと同様に,光はいわば天体の活動的性質だからである[19]。それゆえ,これら下級のものにおける天体の働きは光と闇の考察に結びついている。これら下級のものにおける天体の他の働きのうちでより共通的であるのは生成と腐敗である[20]。主はこのことから始めて,「死の門があなたに明らかとなったのか」と言っている。というのも,死は生ける身体の腐敗であり,このようにして死は現在言論が向けられている人間に本来的に属するからである。しかるに,死の門とは,天体の力に関して言えば,腐敗の原因のことである。腐敗の原因によって第一に人間はこのような結果〔すなわち死〕へと進む。しかるに,あるものの生命と持続の終局がいつであるかを認識することは極めて難しいので,死の門はわれわれに対して明らかにならない。というのも,われわれはある事物の腐敗の固有の原因を天体において認識することができないからである。しかるに,闇は死に適合する。というのも,一つに人間は死によってその認識が光によって為される身体的な視覚を失うからである。さらに,一つに人間は死の後にあたかもある種の闇のような忘却へと至るからである。それゆえ,「闇の戸を

---

[18] アヴェロエス『天体論』2章（9, 8A），トマス『命題集註解』4巻48区分1問4項小問2異論2参照。

[19] トマス『神学大全』1部67問3項,『霊魂論註解』2巻14章（418b20）参照。

[20] アリストテレス『生成消滅論』2巻10章（336a16），トマス『神学大全』1部115問3項異論解答2参照。

あなたは見たのか」と続けられている。その結果，主は先に死の門と呼んでいたものと同一の事柄を死の固有性のために闇の戸と呼んでいることが理解される。あるいは，闇の戸と言われていることは，天体の他の働き，すなわち空気を暗くすることへと関係づけることができる。このようにして，死の門について言われていることは生けるものにのみ関係づけられ，闇の戸について言われていることは目に見えるものに関係づけられる。

主は地における熱さと寒さの相違について続けて，「地の広がりを考察したのか」と言っている。ここで考察すべきことに，天文学者によれば，地の長さは東から西へ進むことによって，地の広がりは南から北へ進むことによって測られる。というのも，いかなる事物においても，より大きな距離が長さ，より小さな距離が広がりと呼ばれるからである[21]。経験によって証明されることに[22]，われわれが住んでいる地の距離は，南から北までよりも東から西までの方がより大きい。それゆえ，地の広がりは南から北まで進むことによって測られるが，その進行において暑さと寒さの相違が存在する。というのも，われわれの住んでいるところでは，南へ近づけば近づくほどその場所は太陽に対する近さのためによりいっそう暑くなる。それゆえ，地の広がりについて述べられたことは，暑い場所と寒い場所の相違に関係づけることができる。

それゆえ，主はこれら下級のものにおける天の光の働きに関するこれらのことを述べた後に，光そのものについて言及して，「もしあなたがすべてのことを知っているなら」，その結果すべてのことを知っている神と議論するにふさわ

---

[21] アルベルトゥス『天体論』2巻第1論考6章，『場所の本性について』第1論考9章，トマス『天体論註解』2巻3章（285b11）参照。
[22] アリストテレス『気象論』2巻10章（362b19）参照。

しい者であるなら,「わたしに示してみよ」と続けている。「いかなる道に光は住むのか」。ここで考察すべきことに,光は世界の発光体において見出されるが,それらは光の器であるがゆえに発光体と言われる[23]。しかるに,道は運動に関係づけられるので,そのうちに光が住まう道についての問いは発光体の運動に関係づけられる。しかし,発光体がいかなる仕方で動かされるかは人間の認識を超え出るものであり,このことは発光体の運動に関する人間の意見が様々であることから示される。すなわち,ある者は発光体が周転円によって動かされると主張し[24],ある者は様々な天空の運動によって動かされると主張した[25]。ちょうど発光体が上半球において動かされているかぎりでその運動から光が生じるように,発光体が下半球において動かされているかぎりでその運動から闇が生じるが,これもまた同じ困難を有するので,「闇の場所はどこなのか」と続けられている。しかるに,ある物体の運動が完全な仕方で測られるのは,それが動く道が認識されることによってのみである。というのも,哲学者が『自然学』四巻において言うように[26],大きさは運動によって,運動は大きさによって測られるからである。それゆえ,人間は発光体の運動の道を確実に認識することができないので,そこから帰結することに,人間は発光体の運動の長さを完全に知ることができない。それゆえ,「あなたは両者を」,すなわち光と闇を,各発光体の出現と隠蔽の理由をその始原と終局に関して示

---

[23] ダマスケヌス『正統信仰論』2巻7章(PG 94, 888; Bt 86)参照。

[24] プトレマイオスを指す。トマス『命題集註解』2巻14区分,『神学大全』1部70問1項異論解答3参照。

[25] アリストテレスを指す。アリストテレス『天体論』2巻11章(289b30),トマス『神学大全』1部70問1項異論解答3参照。

[26] アリストテレス『自然学』4巻19章(220b28)参照。

すことによって,「その終局へと導くことができるか」と続けられている。さらに,〔始原と終局の〕中間に関して,「その」,すなわち光の「家の小道を知ることができるか」と続けられている。というのも,太陽の光は正午において天の頂点の周りを動いているときに,あたかもその家の小道を遍歴しているように見えるからである。しかるに,太陽の光の境界は日の出と日没に関して言われる。

　ディオニシウスが『神名論』四章において言っているように[27],より下級の物体の持続と生成と腐敗の時間は天体の運動にしたがって測られる。それゆえ,かの原因が知られていなければ,当然この結果も知られないことになるので,「あなたは自らがいつ生まれてくるかを知っていたのか」と続けられているが,これはあたかも次のように言わんとするかのようである。あなたは天の運動の考察によってあなたの出生の時をあらかじめ知ることができたのか。あなたにはこのようなことはできなかった。というのも,生まれる以前にはあなたは存在しなかったからである。しかし,他の人間もまた,人間の認識の弱さのためにこのようなことをあらかじめ知ることができなかった。というのも,神はすべての人間の代表であるヨブに語っているからである。また,ちょうどあなたが自らの出生の時をあらかじめ知ることができなかったように,あなたは自らの生の終局をもあらかじめ知ることができない。それゆえ,「あなたの日々の数を知っていたのか」と続けられているが,これはあたかも次のように言わんとするかのようである。あなたはこのようなことを天体の運動の計算から認識することができない。というのも,あなたは天体の運動の確実な長さを知らないからである。

　主は光と闇の変化に関するこれらのことを提示した後

---

27)　4 節（PG 3, 697B; Dion. 159）参照。

に，空気が嵐と晴天によって変化させられることにしたがって，空気の様々な変化に話を進める。主は雪と雹から始めて，「あなたは雪の蔵に入ったのか。雹の蔵を見たのか」と言っている。雪と雹の蔵と呼ばれているのは，そこから雪や雹が生じる上方へ上った水蒸気である[28]。しかし，雹はより粗い物質であり，われわれによりいっそう近い場所で[29]，周囲の熱によって雲の内部へと追い立てられた寒さによって生じる[30]。それゆえ，雹に関しては視覚が言及されているが，それは雹がよりいっそう視覚に従属しうるからである。しかし，雪に関しては進入が言及されているが，それは雪がその繊細さのためによりいっそう貫通されうるからである。ちょうど上で「神はこれらのことによって民を裁く」（36・31）と言われているように，神は時としてこのような現象を人間の矯正のために用いるので，「それらはわたしが敵の時のために」，すなわち敵について復讐を行うべき時のために「用意したものだ」と続けられている。神は敵に対してあたかも武器のようにこれらのことを用いるので，次のように続けている。「戦いと」，すなわち実際の争いと，「戦争の」，すなわち戦いのための準備を含んだ戦争の「日のために」。

　主は雪と雹の嵐について話し終えた後に，そこにおいて空気の明るさと熱が用意される晴天について続けている。それゆえ，明るさに関して「地の上にいかなる道を通じて光はまき散らされ」と続けられ，熱に関して「熱気は分配されるのか」と続けられている。ここで考察すべきことに，主は上で光が住まう発光体そのものに関して光について語っていたときに，光の道についてのみ言及していた。

---

28) アリストテレス『気象論』1巻15章（347b12）参照。
29) 同上，1巻15章（348a29）参照。
30) 同上，1巻15章（348b16）参照。

というのも，嵐であっても晴天であっても，光は発光体の運動によってその道を通過するからである。しかし，もし嵐がやまなければ，発光体からの明るさと熱はわれわれに到来しない。さらに，空気が澄んでいる場合においては，場所が変わっても光の強度は感覚的に変わらないが，熱の強度は変わる。それゆえ，主はあたかも無差別に注がれるという意味で光はまき散らされると言ったが，熱気についてはあたかも場所の相違に応じて様々な仕方で配分されるという意味で分配されると言ったのである。

　続いて，主は空気における風のある働きへと話を進める。雨が動かされるかぎりで風から豪雨が生じるので，「誰が最も激しい雨に進路を与えたのか」と言われている。というのも，豪雨の進行の激しさは神の力が生み出す風の強力な衝撃に由来するからである。同様に，風によって雲が動かされるかぎりで，雷鳴の音が生じる。それゆえ，このような音は，通過するある物体の音のように，一つの場所において聞かれるのではない。このことから，「鳴り響く雷鳴の道を与えたのか」と続けられている。主は雨や雲が風によって動かされる理由を付加して，「人のいない荒野の地の上に雨を降らせるために」と言っている。すなわち，地の乾燥のために人は荒野に住むことができない。しかるに，雨を降らせる水蒸気はとりわけ湿った場所から上昇するので，もし雲や雨が風によって動かされなければ，乾いた場所には決して雨が降らないということが帰結する。しかるに，時として雨が降らなくてもある場所が人間の努力によって潤されるということが起こる。しかし，このようなことが荒野で起こることはありえないので，「死すべきいかなるものも留まることのない」と続けられている。このようにして，かの地が人間の努力によって配慮されることはありえないのである。このことのために，神は雲や雨が風によって動かされて荒廃した場所にも雨が降る

ように秩序づけたので，次のように続けられている。「通ることのできない」，すなわち人間が通過することのできない「荒廃した場所を」，すなわち人間によって配慮されない地を，雨によって「満たし」，ただ神の配慮によってのみ，地を飾るべく，また神の摂理によって配慮されている森の動物の食料となるべく，「青々とした草を生えさせるために」。

続いて，主は風のない雨について言及して，「雨の父は誰なのか」と言っている。すなわち，必然性によるのではなく，父に適合する摂理の秩序による作出因は何なのか。というのも，雨の発生の最も近接した作出因である太陽や他の天体は神によって動かされているからである[31]。露は雨と同じ原因から生じ，素材の多さと少なさに関する以外に雨と異なるところはないので[32]，「あるいは，誰が露の一滴を生んだのか」と続けられている。主は滴の少なさを示すために，明瞭に一滴と名づけている。考察すべきことに，ちょうど凍結した雨が雪であるように，凍結した露は霜であるので[33]，「氷はいかなる者の腹から出たのか」と続けられている。ここで注目すべきことに，氷の原因は寒さであり，それは女性的な性質であるが，雨と露の原因は水蒸気が凍らないように溶かす熱であり[34]，それは男性的な性質である[35]。それゆえ，雨と露の発生に関しては，主は明瞭に父の名を用い，氷の発生に関しては，母に属する腹の名を用いている。しかるに，寒さから二種類の氷が生じる。一つは空気におけるものであり，これは天から落ちてくる霜に関わるので，「誰が天から寒気を生んだのか」と

---

31) 同上，1巻14章（346b20）参照。
32) 同上，1巻15章（347b17）参照。
33) 同上，1巻15章（347b23）参照。
34) 同上，1巻14章（347a16）参照。
35) アリストテレス『動物発生論』4巻6章（775a6, 14）参照。

続けられている。このことは父に帰せられる。というのも，それ以上の氷におけるような寒さの力は霜においては見られないからである。他のものはより下位の水において発生する氷であり，そこにおいては寒さのより大きな力が明らかである。それゆえ，次のように続けられている。「水は石のように固くなる」，すなわち水は強力な寒さによって氷へと凝縮される。このことは時として，最も寒い地において海までも凍結するところまで進行する[36]。このことが「深淵の面は縛られる」，すなわち深淵の表面にある水は寒さによって凝縮されると続けられていることの意味である。しかし，空気の寒さは海の深みにまで入り込むことはできない。

　主は空気の様々な変化についてこれらのことを語った後に，さらに天体の不可変の変化へと話を進める。このことに関して，第一に固定された星々における形の不変性が考察される[37]。というのも，いかなる星も，一つの星が他の星により多く近づくこともより少なく近づくこともないような仕方で，自らの位置を保っているからである。このことはとりわけ隣接している星々が決して結合しないことにおいて見られるので，「あなたは輝くプリアデスの星々を結びつけることができるか」と続けられている。牡牛座の頂点において光るある星々がプリアデスの星々と言われる[38]。それらのうちの六つの星は非常に近接したものとして見えるが，七つ目の星はより不明瞭である。第二に，天体において考察されるのは，第一の運動の同形性である。この運動によって天の全体とそのうちに存在するすべての星々は地球の極の上を昼夜に一度回転している。しかる

---

36) アルベルトゥス『場所の本性について』第1論考8章参照。
37) トマス『天体論註解』2巻9章（288b7）参照。
38) イシドルス『語源』3巻71章（PL 82, 180A）参照。

に，この運動は北極に近い星々からよりいっそう感覚的に捉えられるが，それらの星々はわれわれの水平線の上に極が上っていることのためにわれわれに対して永久的に現れている[39]。それらの星々のうちで最もよく知られているのは牛飼座のα星であり，それは大熊座でもある。大熊座の星々が地球の極の周りを円を描いて同形的に動いていることは明らかであるので，このことに関して，極の周りを回らないように，「牛飼座のα星の軌道を散らすことができるか」と続けられている。第三に，天体において驚くべきことは惑星の運動である。というのも，その運動において全く同形的なある種の不規則性が感覚によって捉えられるからである。このことはとりわけ金星において捉えることができる[40]。金星は時として太陽より以前に上り，これは明けの明星と呼ばれるが，時として太陽より後に沈み，これは宵の明星と呼ばれる。明らかなことに，常に太陽より遅い運動に属している星々は，太陽の昇る前の早朝にまず現れ始める。というのも，ちょうど土星，木星，火星において明らかなように，太陽は西から東に動くその固有の運動によってそれらの星々を見捨てるからである。しかし，月は太陽よりも速い運動を有しているので，常に夕方において現れ始めるが，これはあたかも太陽を見捨て，東に向かって太陽に先行するかのようである。しかるに，金星と水星は時として早朝から，時として夕方から現れ始めるが，水星についてはそれがまれにしか見られずわずかな大きさであることから，それほど明らかではない。しかし，金星は万人に明らかであるので，それが時として太陽より速い運動を，時としてより遅い運動を有することは明らか

---

39) トマス『天体論註解』2巻28章（297b30）参照。
40) キケロ『神々の本性について』2巻20章参照。

である[41]。このことから，惑星の運動における不規則性が明らかとなる。このことを示すために，主は次のように続けている。「あなたは明けの明星を」，すなわち早朝に現れる金星を，「その時間において」，すなわち一定の時において「生み出すことができるか」。というのも，この相違は常に確実に起こるからである。「宵の明星を」，すなわち夕方に現れる同じ金星を，「地の子らの上に上らせることができるか」。注目すべきことに，「生み出し，上らせることができるか」と言われていることによって，星の新たな出現が示されている。第四に，天体において驚くべきであると思われるのは，それらの秩序，位置，運動であるので，「あなたは」，人間によって把握されることのできない「天の秩序を知っているのか」と続けられている。第五に驚くべきことは，上級の物体にしたがった下級の物体の配置であり，このことに関して，「その理念を地に据えることができるか」と続けられている。すなわち，あなたは天上的な個々の原因の固有結果を認識することができるかという意味である。

　すでに述べられた神の力の働きは確かに最も偉大なものであるが，それらにおいて大衆が捉える神の力の偉大さは，彼らが雷鳴と稲妻においてそうするほど大きくはない。それゆえ，神はこれらの働きを最後に置いている。しかるに，雷鳴に関して，「雲においてあなたの声を上げることができるか」と言われている。というのも，雷鳴は雲において生じ，その音はあたかも神の声のように思われるからである。しかるに，雷鳴の後にはしばしば，そこから雷鳴が生じる風の動かしによって雲が凝縮されることのために大量の雨が続くので，「水の激しさがあなたを覆うことがあるのか」と続けられている。というのも，神の座と

---

41) アルベルトゥス『天体論』2巻第3論考11章参照。

言われる天がわれわれに隠されるかぎりにおいて[42]，大量の雨はあたかも神を覆うかのように思われるからである。続いて，主は稲妻について付加して，「あなたが稲妻を送ることがあろうか」，すなわちあなたの力によって稲妻の運動が生じるのかと言っている。さらに，あたかもあなたの命令に従うかのように，「それは行くのか」と続けられている。稲妻の運動は一つの場所から他の場所にはね返るのが常であるので，主はこのことを示すために，「そのはね返りがあなたに向かって『われわれはそばにいます』と言うことがあろうか」と続けている。これはあたかも，稲妻がそのはね返りにおいて再び神の命令に従って他の場所に送られる用意があると言わんとするかのようである。主がこれらすべてのことを導入して示そうとしたのは，人間が神の知恵や力に到達することができないということである。

36 誰が人間の内奥に知恵を置いたのか。あるいは，誰が鶏に知性を与えたのか。37 誰が天の秩序を語ったのか。誰が天の合唱を眠らせることができようか。38 塵が地の上に置かれ，土塊が組み合わされていたころ。39 あなたは雌獅子の獲物を捕まえて，その子らの魂を満たすことができるか。40 雌獅子が穴のうちで横たわり，洞穴の中で待ち伏せしているころ。41 誰が烏にその餌を用意するのか。その子らが食料がないことのゆえにさまよい，神に向かって叫ぶころ。（38・36-41）

「誰が人間の内奥に知恵を置いたのか」。主は自らの働きの驚くべき業を地の主要な部分である地，海，天に関して，またそれらの状態に関して言及した後に，今や特殊的に動物の様々な固有性に関して自らの驚くべき業を語ろう

---

42) 『イザヤ書』66 章 1 節参照。

とする。それらの固有性のうちで強力であるのは認識であるが，これは残りの動物よりも人間においてより完全な仕方で見出されるので，主は人間から始めて，「誰が人間の内奥に知恵を置いたのか」と言っている。人間の内奥によって人間の魂の内的な力，すなわち知性ないし理性が理解されるが，神は理性の光を人間に与えるかぎりでそれらのうちに知恵を与えた。というのも，知恵と知識のある種の種子は，第一原理の認識において自然本性的に人間の理性のうちに与えられているからである[43]。しかるに，他の動物においてはある種の賢さの自然本性的な多くのしるしが明らかであるが，とりわけこのことはよく知られた家畜である鶏において明らかであるので，「あるいは，誰が鶏に知性を与えたのか」と言われている。知性とはここで，鶏がそれにしたがって知性認識する者のように働くある種の自然本性的な判断として解されている。というのも，鶏の自然本性的な判断そのものは神の知性によって鶏に与えられたものだからである。あたかも天の運動の比例関係を認識しているかのように，一定の時間に鳴き始めることにおいて，鶏はある種の知性の類似性を有しているように思われる。それゆえ，自らが鳴くべき一定の時間を鶏が見分けることができるように，「誰が」鶏に「天の秩序を」，すなわち天の運動の比例関係を「語ったのか」と続けられている。しかるに，夜警はある種の歌や何らかの楽器の音によって昼の，また夜の一定の時間の接近を知らせるのが常である。しかし，鶏が鳴くべき時を見分けるために，天の何らかの音が一定の時間に聞かれ，他の時間には聞かれないと言うことはできない。それゆえ，「誰が天の合唱を眠らせることができようか」と続けられているが，これはあ

---

[43] ロンバルドゥス『ヘブライ人への手紙註解』1章3節（PL 192, 404A），トマス『徳一般について』8項異論15参照。

たかも次のように言わんとするかのようである。天の合唱は眠っている夜警のそれのように沈黙することはない。その結果，それが聞かれたり聞かれなかったりすることから鶏が鳴くために教化されることはありえない。ここで考察すべきことに，ピタゴラス学派は，天の運動の最も調和した比例関係のために，天の運動から協和した音が到来するとした[44]。また，彼らは天体が生きていると主張していたので，このような音の協和を天の合唱と呼ぶことができる。しかし，アリストテレスは『天体論』二巻において，天体の運動からはいかなる音も出てこないことを証明している[45]。それゆえ，ここでわれわれは，合唱が決して休むことのない天の運動の協和としてのみ比喩的に置かれていると解することができる。しかるに，このような知恵あるいは知性の霊発と天の合唱は地の創設の初めより存在したので，「塵が地の上に置かれていたころ」と続けられているが，これはちょうど土台のように最下に置かれる地の位置に関係づけられる。「土塊が組み合わされていたころ」と言われていることは，地がその乾燥のために塵に解消されてしまわないように，地の部分を一なるものへと結びつける湿り気に関係づけられる。

次いで，食物の獲得において見られる動物の他の固有性へと話を進めるが，食物の獲得に関してある驚くべきことが雌獅子において見られる。というのも，獅子は多くの食物を必要とするので，獅子がある地域において自分自身とその子らにとって十分であるほど多くの食物を動物の獲物から得る方法は驚くべきものであるように思われるからである。それゆえ，「あなたは雌獅子の獲物を捕まえることができるか」と続けられている。すなわち，あなたは雌獅

---

44) アリストテレス『天体論』2巻14章（291a7）参照。
45) 14章（290b12）参照。

子そのものとその子らにとって十分であるほどの豊富な獲物を雌獅子に用意することができるか。それゆえ,「その子らの魂を満たすことができるか」と続けられている。しかし,このことは雌獅子が様々な場所を歩き回っているときにはそれほどではないが,同じ場所に留まっているときには非常に難しいことであると思われる。雌獅子が同じ場所に留まるのは,あるいは子を養う必要性のためであるが,このことに関して,「雌獅子が穴のうちで横たわっているころ」と言われている。あるいは雌獅子が他の動物を待ち伏せするためであり,このことに関して,動物を捕まえようとして「洞穴の中で待ち伏せしているころ」と言われている。

さらに,鳥の烏に関してある驚くべきことが明らかである。というのも,「烏は卵から引き出された雛をその羽が黒くなり自分のものであることが分かるまで養うことがない」[46]と言われているからである。それゆえ,烏の雛は七日間食物を与えられることがなく,それらに与えられた自然本性的な力を通じて神によって支えられる。それゆえ,次のように続けられている。「誰が烏にその餌を用意するのか。その子らが食料がないことのゆえに」,あたかも親鳥から見捨てられたかのようにここかしこを見渡して「さまよい,神に向かって叫ぶころ」。このことはあたかも烏の雛が神を認識しているかのように理解すべきではない。そうではなく,いかなる自然物も,何らかの善を欲求するということ自体において,その欲求においてあたかも善の創始者である神から何らかのものを受けとることを意図しているかのように思われることよりして,このように言われているのである。

---

46) トマス・カンティンプラテンシス『事物の本性について』5巻(ms. f. 88ra)。

第 39 章

¹ あなたは岩場でトキが生む時を知っているのか。生む鹿を見たことがあるのか。² 鹿の懐胎の月日を数え，その出産の時を知っているのか。³ 鹿は生むために屈み，生み，うめきを上げる。⁴ 鹿の子らは離れ，食料へと進み，出ていけば親のところへ戻って来ることはない。⁵ 誰が野生のロバを自由にし，その鎖を解いたのか。⁶ わたしは彼に荒野において家を与え，塩分を含んだ地に幕屋を与えた。⁷ 彼は町の群衆を軽蔑し，管理者の叫びを聞くことがない。⁸ 彼は自らの牧草地である山を見渡し，青々とした草をくまなく探す。⁹ サイはあなたに仕えることを欲し，あなたの牛舎で留まるだろうか。¹⁰ あなたは耕作のためにサイを手綱によって縛ることができるか。サイはあなたの後について谷の土塊を粉砕するだろうか。¹¹ あなたは彼の大いなる力を信頼し，彼にあなたの労苦を任せることができるだろうか。¹² あなたは彼について，彼があなたのために種をまき，脱穀場へと集めることを信じることができるだろうか。¹³ ダチョウの翼はアオサギと鷹の翼に似ている。¹⁴ 彼は地においてその卵を見捨てる。あなたはその卵を塵のうちで温めることができるか。¹⁵ 彼は足が卵を踏みつけ，畑の獣がそれを破壊することを忘れている。¹⁶ 彼はその子に対し，あたかも彼らが自分の子ではないかのように無関心である。彼は無益に労苦した。彼はいかなる恐れによっても強制されなかった。¹⁷ というのも，神が彼から知恵を奪い，彼に知性を与えなかったからである。¹⁸ 時が来れば，彼は翼を高く上げ，馬や騎乗者を嘲る。¹⁹ あなたは馬に力

を与え，その首をいななきで囲むことができるか。²⁰ あなたは彼をいなごのように飛び上がらせることができるか。彼の鼻の栄光は恐怖である。²¹ 彼は蹄によって地を掘り，歓喜し，大胆にも武装した者に対して進撃する。²² 恐怖を軽蔑し，剣に屈服することもない。²³ 彼の上で矢筒は音を立て，槍と盾は振動するだろう。²⁴ 彼は興奮しうなって地を飲み込み，ラッパの音が鳴っていることも考慮しない。²⁵ ラッパを聞いて彼は「ああ」と言う。彼は遠くから戦いを，指揮官の励ましを，軍隊の叫びを嗅ぎつける。²⁶ 鷹が南風に向かってその翼を伸ばすことによって翼を生え変わらせるのはあなたの知恵によることなのか。²⁷ あなたの命令によって鷲は上昇するのか。鷲は険しい場所にその巣を置き，²⁸ 岩において留まり，切り立った岩や近づくことのできない岩壁において滞在する。²⁹ 彼はそこから獲物を観察し，その目によって遠くから見る。³⁰ その雛は血を舐め，死体があるところにはどこであれ直ちに駆けつける。³¹ 主は付加してヨブに語った。³² なぜ神と争う者がこれほど容易にやめてしまうのか。神を非難する者は神に答えるべきである。³³ ヨブは答えて主に言った。³⁴ わたしは軽率に語りました。何を答えることができましょう。わたしは自らの口に手を置きます。³⁵ 一方でわたしは語るべきではないことを語り，他方でも語りました。これ以上何も付け加えません。（39・1-35）

「あなたはトキが生む時を知っているのか」。主は先に人間の知恵と鶏の知性について語ることによって，認識の力に関することを述べ，さらにライオンの獲物と鳥の餌について，養う力に関することを述べた。今や，主は生む力に関することを述べて，トキと鹿の出産について論じることから始めている。というのも，これらにおいては何らかの隠されたものが存在していると思われるからである。すなわち，トキは岩場に住む小さな体を持った動物であり，そ

こで子を生む[1]。それゆえ，人間はこのような場所に容易に近づくことができないので，「あなたは岩場でトキが生む時を知っているのか」と言われているが，これはあたかも次のように言わんとするかのようである。トキが子を生む場所の険しさのために，このことは人間には知られていない。鹿は，述べられているように，狼が近づくことのない隠された場所を選んで子を生むので[2]，鹿の誕生が隠されていることを示すために，「生む鹿を見たことがあるのか」と続けられている。このことは神の摂理を賞賛するために言われている。というのも，女は子を生むときに助産婦の従事を必要とするが，その出産が人間に隠されている動物に対して，神はその摂理によって出産に必要な助けを提供するからである。すなわち，神は動物に自然本性的な適性を与えて，このような事柄において認識すべきことを認識させる。その第一は，子が子宮のうちで完成される時間の間隔を知ることである。このことに関して，あなたが鹿にいつ出産へと自らを準備すればよいか示すために，「鹿の懐胎の月日を数えたのか」と言われている。それゆえ，あなたが鹿にいつ出産すべきであるかを示すために，「その出産の時を知っているのか」と続けられている。出産する女はこれらのことについて他の者から教えられるのが常であるが，人間との交わりから遠ざかっている動物は神によって自らに与えられた自然本性的な適性を通じてこれらのことを認識し，より容易に出産が行われるような仕方で，一定の時に自分自身を出産へと準備する。それゆえ，次のように続けられている。「鹿は生むために屈み」，自然本性に教えられて自分自身によって子を「生む」。し

---

[1] グレゴリウス『道徳論』30巻10章（PL 76, 543D）参照。
[2] トマス・カンティンプラテンシス『事物の本性について』4巻（ms. f. 56rb）参照。

かし，出産は鹿にとって快いものではなく罰として課せられるものであるので，出産において蒙る苦しみのために「うめきを上げる」と続けられている。また，ちょうど母親が自然本性的な適性によって自分自身を出産へと準備するように，子らもまた神によって与えられた自然本性的な適性によって自分自身に必要なものを探し求めるので，「鹿の子らは離れる」と続けられている。このことは人間の子との相違において言われている。というのも，生まれて間もない幼子は母親から離れるために自分自身を動かすことができないからである。しかし，このことはすでに述べられた動物においては起こる。すなわち，彼らは生まれるとすぐに動くが，彼らの最初の運動は餌を求めるためのものであるので，「食料へと進む」と続けられている。しかし，彼らは最初のうちは母親の乳によって養われることを必要とするので，母親のところへ戻ってくることのできるような仕方で母親から離れるのであるが，後に完成されてからは完全に母親から離れるので，「出ていけば親のところへ戻って来ることはない」と続けられている。というのも，もはや彼らは母親から乳を飲む必要がないからである。

　主は認識と食料と出産における動物の特殊な固有性に関するこれらのことを述べた後に，生活のふるまい全体に関することを述べる。このことに関して第一に驚くべきは，ある動物が家畜であるかぎりにおいて人間の気遣いなしには維持されえないのに対し，森に住む同じ類に属するある動物が人間の配慮なくして統帥されているという事実である。このことが最も明らかに現れるのはロバにおいてである。ロバは家畜であるときには完全に人間に従属しているように思われるが，野生のロバである森に住むロバはこの従属から解放されているように見える。それゆえ，次のように言われている。「誰が」，森に住む「野生のロバを」，

人間への従属から「自由にしたのか」。このように言われているのは，慣習となっていることが人間によってあたかも自然本性的なこととして理解されているからである[3]。それゆえ，人間が人間に従属していないロバを見ることは稀であるので，人間にはロバが自然本性的に従属するものであると思われ，時として自由なロバを見かけてもそれを従属から解放されたものと見なすのである。しかし，事態は反対である。というのも，以前このような動物は現在のような仕方で人間に従属していなかったが，後になって人間の術策によって支配され人間に従属するようになったからである。ロバの従属のしるしは，ちょうど口輪やこれに類するもののような，それによって彼らが縛られている鎖である。このことに関して，「その鎖を解いたのか」と続けられている。というのも，野生のロバはこのような鎖を欠いているからである。さらに，家畜のロバにおいては，もし彼らが人間によって用意された住まいなしに取り残されれば滅びてしまうことが明らかであるが，野生のロバは神の摂理によって自らに用意された住まいを有しているので，次のように続けられている。「わたしは彼に」，人間が近づくことのない「荒野において家を」，たとえば何らかの洞穴や穴を「与え，塩分を含んだ地に」，すなわち太陽によって乾燥し干上がることによって湿気が塩味へと変わった人の住まない何らかの地において，たとえば草や木のような「幕屋を与えた」。たとえこのような住まいが荒野にあるためによりいっそう耕されておらず荒れていると思われたとしても，野生のロバはどれほど名高い町よりもこのような住まいを好むので，荒野の住まいと比較して，「彼は町の群衆を軽蔑する」と続けられている。主は二つの理由を挙げているが，第一はそこにおいて野生のロバか

---

3) アリストテレス『記憶について』6 章（452a27）参照。

ら労苦の多い仕事が要求されることがないからである。それゆえ,「管理者の」,すなわち彼から荷物の運搬やこれに類する何らかのことを要求する主人の「叫びを聞くことがない」と続けられている。もう一つの理由は,そこにおいて野生のロバがより自由に食料を求めてさまようことができるからである。それゆえ,「彼は自らの牧草地である山を見渡す」と続けられている。というのも,彼は牧草を求めて自由に様々な場所へ進入し,牧草そのものをも思うに任せて手に入れることができるからである。それゆえ,「青々とした草をくまなく探す」と続けられている。しかるに,家畜のロバに与えられるのは最良の草ではなく,時としてよりいっそう価値の低い草である。というのも,より良い草はより高貴な動物のために取って置かれるからである。

ちょうどロバが荷物を担ぐために人間に従属し,森においてはロバの代わりに野生のロバが見出されるように,家畜の中でも牛はその力のゆえに耕作のために人間に従属し,森においてはサイ,すなわち一角獣が牛に比せられる[4]。サイは非常に強力で獰猛な四足獣であり,額の真ん中に一本の角を持っている。この動物はその獰猛さのゆえに,牛が飼いならされるようには,容易に飼いならされることがない。それゆえ,次のように続けられている。「サイは」,すなわち一角獣は,「あなたに仕えることを」,すなわち家畜とされて自発的にあなたに従うことを「欲するだろうか」。しかるに,家畜は食料を自由に人間から獲得するので,主はこのことを排除するために次のように続けている。「あなたの牛舎で留まるだろうか」,すなわちあなたが彼に提供するものを食べる用意があるだろうか。しかるに,家畜の牛は耕作の任務に適用されるために養われる

---

[4] イシドルス『語源』12巻2章(PL 82, 435)参照。

ので，主はこのことを排除するために，次のように続けている。「あなたは」，ちょうど牛において耕されていたように，「耕作のために」一角獣である「サイを手綱によって縛ることができるか」。さらに，人間は牛を他の任務のために用いて，耕した土地に熊手を引いて土塊を小さくすることによって平らにさせるので，次のように続けられている。「サイはあなたの後について」，すなわちあなたが地を耕したのちに，より大いなる肥沃さのためにより慎重に耕されるのが常である「谷の土塊を粉砕するだろうか」。あるいは，「あなたの後について」とは，彼が先行するあなたに後続しながら土塊を粉砕するという意味である。また，盗賊や畑を荒らすことのある動物に対して畑を守るために，ある強力な動物が放たれるが，それはちょうど狂暴な犬によって畑が守られるような場合に見られる。しかし，一角獣は飼いならされていないので，一角獣がこのようなことを為すことはありえない。それゆえ，畑の収穫物を守るために，「あなたは彼の大いなる力を信頼し，彼にあなたの労苦を任せることができるだろうか」と続けられている。このようにして，あなたはこの最も強力な動物を，耕す牛のようにも，守る犬のようにも利用することができない。さらに，同様に，あなたは彼を地の収穫物の世話をする強力な農夫のようにも利用することができないので，次のように続けられている。「あなたは彼について」，ちょうど主人から受けとった種をまき，作物を脱穀場へと集め，脱穀の後に主人の倉に持ち帰ることによってそれを増やす日雇い労働者のように，「彼があなたのために種をまき，脱穀場へと集めることを信じることができるだろうか」。

　それゆえ，主は森に住むある動物が家畜である動物から異なっているこれらのことを述べた後に，他のすべての動物と異なる固有性を有するある動物の固有性について続

けている。このことはとりわけダチョウにおいて見られる。彼は獣の類に近いある種の鳥である[5]。それゆえ，彼はたとえ高く飛翔する動物のように翼を有しているとしても，それらによって自分自身を高く上昇させることができない。それゆえ，次のように言われている。「ダチョウの翼は」，最も高貴な鷹である「アオサギと」[6]，よく知られた鳥である「鷹の翼に似ている」[7]。この二つの鳥は飛ぶことに卓越している。しかるに，他の鳥とは異なるダチョウの他の固有性は[8]，自らの卵を見守らず，砂に穴を掘ってそれを放って置き，それを砂で覆うことであるので，「彼は地においてその卵を見捨てる」と続けられている。しかるに，ダチョウは熱い時を待つという自然本性的な適性を有している。すなわち，彼はウィルギリエと呼ばれる星々が現れ始める七月になって卵を生むが，このようなことは時と場所の熱から起こる。というのも，卵が生かされ，そこから雛が生まれるように，彼は熱い場所にのみ留まるからである。それゆえ，「あなたはその卵を塵のうちで温めることができるか」と続けられているが，これはあたかも「否」と言わんとするかのようである。そうではなく，このことは塵のうちの卵もまた害されることのないように保つ神の摂理によって起こる。ダチョウは自然本性的に忘れやすい動物であり[9]，卵を保持することについていかなる気遣いをも示さないので，次のように続けられている。「彼は」，道を通行する人間の「足が卵を踏みつけ」，あるいは偶然その上を通り過ぎることによって，あるいは食料

---

5) トマス・カンティンプラテンシス『事物の本性について』5巻（ms. f. 104va）参照。

6) 同上（ms. f. 90vb, 92ra）。

7) 同上（ms. f. 92rb）。

8) 同上（ms. f. 104rb）。

9) 同上。

に対する欲求のために,「畑の獣がそれを破壊することを忘れている」。また,ダチョウは卵の保持についての気遣いを有しないように,雛の養育についての気遣いをも有しないので,「彼はその子らに対し,あたかも彼らが自分の子ではないかのように無関心である」と続けられている。というのも,彼はその子らの養育についていかなる気遣いをも有しないからである。このようにして,彼は自分自身に関するかぎり,出産の成果を失うので,懐胎し子を担うことによって「彼は無益に労苦した」と続けられている。というのも,彼は子を養わないからである。時として,他の動物もまた恐れのために自らの子を見捨てるということが起こるが,ダチョウはこのことを行うのに「いかなる恐れによっても強制されなかった」。彼がこのことを為すのは恐れのためではないとしても,他の動物がこのことに関して有している自然本性的な適性の欠落のためであるので,次のように続けられている。「というのも,神が彼から」,すなわち雌のダチョウから,秩序だった仕方で子を養い統帥する「知恵を奪い,彼に」それによって自分の子についての気遣いを有する「知性を与えなかったからである」。しかるに,主は自然本性的な適性を知恵ないし知性と名づけている。また,主は上で,ダチョウがアオサギや鷹の翼に似た翼を有していると述べたので,続いてこのような翼が彼にとって何の役に立つかを示して,「時が来れば」,すなわち迅速な運動の必要性に迫られたときには,「彼は翼を高く上げる」と言っている。このようにして,彼は翼によってその体を上方に持ち上げることはできないが,翼によって助けられて迅速に走ることができるので,「馬を嘲る」と続けられている。というのも,彼は人間を乗せている馬よりも速く走るからである[10]。「騎乗者を

---

10) 同上(ms. f. 104va)。

嘲る」と言われているのは，彼が人間がその足によって走るよりも速く走るに違いないからである。

ちょうどダチョウが多くの動物とは異なったある固有性を持ち，それによって他の動物よりも劣っていたように，馬もまた高貴さに属するある固有性を持ち，それによって他の動物とは異なっている。第一に，主は馬の力を述べて，次のように言っている。「あなたは馬に」，重荷を担うことができるかぎりで身体の，大胆に危険へと進むかぎりで魂の「力を与えることができるか」。さらに，主は馬の他の固有性を述べているが，それは外的な装飾から性欲が駆り立てられることである。というのも，馬について，たてがみの美しさから性交へと駆り立てられ，「たてがみが刈られると彼らの性欲は消える」[11]と言われているからである。このことを示すために，「その首をいななきで囲むことができるか」と続けられている。というのも，馬がいななくのは性欲のためであるのが常だからであり，これは「彼らは雌を愛する馬のようになり，密偵となって，自らの隣人の妻についていなないていた」（エレ 5・8）と言われていることによっている。それゆえ，神が馬の首をいななきによって囲むとは，神が馬にたてがみを与えることである。というのも，馬はたてがみの考察から性欲へと駆り立てられるからである。しかるに，馬の他の固有性は，多くの四足獣の慣習に反して激しく飛び上がることである。それゆえ，「あなたは彼を」，飛ぶことによって動く「いなごのように」，高く持ち上げることによって「飛び上がらせることができるか」と続けられている。

馬の他の固有性は戦いにおけるその大胆さであるが，主はそれをより詳細に記述する。というのも，それは高貴で賞賛すべきものだからである。第一に馬の大胆さが明らか

---

11) 同上，4 巻（ms. f. 60rb）。

にされるのは，馬が遠くから匂いによって戦いを知覚するときであるので，「彼の鼻の栄光は恐怖である」と続けられている。恐怖とは戦いのことであり，それは他の者にとっては恐怖に関わるが，馬の鼻によって知覚されるかぎりで馬にとっては栄光，すなわち魂の偉大さに関わる。このことのしるしは馬において直ちに明らかであり，あたかも自分自身を戦いへと用意するかのように，「彼は蹄によって地を掘る」と続けられている。しかるに，馬は戦いを知覚することによって内的に喜ぶので，戦いの機会を知覚して「歓喜する」と続けられている。さらに，主はこのことを結果から示して，「大胆にも武装した者に対して進撃する」と付加している。馬は戦いそのもののうちに存在しながら恐怖によって打ち負かされないので，「恐怖を軽蔑する」と続けられている。それ以上に，傷の苦しみによってすら駆逐されないので，「剣に屈服することもない」と続けられている。しかるに，多くの動物は騒音だけで恐れるのが常であるが，このことは馬においては起こらないので，「彼の上で矢筒は音を立てるだろう」と続けられている。すなわち，矢でいっぱいの矢筒は，馬に乗っている兵士の動きに合わせて揺さぶられるかぎりにおいて音を立てるだろう。同様に，兵士の槍や盾からも何らかの音が発するので，「槍は振動するだろう」と続けられている。すなわち，槍は振動するかぎりにおいて音を立てるだろう。同様に，盾もまた動かされ武器と衝突するかぎりで音を立てるので，「盾は振動するだろう」，すなわち音を立てるだろうと続けられている。しかし，このような音に対しても馬は驚かないので，大胆さによって内的に「彼は興奮し」，いななきによって「うなる」と続けられている。馬の大胆さのために，いななきが本来獅子に属するうなりと名づけ

られている[12]。馬は声によって魂の内的な興奮を示すだけでなく、外的な行為によってもそうするので、「地を飲み込む」と続けられている。というのも、馬は足によって掘ることによって地を飲み込むと思われるからである。また、馬は矢筒や槍や盾の音だけでなく、戦いにおいて用いられるラッパの音にも驚かないので、「ラッパの音が鳴っていることも考慮しない」、すなわちこのことのために驚かないと続けられている。むしろ馬はラッパの音を喜ぶと言われるので[13]、「ラッパを聞いて彼は『ああ』と言う」と続けられている。すなわち、馬は歓喜の声を発する。というのも、「ああ」という言葉は歓喜を表現する間投詞だからである[14]。すでに述べられたこれらのことは馬の大胆さに関することであるので、主は馬の鋭敏さについて付加して、「彼は遠くから戦いを嗅ぎつける」と言っている。すなわち、馬はまだ敵が遠くにいるときに、匂いによって戦いが迫っていることを知覚する。また、馬は戦いの準備をも知覚すると思われるが、指揮官がその励ましによって兵士を活気づけていることに関して、「指揮官の励ましを嗅ぎつける」と続けられ、さらに、自分自身を戦いへと用意する「軍隊の叫びを」、すなわち混乱した叫びや騒音を「嗅ぎつける」と続けられている。

　主は地を這う動物についてこれらのことを述べた後に、空を飛ぶ動物へと話を進めるが、第一に鷹の自然本性的な適性について述べる[15]。鷹は翼が生え変わるときに、自らの翼を熱風である南風に向かって広げる。その結果、孔が

---

12) 『箴言』19章12節参照。
13) トマス・カンティンプラテンシス『事物の本性について』4巻（ms. f. 60ra）参照。
14) イシドルス『語源』1巻14章（PL 82, 89A）参照。
15) トマス・カンティンプラテンシス『事物の本性について』5巻（ms. f. 84rb）参照。

開いて古い翼が落ち，新しい翼が再び生じる。それゆえ，次のように続けられている。「鷹が」，その翼を新しくするときに，より容易に翼を変化させるために，「南風に向かってその翼を伸ばすことによって翼を生え変わらせるのはあなたの知恵によることなのか」。最後に，主は他の鳥よりも高く飛ぶ鷲について語っている。それゆえ，わたしの命令のように，「あなたの命令によって鷲は上昇するのか」と言われている。鷲がこのように高く飛ぶのは自然本性的な刺激によるものである。しかるに，事物の自然本性的なすべての行程は，神の命令による被造物のある種の運動であり，これは「火，雹，雪，氷，嵐の風は神の言葉を行う」（詩148・8）と言われていることによっている。鷲は高みへの運動を有しているように，高いところで生活するが，これは鷲の本性の高貴さに属することである。それゆえ，「鷲は険しい場所にその巣を置く」と続けられている。その結果，鷲の雛は生まれてすぐに高いところに留まることに慣れるので，あたかも空気の純粋さを喜ぶように，「岩において留まる」と続けられている。というのも，岩場においては水蒸気の蒸発がほとんどないからである。さらに，鷲は有害な獣が近づくことのできない「切り立った岩や」，人間が「近づくことのできない岩壁において滞在する」。このことによって鷲の安全が配慮されている。しかるに，鷲は非常に鋭い視力を有しているので[16]，遠くからでも必要な食物を見ることができる。それゆえ，次のように続けられている。「彼はそこから」，すなわち高い場所から，近くのあるいは遠くの「獲物を観察する」。それゆえ，「その目によって遠くから見る」と続けられている。しかるに，四足獣のうちでは獅子がそうであるよう

---

16) バルトロメウス・アングリクス『事物の固有性について』12巻1章参照。

に，鷲は獲物に対して強力である。このことを示すために，「その雛は」，鷲がその巣へと持ち帰った生きている動物の「血を舐める」と続けられている。さらに，鷲は，ハヤブサや鷹がそうであるように生きている動物によって養われるだけでなく，死んだ動物の死体によってもまた養われるので，「死体があるところにはどこであれ直ちに駆けつける」と続けられている。このことによって，鷲の飛翔の速さもまた示されている。

これらすべてのことはそれによってこれほど驚くべき働きが生み出された神の知恵と力の偉大さを示すために導入された。それゆえ，ヨブが神の働きのこれほど多くの驚くべき業を聞き，呆然となって黙っていたことが理解できる。しかし，主はヨブを人間が神と議論するのにふさわしくないことについて考察するよう促して，次のように続けている。「主は」すでに述べた言葉の上に「付加して」，黙っている「ヨブに語った」。「なぜ神と争う者が」，すなわち自分自身を神と議論する者として示した者が，ちょうど黙っているあなたのように，あたかも打ち負かされたかのように「これほど容易にやめてしまうのか」。あたかも神の裁きについて議論するかのように「神を非難する者は神に答えるべきである」。というのも，他の者を議論へと駆り立てた者が，彼自身にもまた答える用意があることは正しいからである。

ヨブは，自らが打ち負かされながらも自分の見解に頑強に固執していると思われることのないように，謙遜の言葉を発して，「ヨブは答えて主に言った。わたしは軽率に語りました。何を答えることができましょう」と続けている。ここで，以下のことを考察すべきである。ヨブは神を前にして自らの良心において語ったので，語られたことの誤りや傲慢な意図について自分自身を非難しているのではなく——というのも，ヨブは魂の純粋さから語ったからで

ある――，言葉の軽さについて非難しているのである。というのも，たとえヨブが魂の傲慢から語ったのではないとしても，ヨブの言葉はその友人に横柄さを含んでいるように思われたので，彼らはそこから躓きの機会を受けとったからである。しかるに，使徒によって「あなたたちは悪に見えるすべてのものから遠ざかりなさい」（Ⅰテサ5・22）と言われているように，われわれは悪を避けるだけでなく，悪の相貌を有するものをも避けるべきである。それゆえ，「わたしは自らの口に手を置きます」，すなわち残りの事柄についてすでに述べた言葉に似たような言葉を発しませんと続けられている。また，ヨブはすでに述べたこれらのことについて悔い改めているので，「一方でわたしは語るべきではないことを語りました」と続けられている。すなわち，わたしは神と議論したいと言いました[17]。さらに，「他方でも語りました」，すなわち神の裁きについて議論するかぎりでわたしの義を優先しておりました[18]。しかし，エリフがヨブに負わせた第三のこと[19]，すなわち神の裁きが不正であると主張したことを，ヨブは認識していなかった。というのも，このことは語りの軽率さではなく冒瀆に属するからである。ヨブは軽率に語ったことについて悔い改めて，改善策を提示した。それゆえ，「これ以上何も付け加えません」，すなわち今後軽率な言葉を発しませんと続けられている。

　考察すべきことに，もしすでに述べられた主のヨブに対する語りが外的な音声によって発せられたものではなく，内的な仕方で霊発されたものであるとすれば，ヨブはこの書において三つの仕方で語っていることになる。第一は，

---

17) 『ヨブ記』13章3節。
18) 同上，6章2節。
19) 同上，33章10節。

「わたしの生まれた日は消えうせよ」（3・3）と言って，最初の嘆きにおいてあたかも感覚の情動を表現するかのように語っている場合である。第二は，友人に対して議論するかぎりで人間理性の熟慮を表現している場合である。第三は，主の役割を担って言葉を導入しているかぎりで神の霊感にしたがって語っている場合である。人間理性は神の霊感にしたがって導かれるべきであるので，ヨブは主の言葉の後に，自らが人間理性にしたがって語った言葉を非難している。

第 40 章

¹ 主は嵐の中からヨブに答えて言った。² 男らしく腰に帯をせよ。わたしはあなたに尋ねる，わたしに答えてみよ。³ なぜあなたはわたしの裁きを無効にし，自らを義とするためにわたしを断罪するのか。⁴ もしあなたが神のような腕を持ち，同じような声でとどろくとすれば，⁵ あなた自身を飾りで覆い，高みへと上げて，栄誉ある者となり，美しい衣服を着てみよ。⁶ あなたは傲慢な者をあなたの怒りにおいて散らし，すべての横柄な者を見てこれを低くすることができるか。⁷ すべての傲慢な者を見てこれを混乱させることができるか。不敬虔な者を彼の場所において粉砕することができるか。⁸ 彼らを一緒に塵の中に隠し，彼らの顔を穴の中に沈めることができるか。⁹ もしできるならば，わたしはあなたの右手があなたを救いうることを認めるだろう。(40・1-9)

「主は嵐の中からヨブに答えた」等々。主は先にその働きにおいて現れる驚くべき業に言及することによって，自らの知恵と力を明示した。その結果，このことからいかなる人間も知恵においても力においても神と争うことができないことが明らかとなった。今や，主はさらに進んでヨブが自らの義を主張したことについて彼を非難しようとする。というのも，ある者にとってこのことは神の裁きの廃棄を意味すると思われたからである。また，「主は嵐の中からヨブに答えて言った」と言われているときに神の語りの様子が，「男らしく腰に帯をせよ」と続けられているときに注意の喚起が，「わたしはあなたに尋ねる，わたしに

答えてみよ」と続けられているときに回答の要求があらかじめ述べられている。これらのことは上で解釈されたので，ここでその解釈を繰り返す必要はない。

考察すべきことに，ヨブは自らの義を主張することによって，ちょうど三人の友人とエリフが転倒した仕方で理解していたように，神の裁きに不正を負わせようと意図したのではない。そうではなく，ヨブが示そうとしたのは，ちょうど友人たちがヨブに負わせたように，自らが罪に対する報復のために罰せられたのではなく，ちょうど上で「神はあたかも火をくぐる金のようにわたしを試されるだろう」（23・10）と言われたように，試練のために罰せられたということである。しかし，他の者にとってそれが神の義の廃棄に帰すると思われるような仕方で，ヨブが自らの義を主張したこと自体は非難すべきであると思われるので，主は「なぜあなたはわたしの裁きを無効にするのか」と続けているが，これはあたかも次のように言わんとするかのようである。どうしてあなたはあなた自身の義を賞賛することによって，わたしの裁きが人々によって無価値なもの，すなわち虚偽であると見なされるようになることを理解しないのか。しかるに，裁きの虚偽性は，あるいは無知や悪意によって不正な裁きをもたらす裁判官の断罪である。それゆえ，「自らを義とするためにわたしを断罪するのか」と続けられているが，これはあたかも次のように言わんとするかのようである。どうしてあなたは，わたしが他の人々のもとで断罪に値すると見なされるほどに，あなた自身を正しい者として示そうとするのか。

注目すべきことに，もし二人の対等な者がいて，一方に罪が負わせられなければならないとすれば，彼らのうちの一方が負わせられた罪について自分自身の無罪を主張しようとしても，それは非難すべきことではない。たとえ他の者の意見においては彼が罪ある者として留まるとしても。

というのも、人間は自然本性的に他の者よりも自分自身を愛するからである[1]。しかし、神と人間との隔たりは非常に大きいので、人間は、罪が不正な仕方で神に関係づけられるよりも、むしろ罪が不正な仕方で自分自身に関係づけられることを受け入れるべきである。それゆえ、主はヨブを非難するために、人間を超える神の卓越性を提示するが、その卓越性は神の働きから明らかにされる。しかし、今扱われているのは義の比較であり、それは本来的に言って非理性的事物との関連によって理解されるものではないので、主は神の卓越性を示すために、神が理性的被造物において行使する働きを利用する。しかるに、その働きは二つの点にしたがって考察される。第一は神の力の働きにしたがってである。このことに関して、「もしあなたが神のような腕を持っているとすれば」と言われている。というのも、腕によって神の力が表現されているからである。神はこの腕を善人を支えるために使用するのであり、これは「主はその腕のうちに子羊を集めるだろう」(イザ40・11)と言われていることによっている。また、悪人を罰するためにも使用するのであり、これは「主はその腕において力をふるい、心のうちで思い上がっている者を散らした」(ルカ1・51)と言われていることによっている。第二に、神は理性的被造物においてその知恵の教えによって働く。主は知恵の教えをその卓越性のためにとどろきと名づけているが、このことに関して、「同じような声でとどろくとすれば」と続けられている。神はこのとどろきを善人の教化のために使用するのであり、これは上で「われわれは神の語りのわずかなささやきすら聞くことができないのだから、誰が神の大きな雷鳴を聞くことができようか」(26・14)と言われていることによっている。また、悪人に対す

---

1) トマス『神学大全』2-2部26問4項参照。

る恐るべき非難のためにも使用するのであり,これは「刑車においてあなたのとどろきの声が響く」(詩76・19)と言われ,その後に「地は動揺し震えた」と続けられていることによっている。

主はこのような働きから神の卓越性を三つの点に関して明示する。第一は飾りに関してであり,「あなた自身を飾りで覆ってみよ」と言われているが,これはあたかも次のように言わんとするかのようである。もしあなたが働きにおいて神のように強力であるなら,あなたは自分自身を飾ることができるだろう。それゆえ,明瞭に「あなた自身を覆ってみよ」と言われている。というのも,神はあたかもその本質に付加されるものとして自分自身を覆う飾りを持たず,神の本質そのものが飾りだからである。飾りによって神の明るさ,真理,純粋性,単一性,その本質の完全性が理解される。しかし,人間は,あたかもその本質への付加物として神から飾りを分有することによって,覆いとしての飾りのみを持つことができる。第二に,主は「高みへと上げてみよ」と続けて,神の高さに触れている。しかるに,神の高さは場所的なものではない。というのも,神は場所によって包含されないからである。そうではなく,完全性と徳によるものである。というのも,神について語られるものは何であれその最高点において神に適合するからである。このような高さは神に本質的に適合する。それゆえ,神は高みへと上げられるのではなく,高みにおいて不動なる仕方でとどまっているのである。しかし,人間はその本性にしたがって最低の条件に属しているので,自分自身を自分自身の上に持ち上げることによってのみ神の高みに到達することができる。それゆえ,明瞭に「高みへと上げてみよ」と言われている。第三に,主は「栄誉ある者となってみよ」と続けて,神の栄光に触れている。しかるに,栄光とはある者の善性についての知を意味する。そ

れゆえ，アンブロシウスは，栄光は「誉れを伴った明るい知」であると言っている[2]。しかるに，神の善性は無限であるので，神の善性についての知が完全であるのはただ神においてのみである。それゆえ，〔神の〕栄光は，神が自分自身を認識するかぎりにおいて，ただ神のうちにのみ存在する。人間はその栄光に神の認識を分有することによってのみ到達することができるのであり，これは「誇る者はわたしを知っていることを誇るがよい」（エレ9・24）と言われていることによっている。それゆえ，明瞭に「栄誉ある者となってみよ」と言われている。というのも，人間はこの栄光を本質的な仕方においては有していないからである。

それゆえ，主は神の力と本性の卓越性に関するこれらのことを述べた後に，さらに進んで理性的被造物における神の働きについて言及するが，その働きには善き者に関するものと悪しき者に関するものがある。知るべきことに，神が義人を高く上げるために働く業はよりいっそう憐れみに帰せられ，悪人を罰することのために働く業は本来的に言って義に帰せられる。それゆえ，今は義について論じられているので，第一に主は短く善き者に関する神の働きの業に触れて，「美しい衣服を着てみよ」と言っている。というのも，すべての善き天使と善き人間は神の知恵と義の分有によって美しいからである。ちょうど人間が美しい衣服によって飾られるように，聖なる天使と聖なる人間のあらゆる飾りは，このことから神の善性が賞賛されるかぎりで，神を飾るものとなるが，これは「あなたはこれらすべ

---

2) トマス『神学大全』2-1部2問3項，2-2部103問1項異論解答3，『標準的註解』「ローマの信徒への手紙」16章27節，ロンバルドゥス『註解』「ローマの信徒への手紙」16章27節（PL 191, 1532C），アウグスティヌス『マクシミヌス駁論』2巻13章（PL 42, 770）参照。

てを飾りのように身にまとう」（イザ49・18）と言われていることによっている。しかるに，考察すべきことに，自らの聖人を美しい者とすることは神の憐れみに属するが，彼らの飾りを自らの栄光のために用いることは今語られている義に属する。それゆえ，主は「衣服を美しくせよ」とは言わず，「美しい衣服を着てみよ」と言っている。

次いで，主は悪しき者に対して行使する神の義の働きをより詳細に示すが，第一に人間に関してこのことを論じている。知るべきことに，人間のすべての悪意は傲慢にその始まりを有しているが，これは「すべての罪の始まりは傲慢である」（シラ10・15）と言われていることによっている。神もまたすべての悪徳のうちで傲慢を最も嫌うので，「神は傲慢な者に抵抗する」（ヤコ4・6）と言われている。このことの理由は，傲慢な者が神に謙遜に従属することを欲しないかぎりで，あたかも神に逆らうかのようにふるまい，ここから神の掟を軽蔑してあらゆる罪へ陥るというところにある。それゆえ，地上の首長もまた反乱を起こす者を最も嫌う。このような事情で，主は傲慢な者に対して行使する自らの力の働きを特別な仕方で述べる。しかるに，二種類の傲慢な者がいる。ある人々は，ちょうど「わたしは他の人々とは違う」（ルカ18・11）と言った者のように，自らの有している善よりして自分自身を他の者の上に持ち上げる。傲慢な者（superbus）という名が意味するように，これらの者が本来的に言って傲慢な者と言われる。しかるに，傲慢な者に固有な罰は不和である。というのも，いかなる者も他の者に優越しようと努め従属することを拒むかぎりで，互いに一致することは不可能だからである。それゆえ，「傲慢な者の間には常に口論がある」（箴13・10）と言われている。主はこのことを示すために「あなたは傲慢な者をあなたの怒りにおいて散らすことができるか」と言っているが，これはあたかも次のように言わんとするか

のようである。一つのものへと一致することができないように傲慢な者を散らすという神の任務を遂行してみよ。しかるに，神の怒りによって重い罰が理解される。もう一つの種類の傲慢な者は，自分自身を超えているものを不当に自らに要求する者であり，これは横柄な者と言われる。それゆえ，「主は次のように言う。わたしは彼の横柄と心の高ぶりを知っている。彼の徳は横柄のそばにはない」（エレ 48・29）と言われている。これらの者に固有の罰は降格である。というのも，これらの者は自分自身をその能力を超えて高めようと欲するので，危険を冒して失敗するからであり，これは「あなたは彼らが高められているときに彼らを打ち倒した」（詩 72・18）と言われていることによっている。それゆえ，「すべての横柄な者を見てこれを低くすることができるか」，すなわちあなたの摂理の顧慮によって打ち倒すことができるかと続けられている。

　両者に共通の第一の罰は混乱である。というのも，彼らは自らが見せかけていた高みを獲得することができないために，彼らの欠陥が露わになって混乱するからである。それゆえ，「すべての傲慢な者を見てこれを混乱させることができるか」と続けられている。このような理由から，上で「たとえ彼の傲慢が天にも届くほどのものであっても，最後に彼は糞のように滅びる」（20・6）と言われた。彼らの第二の罰は彼らの破壊であり，これは「不敬虔な者を彼の場所において粉砕することができるか」と続けられているときに示されている。主は傲慢な者を不敬虔な者と名づけている。というのも，「人間の傲慢の始まりは神からの背反である」（シラ 10・14）と言われているが，これは敬虔に属する神の礼拝に反するからである。傲慢な者にふさわしい罰は粉砕である。というのも，粉砕されるものはより強力な物体のある種の暴力によって最小の部分へと解体

されるからである[3]。しかるに，自分自身を無秩序に偉大な者と見なす傲慢な者が，より強力な神の力によって最小のものへと還元されることは正しい。明瞭に「彼の場所において」と続けられていることによって，彼らが信頼しているものが彼らを解放することができないことが示されている。というのも，いかなるものもその場所において保持されているからである。それゆえ，多くの富や，権威ある地位や，もし人間が信頼を置くこれに類する他のものがあればそれが，彼の場所と言われうる。傲慢な者はそれらによって守られることなく神によって粉砕されるので，あたかも彼の場所において粉砕されたかのように見えるのである。第三の罰は，彼らが最小のものへと還元された後に，彼らの輝かしい名声がやむことである。というのも，「不敬虔な者の名は朽ちるだろう」（箴10・7）と言われているように，栄誉の見せびらかしを求めていた者が人々の記憶から消え去ることは正しいからである。それゆえ，「彼らを塵の中に隠すことができるか」，すなわち彼らが還元される卑しい地位のために彼らを不明瞭な者とすることができるかと続けられている。「一緒に」と付加されていることは二つのことに関係づけられる。すなわち，すべての傲慢な者が一緒にこのような結末を迎えるということと，傲慢な者は継起的に滅びるのではなく，同時に，すなわち突然に打ち倒されるということである。彼らの第四の罰は，彼ら自身が他の者によって認識されないだけでなく，彼らが誇っていた善もまた認識されないままに終わるということである。それゆえ，人間の視力が顔のうちに置かれていることから，それによって彼らの認識力が示されている「彼らの顔を穴の中に」，すなわち地獄の深みへ「沈め

---

3) アリストテレス『気象論』4巻9章（386a13），トマス『命題集註解』4巻17区分2問1項小問1参照。

ることができるか」と続けられている。主は第一の死の比喩によって第二の死の断罪について語っている。というのも，第一の死によって人間は穴の中に沈められ，物体的な塵へと戻されるからである。

　しかるに，主はこれらのことを自らに固有な業として述べている。その業に固有なことは他の者の助けを必要としないことであり，このことは人間には適合しないので，人間は前述の業を遂行することができない。それゆえ，「もしできるならば，わたしはあなたの右手があなたを救いうることを認めるだろう」と続けられているが，これはあたかも次のように言わんとするかのようである。もしあなたがただ神のみに属する前述の業を為すことができるならば，あなたが救済のために神の助けを必要としないことを自分自身に帰したとしてもそれは理に適っている。しかし，あなたは前述の業を為しえないのであるから，救済のために神の助けを必要としないと言うこともできない。それゆえ，あなたは自らの義について誇るべきではない。

　[10] 見よ，わたしはあなたと共にベヘモットを造った。彼は牛のように草を食べる。[11] 彼の強さはその腰にあり，彼の力はその腹のへそにある。[12] 彼はあたかも杉のようにその尾を縛る。彼の精巣の神経は入り組んでいる。[13] 彼の骨は銅管のようであり，彼の軟骨は鉄板のようである。[14] 彼は神の道の根源である。彼を造った者が彼の剣を適用するだろう。[15] 山々は彼に草を与え，野のすべての獣はそこで遊ぶ。[16] 彼は陰の下で，湿った場所の葦の茂みにおいて眠る。[17] 陰が彼の陰を守り，川の柳が彼を囲う。[18] 彼は川を飲み干して驚くことがない。彼はヨルダン川が彼の口に流れ込むことを信じている。[19]〔狩猟者は〕目に鉤をかけて彼を捕え，杭を彼の鼻に突き刺すだろう。（40・10-19）

　「見よ，わたしはあなたと共にベヘモットを造った」

等々。主は上で悪人における自らの力の働きを語ったが，今や悪魔の悪意を記述することへと進む。しかるに，すでに述べられたことから明らかなことに，ヨブとその友人の間では悪霊について同じ見解が存在しており，それは現在カトリック教会が保持しているものである。すなわち，悪霊は天使の地位から罪によって堕落したのであり，それゆえ上で「見よ，神に仕える者たちは不安定である」（4・18）と述べられている。ちょうど人間が罪によって理性の境位から落下し，理性に反して行為することによって非理性的なものに比せられるように，罪によって自分自身を最高の可知的な善から引き離す悪魔もまた，下級で地上的なものに対する支配を欲求するかぎりで，動物に比せられる。悪霊はしばしば動物の象徴において人間に現れるが，それはこのような物体の形によって彼らの条件が示されるように神が配慮するかぎりにおいてである。

しかるに，考察すべきことに，ちょうど天使がその境位に留まることによって人間の境位を超えるある種の卓越性を有し，そこからある種のより明るい輝きにおいて人間に現れるように，悪霊もまた悪意において人間を超えるある種の卓越性と支配を有している。それゆえ，悪霊はある卓越した，いわば怪物のような動物の比喩の下に記述される。しかるに，地上のすべての動物のうちでは象が大きさと力において卓越しており，水に住む動物のうちでは鯨が卓越している。それゆえ，主は悪魔を象と鯨の比喩の下に記述している。「動物」を意味するこの「ベヘモット」という名は象に関係づけられるが[4]，象はより一般的な仕方で動物と呼ばれる地上の残りの動物のうちで，体の大きさのためにある種の首位を占めている。対して，「動物に対

[4) グレゴリウス『道徳論』32巻12章（PL 76, 644C），イシドルス『語源』8巻11章（PL 82, 317A）参照。

する付加」を意味する「レビヤタン」という名は大きな鯨に関係づけられるが[5]、鯨はすべての種類の動物に対して大きさの付加を有している。

しかし、象と鯨が残りの動物を凌駕する大きさを有していることから、主が象と鯨の固有性を文字通りに表現しようと意図していると、ある者には思われるかもしれない。しかし、これらの動物の固有性が他の者の比喩として記述されていることは、比喩に属する固有性が述べられた後に真理が続けられていることから明らかである。というのも、ベヘモット、すなわち象の固有性が述べられた後に、あたかも真理を説明するようにして、「彼は神の道の根源である」（40・14）と続けられ、レビヤタン、すなわち鯨の固有性が述べられた後に、「彼はすべての傲慢の子の王である」（41・25）と続けられているからである。また、悪魔についての記述において、ヨブの逆境に関するものであったヨブの議論が終わっていることは非常に適切である。というのも、上でもまた、サタンがヨブの逆境の根源であることが述べられていたからである。ヨブの友人はヨブがその罪のために罰せられたと見なして、ヨブの逆境の原因をヨブ自身に関係づけようと努めたので、主は無秩序な語り方についてヨブを非難した後に、あたかも議論に最終的な決定を与えるかのように、サタンの悪意について論じている。というのも、サタンの悪意はヨブの逆境の根源であると同時に、人間の断罪の根源だからである。これは「悪魔の妬みによって死が世界へ入り込んだ」（知2・24）と言われていることによっている。

それゆえ、第一に主はベヘモットの比喩の下にサタンについて記述し始め、「見よ、わたしはあなたと共にベヘ

---

5) グレゴリウス『道徳論』33巻9章（PL 76, 682C）、イシドルス『語源』8巻11章（PL 82, 317B）参照。

モットを造った」と言って，ベヘモットと人間との共通点を特定している。もしこのことが比喩的な仕方で両者の始まりの時に関係づけられるとすれば，真理は明らかである。というのも，地上の動物は人間とともに第六日目に生み出されたからである[6]。しかし，これらのことが比喩的な仕方でそれについて語っている悪魔に関係づけられるならば，悪魔は人間とともに同時に造られたとは思われない。というのも，人間は第六日目に造られたと書かれているが，サタンは神が天と地を造った始原において天使とともに造られたと信じられているからである[7]。しかるに，アウグスティヌスが考えるように[8]，もしかの日々の列挙が時間的な継起ではなく生み出された事物の様々な類を示しているとすれば，いかなる矛盾も見出されない。しかし，他の者の解釈にしたがって[9]，天使の創造が持続において人間の産出に先行するとすれば，この言葉は二つの仕方で理解される。一つの仕方において「あなたと共にベヘモットを造った」とは，あなたを造ったのと同じようにベヘモットをも造ったという意味である。主がこのように言うのは，悪魔の悪意を考察して悪魔が善なる神の被造物ではないと見なした者の誤りを排除するためである[10]。もう一つの仕方において「あなたと共にベヘモットを造った」

---

[6] 『創世記』1章24節参照。

[7] アウグスティヌス『創世記逐語註解』1巻1章（PL 34, 247），『標準的註解』「創世記」1章1節参照。

[8] 『創世記逐語註解』4巻26，33章（PL 34, 314, 318），『神の国』11巻9章（PL 41, 324），トマス『神学大全』1部74問2項参照。

[9] ヒエロニムス『テトスへの手紙註解』1章2節（PL 26, 594），ダマスケヌス『正統信仰論』2巻3章（PG 94, 873; Bt 74），トマス『神学大全』1部61問3項異論1，『分離実体について』16章参照。

[10] マニ教徒を指す。グレゴリウス『道徳論』32巻12章（PL 76, 646B）参照。

とは，知性的な本性に関するかぎり悪魔はあなたとの類似性を有しているという意味である[11]。さらに，この類似性の何らかの痕跡は象において明らかである。というのも，アリストテレスは『動物論』八巻において，「野生の動物のうちで最も飼いならすことができるのは象である。というのも，象は多くのことを学び理解し，王を崇拝することをも教わるからである」[12]と言っているからである。このように言われているのは，象が知性を有しているからではなく，自然本性的な判断力の卓越性のためである。

それゆえ，ベヘモットと人間の共通点が記述されたので，続いて主はベヘモットの固有性を記述する。外観に関するかぎり，ベヘモットに関して三つのことが記述されているように思われる。第一に「彼は牛のように草を食べる」と言われているときに，ベヘモットの食料が記述されている。文字的意味においては，ベヘモットは肉ではなく，牛のように草やこれに類する他のものを食べる動物であるという意味である。草は地において育つので，このことによって比喩的な仕方で意味されていることは，サタンが地上的なものの支配において養われる，すなわち喜ぶということである。それゆえ，悪魔は自慢するように自分自身について言っている。世界の国々は「わたしに委ねられている。わたしが欲する者にそれを与えよう」（ルカ 4・6）。

第二に，主はベヘモットの性交について記述している。というのも，動物の主要な喜びは食料と性交のうちに存するからである。しかるに，主は第一に，動物が性交へと駆り立てられる性欲の根源に関して象の性交を記述して，「彼の強さはその腰にある」と言っている。というの

---

11) グレゴリウス『道徳論』32 巻 12 章（PL 76, 646A）参照。
12) 『動物誌』9 巻 46 章（630b18）参照。

も，精液は腰あるいは腰部から生殖器へと引かれるからである[13]。第二に，主は性交の形を記述する。すなわち，ちょうど哲学者が『動物論』五巻において述べているように[14]，座っている雌に雄が上がることによって象の性交は行われるが，このことを「彼の力はその腹のへそにある」と続けられていることが示している。すなわち，性交において象はへそを雌の背中にあてがう。これほど大きな体の衝突によって破壊されないように，へそにおいて大きな力が存在しなければならない。このような性交の形が見出される動物は，性交している間，後方の脛の間に尾を縛るので，「彼はあたかも杉のようにその尾を縛る」と続けられている。このように言われているのは尾の大きさのためである。第三に，主は性交に仕える器官について記述して，「彼の精巣の神経は入り組んでいる」，すなわち巻いていると続けられている。これは哲学者が『動物論』三巻において，地を這い出産するすべての動物の精巣について記述しているとおりである[15]。

われわれはこれらのことを，あたかも悪霊自身が動物のように物理的に性交し，あたかも性交そのものを喜ぶかのように，文字的意味において悪魔に関係づけることはできない。というのも，アウグスティヌスが『神の国』十五巻において述べているように，たとえある「邪悪な悪魔が女性の前に現れ，彼女を求め，性交を行う」[16]としばしば言われるとしても，彼らはあたかも性交を喜ぶかのようにこのことを行うのではなく，人間が最も傾きやすいこのような罪へ人間を陥れることに関して喜ぶからである。それゆ

---

13) アルベルトゥス『動物論』2巻第2論考3章122節（St 1, 272）参照。

14) アリストテレス『動物誌』5巻2章（540a21）参照。

15) アリストテレス『動物誌』3巻1章（510a15）参照。

16) 23章（PL 41, 468）。

え，アウグスティヌスは『神の国』二巻において言っている。「悪しき霊がどれほど自らを例に挙げて悪人に模範を示そうとしているかを理解しない者がいるだろうか」[17]。このことのために，アウグスティヌスは同じ書の他の箇所で，「このような霊は不品行を喜ぶ」[18]と言っている。このような悪霊の喜びがすでに述べられた言葉において比喩的な仕方で表現されているのである。人間は肉の情欲のためにこの悪徳にしたがって最もよく〔悪霊によって〕打ち負かされるので，「彼の強さはその腰にある」と言われているが，これは男に関係づけられる。「彼の力はその腹のへそにある」と言われていることは女に関係づけられる。「彼はあたかも杉のようにその尾を縛る」。というのも，悪魔はこの罪へと打ち倒す者を最終的には快楽の甘美さによって縛りあげるからである。「彼の精巣の神経は入り組んでいる」。というのも，たとえこの悪徳へと打ち倒された者が逃れようと努めても，彼は様々な機会によって再び捕えられるからである。

　第三に，主は象の運動を記述する。象については，体の重さを支えるために曲がることのない足，脛，脚を持っており，「連結のない硬い骨を持っている」[19]と言われている。主はこのことを示すために，「彼の骨は銅管のようである」と言っている。というのも，彼の骨は銅管がそうであるように，曲げられることができないからである。このことは脛や脚のような運動の外的な器官に関係づけられる。対して，運動の内的な器官はある種の軟骨と腱であり，それらもまた象においては容易には曲げられない。このことに関して，「彼の軟骨は」，曲げられることも引き伸ばされるこ

---

17) 25章（PL 41, 73）。
18) 2巻4章（PL 41, 50）。
19) トマス・カンティンプラテンシス『事物の本性について』4巻（ms. f. 59va-vb）。

ともできない「鉄板のようである」と続けられている。このことによって意味されているのは，自らの悪意の計画から離れることがありえないという悪魔の頑固さと，人間を外的に害することをやめないという悪魔の残酷さである。

しかるに，主は比喩的な仕方で述べられたこれらのことを解釈して，「彼は」，すなわち前述のことが比喩的に語っているサタンは，「神の道の」，すなわち神の業の「根源である」と続けている。もしこのことが創造の業に関係づけられるならば，このことはサタンが最初に造られた被造物であることから言われている。あるいはまた，ある者にしたがって[20]，悪魔が残りの被造物よりも卓越していたことから言われている。しかし，主の意図により適合すると思われるのは，われわれが神の道によって神の摂理の業を理解することである。しかるに，考察すべきことに，神の善性に適合する神に固有な唯一の業は，親切にし憐れむことである。対して，罰することや逆境を導入することは，理性的被造物の悪意のために起こる。この悪意は第一に悪魔において見出され，悪魔の唆しによって人間へと引かれる。それゆえ，明瞭に「彼は神の道の根源である」と言われている。すなわち，神は親切にしたり罰したりすることによって，様々な方法を用いる。悪魔が自分自身によって害することについて有力であるような仕方で神の道の根源であると信じられることのないように，主はこのことを排除して，「彼を造った者が」，すなわち神が，「彼の剣を」，すなわち彼の有害な働きを「適用するだろう」。と続けている。しかるに，害する意志は悪魔にとって自分自身からやって来る——それゆえ，彼の剣と言われている——が，

---

20) グレゴリウス『福音書註解』2巻説教34（PL 76, 1250B），トマス『神学大全』1部63問7項反対異論，グレゴリウス『道徳論』32巻23章（PL 76, 665C）参照。

悪魔が害する働きを持つのは神の意志あるいは許しによってのみである。また，主は「彼は牛のように草を食べる」(40・10) と言ったので，彼がどこから食べるべき草を受けとるかを示して，「山々は彼に草を与える」と続けている。このことによって理解されることは，この世において高い地位にある者や傲慢な者が悪魔の喜びや休息の原因を彼に提供するということである。さらに，主はいかなる仕方でこのことが起こるかを示して，「野のすべての獣はそこで遊ぶ」と続けている。すなわち，ちょうど文字的意味において，野生の動物が安全と休息のために山々に集まるように，獣のように荒れ狂う人間は，ある高い地位にある人々の保護の下で安全に休息する。このことは「動物と獣は木の下に住んでいる」(ダニ 4・9) と言われているときに示されている。しかるに，木によって王の権威が示されている。

次いで，主は彼の住まいを記述する。ここで考察すべきことは，アリストテレスが『動物論』五巻において述べているように，「象は孤立して留まり，とりわけ川の近くに住む」[21] ということである。というのも，川の近くには葦や柳や陰の場所が存在するのが常だからである。それゆえ，主は象の住まいを示すために，「彼は陰の下で，湿った場所の葦の茂みにおいて眠る」と言っている。また，この動物は何であれ陰を求めるわけではなく，密度の高い陰を求めるので，「陰が彼の陰を守る」と続けられている。その結果，より下位の陰はより上位の陰によって熱さから守られる。さらに，主は陰を作る原因を示して，「川の柳が彼を囲う」と続けている。というのも，柳は葦よりもより密度の高いより冷たい陰を作るからである。しかるに，文字的意味において，この動物は陰の場所に住む。という

---

21) 『動物誌』5 巻 2 章 (540a20)。

のも，象は陰気な動物であり[22]，乾燥した体を有しており，熱い地に生息しているので，熱さと乾燥に対して湿り気と陰の慰めを求めるからである。このことによって示されているのは以下のことである。悪魔の剣の働きが及ぶのは，悪魔に草を提供し野の獣が遊ぶのを受け入れる山々において，すなわち傲慢な者においてだけでなく，あたかも陰におけるように休息において生き，陰が陰を守るような仕方で多くの努力によって休息が持続するように気遣う人々や，あたかも湿った場所において養われるように快楽において生きている人々においてでもある。

　しかるに，この動物が湿った場所や陰の場所を求める理由と同じ理由によって，この動物は多くの水を飲む。それゆえ，アリストテレスは『動物論』七巻において，「ある象はマケドニアの単位で 14 メトレータの水を一度に飲み，さらに夕方には 8 メトレータの水を飲む」[23]と言っている。主は彼の飲料の大きさを記述するために，「彼は川を飲み干して驚くことがない」と続けている。というのも，彼は多く飲むのが常だからである。また，彼は多く飲んだ後に，再び多く飲むことを期待するので，「彼はヨルダン川が彼の口に流れ込むことを信じている」と続けられている。ヨルダン川はこれらのことが語られたかの地においてよく知られた川である。これらのことは象に関係づけられるかぎりにおいて誇張して語られているが，それについて比喩的に語られている悪魔に関係づけられるかぎりにおいて悪魔の高慢を意味している。すなわち，たとえ不安定な人々が神についての何かしらの認識を有しているとしても，悪魔は合意によって容易な仕方で彼らすべてを自分自

---

[22] アルベルトゥス『動物についての問題』2 巻 14 問（ed. Col. 12, 115）参照。
[23] 『動物誌』8 巻 9 章（596a7）。

身に合体させうることを確信している。このことを示すために，特別にヨルダン川が導入されている。というのも，ヨルダン川はそこにおいて人々が神についての真なる認識を有していた地における川だからである。とりわけこの三種類の人間，すなわち傲慢な者，快楽を求める者，不安定な者あるいは世の気遣いに専念している者——この者は川によって示されている——において，悪魔の剣は効力を有している。

しかし，悪魔によって打ち負かされず，むしろ悪魔に対して勝利している人々が存在する。このことは主要的な仕方でキリストに適合するのであり，彼について「見よ，ユダ族から出た獅子が勝利した」（黙5・5）と言われている。さらに，このことは続いてキリストの恩恵によって他の者にも適合するのであり，これは「われらの主イエス・キリストによってわれわれに勝利を与えた神に感謝しよう」（Ⅰコリ15・57）と言われていることによっている。主はこの勝利を象の狩りの比喩の下に記述して，狩猟者は「目に鉤をかけて彼を捕えるだろう」と言っている。狩猟者によってキリストとキリストに属する者が意味されている。象を狩る一つの方法が存在すると言われている。「象の通る道の地下に穴を掘り，象が知らずにそれに落ちると，そこへ一人の狩猟者がやって来て，象を打ち突き刺す。しかし，もう一人の狩猟者が来て，象が打たれないように最初の狩猟者を打って遠ざけて，象に大麦を食べさせる。このことを三回か四回行えば，象は狩猟者を自分を解放してくれる者として愛し，狩猟者は象を従順に飼いならすことができる」[24]。このようにして，ちょうど魚が釣針によって捕えられるように，象は彼に与えられる食料によって捕えら

---

24) バルトロメウス・アングリクス『事物の固有性について』18巻43章。

れる。しかるに，象を狩るもう一つの方法がある。アリストテレスは『動物論』八巻において，「狩猟者が飼いならされた象に乗って野生の象を追跡し，何らかの道具で彼を突き刺す」[25]と言っている。「杭を彼の鼻に突き刺すだろう」と続けられていることはこのことに属する。というのも，象は鼻においてよりいっそう可感的な肉を有しているので，そこは狩猟者によってよりいっそう攻撃されるからである。このことによって霊的な仕方で示されていることは，あたかも鉤によって捕えるかのように，キリストが悪魔に彼の弱い本性を示すことで，彼を征服したということである。その後に，キリストは自らの力を彼に行使した。これは「支配と権力を解除し，自信を持って引き渡した」（コロ2・15）と言われていることによっている。

[20] あなたはレビヤタンを鉤にかけて引き上げることができるか。その舌を縄によって縛ることができるか。[21] その鼻に輪を付け，その顎に輪を通すことができるか。[22] 彼があなたに繰り返し願い，あなたに柔らかいことを語ることがあろうか。[23] 彼があなたと契約を結び，あなたが彼を永久的な奴隷として受け入れることがあろうか。[24] あなたは彼を鳥のようにもてあそび，あなたの端女のためにつないでおくことができるか。[25] 友人が彼を切り刻み，商人が彼を分配することがあろうか。[26] あなたは彼の皮で網を，彼の頭で魚捕りの籠を満たすことができるか。[27] あなたの手を彼の上に置いてみよ。戦いを忘れるな，そうすればあなたはこれ以上語らないだろう。[28] 見よ，彼の希望は無駄に終わり，彼はすべての者に見られながら滅びるだろう。（40・20-28）

---

25) 『動物誌』9巻1章（610a24）。トマス・カンティンプラテンシス『事物の本性について』4巻（ms. f. 58va）参照。

「あなたはレビヤタンを鉤にかけて引き上げることができるか」等々。主は地上の動物のうちで最大のものである象の比喩の下に悪魔の固有性を記述した後に，続いて海に住む動物のうちで最大のものである鯨，すなわちレビヤタンの比喩の下に悪魔について記述している。ちょうどプリニウスが言うように，鯨は「4ユーゲルムの大きさを持っている」[26]。さらに，イシドルスは「山々に等しい体を持っている」[27]と言っているが，「動物に対する付加」と解されるレビヤタンという名はこのことに関係づけられる。また，イシドルスが言うように[28]，この動物はbalenaと言われるが，これは放つという意味であり，というのも，鯨は他の動物よりも高く水を放つからである。ちょうど悪魔が地上的なものや物体的被造物において働く明らかな業のために地において生きる象に比せられるように，悪魔はまた内的な運動の動揺において働く業のために海の波のうちで生活する鯨に比せられると言うことができる。

主は上で象の狩りの比喩の下に悪魔に対する人間の勝利について述べたので，人間が自らの力によって悪魔を征服することができると信じられることのないように，レビヤタンの比喩の下にこのことを排除し始める。主はレビヤタンについて第一に，魚が捕えられるような方法によって，レビヤタンが征服されないことを示している。それゆえ，「あなたはレビヤタンを鉤にかけて」，水から「引き上げることができるか」と言われている。このことが起こりえないのは二つの理由による。第一に，レビヤタンがいかなる人間の力や道具によっても上方に持ち上げられえない大きさを有しているからである。主はこのことを示すために，

---

26) 『博物誌』9巻3章。トマス・カンティンプラテンシス『事物の本性について』6巻（ms. f. 107va）参照。

27) 『語源』12巻6章（PL 82, 451B）。

28) 同上，12巻6章（PL 82, 451B）参照。

「引き上げることができるか」と言っている。第二に，レビヤタンが鉤によって保持されえない強力さを有しているからである。主はこのことを示すために，「その舌を縄によって縛ることができるか」と続けている。というのも，鉤によって捕えられた魚は鉤に付けられている縄によって保持されるからである。このことによって意味されているのは，いかなる人間も悪魔をその悪意から引き離すことはできず，その悪意において進まないように彼を縛ることもできないということである。

　第二に，主はある大きな地上の動物が征服されるような方法で，レビヤタンが人間によって征服されないことを示している。水牛は，それによって人間が彼を自らの欲するところへと導くその鼻に置かれる鉄の輪を通じて人間によって保持されるが，主はこのことを排除して，「その鼻に輪を付けることができるか」と続けている。さらに，人間は馬やロバやラクダの口に馬勒や口輪を置くことによって彼らを自らに従属させるが，主はこのことを排除して，「その顎に輪を通すことができるか」と続けている。というのも，前述した動物の顎は彼らの口に置かれる鉄の輪によって穴を開けられるからである。ちょうど鼻輪によって水牛が導かれるように，馬の顎に置かれた馬勒あるいは口輪によって，馬の歩みは人間を適切な仕方で運ぶように操縦される。それゆえ，このことによって理解されるのは，いかなる者も悪魔を自らの欲するところへ導くことはできず，自らの意志に従うように彼を方向づけることもできないということである。

　第三に，主は人間が人間に従属する方法によって，レビヤタンが征服されないことを示している。しかるに，人間が人間に従属することは二つの仕方で起こる。一つは単純な言葉によってである。たとえば，人が他の者に請い求めるほどにまで，その者に対して自らを低くする場合がそれ

である。主は「彼があなたに繰り返し願うことがあろうか」と言って，このことに触れている。あるいは，人はこれに甘言を付け加えることもある。「あなたに柔らかいことを」，すなわちあなたを喜ばせるために甘言を「語ることがあろうか」と続けられていることはこのことに属する。これは「柔らかい回答は怒りを砕く」（箴15・1）と言われていることによっている。もう一つは何らかの義務が接近することによってである。しかるに，義務が生じるのは，あるいは何らかの個別的な契約によってであり，「彼があなたと契約を結ぶことがあろうか」と言われていることはこのことに属する。また，あるいは永久的な従属によってであり，「あなたが彼を永久的な奴隷として受け入れることがあろうか」と言われていることはこのことに属する。これら四つのことには時として順序がある。すなわち，時として人は第一に恐れのために勝利者に嘆願を示し，第二に甘言を用い，第三に契約を結び，第四に契約によって永久的な従属へと至る。これらすべてのことによって理解されることは，悪魔が人間を恐れないということであり，悪魔が人間をあたかもより上級の者，より強力な者と見なして，恐れよりして嘆願や甘言や契約や従属を示すことはないということである。もし悪魔がこのようなことを見せかけとして行うとすれば，それは人間を欺くためであり，人間に従属するよりはむしろ人間を自分自身に従属させるためである。

　第四に，主は鳥が人間によって征服される方法によって，レビヤタンが征服されないことを示している。鳥に関して考察すべきことは，鳥が第一に何らかの欺きにおいて，網や鳥もちやこれに類する何らかのものによって捕えられるということである。主はこのことを排除して，「あなたは彼を鳥のようにもてあそぶことができるか」と続けている。すなわち，あなたは悪魔を欺くことによってあな

たの支配下に置くことができるかという意味である。第二に，すでに捕えられた鳥は飛ぶことができないように縛られ，遊具として子供や端女に提供される。「あなたの端女のためにつないでおくことができるか」と続けられているときに，このことが示されている。このことによって理解されるのは，人間が自らの努力において欺きによって悪魔を征服することはできないということであり，軽蔑する目的で彼を他の者に与えることもできないということである。

　このようにして，主は他の動物が従属させられる方法によって，レビヤタンが従属させられないことを示した後に，続いて，仮にレビヤタンが人間に従属したとしても，人間の支配下に置かれた他の大きな動物を用いるように，人間がレビヤタンを用いることはできないことを示そうとする。第一に，主はこのことを示すのに，人間が，たとえば鹿や猪やこれに類する他のもののような，捕えられた地上の動物を用いる方法を採用している。しかるに，これらの動物の肉は二つの仕方で分配される。一つは無償で友人に分配することによってである。主はこれを排除して，「友人が彼を切り刻むことがあろうか」と続けているが，このことは問いかけの意味で読まれるべきである。もう一つは様々な人々に売ることによってである。このことに関して，「商人が彼を分配することがあろうか」と続けられているが，これはあたかも「否」と言わんとするかのようである。というのも，このような動物は，もし時として捕まえられた場合には，その地方全域にとって十分であるほど大きいので，他の動物のように，友人の間で個別的に分配されたり，市場において売られたりすることがないからである。このことによって示されているのは，人間が悪霊の助けを，あるいは他の者に無償で伝えたり，あるいはそれを売ったりすることはできないということである。

第二に,主は人間が捕えた魚を用いるような仕方でレビヤタンを用いることはできないことを示している。漁師は大きな魚によって大きな網を満たすが,このことに関して,「あなたは彼の皮で網を満たすことができるか」と言われている。明瞭に「皮で」と言われているが,これは最も大きな鯨を捕える方法を表現するためである。鯨は「岩壁の近くで眠っているときに自らの有している最も長い胴体を岩に引っ掛けているが,そのとき漁師ができるかぎり近づいて,尾のそばの脂肪から皮をはいでいく」[29]と言われている。というのも,鯨は非常に脂肪が多いので,脂肪のためにこのような切断についても感知しないからである。岩や木に縛った縄を張った状態で,漁師が投石器の石によって鯨を目覚めさせると,鯨は逃げようとして皮を残していく。漁師はより小さな魚によって他のより小さな道具を満たすが,このことに関して,「彼の頭で魚捕りの籠を満たすことができるか」と続けられている。漁師が魚を捕まえるために海に沈める細枝から作られたある道具が籠と言われる[30]。しかるに,鯨はその全体においても,例えば頭のようなある部分においても,どれほど大きな籠によっても包含されないほどに大きい。というのも,鯨の頭はそれによって40の瓶の中身が溢れ出るほどに大きいと言われているからである[31]。このように述べられているのは,比喩的な仕方で次のことを示すためである。すなわち,ちょうどある黒魔術師が悪魔を閉じ込めることができると主張するような仕方において[32],悪魔が人間の力によって閉じ込められることはなく,このように言われることはすべて悪魔が人間を欺くために用いる狡猾さに由来す

---

29) アルベルトゥス『動物論』24巻19節(St 2, 1525)。
30) アラヌス・デ・インスリス『区別』(PL 210, 806D)参照。
31) アルベルトゥス『動物論』24巻17節(St 2, 1524)参照。
32) イシドルス『語源』8巻9章(PL 82, 312A)参照。

るものである。もし人が正しく考察するならば，前述したすべてのことは，悪霊と契約を結び，彼らを自らに従わせ，何らかの仕方で制限しようとする黒魔術師の高慢を論破するためのものであるように思われる。

　それゆえ，いかなる方法においても人間が悪魔を自らの力によって征服することはできないことが示されたので，主はあたかも前述したすべてのことから結論づけるかのように，もしできるなら，「あなたの手を彼の上に置いてみよ」と続けているが，これはあたかも次のように言わんとするかのようである。あなたは悪魔をあなた自身に従属させるために，いかなる仕方においてもあなたの力によって彼の上にあなたの手を置くことはできない。しかし，たとえ悪魔が人間によって征服されないとしても，神の力によって征服されるので，わたしが悪魔に対して行う「戦いを忘れるな，そうすればあなたは」，わたしに対して，「これ以上語らないだろう」と続けられている。というのも，あなたは自らの力によって征服することができない悪魔がわたしの力によって征服されるのを見るからである。神による征服について，「見よ，彼の希望は無駄に終わるだろう」と続けられている。もしこのことが鯨に関係づけられるなら，意味は明らかである。すなわち，鯨は魚を捕まえようと期待して魚を追跡し，何らかの岸へと入り込むが，水の少なさのために自分自身をそこから引き出すことができなくなるかぎりで[33]，魚を捕まえることについて有していた鯨の希望は無駄に終わる。鯨はこのようにして水の上に現れて滅びて死ぬので，「彼はすべての者に見られながら滅びるだろう」と続けられている。というのも，鯨を見た人間がいたるところから駆けつけて彼を殺すからであ

---

33) アルベルトゥス『動物論』24 巻 17 節（St 2, 1524）参照。

る。このことによって示されているのは、悪魔が聖人の破壊について有している希望が無駄に終わり、悪魔自身が、悪魔に従うすべての者と共に、聖人に見られながら、裁きの日に地獄へ突き落されるということである。

第 41 章

―――――

¹ わたしは残酷な者として彼を呼び起こすのではない。誰がわたしの顔に逆らうことができようか。² わたしが彼に与える前に，誰がわたしに与えたのだろうか。天の下にあるすべてのものはわたしのものである。³ 強力な言葉や嘆願の言葉によってわたしが彼を容赦することがあろうか。⁴ 誰が彼の覆いのある顔を露わにできようか。誰が彼の口の真ん中に入ることができようか。⁵ 誰が彼の顔の門を開けることができようか。彼の歯の周りに恐怖がある。⁶ 彼の体はあたかも柔らかい盾のようであり，彼自身を覆っている鱗によって組み立てられている。⁷ 鱗は一つ一つ結びつき，その間を空気が通ることもない。⁸ 一つの鱗は他の鱗に密着し，決して分離しないように保たれている。(41・1-8)

「わたしは残酷な者として彼を呼び起こすのではない」等々。主はレビヤタンが人間によっては征服されず，ただ神によってのみ征服されることに関して，彼の力を数えあげた後に，今や彼自身が他の者に働きを及ぼすことに関して，彼の力を語っている。「権威は神にのみ由来する」（ロマ 13・1）ので，人はこれほど大きな力をこれほど有害な被造物に与えたことを神の残酷さに帰するかもしれない。それゆえ，主はこのことを排除して，「わたしは残酷な者として彼を呼び起こすのではない」，すなわち彼に与えた力によって彼が高い者として存在することを許すのではないと言っている。このことは上でヨブが「あなたはわたしにとって残酷な者に変わった」（30・21）と述べたことに

対する回答であると思われる。しかるに，主はこのことが自らの残酷さに帰せられるべきではないことを三つの理由によって示している。第一は神自身の力のためであり，「誰がわたしの顔に」，すなわちわたしの摂理に「逆らうことができようか」と言われているが，これはあたかも次のように言わんとするかのようである。このレビヤタンがどれほど強力であっても，彼がわたしの摂理に逆らうことはできず，その結果，わたしの気に入らない仕方でその力を用いることもできない。さらに，わたしの意志は人間の滅亡ではなく救済に向けられている。第二に，主は自らの善をすべてのものに無償で分け与えたその善性の豊富さから同じことを示している。それゆえ，「わたしが彼に与える前に，誰がわたしに与えたのだろうか」と続けられているが，これはあたかも「いかなる者も与えなかった」と言わんとするかのようである。このことから明らかなことに，わたしは自らが造ったすべてのものを愛し，それらにわたしの善を無償で伝える。それゆえ，わたしは自らが造ったものに対して残酷な魂を持たない。「天の下にあるすべてのものはわたしのものである」と続けられていることは同じことに属する。というのも，これらはわたしによって造られ，保たれ，統帥されているからである。しかるに，いかなる者も自らのものに対して敵対しない。第三に，主はサタンがその力において高められることを許すことにおいて，自らが残酷な者となることはないことを示している。というのも，主はいかなることをもサタンに委ねていないからである。しかるに，人がある僭主に好意を示そうとするかぎりで，多くの者の苦しみを忍耐強く耐えることは，ある種の残酷さに属すると思われる。さらに，人がある強力な者に好意を示すのには二つの理由がある。一つは彼の脅迫を恐れることによってであるが，主はこのことを自分自身から排除して，「わたしが彼を容赦することがあろう

か」と言っている。すなわち、わたしは必要であれば彼に抵抗することができるように、いかなることをも彼に委ねていない。「強力な言葉によって」、すなわち彼の力を示す何らかの脅迫の言葉のために。人がある強力な者に好意を示すもう一つの方法は、甘言によって彼から誘惑される場合である。主はこのことを排除するために「嘆願の言葉によって」と続けているが、これはあたかも次のように言わんとするかのようである。たとえ彼が強力な仕方で、あるいは嘆願によって語ったとしても、わたしはいかなることをも彼に委ねない。というのも、「光の闇に対する一致はない」（Ⅱコリ6・14）と言われているからである。

それゆえ、主は自らの残酷さについての見解を取り除くためにこれらのことを述べた後に、レビヤタンの力を記述することへと近づくが、第一に頭から始めて彼の形を記述している。しかるに、「鯨の目の上には大きな鎌の形をした角のようなある種の付加物があり、それらは一つの目の上に250あり、もう一つの目の上にも同じだけあり、鯨はそれらを大きな嵐の時に目を覆う目的で用いている」[1]と言われている。このことを表現するために、「誰が彼の覆いのある顔を露わにできようか」と言われているが、これはいかなる人間が鯨に近づいて前述の覆いから彼の顔を露わにすることができるのかという意味である。このことによって理解されるのは、いかなる人間も悪魔の狡猾さを明らかにすることはできないということである。さらに、「鯨は喉に膜のようなある種の皮を持っており、多くの穴が開いたこの皮は、何であれ大きな物体が彼の腹の中へ入ることを防いでいる」[2]と言われている。というのも、も

---

1) アルベルトゥス『動物論』24巻15節（St 2, 1523）。
2) トマス・カンティンプラテンシス『事物の本性について』6巻（ms. f. 107va）。

し鯨が何らかの大きな動物を丸ごと飲み込んだとすれば，彼の消化はこのことによって妨げられるからである。このことを示すために，次のように続けられている。「誰が」，それらを通じて小さな魚が彼の腹の中に下るかの狭い穴を調べるために，「彼の口の真ん中に入ることができようか」。このことによって示されているのは，いかなる人間も，それによって悪霊が人間を霊的に飲み込むことへと動かされるその意図を認識することはできないということである。さらに，鯨について，「鯨は非常に大きく長い歯の生えた口を持っており，とりわけ，象や猪の歯のように，他の歯よりも長い二つの歯を持っている」[3]。それゆえ，主はこの端にある最も大きな二つの歯を示すために，「誰が彼の顔の門を開けることができようか」と言っている。というのも，かの最も大きい二つの歯は，あたかもそれによって鯨の口が開かれる二つの門のように見えるからである。このことによって示されているのは，いかなる人間も，悪魔が二つの門，すなわち暴力と狡猾さによって飲み込んだ罪人を悪魔の力から引き離すために，悪魔の口を開くことはできないということである。しかるに，鯨の他の歯に関して，「彼の歯の周りに恐怖がある」と続けられている。というのも，鯨は口の周りにこれほど大きな歯を持っているので，それを見る者に対して恐怖を呼び起こすからである。このことによって示されているのは，悪霊が人間に呼び起こす恐怖であり，この恐怖によって悪霊は人間を罪へと駆り立てる。また，鯨の歯は残りの悪霊である，あるいは自らの力によって他の者を脅して悪へと導く悪しき人間であると言うことができる。

　それゆえ，主はレビヤタンの頭の状態についてこれらのことを述べた後に，彼の体の状態へと進むが，その際，鱗

　3）　アルベルトゥス『動物論』24巻14節（St 2, 1522）。

を持っている魚のようにこれを記述する。それゆえ，彼はその体の大きさにしたがって盾のような最も大きな鱗を持たなければならないので，「彼の体はあたかも柔らかい盾のようである」と言われている。これは連続した盾であり，というのも，木の盾は張り合わされて作られるからである。しかるに，悪魔はすべての悪人に対して，ちょうど頭が身体に対するような関係にあるので[4]，他の者を悪意において守る罪人はあたかも悪魔の体の盾のようなものである。続いて，主は彼の鱗が大きいだけでなく，多くの鱗を持っている魚のように凝縮されていたことを示している。このことが「彼自身を覆っている鱗によって組み立てられている」と続けられていることの意味である。このことによって悪人の集まりが示されている。また，続いて「鱗は一つ一つ結びついている」と言われているときに，悪人たちの悪における転倒した一致が示されている。というのも，ちょうどある魚の身体においてすべての鱗がすべての鱗に結びついているのではなく，秩序によってある鱗がある鱗に結びついているように，悪人の集まりにおいてもすべての者がすべての者に対して親密に一致しているのではなく，ある者がある者に対して一致しているからである。しかるに，魚が生きており強力であるかぎり，その鱗は力を持っており，相互に身体の皮膚に密着しているので，空気はその間を通過することができない。しかし，魚が死ぬか病気になったときに，あるいは何らかの機会によって魚の鱗が乾いたときには，次第に前述した鱗の結合は弱まり，鱗そのものが曲がり，何らかのより粗い物体がその間を通過することができるようになる。それゆえ，主はレビヤタンの鱗の活力を示すために，「その間を空気が

---

 4) アウグスティヌス『詩篇註解』139 章 5 節（PL 37, 1807）参照。

通ることもない」と続けている。このことによって示されるのは，悪意において合意している悪人は，何らかの霊的な説得や内的な霊感によってそこから分離されることはないということである。それゆえ，主は悪意における彼らの頑強な合意を示すために，次のように続けている。相互的な好意と合意によって，「一つの鱗は他の鱗に密着し」，悪における彼らの頑強な合意のために，「決して分離しないように保たれている」。これはちょうどレビヤタンの鱗が人間の力によって互いに分離されえないのと同様である。

[9] 彼のくしゃみは輝く火であり，彼の目は曙のまばたきのようである。[10] 彼の口からはちょうど火をつけられた松明のような火が発出する。[11] 彼の鼻からはちょうど沸騰した水の入った壺のように煙が発出する。[12] 彼の息は炭を燃やし，彼の口からは火が出てくる。[13] 彼の首には力が留まり，欠乏が彼の顔の前を先行する。[14] 彼の肉の肢体は彼自身に密着している。神は彼に対して稲妻を送るが，稲妻は他の場所には落ちない。[15] 彼の心臓は石のように固く，職人の鉄床のように引き締まっている。[16] 彼が倒されたとき，天使は恐れ，おののきながら浄化されるだろう。[17] 彼を捉える剣は壊れ，槍も壊れ，胸当ても壊れる。[18] 彼は鉄をもみ殻のように，銅をあたかも腐った木のように見なす。[19] 射手は彼を逃げ出させることはできず，投石器の石も彼にとっては藁に変わった。[20] 彼は槌をあたかも藁のように見なし，振動する槍を嘲る。[21] 太陽の光線は彼の下にあり，彼は金を泥のように自らに従属させる。[22] 彼は壺のように海の深みを沸騰させ，香油が泡立つときのように定める。[23] 彼の後には小道が輝き，彼は深淵をあたかも衰えるもののように見なす。[24] 地上において彼に匹敵する力は存在しない。彼はいかなるものをも恐れないように造られ，[25] すべての高みを見る。彼はすべての傲慢なる子の王である。

（41・9-25）

「彼のくしゃみは輝く火である」。主はレビヤタンの状態を記述した後に，ここではその力の働きを記述するが，ちょうど上で第一に彼の身体の状態よりも頭の状態を記述したように，先に頭に属する働きを数えあげることから始める。頭の第一のより主要な部分は脳であるが，脳の振動から動物のくしゃみは生じるので，主はレビヤタンのくしゃみを記述して，「彼のくしゃみは輝く火である」と言っている。というのも，レビヤタンのくしゃみから非常に大きな水の振動が起こり，輝く火のような振動する水の輝きが生じるからである。あるいは，このことは次のことに関係づけられる。レビヤタンの頭や目が激しく振動することによって，輝く火が発出するようにわれわれに見える。それゆえ，くしゃみによるレビヤタンの頭の振動がより大きければ大きいほど，よりいっそうこのような輝きが発出する。しかるに，このことによって示されているのは，悪魔の頭の振動によって，すなわち悪魔の誘惑によって，怒りや欲情や空しい栄光の輝く火が発出するということである。また，頭の他の部分のうちで主要なものは目であるので，「彼の目は曙のまばたきのようである」と続けられている。というのも，目はその敏捷さのゆえに輝くものだからである[5]。しかるに，鯨は頭と全身の大きさにしたがって大きな目を持っているので，彼が目によって見ることにおいて，ちょうど曙の明るさのようなある種の明るさが広がる。この明るさによって悪魔が人間に約束する時間的な繁栄が示されている。第三に，主はレビヤタンの口の働きを記述して，「彼の口からちょうど火をつけられた松明のような火が発出する」と言っている。ここで考察すべきことに，松明は甘い匂いを発する火をつけられた

---

[5] トマス『感覚論註解』3章（437a29）参照。

木である[6]。しかるに，鯨について，「鯨は，非常に飢えている時には，琥珀の匂いのような匂いを持つ蒸気をその口から発するが，魚はその蒸気に喜んで彼の口へと入っていき，このようにして彼によって食べられる」[7]と言われている。それゆえ，鯨の口から放たれた蒸気が火と言われるのは，鯨の内部から出てくる熱の大きさのためであり，火をつけられた松明に比せられるのは，述べられたとおり匂いのためである。しかるに，このことによって示されているのは，悪魔があたかもある種の匂いのようなある善の提示によって，人間を罪深い欲情へと駆り立てるということである。第四に，レビヤタンの鼻の働きが述べられている。この動物はイルカのように肺を持ち呼吸をするので[8]，このことを示すために，次のように続けられている。呼吸のための主要な器官である「彼の鼻からは」，呼吸によって，「煙が」，すなわちこれほど大きな体を動かすためにこの動物にとって必要な熱のために黒くなった空気が「発出する」。それゆえ，明瞭に「ちょうど沸騰した水の入った壺のように」と続けられている。というのも，呼吸において放たれる空気は肺において保たれ，そこで肺と結びついている心臓の熱によって熱せられるからであり，これはちょうど鍋の中の水が火にかけられることによって熱せられ沸騰するのと同様である。また，動物は鼻だけでなく口によってもまた呼吸するので，第五に主は口の働きを続けて，「彼の息は」，すなわち口から出てきた蒸気は，「炭を燃やす」，すなわち炭を燃やすに十分なほどに熱く強力であると言っている。というのも，息を吹きかけること

---

  6) プリニウス『博物誌』16 巻 10 章参照。
  7) バルトロメウス・アングリクス『事物の固有性について』13 巻 26 章。
  8) アリストテレス『動物部分論』3 巻 6 章（669a8），アルベルトゥス『動物論』13 巻第 1 論考 6 章 45 節（St 2, 912）参照。

によって炭を燃やす人々の比喩において語られているからである。それゆえ,「彼の口からは火が出てくる」と続けられている。というのも,彼の口から出てくる蒸気は,正当に火に比せられるほど熱く火のようなものだからである。しかるに,これらすべてのことによって示されているのは,悪魔が密かなあるいは明らかな唆しによって,人間のうちに転倒した欲望の火を燃え立たしめることである。

それゆえ,主はレビヤタンの頭の力に属するこれらのことを述べた後に,彼の他の肢体の力に属することを語ることへと近づく。しかるに,考察すべきことに,「首を有する魚はいない」[9]とアリストテレスは『動物論』二巻において言っているが,イルカのような動物を生む動物は例外であり,鯨もまたこの類に属している。それゆえ,主は彼の首の力を記述することから始めて,「彼の首には力が留まる」と言っている。この力はその頭の重さを支えるためにこれほど大きな動物には必要なものである。また,頭は首によって身体に結びつけられているので,レビヤタンの首によって,それらの者を通じて悪魔が他の者にその悪意を行使する人々が示されている。大抵の場合,彼らは他の者が敬意を払い恐れもする有力な者である。明らかなことに,この動物は大きな体を有するので,よりいっそう食料を必要とする。それゆえ,鯨は海のある部分にいる時に,そこに存在する魚の群れを飲み込むが,その結果,彼の目にはあたかも海が魚を欠いているように見える。このことが「欠乏が彼の顔の前を先行する」と続けられていることの意味である。というのも,上で述べられたように,鯨は魚を自分自身へと引きつけるので,彼の前にある海は魚を欠いた状態で留まるからである。このことによって示され

---

9) 『動物誌』2巻13章(504b17)。アルベルトゥス『動物論』2巻第1論考7章76節(St1, 256)参照。

ているのは，人間における徳の欠乏が悪魔の顔の前で，すなわちその唆しによって生ぜしめられるということである。続いて，主は身体の他の部分に関して彼の力を示して，「彼の肉の肢体は」，その密集性のために「彼自身に密着している」と言っている。このことによって，悪魔の肢体の悪における合意が示されている。

それゆえ，主は働きを及ぼすことに関してレビヤタンの力について述べた後に，続いて抵抗することに関して彼の力について論じる。しかるに，レビヤタンは人間の働く力に対して抵抗することができるとしても，神の働きの力に対してはいかなる点においても抵抗することができない。それゆえ，第一に主は神が彼に対して何を為すかを示して，「神は彼に対して稲妻を送る」と言っている。明らかなことに，海においてはしばしば稲妻が落ち，それによって時として船もまた危険にさらされる。それゆえ，時として鯨が稲妻に打たれることもありうることであるが，この業はその働きの大きさと恐ろしさのためにとりわけ神に帰せられる。それゆえ，主は上で「あなたが稲妻を送ればそれは行くだろうか」（38・35）等々と述べたのである。しかるに，「稲妻は他の場所には落ちない」と続けられているが，このことは二つの意図に関係づけられる。第一はレビヤタンの体の大きさを示すことである。すなわち，ある場所を打った稲妻がある種の反射によって近くの他の場所にはね返ることがよくあるが，レビヤタンの体は非常に大きいので，彼を打った稲妻は彼の体以外のところにははね返らない。第二に，このことは神の働きの確実性に関係づけられる。それゆえ，ちょうど知恵のある射手が標的にのみ命中するようにまっすぐ矢を放つように，神がレビヤタンや何であれ他の被造物に対してあたかもある種の矢のような稲妻を放とうとするときには，稲妻が神の放とうとする以外の他の場所に向かうことはないのであり，これは

「稲妻はまっすぐ放たれる」（知 5・22）と言われていることによっている。このことによって神の鞭が示されているが，神はこれを他の者を害しないような仕方で悪魔とその肢体に対して導入する。すなわち，もし時として善人が時間的な逆境を通じて神によって鞭打たれたとしても，このことは聖人の栄光と悪魔と不敬虔な者のより大きな断罪につながるものである。

　第二に，主は神がレビヤタンに対して為すことに関して彼がどのような状態にあるかを示して，「彼の心臓は石のように固い」と言っている。主は，あるものが外的な作用者によって容易には破壊されないという自然本性的な力を固いものとして示している。それゆえ，このことによって示されているのは鯨の心臓のうちにある自然本性的な力であり，これは何らかの害を加える外的な働きによって容易に破壊されることがない。石の例は軽い打撃に対する堅固さを示すには十分であったが，重い打撃に関しては不十分である。というのも，石はたとえ手によって粉砕されないとしても，金槌によって粉砕されるからである。それゆえ，重い害に対する鯨の力を示すために，主は「職人の鉄床のように引き締まっている」と続けている。鉄床は槌の打撃によっては粉砕されないばかりか，よりいっそう堅固なものとなるように思われる。それゆえ，このことによって悪魔とその肢体の頑強さが示されている。というのも，彼らは神のいかなる打撃によってもその悪意を弱めないからである。

　第三に，神の打撃の最終的な結果が示されている。というのも，レビヤタンはどれほど神の鞭に抵抗しているように見えるとしても，最終的にはそれによって打ち負かされなければならないからである。それゆえ，神の力によってその場所において「彼が倒されたとき」，神の力に驚くことによって「天使は恐れるだろう」と続けられている。こ

の驚きにおいて神の力の多くの働きが天使に知らされるので,「おののきながら浄化されるだろう」と続けられている。というのも,ディオニシウスが『神名論』六章において述べているように[10],天使は不純性からではなく,無知から浄化されると言われるからである。しかし,すべての物体的被造物は聖なる天使に比すればわずかなものであるので,もしわれわれが聖なる天使によって人間を理解するのでないかぎり,このように言われたのは,天上的な天使が物体的なある鯨の殺害に非常に驚いたことを主要的な仕方で示すためではなかったと思われる。そうではなく,このことは主要的な仕方で霊的な意味におけるレビヤタン,すなわち悪魔に関係づけられる方がより善い。というのも,悪魔は罪によって天から落下したとき[11],神の力によって倒されたからである。そのとき,天使は神の威厳に驚きながら,悪魔との交わりから引き離されることによって浄化された。同様に,裁きの日においてもまた,悪魔がそのすべての肢体とともに地獄へと追いやられるとき,天使とすべての聖人は神の力について驚き,さらに悪人から完全に引き離されることによって浄化されるだろう。このことは,悪魔が追放された後に,天において「今や,われわれの神の救いと力と支配が現れた」(黙12・10)と言う大きな声が聞かれたと言われているときに示されている。

このようにして,主はレビヤタンが神の攻撃に対してどのような状態にあるかを示した後に,彼が被造物の攻撃に対してどのような状態にあるかを示している。第一に,主は人間の攻撃に対する彼の状態について述べる。しかる

---

10) 『教会位階論』6章3部6節(PG 3, 537B; Dion. 1404), トマス『神学大全』1部106問2項異論解答1, あるいは,ディオニシウス『天上階層論』7章2, 3節(PG 3, 207B, 209D; Dion. 845, 859), トマス『真理論』9問3項参照。

11) 『イザヤ書』14章12節参照。

に，人間は近くから，また遠くから攻撃する。人間は近くから，剣によって身を守り，槍によって攻撃し，胸当てによって防御する。このことに関して，次のように続けられている。レビヤタンの体の頑強さのために，レビヤタンに対して，「彼を捉える」人間の「剣は壊れ，槍も壊れ」，胸を守っている「胸当ても壊れる」。主はこのことの理由を特定して，「彼は鉄をもみ殻のように見なす」と続けている。というのも，ちょうど人間がもみ殻によって害されることがなく容易にそれを破壊するように，レビヤタンもまた剣や槍の鉄によって害されることがなく，容易にこれらのものを破壊するからである。同様に，彼は胸当ての「銅をあたかも」打撃に対して抵抗することのできない「腐った木のように見なす」。しかるに，このことによって示されているのは，人間のいかなる力も悪魔を害するためにあるいは彼に抵抗するために有効ではなく，人間のすべての力は悪魔によって無と見なされるということである。

さらに，人間は遠くから矢や投石器の石によって攻撃するが，これらのものは鯨に対して有効ではないので，矢を放つことによって「射手は彼を逃げ出させることはできない」と続けられている。というのも，彼は矢によって害されえないので，矢を恐れないからである。しかるに，ちょうど遠くから放たれた矢が内的に傷つけることによって害するように，投石器の石は外的に破壊することによって害する。しかし，鯨はちょうど矢によって貫通されることがないように，彼に向けて放たれた石によって破壊されることもない。それゆえ，「投石器の石も彼にとっては藁に変わった」と続けられている。というのも，ちょうど藁がその軽さのためにいかなる者をも破壊することができないように，鯨もまた投石器の石によって何らかの害を蒙ることはないからである。しかるに，このことによって示されているのは，ちょうど悪魔が近くからのある種の打撃として

の人間の力によって害されることがないように，彼は遠くからのある種の打撃としての人間の狡猾さによって害されることもないということである。しかるに，ちょうど投石器の石によって人は遠くから破壊されるように，槌によってあるものは近くから破壊される。しかし，このような仕方においてもまた，鯨は人間によって害されないので，「彼は槌をあたかも藁のように見なす」と続けられている。このことは，槌が投石器の石よりも重い打撃を加えるということを除けば，前述したことと同じ意味に関係づけられる。それゆえ，このことによって示されているのは，人間の力と奮闘がどれほど強力なものであっても，それは悪魔によって軽蔑されるということである。

　しかるに，人間は打撃によってだけでなく打撃を脅迫することによってもまた，ある者を征服するのが常であるが，鯨も悪魔も人間による何らかの脅迫を恐れないので，「振動する槍を嘲る」と続けられている。というのも，矢の振動は打撃についてのある種の脅迫であると思われるからである。しかるに，ちょうど時として人間が脅迫によって他の者を征服するように，約束によって誘惑することによっても他の者を征服する。とりわけ，約束された何らかの贈り物が，その美しさや貴重さによって人間を誘惑するのが常である。しかるに，物体的事物のうちで太陽の光線よりも美しいものは何もないと思われるが，その美しさによって，物体的な仕方で理解されたレビヤタンも，霊的な仕方で理解されたレビヤタンも誘惑されない。このことを示すために，「太陽の光線は彼の下にある」と続けられている。というのも，彼は太陽の光線を何か偉大なものであるとは見なさないからである。したがって，彼は人間的な事物における他のいかなるものをも輝かしいものとは見なさない。しかるに，人間が使用するもののうちで，金は非常に貴重なものと見なされている。このことに関して，

「彼は金を泥のように自らに従属させる」と続けられている。すなわち，彼は何らかの卑しいものとして金を軽蔑するだろう。このようにして，彼が人間によって誘惑されないことは明らかである。

　それゆえ，主はレビヤタンが人間によって征服されないことを示した後に，続けて彼が海によっても，海の何らかの魚によっても征服されないことを示している。このことは彼が海において行使する強力な働きによって明らかである。しかるに，プリニウスは「東方の海には深淵から海を覆すほどに大きなある怪獣が存在する」[12]と言っているが，彼らは海において嵐を起こす。これらの怪獣は鯨の本性に属すると思われる。このことを示すために，「彼は壺のように海の深みを沸騰させる」と続けられている。というのも，ちょうど壺が沸騰した時に，その中にある沸騰した水が動かされるように，この魚の暴力から海の波は動かされる。この振動は深いところから始まり水面へと至るので，「香油が泡立つときのように定める」と続けられている。というのも，香油はその表面において単なる水よりも大きな泡と振動を作るからである。なぜなら，それらのうちには空気以外のものも含まれているからである。このことによって示されているのは，悪魔がこの世のうちに引き起こす混乱である。また，レビヤタンは海の底において動くときに大きな結果を生み出すだけでなく，水面において動くときにも大きな働きを生み出すので，このことを示すために，「彼の後には小道が輝く」と続けられている。というのも，ちょうど船が海において動くときに，水において生じた振動と泡のために，移動する船の痕跡が長い距離にわたって残るように，この魚の運動によっても，その大

---

12) トマス・カンティンプラテンシス『事物の本性について』6巻（ms. f. 107rb）。プリニウス『博物誌』9巻3章参照。

きさのために同様のことが起こるからである。しかるに，このことによって示されているのは，悪魔がこの世のうちに引き起こした混乱の働きが，ただちに終わるのではなく，時としてより長く持続することである。鯨はこれほど強力な働きを海において生ぜしめることから，いかなる点においても海の深みを恐れないので，次のように続けられている。「彼は深淵を」，すなわち海の深みを，「あたかも衰えるもののように」，すなわちあたかも終局を持ち，自らを飲み込むことのできないもののように「見なす」。というのも，衰えるものは弱く，終局に近いからである。しかるに，このことによって示されているのは，悪魔が地獄の断罪を，まるでその断罪が終局であるかのように，それによって自らの神に対する争いが終わるほどのものであるとは見なしていないということである。また，ちょうどレビヤタンが人間によっても，海によっても，海の何らかの被造物によっても征服されないように，彼は地上の他のいかなる被造物によっても征服されないので，「地上において彼に匹敵する力は存在しない」と続けられている。というのも，地において海の鯨のように大きな何らかの動物は存在しないからである。それゆえ，プリニウスもまた，海においては「地上の動物よりも大きな動物が存在するが，その明らかな原因は体液の豊富さである」[13]と言っている。しかるに，このことによって示されているのは，いかなる物体的な力も霊的な力である悪霊の力には匹敵しないということである。

　それゆえ，主は悪魔の比喩的存在であるレビヤタンの固有性について多くのことを述べたので，続いてすでに述べた比喩を説明している。述べられたように，前述のすべての固有性は二つのことに属すると思われるが，そのうちの

13）『博物誌』9巻2章。

第一はレビヤタンが他のものによって害されることがないということである。主はこのことに関して説明して,「彼はいかなるものをも恐れないように造られた」と続けている。すなわち,悪魔は,自らが人間をも他の物体的な被造物をも恐れないということを,神が造ったその本性の条件から有している。第二は,レビヤタンが偉大で強力な働きを行使する力を有していることである。主はこのことを説明して,「すべての高みを見る」と続けている。すなわち,悪魔の意図はいかなる高みにも接近するものである。また,このことは傲慢に属すると思われるので,続いて主は,悪魔が自分自身において傲慢であるだけでなく,傲慢においてすべての者を凌駕しており,他の者にとって傲慢の始まりであることを示して,「彼はすべての傲慢なる子の」,すなわち傲慢に従属する者の「王である」と続けている。というのも,これらの者はみな悪魔の指揮に従うからである。ここで考察すべきは,主が悪人に行使する自らの働きを傲慢な者に関して明らかにすることから始め[14],傲慢な者において語り終えていることである。このことによって示されることに,悪魔によって誘惑され,特に傲慢へと導き入れられ,悪魔の王国へと移行させられるということが,とりわけヨブにとって恐れるべきことであった。それゆえ,ヨブは傲慢を示唆する情動や言葉に用心すべきであった。

---

14) 『ヨブ記』40章6節。

第 42 章

---

¹ ヨブは主に答えて言った。² わたしはあなたが全能であり，いかなる思念もあなたには隠されていないことを知りました。³ 知識もなく考えを隠す者は誰なのか。それゆえ，わたしは愚かな仕方で，わたしの知識を超えた事柄を語っておりました。⁴ わたしが聞き，わたしが語ります。あなたに尋ねるので，わたしに答えてください。⁵ わたしは耳によってあなたのことを聞いておりましたが，今やわたしの目があなたを見ています。⁶ それゆえ，わたし自らわたしを非難し，塵と灰において悔い改めます。⁷ 主はこれらの言葉をヨブに対して語った後に，テマン人エリファズに言った。わたしはあなたとあなたの二人の友人に対して激しく怒った。というのも，あなたたちはわたしの前でわたしの僕であるヨブのように正しいことを語らなかったからである。⁸ それゆえ，あなたたちは自分自身のために七頭の雄牛と七頭の雄羊を取って，わたしの僕であるヨブのところへ行き，自分自身のためにいけにえを捧げなさい。さらに，わたしの僕であるヨブも，あなたたちのために祈ってくれるだろう。わたしはヨブの顔を受け入れ，あなたたちに愚かさを帰することやめる。というのも，あなたたちはわたしの前でわたしの僕であるヨブのように正しいことを語らなかったからである。⁹ それゆえ，テマン人エリファズ，シュア人ビルダド，ナアマ人ツォファルは行って，主が彼らに語ったとおりに行った。そして，主はヨブの顔を受け入れた。¹⁰ また，ヨブがその友人のために祈っていたとき，主は彼の悔悛において心を向け変えた。

そして，以前ヨブにあったものすべてを二倍にした。[11] そして，ヨブのすべての兄弟，すべての姉妹，以前彼と親交のあったすべての者が彼のもとにやって来て，彼の家で彼とともにパンを食べ，彼の上へ頭を動かした。彼らは主がヨブに与えたすべての悪について彼を慰め，各人が彼に一頭の羊と金の耳飾り一つを与えた。[12] 主はその後のヨブを以前にも増して祝福した。ヨブに羊一万四千匹，ラクダ六千頭，牛一千くびき，雌ロバ一千頭が生じた。[13] ヨブには七人の息子と三人の娘がいた。[14] ヨブは長女をディエム，次女をカシアム，三女をコルヌスティビィと呼んだ。[15] 全世界においてヨブの娘たちのように美しい女は発見されなかった。父は彼女らの兄弟と同じく彼女らにも遺産を与えた。[16] ヨブはこの逆境の後，百四十年生き，子，孫，四代の先まで見た。ヨブは老いて，日々の充実において死んだ。(42・1-16)

「ヨブは主に答えて言った」等々。主が傲慢を示唆するような不注意な語りについて——というのも，ヨブは，このことが神の裁きの廃棄に至るとある者にとって思われるほどに，自分自身を正しいと主張したからである——ヨブを非難した後に，ヨブは謙遜に自分自身が打ち負かされたと見なして答えた。第一は力に関する神の卓越性を告白することによってであり，「ヨブは主に答えて言った。わたしはあなたが全能であることを知りました」と言われている。さらに，知識に関して，「いかなる思念もあなたには隠されていないことを知りました」と続けられている。ヨブはこれらの第一のものによって，神が悪魔によって導入された逆境を取り除くことができることを告白している。悪魔は主がベヘモットとレビヤタンの比喩の下に記述したものである。しかるに，第二のものによって，ヨブは自分自身が何らかの傲慢な思念によって内的に駆り立てられていたこと，さらに，このことが神に対して露わであったこ

とを認識している。それゆえ，続けてヨブは神の摂理を否定する者を非難して，「知識もなく考えを隠す者は誰なのか」と言っている。すなわち，神がそのことを知ることなしに，人間の考えを神から隠すことができると言うほど高慢で愚かな者は誰なのか。

　ヨブは神の卓越性の考察から自らの罪の考察へと進んで，「それゆえ，わたしは愚かな仕方で」，すなわち自らの言葉において神の卓越性に敬意を払わずに「語っておりました」と続けている。また，神の裁きを論じて，「わたしの知識を超えた事柄を語っておりました」。「わたしは愚かな仕方で語っていた」ので，これからは賢明な仕方で語ります。それゆえ，「わたしが聞き」，自らの罪を告白することによって「わたしが語ります」。また，「わたしの知識を超えた事柄を語っていた」ので，これからはそれらの事柄については敢えて語らず，ただそれらの事柄についてあなたに尋ねます。それゆえ，求め祈り叩くことによって[1]，「あなたに尋ねるので」，内的に教えることによって，「わたしに答えてください」。ヨブは自分がこのように変化した理由を示して，次のように続けている。かつて愚かな仕方で語っていたときには，「わたしは耳によってあなたのことを聞いておりましたが，今やわたしの目があなたを見ています」，すなわちあなたのことを以前よりも完全な仕方で認識しています。これはちょうど目によって見られるものの方が，耳によって聞かれるものよりも確実な仕方で認識されるのと同様である。というのも，ヨブは打撃と神の啓示によって前進したからである。しかるに，人はよりいっそう神の義を考察すればするほど，よりいっそう完全に自らの罪を認識する。このことから，「それゆえ」，自らの罪を考察することによって，「わたし自らわたしを非

---

1) 『マタイ福音書』7章7節参照。

難します」と続けられている。さらに，罪を告白することは，謝罪が後続しなければ十全なものとはならないので，弱い物体的本性のしるしとしての「塵と灰において悔い改めます」と続けられている。というのも，謙遜な謝罪は思念の傲慢を償うためにふさわしいものだからである。

　それゆえ，主は上でエリフとヨブを非難したので[2]，今や第三にヨブの友人を非難している。そのうちでも主要な人物はエリファズである——このことは最初に語り始めたのが彼であることから明らかである——ので，「主はこれらの言葉をヨブに対して語った後に，テマン人エリファズに言った。わたしはあなたとあなたの二人の友人に対して」，すなわちビルダドとツォファルに対して，「激しく怒った」と言われている。ここで考察すべきことに，エリフは未熟さから，ヨブは軽率さから罪を犯したが，両者ともに重大な仕方においては罪を犯さなかった。それゆえ，主は彼らに対して怒ったとは言われていないが，ヨブの三人の友人に対しては激しく怒ったと言われている。というのも，上で述べられたように[3]，ヨブの友人は転倒した教えを主張することによって重大な仕方で罪を犯したからである。それゆえ，「というのも，あなたたちはわたしの前で」，信仰の真理から離れることのなかった「わたしの僕であるヨブのように正しいことを」，すなわち信頼のおける教えを「語らなかったからである」と続けられている。しかるに，昔の人々は重大な罪を償うために犠牲をささげるのが常であったので，「それゆえ，あなたたちは自分自身のために七頭の雄牛と七頭の雄羊を取りなさい」と続けられている。というのも，彼らは民の指導者であったからである。しかるに，七は全体を表す数であるので，七頭の

---

2) 『ヨブ記』38 章 2，3 節
3) 同上，13 章 4 節。

犠牲は重大な過失を償うためにふさわしいものである。しかし，不信仰者は信仰者によって神と和解すべきであるので，次のように言われている。あなたたちがヨブの仲介によってわたしと和解するために，「わたしの僕であるヨブのところへ行き」，罪を犯したあなたたちが謝罪するために，「自分自身のためにいけにえを捧げなさい」。しかし，あなたたちの謝罪は信仰者の庇護を必要とするので，「さらに，わたしの僕であるヨブも，あなたたちのために祈ってくれるだろう」と続けられている。ヨブはその信仰のために聞き届けられるにふさわしい人間であるので，次のように続けられている。「わたしは」，祈る「ヨブの顔を」，彼の祈りを聞き届けることによって「受け入れ」，「あなたたちに」，不信仰な教えの「愚かさを帰することやめる」。「というのも，あなたたちはわたしの前でわたしの僕であるヨブのように正しいことを語らなかったからである」と続けられているときに，この愚かさが説明されている。

　ヨブの友人は赦しの希望を得たので，彼らに命じられたことを行った。それゆえ，「それゆえ，テマン人エリファズ，シュア人ビルダド，ナアマ人ツォファルは行って，主が彼らに語ったとおりに行った」と続けられている。彼らは自らの従順と謙遜によって，彼らに対するヨブの祈りが聞き届けられるにふさわしい者となったので，「そして，主は」，自らの友人のために嘆願する「ヨブの顔を受け入れた」と続けられている。友人の謙遜だけでなくヨブ自身の謙遜もまた，彼の祈りに効力を与えたので，次のように続けられている。「また，ヨブがその友人のために祈っていたとき，主は彼の悔悛において」，怒りから慈悲へと「心を向け変えた」。というのも，自らの軽い罪のために謙遜に悔い改めた者が，重大な罪を犯す他の者の赦しをも獲得することは正当だからである。

　しかるに，各人の悔悛は他の者に対してよりも自分自身

に対してよりいっそう有益であるので，もしヨブの祈りと悔悛が友人から神の怒りを取り除くことに値したとすれば，ヨブ自身もまた逆境から解放されることはよりいっそうふさわしいことである。また，たとえヨブが自らの希望を時間的な繁栄を回復することにではなく，将来の至福を獲得することに関係づけていたとしても，主は時間的繁栄をもまた彼に豊かな仕方で再び与えたのであり，これは「第一に，神の国と義を求めなさい。そうすれば，これらのものはみなあなたたちに加えて与えられる」（マタ6・33）と言われていることによっている。このことは，時間的善が約束されていた旧約の状態のゆえに，その時代に適合している。というのも，主が回復した繁栄によって，神へと向き直るために他の者に範例が与えられるからである。さらに，このことはヨブ自身にとってもふさわしいものであった。というのも，ヨブの評判は，彼に到来した多くの逆境のために，ある者の間で傷つけられていたからである。それゆえ，主はヨブの名声を回復するために，より大きな繁栄の状態へと彼を導いたが，このことから，「そして，以前ヨブにあったものすべてを二倍にした」と続けられている。しかるに，ヨブの逆境のうちで主要的なものであったのは，自らの友人から見捨てられていたことであったので[4]，第一に主はこの逆境の解決策を述べて，「そして，ヨブのすべての兄弟，すべての姉妹，以前彼と親交のあったすべての者が彼のもとにやって来た」と言っている。このことにおいて以前の友情の想起が示されている。また，彼らは「彼の家で彼とともにパンを食べた」が，このことにおいて以前の親密さへの回帰が示されている。さらに，彼らはヨブの苦しみに同情することによって，「彼の上へ頭を動かした」。しかるに，人は苦しんでいる者に

4）　同上，19章13節。

同情するだけでなく，彼の苦しみに対する解決策を提供しなければならないので，第一に彼らは慰めの言葉によってヨブの内的な苦しみに対する解決策を提供した。それゆえ，「彼らは主がヨブに与えたすべての悪について彼を慰めた」と続けられている。第二に，彼らは外的な窮乏に対する援助を与えた。というのも，ヨブは野において動物を，家の崩壊において家具を失ったからである。それゆえ，彼らはこの両者においてヨブを助けたので，動物に関しては「各人が彼に一頭の羊を与えた」，家具に関しては「金の耳飾り一つを与えた」と続けられている。

　これらのものはヨブの回復に関してはわずかなものであったので，主はその手を伸ばして，これらのものをよりいっそう偉大なものへと前進させた。それゆえ，「主は」，彼の以前の繁栄におけるよりもこれらのものを増やすことによって，「その後のヨブを以前にも増して祝福した」と続けられている。というのも，主は「われわれが理解し求めること以上のことを為すことができる」（エフェ3・20）と言われているからである。しかるに，ヨブは上で「以前の月日にしたがって」（29・2）存在することを望んでいたが，主は彼により偉大なものを与えたのであり，すなわち上で言われたように，二倍にして与えたのである。それゆえ，「ヨブに羊一万四千匹が生じた」と続けられている。というのも，上で「羊七千匹の財産があった」（1・3）と言われたからである。「ラクダ六千頭」と続けられているが，それというのも，ヨブは最初に「ラクダ三千頭」（1・3）を持っていたと上で言われたからである。さらに，ヨブには「牛五百くびき」（1・3）が存在したが，ここではその二倍が置かれ，「牛一千くびき」と言われている。また，ヨブは「雌ロバ五百頭」（1・3）を持っていたと上で言われたが，ここではその二倍が置かれ，「雌ロバ一千頭」と続けられている。

しかるに、ヨブは財産だけでなく子供をも失ったので、彼らはヨブに回復されたが二倍においてではない。というのも、「ヨブには七人の息子と三人の娘がいた」と続けられているからである。このことの理由は二つ存在する。一つは将来の生に関するものである。すなわち、ヨブが有していた子供は完全な仕方においてはヨブに対して滅びておらず、彼らは将来の生においてヨブとともに生きるために保持されていたというのがその理由である。もう一つの理由は現在の生に関するものである。すなわち、もし他の事物が二倍にされていながら子供の数もまた二倍にされるとすれば、家の財産が増加したとは思われないからである。というのも、そのようになれば、各子供がヨブの善において以前と同じ分量を所有することになるからである。それゆえ、よりふさわしいことは、ヨブに対して子供が数においてではなく価値において増し加えられることであった。このことは非常に美しかったと書かれている娘において密かに示唆されている。しかるに、名もまた彼女らの美しさに適合しているので、次のように続けられている。「ヨブは」、その輝きのために「長女をディエム」、その甘美さのために「次女を」香料の一種である「カシアム、三女をコルヌスティビィと呼んだ」[5]。しかるに、アンチモン (stibium) は目の装飾のために女が用いる染料であり、これは「イゼベルはアンモチンによってその目に化粧をし、その頭を飾った」(王下9・30) と言われていることによっている。このアンモチンは、必要な時に用意できるように、女たちによって角 (cornu) の中に保存された。それゆえ、ヨブが三女をコルヌスティビィと呼んだのは、目の豊かな美しさを示すためであった。これらのことから、彼女らの美しさについて、「全世界においてヨブの娘たちの

---

5) イシドルス『語源』17巻8章 (PL 82, 622C) 参照。

ように美しい女は発見されなかった」と続けられている。このことによって理解されるのは，ヨブの息子たちが徳において卓越していたということである。というのも，「父は彼女らの兄弟と同じく彼女らにも遺産を与えた」と続けられているからである。このことによって，息子と娘における卓越性の一致が示されている。

　また，ヨブは自らの身体においてもまた鞭打たれたので，繁栄の増大に加えて日々の長さが与えられた。それゆえ，「ヨブはこの逆境の後，百四十年生きた」と続けられている。ヨブがこの全時間を繁栄において生きたことが理解されるように，「子，孫，四代の先まで見た」と続けられている。また，この繁栄は死に至るまで持続したと考えられるので，生涯の長さに関して「ヨブは老いて死んだ」，生の繁栄に関して「日々の充実において死んだ」と続けられている。それゆえ，ヨブは上で自らの逆境を示すために，「わたしもまた空しい年月を過ごした」(7・3) と言っている。したがって，日々の充実によって財産の善と恩恵の善に関するヨブの豊かさが示されているが，この恩恵の善によってヨブは世々にわたって続く将来の栄光へと導き入れられたのである。アーメン。

解　　説

以下において、『ヨブ記註解』に関する文献史の諸問題と思想について簡潔に述べて、訳者による解説としたい。

1　文献史の諸問題

a　トマスの聖書註解

トマスにおける一群の聖書註解は、『命題集註解』、『定期討論集』、『神学大全』、『アリストテレス註解』といったトマスの主要な著作グループの一つを形成するものであり、その分量は全体の約六分の一を占める。しかしそれにもかかわらず、『神学大全』や『対異教徒大全』といった体系的著作への関心の集中によって、長い間トマスの聖書註解は注目されてこなかった。批判校訂版であるレオニーナ版に関しても、現在、『ヨブ記註解』と『イザヤ書註解』が公刊されているのみであり、その他の聖書註解は今後の公刊を待たなければならない状況である。しかし、最近では、アメリカを中心にトマスの聖書註解に関する翻訳や研究が次第に公にされてきており、その全体像が徐々に明らかになってきている。このような現状を鑑みれば、我が国においてトマスの聖書註解を紹介する試みは完全に無益な企てではなく、むしろ世界的な研究の方向性からして当然の流れだと言えるだろう。

このように、トマスの聖書註解に関する研究は遅れているものの、その重要性については、トマスが 13 世紀に

おける神学の教師であり，聖書の教師（magister in sacra pagina）であったことと，その三つの活動である講解（lectio），討論（disputatio），説教（praedicatio）において聖書についての教育を本質的な任務としていたことから明らかとなる。つまり，トマスが一信徒として聖書を私的に学んでいたことは言うまでもなく，神学の教師であるトマスにとって，聖書をいかに理解し教えるかということは，直接的にその職業に結びついた重要事であった。このような時代的・制度的状況を考え合わせれば，トマスが自らの手によって聖書を註解した作品が有する意義が少しは明らかとなっただろう。

　それゆえ，その教授活動の間に，トマスは旧約聖書であれ新約聖書であれ，何度も聖書を講解している。われわれのもとに保存されている作品は次のとおりである。『ヨブ記註解』，『詩篇講解』，『イザヤ書註解』，『エレミヤ書ないし哀歌註解』，『マタイ福音書講解』，『ヨハネ福音書講解』，『パウロ書簡註解』。大学の任務から生まれたこれらの作品に，『カテナ・アウレア』の名においてよりよく知られている有名な『福音書連続註解』を付け加えなければならない。これは私的な作品であり，教皇ウルバヌス四世の要求において企てられたものである。古い図書目録は『雅歌註解』を加えているが，これは未知のままに留まっている。

b 『ヨブ記註解』の真偽性

　第一に，数多くの写本における注記が，13世紀の終わりから14世紀の初めにかけて，『ヨブ記註解』のトマスへの帰属を告げている。例えば，ある写本においては，「兄弟修道会の聖トマス・アクィナスによる『ヨブ記』の文字的註解」と注記され，「1280年1月」という日付が付されている。

　第二に，パリの書籍商サンスのアンドレの作成した，作

品の部分の数に応じてその賃貸の値段を示している写本のリストは,『ヨブ記註解』がトマスの著作であることを示している。このように公にされたトマスの著作の列挙のうちに,「『ヨブ記』についての註解における 20 の断片の値段は 15 デナリウスである」という記述がある。いくつかの写本における欄外の数字は,この 20 の断片の数字と一致しており,これらの写本によってわれわれに伝えられている『ヨブ記註解』は,1304 年にパリの書店に見本として置かれていた『ヨブ記註解』に対応している。しかるに,当時,大学の書籍に関する商売は大学当局によって監視されていたので,この書店において『ヨブ記註解』の見本が置かれていたことは,トマスの手による『ヨブ記註解』が大学によって公式に認められていたことを意味している。

　第三に,トマスよりも少し後の時代のフランシスコ会の著名な聖書注釈者であるリールのニコラウス,さらに,彼の一世代前の同僚,ペトルス・ヨハンニス・オリヴィは,誰の目にも明らかな仕方で,トマスの『ヨブ記註解』を借用ないし引用している。トマスに帰せられるべき註解の同一性についての誤りは,この註解が第一級の作品として非常に早く同時代人たちの注目を集めれば集めるほど困難となった。

　第四に,トマスの列聖記念日(1324 年 3 月 7 日)の最初の祝祭において述べられた聖人に対する賛辞において,後のクレメンス 6 世であるピエール・ロジェは,「〔聖トマスは〕『ヨブ記』と『ヨハネ福音書』を非常に見事に註解した」と言っている。その列聖の前に,トマスに「世を照らす者」(luminare mundi) という称号が授けられたのは,彼の『ヨブ記註解』に関してである。

c 『ヨブ記註解』の執筆年代

トマスの生徒であり弟子であったルッカのトロメオは,「〔聖トマスは〕, 同教皇, すなわちウルバヌス 4 世の時代に『対異教徒大全』と定期討論集『霊魂について』を書いた。さらに,『ヨブ記』を註解し, 他の小品を作った」と言っている。もしトロメオの回想が正しければ, われわれは『ヨブ記註解』が作成された期間の両端の日付を有することになる。すなわち, 1261 年 8 月 29 日と 1264 年 10 月 2 日である。したがって, これはトマスが教皇領において滞在し始め, 教皇庁の近くのドミニコ会の学校で教育に当たっていた時期である。

しかし, このデータは受け入れられなかった。というのも, これは歴史的順序の推測に一致せず, 学問的な性格を備えていなかったからである。その代りに, 研究者たちは『ヨブ記註解』が第二回パリ大学教授時代に書かれた作品であると主張した。そして, その根拠として, 第二回パリ大学教授時代の期間が『ヨブ記註解』と等しい規模の作品を要請していること, さらに人間の行為が神の支配に属していることを否定していた当時のパリのアヴェロエス主義者と戦うために, トマスが『ヨブ記』の註解を選んだという推測を挙げた。

しかし, 第一の根拠に関しては, われわれがパリを含む中世の学問的生活の具体的現実を知らないことから, その極度の脆弱性が誰の目にも明らかである。第二の根拠に関しては, 次のように言える。『ヨブ記註解』は完全な仕方で時間的な状況からの引き離しを行っており, 同時代人へのいかなる示唆もなく, トマスの註解の平静さを強く特徴づけている。しかるに, トマスが彼を活気づける内的な熱意に駆り立てられて, 真理に反対する同時代人を前に平然とはしていられなかったことを知らない者があろうか。トマスの論争的著作におけるようなアヴェロエス主義者たち

に対する表現の辛辣さは,『ヨブ記註解』には見られない。

さらに,研究者たちはアリストテレスへの豊富な参照を『ヨブ記註解』に固有な特色として指摘し,そこにおいて,作品の反アヴェロエス主義の意図を確証しようとした。しかし,『ヨブ記註解』におけるアリストテレスの引用は,それらの引用を提示するトマスの側のこのような気遣いを明らかにするどころか,むしろ彼がそのようなことを考えていないことを証明している。実際,アリストテレスからの引用の主要な一群は,ベヘモット（象）とレビヤタン（鯨）を記述する際の,哲学者の『動物論』への7つの参照である。他の参照はすべて合わせてやっと11回であり,それらはその場かぎりのもので,アヴェロエス主義への批判とはいかなる関係もなくスコラ学の定義の支えとして用いられている。哲学的論争の中核である『形而上学』や『霊魂論』は一度も名を挙げられていない。

このような理由から,『ヨブ記註解』を第二回パリ大学教授時代の作品とすることは困難であり,われわれはルッカのトロメオの提供する執筆年代を正当なものと見なすことができる。この年代決定の支えとして,『ヨブ記註解』と『対異教徒大全』との緊密な関係が指摘される。この年代は,トマスがパリにおいて着手した『対異教徒大全』を続行し,おそらく完成した時期と重なっている。両方の作品において,人は同じ雰囲気,同じ平静さ,真理の表現における同じ深度,時間的な状況の同様の不在を見出す。『ヨブ記註解』において主要なものと見なされる神の摂理のテーマは,『対異教徒大全』において非常に長く検討されている。(『対異教徒大全』3巻64-113章)。最後に,人は4巻から成る『対異教徒大全』のうちに,『ヨブ記』からの約50の引用を指摘することができる。もし二つの作品が同じ時期に作成されたとすれば,これらの一致は標準的である。

d 『ヨブ記註解』の方法

トマス以前に権威を有していた『ヨブ記』の註解はグレゴリウスのそれであった。彼は文字的ないし歴史的意味よりも霊的ないし道徳的意味をよりいっそう強調し，聖書を非常に豊かにかつ洗練された形で解釈したので，人はその『道徳論』を繰り返し，それを要約することで満足していた。このグレゴリウスの伝統は 13 世紀の半ばまで支配的であり，実際，12 世紀の半ば頃に作成された聖書の教育プログラムは，『詩篇』，『ヨブ記』，『雅歌』の講解を，有益な文字的説明を受け入れることができないという理由で拒絶した。

トマスの『ヨブ記註解』の新しさは，この使い古された聖書註解の方法を断ち，テキストをただ文字的内容にしたがって簡潔に説明しているところにある。「われわれは，為しうるかぎり，神の助けを信頼して，『幸いなるヨブ』でもって始められるこの書を文字的意味にしたがって簡潔に解釈したいと思う。というのも，ヨブの神秘については，教皇聖グレゴリウスが非常に精妙にかつ明瞭にわれわれに明らかにしているので，それ以上のいかなるものをも付け加える必要はないと思われるからである」（『ヨブ記註解』序文）。

では，この文字的意味とは何であろうか。トマスは次のように言っている。「霊的な事柄が物体的事物の比喩の下に提示されているとしても，霊的な事柄に関して可感的な比喩によって示されていることは，霊的意味ではなく文字的意味に属する。というのも，本来的な使用によっても比喩的な仕方によっても，言葉によって第一に示されているところのものが文字的意味と言われるからである」（『ヨブ記註解』1 章 6 節）。言葉によって意味された事柄がさらに他の事柄を意味するときに成立する霊的意味とは異なり，文字的意味は聖書の作者が意図していたことを直接的に示

すものであるので，トマスはこの文字的意味のみが神学における合理的議論の対象となると考えた。トマスは文字的意味を不明瞭にしてきたすべての霊的な説明と適用を自覚的に遠ざけ，一節一節，一語一語，明瞭かつ直接的かつ客観的な説明によって，語句と事柄の意味から離れることなく，神学的知識と立派な熟達によって難解な議論に対する理解を明らかにしている。

　また，解釈の支えとして引き合いに出される権威の少なさは，同時代の聖書注釈者たちの，非常にしばしば耐え難くうんざりするような方法と比べて大きな対照をなしている。権威の選択はいつも確実にかつ控えめに為され，その結果，権威は注意を逸らせるどころか，むしろテキストを照明するものとなっている。このように，『ヨブ記註解』はトマスにおける他の聖書註解と比べて，聖句による根拠づけが少なく，そこでは Expositio というタイトルが示すように，合理的議論が優勢であり，すべての読者の接近が可能となっている。つまり，『ヨブ記註解』においては，理性によって聖書の真理を明らかにするという合理的方法が採用されている。このことに関して，トマスは以下のように述べている。「ある種の議論は大学において教師が用いるものであるが，これは誤りを取り除くためではなく，議論が目指す真理の理解へと導くために聞く者を教化する目的で使用される。その際，〔教師は，〕真理の根拠を探究する理性，述べられていることがいかなる仕方で真であるか（quomodo sit verum）を明らかにする理性に頼らなければならない。そうではなく，もし教師が単なる権威によって問題〔の結論〕を決定するならば，聞く者はそのようであること（ita est）を確認できるが，いかなる知識も理解も得られず，空しく立ち去らなければならないだろう」（『自由討論集』4 巻 9 問 3 項）。

e 『ヨブ記註解』の影響

トマスの『ヨブ記註解』の影響を受けている著作家として、第一にアルベルトゥス・マグヌスを挙げることができる。一見これは奇妙に思われる。というのも、アルベルトゥスはトマスの教師であったため、弟子を教師の後に位置づけることに慣れているわれわれは、むしろアルベルトゥスのトマスに対する影響を推測するからである。しかし、上で述べられたように、トマスの『ヨブ記註解』はウルバヌス4世の教皇在位期間である1261年から1264年の間に執筆され、1272年あるいは1274年に執筆されたとされるアルベルトゥスによる『ヨブ記』についての註解よりもさらに以前の作品である。したがって、もし両者のテキストの比較において何らかの類似性が発見されるならば、それはトマスの『ヨブ記註解』のアルベルトゥスの註解への影響と見なすことができる。

内容的に見れば、アルベルトゥスが一致するのは、『ヨブ記』の意図を忍耐の模範に見ようとする伝統的解釈であり、摂理についての形而上学的議論を展開したトマスのそれではない。しかし、アルベルトゥスが聖書を文字的意味にしたがって説明しようと試みたことは疑いえない。彼がトマスの『ヨブ記註解』を読んでいたことの証明はおそらくここにある。トマスにおける『ヨブ記註解』のアルベルトゥスの註解に対する影響が議論の余地のない文献的な借用によって表現されていないとしても、『ヨブ記』のいくつかの箇所に関する註解において、両者の間で偶然に帰することのできない一致が認められる。

第二に、フランシスコ会の教師であるアクアスパルタのマテウスは、例えば金属についての議論（28章1節）や天体についての議論（38章32節）において、その起源を示すことなしにトマスの『ヨブ記註解』を借用している。これらの一致はきわめて緊密なものであるので、アクアス

パルタのマテウスの註解はトマスのそれの単なる剽窃であることを予測させるが、この予測は誤りである。なぜなら、彼は伝統的な註解の近くに留まり、比喩的、道徳的、上昇的意味に多大な注意を払っているからである。彼は『ヨブ記註解』を利用するが、『ヨブ記註解』が開いた道に断固として入り込まず、容易にトマスのものと分かる見解を複数回にわたって遠ざけている。それゆえ、これらの一致は、『ヨブ記註解』の内容に対する普遍的な同意のしるしではなく、『ヨブ記註解』に払われた関心の証言と見なされるべきである。

第三に、『ヨブ記註解』の影響は、アクアスパルタのマテウスの同時代人であり同僚でもあるペトルス・ヨハンニス・オリヴィにおいても見出される。彼はトマスの公然たる敵対者であったが、自らの『ヨブ記』についての註解をトマスの『ヨブ記註解』からの重要な引用によって飾ることをためらわなかった。『ヨブ記』1章20-21節に関する両者の註解において、分散的ではあるが短い対応が数多く見出される。影響を決定づける明白な引用が非常に短い理由は、アクアスパルタのマテウスよりもよりいっそう大胆でよりいっそう独立的な精神の持ち主であるオリヴィが、それによって自らの註解を豊かにした借用の字句に対して、マテウスほど忠実ではなかったからである。しかし、全体としてみれば、オリヴィはマテウスよりもトマスの作品に深く依存し、よりいっそう大きな影響を蒙っている。『ヨブ記』の伝統的な解釈に関して、オリヴィがその同僚よりもより独創的でより発展的であるのは、このトマスの影響のためである。

最後に、14世紀におけるフランシスコ会の偉大な聖書註解者であるリールのニコラウスの名を挙げなければならない。フローレンスの大司教である聖アントニヌスやカルトジオ会士ディオニシウスは、ニコラウスの『ヨブ記』に

ついての註解において，トマスの『ヨブ記註解』からの非常に多くの借用が見出されることを指摘している。実際，リールのニコラウスの文字的註解は，ほとんど常に『ヨブ記註解』に依存している。それが『ヨブ記註解』から遠ざかるのは，ほぼ，採用された作品の種類の要求にしたがって字句をよりいっそう短くするためか，『ヨブ記註解』を批判するためである。

　リールのニコラウスの註解における質，簡潔さ，卓越性の秘密は，文字的註解という方法を採用した点にある。借用者の名声を考慮すれば，この使用はトマスの文字的註解が与えた圧倒的影響の最も説得力のある証明である。トマスとニコラウスの作品を隔てる半世紀の間に，『ヨブ記註解』の権威は『道徳論』に匹敵するほどにまで強められたばかりではなく，それを凌いでさえいる。というのも，『ヨブ記註解』は，グレゴリウスが文字的解釈よりも重要なものと見なした比喩的解釈を，二次的なものとして後退させたからである。

　14世紀において，リールのニコラウスは，果敢に全聖書の文字的解釈の道へと入り込んだが，これら註解の冒頭で次のように述べている。「また，知るべきことに，他の者たちによって共通の仕方で伝えられた註解の方法のために，文字的意味が非常に覆われてしまっている。彼らはたとえ多くの善きことを語っていても，文字的意味をほとんど隠し，文字的意味が数多くの霊的註解のうちで妨害されて部分的に抑圧されるほどに，霊的意味を増加させた。さらに，彼らはテキストを非常に細かく分割し，自らの計画のために非常に多くの対応を導入することによって，知性と記憶を部分的に混乱させ，文字的意味の理解から魂を引き離した。それゆえ，私はこれらのことと類似のことを避けることを意図して，神の助けとともに，文字的意味に固執しようと思う。時として，非常にわずかで短い霊的註解

を挿入したが，これは稀なことである」(『註解つき聖書』第二序文)。しかし，聖書註解におけるこのような新しい時代を用意したのは，そのきわめて大きな影響について疑うことのできないトマスの『ヨブ記註解』なのである。

2 『ヨブ記註解』の思想

a 問題の所在

 グレゴリウス以来，人は『ヨブ記』において試練における忍耐の勧めを見てきた。神は，義人が苦しみにおいて意志の不変さを明らかにするために，彼が鞭打たれることを許した。すなわち，そこには訓戒の目的があった。しかし，トマスとともに，ヨブの物語は摂理についての形而上学的議論という主題に変わった。この議論において，ヨブという人物の受苦を題材として，ヨブとその三人の友人とエリフとの討論，神の決定が展開される。

 トマスは議論の前提として，自然物における神の摂理の事実を共通の認識として認めている。疑いは人間的な事柄において起こる。悪人が罰を免れることは神の憐れみにその根拠を求めることができるが，義人が苦しみを受けることは，人間のすべての行為を考察しその忍耐を配慮する神の摂理を完全に破壊する事態である。それゆえ，ヨブが苦しみを受ける理由を求めて議論は進んでいく。三人の友人がヨブの艱難の根拠を彼の罪に求めるのに対し，ヨブは自らの潔白を主張し，なぜ自らが苦しめられるのかを神に問うことになる。

 義人の苦しみがその基礎を破壊すると思われる，人間的な事柄における神の支配についての議論は，実際，善き行為に対しては報酬が，悪しき行為に対しては罰が与えられるとされる，神による人間の行為に対する報いの「時」の

問題に帰着する。三人の友人は，人間がその善のために神によって地上的繁栄でもって報いを受け，その悪のために時間的逆境でもって神によって罰せられると考え，報いの時がこの世の生のうちにあることを欲していた。対して，ヨブはこの見解には属さず，人間の善き業はこの世の生の後，将来の霊的報いに秩序づけられており，同様に罪は将来の罰によって罰せられるべきであり，本来的な意味における報いの時は将来の生のうちにあると信じていた。

b 霊的善と時間的善

上記の問題を考察するために，まず永遠性を分有する霊的善と時間性に従属する時間的善について述べなければならない。しかるに，われわれの前には常に二つの道がある。魂を造りあげる霊的善を通じて神を求める道と，時間的善へと分散した魂によって富や世界を求める道である。「神と富とに仕えることはできない」（マタ6・24）と言われる，哲学的に考察されたこの二者択一の中で，われわれは人生におけるそれぞれの瞬間を選択し，その将来を決定づけていく。では，われわれのこの世の生のあり方を変化させることになる霊的善と時間的善の主要な相違とは何か。

トマスは霊的善と時間的善の相違について次のように述べている。「ある善は人間の手，すなわちその力のうちにあるが，それは徳の意志的な業であり，人間は神の恩恵によって扶助された自由意志によってそれらの業の主人なのである。それゆえ，有徳な者は欲する間このような善を常に保持できる。……しかし，時間的な繁栄の善は，それを手に入れることができ欲するときに保持できるという仕方で，それを所有する者の力のうちにはない」（『ヨブ記註解』21章16節）。ここから明らかなことに，霊的善はわれわれに近く，われわれはそれを自由に所有できるのに対し，

時間的善はわれわれから遠く、その所有は不安定である。たとえ神の恩恵の扶助が必要であるとしても、実際、われわれにその意志さえあれば、霊的活動である知性認識や愛を行使することはいつでもどこででも可能であるが、時間的善はそれを与えるのも奪うのも神によっており、われわれの自由にはならないのである。

　第二に、人は霊的善を追求するとき神に気に入られる者となるが、時間的善あるいは富を究極目的とするとき、神に逆らう者となる。というのも、「人はその目的を富に置くことによって、当然の帰結として、この究極目的に到達するために、あるいは欺くことによって、あるいは他のいかなる仕方によってもあらゆる方法を探し求めるのであり、このようにして略奪によって富において栄えるかぎりで略奪者となる」(『ヨブ記註解』12章6節)からである。ここから明らかなことは、人が霊的善の追求の手段として時間的善を利用するという秩序を転倒させて時間的善を主要な善として追求するとき、罪が成立し、最終的には神に嫌われる、すなわち断罪を言い渡されるということである。

　第三に、霊的善はそれ自体のうちに充実を含んでいるが、時間的善の内実は空虚である。エリファズは悔い改めれば再び時間的善が与えられると言ってヨブを慰めようとするが、ヨブはこの慰めが無効であると主張する。「もしエリファズによってヨブに与えられた地上的な繁栄の希望よりするかの慰めに頼るとすれば、示されたように、この希望はつまらないものであるので、そこから帰結することは、ヨブがなおも悲しみにとどまり、苦しみの言葉を発し、完全に絶望しなければならないということである」(『ヨブ記註解』7章11節)。つまり、人間から霊的善が取り上げられ、彼に時間的善しか残されていないとすれば、時間的善は本来的な仕方で人間の魂に働きかけ充実を与え

る力を有していないために，人間は絶望を余儀なくされることになる。人間を真に幸福にできるのは，時間的善ではなく霊的善なのである。

c　将来の生
　以上の考察から，霊的善と時間的善がどのように異なり，どちらが追求されるべきかが明らかとなったが，われわれが霊的善を追求する目的とは何なのか，将来の生について論じる必要があるのは，この問いに答えるためである。
　まず，この世の生が一度きりのものであり，人間が再び同じ生に帰って来ることがないことを示そう。古代の異教徒たちによれば，例えばプラトンが将来の時にアテネで講義し，以前為していたのと同じことを行うように，死後，多くの年月が過ぎ去った後に，人間は以前過ごしていたのと同じ生活へと戻るとされるが，ヨブはこの考え方に反対して，「ちょうど雲が消え去り移行するように，陰府に下る者が上ってくることはないだろう。再びその家に帰ることはなく，住みかもまた彼を見分けないだろう」（7・9-10）と言っている。人間が再び肉的な生へと帰って来ることがないことが明らかにされた今，問題となるのは，人間が一度きりのこの世の生の後に他の生を持つのか否かという点である。
　この問題は被造物に対する神の気遣いや保護と深く関わっている。ヨブは「人間とは何なのか。というのも，あなたはこれを大いなるものとし，これに心を向けられるからである」（7・17）と神に問いかけて，人間存在の意味について考察しているが，この聖句の註解において，次のように言われている。「知るべきことに，あるものは永遠性を分有するかぎりにおいて本質的に世界の完成に関係しているが，永遠性から欠落するかぎりにおいて自体的にで

はなく付帯的に世界の完成に関わっている。それゆえ，あるものは永遠的であるかぎりにおいてそれ自体のために神によって配慮されるが，可滅的であるかぎりにおいて他のもののために配慮される。したがって，種的にも個体的にも永遠的であるものは，それ自体のために神によって統帥される。しかし，個体的には可滅的であって種的にのみ永遠的であるものは，種にしたがってはそれ自体のために神によって配慮されるが，個体にしたがっては種のためにのみ配慮される」（『ヨブ記註解』7章17節）。前後の文脈を考慮すれば，ここで言われていることは，神は個体的には可滅的であり種的にのみ永遠的である動物を種のためにのみ気遣い，種的にも個体的にも永遠的である人間をそれ自体のために配慮するということである。人間に関して言えば，神は各人をそれ自体として愛し，滅びないように保護し，永遠性に与らせるように気遣っているのである。もし神がこのようにして，人間が永遠的であることを認め滅びないように気遣っているとすれば，人間がこの世の生を終えて滅び，他の生を有することがないという考えはヨブからは遠いものであった。それゆえ，次のように言われている。「もし人間に地上の生ではない他の生が存在するのでなければ，人間がこれほどの神の気遣いを受けるにふさわしいとは思われない。それゆえ，神が特別に人間について有している気遣いそのものが，身体の死の後に人間の他の生が存在することを明らかにしている」（『ヨブ記註解』7章18節）。

さらに，トマスは人間における魂の不滅から将来の生が存在することを証明している。すなわち，人間は二つの点ですべての下級な被造物に優っており，一つは自由意志によって業を為す力であり，もう一つは知性的認識である。これら二つの点から明らかなことは，人間が他のもののように永遠に存在しなくなるような仕方で滅びることはない

ということである．というのも，いかなる物体的な被造物の力も限定された結果へと規定されているが，自由意志の力は無限の働きに関係しているので，後に永遠に存在しなくなるにもかかわらず，神がこれほどの力を人間にわずかの時間与えたということは不適切だからである．さらに，アリストテレスが言っているように，知性的認識は不可滅の実体にのみ適合するからである．われわれはその知性によって可感的世界から可知的世界へと移行し，絶えず移行し滅びを導入する質料性ではなく，永遠性を分有する諸概念を認識することができるので，知性を有する人間に永遠性を要求することは不合理ではない．それゆえ，「人間はたとえ身体にしたがっては滅びるとしても，物体的なもののすべての類を超える魂にしたがっては不可滅な者としてとどまるのであり，こうして回復の希望が残る」(『ヨブ記註解』14章19節）と言われている．

このようにして，人間に対する神の気遣いと魂の不滅の議論から，将来の生が存在することの神学的ないし哲学的根拠が示された．では，この他の生の様態とはいかなるものであろうか．復活についての議論に依拠して簡潔に説明しよう．まず，人間は魂が固有の覆いを取られて常に裸のままにとどまることのないように復活するのであり，このことについて，「わたしは再びわたしの皮に包まれる」(19・26）と言われている．さらに，魂は脱ぎ捨てたのと同じ身体を摂るが，それは食料や飲料を必要とし，この世の生の他の肉的な業を行使するという同じ条件にしたがってであると思われることのないように，「わたしの肉において神を見る」(19・26）と言われている．というのも，人間の肉は現在の生の状態にしたがっては可滅的であるが，魂が復活において摂る肉は実体にしたがっては同一であるにもかかわらず，神の賜物によって不滅性を有するので，かの肉はいかなる仕方においても魂を妨げて神を

見られなくするということはなく，魂に完全に従属しているからである。ヨブはこのこと，つまり魂のみが神を見るのではなく，身体と魂から成る人間が神を見ることを示して，「わたし自身が神を見る」（19・27）と言っている。加えて，「わたしの目が彼を見る」（19・27）と続けられているときに，身体もまたその様態にしたがって見神に与ることが示されている。これは，身体の目が神の本質を見るということではなく，身体の目が人となった神を見，さらには被造物において輝く神の栄光を見るという意味である。

　以上のようにして，将来の生の存在根拠，また将来の生の様態が明らかにされたので，われわれはここで最初の問い，すなわちわれわれが霊的善を追求する目的とは何かに答えよう。ヨブは，この世の生しか認めず，そこにおいて時間的な仕方で善き業の報いと罰が起こると考えていた三人の友人に対して，次のような辛辣な言葉でもって，将来の生における賞罰を示唆している。「『それゆえ，あなたたちは』，たとえ時間的な繁栄によって栄えているとしても，将来の生においてあなたたちに保存されている神の罰の『剣から逃げるがよい』。……この世の生においてのみならず，この世の生の後の善人と悪人の復活においてもまた『裁きがあることを知るがよい』」（『ヨブ記註解』19 章 29 節）。さらに，神の摂理についての議論において，「エリフは未熟さから，ヨブは軽率さから罪を犯したが，両者ともに重大な仕方においては罪を犯さなかった。それゆえ，主は彼らに対して怒ったとは言われていないが，ヨブの三人の友人に対しては激しく怒ったと言われている。というのも，……ヨブの友人は転倒した教えを主張することによって重大な仕方で罪を犯したからである」（『ヨブ記註解』42 章 7 節）と言われていることから明らかなように，報いの時がヨブの友人の主張する現在の生ではなく将来の生のうちに存在するというヨブの見解は，神の摂理の理論を根底

から支えているきわめて重要な考え方である。それゆえ，われわれが時間的善を軽蔑して霊的善を追求したのは，この地上的生の他に将来の生が存在し，そこにおいて本来的な仕方で善き業に対する褒賞と悪しき業に対する罰が起こるからである。しかし，過ぎゆく時間的善に囚われて，永遠性を有する霊的善を追求しなければ，人間は永遠の生命の報いに与ることはできず，反対に確固たる罰を受ける。これが『ヨブ記註解』におけるもっとも中心的な思想である。

　われわれのこの世の生は一度きりであり，その生における功績によって永遠の生命に招かれるか断罪されるかが決まる。それゆえ，人間の生き方，考え方を時間的善から霊的善へ，この世の生から将来の生へと向け変えることは，福音の教えとも完全に一致する人間の救済の業なのである。人間が人間であるかぎりこの問題を無視することはできないだろう。なぜなら，人間は生が存続すること，幸福になることを欲するからである。さらに，将来の生が存在するということは，復活の教えを前提としており，それ自体は信仰によって保持されるべき真理である。しかし，トマスは上記の議論の他にも，なぜわれわれが将来の生を志向しなければならないかを，現在の生のはかなさ（『ヨブ記註解』14 章 1-2 節），地上的繁栄の可変性（『ヨブ記註解』9 章 25-26 節）などから哲学的に考察し，普遍的に妥当する考え方として提示している。それゆえ，善き業の報いに関してここで扱われている問題は，単にキリスト者のみをその対象とするものではなく，すべての人間にとって回避することのできない本質的議論を構成するものであり，われわれはここから，『ヨブ記註解』の現代的意義を引き出してくることができる。

d 神の摂理

 以上のように，将来の生が存在し，そこにおいて善行と悪行に対する最終的な報いが起こるという考え方によって，神の摂理を覆すように見えたこの世の生におけるいくつかの不条理が解消される。第一に，悪人がこの世の生において罰を受けずに繁栄しているという事態は，彼の罰がよりいっそう重く罰せられる他の時まで保たれているというところにその正当化が求められる。ヨブは悪人に対する罰が滅びの日まで保たれる理由を特定している。「一つは悪人が罰によって自らの罪を認識するように教えられず，懲らしめの中であたかも自らが不正に罰せられているかのように不平を言うほどに，無感覚な知恵を有しているからである。……もう一つの理由は，この世の生における罰がこれほど大きな罪に対する罰として十分なものではないからである。というのも，もし罰が過酷なものであれば，悪人はすぐに滅んでしまうからである」(『ヨブ記註解』21 章 31 節)。このように，地上における悪人の繁栄はその罪が神によって赦されたことを意味するのではなく，あるいは悔い改めない悪人の愚かさのために，あるいはその罰の完全な遂行のために，罰が延期されていることを示している。

 第二に，義人が艱難を蒙るという事態は，試練という考え方に基づいている。逆境がヨブに導入されたのは，ちょうど火に耐えることのできるものが金として証明されるように，逆境によってその徳が証明された者として人々に現れるためであった。それゆえ，ヨブは「神はわたしの道を知っており，あたかも火をくぐる金のようにわたしを試されるだろう」(23・10) と言って，自らの逆境が罪に対する罰ではなく，忍耐を試す神の摂理に由来するものであることを知っていた。神が義人を逆境によって徳において鍛えることは，逆境が最終的な救済のために役立つことを

知っている神の配慮から出てくるものである。たとえ不幸のうちに置かれている人間にとって，このことを理解することがきわめて困難であるとしても。「というのも，軍隊の指揮官は強力な兵士たちを危険や労苦から引き離すことはせず，兵役の特質が要求するところにしたがって，時として彼らをより大きな労苦や危険にさらすが，勝利が獲得された後にはよりいっそう強力な者として彼らを讃えるからである。……それゆえ，神の摂理もまた善き者から逆境や現在の生の労苦を取り除くことはせず，終わりの時には彼らにより大きな報いを与えるのである」(『ヨブ記註解』7章1節)。神はその摂理によって自らの愛する者をその精神が達しなかった多くの善へと導くのであり，この世の生における義人の逆境は将来の生における至福へと秩序づけられた試練なのである。

e 自由と強制

しかし，このような議論の全体に対して次のような反論が予想される。このような考え方はキリスト教信仰を前提とするものであり，信じるか信じないかは各人の自由であると。一見すると，正当であると思われるこの見解を神の人間に対する深い愛が打ち負かす。アウグスティヌスは次のように言っている。「いかなる者もキリストの一性へと強制されるべきではないというのが，わたしの最初の見解であった。……しかし，わたしのこの見解は，反対者の言葉によってではなく，明らかな範例によって打ち負かされた。それを発布することによって王が恐れにおいて主に仕える法律の恐怖は，次のような仕方で有益であった。……ある者は言っている。われわれはこのことが真理であることをすでに知っていた。しかし，何らかの習慣がわれわれを捕えていた。われわれの鎖を断ち切ってくれた神に感謝したい。ある者は言っている。われわれはこのことが真理

であることを知らず, 真理を学ぼうともしなかった。しかし, 恐怖が真理を認識することへと仕向けてくれた。恐怖の刺激によってわれわれの怠慢を追い払ってくれた主に感謝したい。ある者は言っている。われわれは, 入ることによって初めてそれが誤っていることを知った誤った噂のために, 入ることを思いとどまっていた。さらに, もし強制されなければ, われわれは入らなかっただろう。鞭によってわれわれの予測を取り去り, 誤った噂がどれほど空しいことをその教会について投げつけていたかを経験によって教えた神に感謝したい。……それゆえ, 地上の王たちは, キリストのために法律を制定することによってキリストに仕えるべきである」(トマス『マタイ福音書連続註解』13章30節)。これは王によるキリスト教の公認がある人々を強制し, その結果真理へと導いた例である。さらに, われわれはパウロが神による身体的な罰によって福音へと強制的に入り, 単に言葉によって呼び寄せられたすべての者にまさって福音において働いたことを知っている。これらの事例において, 神の愛の深さが明らかとなる。神の愛はこのような強制や暴力を含みながらも, その計画を寸分違うことなしに実現する。

　『ヨブ記註解』において論じられているようなキリスト教的な考え方は, ある人々によって信仰の強制と見なされるかもしれない。しかし, 上の事例におけるような, 神の人間に対する深い愛に基づく強制と, 信じることも信じないことも許されているという表面的な自由と, どちらが優先されるべきだろうか。われわれは『ヨブ記註解』において, 確かに豊富な合理的議論を見出すが, 読者がそれによって説得されて生に対する考え方が変わるなどと楽観してはならないだろう。しかし, 人は神の計画を信頼しながらこのような考え方を積極的に提示し, 根拠づけ, 論じることをやめてはならない。なぜなら, 最初に強制されたも

のが後に深い教えとして理解され、最初に暴力だと思われたことが後に愛に由来するものとして認識されることがあるからである。われわれが強制や暴力がそこから出てくる愛の深さ、教えの真理性に注目するとき、信じることも信じないことも許されているという自由は何か軽薄なものとして現れてこないだろうか。それはしばしば、人間存在についての柔軟で深い理解からかけ離れた一面的思考に基づいており、人間をその根底において洞察しているように見えて、実は道徳的責任を逃れ傲慢な魂を隠すための自己肯定を含んでいるように思われる。

訳者あとがき

　本書の発端は約三年前に遡る。当時わたしは，現在ではほとんど知られていないが中世においては有名な福音書註解であった『カテナ・アウレア』に取り組んでおり，この著作をどのような形で紹介すればよいかを思案していた。そのことを指導教官であった同志社大学名誉教授中山善樹先生に相談すると，現在の我が国においてトマスの聖書註解はまったく注目されていない領域であるから，トマス自身の手による最も有名な註解から公にするのが適切であるという答えであった。批判的校訂版が公刊されているという事情からも，『ヨブ記註解』から翻訳し，トマスの聖書註解への導入として紹介することで意見が一致したので，出版社に相談していただいた。なんとか知泉書館社長の小山光夫氏の承諾を得られたので，わたしは仕事に着手した。

　『ヨブ記註解』に関して振り返れば，約十年前，博士後期課程に進んだわたしがトマスにおける聖書註解の研究を進めるにあたって，最初に読み始めた作品であった。当時のわたしはそのラテン語の難解さに困惑しながらも，現代語訳を参照しながらなんとか読み進めていた。何年か経てようやく通読したとき，わたしが最初に感じたのは，『ヨブ記註解』の主題である神の摂理について理解できたというよりも，キリスト教の教えの輪郭が浮かび上がってきたというものであった。『神学大全』においてきわめて詳細に論じられているテーマも『ヨブ記註解』においては聖句の註解という形で簡潔にその本質が述べられており，そのような議論が積み重なって，『ヨブ記註解』は聖書ないし

キリスト教の人間観，世界観をその細部においてではなく全体において，読者に伝えていると思われた。この感想はトマスによる他の聖書註解を多く読み進めるにつれ強められ，わたしは『ヨブ記註解』をその内容の吟味において，トマスの聖書註解における基本的文献として位置づけることができると考えるようになった。つまり，『ヨブ記註解』は読者をトマスの聖書註解へと導き入れるには最適の作品であり，そこから『ヨハネ福音書講解』，『パウロ書簡註解』，『カテナ・アウレア』といったより浩瀚な作品へと，またより新しく珍しい解釈へと進むのが妥当であるとわたしには思われた。

　このように，『ヨブ記註解』は神の摂理の現実について読者に重要な示唆を与えてくれるだけでなく，キリスト教的な考え方の全体像を提示してくれる。わたしの経験上，先に全体像を把握することは，細を穿つ緻密な議論を理解するために有益であると思う。実際，わたしは，『ヨブ記註解』をはじめとする聖書註解を読んだ後に『神学大全』などの体系的著作にあたると，随分と見通しがきくようになったと感じた。それゆえ，トマスの他の著作を読み進める上でも，『ヨブ記註解』の読解は基礎として役に立つと信じている。

　最後になったが，本書の公刊を知泉書館に推薦してくださった中山善樹先生には，お礼の言葉もない。この翻訳を最後までやり遂げられたのも先生の温かい励ましのおかげである。また，知泉書館の小山光夫氏と高野文子氏には，校正をはじめ面倒な仕事を引き受けていただいた。特に小山光夫氏が昨今の厳しい出版不況の中でこのような翻訳の刊行を決断されたことは実に勇気を要するものであったと思う。この場を借りて深く感謝したい。

人名・事項索引

ア　行

愛（amor, caritas）　11, 23, 40, 93, 110, 172, 182, 303, 314, 355, 367, 378, 669, 678
　神の——　23, 201, 677
　神への——　25, 27, 44, 418, 421
アウグスティヌス（Augustinus）　35, 174, 334, 399, 444, 615, 617–18, 676
悪（malum）　4, 7, 9, 11–12, 15–18, 21–22, 24–26, 41–42, 46, 48–49, 52, 54–56, 61–62, 64–65, 67, 69, 72, 77, 99–100, 107–09, 127, 142, 146, 156, 193–94, 205, 211, 223, 227–29, 245, 251, 308, 313, 341–44, 347, 369, 439, 461, 537–38, 602
悪意（malitia）　21–22, 43, 79, 82, 102, 106–07, 147, 159, 179, 182–83, 193, 195, 275, 282, 290, 322, 339, 347, 355–57, 359, 365, 367, 380–82, 388, 391, 395, 414, 494, 503, 518–19, 605, 609, 613–15, 619, 625, 635–36, 639, 641
悪徳（vitium）　4, 10, 14, 117, 243, 305, 335, 341, 343, 398, 466, 479, 609, 618
悪人（malus）　4–5, 21, 24, 27–28, 42, 62, 99, 153, 159–60, 203, 207–08, 210, 336, 352, 356–58, 362–63, 378, 398, 402, 417, 420, 422, 440, 442, 447, 524, 529, 559, 606, 608, 613, 618, 635–36, 642, 647, 667, 673, 675
悪魔（diabolus）　16, 20–21, 47, 49, 62, 182–83, 292–94, 296, 344, 414, 613–30, 633–35, 637–47, 649
アコル（Achor）　54
欺き（dolus）　8, 79, 107, 179, 227, 233, 239, 242–44, 247, 285–87, 392–93, 397, 447, 457, 463, 466–69, 626–27
アダム（Adam）　37
雨（pluvia）　34, 102, 105, 221, 233, 262, 390, 394, 411–12, 425, 432, 438, 442, 449–50, 455, 540, 543–45, 549–54, 571, 579–80, 583–84
アリストテレス（哲学者）（Aristotiles, Philosophus）　72, 78, 98, 134, 166, 271, 306, 382, 418, 424, 576, 586, 616–17, 620–21, 623, 639, 661, 672
アルベルトゥス・マグヌス（Albert le Grand）　664
憐れみ（miseratio, misericordia）　46, 50, 94, 119, 121–22, 175, 177, 190, 193, 200, 291, 329, 347, 391, 400, 446–47, 449, 461, 464, 471–73, 475, 534, 536, 608
　神の——（-Dei, -divina）　5, 117, 268, 399–401, 502,

534, 545, 552–53, 609, 667
安息日（sabbatum） 58–59
アントニヌス（Saint Antonin） 665
アンドレ（サンスの）（André de Sens） 658
アンブロシウス（Ambrosius） 125, 608
怒り（ira） 73, 80, 82, 97–98, 113–14, 125, 145, 149, 161, 166, 171, 174–75, 191, 201, 204, 215, 245, 248, 264–65, 274, 277, 288, 292–93, 296, 301, 305–06, 311–13, 321–22, 326, 342–43, 347, 349–51, 357, 362, 388, 421, 452, 462, 483–84, 504, 519, 524, 530–32, 536, 538, 604, 609–10, 637, 652–53
いけにえ（holocaustum） 7, 13–14, 33, 648, 652
遺産（hereditas） 343, 349, 416, 422–23, 463, 465–66, 470, 649, 656
イザヤ（Isaias） 84
意志（voluntas） 14, 21, 28, 34, 39, 45, 89, 129, 191, 194, 197, 229, 237, 281–83, 315, 328, 372, 404, 446, 486, 488, 498, 512, 544–45, 552, 619, 625, 667
　神の――（-Dei, -divina） 16, 19, 29, 33–34, 38, 39, 117–18, 164, 174, 217, 379, 387, 519, 543–44, 552, 620, 632
　自由――（liberum arbitrium） 118, 138, 270, 356, 668, 671–72
イシドルス（Isidorus） 624
意図（intentio, propositum） 5–7, 9, 18–21, 25–27, 30, 41–44, 62, 149, 179, 188, 619, 647
祈り（oratio） 102, 151, 176, 220, 273, 275, 289, 297, 356, 421, 443, 503, 522, 529, 652–53
ウルバヌス 4 世（Urbanus IV） 653, 660, 664
運動（motus） 3, 16, 18, 34, 40, 54, 91, 128, 134–35, 165–67, 179, 191, 193, 240, 320, 333, 371, 383–84, 404, 411, 413, 438, 467, 527, 542, 545, 551–52, 554, 569–70, 576–77, 579, 581–86, 591, 596, 600, 618, 624, 645
運命（fatum, fortuna） 3–4, 38, 105, 254, 360, 443
永遠性（aeternitas, perpetuitas） 30, 141, 143, 205, 271, 392, 542, 668, 670–72, 674
永遠的（aeternus, perpetuus） 18–19, 48, 67, 142, 671
栄光（gloria） 16, 79, 89, 126, 236, 267, 298, 318–21, 325, 331, 335, 340, 372, 378, 414, 442, 444, 446, 448, 452, 455, 531, 536, 556, 589, 598, 607–08, 641, 656
　神の――（-Dei, -divina） 16, 334, 520, 607–09, 673
　空しい――（-inanis） 274, 488, 637
エビオン派（Ebionitae） 332
エンペドクレス（Empedocles） 3
オウィディウス（詩人）（poeta） 51
横柄な者（arrogans） 604, 610

人名・事項索引 683

掟（mandatum, praeceptum）　47, 145, 172, 253, 257, 355, 375, 379, 387, 395, 499, 518, 609
恐れ（timor）　4, 27, 72, 74, 77, 82, 84–85, 87, 117–19, 121–22, 185, 188–89, 228, 245, 252, 273–75, 281–83, 316, 326, 335, 352, 366–67, 372, 388, 394, 413, 432, 434, 439, 477–78, 500, 533, 539, 558–59, 588, 596, 626, 676
オリヴィ（ペトルス・ヨハンニス）（Pierre-Jean Olivi）　659, 665
オリゲネス（Origenes）　90
愚かさ（stultitia）　48, 75, 98, 236, 241, 274, 308, 322, 526, 531, 536, 648, 652, 675
愚かな者（insensatus, stultus）　48, 97–100, 105, 175, 235, 280, 328, 349, 451, 455, 650
恩恵（beneficium, gratia）　58–59, 90–91, 118, 144–45, 172–73, 235, 265, 267, 278, 298, 356, 414, 418, 420, 471, 528, 535, 537, 622, 656, 668–69

　　　　カ　行

回心（する）（conversio, converti）　149–53, 185, 202, 378
悔悛（paenitentia）　304, 391, 401, 489, 535–37, 648, 652–53
快楽（voluptas）　66, 99, 397, 399, 451, 455, 465–66, 563, 618, 621–22
下級のもの（inferius）　16, 135, 145, 216, 370–71, 466, 554, 567, 574–75
悲しみ（dolor, tristitia）　32–33, 35–39, 50–54, 56, 58, 60, 70–71, 77, 98, 106, 112–13, 115–19, 121–22, 124, 127, 130, 137–40, 180, 185, 188, 191–92, 248, 272, 291, 318, 388, 434, 450, 458, 462, 669
可知的（intelligibilis）　20, 83, 488, 546, 548, 613, 672
カナン（Chanaan）　54
可能態（potentia）　89
可変性（mutabilitas）　89, 183, 186, 392, 674
神
　——の子（filius Dei）　14–19, 30, 41, 42, 178, 267, 332, 561, 567
　——の裁き（iudicium divinum）　17–18, 30, 42, 80, 146, 181, 185, 219–20, 240, 305, 324, 343, 351–52, 357, 380–82, 387, 406, 410, 417, 420, 487, 495, 507, 509–11, 513, 515, 519, 522, 525, 530, 532–33, 540, 558, 560, 563, 601–02, 604–05, 649–50
　——の善性（bonitas Dei, -divina）　39, 193, 216, 244, 386, 503, 608, 619
　——の知恵（sapientia divina）　48, 168–70, 172–75, 182, 187, 214–15, 218, 224, 273, 276, 422, 437, 439, 497, 528, 541, 548–50, 559, 584, 601, 608
　——の力（fortitudo, potentia, virtus Dei, -divina）　34, 107, 117, 164–68, 175, 188, 197, 217, 229, 231–

33, 239–40, 244, 251, 267, 332, 348, 382, 384, 404–05, 407–15, 417, 422, 431, 471, 512, 541, 545–47, 549, 556, 558–59, 569, 573, 579, 583, 606, 608, 611, 629, 641–42
──の奴隷（servus Dei） 22–24
──の配剤（dispensatio divina） 38
──の法（lex Dei, -divina） 212–13, 215, 387
──の目（conspectus, oculus Dei, -divinus） 17–18, 20, 133, 246, 249, 278–79, 298, 410, 427, 431, 507, 515, 548
──の霊（spiritus Dei, -divinus） 4, 407, 414, 416, 418, 491–92
──の業（opus Dei, -divinum） 171, 205, 215, 300, 414, 540–42, 553, 555, 571–72, 619
姦淫（する）（adulterium, fornicari） 8, 13, 94, 397–98, 467–69
感覚（sensus） 20, 84, 116, 119, 133, 139, 195, 231, 271, 291, 309, 348, 498–99, 564, 582, 603
艱難（tribulatio） 50, 77, 110–11, 118–19, 137–38, 141–42, 172, 176, 191–92, 204–05, 209–10, 224, 225, 245, 279, 283, 286, 296, 327, 349, 375, 421, 509, 531–32, 537, 539, 667, 675
観想（する）（contemplatio, contemplari） 90, 231, 308, 377, 443–44, 517, 519, 524, 527, 529, 553, 559

希望（spes） 36, 65, 152, 156, 246, 248–49, 270, 300, 304, 307, 309, 321, 325–27, 330–31, 335, 337–38, 356–57, 363, 373, 421, 475, 653, 672
救済（salus） 24, 42, 44–45, 172–73, 176–77, 248–49, 378, 612, 632, 674–75
教会（ecclesia） 16, 23, 35, 613, 677
協調（concordia） 11, 403–05
虚偽（性）（falsitas, falsum） 87, 146, 182, 237, 241, 288, 292, 323, 467, 492, 509, 531, 533, 605
キリスト（Christus） 20, 24, 53–54, 134, 207, 244, 332–33, 562, 622–23, 676–77
禁欲（continentia） 78
義（iustitia） 21, 79, 88, 93, 114, 122, 126, 148–50, 152, 162, 172, 175–176, 184, 186–87, 225, 227, 230, 243, 245, 253, 278–80, 294, 306, 313, 347–48, 356, 367–68, 374, 392, 405–07, 416, 419–20, 441, 443, 446–47, 467–70, 476–77, 483, 501–02, 505, 508–12, 514–15, 517, 520–21, 524–25, 528, 535–36, 538–40, 553, 558–59, 602, 604–06, 608–09, 612
神の── 149, 161, 163, 186, 203, 224, 228, 242, 244–45, 247, 255, 275, 405–06, 418, 442, 467, 496, 503, 511, 514, 517–18, 520, 522, 609, 650, 653
義人（iustus） 5, 7–9, 15, 21,

人名・事項索引　　　　685

24, 27–28, 32, 47, 75, 79, 98, 114, 142, 152, 173, 179, 194, 202–04, 207, 210, 212, 224, 226–28, 242–43, 249, 278, 293–94, 301, 305–06, 312, 356, 363, 365–66, 372, 374, 400, 416, 418, 420–21, 424, 427, 440, 525, 531, 534, 608, 667, 675–76

偽善者（hypocrita）　152, 156–58, 160, 246, 249, 284, 286–87, 293, 301, 306, 337, 339, 353, 416, 420–21, 517, 520, 531, 536–37

逆境（adversitas）　9, 26, 38–39, 49, 56, 73, 75–80, 98, 100, 110, 114, 142, 149, 201–02, 253, 255, 292, 305, 313, 338, 356–57, 385, 418, 461, 487, 536, 559, 614, 641, 668, 675–76

偶然（casus）　3–4, 38, 93, 102, 105, 194, 294

グレゴリウス（Gregorius）　6, 305, 662, 666–67

経験（experimentum）　51, 79, 153, 231–33, 239, 277, 338, 361, 419, 485, 512, 575, 677

傾向性（aptitudo, inclinatio, pronitas）　4, 97, 145, 411, 438, 472

啓示（revelatio）　83–84, 86–88, 95, 97, 276, 498, 528–29, 650

形相（forma）　34, 36, 89, 91–92, 555

賢者（sapiens）　11, 35, 52, 54, 106, 116–17, 119, 235–36, 307, 312

見神（videre Deum, visio Dei, -divina）　17, 249, 334, 673

謙遜（に）（humilitas, humiliter）　36–37, 50, 98, 163, 164, 283, 284, 297, 301, 351, 378, 445, 484, 503–04, 529, 539, 601, 609, 649, 652

堅忍（perseverare）　144–45

倹約（frugalitas）　11

賢慮（prudentia）　215, 230–31, 325, 407, 409, 414, 481, 486

原因（causa）　16, 23, 34, 54, 86, 89, 92–93, 97, 100–01, 104–06, 115, 118, 122, 137–38, 155, 158, 175, 181–83, 184, 191–92, 195, 197, 199, 201–02, 205–06, 209–10, 216, 227, 232–33, 254, 260, 269, 284, 286, 301–02, 305, 314–17, 329, 332, 335, 339–40, 369–71, 373, 380, 385, 388, 409, 430, 435, 438–39, 456, 459, 462, 466, 482–83, 485, 498, 501, 515, 537, 549, 554–55, 567, 570, 574, 577, 580, 583, 614, 620, 646

現実態（actus）　89

元素（elementum）　91, 105, 166, 198, 412, 438, 565, 568, 574

狡猾さ（calliditas）　20–22, 102, 106, 150, 174, 193, 414, 477, 628, 633–34, 644

狡猾な者（callidus）　21, 107, 150, 421, 531, 536

功績（meritum）　95, 138, 142, 241, 337–38, 359–61, 378, 418, 443, 448, 503, 674

高慢（な）（praesumptio, elatus, praesumptuosus）　97, 114, 225, 278, 280, 299, 312–13, 366, 374, 380, 478, 484, 496–97, 555–56, 560, 621,

629, 650
- 固有性（proprietas） 208, 270, 434–35, 575, 584–86, 591, 594–95, 597, 614, 616, 624, 646
- 懲らしめ（correptio, flagellari, flagellum, increpatio） 108, 127, 144, 147, 206, 252, 362, 456, 675
- 剛毅（fortitudo） 74, 77–78
- 傲慢（な）（superbia, superbus） 11, 48, 74, 78, 98, 108, 201, 203, 218–19, 228, 248–49, 274, 275, 277, 279–81, 283–84, 286, 296, 322, 327, 337, 339, 378, 391, 401, 407, 414, 495, 499, 524, 529, 539, 601–02, 604, 609–11, 614, 620–22, 636, 647, 649, 651, 678
- 拷問（tormentum） 94, 196

サ　行

- サタン（Satan） 14–22, 24–31, 33, 41–47, 76, 292, 614–16, 619, 632
- ザカリア（Zacharia） 87
- 自然
  - ――的（に）（naturalis, naturaliter） 3, 34, 52, 92–93, 103–05, 111, 165–66, 233, 269, 318, 392, 424, 549
  - ――物（res naturalis） 3, 5, 49, 102, 105, 108, 164–65, 172, 214, 233, 410, 587, 667
  - ――法（lex naturalis） 386
  - ――本性（natura） 52, 101, 131, 145, 165, 198, 200, 258, 262, 278, 411, 529, 590
  - ――本性的（に）（naturalis, naturaliter） 32, 34, 101, 105, 116, 131, 136, 145, 155, 159, 164, 166–67, 194, 198, 200, 232, 256, 262, 264, 267, 271, 276, 302, 373, 386, 411–12, 434, 470, 472, 476, 498, 513, 549, 568, 585, 587, 590–92, 595–96, 599–600, 606, 616, 641
- 質料（materia） 34, 36, 89, 91–92, 198–99, 406, 428, 493, 555, 564–65, 568
- 使徒（十二使徒）（apostolus） 39, 110
- 使徒（パウロ）（apostolus, Paulus） 36, 48, 54–55, 83, 266, 332, 334, 461, 475, 602, 677
- 至福（beatitudo） 304, 446, 653, 676
- 謝罪（satisfactio） 13, 651–52
- 種（的に）（species, specie） 134–35, 142, 159, 335, 671
- 終局（finis, terminus） 66, 117, 128, 129, 148–49, 183, 192, 259–60, 320, 361, 427, 429, 486, 569, 571, 574, 576–77, 646
- 祝福（する）（celebritas, benedicere） 14–15, 26–27, 47–48, 54, 57–58, 61, 294, 317, 319, 441, 446, 453, 460, 464, 472, 472, 649, 654
- 証言（testimonium） 178–79, 299, 361, 363, 441, 446, 478–79, 483, 560
- 照明（する）（illuminatio, illuminare） 172–73, 392,

405
- 思慮（consilium） 4, 78, 102, 106, 190, 193–95, 230–32, 234–35, 237, 240, 273, 276, 311, 314–15, 328, 350, 356, 360, 407–09, 447, 461, 470
- 試練（tentatio） 28, 45, 142, 386, 605, 667, 675–76
- 信仰（fides） 23, 89, 94, 135, 164, 241, 251, 264, 276, 331–32, 392, 651–52, 674, 676–77
- 真理（性）（veritas, verum） 3, 5, 30, 35, 50, 52, 79, 83–84, 95, 110, 125–26, 147, 154, 160, 162, 178, 181, 187–89, 192, 207–09, 219, 230, 233, 235, 237, 240–42, 244–45, 250–52, 256, 275, 289, 307–08, 351–52, 358, 361–64, 366, 381–82, 385, 420, 422, 439, 467, 478–79, 482, 484–85, 488–89, 492–93, 520–21, 532, 539, 557–58, 561, 607, 614–15, 651, 660–61, 663, 674, 676–78
- 時間的なもの（temporale） 25, 27, 38, 157, 227, 245, 284, 299, 304–05, 309, 335, 372, 392, 423
- 自体的に（per se） 142, 371, 670
- 純潔（な）（castitas, castus） 11, 78, 434
- 純粋性（innocentia, puritas） 11–12, 16, 39, 89, 184–87, 258, 301, 378, 406–07, 428, 560, 607
- 上級のもの（superius） 16, 216, 219, 465
- 情動（affectus） 35, 52, 179, 386, 413, 467, 603, 647
- 情念（passio） 53–54, 80, 145, 191–93, 238, 252, 352, 388
- 数（numerus） 102, 104, 134–35, 159, 162–63, 168, 171, 259, 269, 335, 655
- 過越祭（Pascha） 59
- ストア派（Stoici） 35, 52, 116, 119
- 生
  - ――の短さ（brevitas vitae） 141, 143, 154, 259, 286, 301
  - 活動的――（vita activa） 231
  - 現在の――（vita praesens） 67, 74, 109, 127–29, 136, 146, 150, 153, 160, 201, 227, 251, 255–56, 259–60, 262, 266, 302, 313, 320, 322, 334, 398, 503, 530, 559, 655, 672, 673–74, 676
  - この世の――（haec vita） 49, 67–68, 114, 127, 129, 131, 144, 146–47, 149, 173, 181, 183, 191, 205–07, 221, 225, 241–42, 259, 261, 266, 326, 333, 336, 338, 340, 344, 348–49, 351, 353, 356, 358, 361–64, 378, 402, 410, 420, 547, 558–59, 562, 668, 670–76
  - 市民的――（vita civilis） 111
  - 将来の――（vita futura） 109, 146, 300, 336–38, 341, 345, 347, 363, 503, 655, 668, 670–76
  - 他の――（alia vita） 143–44, 147, 149, 207, 210, 256, 259–61, 266–68, 425, 670–72
- 聖人（聖なる者）（sanctus）

23–25, 27, 95, 160, 164, 278, 297, 348–49, 387, 419, 421, 609, 630, 641–42
聖書（sacra Scriptura） 5, 15–16, 18, 43, 53, 55, 58, 136, 140, 145, 164, 172, 174, 200, 245, 411, 658, 662–64, 666
精神（mens） 21, 23, 32–33, 35–37, 43, 47, 49, 51, 53, 76, 79, 84, 106, 108, 110, 112, 119, 137, 148, 172, 188, 193, 196, 208, 216, 235, 245–47, 270, 301, 303–05, 337–38, 352, 377, 386, 388, 437, 443, 455, 465, 489, 498, 527, 553, 558, 567, 676
正直さ（rectitudo） 8, 21, 89
聖霊（spiritus sanctus） 292, 414, 485
世界（mundus） 3, 102–03, 105, 141–42, 171, 174–75, 263–64, 317, 319, 333, 349, 413, 432, 438–39, 506–07, 512, 514, 545, 552, 564, 566, 572, 576, 614, 616, 649, 655, 668, 670–71
摂理（providentia） 3–5, 7, 15–16, 20, 30, 38, 40, 49, 77, 90, 102–03, 105–08, 128, 138, 141–42, 199, 214, 257, 260, 268, 296, 310, 314, 336, 344, 369–73, 375, 380, 395, 402–03, 410, 417, 420, 440, 443, 466, 508, 515, 549, 552, 561–62, 565, 568, 580, 590, 592, 595, 610, 619, 632, 650, 661, 664, 667, 673, 675–76
宣教（praedicatio） 466
絶望（する）（desperatio, desperare） 47, 74, 108, 113, 121, 127, 136–37, 140–41, 149, 248, 282, 330, 335, 460, 669–70
善
　——性（bonitas） 26, 39, 193, 216, 244, 303, 339, 386, 444, 503, 534, 607–08, 619, 632
　外的（な）——（bonum exterius） 35, 37–38, 41–42, 44–45, 200, 325, 393
　最高——（summum bonum） 16, 193, 227, 398
　時間的（な）——（bonum temporale） 9, 38–39, 42–43, 48–49, 248, 309, 343, 344, 347, 355, 357, 378, 420, 422–23, 425, 440, 547, 653, 668–70, 674
　地上的（な）——（bonum terrenum） 21, 26, 133, 280, 328, 440
　物体的な——（bonum corporale） 35, 377
　霊的（な）——（bonum spirituale） 9, 21, 68, 145, 248, 304, 344, 373, 377–78, 420, 422, 427, 440, 442, 547, 668–70, 673–74
善人（bonus） 4, 21, 24, 27–28, 42, 62, 207, 305, 336, 344, 378, 417, 420, 422–24, 442, 559, 606, 641, 673
全能者（omnipotens） 148–49, 151, 211, 216–17, 239–40, 279, 283, 350–51, 355, 357, 372–73, 375–77, 379, 388, 390–92, 416, 418, 421–23, 441, 444, 463, 465–66, 474, 478, 481, 485,

491-92, 506, 511, 524, 529
創造（する）（creatio, creare） 16, 37, 58, 198, 404, 409, 422, 471, 528, 615, 619
――主（auctor, creator） 34, 216, 267
存在者（ens） 370

　　　　タ　行

大罪（peccatum mortale） 91, 114, 298
態勢（づける）（dispositio, disponere） 101-02, 200, 472, 498
怠慢（accidia, desidia, ignavia, negligentia） 4, 14, 93, 114, 186, 256, 297, 345, 491, 677
魂（anima） 16, 41, 66-67, 69, 77, 91-92, 197, 200, 208, 248, 262, 267, 269-70, 309, 319, 333-34, 345, 362-63, 409, 416, 420, 460, 500, 504, 537, 547, 671-73
賜物（donum） 200, 251, 279, 334, 414, 420, 672
単一性（simplicitas） 224, 226-28, 463, 467, 607
第一原理（prima principia） 585
ダニエル（Daniel） 5, 87
ダビデ（David） 54, 94,
断罪（する）（damnatio, damnare） 22, 24, 54-55, 99, 108, 146, 171, 178, 190, 192, 207-08, 220, 242-43, 273, 275, 316, 347, 351, 361, 399, 418-19, 437, 479, 481, 483, 495, 504-06, 514, 516-17, 519, 530, 534, 541, 604-05, 612, 614, 641, 646, 669, 674

知解（intelligentia） 432-33, 436-37, 481, 485, 492-93
地上的なもの（terrenum） 23, 156, 335, 613, 616, 624
知性（intellectus） 3, 71, 80, 103-04, 165, 168, 172, 178, 189, 208, 237, 270-72, 280, 311, 312-13, 338, 373, 378, 409, 433, 435-36, 488, 506, 511, 513, 542, 547, 565, 584-86, 588-89, 596, 616, 672
天使（Angelus） 16-19, 22, 28, 34, 82, 87, 89-90, 92-93, 174, 278, 413-14, 437, 439, 495, 501-03, 559, 567, 608, 613, 615, 636, 641-42
天体（corpus caeleste） 16, 22, 134-35, 167-68, 371, 383, 436, 438, 555, 567, 574-75, 577, 580-83, 586, 664
転倒性（perversitas） 24, 98, 509-10
ディオニシウス（Dionysius） 17, 562, 567, 577, 642
ディオニシウス（カルトジオ会士）（Denys le Chartreux） 665
デモクリトス（Democritus） 3
徳（virtus） 4-5, 8-9, 23-25, 27-28, 30, 42-44, 49, 53, 75, 77, 142, 147, 184, 200, 227, 257-58, 338, 356-57, 385, 387, 398, 421, 446, 472, 476-77, 536, 546-47, 607, 610, 640, 656, 668, 675, 678
トビア（Tobia） 28
富（divitiae） 11, 66, 97, 99-100, 106, 157, 227-28, 230,

285, 294, 316, 342-43, 350, 353, 360, 376-77, 392, 420, 424, 444, 448, 468, 474-75, 520, 534, 611, 668-69

トロメオ（ルッカの）（Ptolémée de Lucques）　660-61

道具的に（instrumentaliter）　35, 156

洞察（intelligentia）　230-31, 237, 240, 337-38

ナ　行

肉（caro）　21-23, 41, 44-45, 76, 85, 113, 119, 130-31, 133-34, 151, 177, 186, 190, 199-200, 221, 224, 229, 246, 248, 269, 271, 289, 297, 320, 322, 328-30, 334, 341, 350, 352, 358, 360, 405, 409, 459, 465, 469, 474, 477, 494, 495-96, 500, 502, 506, 513, 557, 616, 618, 623, 627, 636, 640, 672

ニコラウス（リールの）（Nicolas de Lyre）　659, 665-66

人間的な事柄（res humana）　4-5, 7, 15, 38, 49, 102, 105, 107-08, 126, 168, 172, 193, 214, 231-35, 294, 318, 359, 369-73, 375, 391, 395, 667

忍耐（patientia）　6, 14, 28, 32, 35, 43, 53, 74, 76-78, 119, 307, 309-10, 386, 664, 667, 675

盗み（furtum）　8, 253, 390, 396, 467-68

妬み（invidia）　97-98, 533, 614

熱意（zelus）　75, 305-06, 347, 488

ノア（Noe）　5, 54, 387, 409

能力（potentia）　11, 28, 56, 145, 257, 290, 393, 423, 457, 488, 494, 499-500, 505, 516, 518, 521, 610

呪い（呪う）（execratio, maledictio, maledicere）　52, 54-55, 57, 61-62, 466, 468, 477

ハ　行

繁栄
　この世の――（prosperitas huius mundi）　99, 183, 228, 461
　時間的（な）――（prosperitas temporalis）　9, 25-27, 221, 299-300, 305, 308-310, 325, 330, 336, 356, 359, 364, 442, 526, 637, 653, 668, 673
　地上的（な）――（prosperitas terrena）　26-27, 49, 68, 131, 136-37, 140-41, 155-56, 227, 303, 310, 355, 374, 424, 536, 668-69, 674

罰
　現在の――（poena praesens）　150, 181-82, 208, 347, 349, 522
　将来の――（poena futura, supplicium futurum）　49, 208, 345, 347, 349, 522-23, 668

ヒエロニムス（Hieronymus）　57

被造物（creatura）　20, 90, 138, 141, 168, 174, 214, 216-17, 229, 261, 267, 269-71, 276, 278, 280, 334, 370, 382, 387, 404, 413-14, 437-39, 476, 548, 572,

人名・事項索引　691

600, 606, 608, 615, 619, 624, 631, 640, 642, 646–47, 670–73

必然性 (necessitas)　94, 100, 103–04, 199, 210, 565, 580

ファラオ (Pharao)　59

不義 (なる) (iniustitia, iniustus)　241–43, 368, 372–73, 381, 405, 418, 420, 469–71, 473, 475, 495, 510–11, 514, 520–22, 525, 536, 540–41, 553

不敬虔な者 (impius)　21, 24, 64, 67, 73, 153, 160, 164, 173, 179–80, 182–83, 185, 190, 193–95, 218, 222, 245, 279, 281–83, 285–86, 288, 293–94, 311, 314–15, 337, 339–41, 343, 347–50, 352–53, 355–58, 361–63, 365, 367, 374–75, 394–95, 398–403, 416, 419–23, 426–27, 506–07, 510, 514, 516, 518, 520, 530–31, 534, 538, 571–73, 604, 610–11, 641

不幸 (な) (infortunia, miseria, miserus)　55–56, 58–59, 64, 69–73, 121, 139, 141, 176, 201–05, 207, 209, 218, 221, 247, 256–57, 259–60, 264, 283, 320, 328–29, 359, 451, 454–55, 458, 462, 471–72, 532, 535, 537, 540, 676

ふしだら (lascivia, luxuria)　13, 464–66, 471

不正 (iniuria, iniquitas)　72, 78–79, 102, 107, 120, 126, 190, 196, 201–02, 211, 215, 218, 219–20, 252–53, 275, 278–79, 330, 336, 349, 367, 376, 463, 466, 469, 474, 476, 511–12, 540–41

付帯的 (に) (accidens, accidentaliter)　18, 37–38, 91, 142, 260, 671

復活 (する) (resurrectio, resurgere)　61, 65, 136, 207, 244, 260–61, 263–67, 269, 330–36, 338, 425, 672–73, 674

不忍耐 (impatientia)　30–31, 40, 43, 74–78, 108, 113, 118, 247–49, 291

不和 (discordia)　11, 353, 404, 609

物体 (corpus)　33, 103, 134, 154, 164, 166, 279, 404, 411, 527, 554–55, 564, 570, 572, 574, 576–77, 579, 583, 610, 613, 633, 635

プラトン (Plato)　132, 670

プリニウス (Plinius)　624, 645–46

平和 (な) (pax, pacificus)　112, 148, 152, 161, 163–64, 279, 282, 350, 353, 369, 372, 375, 377, 400, 404–05, 517, 519

ヘロデ (Herodes)　59, 81

ベヘモット（象）(Vehemot, elephans)　612–18, 620–24, 634, 649, 661

ペリパトス派 (Peripatetici)　35, 52, 119

本性 (natura)　16, 18, 21, 34, 36–37, 52, 55, 68, 86, 89–90, 92, 116, 167, 193, 298, 370, 429, 547, 549, 600, 607–08, 616, 623, 645, 647, 651

冒瀆 (する) (blasphemia, blasphemare)　8, 14, 27, 30, 40, 43, 178, 192, 253,

273, 275, 517, 522–23, 602
ボエティウス（Boetius） 54
ポルピュリウス（Porphyrius） 334

マ　行

マタティア（Mathathias） 305
マテウス（アクアスパルタの）（Matthieu d'Aquasparta） 664–65
マニ教徒（Manichaei） 192, 194, 197
幻（visio, -imaginaria） 20, 82–87, 136, 139, 337, 340, 352, 495, 498–99, 501, 529
マリア（Maria） 87, 332
無垢（な）（innocentia, simplicitas, innocens, simplex） 7–9, 15, 24, 41–43, 45, 47–49, 73–74, 78–79, 88, 108, 114, 153, 159–62, 171, 179–86, 188, 190–95, 201, 203, 227, 242, 249, 298–99, 301, 303, 306, 313, 372, 374, 378, 406, 416, 419–20, 424, 526
報い（る）（meritum, praemium, remuneratio, retributio, remunerare） 49, 79, 127, 129, 146, 148, 152, 177, 180, 184, 210, 228, 230, 241, 244, 257, 261, 268, 338, 341, 356, 363, 418, 420, 466, 489, 503, 506, 511, 518, 547, 559, 667–68, 673–76
無知（な）（である）（ignorantia, ignorans, ignorare） 75, 120, 124, 179, 186, 194, 236, 238, 301, 321, 323, 355, 387, 395, 409, 447, 516, 518–19, 530, 558, 564, 605, 642
空しさ（vanitas） 218–19, 299–300, 302
モーセ（Moyses） 83–84
目的（finis） 21, 26, 30, 43, 55–56, 78, 101–02, 110, 123, 128–30, 145, 165, 177, 183–85, 219, 227–28, 230–31, 234–36, 238, 255, 266, 311, 530, 544, 551, 627, 633, 663, 669
　究極――（ultimus finis） 127–29, 228, 320, 398, 669
文字的意味（sensus litteralis） 6, 15–16, 167, 277, 297, 397, 529, 562, 616–17, 620, 662–64, 666

ヤ　行

有用性（utilitas） 39, 107, 122, 124, 138, 154, 289, 504, 513, 526, 550–51, 572
誘惑（する）（suggestio, tentatio, allicere, seducere, tentare） 62, 93–94, 107, 633, 637, 644–45, 647
欲情（concupiscentia） 80, 145, 191, 388, 637–38
欲望（concupiscentia, cupiditas） 182, 397–98, 405, 465, 468–69, 479, 539, 639
預言者（propheta） 4, 20, 83, 87, 236, 498
ヨシュア（Iosue） 54
ヨハネ（洗礼者）（Iohannes） 81
陰府（Inferi, Infernus） 130, 134, 211, 216, 264–65, 307, 309–10, 350, 355, 363, 391,

人名・事項索引

ラ 行

理性（ratio）　13, 35–36, 39, 51–54, 56, 77, 80, 86, 98, 101, 117–20, 125, 139, 145, 149, 182, 186, 191–92, 216, 234, 238, 248, 305–06, 313–15, 388, 395, 408, 422, 439, 468, 470, 498, 501, 518, 529, 541–42, 547, 549, 563, 565, 571, 585, 603, 613, 663

律法（lex）　4, 12, 23, 145, 253, 393, 421

理念（ratio）　169, 171, 467, 497, 564–66, 572, 583

良心（conscientia）　173, 175, 178, 184–85, 195, 228, 245, 299, 302, 399, 419, 510, 560, 601

隣人（proximus）　8–9, 121, 126, 146, 152, 253, 367, 463, 468–69, 474, 478, 494, 527, 597

霊
　——感（inspiratio）　439, 481, 485, 536, 562, 603, 636
　——的意味（sensus mysticus, -spiritualis）　15, 662, 666
　——的活動（actus spiritualis）　465, 669
　——的なもの（spirituale）　23, 133, 142, 157, 423, 466

悪（しき）——（Daemon, spiritus malus）　16, 19, 33–34, 87, 326, 348, 437, 613, 617–18, 627, 629, 634, 646

善き——（spiritus bonus）　16, 34, 87

礼拝（する）（cultus, colere）　14, 90, 405, 475–76, 510–11, 527, 610

レビヤタン（鯨）（Leviathan, cetus）　52, 61–62, 613–14, 623–29, 631–47, 649, 661

廉恥心（verecundia）　72

ロジェ（ピエール）（Pierre Roger）　659

ワ 行

業（opus）　21, 26, 54, 106, 156, 180, 185–87, 196, 242, 267, 270, 355–56, 360, 375, 378, 386, 414, 421, 457, 466, 479, 494–95, 506–07, 511, 514, 515–16, 518, 535, 541–42, 549, 612, 619, 624

聖書引用索引

旧約聖書

創世記
1：1　　566
1：2　　569
1：9　　413–14
1：25　　528
2：7　　91, 198
3：17　　54
3：19　　198
4：10　　298
6：4　　409
6：12　　409
6：17　　409
9：25　　54
18：27　　297
37：35　　355
出エジプト記
20：8　　58
33：11　　84
民数記
12：6　　83, 498
23：19　　43
申命記
5：26　　557
32：13　　111–12
32：15　　11, 228–29
32：39　　181
ヨシュア記
7：25　　54
サムエル記上
2：6　　192
17：43　　54
列王記上
19：12　　87
22：22　　87
列王記下
9：30　　655
詩編
4：6　　498
4：7　　498
5：7　　194
7：5　　72
7：13　　185
9：22　　172
10：6　　173
10：18　　368
12：1　　198
15：2　　366
15：6　　422–23
17：12　　71
18：13　　94, 179
30：13　　159
31：9　　80
33：16　　534
34：16　　296
40：4　　500
41：4　　300
43：22　　110
43：23　　152
44：4　　235
49：9　　527
56：5　　107
57：11　　293
72：18　　610
76：19　　607
84：9　　213
101：18　　529
102：20　　174
103：4　　92
103：10　　431
103：29　　513
118：11　　387
124：1　　164
138：7　　174
138：8　　174–75
148：8　　600
箴言
1：24　　421
8：15　　175, 541
10：7　　611
10：24　　245
11：2　　98
13：10　　609
14：13　　70
15：1　　626
19：11　　77
20：9　　173
21：1　　237
25：27　　556
28：9　　421
28：15　　81
コヘレトの言葉
1：8　　71
4：14　　159
5：9　　345
5：12　　99, 316
5：16　　58
6：1　　11
9：3　　356
9：11　　105–06
11：7　　58
12：7　　512
雅歌
8：6　　314
イザヤ書
1：23　　368
3：1　　236
6：1　　15
7：14　　83
8：19　　96

聖書引用索引

11：2	485			19：12	75
18：4	448	アモス書		19：27	472
26：3	164	4：7	552	23：32	470
27：1	62	ナホム書		24：5	548
28：9	563	2：12	468	25：23	82
30：13	515	2：13	81	25：26	82
30：33	348	ゼカリヤ書		26：5	478
32：17	405	11：4	14	26：13	11
35：3	76	マラキ書		31：35	31
35：4	172	3：11	80	40：1	37
40：11	606	3：14	47		
40：26	405			**新約聖書**	
49：18	608–09	**旧約聖書続編**		マタイによる福音書	
57：20	73	トビト記		3：10	399
57：21	164	2：12	28	3：17	20
62：24	399	マカバイ記1		5：11	177
64：5	176	2：24	305	5：48	386
66：1	412	知恵の書		6：24	668
エレミヤ書		2：9	398	6：33	653
1：14	456	2：11	368	7：15	187
5：8	597	2：24	614	17：5	20
9：22	339	4：16	24	21：21	164
9：24	608	5：20	349	23：3	75
10：23	70	5：21	175	26：24	55
17：9	179	5：22	641	26：38	54
20：9	75	9：15	334	ルカによる福音書	
20：14	57	14：11	280	1：51	606
48：29	610	17：4	209	4：6	616
エゼキエル書		17：10	228, 316	12：4	426
1：4	87	17：18	85	18：11	609
1：24	87	シラ書		ヨハネによる福音書	
9：9	371	1：5	436	3：20	62, 396
14：14	5	1：10	437	5：25	332
19：3	81	2：5	77	5：28	267
ダニエル書		5：8	151	6：40	333
2：28	499	7：14	233	8：34	182
4：9	620	9：10	339	9：4	384
4：14	229–30	10：14	283, 610	11：9	313
7：10	17	10：15	609	11：24	264
10：8	85	11：27	72	15：2	399–400
ヨエル書		11：33	25	16：12	557
2：13	503	12：9	50	使徒言行録	
		19：1	93		

5：41　39

ローマの信徒への手紙

1：20　213
1：22　235
5：12　332
7：15　54
8：16　178
8：28　172
11：33　558
12：15　461
13：1　631

コリントの信徒への手紙1

4：4　176, 179
7：31　264
10：13　45
13：2　164
15：15　244
15：51　266–67
15：53　334
15：57　622

コリントの信徒への手紙2

2：15　24
6：14　633
6：16　21
12：4　83
13：4　332

エフェソの信徒への手紙

3：20　654
5：1　386
5：13　548
5：16　55

フィリピの信徒への手紙

4：12　48
4：13　48

コロサイの信徒への手紙

2：15　623

テサロニケの信徒への手紙1

4：13　36
5：3　369
5：22　602

テモテへの手紙1

6：16　71
6：17　475

ヘブライ人への手紙

13：8　333

ヤコブの手紙

1：11　375
4：6　609
5：11　6

ペトロの手紙1

5：8　20

ヨハネの手紙1

1：8　302
4：20　121

ヨハネの黙示録

1：10　87–88
5：5　622
12：10　642

保井 亮人(やすい・あきひと)

1982年香川県に生まれる。2005年同志社大学文学部文化学科哲学及び倫理学専攻卒業。2007年同大学院修士課程修了。2013年同大学院博士課程修了。博士（哲学）。現在、同志社大学文学部嘱託講師。
〔著書〕『トマス・アクィナスの信仰論』（知泉書館、2014年）、〔翻訳〕「トマス・アクィナス『カテナ・アウレア』の序言から「マタイ福音書」1章1節に関する註解までの翻訳」（『哲学論究』26号、2012年）、「トマス・アクィナス『カテナ・アウレア』「マタイ福音書」1章2-11節に関する註解」（『哲学論究』27号、2013年）、「トマス・アクィナス『カテナ・アウレア』「マタイ福音書」5章1-10節に関する註解」（『文化学年報』64号、2015年）、その他。

［トマス・アクィナス『ヨブ記註解』］　　ISBN978-4-86285-243-4

2016年11月15日　第1刷印刷
2016年11月20日　第1刷発行

訳　者　保　井　亮　人
発行者　小　山　光　夫
製　版　ジャット

発行所　〒113-0033 東京都文京区本郷1-13-2
　　　　電話03(3814)6161 振替00120-6-117170　株式会社 知泉書館
　　　　http://www.chisen.co.jp

Printed in Japan　　　　　　　　　　　　　印刷・製本／藤原印刷